孙培青
文　集

第五卷

隋唐五代
考试文献集成（上）

孙培青　编

上海教育出版社
SHANGHAI EDUCATIONAL
PUBLISHING HOUSE

在中国考试制度发展史上，隋唐时期发生重大的历史变革：废除魏晋以来的九品中正制度，创设了新的科举考试制度。

隋文帝杨坚结束了数百年南北分裂的局面，建立了统一的中央集权国家。为加强中央集权统治，隋对官制进行了重大改革，建立尚书省为管理政务的机构，六部尚书分掌全国政务，其中吏部专管官员的选拔任用，州县长官不得自选僚佐。全国任何官吏的任用都由吏部掌握，遂使门阀士族失去政治特权。新的人事制度需要有新的人才来源。隋在京都有国子学（后改称国子监），地方有州县学，并鼓励私学自由发展，官私并举以培养人才。对全国的人才，要用新的选拔方法，为范围更广的士人入仕参政开辟途径，以扩大统治的社会基础。适应这种政治需要，隋开始采用考试选士的方法，并逐步演变为科举考试制度。

公元 587 年，隋文帝命令每州每岁贡士三人，经州选拔，赴尚书省吏部应举。有的研究者认为，这就是科举考试制度的开端。598 年，隋文帝又命令京官和地方官以志行修谨、清平干济二科举人，开了分科取士的先例。607 年，隋炀帝令十科举人，其中有文才秀美一科，当即进士科；有学业优敏一科，当即明经科。科目时有变化，隋代已有秀才、明经、进士等科。

科举考试制度开始创立于隋，发展完善于唐，延续实行于五代十国。在国家政策与制度的诱导下，当时平民阶层出身的人要想参政，就得入学读书以准备条件。学校督促学业采用考试方法，成绩合格的才被选送参加国家组织的竞争性科目考试，优秀者被选拔，再经过甄别性的铨试，通过者才能真正达到入仕的目的。这是一个连续不断的系列性考试过程，直到成为高级官员才免除考试，转为考核政绩。

唐朝生存二百九十年，曾出现繁荣昌盛的局面，它的科举考试制度比较具有典型性。唐代取士有两个基本来源，来自官立学校的称为生徒，来自州县民间的称为乡贡。从一个人由入学至为官所经历的考试过程来看，有学校考试、科举考试、吏部铨试。这种比较完备的考试系列，在当时是世界上独一无二的，成为邻国效法的先进榜样。以下按考试系列略作说明。

一、 学校考试

隋唐为了收拢士人，以巩固其中央集权统治，设立了京师的中央学校和州县的地方学校。唐代的学校系统更为完备，中央学校以国子监为主干，国子监起初辖有国子学、太学、四门学、律学、书学、算学，后来增设广文馆，成为七学。另外，在门下省设弘文馆，在东宫设崇文馆，这是两所专收皇亲国戚高官子弟的贵族学校。在政府的有关部门，还利用其人才和物质设备条件，如司天台、太乐署、太医署等，附设培养训练应用性人才的学校，借以满足对人才的多种需要。府、州、县各级行政设地方官学，规模不等。城坊乡里之间，还有数量不少的私立学校。除了培养应用性人才的学校之外，其他各级学校都要学习儒家经典。儒家的"九经"可以选学，年限各有差别：《礼记》《左传》各学三年；《易》《诗》《周礼》《仪礼》各学两年；《尚书》《公羊传》《穀梁传》各学一年；《论语》《孝经》为共同必修课，共学一年。

在学校中，考试成为督促学生学习和检查教师教学的手段。阶段性考试有不同名目，曾实行的有旬试、月试、季试、岁试、毕业试，形成考试链条，制约学生的学习。最基本的考试方法是试读和试讲。读，要求学生记熟经文，考时学生翻开经书，中间只露一行，用纸帖遮其中三字，要读出被帖的字，这种方法，称为帖经。讲，要求学生通晓经义，教师按规定条数口问经义，学生当面按条口述答覆。应用性人才的考试方法有所不同，不仅要检查专业知识，还要检查实践能力。由此可以看出，考试的方法与教学内容是密切联系的。

二、科举考试

科举作为入仕的主要门径，吸引了成千上万的读书人走上这条路，为夺取每年一次的科第而奋斗不息。科举大致可区分为两类：

（一）常科

每年定期举行的科目考试，称为常科。唐初继承了隋的一些科目，后来又根据需要先后创设新的科目。《新唐书》卷四四《选举志上》："其科之目，有秀才，有明经，有俊士，有进士，有明法，有明字，有明算，有一史，有三史，有《开元礼》，有道举，有童子。而明经之别，有五经，有三经，有二经，有学究一经，有三礼，有三传，有史科。此岁举之常选也。"这概括了唐代科目设置的基本情况。

这些科目逐渐发展增多，有废有立，有沿续有变革，被保留下来每年举行的最有代表性的科目是进士和明经。考试项目经过反复实践后也趋向稳定。进士试帖经、杂文、时务策，明经试帖经、口义、时务策。项目虽有部分相同，但要求却有差别。同是答策，进士时务策五道通四，明经时务策三道通二，为合格；同是帖经，明经十帖通六，进士十帖通四，为合格。除了文举之外，还有武举，对人才要求的规格不同，考试的项目方式也异。

科举考试是一种国家考试，过程较长。如民间私学培养的人才，要由乡贡而参加科举，皆怀牒向州县申报，经考试合格，州举行乡饮酒礼送行，到京都尚书省主考机构报到，交验有关文书，立下保结，然后送交吏部，武德时由考功郎中负责考试，贞观时由考功员外郎负责考试（开元二十四年即736年开始改由礼部侍郎主持考试），自始至终，经过许多环节。为使这种考试有组织有秩序地进行，形成了考试管理制度，有相应的考试管理机构，并且在法令上规定各级机构的职责和考试的办法，对违法的人员给予惩罚。

常科录取的人才只获得候补官吏的资格，要入仕则有一定的候选期，还必须经过吏部进一步考试。

（二）制科

根据需要由皇帝下诏举选各种人才，称为制举。为此而举行的科目考试称为制科。制举以待特殊人才，不定期，科目也不固定，灵活度较大，完全是按需要立科目，所以名目繁多，累计有一百多科，其中较著名的科目如贤良方正、直言极谏、博通坟典达于教化、军谋宏远堪任将率、详明政术可以理人之类。制科试策，前期试第三道,至天宝十三载(754年)加试诗赋。制科名义上由皇帝主持亲试,但经常委派考策官代皇帝阅卷录取,然后经皇帝批准。制科录取,可以直接入仕,已仕者可以升等,因此受到士人及下级官员的重视。有些已在常科及第的人或已任官的人,遇有机会就参加制科。有的人还多次反复参加制科,因为可以从优任用。制科确实破格选拔出一些杰出的人才。

三、 吏部铨试

文官的选拔,始终由吏部主管,吏部尚书和两位侍郎分项主持,称为三铨。

凡科举及第之人,需参加吏部关试,才算是列名于吏部的候补官员。因官员有数,待选者多,供过于求,所以依定例有一段候选时间,以法令规定为准。每年五月颁选格于州县,候选期满符合选格的人,由州县验明,列报其资历和情况,十月集中至尚书省。按时到达者乃接受考核,五人为联,京官五人作保,交验履历文书,不容伪冒。

选择文官的标准有四项:一曰身,体貌丰伟;二曰言,言辞辩证;三曰书,楷法遒美;四曰判,文理优长。四项中真实考试的是书判,书判虽有两项,实际又统一于三条判文的写作。只有试书判合格,才进一步铨察身言,已铨而后注官。

凡候选未满期限而试文三篇,谓之宏辞;试判三条,谓之拔萃。中选者即授官。

政府机构缺员渐少,造成选人积压。至唐高宗时,参选者大率十人竞一官。吏部面对这种矛盾,谋划黜落之计,提高难度,试判以僻书隐学为题目,并采取加强管理的措施,如实行糊名试判等。因此，录取的人数、候选的年限、试判的办法，在不同阶段、不同年份都有变动。

铨选统一由吏部主管，选人集于京都而试。但有时由于岁旱谷贵等经济原因，选人不全集于京都，东人选者集于洛阳，谓之"东选"；而岭南、江南、淮南有时因故遣选补使就其地而选，谓之"南选"。"东选"或"南选"，并非定期常选，废置不常。

隋唐五代科举考试制度大略如此，欲知其详，见本卷考试史料汇编。本卷考试史料分为四编：

第一编"学校考试"，依学校组织机构分列三章，先京都后地方，第一章为国子监考试，第二章为政府部门附属学校考试，第三章为地方学校考试。

第二编"科举考试"，因史料较多，依考试的组织及过程分列七章，第一章为科举考试制度的沿革，第二章为科举考试机构及其职能，第三章为科举考试科目，第四章为科举考试过程，第五章为科举考试命题与评卷，第六章为科举考试管理，第七章为科举考试录取与出路。

第三编"官员铨试"，依考试的组织及过程分列四章，第一章为铨试机构与主选官，第二章为铨试科目，第三章为铨试内容与形式，第四章为铨试管理。

第四编"时人评议"，反映当时的人对考试制度的议论以及对改革的主张。

此外，还有些与隋唐五代考试有关的材料，虽数量有限，不能独立成编，但有保存的必要，如特殊考试、隋唐考试制度对日本的影响、后人对隋唐考试制度的评论等，集为附录。其后再附本书引用书目，以便查阅。

第一编　学　校　考　试

第二编　科举考试

第三编　官员铨试

第四编　时　人　评　议

附　　录

第一编

学校考试

第一章

国子监

一、 组织机构与职能

（一）隋国子寺

国子寺元隶太常。祭酒，一人。属官有主簿、录事。各一人。统国子、太学、四门、书算学，各置博士、国子、太学、四门各五人，书、算各二人。助教、国子、太学、四门各五人，书、算各二人。学生国子一百四十人，太学、四门各三百六十人，书四十人，算八十人。等员。

《隋书》卷二八《百官志下》

炀帝即位，多所改革。……国子学为国子监，……
……………

国子监依旧置祭酒，加置司业一人，从四品，丞三人，加为从六品。并置主簿、录事各一人。国子学置博士，正五品，助教，从七品，员各一人。学生无常员。太学博士、助教各二人，学生五百人。先是仁寿元年，省国子祭酒、博士，置太学博士员五人，为从五品，总知学事。至是太学博士降为从六品。

《隋书》卷二八《百官志下》

（二）唐国子监

国子监：祭酒一人，从三品；司业二人，从四品下。国子监祭酒、司业之职，掌邦国儒学训导之政令，有六学焉：一曰国子，二曰太学，三曰四门，四曰律学，五曰书学，六曰算学。……凡教授之经，以《周易》《尚书》《周礼》《仪礼》《礼记》《毛诗》《春秋左氏传》《公羊传》《穀梁传》各为一经；《孝经》《论语》《老子》，学者兼习之。每岁终，考其学官训导功业之多少而为之殿最。

丞一人，从六品下；主簿一人，从七品下；录事一人，从九品下。丞掌判监事。凡六学生每岁有业成上于监者，以其业与司业、祭酒试之。……主簿掌印，勾检监事。凡六学生有不率师教者，则举而免之。其频三年下第，九年在学及律生六年无成者，亦如之。录事掌受事发辰。

《唐六典》卷二一《国子监》

隋开皇十三年，国子寺罢隶太常，凡国学诸官，自汉以下，并属太常，至隋始革之。又改寺为学。仁寿元年，罢国子学，唯立太学一所，省国子祭酒、博士，置太学博士，总知学事。炀帝即位，改国子学为国子监，依旧置祭酒。大唐因之。龙朔元年，东都亦置。龙朔二年，改为司成馆，又改祭酒为大司成，咸亨初复旧。光宅元年，改国子监为成均监，神龙元年复旧。领国子学、学生三百人。太学、学生五百人。四门、学生五百人，俊士八百人。律学、学生五十人。书学、学生三十人。算学，学生三十人。凡六学生徒二千二百一十人。每学各置博士，以总学事，及有助教等员。天宝九载，又于国子监置广文馆，领学生为进士业者。置博士、助教各一人,品秩舆太学同。置祭酒一人,掌监学之政。皇太子受业,则执经讲说,皆以儒学优重者为之。天宝九载,置广文馆学生进士。

国子司业:炀帝大业三年,于国子监初置司业一人。《礼》曰:"乐正司业,父师司成。"因以为名。大唐置二人,副贰祭酒,通判监事。龙朔二年,改为少司成,咸亨初复旧。凡祭酒、司业,皆儒重之官,非其人不居。

丞:隋置三人,大唐一人。

主簿:北齐置。隋一人,大唐因之。

国子博士:班固云,按六国时,往往有博士,掌通古今。又曰:博士,秦官,汉因之。汉博士多至数十人,冠两梁。文帝时,博士朝服玄端,章甫冠。武帝建元五年,初置五经博士。宣帝、成帝之代,五经家法稍增,置博士一人。博士选有三科,高第为尚书,次为刺史,其不通政事,以久次补诸侯太傅。于时孔光为博士,数使录冤狱,行风俗,以高第为尚书。叔孙通为博士,初制汉礼。又贾谊年二十余,文帝召为博士,年最少。每有诏议下,诸老生未能言,谊尽为对之,人人各如其意。又元鼎中,徐偃为博士,使行风俗。偃矫制,使胶东、鲁国鼓铸盐铁。还奏事,张汤劾偃以矫制,法至死。偃以《春秋》之义,"大夫出疆,有可以安社稷、利万人,专之可也。"汤不能诘。又公孙弘、董仲舒、朱云、匡衡、疏广、韦贤、张禹并为博士。后汉博士凡十四人,《易》:施、孟、梁丘、京氏;《尚书》:欧阳、大小夏侯;《诗》:齐、鲁、韩氏;《礼》:大小戴;《春秋》:严、颜,各一博士。华峤《汉书》曰:"初,欲立《左氏传》博士,范升以为《左氏》浅末,不宜立。陈元闻之,乃诣阙上疏争之,更相辩对,凡十余上,帝卒立《左氏》学。"掌以五经教子弟,国有疑事,掌承问对。旧时从议郎为博士,其通睿异艺,入平尚书,出部刺史、诸侯守相,久次转谏议大夫。中兴高第为侍中,小郡若都尉。博士限年五十。其《督邮板状》曰:"生事爱敬,丧没如礼。理《易》《尚书》《孝经》《论语》,兼崇载籍,穷微阐奥,师事某官,经明受谢。见授门徒尚五十人以上,正席谢生,三郡三人,隐居乐道,不求闻达。身无金痍痼疾,三十六属,不与妖恶交通。王侯赏赐,行应四科,经任博士。"下言某官某甲保举。顺帝讳保,故称守。安帝以博士多非其人,诏命三公、将军、中二千石举博士各一人,务得经明行高,卓尔茂异。是时群僚承风,凡所荐贡,绰有余裕。后旋复故,遂用陵迟。初,平帝元始四年,改博士为博士师,后汉兼而存之,并择儒者。桓荣、鲁恭、戴凭等并为博士。魏及西晋朝博士置十九人。魏乐详字文载,拜博士。于时太学初立,有博士十余人,其学多偏,不敢亲教,备员而已,唯详五业并授。武帝咸宁四年,初立国子学,置国子博士一人,皆取履行清淳,通明典义,若散骑常侍、中书侍郎、太子中庶子以上,乃得召试。元帝时,荀崧上疏曰:"昔咸宁、太康、永嘉之中,侍中、常侍、黄门通洽古今、行为世表者,领国子博士。"宋、齐诸博士皆皂朝服,进贤两梁冠,佩水苍玉。梁国学有博士二人,天监四年,置五经博士各一人。魏、晋、宋、齐并不置五经博士,至此始置焉。旧国子学生限以贵贱,武帝欲招来后进,五馆生皆引寒门隽才,不限人数。陈因之。后魏、北齐并有之。后魏崔逸为国子博士。每有公事,逸常被诏独进。博士特命,自逸始也。隋仁寿元年,省国子博士;大业三年,复置一人。大唐增置二人。龙朔二年,改为司成宣业,咸亨初复旧。诸州府亦有经学博士一人。助教:晋咸宁四年,初立国子学,置助教十五人,以教生徒。江左及宋并十人。宋制,《易》《尚书》《毛诗》《礼记》《周礼》《仪礼》《左传》《公羊》《穀梁》,各为一经;《论语》《孝经》为一经,合十经,助教分掌。宋、齐并同。梁国子助教旧视南台御史,品服与博士同,陈因之。后魏亦有。北齐置十人。隋置四人。大唐国子学助教三人,诸府、州、县各有助教员。府、州二人,县一人,学生各有差。

太学博士:晋江左增置国子博士十六人,谓之太学博士,品服同国子博士。梁置太学博士八人，陈因之。后魏亦然。北齐国子寺有太学博士十人。后周置太学博士下大夫六人。隋初置太学博士五人，仁寿元年，罢国子，唯立太学，置博士五人；大业三年，减置二人。大唐因之。助教：后魏置。北齐亦有之，置二十人。后周曰太学助教上士。隋又曰太学助教，五人；大业三年，减三人。大唐因之。

广文馆：博士一人，助教一人，并以文士为之，大唐天宝九载置。

四门博士：《后魏书》刘芳表："去太和①二十年，立四门博士，于四门置学。按《礼记》曰'天子设四学'，郑玄注：'四郊之虞庠也。'今以其辽远，故置于四门，请移与太学同处。"从之。北齐二十人，隋五人，大唐三人。助教：北齐国子寺有二十人，隋初则五人，大唐因之。直讲四人，大唐初置，无员数，长安四年，始定为四员。大成二十人，大唐置，取贡举及第人，简聪明者，试书日诵得一千言，并日试策所习业等十条通七，然后补充，仍散官，禄俸赐会同直官例给。武太后长安中，省，而置直讲，定为四员。

律学博士：晋置，属廷尉，卫觊奏请置律学博士，转相教授，东晋以下因之。梁曰胄子律博士，属廷尉。陈亦有律博士。后魏、北齐并有之。隋大理寺官属有律博士八人。大唐因之，而置一人移属国学。助教一人，从九品上。

书学博士：大唐置三人，又置典学二人。贞观六年正月，命整治御府古今工书钟、王等真迹，得千五百一十卷。太宗尝谓侍中魏徵曰："虞世南死后，无人可与论书。"徵曰："褚遂良下笔遒劲，甚得王逸少体。"太宗即日召命侍读。尝

以金帛购求王羲之书迹，天下争赍古书，诣阙以献，当时莫能辩其真伪，遂良备论所出，一无舛误。武太后神功元年，谓凤阁侍郎王方庆曰："卿家多书，合有右军遗迹。"对曰："臣十代再从伯祖羲之书，先有四十余纸，往贞观十二年，太宗购求，先并以进讫。臣十一代祖导、十代祖洽、九代祖珣、八代祖昙首、七代祖僧绰、六代祖仲宝、五代祖骞、高祖规、曾祖褒，并九代三从伯祖晋中书令献之以下二十八人书，共十卷，今进上。"太后御武成殿示群臣，仍令中书舍人崔融为《宝章集》以叙其事，复赐方庆，当时以为荣。算学博士二人，典学二人。

《通典》卷二七《职官九·诸卿下》

国子监　祭酒一人，从三品；司业二人，从四品下。掌儒学训导之政，总国子、太学、广文、四门、律、书、算凡七学。……凡授经，以《周易》《尚书》《周礼》《仪礼》《礼记》《毛诗》《春秋左氏传》《公羊传》《穀梁传》各为一经，兼习《孝经》《论语》《老子》。岁终，考学官训导多少为殿最。

丞一人，从六品下，掌判监事。每岁，七学生业成，与司业、祭酒莅试，登第者上于礼部。

主簿一人，从七品下。掌印，句督监事。七学生不率教者，举而免之。录事一人，从九品下。

《新唐书》卷四八《百官志三》

凡学六，皆隶于国子监：国子学，生三百人，以文武三品以上子孙若从二品以上曾孙及勋官二品、县公、京官四品带三品勋封之子为之；太学，生五百人，以五品以上子孙、职事官五品期亲若三品曾孙及勋官三品以上有封之子为之；四门学，生千三百人，其五百人以勋官三品以上无封、四品有封及文武七品以上子为之，八百人以庶人之俊异者为之；律学，生五十人，书学，生三十人，算学，生三十人，以八品以下子及庶人之通其学者为之。……国子监生，尚书省补，祭酒统焉。

《新唐书》卷四四《选举志上》

是年①十二月，国子监奏："两京诸馆学生总六百五十员，请每馆定额如后：两监学生总五百五十员。国子馆八十员，太学馆七十员，四门馆三百员，广文馆六十员，律馆二十员，书馆十员，算馆十员。"又奏："伏见天宝以前，国馆学生，其数至多，并有员额。至永泰后，四监②置五百五十员，东监近置一百员，未定每馆员额。今谨具定额如后，伏请下礼部准额补置。"敕旨："依奏。"

《册府元龟》卷六〇四《学校部·奏议三》

辨天下之四人，使各专其业。凡习学文武者为士，肆力耕桑者为农，功作贸易者为工，屠沽兴贩者为商。工、商皆谓家专其业以求利者；其织纴、组纴之类，非也。工、商之家不得预于士，食禄之人不得夺下人之利。

《唐六典》卷三《尚书户部》

国之教化，庠序为先；民之威仪，礼乐为本。废之则道替，崇之则化行。其国子监正令有司约故事速具修之，兼诸州应有旧文宣王庙，各仰崇释，以时释奠。

《十国春秋》卷三六《前蜀·高祖本纪下》

---

① 唐宪宗元和二年。
② "四监"，他本或作"西监"。

孔颖达字仲达，冀州衡水人。隋大业初，举明经高第，授河南郡博士。炀帝征诸郡儒官，即迁东都令、国子秘书。学士与之论难，颖达为最。补太学助教。太宗在藩，引为秦府文学馆学士。及即位，擢授国子博士。贞观六年，累除国子司业。岁余，迁太子右庶子，仍兼国子司业。与诸儒议历及明堂，皆从颖达之说。十二年，拜国子祭酒。

《册府元龟》卷五九七《学校部·选任》

归崇敬字正礼，苏州吴人。天宝初，以经业擢第，获授四门助教，转博士司业。德宗建中初，又拜国子司业。

《册府元龟》卷五九七《学校部·选任》

冯伉，京兆人。少有经学，累登五经秀才及博士三史科。德宗贞元中，为皇太子及诸王侍读。宪宗元和初，拜国子祭酒。后为散骑常侍，复领太学。

《册府元龟》卷五九七《学校部·选任》

臣某言：臣得所管国子、太学、广文、四门、及书、算、律等七馆学生沈周封等六百人状，称身虽贱微，然皆以选择得备学生，读六艺之文，修先王之道，粗有知识，皆由上恩。

《韩昌黎文集校注》卷八《请上尊号表》

二、 教学内容与考试

〔开皇二年十二月〕丙戌，赐国子生经明者束帛。

《隋书》卷一《高祖纪上》

〔开皇九年夏四月〕壬戌，诏曰：

……代路既夷，群方无事，武力之子，俱可学文，人间甲仗，悉皆除毁。有功之臣，降情文艺，家门子侄，各守一经，令海内翕然，高山仰止。京邑庠序，爰及州县，生徒受业，升进于朝，未有灼然明经高第。此则教训不笃，考课未精，明勒所由，隆兹儒训。

《隋书》卷二《高祖纪下》

房晖远字崇儒，恒山真定人也。世传儒学。晖远幼有志行，治三礼、《春秋》三传、《诗》、《书》、《周易》，兼善图纬，恒以教授为务。……

及高祖受禅，迁太常博士。……未几，擢为国子博士。会上令国子生通一经者，并悉荐举，将擢用之。既策问讫，博士不能时定臧否。祭酒元善怪问之，晖远曰："江南、河北，义例不同，博士不能遍涉。学生皆持其所短，称己所长，博士各各自疑，所以久而不决也。"祭酒因令晖远考定之，晖远览笔便下，初无疑滞。或有不服者，晖远问其所传义疏，辄为始末诵之，然后出其所短，自是无敢饰非者。所试四五百人，数日便决，诸儒莫不推其通博，皆自以为不能测也。

《隋书》卷七五《房晖远传》

〔大业元年闰七月〕丙子，诏曰：……其国子等学，亦宜申明旧制，教习生徒，具为课试之法，以尽砥砺之道。

《隋书》卷三《炀帝纪上》

第一章　国子监

〔康希铣〕父国安，明经高第，以硕学掌国子监，领三馆进士，教之策。

《颜鲁公文集》卷七《银青光禄大夫海濮饶房睦台

六州刺史上柱国汲郡开国公康使君神道碑铭》

凡博士、助教，分经授诸生，未终经者无易业。凡生，限年十四以上、十九以下；律学十八以上、二十五以下。

凡《礼记》《春秋左氏传》为大经，《诗》《周礼》《仪礼》为中经，《易》《尚书》《春秋公羊传》《穀梁传》为小经。通二经者，大经、小经各一，若中经二。通三经者，大经、中经、小经各一。通五经者，大经皆通，余经各一，《孝经》《论语》皆兼通之。凡治《孝经》《论语》共限一岁，《尚书》《公羊传》《穀梁传》各一岁半，《易》《诗》《周礼》《仪礼》各二岁，《礼记》《左氏传》各三岁。学书，日纸一幅，间习时务策，读《国语》《说文》《字林》《三苍》《尔雅》。凡书学，石经三体限三岁，《说文》二岁，《字林》一岁。凡算学，《孙子》《五曹》共限一岁，《九章》《海岛》共三岁，《张丘建》《夏侯阳》各一岁，《周髀》《五经算》共一岁，《缀术》四岁，《缉古》三岁，《记遗》《三等数》皆兼习之。

《新唐书》卷四四《选举志上》

国子博士掌教文武官三品已上及国公子孙、从二品已上曾孙之为生者，五分其经以为之业，习《周礼》《仪礼》《礼记》《毛诗》《春秋左氏传》，每经各六十人，余经亦兼习之。习《孝经》《论语》限一年业成，《尚书》《春秋公羊》《穀梁》各一年半，《周易》《毛诗》《周礼》《仪礼》各二年，《礼记》《左氏春秋》各三年。……其习经有暇者,命习隶书并《国语》《说文》《字林》《三苍》《尔雅》。每旬前一日,则试其所习业。……每岁,其生有能通两经已上,求出仕者,则上于监;堪秀才、进士者,亦如之。助教掌佐博士,分经以教授焉。典学掌抄录课业。

《唐六典》卷二一《国子监》

太学博士,掌教文武官五品已上及郡县公子孙、从三品曾孙之为生者,五分其经以为之业,每经各百人。其束脩之礼,督课、试举,如国子博士之法。助教已下,并掌同国子。

《唐六典》卷二一《国子监》

四门博士,掌教文武官七品已上及侯、伯、子、男子之为生者,若庶人子为俊士生者。分经同太学。其束脩之礼,督课、试举,同国子博士之法。助教已下,掌同国子。

《唐六典》卷二一《国子监》

四门学之制,掌国之上士、中士、下士凡三等,侯、伯、子、男凡四等。其子孙之为胄子者,及庶士、庶人之子为俊士者,使执其业而居其次,就师儒之官而考正焉。助教之职,佐博士以掌鼓箧榎楚之政令,今分其人而教育之。其有通经力学者,必于岁之杪,升于礼部,听简试焉。

《柳宗元集》卷二六《四门助教厅壁记》

律学博士,掌教文武官八品已下及庶人子之为生者,以律、令为专业,格、式、法例亦兼习之。其束脩之礼,督课、试举,如三馆博士之法。助教掌佐博士之职，如三馆助教之法。

《唐六典》卷二一《国子监》

书学博士，掌教文武官八品已下及庶人子之为生者，以石经、《说文》《字林》为专业，余字书亦兼习之。石经三体书限三年业成，《说文》二年，《字林》一年。其束脩之礼，督课、试举，如三馆博士之法。

《唐六典》卷二一《国子监》

算学博士，掌教文武官八品已下及庶人子之为生者，二分其经，以为之业：习《九章》《海岛》《孙子》《五曹》《张丘建》《夏侯阳》《周髀》《五经算》十有五人，习《缀术》《缉古》十有五人；其《记遗》《三等数》亦兼习之。《孙子》《五曹》共限一年业成，《九章》《海岛》共三年，《张丘建》《夏侯阳》各一年，《周髀》《五经算》共一年，《缀术》四年，《缉古》三年，其束脩之礼，督课、试举，如三馆博士之法。

《唐六典》卷二一《国子监》

广文馆　博士四人，助教二人。掌领国子学生业进士者。有学生六十人，东都十人。天宝九载，置广文馆，有知进士助教，后罢知进士之名。

《新唐书》卷四八《百官志三》

凡六学束脩之礼，督课、试举，皆如国子学。助教以下所掌亦如之。

《新唐书》卷四八《百官志三》

李元瓘为国子司业，开元八年三月上言："三礼、三传及《毛诗》《尚书》《周易》等，并圣贤微旨。生人教业，必事资经远，则斯道不坠。今明经所习，务在出身，咸以《礼记》文少，人皆谙读。《周礼》经邦之轨则，《仪礼》庄敬之楷模，《公羊》《穀梁》历代宗习。今两监及州县，以独学无友，四经殆绝。既事资训诱，不可因循。其学生望请各量配作业，并贡人预试之日，习《周礼》《仪礼》《公羊》《穀梁》，并请帖十通五，许其入第。以此开劝，即望四海均习，九经该备。"从之。

《册府元龟》卷六〇四《学校部·奏议三》

〔大历五年，国子祭酒归崇敬〕又以："五经、六籍，古先哲王政理之式也。国家创业，制取贤之法，立明经，发微言于众学，释回增美，选贤与能。自艰难以来，取人颇易。考试不求其文义，及第先取于帖经，遂使颛门业废，请益无从，师资礼亏，传授义绝。今请以《礼记》《左传》为大经，《周礼》《仪礼》《毛诗》为中经，《尚书》《周易》为小经，各置博士一员。其《公羊》《穀梁》文疏既少，请共准一中经，通置博士一员。所择博士，兼通《孝经》《论语》，依凭章疏讲解分明，注引旁通，十问得九，兼德行纯洁，文词雅正，仪刑规范，可为师表者，令四品以上各举所知。在外者给驿，年七十已上者蒲轮。其国子、太学、四门三馆，各立五经博士，品秩上下，生徒之数，各有差。其旧博士、助教、直讲、经直及律馆、算馆、书馆助教，请皆罢省。其教授之法，学生置监，谒同业师。其所执赞，脯①脩一束，清酒一壶，布衫一段，其色随师所服。出中门，延入与

---

① "脯"，原本误作"假"。

坐，割脩，斟三爵而止。乃发篋出经，抠衣前请。师为依经辨理，略举一隅，然后就室。每朝、晡①二时请益，师亦二时居讲堂，说释道义，发明大体，兼教以文行忠信之道，示以孝悌②睦友之义。旬省月试，时考岁贡。以生徒及第多少，为博士考课上下。其有不率教者，则夏楚扑之。国子之不率教者，则申礼部，移为太学生。太学之不变者，移为四门。四门之不变者，复本役，终身不齿。虽率教九年而学不成者，亦归之州学。其礼部考试之法，请无帖经。但于所习经中问大义二十，得十八为通，兼《论语》《孝经》各问十得八，兼读所问文注义疏，必令通熟者为通一。又于本经问时务策三道，通三为及第。其中有孝行闻于乡闾者，举解具言于习业之下。省试之日，观其所实。义少两道，亦请兼收。其天下乡贡，亦如之。习业考试止于明经名，得第者，授官之资与进士同。若此，则教义日深而礼让兴，则强不犯弱，众不暴寡。此由太学中来者也。"诏下尚书："集百寮定议，以闻。"议者以为，省者，禁也，非外司所宜名。《周礼》代掌其职者曰氏，国学非代官，不宜为太师氏。其余大抵以俗习既久，重难改作，其事不行。德宗建中三年二月，崇敬奏：上丁释奠，其日准旧例，合集朝官，讲论五经文义。自大历五年以前，常行不绝。其年八月以后，权停讲论。今既日逼，恐须复旧。

《册府元龟》卷六〇四《学校部·奏议三》

　　文宗太和五年十二月，国子祭酒裴通奏："当司所授丞、簿及诸博士、助教、直讲等，谨按《六典》云，丞掌判监事。凡六学生，每有业成上于监者，以其业与司业、祭酒试之。明经，帖经，口试，策

---

① "晡"，原本误作"脯"。
② "孝悌"，他本或作"孝弟"。"弟"，同"悌"。本书依现代汉语用法，用"孝悌"。

经义。进士，帖一中经，试杂文，策时务，征事。注云：其试法皆依考功口试。明经帖限通八以上，明法、明算皆通九以上。主簿掌印勾检①，凡学生有不率师教者，则举而免之。其频三年下第，九年在学无成者，亦如之。注云：假如违程限及作乐杂戏者，同。唯弹琴、习射不禁。诸博士、助教皆分经教授学者，每授一经，必令终讲，所讲未终，不得改业。诸博士、助教皆云诸学生读经文通熟，然后授文、讲义。每旬放一日休假，前一日，博士考试。其试，读书每千言内试一帖，帖三言。讲义者，每二千言内问大义一条，总试三条，通二为及第，通一及全不通者斟量决罚。谨具当司官吏及学生，令典条件如前。伏望敕下有司，允臣所奏。"敕旨："宜依。"

《册府元龟》卷六〇四《学校部·奏议三》

皮日休以懿宗咸通中举进士。上②书二首，其一请以《孟子》为学科。词曰：臣闻圣人之道，不过乎经；经之降者，不过乎史；史之降者，不过乎子；子不异乎道者，《孟子》也。舍是而子者，必斥乎经、史，为圣人之贼也！夫《孟子》之文，灿若经传，天惜其道，不烬于秦。自汉代得其书，尝置博士，以颛其学。故其文继乎六艺，光乎百氏，得真圣人之微旨也。不然者，何其道烨烨于前而其书汲汲于后？得非道拘乎正，文失于奥，有好邪者惮正而不举，嗜浅者鄙奥而无称邪？盖仲尼爱文王，如嗜昌歜以取味，后之人将爱仲尼者，其嗜在乎《孟子》矣！夫古之士，以汤、武为逆取者，其不读《孟子》乎！以杨、墨为达智者，其不读《孟子》乎！由是观之，

---

① "检"，原本作"简"。
② "上"，原本作"尚"。

《孟子》之功，利于人亦不轻矣。今有司除茂才至明经外，其次有熟庄周、列子书者，亦登于科，其诱善也虽深，而悬科也未正。夫《庄》《列》之文，荒唐之文也。读之可以为方外之士，习之可以为洪荒之民，安有能汲汲以救时补教为志哉？伏请命有司去庄、列之书，以《孟子》为主。有能精通其义者，其科选视明经同。苟若是也，不谢汉之博士矣。

《册府元龟》卷六〇四《学校部·奏议三》

三、 入学考试

其有吏民子弟，有识性开敏，志希学艺，亦具名申送入京，量其差品，并即配学。明设考课，各使厉精，琢玉成器，庶其非远。

《唐大诏令集》卷一〇五《置学官备释奠礼诏》

开元二十一年五月，敕：诸州县学生，年二十五已下，八品、九品子，若庶人生年二十一已下，通一经已上，及未通经，精神通悟，有文词史学者，每年铨量举选。所司简试，听入四门学，充俊士。即诸州人省试不第，情愿入学者，听。国子监所管学生，尚书省补；州县学生，长官补。诸州县学生，专习正业之外，仍令兼习吉凶礼。公私礼有事处，令示仪式，余皆不得辄使。许百姓任立私学，欲其寄州县受业者，亦听。

《唐会要》卷三五《学校》

〔元和元年〕四月，国子祭酒冯伉奏：应解学生等。国家崇儒，本于勤学，既居庠序，宜在交修。其有艺业不勤，游处非类，樗蒲六博，酗酒喧争，凌慢有司，不修法度，有一于此，并请解退。又有文章帖义，不及格限，频经五年，不堪申送者，亦请解退。其礼部所补生，到日亦请准格帖试，然后给厨役。每日^①一度，试经一年，等第不进者，停厨。庶以上功，示其激劝。又准格，九年不及第者，即出监。闻比来多改名却入，起今以后，如有此类，请退送法司，准式科处。敕旨："依奏。"

《唐会要》卷六六《东都国子监》

长庆二年闰十月，祭酒韦乾度奏：当监四馆学生，每年有及第阙员，其四方有请补学生人，并不曾先于监司陈状，便自投名礼部，计会补署。监司因循日久，官吏都不检举，但准礼部关牒收管，有乖太学引进之路。臣忝守官，请起今已后，应四馆有阙，其每年请补学生者，须先经监司陈状，请替某人阙。监司则先考试通业，然后具名申礼部，仍称堪充学生。如无监司解申，请不在收管之限。旧例，每给付厨房，动多喧竞。请起今已后，当监进士、明经等，待补署毕，关牒到监司，则重考试。其进士等若重试及格，当日便给厨房。其明经等考试及格后，待监司牒送，则给厨房，庶息喧争。

《唐会要》卷六六《东都国子监》

第一章　国子监

韦乾度为国子祭酒，穆宗长庆二年闰十月奏："当监四馆学生，每年有及第阙员，其四方有请补学生人，并不曾先于监司陈状，便自投名礼部，计会补署。监司因循日久，官吏都简举，但准礼部关牒收管，有乖太学引进之路。臣既忝守臣，请起今已后，应

四馆有阙，其每年请补学生者，须先经监司陈状，称请替某人阙。监司则先考试通毕，然后具姓名申礼部，仍称堪充学生。如无监司解申，请不在收管之限。旧例，每给付厨房，动多喧竞。请起今已后，当监进士、明经等，待补署毕，关牒到监司，则重考试。其进士等若重试及格，当日便给厨房。其明经等考试及格后，待经监司解送，则给厨房，庶息喧争。当监四馆学生，有及第出监者，便将本住房转与亲故。其合得房学生，则无房可给。请起今已后，学生有及第出监者，仰馆子先通状纳房。待有新补学生公试毕后，便给令居住。当监承前，并无专知馆博士。请起今已后，每馆众定一人知馆事。如生徒无故喧竞者，仰馆子与业长通状领过。知馆博士则准监司条流处分。其中事有过误，众可容恕，监司自议科决。如有悖慢师长，强暴斗打，请牒府县锢身，递送乡贯。"敕旨："宜依。"

《册府元龟》卷六〇四《学校部·奏议三》

吴郡陆颙，家于长城，其世以明经仕。……及长，从本郡贡于礼部，既下第，遂为生太学中。

《太平广记》卷四七六《昆虫四·陆颙》

杜昉为国子博士。天成二年八月，以国学所设，比教胄子，近为外官多占居止，请令止绝。

《册府元龟》卷六二〇《卿监部·举职》

其年[1]八月十一日，宰臣兼判国子祭酒崔协奏："请国子监每

---

[1]　后唐天成三年。

年只置监生二百员,候解送至十月三十日满数为定。"又:"请颁下诸道州府,各置官学,如有乡党备诸文行可举者,录其事实,申监司,方与解送。但一身就业,不得影庇门户。兼太学书生,亦依此例,不得因此便取公牒,辄免本户差役。"又:"每年于二百人数内,不系时节,有投名者,先令学官考试,校其学业深浅,方议收补姓名。"敕:"宜依。"

《五代会要》卷一六《国子监》

崔协为宰相兼判国子祭酒。天成三年八月,奏:"请国子监每年只置监生二百人,自后更与诸道相次解送,至十月三十日满数为定。"又:"请颁下诸道州府,各置官学。如有乡党备诸文行可举者,录其事实,申殿监司,方与解送。但一身就业,不得影庇户门。兼太学书生,亦依此例,不得因此便取公牒,辄免本户差役。"又:"每年于二百人数内,不系时节,有投名者,先令学官考试,较其学业深浅,方议收补姓名。"敕:"宜依。长定二百人,其中有艺业精博者,令准近敕考试,及格,解送礼部。及第后,据人数却填。"五年正月,国子监又奏:"当监旧例,初补监生,有束脩钱两贯文;及第后,光学钱一贯文。切缘当监诸色举人,及第后,近再多不于监司出给光学文抄,及不纳光学文钱,只守选限,年满便赴南曹参选。南曹近年选人,并不收置监司光学文抄为凭。请自后欲准例应诸色举人,及第后,并却于监司出给光学文抄,并纳光学钱等。各有所业,次第以备,当逐年修葺公使,奉敕宜准往例指挥。兼自今后,凡补监生,须令情愿住在监中修学,则得给牒收补,仍据所业次第,逐季考试申奏。其勘到见管监生一百七十八人,仍勒准此指挥。如收补年深,未闻艺业,虚沾补牒,不赴试期,亦委监司简点其姓名、年月，一一分折申奏。"长兴元年春，国子监又请以学生束脩及光学钱，备监屯修葺公使。从之。

《册府元龟》卷六二〇《卿监部》

四、 旬试与月试

隋制，国子寺，每岁以四仲月上丁，释奠于先圣先师。年别一行乡饮酒礼。州郡学则以春秋仲月释奠。州郡县亦每年于学一行乡饮酒礼。学生皆乙日试书，丙日给假焉。

《隋书》卷九《礼仪志四》

每旬前一日，则试其所习业。试读者，每千言内试一帖；试讲者，每二千言内问大义一条，总试三条，通一及全不通，斟量决罚。

《唐六典》卷二一《国子监》

旬给假一日。前假，博士考试，读者千言试一帖，帖三言；讲者二千言问大义一条，总三条通二为第，不及者有罚。

《新唐书》卷四四《选举志上》

太和五年十二月，国子祭酒裴通奏："……应补当司诸学生等。按学令云：诸生先读经文通熟，然后授文讲义。每旬放一日休假，前一日，博士考试。其试读，每千言内试一帖，帖三言；讲义者，每二千言内问大义一条，总试三条，通二为及第，通一及不全通者，酌量决罚。……"

《唐会要》卷六六《东都国子监》

冯伉为国子祭酒。宪宗元和元年四月，伉奏："应解补学生等，国家崇儒，本于劝学，既居庠序，宜在交修。有其艺业不勤，游处非类，樗蒲六博，酗酒喧争，凌慢有司，不修法度，有一于此，并请解退。又有文章帖义，不及格限，频经五年，不堪申送者，亦请解退。其礼部所补学生，到日亦请准格帖试，然后给厨。后每月一度试，经年等第不进者，停厨。庶以止奸，示其激劝。又准格，九年不及第者，即出监。访闻比来多改名却入，起今已后，如有此类，请送法司，准式科处。"敕旨："从之。"

《册府元龟》卷六〇四《学校部·奏议三》

〔后唐天成〕五年正月五日，国子监奏："当监旧例，初补监生有束脩钱二千，及第后光学钱一千。窃缘当监诸色举人及第后，多不于监司出给光学文抄，及不纳光学钱，只守选限年满，便赴南曹参选。南曹近年磨勘选人，并不收竖监司光学文抄为凭。请今后欲准往例，应诸色举人及第后，并先于监司出给光学文抄，并纳光学钱等，各自所业等第，以备当监逐年公使。"奉敕："宜准往例，自今后凡补监生，须令情愿于监中修学，则得给牒收补，仍据所业次第，逐季考试申奏。如收补年深，未闻艺业，虚沾补牒，不赴试期，亦委监司具姓名申奏。"

《五代会要》卷一六《国子监》

五、 岁试

〔仁寿元年六月〕乙丑，诏曰："儒学之道，训教生人，识父子君臣之义，知尊卑长幼之序，升之于朝，任之以职，故能赞理时务，弘益风范。朕抚临天下，思弘德教，延集学徒，崇建庠序，开进仕之路，伫贤隽之人。而国学胄子，垂将千数，州县诸生，咸亦不少。徒有名录，空度岁时，未有德为代范，才任国用。良由设学之理，多而未精。今宜简省，明加奖励。"于是国子学唯留学生七十人，太学、四门及州县学并废。

《隋书》卷二《高祖纪下》

丞掌判监事。凡六学生每岁有业成上于监者，以其业与司业、祭酒试之：明经，帖经，口试，策经义；进士，帖一中经，试杂文，策时务，征故事；其明法、明书、算，亦各试所习业。登第者，白祭酒，上于尚书礼部。其试法皆依考功，又加以口试。明经帖限通八已上，明法、明书皆通九已上。

《唐六典》卷二一《国子监》

岁终，通一年之业，口问大义十条，通八为上，六为中，五为下。并三下与在学九岁、律生六岁不堪贡者罢归。诸学生通二经、俊士通三经已及第而愿留者，四门学生补太学，太学生补国子学。

《新唐书》卷四四《选举志上》

国子博士掌教文武官三品已上及国公子孙、从二品已上曾孙之为生者，五分其经以为之业，……每岁，其生有能通两经已上求出仕者，则上于监；堪秀才、进士者，亦如之。

《唐六典》卷二一《国子监》

高宗永徽元年六月，诏曰："昔勋、华肇政，仁义居先；殷、周创基，教学成本。朕嗣立鸿基，裁成丕绪，如临于海，罔知攸济，思得学徒，用康庶绩。而顷岁所敦，先诸圣教，青襟方领，未达至怀。惟欲思辕固以加班，想高堂以授秩。斯文寥落，去之弥远，深加发虑，称朕意焉。儒官员缺，即宜补授。其馆博士、助教，节级赐物。三馆学士有业科高第，景行淳良者，所司简试，具以名闻。"

《册府元龟》卷五〇《帝王部·崇儒术二》

神龙二年九月，敕：……以每年国子监所管学生，国子监试，州县学生，当州试。并选艺业优长者为试官，仍长官监试。其试者通计一年所受之业，口问大义十条，得八已上为上，得六已上为中，得五已上为下，及其学九年。律生则六年。不贡举者，并解退[①]。其从县向州者；年数下第，并须通计。服关重仕者，不在计限，不得改业。

《唐会要》卷三五《学校》

国子监学生，明经法帖策口试各十，并通四以上，进士；通三，与及第。乡贡明经，准常式。州县学生放归营农，待贼平之后，任依常式。

《唐大诏令集》卷六九《乾元元年南郊赦》

太和五年十二月，国子祭酒裴通奏："当司所授丞、簿及诸馆博士、助教、直讲等，谨按《六典》云：'丞掌判监事。凡六学生，每

第
一
章

国
子
监

---

① "退"，原作"追"，此处据《唐摭言》卷一《两监》改。

岁有①业成，上于监者，以其业与司业、祭酒试之。明经，帖经，口试，策经义；进士，帖一中经，试杂文，策时务，征故事。'注云：'其试法皆依考功口试。② 明经帖限通八以上，明法等皆通九以上。'

'主簿掌印勾检，凡学生有不率师教者，则举而免之。其频三年下第，九年在学无成者，亦如之。'注云：'假如违程限及作乐杂戏者，亦同。唯弹琴、习射不禁。'诸博士、助教皆分经教授学者，每授一经，必令终讲。所讲未终，不得改业。诸博士、助教皆计当年讲授多少，以为考课等级。应补当司诸学生等，按《学令》云：诸生先读经文通熟，然后授文讲义。每旬放一日休假，前一日，博士考试。其试，读每千言内试一帖，帖三言。讲义者，每二千言内问大义一条，总试三条，通二为及第，通一及不全通者酌量决罚。谨具当司官吏及学生令典，条件如前。伏望敕下有司，允臣所奏。"敕旨："宜依。"

《唐会要》卷六六《东都国子监》

六、 大成生考试

其国子监大成十员，取明经及第人聪明灼然者，试日诵千言，并口试，仍策所习业，十条通七，然后补充，各授散官，依色令于学内习业，以通四经为限。其禄俸赐会准非伎术直例给。业成者，于吏部简试，《孝经》《论语》共试八条，余经各试八条，间日一试，灼然明练精熟为通，口试十通九、策试十通七为第。所加经者，《礼记》《左传》《毛诗》《周礼》各两阶，余经各加

---

① "有"，原作"月"，此处据《唐六典》卷二一《国子监》改。
② 《唐六典》卷二一《国子监》注："其试法皆依考功，又加以口试。"

一阶。及第者，放选，优与处分。不第者，三年一简。九年业不成者，解退，依常选例。业未成年未满者，不得别选及充余使。若经事故，应叙日，还令覆上。其先及第人欲加经及官人请试经者，皆准此。

《唐六典》卷四《尚书礼部》

其禄俸、赐会准非伎术直例给。业成者，于吏部简试，《孝经》《论语》共试八条，余经各试八条，简日一试，灼然明练精熟为通，口试十通九、策试十通七为第。所加经者，《礼记》《左传》《毛诗》《周礼》各加两阶，余经各加一阶。及第者，放选，优与处分。如不及第，依旧任，每三年一简。九年业不成者，解退，依常选例。业未成年未满者，不得别选及充余使。若经事故，应叙日，还令覆上。其先及第人欲加经及官人请试经者，亦准此。

《唐六典》卷二《尚书吏部》

大成十人。皇朝置。取贡举及第人，考功简聪明者，试书日诵得一千言，并口试、策试所习业等十条通七，然后补充，仍授散官，俸禄、赐会同直官例给。初置二十人，开元二十年减十人。大成通四经业成，上于尚书吏部试，登第者加一阶放选，其不第则习业如初。每三年一试。若九年无成，则免大成，从常调。

《唐六典》卷二一《国子监》

其国子监大成十二员，取明经及第人聪明灼然者，试日诵千言，并口试，仍策所习业，十条通七，然后补充。各授散官，依旧令于学内习业，以通四经为限。

《旧唐书》卷四三《职官志二》

国子监置大成二十人，取已及第而聪明者为之。试书日诵千言，并日试策，所业十通七，然后补其禄俸，同直官。通四经业成，上于尚书，吏部试之，登第者加一阶放选。其不第则习业如初，三岁而又试，三试而不中第，从常调。

《新唐书》卷四四《选举志上》

七、 其他

……学官即宜精选，务令讲习简择。

《唐大诏令集》卷一二三《至德二载收复两京大赦》

国子监应今新注学官等牒，准今年赦文，委国子祭酒选择有经艺堪训导生徒者，以充学官。近年吏部所注，多循资叙，不考艺能；至令生徒不自劝励。伏请非专通经传，博涉坟史，及进士五经诸色登科人，不以比拟。其新受官，上日必加研试，然后放上，以副圣朝崇儒尚学之意。具状牒上吏部，仍牒监者。谨牒。

《韩昌黎文集校注》卷八《国子监论新注学官牒》

〔贞观〕二十一年二月，诏皇太子之国学释奠，赐学官胄子帛各有差，仍擢其高业。右庶子许敬宗上四言诗以美其事。

《册府元龟》卷三七《帝王部·颂德》

高宗朝，姜恪以边将立功为左相，阎立本为右相。时以年饥，放国子学生归，又限令史通一经。时人为之语曰："左相宣威沙漠,右相驰誉丹青。三馆学生放散,五台令史经明。"

《大唐新语》卷一一《惩戒第二十五》

〔开元〕七年十一月乙亥,皇太子入国学,行齿胄礼。丙子,诏曰:"儒道惟百王之政,元良乃万国之贞。属太学举贤,宾庭贡士,当其谒讲,故行齿奠,所以弘风阐教,尚德尊师,宜有颁锡,以成光宠。陪位官一品宜赐五十匹,二品、三品四十匹,四品、五品三十匹,六品、七品二十匹,八品、九品十五匹。缘行礼及别职掌者各递加一等。六品以下五匹为等,五品以上十匹为等。坐主加二等。学生赐物三匹。待举者及诸方贡人各赐五匹。"

《册府元龟》卷八〇《帝王部·庆赐二》

广德二年七月丙午,敕曰:"古者设大学,教胄子,所以延俊造,扬王庭。虽年谷不登,兵甲或动,而俎豆之事,未尝废焉。顷年以来,戎车屡驾,天下转输,公私匮竭。带甲之士,所务赢粮,鼓箧之徒,未能仰给。繇是诸生辍讲,弦诵蔑闻,宣父有言,是吾忧也。投戈息马,论道尊儒,用弘庠序之风,俾有箪瓢之乐。宜令所司,量追集贤学士,精加选择,使在馆习业。仍委度支,准给厨米。敦兹儒术,庶有大成。甲科高悬,好学者中,敷求茂异,称朕意焉。"

《唐大诏令集》卷一〇五《选集贤学士敕》

〔韦〕知人字行哲,……以国子举授校书郎。

《新唐书》卷一一八《韦知人传》

太学生何蕃入太学者廿余年矣。岁举进士,学成行尊;自太学诸生推颂不敢与蕃齿,相与言于助教、博士,助教、博士以状申于司业、祭酒,司业、祭酒撰次蕃之群行焯焯者数十余事,以之升于礼部而以闻于天子。京师诸生以荐蕃名文说者不可选纪,公卿大夫知蕃者比肩立;莫为礼部,为礼部者率蕃所不合者,以是无成功。

蕃,淮南人,父母具全。初入太学,岁率一归,父母止之;其后间一二岁乃一归,又止之;不归者五岁矣。蕃,纯孝人也。闵亲之老,不自克;一日,揖诸生,归养于和州;诸生不能止,乃闭蕃空舍中。于是太学六馆之士百余人,又以蕃之义行言于司业阳先生城,请谕留蕃。于是太学阙祭酒,会阳先生出道州,不果留。

欧阳詹生言曰:蕃,仁勇人也。或者曰:蕃居太学,诸生不为非义,葬死者之无归,哀其孤而字焉,惠之大小必以力复,斯其所谓仁欤;蕃之力不任其体,其貌不任其心,吾不知其勇也。欧阳詹生曰:朱泚之乱,太学诸生举将从之,来请起蕃,蕃正色叱之,六馆之士不从乱,兹非其勇欤?

惜乎蕃之居下,其可以施于人者不流也。譬之水,其为泽,不为川乎?川者高,泽者卑;高者流,卑者止。是故蕃之仁义充诸心,行诸太学,积者多,施者不遝也。天将雨,水气上,无择于川泽涧溪之高下,然则泽之道其亦有施乎?抑有待于彼者欤?故凡贫贱之士,必有待,然后能有所立,独何蕃欤!吾是以言之,无亦使其无传焉。

《韩昌黎文集校注》卷二《太学生何蕃传》

〔天宝〕十四载四月,敕:"国子监诸生等,既非举时,又属暑月,在于馆学恐渐炎蒸。其有欲归私第及还乡贯习读者,并听,仍委本司长官具名申牒。所繇任至举时赴监。东京监亦准此。"

《册府元龟》卷五〇《帝王部·崇儒术二》

清泰三年五月,敕:"国子监每岁举人,皆自远方来集,不询解送,何辨是非?其附监举人,并准去年八月一日敕,须取本处文解。如不及第者,次年便许监司解送。若初投名,未曾本处取解者,初举落第后,监司勿便收补。其淮南、江南、黔、蜀远人,不拘此例。"

周显德元年十一月,敕:"国子监所解送广顺三年已前监生人数,宜令礼部贡院收纳文解。其今年内新收补监生,并仰落下。今后须是监中受业,方得准令式收补解送。"近年有诸州府不得解举人,即投监请补。

《五代会要》卷一六《国子监》

臣闻禁暴乱者,莫先于刑律;勤礼义者,无切于诗书。刑律明则人不敢为非,礼义行则时自然无事。今诗书之教,则业必有官;刑律之科,则世皆莫晓。近者大理正宋昇,请置律学生徒,虽获上闻,未蒙申举。伏乞特颁诏旨,下付国庠,令再设此科,许其岁贡。仍委诸州,各荐送一两人,就京习学,候至业成,便放出身,兼许以卑官,却还本处。则率土之内,尽会刑书,免祸触于金科,冀咸遵于皇化。

《全唐文》卷八四八《萧希甫·请置明律科奏》

凡布化条,惟务均一,苟公平之无爽,即中外以适从。国子监每举举人,皆自四方来集,不询解送,何辨是非?其附监举人,并依去年八月一日敕，须取本处文解。如不及第者，次年便许监司解送。若初投名，未尝令本处取解者，初举落第后，监司勿更收补。其淮南、江南、黔、蜀远人，即不拘此例。

《全唐文》卷一一三《后唐末帝·附监举人分别解送诏》

第二章

政府部门附属学校

一、 隋政府部门附属学校

　　秘书省，……领著作、太史二曹。……太史曹，置令、丞各二人，司历二人，监候四人。其历、天文、漏刻、视祲，各有博士及生员。

《隋书》卷二八《百官志下》

　　太常、光禄、卫尉、宗正、太仆、大理、鸿胪、司农、太府等九寺，并置卿、少卿各一人。各置丞、主簿、录事等员。

　　太常寺又有博士四人，协律郎二人，奉礼郎十六人。统郊社、太庙、诸陵、太祝、衣冠、太乐、清商、鼓吹、太医、太卜、廪牺等署。各置令、丞。

《隋书》卷二八《百官志下》

　　太乐署、清商署，各有乐师员。太乐八人，清商二人。鼓吹署有哄师。二人。

《隋书》卷二八《百官志下》

太医署有主药、二人。医师、二百人。药园师、二人。医博士、二人。助教、二人。按摩博士、二人。祝禁博士二人。等员。

《隋书》卷二八《百官志下》

太仆寺又有兽医博士员。一百二十人。

《隋书》卷二八《百官志下》

大理寺，不统署。又有正、监、评、各一人。司直、十人。律博士、八人。明法、二十人。狱掾。八人。

《隋书》卷二八《百官志下》

律学博士一人，从八品下。……隋大理寺官属有律博士八人，正九品上。皇朝省置一人，移属国学。

《唐六典》卷二一《国子监》

二、 唐政府部门附属学校

（一）弘文馆、崇文馆

弘文馆学士无员数。

学生三十人。补弘文、崇文学生例：皇宗缌麻已上亲，皇太后、皇后大功已上亲，散官一品、中书门下三品、同中书门下平章事、六尚书、功臣身食实封者，京官职事正三品、供奉官三品子孙，京官职事从三品、中书黄门侍郎子，并听预简，选性识聪敏者充。贞观元年，敕见任京官文武职事五品已上子，有性爱学书及有书性者，听于馆内学书，其法书内出。其年有二十四人入馆。敕虞世南、欧阳询教示楷法。黄门侍郎王珪奏："学生学书之暇，请置博士，兼肄业焉。"敕太学助教侯孝遵授其经典，著作郎许敬宗授以《史》《汉》。二年，珪又奏，请为学生置讲经博士，考试经业，准试贡举，兼学法书。……

弘文馆学士掌详正图籍，教授生徒。凡朝廷有制度沿革、礼仪轻重，得参议焉。……其学生教授考试，如国子之制。礼部试崇文、弘文生举例：习经一大经、一小经；史习《史记》《汉书》《后汉书》《三国志》，各自为业，及试时务策五条。经、史皆读文精熟、言音典正。策试十道，取粗解注义，经通六，史通三。其时务策须识文体，不失问目意，试五得三。皆兼帖《孝经》《论语》共十条，通六者为第。

《唐六典》卷八《门下省》

弘文馆。大唐武德初，置修文馆，后改名弘文馆。神龙初改为昭文，二年，又却为修文，寻又为昭文。开元七年，又诏弘文焉。仪凤中，以馆中多图籍，未详正，委学士校理。自垂拱以来，多大臣兼领。馆中有四部书。自贞观初，褚亮检校馆务，学士号为"馆主"，因为故事。每令给事中一人判馆事，校书二人，学生三十人。

《通典》卷二一《职官三·门下省》

弘文馆　学士，掌详正图籍，教授生徒。朝廷制度沿革、礼仪轻重，皆参议焉。

武德四年，置修文馆于门下省；九年，改曰弘文馆。贞观元年，诏京官职事五品已上子嗜书者二十四人，隶馆习书，出禁中书法以授之。其后又置讲经博士。仪凤中，置详正学士，校理图籍。武德后，五品已上曰学士，六品已下曰直学士，又有文学直馆，皆他官领之。武后垂拱后，以宰相兼领馆务，号馆主；给事中一人判馆事。神龙元年，改弘文馆曰昭文馆，以避孝敬皇帝之名；二年曰修文馆。景龙二年，置大学士四人，以象四时；学士八人，以象八节；直学士十二人，以象十二时。

景云中,减其员数,复为昭文馆。开元七年,曰弘文馆,置校书郎,又有校理、雠校错误等官。长庆三年,与详正学士、讲经博士皆罢,颛以五品已上曰学士,六品已下曰直学士,未登朝为直馆。

校书郎二人,从九品上。掌校理典籍、刊正错谬。凡学生教授、考试,如国子之制。

有学生三十八人,令史二人,楷书十二人,供进笔二人,典书二人,拓书手三人,笔匠三人,熟纸装潢匠八人,亭长二人,掌固四人。

《新唐书》卷四七《百官志二》

崇文馆:

学士无员数。

学生二十人。

校书二人。①

崇文馆:学士;……贞观中,崇文馆有学士、直学士,员不常置,掌教授学生等业。……

崇文馆学士掌刊正经籍图书,以教授诸生,其课试举送如弘文馆。

《唐六典》卷二六《太子三府三少
詹事府左右春坊内官》

崇文馆学士:魏文帝始置崇文观,以王肃为祭酒,其后无闻。贞观中,置崇贤馆,有学士、直学士员,掌经籍图书,教授诸王,属左春坊。龙朔二年,改司经局为桂坊,管崇贤馆,而罢隶左

---

① 此为编者据相关文献归纳而成。

春坊,兼置文学四员、司直二员。司直正七品上,职为东宫之宪司。府门北向,以象御史台也。其后省桂坊。而崇贤又属左春坊。后沛王贤为皇太子,避其名改为崇文馆,其学士例与弘文馆同。

《通典》卷三〇《职官十二·东宫官》

崇文馆　学士二人,掌经籍图书,教授诸生,课试举送如弘文馆。校书郎二人,从九品下。掌校理书籍。

贞观十三年,置崇贤馆。显庆元年,置学生二十人。上元二年,避太子名,改曰崇文馆。有学士、直学士及雠校,皆无常员,无其人则庶子领馆事。开元七年,改雠校曰校书郎。乾元初,以宰相为学士,总馆事。贞元八年,隶左春坊。有馆生十五人,直书一人,令史二人,书令史二人,典书二人,拓书手二人,楷书手十人,熟纸匠一人,装潢匠二人,笔匠一人。

《新唐书》卷四九上《百官志四上》

其弘文、崇文馆学生虽同明经、进士,以其资荫全高,试取粗通文义。弘、崇生习一大经一小经、两中经者,习《史记》者、《汉书》者、《东观记》者、《三国志》者,皆须读文精熟、言音典正,策试十道,取粗解注义,经通六、史通三。其试时务策者,皆须识文体,不失问目意,试五得三。皆兼帖《孝经》《论语》,共十条。

《唐六典》卷四《尚书礼部》

至天宝十四载二月十日,宏文馆学生,自今已后,宜依国子监学生例帖试,明经、进士帖经并减半,杂文及策皆须粗通,仍永为恒式。

《唐会要》卷七七《贡举下·宏文崇文生举》

是月①，敕："弘文、崇文两馆生，皆以资荫补充。所习经业，务须精熟；楷书字体，皆得正样。通七者与出身，不通者罢之。"

《册府元龟》卷六四〇《贡举部·条制二》

〔贞元〕六年九月，敕："本置两馆学生，皆选勋贤胄子，盖欲令其讲艺，绍习家风，固非开此幸门，堕素典教。且令式之内，具有条章，考试之时，理须精核。比闻此色幸冒颇深，或假市门资，或变易昭穆，殊亏教化之本，但长浇漓之风。未补者务取阙员，已补者自然登第。用荫既已乖实，试艺又皆假人。诱进之方，岂当如此！自今已后，所司宜据式文考试，定其升黜。如有假代，并准法处分。"

《册府元龟》卷六四〇《贡举部·条制二》

太和七年八月，敕："每年试帖经官，以国子监学官充，礼部不得别更奏请。其宏文、崇文两馆生、斋郎，并依令试经毕，仍差都省郎官两人覆试。"

《唐会要》卷五九《礼部尚书》

〔大和〕七年八月庚寅，册皇太子礼毕，制曰："……弘文、崇文两馆生、斋郎，并依令式试经毕，仍差都省郎官两人覆试。……"

《册府元龟》卷九〇《帝王部·赦宥九》

裴炎，绛州闻喜人也。少补弘文生，每遇休假，诸生多出游，炎独不废业。岁余，有司将荐举，辞以学未笃而止。在馆垂十载，

---

① 广德元年七月。

尤晓《春秋左氏传》及《汉书》。擢明经第，寻为濮州司仓参军。

《旧唐书》卷八七《裴炎传》

　　裴行俭字守约，绛州闻喜人。……行俭幼引荫补弘文生。贞观中，举明经，调左屯卫仓曹参军。

《新唐书》卷一〇八《裴行俭传》

　　及建中初，〔令狐〕峘为礼部侍郎，炎为宰相，不念旧事。有士子杜封者，故相鸿渐子，求补弘文生。炎尝出杜氏门下，托封于峘。峘谓使者曰："相公诚怜封，欲成一名，乞署封名下一字，峘得以志之。"炎不意峘卖，即署名托封。峘以炎所署奏论，言宰相迫臣以私，臣若从之，则负陛下，不从则炎当害臣。德宗出疏问炎，炎具言其事。德宗怒甚，曰："此奸人，无可奈何。"欲决杖流之。炎苦救解，贬衡州别驾。

《旧唐书》卷一四九《令狐峘传》

　　新罗人金忠义以机巧进，至少府监，荫其子为两馆生，〔韦〕贯之持其籍不与，曰："工商之子不当仕。"忠义以艺通权幸，为请者非一，贯之持之愈坚。既而疏陈忠义不宜污朝籍，词理恳切，竟罢去之。

《旧唐书》卷一五八《韦贯之传》

　　〔唐文宗大和〕八年正月，礼部奏："明经、弘文、崇文馆生、太庙郊神、斋郎、掌坐等，共五百五十二人，今六色共请减一百三十八人。"从之。

《册府元龟》卷六四一《贡举部·条制三》

（二）崇玄学

崇玄署：……隋初，置崇玄署令、丞，至炀帝，改郡县佛寺为道场，置道场监一人；改观为玄坛，监一人。大唐复置崇玄署，初又每寺观各置监一人，属鸿胪，贞观中省。开元中，以崇玄署隶宗正寺，掌观及道士、女冠簿籍斋醮之事。

《通典》卷二五《职官七·诸卿上》

崇玄馆[①]　开元二十九年正月三日，于玄元皇帝庙置崇玄博士一员，令学生习《道德经》《庄子》《文子》《列子》，待习业成后，每年随贡举人例送至省，准明经例考试。

《唐会要》卷六四《史馆下·崇玄馆》

〔开元〕二十九年春正月丁丑，制两京、诸州各置玄元皇帝庙并崇玄学，置生徒，令习《老子》《庄子》《列子》《文子》，每年准明经例考试。

《旧唐书》卷九《玄宗本纪下》

天宝元年五月，中书门下奏："两京及诸郡崇玄馆学生等，准开元二十九年正月十五日制，前件举人，合习《道德》《南华》《通玄》《冲虚》等四经。又准天宝元年二月十日制，改《庚桑子》为《洞灵真经》。准条补，崇玄学生亦合习读。伏准旧制，合通五经。其

---

① 《唐会要》中，因避玄宗讳，崇玄馆称"崇元馆"，玄元皇帝称"元元皇帝"，崇玄博士称"崇元博士"，今改归旧称。下同。

《洞灵真经》，人间少本，近令诸观寻访。道士等全无习者，本既未广，业实难成，并《通玄》《冲虚》二经，亦恐文字不定。玄教方阐，学者宜精，其《洞灵真经》等三经，望付所司，各写十本，校定讫，付诸道采访使颁行。其贡举司及两京崇玄学，亦望各付一本。今冬，崇玄学举人，望准开元二十九年敕条考试。其《洞灵真经》，请待业成，然后准式。"从之。

《唐会要》卷六四《史馆下·崇玄馆》

〔天宝〕二年三月十六日，制："崇玄生试及帖策各减一条，三年业成，始依常式。"

《唐会要》卷七七《贡举下·崇玄生》

〔天宝〕二年三月十六日，制："崇玄生试及帖册各减一条，三年业成，始依常式。"

《册府元龟》卷六四〇《贡举部·条制二》

大历三年七月，增置崇玄生员，满一百。

《唐会要》卷七七《贡举下·崇玄生》

德宗建中二年二月，中书门下奏："准制，崇玄馆学生试日减策一道者。其崇玄馆附学官见任者，既同行事，例合沾恩。惟策一道，不可更减，减大义两条。"从之。

《册府元龟》卷六四〇《贡举部·条制二》

文思殿崇玄馆，天宝中明皇命周尹愔为崇玄馆学士。值禄山兵乱,馆宇浸废。至武宗,特诏营创,置吏铸印,以刘玄静为崇玄馆学士,号广成先生,入居灵符殿望仙台。武宗时命神策军士修望仙楼及廊舍五百余间。大中八年,复命葺之,补阙陈嘏上疏谏而止,改为文思院含春亭睿武楼。

《长安志》卷六《宫室四》

（三）天文学

太史局:

令二人,从五品下。

丞二人,从七品下。

令史二人。

书令史四人。

楷书手二人。

亭长四人。

掌固四人。

司历二人,从九品上。

保章正一人,从八品上。

历生三十六人。

装书历生五人。

监候五人,从九品下。

天文观生九十人。

灵台郎二人,正八品下。

天文生六十人。

挈壶正二人,从八品下。

司辰十九人，正九品下。

漏刻典事十六人。

漏刻博士九人。

漏刻生三百六十人。

典钟二百八十人。

典鼓一百六十人。[①]

太史令掌观察天文，稽定历数。凡日月星辰之变，风云气色之异，率其属而占候焉。其属有司历、灵台郎、挈壶正。凡玄象器物、天文图书，苟非其任，不得与焉。每季录所见灾祥送门下、中书省入起居注，岁终总录，封送史馆。每年预造来岁历，颁于天下。

保章正一人，从八品上。……至隋，置历博士一人，正九品上。皇朝因之。长安四年，省历博士，置保章正以当之，掌教历生。历生三十六人，隋氏置，掌习历。皇朝因之，同流外，八考入流。装书历生五人。皇朝置，同历生。

监候五人，从九品下。天文观生九十人。隋氏置，掌昼夜在灵台伺候天文气色。皇朝所置，从天文生转补，八考入流也。

灵台郎二人，正八品下。掌习知天文。……隋太史置天文博士，掌教习天文气色。皇朝因隋，置天文博士二人，正八品下。长安四年，省天文博士之职，置灵台郎以当之。天文生六十人。隋氏置，皇朝因之。年深者，转补天文

---

① 此为编者据相关文献归纳而成。

观生。

漏刻博士九人。隋置，有品秩，掌教漏刻生。皇朝降为流外也。漏刻生三百六十人。隋置，掌习漏刻之节，以时唱漏。皇朝因之，皆中、小男为之，转补为典钟、典鼓。

《唐六典》卷一〇《秘书省》

司天台：旧太史局，隶秘书监。龙朔二年改为秘阁局，久视元年改为浑仪监。景云元年改为太史监，复为太史局，隶秘书。乾元元年三月十九日，敕：改太史监为司天台，改置官属。旧置于子城内秘书省西，今在永宁坊东南角也。监一人，从三品。本太史令，从五品下。乾元元年改为监，升从三品，一如殿中秘书品秩也。少监二人。本曰太史丞，从七品下。乾元升为少监，与诸司少监卿同品也。太史令掌观察天文，稽定历数。凡日月星辰之变，风云气色之异，率其属而占候之。其属有司历二人，掌造历。保章正一人，掌教。历生四十一人。监候五人，掌候天文。观生九十人，掌昼夜司候天文气色。灵台郎二人，掌教习天文气色。天文生六十人。挈壶正二人。掌知漏刻。司辰七十人，漏刻典事二十二人，漏刻博士九人，漏刻生三百六十人，典钟一百一十二人，典鼓八十八人，楷书手二人，亭长、掌固各四人。自乾元元年别置司天台。改置官吏，不同太史局旧数，今据司天职掌书之也。凡玄象器物、天文图书，苟非其任，不得预焉。每季录所见灾祥，送门下中书省，入起居注。岁终总录，封送史馆。每年预造来年历，颁于天下。五官正五员，正五品。乾元元年置五官，有春、夏、秋、冬、中五官之名。丞二员，正七品。主簿二员，正七品。定额直五人，五官灵台郎五员，正七品。五官司历五员，正八品。旧司历二人，从九品上，掌国之历法，造历以颁四方。……五官监候五员，正八品。五官挈壶正五员，正九品。五官司辰十五员。正九品。旧挈壶正二员，从八品下。司辰十七人，正九品下。皆掌知漏刻。孔壶为漏，浮箭为刻，以告中星昏明之候也。五官礼生十五人，五官楷书手五人，令史五人，漏刻博士二十人，漏刻之法，孔壶为漏，浮箭为刻。……典钟、典鼓三百五十人，天文观生九十人，天文生五十人，历生五十五人，漏生四十人，视品十人。已上官吏，皆乾元元年随监司新置也。

《旧唐书》卷四三《职官志二》

（四）音乐学校

太常寺：卿一人，正三品。少卿二人，正四品上。太常卿之职，掌邦国礼乐、郊庙、社稷之事，以八署分而理焉：一曰郊社，二曰太庙，三曰诸陵，四曰太乐，五曰鼓吹，六曰太医，七曰太卜，八曰廪牺。总其官属，行其政令，少卿为之贰。

《唐六典》卷一四《太常寺》

太常寺　卿一人，正三品；少卿二人，正四品上。掌礼乐、郊庙、社稷之事，总郊社、太乐、鼓吹、太医、太卜、廪牺、诸祠庙等署，少卿为之贰。……丞二人，从五品下。掌判寺事。……主簿二人，从七品上。博士四人，从七品上。掌辨五礼。……协律郎二人，正八品上。掌和律吕。录事二人，从九品上。……

…………

太乐署　令二人，从七品下；丞一人，从八品下；乐正八人，从九品下。令掌调钟律，以供祭飨。

《新唐书》卷四八《百官志三》

协律郎掌和六律、六吕，以辨四时之气，八风五音之节。阳为六律，所以统气类物：仲冬为黄钟，孟春为太簇，季春为姑洗，仲夏为蕤宾，孟秋为夷则，季秋为无射。阴为六吕，所以旅阳宣气：季冬为大吕，仲春为夹钟，孟夏为仲吕，季夏为林钟，仲秋为南吕，孟冬为应钟。凡律管之数起于九，以九相乘，八十一以为宫；三分去一，五十四以为徵；三分益一，七十二以为商；三分去一，四十八以为羽；三分益一，六十四以为角。黄钟为宫，太簇为商，姑洗为角，林钟为徵，南吕为羽，还相为宫，以生其声焉。凡太乐、鼓吹教乐，则监试为之课限。太乐署教乐：雅乐大曲三十日成，小曲二十日。清乐大曲六十日，大文曲三十日，小曲十日。燕乐、西凉、龟兹、疏勒、安国、天竺、高昌大曲各三十日，次曲各二十日，小曲各十日。高丽、康国一曲。鼓吹署：棡鼓一曲十二变三十日，大鼓一曲十日，长鸣三声十日。铙鼓一曲五十日，歌、箫、笳一曲各三十日，大横吹一曲六十日，节鼓一曲二十日，笛、箫、觱篥、笳、桃皮觱篥一曲各二十日，小鼓一曲十日，中鸣三声十日。羽葆鼓一曲三十日，錞于一曲五日，歌、箫、笳一曲各三十日，小横吹一曲六十日，箫、笛、觱篥、笳、桃皮觱篥一曲各三十日成。凡教乐，淫声、过声、凶声、慢声皆禁之。淫声，若郑、卫者；过声，失哀乐之节；凶声，亡国之声音，若桑间濮上者；慢声，不恭者也。使阳而不敢散，阴而不敢集，刚气不怒，柔气不慑，畅于中，发于外，以应天地之和。若大祭祀、飨燕，奏乐于庭，则升堂执麾以为之节制：举麾，鼓祝，而后乐作；偃麾，戛敔而后止。

《唐六典》卷一四《太常寺》

〔太常寺〕协律郎：……北齐及隋协律郎皆二人。大唐因之。掌举麾节乐，调和律吕，监试乐人典课。

《通典》卷二五《职官七·诸卿上》

太乐署：令一人，从七品下；丞一人，从八品下；乐正八人，从九品下；典事八人；文武二舞郎一百四十人。太乐令掌教乐人调合钟律，以供邦国之祭祀、飨燕。丞为之贰。

《唐六典》卷一四《太常寺》

〔太常寺〕太乐署：《周官》有大司乐，掌成均之法，亦谓之乐尹，以乐舞教国子。……隋有太乐令、丞各一人。大唐因之。掌习音乐、乐人簿籍。

《通典》卷二五《职官七·诸卿上》

太乐署：令一人，丞一人，府三人，史六人。乐正八人，典事八人，掌故八人，文武二舞郎一百四十人。太乐令调合钟律，以供邦国之祭祀、享宴。丞为之贰。凡天子宫悬钟磬，凡三十六虡。凡大宴会，则设十部伎。凡大祭祀、朝会用乐，辨其曲度章服，而分始终之次。有事于太庙，每室酌献各用舞。凡祀昊天上帝及五方《大明》《夜明》之乐，皆六成，祭皇地祇神州社稷之乐，皆八成，享宗庙，皆九成。其余祭祀，三成而已。凡习乐，立师以教。每岁考其师之课业，为上、中、下三等，申礼部，十年大校之，量优劣而黜陟焉。凡乐人及音声人应教习，皆著簿籍，核其名数，分番上下。

《旧唐书》卷四四《职官志三》

凡习乐立师以教，每岁考其师之课业，为上、中、下三等，申礼部，十年大校之，若未成，则又五年而校之，量其优劣而黜陟焉。诸无品博士随番少者，为中第；经十五年，有五上考者，授散官直本司。若职事之为师者,则进退其考。习业者亦为之限,既成,得进为师。凡乐人及音声人应教习,皆著簿籍,核其名数而分番上下,_{短番散乐一千人,}诸州有定额。_{长上散乐一百人,太常自访召。}关外诸州者分为六番,关内五番,京兆府四番,并一月上;一千五百里外,两番并上。六番者,上日教至申时。四番者,上日教至午时。皆教习检察,以供其事。_{若有故及不任供奉,则输资钱以充伎衣、乐器之用。}

《唐六典》卷一四《太常寺》

凡习乐,立师以教,而岁考其师之课业为三等,以上礼部。十年大校,未成,则五年而校,以番上下。……博士教之,功多者为上第,功少者为中第,不勤者为下第,礼部覆之。十五年有五上考、七中考者,授散官,直本司,年满考少者,不叙。教长上弟子四考,难色二人、次难色二人业成者,进考,得难曲五十以上任供奉者为业成。习难色大部伎三年而成,次部二年而成,易色小部伎一年而成,皆入等第三为业成。业成、行修谨者,为助教;博士缺,以次补之。长上及别教未得十曲,给资三之一;不成者隶鼓吹署。习大小横吹,难色四番而成,易色三番而成;不成者,博士有谪。内教博士及弟子长教者,给资钱而留之。

《新唐书》卷四八《百官志三》

唐改太乐为乐正,有府三人,史六人,典事八人,掌固六人,文武二舞郎一百四十人,散乐三百八十二人,仗内散乐一千人,音声人一万二十七人。有别教院。开成三年,改法曲所处院曰仙韶院。

《新唐书》卷四八《百官志三》

〔太常寺〕鼓吹署：……隋有鼓吹、清商二令、丞，至炀帝，罢清商署。大唐鼓吹署令、丞各一人，所掌颇与太乐同。

《通典》卷二五《职官七·诸卿上》

（五）医药学校

太医署：令二人，从七品下；丞二人，从八品下；医监四人，从八品下；医正八人，从九品下；医师二十人，医工一百人，医生四十人，典学二人。太医令掌诸医疗之法，丞为之贰。其属有四，曰医师、针师、按摩师、咒禁师，皆有博士以教之。其考试、登用，如国子监之法。诸医、针生读《本草》者，即令识药形，知药性；读《明堂》者，即令验图识其孔穴；读《脉诀》者，即令递相诊候，使知四时浮、沉[①]、涩、滑之状；读《素问》《黄帝针经》《甲乙》《脉经》，皆使精熟。博士月一试，太医令、丞季一试，太常丞年终总试。若业术过于见任官者，即听补替。其在学九年无成者，退从本色。凡医师、医正、医工疗人疾病，以其全多少而书之，以为考课。每岁常合伤寒、时气、疟痢、伤中、金疮之药，以备人之疾病者。药园师以时种莳、收采诸药。京师置药园一所，择良田三顷，取庶人十六已上、二十已下充药园生，业成，补药园师。凡药有阴阳配合，子母兄弟，根叶花实，草石骨肉之异，及有毒无毒，阴干曝干，采造时月，皆分别焉。皆辨其所出州土，每岁贮纳，择其良者而进焉。

医博士一人，正八品上；助教一人，从九品上。……皇朝武德中，博士一人，助教二人。贞观中，减置一人，又置医师、医工佐之，掌教医生。医博士掌以医术教授诸生，习《本草》《甲乙》《脉经》，分而为业：一曰体

---

① "沉"，原本作"沈"。"沈"，同"沉"。此处按现代汉语用法，用"沉"，下同。

疗，二曰疮肿，三曰少小，四曰耳目口齿，五曰角法。诸医生既读诸经，乃分业教习，率二十人，以十一人习体疗，三人学疮肿，三人学少小，二人学耳目口齿，一人学角法。体疗者，七年成；少小及疮肿，五年；耳目口齿之疾并角法，二年成。

针博士一人，从八品上。针助教一人，从九品下。皇朝置，又置针师、针工佐之，以教针生也。针博士掌教针生以经脉孔穴，使识浮、沉、涩、滑之候，又以九针为补写之法。凡针疾，先察五脏有余不足而补写之。凡针生习业者，教之如医生之法。针生习《素问》《黄帝针经》《明堂》《脉诀》，兼习《流注》《偃侧》等图、《赤乌神针》等经。业成者，试《素问》四条、《黄帝针经》《明堂》《脉诀》各二条。

按摩博士一人，从九品下。……隋太医有按摩博士二人，皇朝因之。贞观中，减置一人，又置按摩师、按摩工佐之，教按摩生也。按摩师四人，按摩工十六人，按摩生十五人。按摩博士掌教按摩生以消息导引之法，以除人八疾：一曰风，二曰寒，三曰暑，四曰湿，五曰饥，六曰饱，七曰劳，八曰逸。凡人支、节、府、藏积而疾生，导而宣之，使内疾不留，外邪不入。若损伤折跌者，以法正之。

咒禁博士一人，从九品下。隋太医有咒禁博士一人，皇朝因之。又置咒禁师、咒禁工以佐之，教咒禁生也。咒禁博士掌教咒禁生，以咒禁祓除邪魅之为厉者。有道禁，出于山居方术之士。有禁咒，出于释氏。以五法神之：一曰存思，二曰禹步，三曰营目，四曰掌决，五曰手印，皆先禁食荤血，斋戒于坛场以受焉。

《唐六典》卷一四《太常寺》

太医署　令二人，从七品下；丞二人，医监四人，并从八品下；医正八人，从九品下。令掌医疗之法，其属有四：一曰医师，二曰针师，三曰按摩师，四曰咒禁师。皆教以博士，考试登用如国子监。医师、医正、医工疗病，书其全之多少为考课。岁给药以防民疾。凡陵寝庙，皆储以药，尚药、太常医各一人受之。宫人患坊有药库，监门苣出给；医师、医监、医正番别一人苣坊。凡课药之州，置采药师一人。京师以良田为园，庶人十六以上为药园生，业成者为师。凡药，辨其所出，择其良者进焉。

有府二人，史四人，主药八人，药童二十四人，药园师二人，药园生八人，掌固四人，医师二十人，医工百人，医生四十人，典药一人，针工二十人，针生二十人，按摩工五十六人，按摩生十五人，咒禁师二人，咒禁工八人，咒禁生十人。

医博士一人，正八品上；助教一人，从九品上。掌教授诸生以《本草》《甲乙》《脉经》，分而为业：一曰体疗，二曰疮肿，三曰少小，四曰耳目口齿，五曰角法。

针博士一人，从八品上；助教一人，针师十人，并从九品下。掌教针生以经脉、孔穴，教如医生。

按摩博士一人，按摩师四人，并从九品下。掌教导引之法以除疾，损伤折跌者，正之。

咒禁博士一人，从九品下。掌教咒禁祓除为厉者，斋戒以受焉。

《新唐书》卷四八《百官志三》

〔太常寺〕太医署：……隋太医署令二人。大唐因之。主医药，凡领医、针灸、按摩、咒禁，各有博士。

《通典》卷二五《职官七·诸卿上》

（六）兽医学校

太仆寺：

卿一人。

少卿二人。

丞四人。

主簿二人。

录事二人。

府十七人。

史三十四人。

兽医六百人。

兽医博士四人。

学生一百人。①

丞四人,从六品上。……武德中减置二人,永徽中加一人,开元初又加一人。领兽医博士、学生等。……丞掌判寺事。凡补兽医生,皆以庶人之子考试,其业成者,补为兽医;业优长者,进为博士。

《唐六典》卷一七《太仆寺》

太仆寺 卿一人,从三品;少卿二人,从四品上;丞四人,从六品上;主簿二人,从七品上;录事二人。卿掌厩牧、辇舆之政,总乘黄、典厩、典牧、车府四署及诸监牧。行幸,供五路属车。凡监牧籍帐,岁受而会之,上驾部以议考课。

永徽中,太仆寺曰司驭寺,武后光宅元年改曰司仆寺。有府十七人,史三十四人,兽医六百人,兽医博士四人,学生百人,亭长四人,掌固六人。

《新唐书》卷四八《百官志三》

① 此为编者据相关文献归纳而成。

（七）工艺学校

少府监：监一人，从三品。少监二人，从四品下。少府监之职，掌百工伎巧之政令，总中尚、左尚、右尚、织染、掌冶五署之官属，庀其工徒，谨其缮作。少监为之贰。凡天子之服御，百官之仪制，展采备物，率其属以供焉。

丞四人，从六品下。主簿二人，从七品下。录事二人，从九品上。丞掌判监事。凡五属所修之物，须金石、齿革、羽毛、竹木而成者，则上尚书省，尚书省下所由司以供给焉。凡五署之所入于库物，各以名数并其州土所生以籍之，季终则上于所由，其副留于监；有出给者，则随注所供而印署之。凡教诸杂作，计其功之众寡与其难易而均平之，功多而难者，限四年、三年成，其次二年，最少四十日，作为等差，而均其劳逸焉。凡教诸杂作工，业金、银、铜、铁铸、钅舌、凿、镂、错、镞所谓工夫者，限四年成，以外限三年成，平慢者限二年成。诸杂作有一年半者，有一年者，有九月者，有三月者，有五十日者，有四十日者。主簿掌勾检稽失。凡财物之出纳，工人之缮造，簿帐之除附，各有程期；不如期者，举而按之。录事掌受事发辰。

《唐六典》卷二二《少府军器监》

少府 监一人，从三品；少监二人，从四品下。掌百工技巧之政。总中尚、左尚、右尚、织染、掌冶五署及诸冶、铸钱、互市等监。……

丞六人，从六品下。掌判监事。给五署所须金石、齿革、羽毛、竹木，所入之物，各以名数州土为籍。工役众寡难易有等差，而均其劳逸。

主簿二人，从七品下；录事二人，从九品上。

中尚署　令一人，从七品下；丞二人，从八品下。掌供郊祀圭璧及天子器玩、后妃服饰雕文错彩之制。……监作四人，从九品下。凡监作，皆同品。

左尚署　令一人，从七品下；丞五人，从八品下。掌供翟扇、盖伞、五路、五副、七辇、十二车，及皇太后、皇太子、公主、王妃、内外命妇、王公之车路。凡画素刻镂与宫中蜡炬杂作，皆领之。监作六人。

右尚署　令二人，从七品下；丞四人，从八品下。掌供十二闲马之辔。每岁取于京兆、河南府，加饰乃进。凡五品三部之帐，刀剑、斧钺、甲胄、纸笔、茵席、履舄，皆拟其用，皮毛之工亦领焉。监作六人。

织染署　令一人，正八品上；丞二人，正九品上。掌供冠冕、组绶及织纴、色染。……监作六人。

掌冶署　令一人，正八品上；丞二人，正九品上。掌范镕金、银、铜、铁及涂饰琉璃玉作。……监作二人。

《新唐书》卷四八《百官志三》

钿镂之工，教以四年；车路乐器之工，三年；平漫刀稍之工，二年；矢镞竹漆屈柳之工，半焉；冠冕弁帻之工，九月。教作者传家技，四季以令丞试之，岁终以监试之，皆物勒工名。

《新唐书》卷四八《百官志三》

（八）习艺馆

习艺馆。本名内文学馆，选宫人有儒学者一人为学士，教习宫人。则天改为习艺馆，又改为翰林内教坊，以事在禁中故也。

《旧唐书》卷四三《职官志二》

宫教博士二人，从九品下。掌教习宫人书、算、众艺。

初，内文学馆隶中书省，以儒学者一人为学士，掌教宫人。武后如意元年，改曰习艺馆，又改曰万林内教坊，寻复旧。有内教博士十八人，经学五人，史、子、集缀文三人，楷书二人，《庄》、《老》、太一、篆书、律令、吟咏、飞白书、算、棋各一人。开元末，馆废，以内教博士以下隶内侍省，中官为之。

《新唐书》卷四七《百官志二》

掖庭宫，宫城东西四里，南即皇城，北抵苑。掖庭西门。贞观二年，敕左丞戴胄于掖庭西门简宫人出之。按掖庭宫盖高祖所起，宫人教艺之所也。

《长安志》卷六《宫室四》

（九）教坊

内教坊。武德已来，置于禁中，以按习雅乐，以中官人充使。则天改为云韶府，神龙复为教坊。

《旧唐书》卷四三《职官志二》

武德后，置内教坊于禁中。武后如意元年，改曰云韶府，以中官为使。开元二年，又置内教坊于蓬莱宫侧，有音声博士、第一曹博士、第二曹博士。京都置左右教坊，掌俳优杂技。自是不隶太常，以中官为教坊使。

《新唐书》卷四八《百官志三》

长生殿教坊。《唐纪》曰:"玄宗置左右教坊于蓬莱宫侧。帝自为法曲俗乐以教宫人,号'皇帝梨园弟子'。"

《长安志》卷六《宫室四》

旧制,雅俗之乐,皆隶太常。上精晓音律,以太常礼乐之司,不应典倡优杂伎;乃更置左右教坊以教俗乐,命右骁卫将军范及为之使。又选乐工数百人,自教法曲于梨园,谓之"皇帝梨园弟子"。又教宫中使习之。又选伎女,置宜春院,给赐其家。

《资治通鉴》卷二一一《唐纪二十七·
玄宗至道大圣大明孝皇帝上之中》

玄宗又于听政之暇,教太常乐工子弟三百人为丝竹之戏,音响齐发。有一声误,玄宗必觉而正之,号为"皇帝弟子",又云"梨园弟子",以置院近于禁苑之梨园。

《旧唐书》卷二八《音乐志一》

西京:右教坊在先宅坊,左教坊在延政坊。右多善歌,左多工舞,盖相因成习。东京:两教坊俱在明义坊,而右在南,左在北也。坊南西门外即苑之东也,其间有顷余水泊,俗谓之月陂,形似偃月,故以名之。

《教坊记》

妓女入宜春苑,谓之"内人",亦曰"前头人",常在上前头也。其家犹在教坊,谓之"内人家",……敕有司:给赐同十家。虽数十家,犹故以"十家"呼之。每月二日、十六日,内人母得以女对;无母,则姊妹若姑一人对。十家就本落,余内人并坐内教坊对。内人生日,则许其母、姑、姊妹皆来对。其对所如式。

楼下戏出队,宜春院人少,即以云韶添之。云诏谓之"宫人",盖贱隶也。非直美恶殊貌,佩琚居然易辨,内人带鱼,宫人则否。平人女以容色选入内者,教习琵琶、三弦、箜篌、筝等者,谓"挡弹家"。

开元十一年初,制《圣寿乐》,令诸女衣五方色衣,以歌舞之。宜春院女教一日,便堪上场。惟挡弹家弥月不成。至戏日,上亲加策励,……令宜春院人为首尾,挡弹家在行间,令学其举手也。宜春院亦有工拙,必择尤者为首尾。首既引队,众所属目,故须能者。乐将阕,稍稍失队,余二十许人。舞曲终,谓之"合杀",尤要快健,所以更须能者也。

《教坊记》

第三章

地方学校

一、 隋代地方学校

（一）州郡县学的主管部门

上上州，置刺史，长史，司马，录事参军事，功曹，户、兵等曹参军事，法、士曹等行参军，行参军，典签，州都光初主簿，郡正，主簿，西曹书佐，祭酒从事，部郡从事，仓督，市令、丞等员，并佐史，合三百二十三人。

《隋书》卷二八《百官志下》

郡，置太守，丞，尉，正，光初功曹，光初主簿，县正，功曹，主簿，西曹，金、户、兵、法、士等曹，市令等员，并佐史，合一百四十六人。

《隋书》卷二八《百官志下》

县，置令，丞，尉，正，光初功曹，光初主簿，功曹，主簿，西曹，金、户、兵、法、士等曹佐及市令等员，合九十九人。

《隋书》卷二八《百官志下》

（二）州郡县学的考试

自正朔不一，将三百年，师说纷纶，无所取正。高祖膺期篡历，平一寰宇，顿天网以掩之，贲旌帛以礼之，设好爵以縻之，于是四海九州强学待问之士靡不毕集焉。天子乃整万乘，率百僚，遵间道之仪，观释奠之礼。博士馨悬河之辩，侍中竭重席之奥，考正亡逸，研核异同，积滞群疑，涣然冰释。于是超擢奇隽，厚赏诸儒，京邑达乎四方，皆启黉校。齐、鲁、赵、魏，学者尤多，负笈追师，不远千里，讲诵之声，道路不绝。中州儒雅之盛，自汉、魏以来，一时而已。及高祖暮年，精华稍竭，不悦儒术，专尚刑名，执政之徒，咸非笃好。暨仁寿间，遂废天下之学，唯存国子学一所，弟子七十二人。炀帝即位，复开庠序，国子郡县之学，盛于开皇之初。征辟儒生，远近毕至，使相与讲论得失于东都之下，纳言定其差次，一以闻奏焉。……既而外事四夷，戎马不息，师徒怠散，盗贼群起，礼义不足以防君子，刑罚不足以威小人，空有建学之名，而无弘道之实。其风渐坠，以至灭亡，方领矩步之徒，亦多转死沟壑。凡有经籍，自此皆湮没于煨烬矣。

《隋书》卷七五《儒林传》

隋制，……州郡学则以春秋仲月释奠。州郡县亦每年于学一行乡饮酒礼。学生皆乙日试书，丙日给假焉。

《隋书》卷九《礼仪志四》

〔开皇九年夏四月〕壬戌，诏曰：……京邑庠序，爰及州县，生徒受业，升进于朝，未有灼然明经高第。此则教训不笃，考课未精，明勒所由，隆兹儒训。

《隋书》卷二《高祖纪下》

梁彦光字修芝，安定乌氏人也。……

…………

……岁余，拜赵州刺史。彦光曰："臣前待罪相州，百姓呼为戴帽饧。臣自分废黜，无复衣冠之望，不谓天恩复垂收采。请复为相州，改弦易调，庶有以变其风俗。"上从之，复为相州刺史。豪猾者闻彦光自请来，莫不嗤笑。彦光下车，发摘奸隐，有若神明，狡猾莫不潜窜，合境大骇。……彦光欲革其弊，乃用秩俸之物，招致山东大儒，每乡立学，非圣哲之书不得传授。常以季月召集之，亲临策试。有勤学异等，聪令有闻者，升堂设馔，其余并坐廊下。有好净讼，惰业无成者，坐之庭中，设以草具。及大成当举，行宾贡之礼，又于郊外祖道，并以财物资之。于是人皆克励，风俗大改。

《隋书》卷七三《梁彦光传》

〔开皇元年，梁〕彦光自请复为相州，帝许之。豪猾闻彦光再来，皆嗤之。彦光至，发摘奸伏，有若神明，豪猾潜窜，阖境大治。于是招致名儒，每乡立学，亲临策试，褒勤黜怠。及举秀才，祖道于郊，以财物资之。于是风化大变，吏民感悦，无复讼者。

《资治通鉴》卷一七五《陈纪九·高宗宣皇帝下之下》

二、 唐代地方学校

（一）府州县学的设置与主管部门

自高祖初入长安,开大丞相府,下令置生员,自京师至于州县皆有数。既即位,又诏秘书外省别立小学,以教宗室子孙及功臣子弟。其后又诏诸州明经、秀才、俊士、进士明于理体为乡里称者,县考试,州长重覆,岁随方物入贡;吏民子弟学艺者,皆送于京学,为设考课之法。州、县、乡皆置学焉。

《新唐书》卷四四《选举志上》

京都学生八十人,大都、中都督府、上州各六十人,下都督府、中州各五十人,下州四十人,京县五十人,上县四十人,中县、中下县各三十五人,下县二十人。……州县学生,州县长官补,长史主焉。

《新唐书》卷四四《选举志上》

京兆、河南、太原三府

经学博士一人,从八品上;助教二人。魏、晋已下,郡、国并有文学,即博士、助教之任。并皇朝置。学生八十人。皇朝置。医学博士一人,助教一人,开元初置。医学生二十人。贞观初置。

大都督府

经学博士一人，从八品上；助教二人；学生六十人。医学博士一人，从八品下；助教一人；学生十五人。

中都督府

经学博士一人，从八品下；助教二人；学生六十人。医学博士一人，正九品下；助教一人；学生五十人。

下都督府

经学博士一人，从八品下；助教一人；学生五十人。医学博士一人，助教一人，学生十二人。

上州

经学博士一人，从八品下；助教二人；学生六十人。医学博士一人，正九品下；助教一人；学生十五人。

中州

经学博士一人，正九品上；助教一人；学生五十人。医学博士一人，从九品下；助教一人；学生十二人。

下州

经学博士一人,正九品下;助教一人;学生四十人。医学博士一人,从九品下;学生一十人。

经学博士以五经教授诸生。医学博士以百药救疗平人有疾者。

万年、长安、河南、洛阳、奉先、太原、晋阳

博士一人,助教一人,学生五十人。

京兆、河南、太原诸县

经学博士一人,助教一人,学生四十人。

诸州上县

博士一人,助教一人,学生四十人。

诸州中县

博士一人,助教一人,学生二十五人。

诸州中下县

博士一人,助教一人,学生二十五人。

诸州下县

博士一人,助教一人,学生二十人。

博士掌以经术教授诸生。二分之月,释奠于先圣先师。

《唐六典》卷三〇《三府督护州县官吏》

古者乡有序,党有塾,将以弘长儒教,诱进学徒,化人成俗,率由于是。……宜令天下州县,每一乡之内,别各置学,仍择师资,令其教授。

《唐大诏令集》卷七三《亲祀东郊德音》

三皇之时,兆庶淳朴,盖由其上,以道化人。自兹厥后,为政各异。我烈祖玄元皇帝,禀大圣之德,蕴至道之精,著五千文,用矫时弊,可以理国家,超夫象系之表,出彼明言之外。朕有处分,令家习此书,庶乎人用向方,政成不宰。虑兹下士,未达微言,是以重有发明,俾之开悟,期弱丧而知复,宏善贷于无穷。两京及诸州,各置玄元皇帝庙一所,每年依道法斋醮。兼置崇玄学,生徒于当州县学生数内均融量置,令习《道德经》及《庄子》《文子》《列子》,待习业成,每年准明经举送至省。置助教一人,委所由州长官,于诸色人内精加访择补授,仍稍加优奖。

《全唐文》卷三一《玄宗·命两京诸路各置玄元皇帝庙诏》

玄宗方弘道化,至二十九年,始于京师置崇玄馆,诸州置道学,生徒有差,京、都各百人,诸州无常员。习《老》《庄》《文》《列》,谓之"四子"。荫第与国子监同。谓之"道举"。举送、课试与明经同。

《通典》卷一五《选举三·历代制下》

功曹、司功参军,掌官吏考课、假使、选举、祭祀、祯祥、道佛、学校、表疏、书启、医药、陈设之事。

《唐六典》卷三〇《三府督护州县官吏》

功曹、司功参军事,掌考课、假使、祭祀、礼乐、学校、表疏、书启、禄食、祥异、医药、卜筮、陈设、丧葬。

《新唐书》卷四九下《百官志四下》

经学博士:……大唐府郡置经学博士各一人,掌以五经教授学生,多寒门鄙儒为之。助教、学生各有差。

《通典》卷三三《职官十五·州郡下》

文学一人,从八品上。掌以五经授诸生。县则州补,州则授于吏部。然无职事,衣冠耻之。

武德初,置经学博士、助教、学生。德宗即位,改博士曰文学。元和六年,废中州、下州文学。京兆等三府,助教二人,学生八十人。大都督府、上州,各助教一人;中都督府,学生五十人;下府、下州,各四十人。

医学博士一人，从九品上。掌疗民疾。

贞观三年，置医学，有医药博士及学生。开元元年，改医药博士为医学博士，诸州置助教，写《本草》《百一集验方》藏之。未几，医学博士、学生皆省，僻州少医药者如故。二十七年，复置医学生，掌州境巡疗。永泰元年，复置医学博士。三都、都督府、上州、中州各有助教一人。三都学生二十人，都督府、上州二十人，中州、下州十人。

《新唐书》卷四九下《百官志四下》

国朝以来，州、县皆有博士，县则州补，州则吏曹授焉。然博士无吏职，惟主教授，多以醇儒充之。衣冠俊乂，耻居此任。

············

今上登极，思弘教本，吏部尚书颜真卿奏请改诸州博士为文学，品秩在参军之上，其中下州学一事已上，并同上州，每令与司功参军同试贡举，并四季同巡县点检学生，课其事业。博士之为文学，自此始也。

《封氏闻见记校注》卷一《儒教》

医博士：一人，大唐开元十一年七月制置，阶品同录事。每州写《本草》《百一集验方》，与经史同贮。其年九月，御撰《广济方》五卷，颁天下。贞元十二年二月，御撰《广利方》五卷，颁天下。自今以后，诸州府应阙医博士，宜令长史各自访求选试，取人艺业优长堪效用者，具以名闻。已出身人及前资官便与正授，其未出身且令权知。四考后，州司奏与正授。余准恒式，吏部更不须选集。

《通典》卷三三《职官十五·州郡下》

〔开元二十一年〕五月，敕：“……州县学生，州县长官补；州县学生，取郭下县人替。诸州县学生习本业之外，仍令兼习吉凶礼。公私有礼，令示仪式，余皆不得辄使。诸百姓立私学，其欲寄州县学授业者，亦听。”

《唐摭言》卷一《两监》

其年①八月十一日，宰臣兼判国子祭酒崔协奏：“……又请颁下诸道州府，各置官学，如有乡党备诸文行可举者，录其事实申监司，方与解送。但一身就业，不得影庇门户……

《五代会要》卷一六《国子监》

（二）府州县学的考试

〔高祖武德〕七年二月己酉，诏：“诸州有明一经已上未被升擢者，本属举送，具以名闻，有司试策，皆加叙用。……”

《旧唐书》卷二四《礼仪志四》

六经茂典，百王仰则；四学崇教，千载垂范。是以西胶东序，春诵夏弦，悦《礼》敦《诗》，本仁祖义。建邦立极，咸必由之。自叔世浇讹，雅道沦缺，绵历岁纪，儒风莫扇。隋季已来，丧乱滋甚，眷言篇籍，皆为煨烬。周孔之教，阙而不修；庠塾之仪，泯焉将堕。非所以阐扬徽烈，敦尚风轨，训民调俗，垂裕后昆。

朕受命膺期，握图御宇，思弘治道，冀宣德化，永言坟索，深存讲

---

① 后唐天成三年。

习。所以捃摭遗逸，招集散亡，诸生胄子，特加奖劝。然而凋弊之余，堙替日多，学徒尚少，经术未隆，《子衿》之叹，无忘寝兴。方今华函夏既清，干戈渐戢，搢绅之业，此则可兴。宜下四方诸州，有明一经已上，未被升擢者，本属举送，具以名闻。有司议等，加阶叙用。其有吏民子弟，识性开敏，志希学艺，亦具名申送入京。量其差品，并即配学。明设考课，各使励精，琢玉成器，庶其非远。州县及乡里，各令置学。官僚牧宰，或不存意，普便颁下，早遣修立。若夫安上治民，莫善于礼，出忠入孝，自家刑国。揖让俯仰，登降折旋，皆有节文，咸资端肃。冈习末业，随时废绝。凡厥生民，各宜勉励。

《唐大诏令集》卷一〇五《置学官备释奠礼诏》

神龙二年九月，敕：学生在学，各以长幼为序。初入学，皆行束脩之礼，礼于师。国子、太学，各绢三匹；四门学，绢二匹；俊士及律、书、算学，州县各绢一匹。皆有酒醢。其束脩三分入博士，二分助教。以每年国子监所管学生，国子监试；州县学生，当州试。并选艺业优长者为试官，仍长官监试。其试者通计一年所受之业，口问大义十条，得八已上为上，得六已上为中，得五已上为下。及其学九年律生则六年。不贡举者，并解追。其从县向州者，年数下第，并须通计。服阕重仕者，不在计限。不得改业。

《唐会要》卷三五《学校》

又每年国子监所管学生，国监试；州县学生，当州试。并艺业优长者为试官，仍长官监试。其试者通计一年所授[①]之业，口问大

---

① "授"，或为"受"。

义十条,得八已上为上,得六已上为中,得五已下为下。类三不及,在学九年。律生六年,不任贡举者,并解退。其从县向州者,数下第,并须通计。服阕重任者,不在计限。……

《唐摭言》卷一《两监》

开元二十一年五月,敕:诸州县学生,年二十五已下,八品、九品子,若庶人生年二十一已下,通一经已上,及未通经,精神通悟,有文词史学者,每年铨量举选。所司简试,听入四门学,充俊士。即诸州人省试不第,情愿入学者,听。国子监所管学生,尚书省补;州县学生,长官补。诸州县学生,专习正业之外,仍令兼习吉凶礼。公私礼有事处,令示仪式,余皆不得辄使。许百姓任立私学,欲其寄州县受业者,亦听。

《唐会要》卷三五《学校》

诸州县学生,二十五已下,……通一经已上,未及一经而精神聪悟,有文词史学者,每年铨量举送。所司简试,听入四门学,充俊士。

《唐摭言》卷一《两监》

自今已后,令天下家藏《孝经》一本,精勤诵习。乡学之中,倍增教授,郡县官吏,明申劝课。

《唐大诏令集》卷七四《亲祭九宫坛大赦天下敕》

天宝十二载七月十三日,诏:天下举人,不得充乡赋,皆须补国子学士及郡县学生,然后听举。至至德元年①已后,依前

---

① "年",应作"载"。

乡贡。

《唐会要》卷七六《贡举中·缘举杂录》

〔天宝十二载〕七月壬子，天下齐人不得乡贡，须补国子学生，然后贡举。

《旧唐书》卷九《玄宗本纪下》

〔天宝〕十二载，乃敕天下罢乡贡，举人不由国子及郡县学者，勿举送。……十四载，复乡贡。

《新唐书》卷四四《选举志上》

玄宗时，两京国学有明经、进士，州县之学绝无举人，于是敕停贡，一切令补学生，然后得举。无何，中原有事，乃复为乡贡。州县博士、学生惟二仲释奠行礼而已。

《封氏闻见记校注》卷一《儒教》

〔宝历元年〕正月辛亥，上祀南郊还，御丹凤楼大赦天下，改元。制曰："澄清教化，莫尚乎太学；明治心术，必本乎六经。天下诸色人中，有能精通一经，堪为师法者，委国子祭酒访择，具以名闻奏。天下州县各委刺史、县令招延儒学，明加训诱，名登科第，即免征徭。"

《唐大诏令集》卷七〇《宝历元年正月南郊赦》

会昌五年正月制：公卿百官子弟及京畿内士人寄客，修明经、进士业者，并宜隶太学。外州县寄学及士人，并宜隶各所在官学。

《唐会要》卷三五《学校》

张昌龄，冀州南宫人。弱冠以文词知名，本州欲以秀才举之，昌龄以时废此科已久，固辞，乃充进士贡举及第。

《旧唐书》卷一九〇上《张昌龄传》

高智周，常州晋陵人。……俄起授寿州刺史，政存宽惠，百姓安之。每行部，必先召学官，见诸生，试其讲诵，访以经义及时政得失，然后问及垦田狱讼之事。咸亨二年，召征正谏议大夫，兼检校礼部侍郎。

《旧唐书》卷一八五上《高智周传》

张镒，苏州人，……大历五年，除濠州刺史，为政清静，州事大理。乃招经术之士，讲训生徒，比去郡，升明经者四十余人。

《旧唐书》卷一二五《张镒传》

岁在丙辰，元日开成，许州牧、尚书杜公，作文宣王庙暨学舍于兑隅，革故而鼎新也。……藏经于重檐，敛器于庪桄。讲筵有位，鼓箧有室。授经有博士，督课有助教，指踪有役夫，洒扫有庙干。

《刘禹锡集》卷三《许州文宣王新庙碑》

唐国子监助教张简，河南缑氏人也。曾为乡学讲《文选》。

《太平广记》卷四四七《狐一·张简》

第二编

科举考试

第一章

科举考试制度的沿革

一、 隋代科举考试制度的初创

〔开皇二年春正月〕甲戌,诏举贤良。

《隋书》卷一《高祖纪上》

〔开皇三年〕十一月己酉,发使巡省风俗,因下诏曰:"朕君临区宇,深思治术,欲使生人从化,以德代刑,求草莱之善,旌闾里之行。民间情伪,咸欲备闻。……如有文武才用,未为时知,宜以礼发遣,朕将铨擢。

《隋书》卷一《高祖纪上》

〔崔〕赜字祖濬,七岁能属文,容貌短小,有口才。开皇初,秦孝王荐之,射策高第,诏与诸儒定礼乐,授校书郎。寻转协律郎,……征为河南、豫章二王侍读,……宇文化及之弑帝也,引为著作郎,称疾不起。

《隋书》卷七七《崔赜传》

〔开皇七年春正月〕乙未，制诸州岁贡三人。

《隋书》卷一《高祖纪上》

〔开皇九年夏四月〕壬戌，诏曰：

往以吴、越之野，群黎涂炭，干戈方用，积习未宁。今率土大同，含生遂性，太平之法，方可流行。凡我臣僚，澡身浴德，开通耳目，宜从兹始。丧乱已来，缅将十载，君无君德，臣失臣道，父有不慈，子有不孝，兄弟之情或薄，夫妇之义或违，长幼失序，尊卑错乱。朕为帝王，志存爱养，时有臻道，不敢宁息。内外职位，遐迩黎人，家家自修，人人克念，使不轨不法，荡然俱尽。兵可立威，不可不戢，刑可助化，不可专行。禁卫九重之余，镇守四方之外，戎旅军器，皆宜停罢。代路既夷，群方无事，武力之子，俱可学文，人间甲仗，悉皆除毁。有功之臣，降情文艺，家门子侄，各守一经，令海内翕然，高山仰止。京邑庠序，爰及州县，生徒受业，升进于朝，未有灼然明经高第。此则教训不笃，考课未精，明勒所由，隆兹儒训。官府从宦，丘园素士，心迹相表，宽弘为念，勿为局促，乖我皇猷。

朕君临区宇，于兹九载，开直言之路，披不讳之心，形于颜色，劳于兴寝。自顷逞艺论功，昌言乃众，推诚切谏，其事甚疏。公卿士庶，非所望也，各放至诚，匡兹不逮。见善必进，有才必举，无或嘿默，退有后言。颁告天下，咸悉此意。

《隋书》卷二《高祖纪下》

〔开皇十六年〕六月甲午，制工商不得进仕。

《隋书》卷二《高祖纪下》

〔开皇十八年秋七月〕丙子,诏京官五品已上,总管、刺史,以志行修谨、清平干济二科举人。

《隋书》卷二《高祖纪下》

〔温〕彦博字大临,通书记,警悟而辩。开皇末,对策高第,授文林郎,直内史省。

《新唐书》卷九一《温彦博传》

〔仁寿三年〕秋七月丁卯,诏曰:……虽求傅岩,莫见幽人,徒想崆峒,未闻至道。唯恐商歌于长夜,抱关于夷门,远迹犬羊之间,屈身僮仆之伍。其令州县搜扬贤哲,皆取明知今古,通识治乱,究政教之本,达礼乐之源。不限多少,不得不举。限以三旬,咸令进路。征召将送,必须以礼。

《隋书》卷二《高祖纪下》

〔苏〕夔字伯尼,少聪敏,有口辩。八岁诵诗书,兼解骑射。……仁寿末,诏天下举达礼乐之源者,晋王昭时为雍州牧,举夔应之。与诸州所举五十余人谒见,高祖望夔谓侍臣:"唯此一人,称吾所举。"于是拜晋王友。

《隋书》卷四一《苏夔传》

高俭字士廉,以字显,……士廉敏惠有度量,状貌若画,观书一见辄诵,敏于占对。……吏部侍郎高孝基劝之仕,仁寿中,举文才甲科,补治礼郎。

《新唐书》卷九五《高俭传》

〔大业元年春正月〕戊申，发八使巡省风俗。下诏曰：……若有名行显著，操履修洁，及学业才能，一艺可取，咸宜访采，将身入朝。所在州县，以礼发遣。

《隋书》卷三《炀帝纪上》

〔大业元年闰七月〕丙子，诏曰：……朕纂承洪绪，思弘大训，将欲尊师重道，用阐厥繇，讲信修睦，敦奖名教。方今宇宙平一，文轨攸同，十步之内，必有芳草，四海之中，岂无奇秀！诸在家及见入学者，若有笃志好古，耽悦典坟，学行优敏，堪膺时务，所在采访，具以名闻，即当随其器能，擢以不次。若研精经术，未愿进仕者，可依其艺业深浅，门荫高卑，虽未升朝，并量准给禄。庶夫恂恂善诱，不日成器，济济盈朝，何远之有！

《隋书》卷三《炀帝纪上》

〔大业三年夏四月〕甲午，诏曰：天下之重，非独治所安，帝王之功，岂一士之略？自古明君哲后，立政经邦，何尝不选贤与能，收采幽滞？周称多士，汉号得人，常想前风，载怀钦伫。朕负扆凝旒，旰旊待旦，引领岩谷，置以周行，冀与群才共康庶绩。而汇茅寂寞，投竿罕至，岂美璞韬采，未值良工，将介石在怀，确乎难拔？永鉴前哲，怃然兴叹！凡厥在位，譬诸股肱，若济巨川，义同舟楫。岂得保兹宠禄，晦尔所知，优游卒岁，甚非谓也。祁大夫之举善，良史以为至公，臧文仲之蔽贤，尼父讥其窃位。求诸往古，非无褒贬，宜思进善，用匡寡薄。

夫孝悌有闻，人伦之本，德行敦厚，立身之基。或节义可称，或操履清洁，所以激贪厉俗，有益风化。强毅正直，执宪不挠，学业优敏,文才美秀,并为廊庙之用,实乃瑚琏之资。才堪将略,则拔之以御侮,膂力骁壮,则任之以爪牙。爰及一艺可取,亦宜采录,众善毕举,与时无弃。以此求治,庶几非远。文武有职事者,五品已上,宜依令十科举人。有一于此,不必求备。朕当待以不次,随才升擢。其见任九品已上官者,不在举送之限。

《隋书》卷三《炀帝纪上》

〔大业五年六月〕辛亥,诏诸郡学业该通、才艺优洽,膂力骁壮、超绝等伦,在官勤奋、堪理政事,立性正直、不避强御四科举人。

《隋书》卷三《炀帝纪上》

刘炫字光伯,河间景城人也。少以聪敏见称,与信都刘焯闭户读书,十年不出。……〔大业中〕纳言杨达举炫博学有文章,射策高第,除太学博士。岁余,以品卑去任……

《隋书》卷七五《刘炫传》

〔大业十年〕五月庚子,诏举郡孝悌廉洁各十人。

《隋书》卷四《炀帝纪下》

二、 唐及五代科举考试制度的发展完善

及隋,皆归吏部,故朝廷贡举之制盛矣。唐循隋制,诸郡贡士,常贡之科有秀才,有明经,有进士,有明法,有明书,有明算。自京师崇文馆、国子监、郡县,皆有学焉。每岁仲冬,国子、郡县课试其成者,长吏会属僚设宾主,陈俎豆,备管弦,牲用少牢,行乡饮

酒，歌《鹿鸣》之诗，征耆艾，叙少长而观焉，就饯而与计偕。其不在学而举者，谓之乡贡。至尚书省，始由户部集阅，而关于考功，课试可者为第。武德旧制，以考功郎中监试贡举。贞观已后，则考功员外郎专掌之。武后载初元年，策问贡举人于雒城，殿前试贡举人自此而始。长安二年，又教人习武艺，每岁如明经、进士之法，行乡饮酒之礼，送于兵部。明皇开元二十四年制：令礼部侍郎专掌贡举。初，因考功员外李昂诋诃进士李权文章，大为权所凌讦。朝议以郎官地轻，故移于礼部。又诏：应试进士等唱第讫，具所试送中书门下详覆。是年，始置礼部贡举印。其后礼部侍郎阙人，亦以他官主之，谓之权知贡举。其知贡举者，皆朝廷美选。二十九年，京师又置崇玄馆，诸州置道学生有差。道学生谓之道举，课试与明经同。先是，掌贡举官亲族皆于礼部差郎官考试，有及第者，尚书覆定，及第者仍别奏，谓之奏移；送吏部令考功员外试练，侍郎覆定，及第者仍别奏，谓之别头举人。代宗永泰元年，始置两都贡举，礼部侍郎官号皆以两都为名。每岁，两地别所及第。至大历十一年，停东都贡举。德宗贞元十六年，又罢别头举人。文宗太和元年，又权于东都置贡举。又有制诏：举人皆标其目而搜扬知之，志烈秋霜、词殚文律、抱器怀能、茂才异等、才膺管乐、道侔伊吕、贤良方正、军谋宏远、明于体用、达于吏理之类，始于显庆，盛于开元、贞元，皆试于殿廷，乘舆亲临观之。试已，糊其名于中，考之策，高者特授美官，其次与出身。又有吏部科目，曰宏词拔萃，平判官皆吏部主之。又有三礼、三传、三史、五经、九经、《开元礼》等科。有官阶出身者，吏部主之；白身者，礼部主之。其吏部科目、礼部贡举，皆各有考官。大抵铨选属吏部，贡举属礼部，崇文馆生属门下省，国子学生属国子监，州府乡贡属长官，职司在功曹司功。五代因之。

《册府元龟》卷六三九《贡举部·总序》

　　唐制,取士之科,多因隋旧,然其大要有三。由学馆者曰生徒,由州县者曰乡贡,皆升于有司而进退之。其科之目,有秀才,有明经,有俊士,有进士,有明法,有明字,有明算,有一史,有三史,有《开元礼》,有道举,有童子。而明经之别,有五经,有三经,有二经,有学究一经,有三礼,有三传,有史科。此岁举之常选也。其天子自诏者曰制举,所以待非常之才焉。

　　凡学六,皆隶于国子监:国子学,生三百人,以文武三品以上子孙若从二品以上曾孙及勋官二品、县公、京官四品带三品勋封之子为之;太学,生五百人,以五品以上子孙、职事官五品期亲若三品曾孙及勋官三品以上有封之子为之;四门学,生千三百人,其五百人以勋官三品以上无封、四品有封及文武七品以上子为之,八百人以庶人之俊异者为之;律学,生五十人,书学,生三十人,算学,生三十人,以八品以下子及庶人之通其学者为之。京都学生八十人,大都督、中都督府、上州各六十人,下都督府、中州各五十人,下州四十人,京县五十人,上县四十人,中县、中下县各三十五人,下县二十人。国子监生,尚书省补,祭酒统焉。州县学生,州县长官补,长史主焉。

　　凡馆二:门下省有弘文馆,生三十人;东宫有崇文馆,生二十人。以皇缌麻以上亲,皇太后、皇后大功以上亲,宰相及散官一品、功臣身食实封者,京官职事从三品、中书黄门侍郎之子为之。

　　凡博士、助教,分经授诸生,未终经者无易业。凡生,限年十四以上、十九以下;律学十八以上、二十五以下。

凡《礼记》《春秋左氏传》为大经，《诗》《周礼》《仪礼》为中经，《易》《尚书》《春秋公羊传》《穀梁传》为小经。通二经者，大经、小经各一，若中经二。通三经者，大经、中经、小经各一。通五经者，大经皆通，余经各一，《孝经》《论语》皆兼通之。凡治《孝经》《论语》共限一岁，《尚书》《公羊传》《穀梁传》各一岁半，《易》《诗》《周礼》《仪礼》各二岁，《礼记》《左氏传》各三岁。学书，日纸一幅，间习时务策，读《国语》《说文》《字林》《三苍》《尔雅》。凡书学，石经三体限三岁，《说文》二岁，《字林》一岁。凡算学，《孙子》《五曹》共限一岁，《九章》《海岛》共三岁，《张丘建》《夏侯阳》各一岁，《周髀》《五经算》共一岁，《缀术》四岁，《缉古》三岁，《记遗》《三等数》皆兼习之。

旬给假一日。前假，博士考试，读者千言试一帖，帖三言，讲者二千言问大义一条，总三条通二为第，不及者有罚。岁终，通一年之业，口问大义十条，通八为上，六为中，五为下。并三下与在学九岁、律生六岁不堪贡者罢归。诸学生通二经、俊士通三经已及第而愿留者，四门学生补太学，太学生补国子学。每岁五月有田假，九月有授衣假，二百里外给程。其不帅教及岁中违程满三十日，事故百日，缘亲病二百日，皆罢归。既罢，条其状下之属所，五品以上子孙送兵部，准荫配色。

每岁仲冬，州、县、馆、监举其成者送之尚书省；而举选不繇馆、学者，谓之乡贡，皆怀牒自列于州、县。试已，长吏以乡饮酒礼，会属僚，设宾主，陈俎豆，备管弦，牲用少牢，歌《鹿鸣》之诗，因与耆艾叙长少焉。既至省，皆疏名列到，结款通保及所居，始由户部集阅，而关于考功员外郎试之。

凡秀才，试方略策五道，以文理通粗为上上、上中、上下、中上，凡四等为及第。凡明经，先帖文，然后口试，经问大义十条，答时务策三道，亦为四等。凡《开元礼》，通大义百条、策三道者，超资与官；义通七十、策通二者，及第。散、试官能通者，依正员。凡三传科，《左氏传》问大义五十条，《公羊》《穀梁传》三十条，策皆三道，义通七以上、策通二以上为第，白身视五经，有出身及前资官视学究一经。凡史科，每史问大义百条、策三道，义通七、策通二以上为第。能通一史者，白身视五经、三传，有出身及前资官视学究一经；三史皆通者，奖擢之。凡童子科，十岁以下能通一经及《孝经》《论语》，卷诵文十，通者予官；通七，予出身。凡进士，试时务策五道、帖一大经，经、策全通为甲第；策通四、帖过四以上为乙第。凡明法，试律七条、令三条，全通为甲第，通八为乙第。凡书学，先口试，通，乃墨试《说文》《字林》二十条，通十八为第。凡算学，录大义本条为问答，明数造术，详明术理，然后为通。试《九章》三条，《海岛》《孙子》《五曹》《张丘建》《夏侯阳》《周髀》《五经算》各一条，十通六，《记遗》《三等数》帖读十得九，为第。试《缀术》《缉古》录大义为问答者，明数造术，详明术理，无注者合数造术，不失义理，然后为通。《缀术》七条、《辑古》三条，十通六，《记遗》《三等数》帖读十得九，为第。落经者，虽通六，不第。

凡弘文、崇文生，试一大经、一小经，或二中经，或《史记》《前后汉书》《三国志》各一，或时务策五道。经、史皆试策十道。经通六，史及时务策通三，皆帖《孝经》《论语》共十条通六，为第。

凡贡举非其人者、废举者、校试不以实者，皆有罚。

其教人取士著于令者，大略如此。而士之进取之方，与上之好恶、所以育材养士，招来奖进之意，有司选士之法，因时增损不同。

自高祖初入长安，开大丞相府，下令置生员，自京师至于州县皆有数。既即位,又诏秘书外省别立小学,以教宗室子孙及功臣子弟。其后又诏诸州明经、秀才、俊士、进士明于理体为乡里称者,县考试,州长重覆,岁随方物入贡;吏民子弟学艺者,皆送于京学,为设考课之法。州、县、乡皆置学焉。及太宗即位,益崇儒术。乃于门下别置弘文馆,又增置书、律学,进士加读经、史一部。十三年,东宫置崇文馆。自天下初定,增筑学舍至千二百区,虽七营飞骑,亦置生,遣博士为授经。四夷若高丽、百济、新罗、高昌、吐蕃,相继遣子弟入学,遂至八千余人。

高宗永徽二年,始停秀才科。龙朔二年,东都置国子监,明年以书学隶兰台,算学隶秘阁,律学隶详刑。上元二年,加试贡士《老子》策,明经二条,进士三条。国子监置大成二十人,取已及弟而聪明者为之。试书日诵千言,并日试策,所业十通七,然后补其禄俸,同直官。通四经业成,上于尚书,吏部试之,登第者加一阶放选。其不第则习业如初,三岁而又试,三试而不中第,从常调。

永隆二年,考功员外郎刘思立建言,明经多抄义条,进士唯诵旧策,皆亡实才,而有司以人数充第。乃诏自今明经试帖粗十得六以上,进士试杂文二篇,通文律者然后试策。

武后之乱,改易旧制颇多。中宗反正,诏宗室三等以下、五等以上未出身,愿宿卫及任国子生,听之。其家居业成而堪贡者,宗正寺试,送监举如常法。三卫番下日,愿入学者,听附国子学、太学及律馆习业。蕃王及可汗子孙愿入学者,附国子学读书。

玄宗开元五年,始令乡贡明经、进士见讫,国子监谒先师,学官开讲问义,有司为具食,清资五品以上官及朝集使皆往阅礼焉。七年,又令弘文、崇文、国子生季一朝参。及注《老子道德经》成,诏天下家藏其书,贡举人减《尚书》《论语》策,而加试《老子》。又敕州县学生年二十五以下、八品子若庶人二十一以下通一经及未通而聪悟有文辞、史学者，入四门学为俊士。即诸州贡举省试不第，愿入学者亦听。

二十四年，考功员外郎李昂为举人诋诃，帝以员外郎望轻，遂移贡举于礼部，以侍郎主之。礼部选士自此始。

二十九年，始置崇玄学，习《老子》《庄子》《文子》《列子》，亦曰道举。其生，京、都各百人，诸州无常员。官秩、荫第同国子，举送、课试如明经。

天宝九载，置广文馆于国学，以领生徒为进士者。举人旧重两监，后世禄者以京兆、同、华为荣，而不入学。十二载，乃敕天下罢乡贡，举人不由国子及郡、县学者，勿举送。是岁，道举停《老子》，加《周易》。十四载，复乡贡。

代宗广德二年，诏曰："古者设太学，教胄子，虽年谷不登，兵革或动，而俎豆之事不废。顷年戎车屡驾，诸生辍讲，宜追学生在馆习业，度支给厨米。"是岁，贾至为侍郎，建言岁方艰歉，举人赴省者，两都试之。两都试人自此始。

贞元二年，诏习《开元礼》者举同一经例，明经习律以代《尔雅》。是时弘文、崇文生未补者，务取员阙以补，速于登第，而用荫乖实，至有假市门资、变易昭穆及假人试艺者。六年，诏宜据式考试，假代者论如法。初，礼部侍郎亲故移试考功，谓之别头。十六年，中书舍人高郢奏罢，议者是之。

元和二年，置东都监生一百员。然自天宝后，学校益废，生徒流散。永泰中，虽置西监生①，而馆无定员。于是始定生员：西京

---

① 《唐会要》卷六六云："至永泰后，西监置五百五十员，东监近置一百员，未定每馆员额。"是永泰后仍东、西监并置。按：东、西监习称"两监"，疑此处"西监"为"两监"之误。

国子馆生八十人，太学七十人，四门三百人，广文六十人，律馆二十人，书、算馆各十人；东都国子馆十人，太学十五人，四门五十人，广文十人，律馆十人，书馆三人，算馆二人而已。明经停口义，复试墨义十条。五经取通五，明经通六。其尝坐法及为州县小吏，虽艺文可采，勿举。十三年，权知礼部侍郎庾承宣奏复考功别头试。

初，开元中，礼部考试毕，送中书门下详覆，其后中废。是岁，侍郎钱徽所举送，覆试多不中选，由是贬官，而举人杂文复送中书门下。长庆三年，侍郎王起言："故事，礼部已放榜，而中书门下始详覆。今请先详覆，而后放榜。"议者以起虽避嫌，然失贡职矣。谏议大夫殷侑言："三史为书，劝善惩恶，亚于六经。比来史学都废，至有身处班列，而朝廷旧章莫能知者。"于是立史科及三传科。大和三年，高锴为考功员外郎，取士有不当，监察御史姚中立又奏停考功别头试。六年，侍郎贾𩰚又奏复之。八年，宰相王涯以为"礼部取士，乃先以榜示中书，非至公之道。自今一委有司，以所试杂文、乡贯、三代名讳送中书门下"。

大抵众科之目，进士尤为贵，其得人亦最为盛焉。方其取以辞章，类若浮文而少实；及其临事设施，奋其事业，隐然为国名臣者，不可胜数，遂使时君笃意，以谓莫此之尚。及其后世，俗益媮薄，上下交疑，因以谓按其声病，可以为有司之责，舍是则汗漫而无所守，遂不复能易。呜呼，乃知三代乡里德行之举，非至治之隆莫能行也！太宗时，冀州进士张昌龄、王公谨有名于当时，考功员外郎王师旦不署以第。太宗问其故，对曰："二人者，皆文采浮华，擢之将诱后生而弊风俗。"其后，二人者卒不能有立。

宝应二年，礼部侍郎杨绾上疏言：

进士科起于隋大业中,是时犹试策。高宗朝,刘思立加进士杂文,明经填帖,故为进士者皆诵当代之文,而不通经史,明经者记帖括。又投牒自举,非古先哲王仄席待贤之道。请依古察孝廉,其乡闾孝友信义廉耻而通经者,县荐之州,州试其所通之学,送于省。自县至省,皆勿自投牒,其到状、保辨、识牒皆停。而所习经、取大义,听通诸家之学。每问经十条,对策三道,皆通,为上第,吏部官之;经义通八,策通二,为中第,与出身;下第,罢归。《论语》《孝经》《孟子》兼为一经,其明经、进士及道举并停。

诏给事中李栖筠、李廙、尚书左丞贾至、京兆尹兼御史大夫严武议。栖筠等议曰:

夏之政忠,商之政敬,周之政文,然则文与忠敬皆统人行。且谥号述行,莫美于文,文兴则忠敬存焉。故前代以文取士,本文行也,由辞观行,则及辞焉。宣父称颜子"不迁怒,不贰过",谓之"好学"。今试学者以帖字为精通,不穷旨义,岂能知迁怒贰过之道乎?考文者以声病为是非,岂能知移风易俗化天下乎?是以上失其源,下袭其流,先王之道莫能行也。夫先王之道消,则小人之道长,乱臣贼子由是生焉!今取士试之小道,而不以远大,是犹以蜗蚓之饵垂海,而望吞舟之鱼,不亦难乎?所以食垂饵者皆小鱼,就科目者皆小艺。且夏有天下四百载,禹之道丧而商始兴;商有天下六百祀,汤之法弃而周始兴;周有天下八百年,文、武之政废而秦始并焉。三代之选士任贤,皆考实行,是以风俗淳一,运祚长远。汉兴,监其然,尊儒术,尚名节,虽近戚窃位,强臣擅权,弱主外立,母后专政,而亦能终彼四百,岂非学行之效邪?魏、晋以来,专尚浮俊,德义不修,故子孙速颠,享国不永也。今绾所请,实为正论。然自晋室之乱,南北分裂,人多侨处,必欲复古乡举里选,窃恐未尽。请兼广学校，以明训诱。虽京师州县皆有小学，兵革之后，生徒流离，儒臣、师氏，禄廪无向。请增博士员，厚其禀稍，选通儒硕生，闲居其职。十道大郡，置太学馆，遣博士出外，兼领郡官，以教生徒。保桑梓者，乡里举焉；在流寓者，庠序推焉。朝而行之，夕见其利。

而大臣以为举人循习，难于速变，请自来岁始。帝以问翰林学士，对曰："举进士久矣，废之恐失其业。"乃诏明经、进士与孝廉兼行。

先是，进士试诗、赋及时务策五道，明经策三道。建中二年，中书舍人赵赞权知贡举，乃以箴、论、表、赞代诗、赋，而皆试策三道。大和八年，礼部复罢进士议论，而试诗、赋。文宗从内出题以试进士，谓侍臣曰："吾患文格浮薄，昨自出题，所试差胜。"乃诏礼部岁取登第者三十人，苟无其人，不必充其数。是时，文宗好学嗜古，郑覃以经术位宰相，深嫉进士浮薄，屡请罢之。文宗曰："敦厚浮薄，色色有之，进士科取人二百年矣，不可遽废。"因得不罢。

武宗即位，宰相李德裕尤恶进士。初，举人既及第，缀行通名，诣主司第谢。其制，序立西阶下，北上东向；主人席东阶下，西向；诸生拜，主司答拜；乃叙齿，谢恩，遂升阶，与公卿观者皆坐；酒数行，乃赴期集。又有曲江会、题名席。至是，德裕奏："国家设科取士，而附党背公，自为门生。自今一见有司而止，其期集、参谒、曲江题名皆罢。"德裕尝论公卿子弟艰于科举，武宗曰："向闻杨虞卿兄弟朋比贵势，妨平进之路。昨黜杨知至、郑朴等，抑其太甚耳。有司不识朕意，不放子弟，即过矣，但取实艺可也。"德裕曰："郑肃、封敖子弟皆有才，不敢应举。臣无名第，不当非进士。然臣祖天宝末以仕进无他岐，勉强随计，一举登第。自后家不置《文选》，盖恶其不根艺实。然朝廷显官，须公卿子弟为之。何者？少习其业，目熟朝廷事，台阁之仪，不教而自成。寒士纵有出人之才，固不能闲习也。则子弟未易可轻。"德裕之论，偏异盖如此。然进士科当唐之晚节，尤为浮薄，世所共患也。

所谓制举者，其来远矣。自汉以来，天子常称制诏道其所欲问而亲策之。唐兴，世崇儒学，虽其时君贤愚好恶不同，而乐善求贤之意未始少怠，故自京师外至州县，有司常选之士，以时而举。而天子又自诏四方德行、才能、文学之士，或高蹈幽隐与其不能自达者，下至军谋将略、翘关拔山、绝艺奇伎莫不兼取。其为名目，随其人主临时所欲，而列为定科者，如贤良方正直言极谏、博通坟典达于教化、军谋宏远堪任将率、详明政术可以理人之类，其名最著。而天子巡狩、行幸、封禅太山梁父，往往会见行在，其所以待之之礼甚优，而宏材伟论非常之人亦时出于其间，不为无得也。

其外，又有武举，盖其起于武后之时。长安二年，始置武举。其制，有长垛、马射、步射、平射、筒射，又有马枪、翘关、负重、身材之选。翘关，长丈七尺，径三寸半，凡十举后，手持关距，出处无过一尺，负重者，负米五斛，行二十步，皆为中第，亦以乡饮酒礼送兵部。其选用之法不足道，故不复书。

《新唐书》卷四四《选举志上》

进士科始于隋大业中，盛于贞观、永徽之际。缙绅虽位极人臣，不由进士者，终不为美，以至岁贡常不减八九百人。其推重谓之"白衣公卿"，又曰"一品白衫"；其艰难谓之"三十老明经，五十少进士"；其负倜傥之才，变通之术，苏、张之辨说，荆、聂之胆气，仲由之武勇，子房之筹画，宏羊之书计，方朔之诙谐，咸以是而晦之，修身慎行，虽处子之不若；其有老死于文场者，亦所无恨。故有诗云："太宗皇帝真长策，赚得英雄尽白头！"独孤及撰河南府法曹参军张从师墓志云："从师祖损之，隋大业中进士甲科，位至侍御史诸曹员外郎。损之生法，以硕学丽藻，名动京师，亦举进士，自监察御史为会稽令。"

《唐摭言》卷一《散序进士》

〔后梁贞明六年三月，〕汉杨洞潜请立学校，开贡举，设铨选；汉主岩从之。

《资治通鉴》卷二七一《后梁纪六·均王下》

按《唐典》，……凡贡举之政，春官卿掌之，所以核文行而第隽秀也。洎梁氏以降，皆奉而行之，纵或小有厘革，亦不出其轨辙。

《旧五代史》卷一四八《选举志》

〔后蜀广政〕十二年，置吏部三铨、礼部贡举。

《新五代史》卷六四《后蜀世家第四》

杨九龄，蜀人。擅隽才，撰《蜀桂堂编事》二十卷，中纪广政举试事，载试赋策题及知贡举登科人姓氏，且言科举起于隋开皇，或以为自唐太宗始者，非也。又撰《要录》十卷，亦为士林所称道。

《十国春秋》卷五六《后蜀·杨九龄传》

〔南唐元宗保大十年二月，〕以翰林学士江文蔚知礼部贡举，放进士王克贞等三人及第。旋复停贡举。

《南唐书》卷二《玄宗本纪》

南唐建国以来,宪度草创,言事遇合,即随材进用,不复设礼部贡举。至是,始命文蔚以翰林学士知举,略用唐故事,放进士庐陵王克贞等三人及第。玄宗问文蔚:"卿知举取士,孰与北朝?"文蔚曰:"北朝公荐私谒相半,臣一以至公取才。"玄宗嘉叹。中书舍人张纬,后唐应顺中及第,大衔其言,执政又皆不由科第进,相与排沮,贡举遂复罢矣。

《南唐书》卷一〇《张李皇甫江欧列传》

〔南汉乾亨〕四年春,置选部贡举,放进士、明经十余人,如唐故事,岁以为常。

《新五代史》卷六五《南汉世家第五》

〔南汉〕乾亨四年春三月,帝从兵部侍郎杨洞潜之请,始立学校,置选部,贡举,放进士、明经十余人,如唐故事,岁以为常。

《十国春秋》卷五八《南汉·高祖本纪》

杨洞潜字昭元,始兴人。……〔南汉〕高祖称帝,擢兵部侍郎同平章事。……是时,国业初创,诸多简陋,因陈上吉凶礼法,请立学校、开贡举、设铨选,一依唐制,百度粗有条理。

《南汉书》卷九《诸臣传一·杨洞潜》

第二章

科举考试机构及其职能

一、 隋代科举考试机构及其职能

　　隋开皇七年，制诸州岁贡士。十八年，又诏京官五品已上、总管、刺史，以主①行修谨、清平干济二科举人，皆吏部主之。初，汉、魏之郡佐史，皆刺史二千石辟署。北齐多縣中用，故州郡辟士之权移于朝廷。后周复遵古制。及隋，皆归吏部，故朝廷贡举之制盛矣。

《册府元龟》卷六三九《贡举部·总序》

　　吏部尚书统吏部侍郎二人，主爵侍郎一人，司勋侍郎二人，考功侍郎一人。……凡三十六侍郎，分司曹务，直宿禁省，如汉之制。

《隋书》卷二八《百官志下》

　　炀帝即位，多所改革。……

---

① "主"，他本或作"志"。

孙培青文集　第五卷　隋唐五代考试文献集成

尚书省六曹,各侍郎一人,以贰尚书之职。……诸曹侍郎,并改为郎。又改吏部为选部侍,……废诸司员外郎,而每增置一曹郎,各为二员。……寻又每减一郎,置承务郎一人,同员外之职。

《隋书》卷二八《百官志下》

考功郎中一人,从五品上。……隋文帝置考功侍郎,炀帝改为考功郎。皇朝改为考功郎中,龙朔二年改为司绩大夫,咸亨元年复故。员外郎一人,从六品上。隋文帝置,炀帝改为承务郎。皇朝复为员外郎,龙朔二年改为司绩员外郎,咸亨元年复故。

《唐六典》卷二《尚书吏部》

考功郎中一人。……隋文帝置考功侍郎,炀帝改为考功郎。武德初复为考功郎中,龙朔二年改考功为司绩,咸亨初复旧。掌考察内外百官及功臣家传、碑、颂、谏、谥等事。员外郎一人。……武德旧令,考功郎中监试贡举人。贞观以来,乃以员外郎专掌贡举省郎之殊美者。至开元二十四年,移贡举于礼部,而考功员外郎分判事而已。

《通典》卷二三《职官五·尚书下》

二、 唐代科举考试机构及其职能

（一）地方主持贡举考试的机构

州府乡贡属长官,职司在功曹司功。五代因之。

《册府元龟》卷六三九《贡举部·总序》

〔郡〕司功参军：……北齐诸州有功曹参军。隋亦然，及罢郡置州，以曹为名者改曰司。炀帝罢州置郡，改曰司功书佐。大唐改曰司功参军。开元初，京尹属官及诸都督府并曰功曹参军，而列郡则曰司功参军。令掌官员、祭祀、礼乐、学校、选举、表疏、医筮、考课、丧葬之事。

《通典》卷三三《职官十五·州郡下》

中正：魏置。……隋初有，后罢而有州都。大唐并无此官。每岁贡士符书所关及乡饮酒之礼，则司功参军主其事。

《通典》卷三三《职官十五·州郡下》

如闻岭南州县，近来颇习文儒。自今已后，其岭南五府管内，白身有词藻可称者，每至选补时，任令应诸色乡贡举，仍委去使准式考试。有堪及第者，具状闻奏。如有愿赴京者，亦听。其前资官并常选人等，有词理兼通，才堪理务者，亦任此选，及授此官。

《全唐文》卷三三《玄宗·谕岭南州县听应诸色乡贡举诏》

张楚金，年十七，与兄越石同以茂才应举。所司以兄弟不可两收，将罢越石。楚金辞曰："以顺则越石长，以才则楚金不如，请某退。"时李勣为州牧，叹曰："贡才本求才行，相推如此，可双举也。"令两人同赴上京，俱擢第，迁刑部尚书。

《大唐新语》卷六《举贤》

李丞相绛，先人为襄州督邮。方赴举，求乡荐。时樊司空泽为节度使,张常侍正甫为判官,主乡荐。张公知丞相有前途,启司空曰:"举人中悉不如李秀才,请只送一人。请众人之资以奉之。"欣然允诺。

《刘宾客嘉话录》

又荐绛弟为同舍郎,绛感泽殊常之恩,不十年登庸。泽之子宗易为朝官,人问宗易之文于绛,绛戏而答曰:"盖代。"时人因以"盖代"为口实,相见论文,必曰:"莫是李三盖代否?"及绛为户部侍郎也,常侍为本司郎中。因会,把酒请侍郎唱歌,李终不唱而哂之,满席大噱。[①]

《太平广记》卷一七九《贡举二·张正甫》

长庆初,〔韦正贯〕遂弃官改名,对贤良极谏策,登乙卯科,授太子校书。敬宗朝,又以华原县尉再登详闲吏理科,迁万年主簿。考京兆进士,能第上下,颇得一时之俊。

《全唐文》卷七六四《萧邺·岭南节度使韦公神道碑》

〔唐〕扶弟持,字德守,中进士第。大和中,为渭南尉,试京兆府进士。时尹杜悰欲以亲故托之,持辄趋降阶伏,惊语塞,乃止。

《新唐书》卷八九《唐持传》

县之所重,其举秀贡贤也。今之自外诸侯之儒者,旷不能升一人,况尉乎? 次乃户税而已。

《樊川文集》卷一〇《同州澄城县户工仓尉厅壁记》

---

① 《太平广记》"张正甫"条连有上引《嘉话录》一段,并注"出《嘉话录》"。今本《嘉话录》仅有上半段。

（二）中央主持贡举考试的机构

至尚书省，始繇户部集阅，而关于考功，课试可者为第。武德旧制，以考功郎中监试贡举。贞观已后，则考功员外郎专掌之。……

明皇开元二十四年，制令礼部侍郎专掌贡举。初，因考功员外李昂诋诃进士李权文章，大为权所凌讦，朝议以郎官地轻，故移于礼部。又诏应试进士等唱第讫，具所试送中书门下详覆。是年，始置礼部贡举印。其后礼部侍郎阙人，亦以他官主之，谓之权知贡举。其知贡举者，皆朝廷美选。……

代宗永泰元年，始置两都贡举，礼部侍郎官号皆以两都为名，每岁两地别所及第。至大历十一年，停东都贡举。……文宗太和元年，又权于东都置贡举。……

其吏部科目、礼部贡举，皆各有考官。大抵铨选属吏部，贡举属礼部，崇文馆生属门下省，国子学生属国子监。

《册府元龟》卷六三九《贡举部·总序》

隋为考功郎，武德初，加"中"字。龙朔二年，改为司绩大夫。咸亨元年，复为考功郎中。旧郎中知贡举。

《唐会要》卷五八《尚书省诸司中·考功郎中》

〔吏部考功〕员外郎掌天下贡举之职。开元二十四年，敕以为权轻，专令礼部侍郎一人知贡举。……

《唐六典》卷二《尚书吏部》

礼部尚书、侍郎之职，掌天下礼仪、祠祭、燕飨、贡举之政令。其属有四：一曰礼部，二曰祠部，三曰膳部，四曰主客。尚书、侍郎总其职务而奉行其制命。凡中外百司之事，由于所属，皆质正焉。

《唐六典》卷四《尚书礼部》

礼部尚书

侍郎一人。《周官·春官》小宗伯中大夫，颇同今任。后周依《周官》。今侍郎则隋炀帝置。大唐因之。龙朔二年改为司礼少常伯，咸亨元年复旧。他时曹名或改，而官号不易。掌策试、贡举及斋郎、弘、崇、国子生等事。旧制，考功员外郎掌贡举。开元二十三年，考功员外郎李昂为进士李权所诋，朝议以考功位轻，不足以临多士。至二十四年，遂以礼部侍郎掌焉。开元、天宝之中，升平既久，群士务进，天下髦彦，由其取舍，故势倾当时，资与吏部侍郎等同。

郎中一人。……掌礼乐、学校、仪式、制度、衣冠、符印、表疏、册命、祥瑞、铺设、丧葬、赠赙及宫人等。员外郎一人。

祠部郎中一人。……延载元年五月制，天下僧尼隶祠部，不须属司宾。开元十年正月制，僧尼隶祠部。十一年，改祠部为职祠。至德初，复旧。掌祠祀、天文、漏刻、国忌、庙讳、卜祝、医药等及僧尼簿籍。自天宝六载及至德三年①，常置祠祭使，以他官为之。员外郎一人。

兵部尚书

……天宝十一年②，改为武部尚书。至德初，复旧。掌武官选举，

---

① "年"，应作"载"。
② "年"，应作"载"。

总判兵部、职方、驾部、库部事。其分领选举,亦为三铨,制如吏部。尚书所掌,谓之尚书铨。侍郎所掌,其一为中铨,其一为西铨。各有印。

侍郎二人。隋炀帝置,大唐因之。……掌署武职、武勋官、三卫及兵士以上簿书,朝集、禄赐、假告、使差、发配,亲士帐内考核,及给武职告身。郎中一人。……掌与侍郎同。

《通典》卷二三《职官五·尚书下》

敕:每岁举人,求士之本,专典其事,宁不重欤。顷年以来,唯考功郎中所职,位轻事重,名实不伦。故尽委良吏长官,又铨□猥积。且六官之职,例体是同,况宗伯掌礼,宜主宾荐。自今已后,每诸色举人及斋郎等简试,并于礼部集,既众务烦杂,仍委侍郎专知。(开元三年四月一日[①])

《唐大诏令集》卷一〇六《令礼部掌贡举敕》

开元二十四年三月十二日,以考功员外郎李昂为举人所讼,乃下诏曰:"每岁举人,顷年以来,惟考功郎所职。位轻务重,名实不伦。欲尽委长官,又铨选委积。但六官之列,体国是同,况宗伯掌礼,宜主宾荐。自今以后,每年诸色举人及斋郎等简试,并于礼部集,既众务烦杂,仍委侍郎专知。"

《唐会要》卷五九《尚书省诸司下·礼部侍郎》

〔开元〕二十四年九月二十日,礼部以贡举请别置印。

《唐会要》卷七六《贡举中·缘举杂录》

---

① 此处所注年份有误,据《唐会要》卷五九《礼部侍郎》及《新唐书》卷四四《选举志上》,应为开元二十四年。

隽、秀等科比，皆考功主之。开元二十四年，李昂员外性刚急，不容物，以举人皆饰名求称，摇荡主司，谈毁失实，窃病之而将革焉。集贡士与之约曰："文之美恶悉知之矣，考校取舍存乎至公，如有请托于时，求声于人者，当首落之。"既而昂外舅常与进士李权邻居相善，乃举权于昂。昂怒，集贡人，召权庭数之。权谢曰："人或猥知，窃闻于左右，非敢求也。"昂因曰："观众君子之文，信美矣。然古人云：瑜不掩瑕，忠也。其有词或不典，将与众评之，若何？"皆曰："唯公之命！"既出，权谓众曰："向之言，其意属吾也。吾诚不第决矣，又何藉焉！"乃阴求昂，瑕以待之。异日会论，昂果斥权章句之疵以辱之。权拱而前曰："夫礼尚往来，来而不往非礼也。鄙文不臧，既得而闻矣，而执事昔有雅什，常闻于道路，愚将切磋，可乎？"昂怒而嘻笑曰："有何不可！"权曰："'耳临清渭洗，心向白云间。'岂执事之词乎？"昂曰："然。"权曰："昔唐尧衰耄，厌倦天下，将禅于许由，由恶闻，故洗耳。今天子春秋鼎盛，不揖让于足下而洗耳，何哉？"是时国家宁谧，百寮畏法令，兢兢然莫敢跌。昂闻惶骇，蹶起，不知所酬，乃诉于执政，谓权风狂不逊，遂下权吏。初，昂强愎，不受嘱请，及有请求者，莫不先从。由是庭议，以省郎位轻，不足以临多士，乃诏礼部侍郎专之矣。

《唐摭言》卷一《进士归礼部》

永泰元年，始置两都贡举，礼部侍郎官号皆以"知两都"为名，每岁两地别放及第。自大历十一年停东都贡举，是后不置。

《唐摭言》卷一《两都贡举》

穆宗立,诏先朝所召贤良方正,委有司试。〔赵〕宗儒建言:"应制而来者,当天子临问。试有司,非国旧典,请罢之。"诏可。

《新唐书》卷一五一《赵宗儒传》

晋天福七年五月诏:"应诸色进策人等,皆抱才能,方来赞献,宜加明试,俾尽藏谋。今后应进策,中书奏覆,敕下,委门下省试策三道,仍定上、中、下三等。如元进策内有施行者,其所试策或上或中者,委门下省给与减选或出身优牒。合格选目:其试策上者,委铨司超一资注拟;其试策中者,委铨司依资注拟。如所试策或上或中,元进策内不曾施行;所试策下,元进策内曾有施行者,其本官并仰量与恩赐发遣。若或所试策下,所进策内并不施行,便仰晓示发遣,不得再有投进。余准前后敕处分。"

《五代会要》卷一三《门下省》

按《唐典》,……凡贡举之政,春官卿掌之,所以核文行而第隽秀也。洎梁氏以降,皆奉而行之,纵或小有厘革,亦不出其轨辙。

《旧五代史》卷一四八《选举志》

(三) 主考官

隋置明经、进士科。唐承隋,置秀才、明法、明字、明算,并前六科。主司则以考功郎中,后以考功员外郎。士人所趋,明经、进士二科而已。及大足元年置拔萃,始于崔翘。开元十九年置宏词,始于郑昕。开元二十四年置平判入等,始于颜真卿。是年,考功员外郎李昂摘进士李权章句疵之,榜于通衢。权摘昂诗句之失。由是世难其事，乃命礼部侍郎主之。后有左补阙薛邕，中书舍人达奚珣、李韦、李麟、姚子彦、张蒙、高郢、权德舆、卫次公、张弘靖、于允躬、韦贯之、李逢吉、李程、庾承宣、贾𫗧、沈珣、杜审权、李璠、裴恒、王铎、李蔚、赵骘、郑愚，太常少卿李建、尚书萧昕，仆射王起，常侍萧仿，黄门侍郎许孟容、郑颢，刑部侍郎崔枢，户部侍郎韦昭度杂主之。而弘靖不以进士显。

《唐语林》卷八《补遗》

卢承庆，幽州范阳人。……贞观初，为秦州都督府户曹参军，因奏河西军事，太宗奇其明辩，擢拜考功员外郎。累迁民部侍郎。

《旧唐书》卷八一《卢承庆传》

来济，扬州江都人。……转侧流离，而笃志为文章，善议论，晓畅时务，擢进士。贞观中，累迁通事舍人。……除考功员外郎。

《新唐书》卷一〇五《来济传》

〔贞观〕二十二年九月，考功员外郎王师旦知举。

《唐会要》卷七六《贡举中·进士》

唐王师旦为考功员外郎。冀州进士张昌龄、王公理并有俊才，声振京邑，而师旦考其文策，全下，举朝不知所以。及奏等第，太宗怪无昌龄等名，因召师旦问之，对曰："此辈诚有词华，然其体性轻薄，文章浮艳，必不成令器。臣若擢之，恐后生相效，有变陛下风雅。"帝以为名言，后并如其言。

《册府元龟》卷六五一《贡举部·清正》

杜易简，……咸亨中，为考功员外郎。

《旧唐书》卷一九〇上《杜易简传》

咸亨五年，七世伯祖鸾台凤阁龙石白水公时任考功员外郎，下覆试十一人，内张守贞一人乡贡。

《唐摭言》卷一《乡贡》

调露二年四月，刘思立除考功员外郎。

《唐会要》卷七六《贡举中·进士》

开耀二年，刘思立[1]下五十一人，内雍思泰一人〔乡贡〕。

《唐摭言》卷一《乡贡》

永淳二年，刘廷奇下五十五人，内元求仁一人〔乡贡〕。

《唐摭言》卷一《乡贡》

光宅元年闰七月二十四日，刘廷奇重试下十六人，内康庭芝一人〔乡贡〕。

《唐摭言》卷一《乡贡》

〔李〕迥秀字茂之。及进士第，又中英才杰出科。调相州参军事。累转考功员外郎。……大足初，检校夏官侍郎，仍领选，铨汰文武，号称职，进同凤阁鸾台平章事。

《新唐书》卷九九《李迥秀传》

---

① "立"，原本作"元"。

张说字道济，……长安初，修《三教珠英》毕，迁右史、内供奉，兼知考功贡举事。

《旧唐书》卷九七《张说传》

先生讳守贞，天水冀人。……垂拱四年，以明经高第，遂授大成。自延载之后，条限宾荐。长安之初，大开贡举，考功是岁千五百余人。召先生课核淑慝，时称无滞学矣。

《张燕公集》卷二三《四门助教尹先生墓志》

〔崔〕湜字澄澜。少以文词称。第进士，擢累左补阙，稍迁考功员外郎。

《新唐书》卷九九《崔湜传》

长安四年，崔湜下四十一人，李温玉称苏州乡贡。

《唐摭言》卷一《乡贡》

神龙元年已来，累为主司者：房光庭再，太极元年、开元元年。裴耀卿再，开元五年、六年。李纳四，开元七年、八年、九年、十年。严挺之三，开元十四年、十五年、十六年。裴敦复再，开元十九年、二十年。孙逖再，开元二十二年、二十三年。已前，并考功员外郎姚奕再，开元二十四年、二十五年，始命春官小宗伯主之。崔翘三，开元二十七年、二十八年、二十九年。达奚珣四，天宝二年、三载、四载、五载。李严三，天宝六载、七载、八载。李麟再，天宝十载、十一载。阳涣再，天宝十二载、十五载。裴士淹再，至德二年、三年①。姚子彦

---

① "二年""三年"之"年"，应作"载"。

再,乾元三年、上元二年。萧昕再,宝应二年、贞元三年。薛邕四,大历二年、三年、四年、五年。张渭三,大历六年、七年、八年。蒋涣再,大历九年、十年。常衮三,大历十年、十一年、十二年。潘炎再,大历十三年、十四年。鲍防三,兴元二年,贞元元年、二年。刘太真再,贞元四年、五年。顾少连再,贞元十年、十四年。吕渭三,贞元十一年、十二年、十三年。权德舆三,贞元十八年、十九年、二十年。停举,永贞元年。崔邠再,元和元年、二年。韦贯之再,元和八年、九年。庾承宣再,元和十年、十一年。王起四,长庆二年、三年,会昌三年、四年。杨嗣复再,宝历元年、二年。崔郾再,太和元年、二年。郑浣再,太和三年、四年。贾𫗧再,太和五年、六年。高锴再,开成元年、二年。柳景再,开成五年、会昌元年。陈商再,会昌五年、六年。郑颢再,大中十年、十三年。[①]

《唐语林》卷八《补遗》

〔马〕怀素累转礼部员外郎,与源乾曜、卢怀慎、李杰等充十道黜陟使。……使还,迁考功员外郎。时贵戚纵恣,请托公行,怀素无所阿顺,典举平允。擢拜中书舍人。

《旧唐书》卷一〇二《马怀素传》

马怀素字惟白,……迁考功,核取实才,权贵请谒不能阿桡。

《新唐书》卷一九九《马怀素传》

宋之问,……景龙中,再转考功员外郎。……及典举,引拔后

---

① 徐松《登科记考》云:"按:此下当补'崔沆再,乾符二年、三年。柳玭再,光启三年、四年。裴贽三,大顺元年、二年,乾宁五年。杨涉再,景福二年、天祐元年'。"

进,多知名者。

《旧唐书》卷一九〇中《宋之问传》

范阳卢自兴元元年癸亥德宗幸梁汴,二年甲子鲍防侍郎知举,至乾符二年乙未崔沆侍郎知举,计九十二年,而二年停举。九十年中,登进士者一百一十六人,诸科在外。而为子皆联子。案:此句疑有讹误。所不联者,不十数人。然而世谓卢氏不出座主。自唐来,唯景云二年,考功员外郎卢逸知举,后无继者。韦都尉保衡常怪之。咸通十三年,卢庄为阁长,都尉欲以知礼部。庄七月卒。卢相携在中书,以为耻。广明元年,乃追陕州卢渥中丞入知举。帖经后,黄巢犯阙,天子幸蜀,韦昭度侍郎于蜀代之,放十二人。

《唐语林》卷四《企羡》

王丘,……开元初,累迁考功员外郎。先是,考功举人,请托大行,取士颇滥,每年至数百人。丘一切核其实材,登科者仅满百人。议者以为自则天已后凡数十年,无如丘者,其后席豫、严挺之为其次焉。

《旧唐书》卷一〇〇《王丘传》

王丘字仲山,……开元初,迁考功员外郎。考功异时多请托,进者滥冒,岁数百人。丘务核实材,登科才满百。议者谓自武后至是数十年,采录精明无丘比。

《新唐书》卷一二九《王丘传》

敕:朝散大夫、行河南府士曹参军裴耀卿,士行纯密,文词典丽。时人许其清秀,职事推其综核。惟才是举,方凭止水之明;在位斯闻,伫考观光之彦。可检校考功员外郎。

《全唐文》卷二五一《苏颋·授裴耀卿检校考功员外郎制》

韩休为起居舍人,奉制考制举人策。执心公正,取舍平允,不为豪右所夺。迁给事中。

《册府元龟》卷六五一《贡举部·清正》

〔李〕彭年有吏才,……开元中,历考功员外郎、知举。

《旧唐书》卷九○《李彭年传》

严挺之,华州华阴人。……开元中,为考功员外郎。典举二年,大称平允,登科者顿减二分之一。迁考功郎中,特敕又令知考功贡举事,稍迁给事中。

《旧唐书》卷九九《严挺之传》

严考功之纳樊衡也,以为取衡难,得衡无后悔;黜衡易,失衡有遗恨。故开一人之数以容之。人到于今,不谓衡忝一第,而谓严得主司求人之义也。

《全唐文》卷七三九《陈岵·上中书权舍人书》

席豫,襄阳人,湖州刺史固七世孙,徙家河南。豫进士及第。开元中,累官至考功员外郎,典举得士,为时所称。

《旧唐书》卷一九○中《席豫传》

〔孙逖〕典考功时，精核进士，虽权要不能逼。所奖擢者二十七人，数年间宏词、判等入甲第者一十六人，授校书者九人。其余咸著名当世，已而多至显官。明年典举，亦如之。故言第者，必称孙公而已。

《颜鲁公文集》卷一二《尚书刑部侍郎

赠尚书右仆射孙逖文公集序》

弘农杨君讳拯，字齐物。……举进士。时刑部侍郎乐安孙公逖以文章之冠为考功员外郎，精试群材，君以南阳张茂之，京兆杜鸿渐，琅琊颜真卿，兰陵萧颖士，河东柳芳，天水赵骅，顿丘李琚，赵郡李峄、李顼，南阳张阶，常山阎防，范阳张南容，高平郗昂等，连年高第，华亦与焉。既而丁艰，礼足哀余，名教称之。外调，补太子正字，历右骁骑卫曹参军。

《李遐叔文集》卷一《杨骑曹集序》

孙逖，潞州涉县人。……二十一年，入为考功员外郎、集贤修撰。逖选贡士二年，多得俊才。初年则杜鸿渐至宰辅，颜真卿为尚书。后年拔李华、萧颖士、赵骅登上第，逖谓人曰："此三人便堪掌纶诰。"

《旧唐书》卷一九〇中《孙逖传》

孙逖，博州武水人，……改考功员外郎，取颜真卿、李华、萧颖士、赵骅等，皆海内有名士。俄迁中书舍人。

《新唐书》卷二〇二《孙逖传》

萧颖士者,聪俊过人,富词学,有名于时,贾曾、席豫、张垍及述皆引为谈客。开元二十三年,登进士第,考功员外郎孙逖称之于朝。

《旧唐书》卷一〇二《萧颖士传》

开元二十四年,李昂为考功。性刚急,不容物,乃集进士,与之约曰:"文之美恶,悉知之矣。考校取舍,存乎至公。如有请托于人,当悉落之。"昂外舅尝与进士李权邻居,相善,为言之于昂。昂果怒,集贡士数权之过。权曰:"人或猥知,窃闻之于左右,非求之也。"昂因曰:"观众君子之文,信美矣。然古人有言,瑜不掩瑕,忠也。其有词或不安,将与众详之,若何?"众皆曰:"唯。"及出,权谓众人曰:"向之斯言,意属吾也。昂与此任,吾必不第矣。文何籍为?"乃阴求瑕。他日,昂果摘权章句小疵,榜于通衢以辱之。权引谓昂曰:"礼尚往来,来而不往非礼也。鄙文之不臧,既得而闻矣。而执事有雅什,尝闻于道路,愚将切磋,可乎?"昂怒而应曰:"有何不可!"权曰:"'耳临清渭洗,心向白云间。'岂执事辞乎?"昂曰:"然。"权曰:"昔唐尧衰怠,厌倦天下,将禅许由,由恶闻,故洗耳。今天子春秋鼎盛,不揖让于足下而洗耳,何哉?"昂闻惶骇,诉于执政,以权不逊,遂下权吏。初,昂以强愎,不受属请,及有吏议,求者莫不允从。由是庭议,以省郎位轻,不足以临多士,乃使吏部侍郎掌焉。宪司以权言不可穷竟,乃寝罢之。

《大唐新语》卷一〇《厘革》

〔姚崇〕少子奕,少而修谨,开元末,为礼部侍郎、尚书右丞。

《旧唐书》卷九六《姚崇传》

萧昕、杜黄裳、杨嗣复、柳璟、李景让、薛耽。按故事，考功员外知贡举。自开元中以外郎权轻，遂命礼部侍郎主之。迩来取士，益以为重。而座主见门生知举，犹萧、杜二家。若嗣复与璟，又是礼部侍郎。璟首及第，才十六年，致仕春官，尤以为美。

《卓异记》之《座主见门生知举》

开元中，〔柳浑〕举汝州进士，计偕百数，公为之冠。礼部侍郎韦陟异而目之，一举上第。

《柳宗元集》卷八《故银青光禄大夫右散骑

常侍轻车都尉宜城县开国伯柳公行状》

〔天宝〕六载正月戊子，……下制曰："……选贤择能，尝虑不广。三府之辟，则唯采于大名；四科之荐，盖不通于小学。今承平既久，仕进多端，必欲远贲弓旌，载空岩穴，片善必录，末技无遗。天下诸色人中，通明一艺已上，各任荐举。仍委所在郡县长官，精加试练，灼然超绝流辈，远近所推者，具名送省。仍委尚书及左右丞诸司，委御史中丞更加对试。务取名实相副，一时奏闻。"

《册府元龟》卷八六《帝王部·赦宥五》

天宝七载，〔李麟〕迁兵部侍郎。同列杨国忠专权，不悦麟同职，宰臣奏麟以本官权知礼部贡举。俄而国忠为御史大夫，麟复本官。十一载，迁银青光禄大夫、国子祭酒。

《旧唐书》卷一一二《李麟传》

礼部侍郎杨浚掌贡举，问萧〔颖士〕求人，海内以为德选。

《李遐叔文集》卷二《三贤论》

继字懿孙，襄州人。天宝十二年，礼部侍郎杨浚下及第。

《唐才子传校笺》卷三《张继》

〔宝应二年〕五月癸卯朔。……丙寅，尚书省试制举人，命左右丞、侍郎对试，赐食如旧仪。

《旧唐书》卷一一《代宗本纪》

代宗宝应二年五月丙寅，尚书省试应制举人。左丞、侍郎对试，赐举人食如旧仪。

《册府元龟》卷六四三《贡举部·考试一》

河东裴枢字环中，季父耀卿，唐玄宗朝位至丞相，开元二十一年奏开河漕，以赡国用。上深嘉纳之。亲姨夫中书舍人薛邕，时有知贡举之耗。元日，因来谒枢亲，乃曰："几姊有处分，亲故中举人否？"其亲指枢，邕整容端手板对曰："三十六郎，自是公共积选之才，不待处分矣。伏恐别有子弟。"枢即应声曰："姨子失言。"因举酒沥地，誓曰："薛姨父知举，枢当绝迹匿形，不履人世。"其亲决责，令拜谢邕，枢竟不屈。永泰二年，贾至侍郎知举，枢一举而登选。后大历二年，薛邕方知举。枢及第后，归丹阳里，不与杂流交通。

《太平广记》卷二四四《褊急·裴枢》

〔张〕谓,大历间为礼部侍郎,典七年、八年、九年贡举。

《唐诗纪事》卷二五《张谓》

敕:称秩元祀,春官职焉,举秀兴廉,国朝兼领。非文儒硕茂,鉴裁精实,重于一时者,不在此地。中散大夫、守太子左庶子、上柱国、河内县开国子、赐紫金鱼袋张谓,宏达有检,和平易容,岂道广而难周,亦言满而无择。博涉群籍,通其源流;振起鸿藻,正其声律。翰飞北阁,焕发司言,居部长人,不忘惠训。转相东禁,孝友彰明。贰宗伯之掌礼,典诸侯之贡士。以尔公望,副兹春求。可守尚书礼部侍郎,散官、勋、封、赐如故。

《全唐文》卷四一一《常衮·授张谓礼部侍郎制》

常衮,代宗大历中为礼部侍郎。时宫中刘忠翼权倾内外,泾原节度马璘又累著功勋,恩宠莫二。各有亲戚贡举及两馆生,衮皆执理不与,人皆畏之。

《册府元龟》卷六五一《贡举部·清正》

于邵字相门,……俄以谏议大夫知制诰,进礼部侍郎,……樊泽始举贤良,邵望见,曰:"将相材也。"崔元翰举进士,年五十矣,邵以其文擢异等,……独孤授举博学宏辞,吏部考当乙,邵覆之,置甲科,人咨其公。

《新唐书》卷二〇三《于邵传》

于邵性孝悌,内行修洁,老而弥笃。初,樊泽尝举贤良方正,一见于京师,曰:"将相之材也。"不五年,泽为节度使。崔元翰近五十,始举进士,邵异其文,擢首甲科,且曰:"不十年司诰命。"竟如其言。独孤绶举博学宏词,吏部考为第一,在中书,升甲科,人称允当。

《太平广记》卷一七〇《知人二·于邵》

　　牛庶锡性静退寡合,累举不第。贞元元年,因问日者:"君明年状头及第。"庶锡但望偶中一第,殊不信也。时已八月,未命主司,偶经少保萧昕宅前。值昕策杖独游南园,庶锡遇之,遽投刺并赞所业。昕独居,方思宾客,甚喜,延之语。及省文卷,再三称赏,因问:"外议以何人当知举?"庶锡对曰:"尚书至公为心,必更屈领一岁。"昕曰:"必不见命,若尔,君即状头也。"庶锡起拜谢,坐未安,忽闻驰马传呼曰:"尚书知举。"昕遽起。庶锡复再拜曰:"尚书适已赐许,皇天后土,实闻斯言。"昕言:"前言已定矣。"明年果状头及第。

《玉泉子》

　　陆贽字敬舆,苏州嘉兴人。……〔贞元〕七年,罢学士,正拜兵部侍郎,知贡举。时崔元翰、梁肃文艺冠时,贽输心于肃,肃与元翰推荐艺实之士,升第之日,虽众望不惬,然一岁选士,才十四五,数年之内,居台省清近者十余人。

《旧唐书》卷一三九《陆贽传》

　　陆贽字敬舆,……贞元七年,罢学士,以兵部侍郎知贡举。

《新唐书》卷一五七《陆贽传》

陆贽,德宗时为兵部侍郎,知贡举。时崔元翰、梁肃文艺冠时。贽输心于肃与元翰,推荐艺士。升第之日,虽众望不惬,然一岁选士才十四五,数年之内,居台省清近者十余人。

《册府元龟》卷六五一《贡举部·清正》

〔崔〕群年未冠举进士,陆贽知举,访于梁肃,议其登第有才行者,肃曰:"崔群虽少年,他日必至公辅。"果如其言。

《旧唐书》卷一五九《崔群传》

四月五日,门生守永州司马员外置同正员柳宗元,谨致书十郎执事:凡号门生而不知恩之所自者,非人也。缨冠束衽而趋以进者,咸曰我知恩。知恩则恶乎辨?然而辨之亦非难也。大抵当隆赫柄用,而蜂附蚁合,煦煦趄趄,便僻匍匐,以非乎人,而售乎己。若是者,一旦势异,则雷灭飙逝,不为门下用矣。其或少知耻惧,恐世人之非己也,则矫于中以貌于外,其实亦莫能至焉。然则当其时而确固自守,蓄力秉志,不为向者之态,则于势之异也固有望焉。

大凡以文出门下,由庶士而登司徒者,七十有九人。执事试追状其态,则果能效用者出矣。然而中间招众口飞语,哗然诼张者,岂他人耶?夫固出自门下,赖中山刘禹锡等,遑遑惕忧,无日不在信臣之门,以务白大德。顺宗时,显赠荣谥,扬于天官,敷于天下,以为亲戚门生光宠。不意琐琐者,复以病执事,此诚私心痛之,堙郁汹涌,不知所发,常以自憾。在朝不能有奇节宏议,以立于当世,卒就废逐,居穷陋,又不能著书,断往古,明圣法,以致无穷之名,进退无以异于众人,不克显明门下得士之大。今抱德厚,蓄愤悱,思有以效于前者,则既乖谬于时,离散摈抑,而无所施用,长为孤囚,不能自明。恐执事终以不知其始偃蹇退匿者,将以有为也。犹流于向时求进者之言,而下情无以通,盛德无以酬,用为大恨。固尝不欲言之,今惧老死瘴土,而他人无以辨其志,故为执事一出之。古之人耻躬之不逮,觊或万万有一可冀,复得处人间,则斯言几乎践矣。因言感激,浪然出涕,书不能既。宗元谨再拜。

《柳宗元集》卷三〇《与顾十郎书》

贞元十五年十月,高郢为礼部侍郎。时应进士举者,多务朋游,以取声名,唯务宴集,罕肄其业。郢性专介,尤疾其风,既领职,拒绝请托,虽同列通熟,无敢言者。志在经义,专考程试。凡三岁掌贡士,进幽独,抑声华,浮滥之风一变。

《唐会要》卷五九《尚书省诸司下·礼部侍郎》

高郢字公楚,……迁刑部郎中,改中书舍人,凡九岁,拜礼部侍郎。时应进士举者,多务朋游,驰逐声名;每岁冬,州府荐送后,唯追奉宴集,罕肄其业。郢性刚正,尤嫉其风,既领职,拒绝请托,虽同列通熟,无敢言者。志在经艺,专考程试。凡掌贡部三岁,进幽独,抑浮华,朋滥之风,翕然一变。拜太常卿。贞元十九年冬,进位银青光禄大夫,守中书侍郎、同中书门下平章事。

《旧唐书》卷一四七《高郢传》

高郢,贞元末为礼部侍郎。时应进士举者,多务朋游,驰声名。每岁各州府荐送后,唯追奉宴集,罕理其业。郢性专,尤疾其风,既领职,拒绝请托,虽同列通熟,无敢言者。志在经艺,专考程试。凡三岁掌贡士，进幽独，抑声华，浮滥之风，翕然一变。

《册府元龟》卷六五一《贡举部·清正》

权德舆字载之，天水略阳人。……贞元十七年冬，以本官知礼部贡举，来年，真拜侍郎，凡三岁掌贡士，至今号为得人。

《旧唐书》卷一四八《权德舆传》

权德舆字载之。……迁起居舍人。岁中，兼知制诰，进中书舍人。……久之，知礼部贡举，真拜侍郎。凡三岁，甄别详谛，所得士相继为公卿、宰相。取明经初不限员。

《新唐书》卷一六五《权德舆传》

权德舆，贞元十七年为中书舍人，以本官知礼部贡举。来年，真拜侍郎。凡三岁掌贡士，至令号为得人。

《册府元龟》卷六五一《贡举部·清正》

上之元和五年，其相曰权公，讳德舆，字载之。……十八年，以中书舍人典贡士，拜尚书礼部侍郎。荐士于公者：其言可信，不以其人布衣不用；即不可信，虽大官势人交言，一不以缀意。奏广岁所取进士、明经，在得人，不以员拘。……前后考第进士及庭所策试士踵相蹑为宰相达官，与公相先后；其余布处台阁外府凡百余人。

《韩昌黎文集校注》卷七《唐故相权公墓碑》

公①讳某，字某。明《春秋》，能文攻书，未冠知名。……

---

① 指沈传师。

贞元末，举进士。时许公孟容为给事中，权文公为礼部侍郎，时称权、许。进士中否，二公未尝不相闻于其间者。其年，礼部毕事，文公诣许曰："亦有遗恨。"曰："为谁？"曰："沈某一人耳。"许曰："谁家子？某不之知。"文公因具言先少保名字，许曰："若如此，我故人子。"后数日，径诣公，且责不相见。公谢曰："闻于丈人，或援致中第，是累丈人公举，违某孤进，故不敢自达。"许曰："如公者，可使我急贤诣公，不可使公因旧造我。"

明年中第。文公门生七十人，时人比公为颜子。联中制策科，授太子校书、鄠县尉、直史馆、左拾遗、左补阙、史馆修撰、翰林学士。

《樊川文集》卷一四《唐故尚书吏部侍郎赠吏部尚书沈公行状》

贞元中，奉诏考定贤良，草泽之士升名者十七人。及为礼部侍郎，擢进士第七十有二。鸾凤杞梓，举集其门，登辅相之位者前后十人。其他征镇岳牧、文昌、掖垣之选，不可悉数。方且继居重任者，犹森然。非精识洞鉴，鉴其词而知其人，何以臻此？

《权载之文集》序

权文公德舆，身不由科第，掌贡举三年。门下所出诸生，相继为公相。得人之盛，时论居多。

《因话录》卷二

卫次公字从周，……贞元中，擢左补阙、翰林学士。……顺宗立，王叔文等用事，轻弄威柄，次公与绲多所持正。知礼部贡举，斥华取实，不为权力侵桡。

《新唐书》卷一六四《卫次公传》

卫次公为中书舍人，元和二年权知礼部贡举。斥浮华，进贞实，不为时力所摇。

《册府元龟》卷六五一《贡举部·清正》

右，臣伏见内外官近日除改，人心甚惊，远近之情，不无忧惧，喧喧道路，异口同音，皆云：制举人牛僧孺等三人，以直言时事，恩奖登科。被落第人怨谤加诬，惑乱中外，谓为诳妄，斥而逐之，故并出为关外官。杨于陵以考策敢收直言者，故出为广府节度。韦贯之同所坐，故出为果州刺史。裴垍以覆策，又不退直言者，故免内职，除户部侍郎。王涯同所坐，出为虢州司马。卢坦以数举事，为人所恶，因其弹奏小误，得以为名，故黜为左庶子。王播同之，亦停知杂。臣伏以裴垍、王涯、卢坦、韦贯之等，皆公忠正直，内外咸知；所宜授以要权，致之近地。故比来众情私相谓曰：此数人者，皆人之望也。若数人进，则必君子之道长；若数人退，则必小人之道行。故卜时事之否臧，在数人之进退也。则数人者，自陛下嗣位已来，并蒙奖用，或任之耳目，或委以腹心。天下人情，日望致理。今忽一旦悉疏弃之，或降于散班，或斥于远郡。设令有过，犹可优容；况且无瑕，岂宜黜退？所以前月已来，上自朝廷，下至衢路，众心汹汹，惊惧不安。直道者疚心，直言者杜口。不审陛下得知之否？凡此除改，传者纷然，皆云：裴垍等不能委曲顺时，或以正直忤物，为人之所媒蘖，本非圣意罪之。不审陛下得闻之否？臣未知此说虚实，但献所闻：所闻皆虚，陛下得不明辩之乎？所闻皆实，陛下得不深虑之乎？虚之与实，皆恐陛下要知。臣若不言，谁当言者？臣今言出身戮，亦所甘心。何者？臣之命至轻，朝廷之事至大故也。臣又闻：君圣则臣忠，上明则下直。故尧之圣也，天下已太平矣；尚求诽谤，以广聪明。汉文之明也，海内已理矣；贾谊犹比之倒悬，可为痛哭。二君皆容纳之，所以得称圣明也。今陛下明下诏令，征求直言；反以为罪，此臣所以未谕也。陛下视今日之理，何如尧与汉文之时乎？若以为及之，则诽谤痛哭，尚合容而纳之；况征之直言，索之极谏乎？若以为未及，则僧孺等之言，固宜然也；陛下纵未能推而行之，又何忍罪而斥之乎？此臣所以为陛下流涕而痛惜也。德宗皇帝初即位年，亦征天下直言极谏之士，亲自临试，问以天旱。穆质对云：两汉故事，三公当免。卜式著议，弘羊可烹。此皆指言当时在权位而有恩宠者。德宗深嘉之，自第四等拔为第三等，自畿尉擢为左补阙；书之国史，以示子孙。今僧孺等对策之中，切直指陈之言，亦未过于穆质；而遽斥之，臣恐非嗣祖宗承耿光之道也。书诸史策，后嗣何观焉？陛下得不再三省之乎？臣昨在院，与裴垍、王涯等覆策之时，日奉宣令臣等精意考覆。臣上不敢负恩，下不忍负心，唯秉至公，以为取舍。虽有仇怨，不敢弃之；虽有亲故，不敢避之。唯求直言，以副圣意。故皇甫湜虽是王涯外甥，以其言直合收，涯亦不敢以私嫌自避。当时有状，具以陈奏。不意群心构成祸端，圣心以此察之，则或可悟矣。傥陛下察臣肝胆，知臣精诚，以臣此言，可以听采，则乞俯回圣览，特示宽恩：僧孺等准往例与官，裴垍等依旧职奖用，使内外人意，欢然再安。若以臣此言，理非允当，以臣覆策，事涉乖宜，则臣等见在四人，亦宜各加黜责。岂可六人同事，唯罪两人？虽圣造优容，且过朝夕，在臣惧惕，岂可苟安？敢不自陈，以待罪戾？臣今职为学士，官是拾遗，日草诏书，月请谏纸，臣若默默，惜身不言，岂惟上辜圣恩，实亦下负神道。所以密缄手疏，潜吐血诚；苟合天心，虽死无恨。无任忧惧激切之至！

《白居易集》卷五八《论制科人状》

许孟容字公范，京兆长安人也。……元和初，迁刑部侍郎、尚书右丞。四年，拜京兆尹，赐紫。……改兵部侍郎。俄以本官权知礼部贡举，颇抑浮华，选择才艺。出为河南尹，亦有威名。俄知礼部选事，征拜吏部侍郎。

《旧唐书》卷一五四《许孟容传》

许孟容为兵部侍郎权知礼部贡举，颇抑浮华。

《册府元龟》卷六五一《贡举部·清正》

许尚书孟容，与宋济为布衣交。及许知举，宋不中第。放榜后，许自愧，累请人致意，兼令门生就见。宋乃谒许，深谢之，因置酒，酣，乃曰："某今年为国家取卿相。"时有姚嗣及第，数日卒。乃起慰许："邦国不幸，姚令公薨谢。"

《唐语林》卷六《补遗》

元和九年二月，韦贯之为礼部侍郎，选士皆抑浮华，先行实，由是趋竞息焉。

《唐会要》卷五九《尚书省诸司下·礼部侍郎》

典郊祀之礼，献贤能之书：今小宗伯实兼二事，非直清明正者不足以处之。中书舍人韦贯之，沉实贤俊，文以礼乐；行成于内，移用于官；公直之声，满于台阁。顷以词藻，选登禁掖，秉笔书命，时称得人。

久积勤劳，宜有迁转。可使典礼，以和神人；可使考文，以第俊秀。仪曹之选，佥议所归。往修乃官，无替厥问！可礼部侍郎，余如故。

《白居易集》卷五五《中书舍人韦贯之授礼部侍郎制》

韦贯之本名纯，以宪宗庙讳，遂以字称。……元和元年，……改为秘书丞。后与中书舍人张弘靖考制策，第其名者十八人，其后多以文称。转礼部员外郎。……三年，复策贤良之士，又命贯之与户部侍郎杨于陵、左司郎中郑敬、都官郎中李益同为考策官。贯之奏居上第者三人，言实指切时病，不顾忌讳，虽同考策者皆难其词直，贯之独署其奏，遂出为果州刺史，道中黜巴州刺史。俄征为都官郎中、知制诰。逾年，拜中书舍人，改礼部侍郎。凡二年，所选士大抵抑浮华，先行实，由是趋竞者稍息。

《旧唐书》卷一五八《韦贯之传》

唐崔群为相，清名甚重。元和中，自中书舍人知贡举。既罢，夫人李氏因暇日常劝其树庄田，以为子孙之计。笑答曰："余有三十所美庄良田遍天下，夫人复何忧？"夫人曰："不闻君有此业。"群曰："吾前岁放春榜三十人，岂非良田耶？"夫人曰："若然者，君非陆相门生乎？然往年君掌文柄，使人约其子简礼，不令就春闱之试。如君以为良田，则陆氏一庄荒矣。"群惭而退，累日不食。

《独异志》卷下

元和十一年，中书舍人权知贡举李逢吉下及第三十三人，试策后拜相，令礼部尚书王播署榜，其日午后放榜。

《唐摭言》卷一四《主司称意》

李逢吉……除中书舍人，后知贡举，未毕而入相。

《太平广记》卷二七八《梦三·梦休征下·李逢吉》

〔李〕建字杓直，……征拜太常少卿，寻以本官知礼部贡举。建取舍非其人，又惑于请托，故其年选士不精，坐罚俸料。明年，除礼部侍郎，竟以人情不洽，改为刑部。

《旧唐书》卷一五五《李建传》

穆宗以元和十五年正月即位。二月壬寅，敕：“应贤良方正直言极谏科等人，宜令中书门下、尚书省四品以上，三月二十三日于尚书省同试。”

《册府元龟》卷六四四《贡举部·考试二》

皇甫弘应进士举，华州取解，酒忤于刺史钱徽，被逐出。至陕州求解讫，将越城关，闻钱自华知举，自知必不中第，遂东归。行数程，因寝，梦其亡妻乳母曰：“皇甫郎方应举，今欲何去？”具言主司有隙。乳母曰：“皇甫郎须求石婆神。”乃相与去店北，草间行数里，入一小屋中，见破石人，生拜之。乳母曰：“小娘子婿皇甫郎欲应举，婆与看得否？”石人点头曰：“得。”乳母曰：“石婆言得，即必得矣。他日莫忘报赛。”生即拜谢，乳母却送至店门。遂惊觉，曰：“我梦如此分明，安至无验？”乃却入城应举。钱侍郎意欲挫之，放杂文过，侍郎私心曰：“人皆知我怒弘，今若庭辱之，即不可，但不与及第即得。”又令帖经。及榜成将写，钱心恐惧，欲改一人，换一人，皆未决，反覆筹度，近至五更不睡，谓子弟曰：“汝试取次，把一帙举人文章来。”既开，乃皇甫文卷。钱公曰：“此定于天也。”遂不改移。及第东归，至陕州，问店人曰："侧近有石婆神否？"皆笑曰："郎君安得知？本顽石一片，牧牛小儿戏为敲琢，似人形状，谓之石婆耳，只在店二三里。"生乃具酒脯，与店人共往，皆梦中经历处，奠拜石妇而归。

《太平广记》卷二七八《梦三·梦休征下·皇甫弘》

长庆初，策召贤良，选当时名士考策，〔贾〕𫗧与白居易俱为考策官，选文人以为公。

《旧唐书》卷一六九《贾𫗧传》

长庆元年三月，〔白居易〕受诏与中书舍人王起覆试礼部侍郎钱徽下及第人郑朗等一十四人。十月，转中书舍人。十一月，穆宗亲试制举人，又与贾𫗧、陈岵为考策官。凡朝廷文字之职，无不首居其选。

《旧唐书》卷一六六《白居易传》

李宗闵字损之，……复入为中书舍人。〔长庆〕三年冬，权知礼部侍郎。四年，贡举事毕，权知兵部侍郎。

《旧唐书》卷一七六《李宗闵传》

李宗闵字损之，……俄复为中书舍人，典贡举，所取多知名士，若唐冲、薛庠、袁都等，世谓之"玉笋"。

《新唐书》卷一七四《李宗闵传》

〔宝历元年春三月辛未，〕上御宣政殿试制举人二百九十一人，以中书舍人郑涵、吏部郎中崔瑨、兵部郎中李虞仲并充考制策官。

《旧唐书》卷一七上《敬宗本纪》

〔宝历元年三月〕辛未,帝御宣政殿试制举人,诏曰:"朕闻心术顺道,天下可一言而兴;聪明壅途,堂上有千里之远。故唐虞而降,则考试观俗;汉魏之际,则诏策求贤。朕缵绍丕图,抚临方夏,实惧诚有所偏信,鉴有所末周。乃前岁诏六官、九卿、方岳、尹正有位之士,逮于庶僚,高悬四科,博荐群彦。将访众政之阙,酌至论之中。子大夫庭列俨然,可应其品,是用宵兴前殿,永日渴求,条列坦明,咸本经史。固子大夫之所讲磨矣,当竭诚虑,无有蕴藏。宜坐食,讫就试。"以中书舍人郑涵、吏部郎中李虞仲并充考制策官。

《册府元龟》卷六四四《贡举部·考试二》

〔崔〕郾字广略,……昭愍即位,选侍讲学士,转中书舍人。……其年,转礼部侍郎,东都试举人。凡两岁掌贡士,平心阅试,赏拔艺能,所擢者无非名士。至大中、咸通之代,为辅相名卿者十数人。

《旧唐书》卷一五五《崔郾传》

崔郾为礼部侍郎,东都试举人。凡两岁掌贡士,平心阅试,赏拔艺能,所擢者无非名士。至大中、咸通代,为辅相名卿者十数。

《册府元龟》卷六五一《贡举部·清正》

大和二年二月,上试制举人,命〔庞〕严与左散骑常侍冯宿、太常少卿贾𫗧为试官,以裴休为甲等制科之首。有应直言极谏举人刘蕡，条对激切，凡数千言，不中选，人咸以为屈。其所对策，大行于时，登科者有请以身名授蕡者。

《旧唐书》卷一六六《庞严传》

文宗即位，恭俭求理，大和二年策试贤良曰：

…………

是岁，左散骑常侍冯宿、太常少卿贾悚、库部郎中庞严为考策官。三人者，时之文士也，睹蕡条对，叹服嗟悒，以为汉之晁、董，无以过之。言论激切，士林感动。时登科者二十二人，而中官当途，考官不敢留蕡在籍中，物论喧然不平之。守道之人，传读其文，至有相对垂泣者。谏官御史，扼腕愤发，而执政之臣，从而弭之，以避黄门之怨。唯登科人李郃谓人曰："刘蕡不第，我辈登科，实厚颜矣。"请以所授官让蕡，事虽不行，人士多之。

《旧唐书》卷一九〇下《刘蕡传》

刘蕡字去华，幽州昌平人，客梁、汴间。明《春秋》，能言古兴亡事，沉健于谋，浩然有拯世意。擢进士第。元和后，权纲弛迁，神策中尉王守澄负弑逆罪，更二帝不能讨，天下愤之。文宗即位，思洗元和宿耻，将翦落支党。方宦人握兵，横制海内，号曰"北司"，凶丑朋挺，外胁群臣，内掣侮天子，蕡常痛疾。

大和二年，举贤良方正能直言极谏，帝引诸儒百余人于庭，策曰：

…………

是时，第策官左散骑常侍冯宿、太常少卿贾悚、库部郎中庞严见蕡对嗟伏，以为过古晁、董，而畏中官眦睚，不敢取。士人读其辞,至感概流涕者。谏官御史交章论其直。

于时,被选者二十有三人,所言皆冗踆常务,类得优调。河南府参军事李郃曰:"蕡逐我留,吾颜其厚邪!"乃上疏曰:"陛下御正殿求直言,使人得自奋。臣才志懦劣,不能质今古是非,使陛下闻未闻之言,行未行之事,忽忽内思,愧羞神明。今蕡所对,敢空臆尽言,至皇王之成败,陛下所防闲,时政之安危,不私所料。又引《春秋》为据,汉、魏以来,无与蕡比。有司以言涉讦忤,不敢闻。自诏书下,万口籍籍,叹其诚鲠,至于垂泣,谓蕡指切左右,畏近臣衔怒,变兴非常,朝野惴息,诚恐忠良道穷,纲纪遂绝,季汉之乱复兴于今。以陛下仁圣,近臣故无害忠良之谋;以宗庙威严,近臣故无速败亡之祸。指事取验,何惧直言?且陛下以直言召天下士,蕡以直言副陛下所问,虽讦必容,虽过当奖,书于史策,千古光明。使万有一蕡不幸死,天下必曰陛下阴杀谠直,结仇海内,忠义之士,皆惮诛夷,人心一摇,无以自解。况臣所对,不及蕡远甚,内怀愧耻,自谓贤良,奈人言何!乞回臣所授,以旌蕡直。臣逃苟且之惭,朝有公正之路,陛下免天下之疑,顾不美哉!"帝不纳。郃字子玄,后历贺州刺史。

《新唐书》卷一七八《刘蕡传》

〔大和〕七年,〔高锴〕迁中书舍人。九年十月,以本官权知礼部贡举。开成元年春,试毕,进呈及第人名,文宗谓侍臣曰:"从前文格非佳,昨出进士题目,是朕出之,所试似胜去年。"郑覃曰:"陛下改诗赋格调,以正颓俗,然高锴亦能励精选士,仰副圣旨。"

《旧唐书》卷一六八《高锴传》

崔蠡知制诰，丁太夫人忧，居东都里第。时尚苦俭啬，四方寄遗，茶药而已，不纳金帛。故亲宾至家，不异寒素，虽名姬爱子，服无轻细。崔公卜兆有期，一日，宗门士人请谒于蠡。阍吏拒之，告曰："公居丧，未尝见他客。"乃曰："某崔家宗门子弟，又知尊夫人有卜兆之日，愿一见公。"公闻之，延入与语。直云："知公居搢绅间清且俭，太夫人丧事所须，不能无费。某已忝孙侄之行，又且资货稍给，愿以钱三百万济公大事。"蠡见其慷慨，深奇之，但嘉纳其意，终却不受。此人调举久不第，亦颇有屈声。蠡未几服阕，拜尚书左丞，知礼部举。此人就试，蠡第之为状元。众颇惊异，谓蠡之主文，以公道取士；崔之献艺，由善价成名。一第可矣，首冠未耳。以是人有诘于蠡者，答曰："崔某固是及第人，但状头是某私恩所致耳。"以前事告之。于是中外始服，名益重焉。

《玉泉子》

〔崔〕瑶大和三年登进士第，出佐藩方，入升朝列，累至中书舍人。大中六年，知贡举，旋拜礼部侍郎，出为浙西观察使。……〔崔〕瑾大中十年登进士第，累居使府，历尚书郎、知制诰。咸通十三年，知贡举，选拔颇为得人。寻拜礼部侍郎，出为湖南观察使。

《旧唐书》卷一五五《崔邠传》

郑薰知举，放榜日，唯舍人毕诚到宅谢恩。至萧仿放榜日，并无朱紫及门，时论诮之。

《太平广记》卷一七八《贡举一·放榜》

韩洙与沈询尚书中表，询怜洙，许与成事。如是历四五年，太夫人又念之，复累付干询。询知举，大中九年也，自第二人逦迤改为第七人，方定。及放榜，误为罗洙。后询见韩，询未尝不深嗟其命。

《南部新书》戊

〔大中十年〕九月，以中书舍人杜审权知礼部贡举。

《旧唐书》卷一八下《宣宗本纪》

以楚州刺史裴坦为知制诰，坦罢职赴阙，宰臣令狐绹擢用。宰臣裴休以坦非才，不称是选，建议拒之，力不胜坦。命既行，至政事堂谒谢丞相。故事，谢毕，便于本院上事，四辅送之，施一榻，压角而坐。坦巡谒执政，至休厅，多输感谢。休曰："此乃省台缪选，非休力也。"立命肩舁便出，不与之坐。两阁老吏云："自有中书，未有此事也。"人多为坦羞之。至坦主贡举，擢休之子弘上第。时人云："欲盖而彰，此之谓也。"

《东观奏记》卷中

〔宣宗大中〕十四年，中书舍人裴坦知贡举，奏放进士三十人。考试官库部员外郎崔刍言，放宏词登科一人。时举子尤盛，进士过千人，然中第者皆衣冠士子。是岁，有郑义则，故户部尚书瀚之孙；裴弘，故相休之子；魏当，故相扶之子；令狐滈，故相绹之子。余不能遍举，皆以门阀取之。惟陈河一人，孤平负艺，第于榜末。

《册府元龟》卷六五一《贡举部·谬滥》

会昌元年，〔王起〕征拜吏部尚书，判太常卿事。三年，权知礼部贡举。明年,正拜左仆射,复知贡举。起前后四典贡部,所选皆当代辞艺之士,有名于时。人皆赏其精鉴徇公也。

《旧唐书》卷一六四《王起传》

王起,武宗会昌中正拜左仆射,复知贡举。起前后四典贡部,皆选当代词艺之士,有名于时。人皆赏其精鉴徇公也。

《册府元龟》卷六五一《贡举部·清正》

会昌六年,陈商主文,以延英对见,辞不称旨,改受王起。

《唐摭言》卷一四《主司失意》

敕:仪曹剧任,中台慎择。总百郡之俊造,考五礼之异同,必求上才,以允金属。中散大夫、尚书工部侍郎郑薰,高阳茂族,通德盛门,秉庄氏之遗风,蕴名卿之品业。文谐《骚》《雅》,鼓吹前言,誉洽搢绅,领袖时辈。操守必修其谦柄,进退常践于德藩,叠中词科,亟升清贯。持橐列金华之侍,挥毫擅紫闼之工,贰职冬官,克扬休问。是用俾司贡籍,以振儒风。朕以化天下者,莫尚于人文;序多士者,以备乎时选。育材之本,惟善是从。搴拔既尚于幽贞,旌劝勿遗于曹绪。无求冠玉,无采雕虫,当思取实之方,必有酌中之道。尔其尽虑,以率至公。可守礼部侍郎。

《全唐文》卷七六一《郑处诲·授郑薰礼部侍郎制》

〔郑〕祇德子颢,登进士第,结绶弘文馆校书。……历尚书郎、给事中、礼部侍郎。典贡士二年,振拔滞才,至今称之。迁刑部、吏部侍郎。大中十三年，检校礼部尚书、河南尹。

《旧唐书》卷一五九《郑颢传》

〔咸通三年〕十二月，以吏部侍郎萧仿权知礼部贡举。

《旧唐书》卷一九上《懿宗本纪》

〔咸通五年〕十月丙辰，以中书舍人李蔚权知礼部贡举。

《旧唐书》卷一九上《懿宗本纪》

〔咸通六年〕九月，以中书舍人赵骘权知礼部贡举。

《旧唐书》卷一九上《懿宗本纪》

〔咸通八年十月，〕以中书舍人刘允章权知礼部贡举。

《旧唐书》卷一九上《懿宗本纪》

〔王〕凝字致平，……暮年，移疾华州敷水别墅。逾年，以礼部侍郎征。凝性坚正，贡闱取士，拔其寒俊，而权豪请托不行，为其所怒，出为商州刺史。

《旧唐书》卷一六五《王凝传》

〔咸通十一年〕十月，……以中书舍人高湜权知礼部贡举。

《旧唐书》卷一九上《懿宗本纪》

〔高钶〕子湜，字澄之，第进士，累官右谏议大夫。咸通末，为礼部侍郎。时士多缘权要干请，湜不能裁，既而抵帽于地曰："吾决以至公取之,得谴固吾分!"乃取公乘亿、许棠、聂夷中等。

《新唐书》卷一七七《高湜传》

崔瑾为尚书郎、知制诰。懿宗咸通中,知贡举,选拔颇为得人。寻拜礼部侍郎。

《册府元龟》卷六五一《贡举部·清正》

光德刘相宗望举进士,朔望谒郑太师从谠。阍者呈刺,裴侍郎瓒后至,先入从容,乃召刘秀才。刘相告以主司在前,不敢升坐,隔拜于副阶上。郑公降而揖焉。郑公伫立,目送之,久方回。乃谓瓒曰:"大好及第举人。"瓒唯唯。明年,为门生。

《唐语林》卷三《赏誉》

〔乾符二年〕五月,……中书舍人崔沆为礼部侍郎。

《旧唐书》卷一九下《僖宗本纪》

〔乾符三年〕九月,……中书舍人高湘权知礼部侍郎。

《旧唐书》卷一九下《僖宗本纪》

〔乾符四年〕九月,以中书舍人崔澹权知贡举。

《旧唐书》卷一九下《僖宗本纪》

〔乾符五年〕十二月,……以中书舍人张读权知礼部贡举。

《旧唐书》卷一九下《僖宗本纪》

〔张〕希复子读，登进士第，有俊才。累官至中书舍人、礼部侍郎，典贡举，时称得士。位终尚书左丞。

《旧唐书》卷一四九《张读传》

某伏以十一日才除主文，旋沥情恳，罪责则可言于躁切，悯伤则宜恕于单危。非不三省九思，沉吟笺管，而以途穷日暮，恐惧风波。亦犹抱沉疴者，悉将虔告于神医；怀至痛者，无不上呼于穹碧。伏以学士舍人，轩铜照胆，蜀秤悬心，仰惟烛临，当极幽奥。且夫礼司取士，寒进升名，若无喆匠以斫成，未有良时而自致。不然者则安得权悬至鉴，代有遗人！伏惟学士舍人，标表士林，梯航陆海，凡言进取，须自门墙。今以文柄有归，至公弘播，则精力固同于造化，嘉言乃作于蓍龟。而某折角有年，交锋无托，羽毛零落，鬐鬣摧残。若不自学士舍人，推恩极山岳之隆，攘臂到沟隍之底，则还惭抱瓮，难出戴盆。兼近者面获起居，亲承念录，哀某昔年五随计吏，刖双足以全空，今复三历贡闱，救陆沉而未暇。许垂敏手，拯上重霄。谨以誓向鬼神，刻于肌骨。中兴教化，一身免没于风尘；下国儿孙，百世敢忘于厮隶。下情无任攀投恳悃之至。

《莆阳黄御史集》秩上《上翰林薛舍人启》

伏以羲爻不兆之文，何人复演？鲁史不褒之事，旷古谁称？厥理非遥，斯言可喻。伏以侍郎，荣司文柄，弘阐至公，历选滞遗，精求文行。泉下则大臣有感，揭起销沉；场中则寒族无差，酌平先后。所以如某者，曾干衡镜，经定否臧。若不蒙指向后人，说为遗恨，则宰辅之为荐举，帝王之作知音，而主且不言，人谁肯信？繇是须出侍郎金口，须自侍郎瑶函。今则论启无私，恩加所质,锡生成于此日,迥分付于将来。早从握内以挤排,便是眼前之科第。然后念以渐临风水,莫如蓬岛之音尘;俾拜云天,亲吐兰言而诲喻。留心及是,自古所希,莫不拳局循涯,兰干抹泣,质向神鬼,誓于子孙。莺谷乘春,虽托他门而振羽;麾躯异日,须归旧地以论恩。沥肝胆以无穷,寓笺毫而莫载。下情无任感恩恳悃之至。

《莆阳黄御史集》秩上《上杨侍郎启》

〔乾宁三年〕十月戊申朔,以中书舍人权知礼部贡举薛昭纬为礼部侍郎。

《旧唐书》卷二〇《昭宗本纪》

〔乾宁四年十月〕制以太中大夫、前御史中丞裴贽为礼部尚书,知贡举。

《旧唐书》卷二〇《昭宗本纪》

乾化元年十二月,以尚书左仆射杨涉知礼部贡举,非常例也。前代自唐武德、贞观之后,但委考功员外郎掌之。至开元二十五年,员外郎李昂为贡士李权所诋,繇是中书奏请以礼部侍郎专焉。其间或以他官领者,多用中书舍人及诸司四品清资官,准会昌中命太常卿王起主贡举时,乃简较①仆射耳。

《册府元龟》卷六四一《贡举部·条制三》

乾化元年十二月,以尚书左仆射杨涉知礼部贡举,非常例也。

《五代会要》卷二三《缘举杂录》

---

① "简较",他本或作"检校"。

〔天成〕二年正月，尚书礼部贡院奏："五经考试官，先在吏部日长定合请两员，数年系属贡院。准新定格文，只令奏请一员，兼充考试。伏缘今年科目，人数转多，却欲依旧请考试官各壹员。如蒙允许，续具所请官名进御申奏。"奉敕："宜依"。

《册府元龟》卷六四一《贡举部·条制三》

明宗天成四年，中书舍人知贡举卢詹进纳春关状内，漏失五经四人姓名，罚一月俸。

《册府元龟》卷六五一《贡举部·谬滥》

周和凝，仕后唐，为翰林学士，知贡举。贡院旧制，放榜之日，设棘于门及闭院门，以防下第不逞者。凝令彻棘启门。是日，寂无喧者，所放多才名之士。时议以为得人。明宗益加器重。

《册府元龟》卷六五一《贡举部·清正》

王延，后唐清泰和为中书舍人权知贡举。有崔颀者，协之子也，授偃师簿。其卑屑，弃去。数年，应进士。延将入贡院，见旧相吏部尚书卢文纪。文纪素与协不睦，谓延曰："舍人以谨重闻于时，所以老夫去冬与诸相首以长者闻奏。然此一途，取事者颇多面目。说者云：越人善泅，生子方晬，乳母浮之水上。或骇然止之，乳母曰：'其父善泅，子必无溺。'今若以名下取征，泅之类也。舍人当求实才，以副公望。"延退而嗤曰："八米之言，为崔颀也。纵与其父不悦，致意何至此耶？"来春，以颀登甲科。其仁而徇公，皆此类也。

《册府元龟》卷六五一《贡举部·清正》　133

江文蔚字君章，建安人。博学，工属文。后唐长兴中举进士，……

　　…………

　　升元建国以来，言事遇合，即随材进用，不复设礼部贡举，至是始命文蔚以翰林学士知举，略用唐故事，放进士卢陵王克贞等三人及第。玄宗问文蔚："卿知举取士，孰与北朝？"文蔚曰："北朝公荐、私谒相半，臣一以至公取才。"玄宗嘉叹。中书舍人张纬，后唐应顺中及第，大衔其言，执政又皆不由科第进，相与排沮，贡举遂复罢。

《十国春秋》卷二五《南唐·江文蔚传》

　　王延字世美，郑州长丰人也。……长兴初，乡人冯道、赵凤在相位，擢拜左补阙。逾年，以水部员外知制诰，再迁中书舍人，赐金紫。清泰末，以本官权知贡举。时有举子崔颂者，故相协之子也。协素与吏部尚书卢文纪不睦，及延将入贡院，谒见，文纪谓延曰："舍人以谨重闻于时，所以去冬老夫在相位时，与诸相首以长者闻奏，用掌文衡。然贡闱取士，颇多面目。说者云：'越人善泅，生子方晬，乳母浮之水上。或骇然止之，乳母曰："其父善泅，子必无溺。"'今若以名下取士，即此类也。舍人当求实才，以副公望。"延退而谓人曰："卢公之言，盖为崔颂也。纵与其父不悦，致意何至此耶？"来春，以颂登甲科。

《旧五代史》卷一三一《周书·王延传》

　　张昭初仕晋为左丞，少帝开运三年，命知贡举。来岁属契丹犯阙，而诸侯受赂，请托甚峻。昭未尝摇动，但务公平，时皆服其镇静,得巨儒之体。

《册府元龟》卷六五一《贡举部·清正》

周世宗显德二年,礼部侍郎刘温叟知贡举。三月壬辰,敕:尚书礼部贡院奏,今年新及第进士李覃、严说、何俨[①]、武允成、王汾、闾丘舜卿、杨徽之、任惟吉、赵邻几、周度、张慎微、王鬷、马文、刘选、程浩〔然〕、李震等一十六人,所试诗赋、文论、策〔文〕等。国家设贡举之司,求英俊之士,务询文行,方中科名。比闻近年已来,多有滥进,或以年劳而得第,或因媒势以出身。今岁所放举人,试令看验,果见纰缪,须至去留。其李覃、何俨、杨徽之、赵邻几等四人,宜放令及第,其严说、武允成、王汾、闾丘舜卿、任惟吉、周度、张慎微、王鬷、马文、刘选、程浩然、李震等一十二人,艺学未精,并宜勾落,且令苦学,以俟再来。温叟失于选士,颇属因循,据其过尤,合行谴谪,尚可见恕,特与矜容。温叟放罪,其将来贡举公事,仍令所司别具条种闻奏。

《册府元龟》卷六五一《贡举部·谬滥》

〔后周世宗显德〕五年,右谏议大夫刘涛知贡举。三月,诏曰:"比者以近年贡举颇是因循,频诏有司,精加试练,所冀去留无滥,优劣昭然。……涛选士不当,有失用心,可责授右赞善大夫,俾省过以戒当官。"先是,涛于东京放榜后,率其新令及第进士刘坦已下一十五人来赴行在,具以所试诗赋进呈。帝览之,以其词多纰缪,命翰林学士李昉覆试,故有是命。

《册府元龟》卷六五一《贡举部·谬滥》

---

① "何俨",《旧五代史》卷一一五作"何晔",《五代会要》卷二二作"何俨"。

第三章

科举考试科目

一、隋代科举考试科目

（一）科举考试科目渐次形成

〔开皇二年春正月〕甲戌，诏举贤良。

《隋书》卷一《高祖纪上》

隋文帝开皇三年正月，诏举贤良。

《册府元龟》卷六四五《贡举部·科目》

〔开皇七年春正月〕乙未，制诸州岁贡三人。

《隋书》卷一《高祖纪上》

〔开皇九年夏四月〕壬戌，诏曰："……京邑庠序，爰及州县，生徒受业，升进于朝，未有灼然明经高第。此则教训不笃，考课未精，明勒所由，隆兹儒训。"

《隋书》卷二《高祖纪下》

〔开皇十八年秋七月〕丙子,诏京官五品已上,总管、刺史,以志行修谨、清平干济二科举人。

《隋书》卷二《高祖纪下》

〔仁寿三年〕秋七月丁卯,诏曰:"……其令州县搜扬贤哲,皆取明知今古,通识治乱,究政教之本,达礼乐之源。不限多少,不得不举。限以三旬,咸令进路。征召将送,必须以礼。"

《隋书》卷二《高祖纪下》

〔大业元年春正月〕戊申,发八使巡省风俗。下诏曰:"……若有名行显著,操履修洁,及学业才能,一艺可取,咸宜访采,将身入朝。所在州县,以礼发遣。"

《隋书》卷三《炀帝纪上》

〔大业元年闰七月〕丙子,诏曰:"……诸在家及见入学者,若有笃志好古,耽悦典坟,学行优敏,堪膺时务,所在采访,具以名闻,即当随其器能,擢以不次。……"

《隋书》卷三《炀帝纪上》

大业之初,始班新令,妙选贤良,为司隶刺史,公首膺斯举。有诏追赴京洛,公以朝纲浸以颓坏,此职亦是宏济之一方,便起而就征。

《金石萃编》卷四三《房彦谦碑》

〔大业三年夏四月〕甲午,诏曰:"……夫孝悌有闻,人伦之本;德行敦厚,立身之基。或节义可称,或操履清洁,所以激贪厉俗,有益风化。强毅正直,执宪不挠,学业优敏,文才美秀,并为廊庙之用,实乃瑚琏之资。才堪将略,则拔之以御侮;膂力骁壮,则任之以爪牙。爰及一艺可取,亦宜采录;众善毕举,与时无弃。以此求治,庶几非远。文武有职事者,五品已上,宜依令十科举人。有一于此,不必求备。朕当待以不次,随才升擢。"

《隋书》卷三《炀帝纪上》

〔大业五年六月〕辛亥,诏诸郡学业该通、才艺优洽,膂力骁壮、超绝等伦,在官勤奋、堪理政事,立性正直、不避强御四科举人。

《隋书》卷三《炀帝纪上》

炀帝即位,……纳言杨达举炫博学有文章,射策高第,除太学博士。

《隋书》卷七五《刘炫传》

〔大业十年〕五月庚子,诏举郡孝悌廉洁各十人。

《隋书》卷四《炀帝纪下》

（二）秀才科

王贞字孝逸,梁郡陈留人也。少聪敏,七岁好学,善《毛诗》《礼记》《左氏传》《周易》,诸子百家,无不毕览。善属文词,不治产业,每以讽读为娱。开皇初,汴州刺史樊叔略引为主簿,后举秀才,授县尉,非其好也,谢病于家。

《隋书》卷七六《王贞传》

〔杜裕〕子正玄,字知礼,少传家业,耽志经史。隋开皇十五年,举秀才,试策高第。曹司以策过左仆射杨素,怒曰:"周、孔更生,尚不得为秀才,刺史何忽妄举此人?可附下考。"乃以策抵地,不视。时海内唯正玄一人应秀才,余常贡者,随例铨注讫,正玄独不得进止。曹司以选期将尽,重以启素。素志在试退正玄,乃手题使拟司马相如《上林赋》、王褒《圣主得贤臣颂》、班固《燕然山铭》、张载《剑阁铭》《白鹦鹉赋》,曰:"我不能为君住宿,可至未时令就。"正玄及时并了。素读数遍,大惊曰:"诚好秀才!"命曹司录奏。属吏部选期已过,注色令还。期年重集,素谓曹司曰:"秀才杜正玄至。"又试《官人有奇器》阙并立成,文不加点。素大嗟之,命吏部优叙。曹司以拟长宁王记室参军。时素情背曹官,及见,曰:"小王不尽其才也。"晋王广方镇扬州,妙选府僚,乃以正玄为晋王府参军。后豫章王镇扬州,又为豫章王记室。卒。

《北史》卷二六《杜正玄传》

杜正玄字慎徽,其先本京兆人,……世以文学相授。正玄尤聪敏,博涉多通。兄弟数人,俱未弱冠,并以文章才辩籍甚三河之间。开皇末,举秀才,尚书试方略,正玄应对如响,下笔成章。仆射杨素负才傲物,正玄抗辞酬对,无所屈挠,素甚不悦。久之,会林邑献白鹦鹉,素促召正玄,使者相望。及至,即令作赋。正玄仓卒之际,援笔立成。素见文不加点,始异之。因令更拟诸杂文笔十余条，又皆立成，而辞理华赡，素乃叹曰："此真秀才，吾不及也！"授晋王行参军，转豫章王记室，卒官。

《隋书》卷七六《杜正玄传》

〔杜〕正玄弟正藏，字为善，亦好学，善属文。开皇十六年，举秀才。时苏监选，试拟贾谊《过秦论》及《尚书·汤誓》《匠人箴》《连理树赋》《几赋》《弓铭》，应时并就，又无点窜。时射策甲第者合奏，曹司难为别奏，抑为乙科。正藏诉屈，威怒，改为丙第，授纯州行参军。迁梁郡下邑县正。大业中，与刘炫同以学业该通，应诏被举。时正藏弟正仪贡充进士，正伦为秀才，兄弟三人同时应命，当世嗟美之。

《北史》卷二六《杜正藏传》

杜正伦，相州洹水人。隋世重举秀才，天下不十人，而正伦一门三秀才，皆高第，为世歆美。调武骑尉。

《新唐书》卷一○六《杜正伦传》

唐杜正伦，相州洹水人也，隋仁寿中与兄正玄、正藏俱以秀才擢第。隋代举秀才总十人，正伦一家有三秀才，甚为当时称美。

《册府元龟》卷六五○《贡举部·应举》

有隋总一寰宇，得人为盛，秀异之贡，不过十数。正玄昆季三人预焉，华萼相耀，亦为难兄弟矣。

《隋书》卷七六《刘斌传》

〔陆〕爽同郡侯白，字君素，好学有捷才，性滑稽，尤辩俊。举秀才，为儒林郎。

《隋书》卷五八《侯白传》

刘焯字士元，信都昌亭人也。……遂以儒学知名，为州博士。刺史赵煚引为从事，举秀才，射策甲科。与著作郎王劭同修国史，兼参议律历，仍直门下省，以待顾问。

《隋书》卷七五《刘焯传》

窦威字文蔚，扶风平陵人，太穆皇后从父兄也。父炽，隋太傅。威家世勋贵，诸昆弟并尚武艺，而威耽玩文史，介然自守，诸兄哂之，谓为"书痴"。隋内史令李德林举秀异，射策甲科，拜秘书郎。秩满当迁，而固守不调，在秘书十余岁，其学业益广。时诸兄并以军功致仕通显，交结豪贵，宾客盈门，而威职掌闲散。

《旧唐书》卷六一《窦威传》

许敬宗字延族，杭州新城人。……敬宗幼善属文，大业中举秀才中第，调淮阳书佐，俄直谒者台，奏通事舍人事。

《新唐书》卷二二三上《许敬宗传》

岑文本字景仁，邓州棘阳人。……性沉敏，有姿仪，善文辞，多所贯综。郡举秀才，不应。

《新唐书》卷一〇二《岑文本传》

薛收字伯褒,蒲州汾阴人。……以父不得死于隋,不肯仕,郡举秀才,不应。

《新唐书》卷九八《薛收传》

（三）进士科

炀帝嗣兴,又变前法,置进士等科。于是后生之徒,复相放效,因陋就寡,赴速邀时,缉缀小文,名之策学,不以指实为本,而以浮虚为贵。

《旧唐书》卷一○一《薛登传》

天授三年,右补阙薛谦光……上疏曰:"……及炀帝,又变前法,置进士等科,故后生复相仿效,皆以浮虚为贵。……"

《通典》卷一七《选举五·杂论议中》

近炀帝始置进士之科,当时犹试策而已。

《旧唐书》卷一一九《杨绾传》

进士科,始于隋大业中,盛于贞观、永徽之际。

《唐国史补》卷下

隋炀帝改置明、进二科。国家因隋制,增置秀才、明法、明字、明算,并前为六科。

《大唐新语》卷一○《厘革》

若列之于科目，则俊、秀盛于汉、魏；而进士，隋大业中所置也。如侯君素、孙伏伽，皆隋之进士也明矣。

《唐摭言》卷一《述进士上篇》

〔张〕从师祖损之，隋大业中进士甲科，位至侍御史、尚书、水部郎。

《毗陵集》卷一一《河南府法曹参军张从师墓志》

初，公①祖损之，隋大业中进士甲科，位至侍御史、尚书、水部郎。损之生烈考浍，以硕学丽藻，名动京师，亦举进士。

《毗陵集》卷一一《唐故河南府法曹参军张公墓表》

房玄龄字乔，齐州临淄人。父彦谦，仕隋，历司隶刺史。玄龄幼警敏，贯综坟籍，善属文，书兼草隶。……年十八，举进士。授羽骑尉，校雠秘书省。

《新唐书》卷九六《房玄龄传》

年十有八，俯从宾贡。

《金石萃编》卷五〇《房玄龄碑》

〔大业中，房基〕既预宾贡，策应甲科。

《芒洛冢墓遗文三编》之《房基墓志铭》

---

① 指张从师。

〔杨〕纂字续卿，弘礼族父。大业时，第进士，为朔方郡司法书佐。

《新唐书》卷一○六《杨纂传》

〔杜〕正藏，……大业中，与刘炫同以学业该通，应诏被举。时正藏弟正仪贡充进士，正伦为秀才，兄弟三人同时应命，当世嗟美之。

《北史》卷二六《杜正藏传》

（四）明经科

韦云起，雍州万年人。……隋开皇中明经举，授符玺直长。

《旧唐书》卷七五《韦云起传》

孔颖达字仲达，冀州衡水人。……隋大业初，举明经高第，授河内郡博士。

《新唐书》卷一九八《孔颖达传》

公讳文达，字艺成，冀州信都人也。……隋炀帝以当璧握图，大横纂历，命翘车以招英□，□名硕儒。公以经明行修，孤标独秀，大业三年，授同安博士。

《金石萃编》卷四六《盖文达碑》

张文诩，河东人也。父琚，开皇中为洹水令，以清正闻。有书数千卷，教训子侄，皆以明经自达。

《隋书》卷七七《张文诩传》

孙培青文集　第五卷　隋唐五代考试文献集成

初，北海贼帅綦公顺，帅其徒三万攻郡城，已克其外郭，进攻子城。城中食尽，公顺自谓克在旦夕，不为备。明经刘兰成纠合城中骁健百余人袭击之。刘兰成盖尝应明经科，因称之。《新唐志》曰："唐制取士之科，多因隋旧，则明经科起于隋也。"……城中见兵继之，公顺大败，弃营走，郡城获全。

《资治通鉴》卷一八六《唐纪二·高祖神尧大圣光孝皇帝上之中》

（五）孝廉科

王绩字无功，绛州龙门人。……大业中，举孝悌廉洁，授秘书省正字。不乐在朝，求为六合丞。

《新唐书》卷一九六《王绩传》

大业末，〔王绩〕应孝悌廉洁举，射高第，除秘书正字。

《全唐文》卷一六〇《吕才·东皋子后序》

张行成，定州义丰人也。……大业末，察孝廉，为谒者台散从员外郎。

《旧唐书》卷七八《张行成传》

张行成字德立，定州义丰人。……隋大业末，察孝廉，为谒者台散从员外郎。后为王世充度支尚书。世充平，以隋资补谷熟尉。家贫，代计吏集京师，擢制举乙科，改陈仓尉。

《新唐书》卷一〇四《张行成传》

二、唐及五代科举考试科目

（一）常科

1. 总叙

凡贡举人有博识高才，强学待问，无失俊选者，为秀才；通二经已上者，为明经；明闲时务，精熟一经者，为进士；通达律令者，为明法。其人正直清修，名行孝义，旌表门闾，堪理时务，亦随宾贡，为孝悌力田。凡贡人，上州岁贡三人，中州二人，下州一人。若有茂才异等，亦不抑以常数。

《唐六典》卷三〇《三府督护州县官吏》

凡举试之制，每岁仲冬，率与计偕。其科有六：一曰秀才，试方略策五条。此科取人稍峻，贞观已后遂绝。二曰明经，三曰进士，四曰明法，五曰书，六曰算。凡此六科，求人之本，必取精究理实，而升为第。其有博综兼学，须加甄奖，不得限以常科。

《旧唐书》卷四三《职官志二》

凡诸州每岁贡人，其类有六：一曰秀才，二曰明经，三曰进士，四曰明法，五曰书，六曰算。其弘文、崇文生，各依所习业，随明经、进士例。

《唐六典》卷二《尚书吏部》

凡举试之制,每岁仲冬,率与计偕。其科有六:一曰秀才,试方略策五条。此科取人稍峻,贞观已后遂绝。二曰明经,三曰进士,四曰明法,五曰书,六曰算。

《唐六典》卷四《尚书礼部》

凡此六科,求人之本,必取精究理实而升为第。其有博综兼学,须加甄奖,不得限以常科。开元二十五年,敕:明经、进士中,除所试外,明经有兼明五经已上,每经帖十通五已上,口问大义十条,疏义精通,通五已上;进士有兼通一史,试策及口问各十条,通六已上,须加甄奖,所司录名奏闻。……

《唐六典》卷四《尚书礼部》

其科之目,有秀才,有明经,有俊士,有进士,有明法,有明字,有明算,有一史,有三史,有《开元礼》,有道举,有童子。而明经之别,有五经,有三经,有二经,有学究一经,有三礼,有三传,有史科。此岁举之常选也。

《新唐书》卷四四《选举志上》

初,秀才科等最高,试方略策五条,有上上、上中、上下、中上,凡四等。贞观中,有举而不第者,坐其州长,由是废绝。开元二十四年以后,复有此举。其时以进士渐难,而秀才本科无帖经及杂文之限,反易于进士。主司以其科废久,不欲收奖,应者多落之,三十年来无及第者。至天宝初,礼部侍郎韦陟始奏请,有堪此举者,令官长特荐,其常年举送者并停。自是士族所趋向,唯明经、进士二科而已。其初止试策,贞观八年,诏加进士试读经史一部。

至调露二年,考功员外郎刘思立始奏二科并加帖经。其后,又加《老子》《孝经》,使兼通之。永隆二年,诏明经帖十得六,进士试文两篇,识文律者,然后试策。

《通典》卷一五《选举三·历代制下》

隋炀帝改置明、进二科。国家因隋制,增置秀才、明法、明字、明算,并前为六科。武德则以考功郎中试贡士,贞观则以考功员外掌之。士族所趣,唯明、进二科而已。古唯试策。贞观八年,加进士试经史。调露二年①,考功员外刘思立奏,二科并帖经。

《大唐新语》卷一〇《厘革》

国初,明经取通两经,先帖文,乃按章疏试墨策十道;秀才试方略策三道;进士试时务策五道。考功员外郎职当考试。

其后举人惮于方略之科,为秀才者殆绝,而多趋明经、进士。

贞观二十年,王师旦为员外郎,冀州进士张昌龄、王公瑾并文词俊楚,声振京邑。师旦考其文策为下等,举朝不知所以。及奏等第,太宗怪无昌龄等名,问师旦。师旦曰:"此辈诚有词华,然其体轻薄,文章浮艳,必不令成器。臣擢之,恐后生仿效,有变陛下风俗。"上深然之。后昌龄为长安尉,坐赃罪解官;而王公瑾亦无所成。

高宗时,进士特难其选。

∙∙∙∙∙∙∙∙∙∙∙

开耀元年,员外郎刘思立以进士惟试时务策,恐伤肤浅,请加

---

① "调露二年",原本误作"调露二十年"。

试杂文两道,并帖小经。

……开元二十四年冬,遂移贡举属于礼部,侍郎姚奕颇振纲纪焉。

其后明经停墨策,试口义,并时务策三道,进士改帖大经,加《论语》。自是举司帖经,多有聱牙孤绝倒拔筑法之目。文士多于经不精,至有白首举场者,故进士以帖经为大厄。

天宝初,达奚珣、李岩相次知贡举。进士文名高而帖落者,时或试诗放过,谓之赎帖。

十一年,杨国忠初知选事,进士孙季卿曾谒国忠言:"礼部帖经之弊大,举人有实才者,帖经既落,不得试文。若先试杂文,然后帖经,则无余才矣。"国忠然之。无何,有敕,进士先试帖经,仍前后开一行。是岁收入,有倍常岁。

又,旧例:试杂文者,一诗一赋,或兼试颂论,而题目多为隐僻。策问五道,旧例:三道为时务策,一道为方略,一道为征事。近者,方略之中或有异同,大抵非精博通赡之才,难以应乎兹选矣。

故当代以进士登科为登龙门,解褐多拜清紧,十数年间,拟迹庙堂。

《封氏闻见记校注》卷三《贡举》

上元元年十二月二十七日,天后上表曰:"伏以圣绪,出自玄元,五千之文,实惟圣教。……所司临时策试,请施行之。"至二年正月十四日,明经咸试《老子》策二条,进士试帖三条。

《唐会要》卷七五《贡举上·明经》

仪凤三年三月，敕:"自今已后,《道德经》《孝经》并为上经,贡举皆须兼通。其余经及《论语》,任依恒式。"

《唐会要》卷七五《贡举上·明经》

刘宪,宋州宁陵人也。……后迁考功员外郎,始奏请明经加帖、进士试杂文,自思立始也。

《旧唐书》卷一九〇中《刘宪传》

学者立身之本,文者经国之资,岂可假以虚名,必须征其实效。如闻明经射策,不读正经,抄撮义条,才有数卷。进士不寻史传,唯读旧策,共相模拟,本无实才。所司考试之日,曾不拣练,因循旧例,以分数为限。至于不辨章句,未涉文词者,以人数未充,皆听及第。其中亦有明经学业该深者,唯许通六经;进士文理华赡者,竟无甲科。铨综艺能,遂无优劣。试官又加颜面,或容假手,更相属请,莫惮纠绳。由是侥幸路开,文儒渐废。兴廉举孝,因此失人;简贤任能,无方可致。自今已后,考功试人,明经试帖,取十帖得六已上者。进士试杂文两首,识文律者,然后并令试策。日仍严加捉搦,必材艺灼然,合升高第者,并即依令。其明法并书、算贡举人,亦量准此例,即为恒式。(永隆二年八月)

《唐大诏令集》卷一〇六《条流明经进士诏》

长寿二年三月,则天自制《臣范》两卷,令贡举人习业;停《老子》。

《唐会要》卷七五《贡举上·明经》

神龙元年二月二日赦文："天下贡举人，停习《臣范》，依前习《老子》。"

《唐会要》卷七五《贡举上·明经》

〔开元〕二十一年，玄宗新注《老子》成，诏天下每岁贡士，减《尚书》《论语》策，而加《老子》焉。

《通典》卷一五《选举三·历代制下》

赦：天地以大德生群有，圣人以大宝守万物。古者受命之君，谓之承天之序，明有所代，夫岂徒然？道若无钦崇，命不求保。帝实临汝，人曷戴君？朕所以每期庶平合于仁覆之意也。夫宓羲、神农、黄帝、尧、舜，或诛而不怒，或教而不诛。彼亦何为，独臻于此！朕自有天下，二纪及兹，虽未能昼衣以禁，亦未尝刑人于市。而政犹蹉驳，俗尚浇醨，当是为理之心，未返于本耳。凡人岂不仁于父母兄弟，不欲于饮食衣服乎。而卒被无孝友之名，不温饱之困，其故何哉？盖未闻义方，不识善道，或任小智而为诈，或见小利而苟得。致远则穷，继之以暴，已而身受戮诛，家不相保。愚妄之徒，类多自陷，讼狱之弊，恒由此作。吁，可悲乎！亦在教之不明也。盖刑罚者，不获已而用之。天下黔黎，皆朕赤子，以诚告示，其或告归。何必用威，然后致理？先务仁恕，宁不怀之？且五常循行，岂须深识？六亲和睦，何待于宁？自宜勉之，以副所望。刑措不用，道在于兹。今献岁之吉，迎气伊始，敬顺天常，无违月令。所由长吏，可举旧章。诸有妪伏孕育之物，蠢动生植之类，慎无杀伐，致令受伤。九土异宜，三农在候，聚众兴役，妨时害功，特宜禁止，以助春事。至若家有征镇，人或孤茕，物向阳和，此独忧悴，良可悯也。亦宜所由，随事忧恤。盖不体仁，无以为长；不知道，无以用心。故道者，众妙之门；而心者，万事之统。得其要会，义可以兼济于人；失其指归，生不能自全于己。故我玄元皇帝著《道德经》五千文，明乎真宗，致于妙用。而有位者未之讲习，不务清净，欲令所为之政教，何从而致于太和者耶？百辟卿士，各须详读，勉存进道之诚，更图前席之议。至如计校小利，综缉烦文，邀名直行，去道弥远，违天和气，生人怨心。朕甚厌之，所不取也。各励精一，共兴玄化，俾苍生登于仁寿，天下还于淳朴，岂远乎哉？行之可至。其老子《道德经》，宜令士庶家藏一本，仍劝习读，使知指要。每年贡举人，量减《尚书》《论语》一两道策，准数加《老子》策，俾敦崇道本，附益化源。朕推诚与人，有此教诚，必验行事，岂垂空言？今之此敕，亦宜家置一本，每须三省，以识朕怀。

《唐丞相曲江张先生文集》卷七《敕岁初处分》

〔开元〕二十五年正月，诏曰："致理兴化，必在得贤；强识博闻，可以从政。且今之明经、进士，则古之孝廉、秀才，近日以来，殊乖本意。进士以声韵为学，多昧古今；明经以帖诵为功，罕穷旨趣。安得为敦本复古，经明行修？以此登科，非选士取贤之道也。其明经自今以后，每经宜帖十，取通五已上，免旧试一帖。仍案问大义十条，取通六已上，免试经策一条。令答时务策三道，取粗有文理者与及第。其进士宜停小经，准明经例，帖大经十，帖取通四已上。然后准例试杂文及策，考通与及第。其明经中，有明五经已上，试无不通者；进士中，兼有精通一史，能试策十条，得六已上者，委所司奏听进止。其应试进士等，唱第讫，具所试杂文及策，送中书门下详覆。其所问明经大义，日仍须对同举人考试。庶能否共知,取舍无愧,有功者达,可不勉与。"

《册府元龟》卷六三九《贡举部·条制一》

　　天宝元年四月三日,敕:"自今已后,天下应举,除崇玄学生外,自余所试《道德经》,宜并停。仍令所司更别择一小经代之。"其年,加《尔雅》,以代《道德经》。至贞元元年四月十一日,敕:"比来所习《尔雅》,多是鸟兽草木之名,无益理道。自今已后,宜令习老子《道德经》,以代《尔雅》。其进士亦宜同大经略例帖试。"至十二年三月十七日,国子司业裴肃奏:"《尔雅》博通诂训,纲维六经,为文字之楷范,作诗人之兴咏,备详六亲九族之礼,多识鸟兽草木之名。今古习传,儒林遵范。其《老子》是圣人玄微之言,非经典通明之旨,为举人所习之书,伏恐稍乖本义。伏请依前加《尔雅》。"奉敕:"宜准天宝元年四月三日敕处分。"

《唐会要》卷七五《贡举上·明经》

　　〔天宝〕十一载,礼部侍郎杨浚始开为三行,不得帖断绝、疑似之言也。明经所试一大经及《孝经》《论语》《尔雅》,帖各有差;帖既通而口问之,一经问十义,得六者为通;问通而后试策,凡三条。三试皆通者为第。进士所试一大经及《尔雅》,旧制,帖一小经并注。开元二十五年,改帖大经,其《尔雅》亦并帖注。帖既通而后试文、试赋各一篇,文通而后试策,凡五条,三试皆通者为第。经、策全通为甲第,通四以上为乙第。通三帖以下及策全通而帖经文不通四,或帖经通四以上而策不通四,皆为不第。明法试律、令各十帖,试策共十条,律七条,令三条。全通为甲,通八以上为乙,自七以下为不第。书者试《说文》《字林》凡十帖,《说文》六帖,《字林》四帖。口试无常限,皆通者为第。算者试《九章《海岛》《孙子》《五曹》《张丘建》《夏侯阳》《周髀》《五经》《缀术》《缉古》，帖各有差，《九章》三帖，《五经》等七部各一帖，《缀术》六帖，《缉古》四帖。兼试问大义，皆通者为第。凡众科有能兼学，则加超奖，不在常限。

《通典》卷一五《选举三·历代制下》

　　〔天宝十一载〕十二月，敕："礼部举人，比来试人，颇非允当。帖经首尾，不出前后，复取'者、也、之、乎'，颇相类之处下帖。为弊已久，须有厘革。礼部起请，每帖前后各出一行，相类之处，并不须帖。"是载，礼部侍郎杨浚始开为三行。不得帖断绝疑似之言也。明经所试一大经及《孝经》《论语》《尔雅》，帖各有差。帖既通而口问之。一经问十义，得六者为通。而后试策，凡三条，三试皆通者为第。进士所试一大经及《尔雅》，旧制，帖一小经并注。开元二十五年，改帖大经，其《尔雅》亦并帖注也。帖既通而后试文、试赋各一篇，文通而后试策，凡五条，三试皆通者为策。经、策全通为甲；策通四，帖通四帖以上为乙；策通三，帖通三以下及策虽全通而经文不通四，或帖经虽通四以上而策不通四，皆为不第。明法试律、令各十帖，试策共十条。律七条，令三条。全通为甲，通八以上为乙，自七以下为不第。书者试《说文》《字林》凡十帖，《说文》六帖，《字林》四帖。口试无常限，皆通者为第。算者试《九章》《海岛》《孙子》《五曹》《张丘建》《夏侯阳》《周髀》《五经》《缀术》《缉古》，帖各有差，《九章》九帖，《五经》等七部各一帖，《缀术》六帖，《缉古》四帖。兼试问大义，皆通者为第。凡众科，有能兼学，则加超奖，不在常限。

《册府元龟》卷六四〇《贡举部·条制二》

夫秀才、茂才、孝廉之科，其来尚矣。汉之秀才对策，故武帝有策秀才文。孝廉者，孝悌廉让也，学行俱至，始得举孝廉。汉朝显重此科。后汉尚书令左雄欲限年四十已上方可举察，胡广驳之，茂才异行者不拘年限。又东汉法，雄举胡广孝廉，京师试章奏为天下第一。自吴、魏、晋，皆以郡举孝廉，察秀才，故州郡长史别驾皆赴举察。汉朝又悬四科取士：一曰德行高妙，二曰通经学，三曰法令，四曰刚毅多略。近代以诸科取士者甚多。武德四年，复置秀才、进士两科。秀才试策，进士试诗赋。其后秀才合为进士一科。

《苏氏演义》卷上

〔大和〕三年八月[①]，礼部奏："进士举人，先试帖经，并略问大义，取经义精通者，次试议、论各一道，文理高者，便与及第。其所试诗赋并停者。伏请帖大〔小〕经各十帖，通五、通六为及格。所问大义，便于习大经内准格明经例问十条，仍对众试口义。伏惟新制，进士略问大义，缘初厘革。今且以通三、通四为格，明年以后，并依明经例。其所试议、论，请各限五百字以上成。"敕旨："依奏。"

《册府元龟》卷六四一《贡举部·条制三》

〔大和〕七年八月庚寅，册皇太子，礼毕，制曰："……汉代用人，皆由儒术，故能风俗深厚，教化兴行。近日苟尚浮华，莫修经艺，先圣之道，埋芜不传。况进士之科，尤要厘革。虽乡举里选，

---

① "三年八月"，《唐会要》卷七六《贡举中·进士》作"七年八月"。

不可复行,然务实抑华,必有良术。既当甚弊,思亦改张。今寰宇
人宁,干戈已戢,皇太子方从师傅,传授五经。一二年之后,当令
齿胄国庠,以兴坠典。宜令国子监于诸道搜访名儒,置五经博士
各一人。其公卿士族子弟,明年已后,不先入国学习业,不在应明
经、进士之限。其进士举,宜先试帖经,并略问大义,精通者次试
议、论各一道,文理高者,便与及第。其所试诗赋并停。其式经官
便以国子监学官充,礼部不得别更奏请。……"

《册府元龟》卷九〇《帝王部·赦宥九》

〔大中〕十年四月,礼部侍郎郑颢进《诸家科目记》十三卷,敕
付翰林。自今放榜后,仰写及第姓名,及所试诗赋题目进入内,仍
付所司,逐年编次。

《唐会要》卷七六《贡举中·缘举杂录》

宣宗尚文学,尤重科名。大中十年,郑颢知举,宣宗索《登科
记》。颢表曰:"自武德以后,便有进士诸科。所传前代姓名,皆是
私家记录。臣委当行祠部员外郎赵璘,采访诸《科目记》,撰成十
三卷,自武德元年至于圣朝。"敕翰林,自今放榜后,仰写及第人姓
名及所试诗赋题目进入,仰所司逐年编次。

《唐语林》卷四《企羡》

大中十年五月,中书门下奏:"据礼部贡院见置科目内,《开元
礼》、三礼、三传、三史、学究、道举、法、算、童子等九科,近年取人
颇滥。曾无实艺可采,徒添入仕之门,须议条流,俾精事业。臣等
已于延英面奏,伏奉圣旨,将文字奏来者。其前件九科,臣等商

量,望起大中十年,权停三年满后。至时,赴科试者,令有司据所举人先进名,令中书舍人重覆问过。如有本业稍通,堪备朝廷顾问,即作等第进名,候敕处分。如事业荒芜,不合送名而妄送者,考官先议朝责。其童子近日诸道所荐送者,多年齿已过,考其所业,又是常流。起今已后,望令天下州府,荐童子并须实年十一、十二已下,仍须精熟,经旨全通,兼自能书写者。如违条例,本道长吏,亦宜议惩罚。"从之。

《唐会要》卷七七《贡举下·科目杂录》

〔天成〕三年春,赵凤知贡举,场中利病,备达天听,因敕:"进士帖经,通三即可;五科试本业后,对策全精即可。诸经学帖经及格后,于大经泛问五义,尚书于试纸,令直解其理,通三即可。对策并须理有指归,言关体要。"

《册府元龟》卷六四一《贡举部·条制三》

是月[1],敕:"应将来三传、三礼、三史、《开元礼》、学究等考试,本业毕后,引试对策时,宜令主司须于时务中采取要当策题,精详考校,不必拘于对属。须有文章,但能周通,文字典切,即放及第。如不及此格,虽本业精通,亦须黜落。应九经、五经、明经、帖书及格后,引试对义时,宜令主司于大经泛出问义五通,于帘下书于试纸,令隔帘逐段解说。但要不失疏注,义理通二、通三,然后便令念疏。如是熟卷,并须全通,仍无失错,始得入策。亦须于时务中选策题精当,考较如精于笔砚留意者,得则以四六对,仍须理有指

归,言关体要。如不曾于笔砚致功,则许直书其事,不得错使文字,只在明于利害,其问义、念疏、对策,逐件须有去留。"

《册府元龟》卷六四一《贡举部·条制三》

后唐明宗长兴元年二月,敕:"传科不精《公》《穀》,虚有其名;礼科未达《周》《仪》,如何登第?兼闻前后,空闻定制,去留皆在终场。博通者,混杂以进身;肤浅者,侥求而望事。须颁明敕,俾叶公途。自此后,贡院应试三传、三礼,宜令准进士、九经、五经、明经例,逐场皆须去留,不得候终场方定。仍具所通否,粗一一旋于榜内告示。其学究不在念书,可特示墨义三十道,亦准上指挥。如此,则人知激劝,事有区分。主司免致于繁忙,举子不兴于僭滥。仍(付)所司。"学究不念书,新例也。国朝所设五科,唯学究文书最少,乃令念其经而通其义。故曰学究今只许对义,即学者皆专于此科,时论非之。

《册府元龟》卷六四二《贡举部·条制四》

清泰二年九月,礼部贡院奏:"奉长兴元年敕,进士、五经、九经、明经、五科童子外,诸色科目并停。缘由有明算、道举人,今欲施行。"……从之。

《五代会要》卷二三《缘举杂录》

〔天福五年〕四月,礼部侍郎张允奏曰:"明君侧席,虽切旁求;贡士观光,岂宜滥进?窃窥前代,末设诸科,始以明经,俾升高第。自有九经、五经之后,及三礼、三传已来,孝廉之科,遂因循而不废,搢绅之士,亦缄默而无言,以至相承,未能改作。每岁明经一科，少至五百以上，多及一千有余，举人如是繁多，试官岂能精当？况此等多不究义，唯攻帖书，文理既不甚通，名第岂可妄与？且常年登科者不少，相次赴选者甚多，州县之间必无遗阙，辇毂之下须有稽留，怨嗟自此而兴，谤讟因兹而起。但今广场大启，诸科并存，明经者悉包于九经、五经之中，无出于三礼、三传之内，若无厘革，恐未便宜。其明经一科，伏请停废。"又奏："国家悬科待士，贵务搜扬；责实求才，须除讹滥。童子每当就试，止在念书，背经则虽似精详，对卷则不能读诵。及名成贡部，身返故乡，但克日以取官，更无心而习业，滥蠲徭役，虚占官名。其童子一科，亦请停废。"敕明经、童子、宏词、拔萃、明算、道举、百篇等科并停。

《旧五代史》卷一四八《选举志》

〔后晋〕少帝开运元年八月，诏曰："明经、童子之科，前代所设，盖期取士，良谓通规。爰自近年，暂从停废。损益之机未见，牢笼之义全亏。将阐斯文，宜依旧贯，庶臻至理，用广旁求。其明经、童子二科，今后复置。"

《册府元龟》卷六四二《贡举部·条制四》

〔后周广顺三年春正月〕丁卯，户部侍郎权知贡举赵上交奏："诸科举人，欲等第各加对义场数，进士除诗赋外，别试杂文一场。"从之。

《旧五代史》卷一一二《周书·太祖纪第三》

周太祖广顺三年二月，礼部侍郎赵上交奏："贡院诸科，今欲不试泛义、口义共十五道,改试墨义共十一道。"从之。

三年正月,户部侍郎权知贡院赵上交奏:"九经举人,元帖经一百二十帖,墨义三十道,臣今欲罢帖经,于诸经对墨义一百五十道。五经元帖八十帖,墨义二十道,今欲罢帖经,令对墨义一百道。明经元帖书五十帖,今欲罢帖书,令对义五十道。明法元帖律、令各十帖,义二十道,今欲罢帖律,令对义二十道。学究元念书二十道,对义二十道,今欲罢念书,对义五十道。三礼元对墨义九十道,三传元对义一百一十道,欲三礼于《周礼》《仪礼》各添义二十道,三传于《公羊》《穀梁传》各添义二十道。《开元礼》、三史,元义三百道,欲各添义五十道。进士元添试诗、赋各一首,帖书二十帖,对义五道,欲罢帖书,别试杂文二首,试策并仍旧。童子元念书一十四道,欲添念通前五十道,念及三十道者,放及第。"从之。

《册府元龟》卷六四二《贡举部·条制四》

〔广顺三年〕九月,翰林学士承旨、刑部侍郎、知制诰权知贡举徐台符奏:"贡举之司,条贯之道,有沿有革,或否或臧。盖趣向之不同,致施行之有异。今欲酌其近例,按彼旧规,参而用之,从其可者。谨条如右:九经,元格帖经一百二十帖,对墨义、泛义、口义共六十道,策五道。去年知举赵上交起请罢帖书,泛义、口义,都对墨义一百五十道。合今请去泛义、口义,都对墨义六十道,其帖书、对策依元格。五经,元格帖书八十帖,对墨义五十道。臣今请对墨义十五道,其帖书、对策依元格。明法,元格帖律令一十帖,对律令墨义二十道,策试十条。去年罢帖,对墨义六十道,策试如旧。臣今请并依元格。学究,元格念书、对墨义各二十道,策五道。去年罢念书，都对墨义五十道。今请依去年起请。三礼，元格对墨义九十道。去年添四十道。臣今请并依元格。三传，元格对墨义一百一十道。去年对四十道。臣今请并依元格。《开元礼》、三史，元格各对墨义三百道，策五道。去年加对五十道。臣今请并依元格。进士，试杂文、诗、赋，帖经二十帖，对墨义五道。去年代帖经、对义，别试杂文二首。臣今请依起请，别试杂文，其帖书、对义请依元格。童子，元格念书二十四道，起请添念书都五十道，及三十通者放。臣请依起请。"

《册府元龟》卷六四二《贡举部·条制四》

2. 秀才科

凡秀才，试方略策五道，以文理通粗为上上、上中、上下、中上，凡四等为及第。……高宗永徽二年，始停秀才科。

《新唐书》卷四四《选举志上》

其秀才试方略策五条，文理俱高为上上，文高理平、理高文平者为上中，文理俱平为上下，文理粗通为中上，文劣理滞为不第。此条取人稍峻，自贞观后遂绝。

《唐六典》卷二《尚书吏部》

初，秀才科等最高，试方略策五条，有上上、上中、上下、中上，凡四等。贞观中，有举而不第者，坐其州长，由是废绝。开元二十四年以后，复有此举。其时以进士渐难，而秀才本科无帖经及杂文之限，反易于进士。主司以其科废久，不欲收奖，应者多落之，三十年来无及第者。至天宝初，礼部侍郎韦陟始奏请,有堪此举者,令官长特荐,其常年举送者并停。自是士族所趋向,唯明经、进士二科而已。

《通典》卷一五《选举三·历代制下》

国初,明经取通两经,先帖文,乃按章疏试墨策十道;秀才试方略策三道;进士试时务策五道。考功员外职当考试。其后,举人惮于方略之科,为秀才者殆绝,而趋走明经、进士。

《封氏闻见记校注》卷三《贡举》

〔裴〕耀卿字子涣,河东闻喜人也。……王父眘,皇朝举秀才,授许州司户,登明经高科,迁□□郎。

《全唐文》卷四七九《许孟容·唐故侍中尚书右仆射
赠司空文献公裴公神道碑铭》

按《登科记》,永徽元年,犹有秀才刘峯一人,二年始停秀才举。

《玉海》卷一一五《唐明经举　明经著令》

天宝中,〔萧惟明〕举秀才,数上,行过乎谦,竟不得居留甲乙科。

《权载之文集》卷二五《唐故扬州兵曹参军萧府君墓志铭并序》

宝应二年,杨绾为礼部侍郎,奏举人不先德行,率多浮薄,请乡举里选。于是诏天下举秀才孝廉,而考试章条渐加繁密,至于升进德行,未之能也。其后应此科者益少,遂罢之,复为明经、进士。

《封氏闻见记校注》卷三《贡举》

高宗永徽元年,秀才一人,进士十四人。

二年,进士二十五人。其年始,停秀才举。

《文献通考》卷二九《选举二》

韩思复字绍出,京兆长安人。……笃学,举秀才高第。

《新唐书》卷一一八《韩思复传》

张昌龄,冀州南宫人。弱冠以文词知名,本州欲以秀才举之,昌龄以时废此科已久,固辞,乃充进士贡举及第。

《旧唐书》卷一九〇上《张昌龄传》

3. 明经科

(1) 明经考试条规

方今函夏既清,干戈渐戢,搢绅之业,此则可兴。宜下四方诸州,有明一经以上,未被升擢者,本属举送,具以名闻。有司议等,加阶叙用。

《唐大诏令集》卷一〇五《置学官备释奠礼诏》

贞观九年五月,敕:"自今已后,明经兼习《周礼》并《仪礼》者,于本色量减一选。"

《唐会要》卷七五《贡举上·帖经条例》

〔永徽四年〕三月壬子朔，颁孔颖达《五经正义》于天下，每年明经令依此考试。

《旧唐书》卷四《高宗本纪上》

上元元年十二月二十七日，天后上表曰："伏以圣绪出自玄元，五千之文，实惟圣教。望请王公以下，内外百官，皆习老子《道德经》。其明经咸令习读，一准《孝经》《论语》，所司临时策试。请施行之。"至二年正月十四日，明经咸试《老子》策二条，进士试帖三条。

《唐会要》卷七五《贡举上·明经》

仪凤三年五月，诏："自今已后，《道德经》并为上经，贡举人皆须兼通。其余经及《论语》，任依常式。"

《旧唐书》卷二四《礼仪志四》

〔刘宪父思立，高宗时〕迁考功员外郎，始奏请明经加帖，进士试杂文，自思立始也。

《旧唐书》卷一九〇中《刘宪传》

学者立身之本，文者经国之资，岂可假以虚名，必须征其实效。如闻明经射策，不读正经，抄撮义条，才有数卷。进士不寻史传，唯诵旧策，共相模拟，本无实才。所司考试之日，曾不拣练，因循旧例，以分数为限。至于不辨章句，未涉文词者，以人数未充，皆听及第。其中亦有明经学业该深者，惟许通六；进士文理华赡者，竟无甲科。铨综艺能，遂无优劣。试官又加颜面，或容假手，更相属请,莫惮纠绳。由是侥幸路开,文儒渐废。兴廉举孝,因此失人;简贤任能,无方可致。自今已后,考功试人,明经试帖,取十帖得六已上者。进士试杂文两首,识文律者,然后并令试策。日仍严加捉搦,必材艺灼然,合升高第者,并即依令。其明法并书、算贡举人,亦量准此例,即为恒式。(永隆二年八月)

《唐大诏令集》卷一○六《条流明经进士诏》

则天长寿二年,自制《臣轨》两卷,令贡举人为业,停《老子》。神龙元年,停《臣轨》,复习《老子》。

《旧唐书》卷二四《礼仪志四》

其明经各试所习业,文、注精熟,辨明义理,然后为通。正经有九:《礼记》《左传》为大经,《毛诗》《周礼》《仪礼》为中经,《周易》《尚书》《公羊》《穀梁》为小经。通二经者,一大一小,若两中经。通三经者,大中小各一。通五经者,大经并通。其《孝经》《论语》并须兼习。诸明经试两经,进士一经,每经十帖,《孝经》二帖,《论语》八帖,每帖三言,通六已上,然后试策。《周礼》《左氏》《礼记》各四条,余经各三条,《孝经》《论语》共三条,皆录经文及注意为问。其答者须辨明义理,然后为通,通十为上上,通八为上中,通七为上下,通六为中上。其通三经者,全通为上上,通十为上中,通九为上下,通八为中上,通七及二经通五为不第。

《唐六典》卷二《尚书吏部》

凡正经有九:《礼记》《左氏春秋》为大经,《毛诗》《周礼》《仪礼》为中经,《周易》《尚书》《公羊春秋》《穀梁春秋》为小经。通二经者,一大一小,若两中经。通三经者,大、中、小各一。通五经者,大经并通。其《孝经》《论语》《老子》并须兼习。凡明经,先帖经,然后口试并答策,取粗有文理者为通。旧制,诸明经试每经十帖,《孝经》二帖,《论语》八帖,《老子》兼注五帖,每帖三言,通六已上,然后试策十条,通七,即为高第。开元二十五年,敕:诸明经先帖经,通五已上,然后口试,每经通问大义十条,通六已上,并答时务策三道。

《唐六典》卷四《尚书礼部》

凡举司课试之法,帖经者,以所习经掩其两端,中间开唯一行,裁纸为帖,凡帖三字,随时增损,可否不一,或得四、得五、得六者为通。后举人积多,故其益难,务欲落之,至有帖孤章绝句,疑似参互者以惑之。甚者,或上抵其注,下余一二字,使寻之难知,谓之"倒拔"。既甚难矣,而举人则有驱联孤绝,索幽隐为诗赋而诵习之,不过十数篇,则难者悉详矣。其于平文大义,或多墙面焉。

《通典》卷一五《选举三·历代制下》

开元八年七月,国子司业李元瓘上言:"三礼、三传及《毛诗》《尚书》《周易》等,并圣贤微旨,生徒教业,必事资经远,则斯文不坠。今明经所习,务在出身,咸以《礼记》文少,人皆竞读。《周礼》,经邦之轨则;《仪礼》,庄敬之楷模;《公羊》《穀梁》,历代宗习。今两监及州县,以独学无友,四经殆绝。事资训诱,不可因循。其学生望请量配作业,并贡人参试之,日习《周礼》《仪礼》《公羊》《穀梁》,并请帖十通五,许其入策。以此开劝,即望四海均习,九经该备。"从之。

《唐会要》卷七五《贡举上·帖经条例》

今之举明经者，主司不详其述作之意，每至帖试，必取年头月尾，孤经绝句。自今已后，考试者尽帖平文，以存大典。今之明经，习《左氏》者十无一二，恐《左氏》之学废。又《周礼》《仪礼》《公羊》《穀梁》，亦请量加优奖。

《全唐文》卷二九八《杨玚·请定帖经奏》

〔开元〕二十一年春正月庚子朔，制令士庶家藏《老子》一本，每年贡举人量减《尚书》《论语》两条策，加《老子》策。

《旧唐书》卷八《玄宗本纪上》

〔开元〕二十五年三月，敕："明经自今已后，帖十通五已上；口问大义十条，取通六已上；仍答时务三道，取粗有文理者及第。进士停帖小经，宜准明经例试大经，帖十通四，然后试杂文及策，讫，封所试杂文及策，送中书、门下详覆。"

《旧唐书》卷二四《礼仪志四》

其明经口问，仍须对同举人考试。

《唐六典》卷四《尚书礼部》

〔天宝元年〕四月戊寅，诏曰："化之原者曰道，道之用者为德，其义至大，非圣人孰能章之！昔有周季年，代与道丧，我烈祖玄元皇帝乃发明妙本，汲引生灵，遂著《玄经》五千言，用救时弊。义高象系，理贯希夷，非百代之能俦，岂六经之所拟？承前习业人等，以其卷数非多，列在小经之目，微言奥旨，称谓殊乖。自今已后，天下应举，除崇玄学士外，自余所试《道德经》宜并停，仍令所司更详择一小经代之。其《道经》为上经，《德〔经〕》为下经，庶乎道尊德贵，是崇是奉。凡在遐迩，知朕意焉。"

《册府元龟》卷五四《帝王部·尚黄老二》

天宝元年，明经停《老子》，加习《尔雅》。

《通典》卷一五《选举三·历代制下》

天宝十一载七月，举人帖及口试，并宜对众考定，更唱通否。

《唐会要》卷七五《贡举上·帖经条例》

其载[①]十二月，敕："礼部举人，比来试人，颇非允当。帖经首尾，不出前后，复取'者、也、之、乎'，颇相类之处下帖。为弊已久，须有厘革。礼部请每帖前后各出一行，相类之处，并不须帖。"

《唐会要》卷七五《贡举上·帖经条例》

明经所试一大经及《孝经》《论语》《尔雅》，帖各有差；帖既通而口问之，一经问十义，得六者为通；问通而后试策，凡三条。三试皆通者为第。

《通典》卷一五《选举三·历代制下》

〔德宗建中〕二年十月，中书舍人赵赞权知贡举。先时，进士试诗、赋各一篇，时务策五道，明经策三道。赞奏："以箴、论、表、赞代诗、赋，仍各试策三道，应口问大义。明经人明经之目，义以为先，比来相承，惟务习帖。至于义理，少有能通。经术浸衰，莫

---

① 天宝十一载。

不繇此。今若顿取大义,恐全少其人。欲且因循,又无以劝学。请约举司旧例,稍示考义之难。承前问义,不形文字,落第之后,喧竞者多。臣今请以所问录于纸上,各令直书其义,不假文言,既与策有殊,又事堪征证。凭此取舍,庶归至公。如有义策全通者,五经举人请准广德元年七月敕,超与处分;明经请减两选。伏请每岁甄奖,不过数人,庶使经术渐兴,人知教本。"敕旨:"明经义策全通者,令所司具名闻奏,续商量处分。余依。"

《册府元龟》卷六四〇《贡举部・条制二》

贞元二年六月,诏:"……其明经举人,有能习律一部以代《尔雅》者,如帖义俱通,于本色减两选,令即日与官。……"

《册府元龟》卷六四〇《贡举部・条制二》

〔贞元〕五年四月,诏曰:"明经举人所习《尔雅》,多是草木鸟兽之名,无益理道。宜令习老子《道德经》以代《尔雅》。其进士同大经例帖。"

《册府元龟》卷六四〇《贡举部・条制二》

〔贞元〕十二年三月,国子司业裴肃奏:"《尔雅》为六经文字之楷模,《老子》是圣人玄微之奥旨。请勒天下明经、进士,五经及明一经进士,五经及诸科举人,依前习《道德经》者,宜准天宝元年敕处分。应合习《尔雅》者,并准旧式。"

《册府元龟》卷六四〇《贡举部・条制二》

〔贞元〕十三年十二月,尚书左丞权礼部知贡举顾少连奏:"伏以取士之科，以明经为首，教人之本，则义理为先。至于帖书及以对策，皆形文字，并易考寻。试义之时，独令口问，对答之失，覆视无凭，黜退之中，流议遂起。伏请准建中二年十二月敕，以所问录于纸上，各令直书其义，不假文言。仍请依经疏对。"奉敕："宜依。"

《唐会要》卷七五《贡举上·明经》

元和二年十二月，礼部贡院奏："五经举人，请罢试口义，准旧试墨义十余条，五经通五，明经通六，便放入第。"诏从之。

《唐会要》卷七五《贡举上·明经》

〔元和〕七年十二月，权知礼部侍郎韦贯之奏："试明经请停墨义，依旧格问口义。"从之。

《唐会要》卷七五《贡举上·明经》

〔大和〕二年十二月，礼部贡院奏："五经、明经举人试义，请准元和十四年十一月四日敕，以墨义代口义。"许之。

《册府元龟》卷六四一《贡举部·条制三》

〔文宗开成〕四年闰正月，谓宰臣曰："明经会义否？"宰臣曰："明经只念经疏，不会经义。"帝曰："只念经疏，何异鹦鹉能言？"

《册府元龟》卷四六《帝王部·智识》

〔天成〕三年二月十日，礼部贡院奏："当司据乡贡九经刘英甫经中书陈状，请对经义九十道，以代旧格帖经，奉堂判令详状处分者。当司伏准格文，九经只帖九经书各一十帖，并对《春秋》《礼记》口义各一十道。今准往例，并不曾有应排科讲义，九经若便据送到引试排科讲义，即恐有违格例者。"奉敕："刘英甫请以讲义便代帖经，既能鼓箧而来，必有撞钟之应，宜令礼部贡院考试。"

《五代会要》卷二三《科目杂录》

〔天福五年〕四月，礼部侍郎张允奏曰："明君侧席，虽切旁求，贡士观光，岂宜滥进？窃窥前代，未设诸科，始以明经，俾升高第。自有九经、五经之后，及三礼、三传以来，孝廉之科遂因循而不废，搢绅之士亦缄默而无言。以至相承，未能改作。每岁明经一科，少至五百已上，多及一千有余。举人如是繁多，试官岂能精当？况此等多不究义，唯攻帖书。文理既不甚通，名第岂可安与？且当年登科者不少，相次起选者甚多，州县之间，必无贡阙；辇毂之下，须有稽留。怨嗟自此而兴，谤讟因兹而起。但令广场大启，诸科并有，明经者悉包于九经、五经之中，无出于三礼、三传之内。若无厘革，恐未便宜。其明经一科，伏请停废。"又奏："国家悬科待士，贵务搜扬，责实求才，须除讹滥。童子每当就试，止在念书，背经则虽似精详，对卷则不能读诵。及名成贡院，身返故乡，但刻日以取官，更无心而习业。滥蠲徭役，虚占官名。其童子一科，亦请停废。"敕："明经、童子、宏词、拔萃、明算、道举、百篇等科，并停。"

《册府元龟》卷六四二《贡举部·条制四》

周广顺二年二月，礼部侍郎赵上交奏："贡院诸科，今欲不试泛义，其口义五十道，改试墨义，共十道处分。"从之。

《五代会要》卷二三《科目杂录》

〔周广顺〕三年正月,户部侍郎权知贡举赵上交奏:"九经举人元帖经一百二十道,墨义二十道,今欲罢帖经,于诸经墨义对一百五十道。五经元帖经八十,帖墨义二十道,今欲罢帖经,令对墨义一百道。学究元念书二十道,对义五十道。"从之。至其年八月,刑部侍郎权知贡举徐台符又奏:"九经请都对墨义六十道,其帖经对策,依元格。五经亦请对墨义六十道,帖经对策依元格。"从之。

《五代会要》卷二三《科目杂录》

周广顺二年二月,礼部侍郎赵上交奏:"贡院诸科,今欲不试泛义,其口义五十道,改试墨义十道。"从之。

《旧五代史》卷一四八《选举志》

(2) 明经及第事例

张文瓘字稚圭,贝州武城人。……贞观初,第明经,补并州参军。

《新唐书》卷一一三《张文瓘传》

公讳元修,字文通。贞观五年,策试通经,补长兴县博士。

《全唐文》卷八九四《罗隐·扬威将军钱公列传》

蒋俨,常州义兴人。擢明经第,为右屯卫兵曹参军。

《新唐书》卷一〇〇《蒋俨传》

王义方,泗州涟水人也。少孤贫,事母甚谨,博通五经,而謇傲独行。初举明经,因诣京师,……俄授晋王府参军,直弘文馆。

《旧唐书》卷一八七上《王义方传》

罗道琮,蒲州虞乡人也。祖顺,武德初为兴州刺史。勤于学业,而慷慨有节义。……道琮寻以明经登第。高宗末,官至太学博士。

《旧唐书》卷一八九上《罗道琮传》

〔姚〕璹字令璋,……力学,才辩捷迈。永徽中,举明经第,补太子宫门郎。

《新唐书》卷一○二《姚璹传》

唐休璟,京兆始平人也。……休璟少以明经擢第。永徽中,解褐吴王府典签。

《旧唐书》卷九三《唐休璟传》

尹思贞,京兆长安人。弱冠以明经第,调隆州参军事。

《新唐书》卷一二八《尹思贞传》

尹愔,秦州天水人。父思贞,字季弱。明《春秋》,擢高第。

《新唐书》卷二○○《尹愔传》

狄仁杰字怀英,并州太原人也。祖孝绪,贞观中尚书左丞。父知逊,夔州长史。……后以明经举,授汴州判佐。

《旧唐书》卷八九《狄仁杰传》

崔玄暐，博陵安平人也。父行谨，为胡苏令。……少有学行，深为叔父秘书监行功所器重。龙朔中，举明经，累补库部员外郎。

《旧唐书》卷九一《崔玄暐传》

杜景俭，冀州武邑人也。少举明经，累除殿中侍御史。

《旧唐书》卷九〇《杜景俭传》

苏珦，雍州蓝田人。明经举，累授鄠县尉。

《旧唐书》卷一〇〇《苏珦传》

李昭德，雍州长安人。……擢明经，累官御史中丞。

《新唐书》卷一一七《李昭德传》

〔韦〕叔夏，……擢明经第，历太常博士。

《新唐书》卷一二二《韦叔夏传》

高子贡者，和州历阳人也。弱冠游太学，遍涉六经，尤精《史记》。……明经举，历秘书正字、弘文馆直学士。

《旧唐书》卷一八九下《高子贡传》

徐有功名弘敏，避孝敬皇帝讳，以字行，……举明经，累补蒲州司法参军，袭封东莞县男。

《新唐书》卷一一三《徐有功传》

杨再思，郑州原武人，第明经，为人佞而智。初，调玄武尉。

《新唐书》卷一〇九《杨再思传》

张嘉贞，蒲州猗氏人也。弱冠应五经举，拜平乡尉。

《旧唐书》卷九九《张嘉贞传》

张嘉贞字嘉贞，……以五经举，补平乡尉，坐事免。

《新唐书》卷一二七《张嘉贞传》

李尚隐，其先出赵郡，徙贯万年。年二十，举明经，再调下邽主簿。

《新唐书》卷一三〇《李尚隐侍》

敬晖字仲晔，绛州平阳人。弱冠举明经。

《新唐书》卷一二〇《敬晖传》

宋庆礼，洺州永年人。擢明经，补卫尉。

《新唐书》卷一三〇《宋庆礼传》

〔田〕归道，弱冠明经举。长寿中累补司宾丞，仍通事舍人内供奉。

《旧唐书》卷一八五上《田归道传》

韦安石，京兆万年人，……安石应明经举，累授乾封尉。

《旧唐书》卷九二《韦安石传》

潘好礼,贝州宗城人。第明经,累迁上蔡令。

《新唐书》卷一二八《潘好礼传》

祝钦明,雍州始平人也。少通《五经》,兼涉众史百家之说。举明经。长安元年,累迁太子率更令,兼崇文馆学士。

《旧唐书》卷一八九下《祝钦明传》

韦景骏,司农少卿弘机孙。中明经。神龙中,历肥乡令。

《新唐书》卷一九七《韦景骏传》

〔韦〕抗,弱冠举明经,累转吏部郎中,以清谨著称。

《旧唐书》卷九二《韦抗传》

王晙,沧州景城人,徙家于洛阳。祖有方,岷州刺史。晙弱冠明经擢第,历迁殿中侍御史,加朝散大夫。

《旧唐书》卷九三《王晙传》

褚无量字弘度,杭州盐官人也。幼孤贫,励志好学。家近临平湖,时湖中有龙斗,倾里闹就观之。无量时年十二,读书晏然不动。及长,尤精三礼及《史记》,举明经,累除国子博士。

《旧唐书》卷一〇二《褚无量传》

君姓庞氏,名履温,字若水,南安人也。……长安二年,明经擢第,拜宣州参军。

《全唐文》卷三六四《邵混之·元氏县令庞君清德碑》

孙培青文集　第五卷　隋唐五代考试文献集成

杜暹，濮州濮阳人。……擢明经第，补婺州参军。

《新唐书》卷一二六《杜暹传》

郑钦说，……开元初，縣新津丞请试五经，擢第，授巩县尉、集贤院校理。

《新唐书》卷二〇〇《郑钦说传》

徐浩字季海，越州人。父峤，官至洛州刺史。浩少举明经，工草隶，以文学为张说所器重，调授鲁山主簿。

《旧唐书》卷一三七《徐浩传》

公讳宠，字若惊，荣阳开封人也。……二十举明经高第，解褐邺尉。太尉房公之由邺郡而为右扶风也，表公茂材，擢虢县令。

《毗陵集》卷一一《唐故尚书库部郎中荣阳郑公墓志铭》

开元二十五年，郑虔为广文博士。有郑相如者，年五十余，自陇右来应明经，以从子谒虔。

《前定录》之《郑虔》

……讳巨川，字德源，嘉兴人也。此邦之人，不学则农。苟违二业，必自他邑。故王父举茂才，先子举孝廉，皆在上第。君以文承祖，以经传代。……年二十，明经擢第。

《全唐文》卷三九五《李纾·故中书舍人吴郡朱府君神道碑》

〔裴〕谞字士明，擢明经，调河南参军事。

《新唐书》卷一三〇《裴谞传》

崔器，深州安平人也。……器有吏才，性介而少通，举明经，历官清谨。天宝六载，为万年尉，逾月拜监察御史。

《旧唐书》卷一一五《崔器传》

李承，赵郡高邑人，吏部侍郎至远之孙，国子司业畬之第二子也。承幼孤，兄晔鞠养之。既长，事兄以孝闻。举明经高第，累至大理评事，充河南采访使郭纳判官。

《旧唐书》卷一一五《李承传》

董晋字混成，河中虞乡人。明经及第。至德初，肃宗自灵武幸彭原，晋上书谒见，授校书郎、翰林待制，再转卫尉丞，出为汾州司马。

《旧唐书》卷一四五《董晋传》

公讳耽，字敦诗，……天宝十载，明经高第。乾元中，授贝州临清尉州县之职，与公非宜。兵戈甫兴，时不韬才，公诣阙献书，授绛州太平尉。

《文苑英华》卷八八七《郑余庆·左仆射贾耽神道碑》

公讳季庚，字〔子申〕，巩县府君之长子。天宝末，明经出身，解褐，授萧山县尉。

《白居易集》卷四六《襄州别驾府君事状》

唐江西观察使韦丹,年近四十,举五经未得。

《太平广记》卷一一八《报应十七·韦丹》

韦丹字文明,京兆万年人,……丹蚤孤,从外祖颜真卿学。擢明经,调安远令,以让庶兄,入紫阁山事从父能。复举五经高第,历咸阳尉,张献甫表佐邠宁幕府。

《新唐书》卷一九七《韦丹传》

丁公著字平子,苏州吴郡人。……年十七,父勉令就学。年二十一,五经及第。明年,又通《开元礼》,授集贤校书郎。

《旧唐书》卷一八八《丁公著传》

〔韦〕温字弘育。方七岁,日诵书数千言。十一,举两经及第,以拔萃高等补咸阳尉。

《新唐书》卷一六九《韦温传》

明经自汉而还,取士之嘉也。经也者,圣人讲善之录。志立身正,家齐国理,在乎其中。为人父者,莫不欲其子之明;为人君者,莫不欲其臣之明。明斯行斯,近则平乎性命,远则成乎政令。迩来加取比兴属词之流,更曰进士,则近于古之立言也,为时稍称。其侥幸浮薄之辈,希以无为有。虽中干外槁,多舍明趋进。俾去华取实,君子恶以真混假,纵含章抱器,半舍进为明。

新及第李孝廉,则含章抱器,舍进为明者。皙皙肌骨,松寒玉清。以志学升太学,以学就升宗伯。背文手占,滞义口占,二戴不往,皇郑复来。投短书,出长卷,精专炳焕,俦伦哀然。圣朝贞元癸丑岁[①],明经登者不上百人,孝廉冠其首。非独学胜,亦以文闻,则有我芳华,加之典实。不恶夫侥幸浮薄,角力于比兴属词,并矢分弓,未知鹿死谁手不为也。拾青紫之有路,献荣名以趋庭。长途春光,我美多彼。噫! 尽艺而适,犹有前闻,家食非明时相待之意,孝廉其志之。

《全唐文》卷五九六《欧阳詹·送李孝廉及第东归序》

殷侑,陈郡人。父悻。侑为儿童时,励志力学,不问家人资产。及长,通经,以讲习自娱。贞元末,以五经登第,精于历代沿革礼。元和中,累为太常博士。

《旧唐书》卷一六五《殷侑传》

殷侑,陈州人。……贞元末,及五经第,其学长于礼,擢太常博士。

《新唐书》卷一六四《殷侑传》

今年孝廉郎高阳许君授常熟尉者,实紧中之美。君十三举明经,十六登第,后三举进士,皆屈于命。去冬以前明经从常调,荫资贵中之乙,判居等外之甲。既才且地,擢以是官。

《全唐文》卷五九六《欧阳詹·送常熟许少府之任序》

宋衎,江淮人。应明经举。元和初,至河阴县,因疾病废业。为盐铁院书手,月钱两千。娶妻安居,不议他业。

《太平广记》卷一〇六《报应五·宋衎》

---

① 贞元无癸丑岁,大历八年为癸丑年。贞元九年为癸酉,十九年为癸未。

文谷,成都温江人。汉文翁之裔有龟年者,唐乾符中明经及第,任彰明令,谷即其孙也。

《十国春秋》卷五六《后蜀·文谷传》

苏禹珪字玄锡,其先出于武功,近世家高密,今为郡人也。父仲容,以儒学称于乡里,唐末举九经,补广文助教,迁辅唐令,累赠太师。禹珪性谦和,虚襟接物,克构父业。以五经中第,辟辽州倅职,历青、郓从事,转潞、并管记,累检校官至户部郎中。

《旧五代史》卷一二七《周书·苏禹珪传》

4. 进士科

(1) 进士考试条规

永徽已前,俊、秀二科犹与进士并列。咸亨之后,凡由文学一举于有司者,竞集于进士矣。繇是赵儋等尝删去俊、秀,故目之曰《进士登科记》。……若列之于科目,则俊、秀盛于汉、魏,而进士,隋大业中所置也。如侯君素、孙伏伽,皆隋之进士也明矣。然彰于武德,而甲于贞观。盖文皇帝修文偃武,天赞神授。尝私幸端门,见新进士缀行而出,喜曰:"天下英雄入吾彀中矣!"若乃光宅四夷,垂祚三百,何莫由斯之道者也!

《唐摭言》卷一《述进士上篇》

近炀帝始置进士之科,当时犹试策而已。

《旧唐书》卷一一九《杨绾传》

贞观八年三月三日,诏:"进士试读一部经史。"

《唐会要》卷七六《贡举中·进士》

唐贞观八年,刘思立始令贡士试杂文。

《事物纪原》卷三《三场试云》

调露三年四月,刘思立除考功员外郎。先时,进士但试策而已,思立以其肤浅,奏请帖经及试杂文,自后因以为常。

《册府元龟》卷六三九《贡举部·条制一》

刘宪字元度,宋州宁陵人。父思立,在高宗时为名御史,……迁考功员外郎。始议加明经帖、进士杂文。

《新唐书》卷二〇二《刘宪传》

唐初以明经、进士二科取士,初不甚相远,皆帖经文而试时务策。但明经帖文通而后口问大义,进士所主在策,道数加于明经,以帖经副之尔。永隆后,进士始先试杂文二篇,初无定名。《唐书》自不记诗赋所起,意其自永隆始也。

《避暑录话》卷下

仪凤三年三月,敕:"自今已后,《道德经》《孝经》并为上经,贡举并须兼通。其余经及《论语》,任依恒式。"

《唐会要》卷七五《贡举上·明经》

进士科与隽、秀同源异派,所试皆答策而已。两汉之制,有射策、对策二义者何？射者，谓列策于几案，贡人以矢投之，随所中而对之也。对则明以策问授其人而观其臧否也。如公孙弘、董仲舒，皆由此而进者也。有唐自高祖至高宗，靡不率由旧章。垂拱元年，吴师道等二十七人及第，后敕批云："略观其策，并未尽善。若依令式，及第者唯只一人。意欲广收其材，通三者并许及第。"后至调露二年，考功员外刘思元①奏请加试帖经与杂文，文之高者放入策。寻以则天革命，事复因循。至神龙元年，方行三场试，故常列诗赋题目于榜中矣。

《唐摭言》卷一《试杂文》

长寿二年二月，令贡举人习则天所撰《臣轨》，停通老子《道德经》。

《册府元龟》卷六三九《贡举部·条制一》

〔神龙元年二月甲寅，〕令贡举人停习《臣轨》，依旧习《老子》。

《旧唐书》卷七《中宗本纪》

神龙二年二月，制贡举人停《臣轨》，依旧习《老子》。

《通典》卷一五《选举三·历代制下》

凡进士，先帖经，然后试杂文及策。文取华实兼举，策须义理惬当者为通。旧例，帖一小经并注，通六已上，帖《老子》兼注，通三已上，然后试杂文两道、时务策五条。开元二十五年，依明经帖一大经，通四已上，余如旧。

《唐六典》卷四《尚书礼部》

---

① "元"，当为"立"。

其进士，帖一小经及《老子》，皆经、注兼帖。试杂文两首，策时务五条。文须洞识文律，策须义理惬当者为通。若事义有滞、词句不伦者为下。其经、策全通为甲，策通四、帖通六已上为乙，已下为不第。

《唐六典》卷二《尚书吏部》

进士所试一大经及《尔雅》。旧制，帖一小经并注。开元二十五年，改帖大经，其《尔雅》亦并帖注。帖既通而后试文、试赋各一篇，文通而后试策，凡五条。三试皆通者为第。经策全通为甲第，通四以上为乙第。通三帖以下及策全通而帖经文不通四，或帖经通四以上而策不通四，皆为不第。

《通典》卷一五《选举三·历代制下》

唐崔曙举进士，作《明堂火珠诗》赎帖，曰："夜来双月满，曙后一星孤。"当时以为警句。

《太平广记》卷一四三《征应九·崔曙》

前汉唯射策。隋及唐初亦止试策，并试杂文。至神龙初，帖大经。天宝十三载，甲科举人问策外，更试诗赋为三场。

《续事始》

乾元初，中书舍人李揆兼礼部侍郎。揆尝以主司取士，多不考实，徒峻其堤防，索其书策，殊不知艺不至者，居文史之囿，亦不能摘其词藻，深昧求贤意也。及其试进士文章日，于中庭设五经及各史，及切韵本于床，而引贡士谓之曰："国家进士，但务得才，经籍在此，各务寻检。"由是数日之间，美声上闻。

《唐会要》卷七六《贡举中·进士》

君讳元孙,字聿修,京兆长安人。高祖讳之推,……举进士。素未习《尚书》,六日而兼注必究。省试《九河铭》《高松赋》。故事,举人就试,朝官毕集。考功郎刘奇乃先标榜君曰:"铭赋二首,既丽且新;时务五条,词高理赡。惜其帖经通六,所以不原本阙。屈从常第,徒深悚怍。"由是名动天下。解褐鼓城主簿,历登封尉。

《全唐文》卷三四一《颜真卿·朝议大夫守华州
刺史上柱国赠秘书监颜君神道碑铭》

建中二年十月,中书舍人权知礼部贡举赵赞奏:"进士先时试诗、赋各一篇,时务策五道,明经策三道。今请以箴、论、表、赞代诗、赋,仍试策二道。"

《唐会要》卷七六《贡举中·进士》

〔韦〕陟字殷卿,……迁礼部侍郎。陟于鉴裁尤长。故事,取人以一日试为高下。陟许自通所工,先就其能试之,已乃程考,由是无遗材。迁吏部侍郎,选人多伪集,与正调相冒,陟有风采,摘辨无不伏者,黜正数百员,铨综号为公平。

《新唐书》卷一二二《韦陟传》

〔大和〕三年八月,礼部奏:"进士举人先试帖经,并略问大义,取经义精通者。次试议、论各一首,文理高者,便与及第。其所试诗、赋并停者。伏请帖大〔小〕经各十帖,通五、通六为及格。所问大义,便于习大经内,准格明经例问十条,仍对众试口义。伏惟新制,进士略问大义,缘初厘革,今且以通三、通四为格。明年以后,并依明经例。其所试议、论,请各限五百字以上成。"敕旨:

"依奏。"

《册府元龟》卷六四一《贡举部·条制三》

　　大和七年八月,礼部奏:"进士举人先试帖经,并略问大义,取经义精通者。次试议、论各一首,文理高者,便与及第。其所试诗、赋并停者。伏请帖大小经各十帖,通五、通六为及格。所问大义,便与习大经内,准格明经例问十条,仍对众口义。伏准新制,进士略问大义,缘初厘革,今且以通三、通四为格。明年以后,并依明经例。其所试议、论,请限五百字以上为式。"敕旨:"依奏。"

《唐会要》卷七六《贡举中·进士》

　　〔大和七年〕八月甲申朔,……是日降诏:"……其进士举宜先试帖经,并略问大义,取经义精通者放及第。……"

《旧唐书》卷一七《文宗本纪下》

　　是月①,礼部侍郎李汉奏:"准大和七年八月敕,贡举人不要试诗赋策,且先帖大经、小经共二十帖,次对正义十道,次试议、论各一首讫,考覆,放及第。"

《册府元龟》卷六四一《贡举部·条制三》

　　其年②十月,礼部奏:"进士举人,自国初以来,试诗赋、帖经、时务策五道,中间或暂改更,旋即仍旧。盖以成格可守,所取得人故也。去年八月敕节文,先试帖经、口义、议论等。以臣商量,取

---

①　大和八年正月。
②　大和八年。

其折中。伏请先试帖经,通数依新格处分。"敕旨:"依奏。"

《唐会要》卷七六《贡举中·进士》

〔大和八年〕十月,礼部奏:"进士举人,自国初以来,试诗赋、帖经、时务策五道,中间或暂改更,旋即仍旧。盖以成法可守,所取得人故也。去年八月节文,先试帖经、口义、论议等。以臣商量,取其折中。伏请先试帖经,通数依新格处分。时务策五道,其中三道问经义,两道时务。其余并请准大和六年以前格处分。"敕旨:"依奏。"

《册府元龟》卷六四一《贡举部·条制三》

〔大和八年冬十月〕乙巳,贡院奏进士复试诗赋,从之。唐尚书省在朱雀门北正街之东,自占一坊,六部附丽其旁。省前一坊别有礼部南院,即贡院也。罢诗赋见上卷上年。李德裕罢相,故复之。

《资治通鉴》卷二四五《唐纪六十一·
文宗元圣昭献孝皇帝中》

夫宗子维城,本枝百代,封爵便宜,无令废绝。常年宗正寺解送人,恐有浮薄,以忝科名。在卿精拣艺能,勿妨贤路。其所试,赋则准常规,诗则依齐梁体格。

《全唐文》卷七一《文宗·敕礼部侍郎高锴试宗正寺解送人诏》

刘得仁,贵主之子。自开成至大中三朝,昆弟皆历贵仕,而得仁苦于诗,出入举场三十年,竟无所成。尝自述曰:"外家虽是帝,当路且无亲。"既终,诗人争为诗以吊之,唯供奉僧栖白擅名。诗曰：“忍苦为诗身到此，冰魂雪魄已难招。直教桂子落坟上，生得一枝冤始销。”

《唐摭言》卷一〇《海叙不遇》

凡进士入试，遇题目有家讳，谓之文字不便。即托疾，下将息状求出，云：“牒某，忽患心痛，请出试院将息。谨牒如的。”暴疾亦如是。

《南部新书》丙

〔天成〕五年正月二十三日，礼部贡院奏：“当司准天成三年十二月十八日敕文内，准近敕，自此进士试杂文后，据所习本经，一一考试，须帖得通三已上者，即放及第者。奉敕：‘进士帖经，本朝旧制，盖欲明先王之旨趣，阅多士之文章。近代已来，此道稍坠。今且上从元辅，下及庶僚，虽百艺者极多，能明经者甚少。恐此一节，或滞群才，既求备以斯难，庶观光而甚广。今年凡应进士举，所试文策及格，帖经或不及通三，与放及第。来年秋赋，词人所习一本经，许令对义。〔义〕目多少、次第，仍委所司条例闻奏。’其今年本经内对义，义目五道，考试通二、通三，准帖经例，放入策。其将来秋赋，诸寺监及诸州府所解送进士第，亦准去年十月一日敕，考其诗赋、义目、帖由等，并解送赴省。如或不依此解送，当司准近敕，并不引送试。”奉敕：“宜依。”

五年二月九日，敕：“近年文士，轻视格条，就试时疏于帖经，登第后耻于赴选，宜绝躁求之路，别开奖劝之门。其进士科已及第者，计选数年满日，许令就中书陈状，于都堂前各试本业诗赋、判文等，其中才艺灼然可取者，便与除官。如或事业未甚精者，自许准添选。"

《五代会要》卷二二《进士》

〔天成三年十二月〕己未，以近令进士帖经通三即放，虑非所知，致今年令，不及通三亦放。来年秋赋，词人并令对义。

《册府元龟》卷六四一《贡举部·条制三》

〔天成〕五年正月，礼部贡院奏："当司准天成三年十二月十八日敕文内，准近敕，自此进士试杂文后，据所习本经，一一考试，须帖得通三已上，即放及第者。奉敕：进士帖经，本朝旧制，盖欲明先王之旨趣，润才子之文章。近代以来，此道稍坠。今且上从元辅，下及庶寮，虽负艺者极多，能帖经者甚少。恐此一节，或滞群材，既求借以斯难，庶观光而是广。今年凡应进士举，所试文策及格，帖经或不及通三，与放及第。来年秋赋，词人所习一大经，许令对义。义目多少、次第，仍委所司件奏者。其今年逐处所解送到进士，当司引试杂文、帖经后，欲令别于所习一大经内，对义目五道，考试通二、通三，准帖经例，于其入策。其将来秋赋，诸寺监及诸道州府所解送进士等，亦准去年十月一日敕，条流考试，其诗赋、义目、帖由等，解送赴省。如或不依此解送，当司准近敕，并不引试。"奉敕："宜依。"

《册府元龟》卷六四一《贡举部·条制三》

周广顺三年正月，户部侍郎权知贡举赵上交奏："进士元试诗、赋各一首，帖经二十帖，对义五道。今欲罢帖经、对义，别试杂文二首，试策一道。"从之。至其年八月，刑部侍郎权知贡举徐台符奏:"请别试杂文二首外,其帖经、对义,亦依元格。"从之。

《五代会要》卷二二《进士》

〔周广顺〕三年正月,赵上交奏:"进士元试诗、赋各一首,帖经二十帖,对义五通。今欲罢帖经、对义,别试杂文二首,试策一道。"从之。

《旧五代史》卷一四八《选举志》

其年①八月,刑部侍郎权知贡举徐台符奏:"请别试杂文外,其帖经、墨义,仍依元格。"从之。

《旧五代史》卷一四八《选举志》

(2)进士及第事例

张昌龄,冀州南宫人。弱冠以文词知名,本州欲以秀才举之,昌龄以时废此科已久,固辞,乃充进士贡举及第。

《旧唐书》卷一九〇上《张昌龄传》

公讳瓛,字昌容,京兆武功人。……幼而岐嶷,聪敏冠常,始读《山栖志》,一览便诵。及长,博纬经史,尤善属词。年十八,进士高第。补宁州参军,转恒州司法。

《全唐文》卷二三八《卢藏用·太子少傅苏瓛神道碑》

〔崔〕禹锡字洪范,登显庆三年进士第。为中书舍人。

《唐诗纪事》卷一四

① 周广顺三年。

公讳令一，字令一。……年十九，举进士高第，授潞州参军。

《张说之文集》卷一七《大周故宣威将军杨君碑并序》

魏知古，深州陆泽人也。性方直，早有才名。弱冠举进士，累授著作郎，兼修国史。

《旧唐书》卷九八《魏知古传》

苏味道，赵州栾城人也。少与乡人李峤俱以文辞知名，时人谓之苏、李。弱冠，本州举进士。累转咸阳尉。

《旧唐书》卷九四《苏味道传》

李峤，赵州赞皇人，……代为著姓，父镇恶，襄城令。峤早孤，事母以孝闻。……弱冠举进士，累转监察御史。

《旧唐书》卷九四《李峤传》

〔高〕瑾，士廉之孙，登咸亨元年进士第。

《唐诗纪事》卷七

〔弓〕嗣初，咸亨二年第一人登第。

《唐诗纪事》卷七

沈佺期，相州内黄人也。进士举。长安中，累迁通事舍人。

《旧唐书》卷一九〇中《沈佺期传》

〔沈〕佺期字云卿，相州人。上元二年郑益榜进士。

《唐才子传校笺》卷一《沈佺期》

〔刘〕希夷字廷芝，颍川人。上元二年郑益榜进士。时年二十五，射策有文名。

《唐才子传校笺》卷一《刘希夷》

宋璟，邢州南和人，……璟少耿介有大节，博学、工于文翰。弱冠举进士，累转凤阁舍人。

《旧唐书》卷九六《宋璟传》

李乂，本名尚真，赵州房子人也。少与兄尚一、尚真俱以文章见称，举进士。景龙中，累迁中书舍人。

《旧唐书》卷一〇一《李乂传》

陈子昂，梓州射洪人。家世富豪，子昂独苦节读书，尤善属文。……举进士。会高宗崩，灵驾将还长安，子昂诣阙上书，盛陈东都形胜，可以安置山陵，关中旱俭，灵驾西行不便。……则天召见，奇其对，拜麟台正字。

《旧唐书》卷一九〇中《陈子昂传》

陈子昂字伯玉，梓州射洪人。……文明初，举进士。

《新唐书》卷一〇七《陈子昂传》

公讳子昂，字伯玉。……年二十二，乡贡，明经擢第，拜文林郎属。……年二十四，文明元年，进士射策高第。

> 《陈伯玉文集》卷一〇《附录十四·大唐剑南东州节度
>
> 观察处置等使户部尚书兼梓州刺史兼御史大夫
>
> 鲜于公为故右拾遗陈公建旌德之碑》

刘子玄，本名知幾，楚州刺史胤之族孙也。少与兄知柔俱以词学知名，弱冠举进士，授获嘉主簿。

> 《旧唐书》卷一〇二《刘子玄传》

徐坚，西台舍人齐聃子也。少好学，遍览经史，性宽厚长者。进士举，累授太子文学。

> 《旧唐书》卷一〇二《徐坚传》

〔徐〕坚字元固，幼有敏性，……及壮，宽厚长者。举秀才及第，为汾州参军事，迁万年主簿。

> 《新唐书》卷一九九《徐坚传》

卢怀慎，滑州灵昌人。其先家于范阳，为山东著姓。祖悊，为灵昌令，因徙焉。怀慎少清谨，举进士，历监察御史、吏部员外郎。

> 《旧唐书》卷九八《卢怀慎传》

贺知章，会稽永兴人，太子洗马德仁之族孙也。少以文词知名，举进士。初授国子四门博士，又迁太常博士，皆陆象先在中书引荐也。

> 《旧唐书》卷一九〇中《贺知章传》

公讳虚心,字某,京兆杜陵人也。……越在童冠,升于胶序。介然独立,异于诸生。国子博士范颐尝与均礼,考功员外郎李迥[①]秀擢以高第。

《全唐文》卷三一三《孙逖·东都留守韦虚心神道碑》

毕构,河南偃师人也。父憬,则天时为司卫少卿。构少举进士。神龙初,累迁中书舍人。

《旧唐书》卷一〇〇《毕构传》

源乾曜,相州临漳人。……乾曜举进士。景云中,累迁谏议大夫。

《旧唐书》卷九八《源乾曜传》

源乾曜,相州临漳人。……乾曜第进士。神龙中,以殿中侍御史黜陟江东。

《新唐书》卷一二七《源乾曜传》

〔张〕嵩身长七尺,伟姿仪。初进士举,常以边任自许。及在安西,务农重战,安西府库,遂为充实。

《旧唐书》卷一〇三《张嵩传》

韦述,司农卿弘机曾孙也。父景骏,房州刺史。述少聪敏,笃志文学。家有书二千卷,述为儿童时,记览皆遍,人骇异之。……举进士,西入关,时述甚少,仪形眇小。考功员外郎宋之问曰:"韦

---

① "迥",原本作"迥"。

学士童年有何事业?"述对曰:"性好著书。述有所撰《唐春秋》三十卷,恨未终篇。至如词策,仰待明试。"之问曰:"本求异才,果得迁、固。"是岁登科。开元五年,为栎阳尉。

《旧唐书》卷一〇二《韦述传》

韦述,……举进士,时述方少,仪质陋悦,考功员外郎宋之问曰:"童子何业?"述曰:"性嗜书,所撰《唐春秋》三十篇,恨未毕,它唯命。"之问曰:"本求茂才,乃得迁固。"遂上第。开元初,为栎阳尉。

《新唐书》卷一三二《韦述传》

王维字摩诘,太原祁人。父处廉,终汾州司马,徙家于蒲,遂为河东人。维开元九年进士擢第。……历右拾遗、监察御史、左补阙、库部郎中。

《旧唐书》卷一九〇下《王维传》

开元十四年,严黄门知考功,以鲁国储公进士高第,与崔国辅员外綦毋潜著作同时。其明年,擢第常建少府王龙标昌龄,此数人皆当时之秀。

《华阳集》卷下《监察御史储公集序》

元德秀者,河南人,字紫芝。开元二十一年,登进士第。……德秀少孤贫,事母以孝闻。开元中,从乡赋,岁游京师。不忍离亲,每行则自负板舆,与母诣长安。登第后,母亡,庐于墓所。

《旧唐书》卷一九〇下《元德秀传》

公讳德秀,字紫芝,延州使君之子。……延州即世之后,昆弟凋落,慈亲赢老,无小无大,仰给于公。及应府贡,如京师,不忍离亲,躬负安舆,往复千里。以才行第一,进士登科。丁艰。……参调求仕,铨试超等,补南和尉。

《李遐叔文集》卷三《元鲁山墓碣铭并序》

杜鸿渐,故相暹之族子。祖慎行,益州长史。父鹏举,官至王友。鸿渐敏悟好学,举进士,解褐王府参军。

《旧唐书》卷一〇八《杜鸿渐传》

李华字遐叔,赵郡人。开元二十三年,进士擢第。天宝中,登朝为监察御史。

《旧唐书》卷一九〇下《李华传》

萧颖士字茂挺,与〔李〕华同年登进士第。

《旧唐书》卷一九〇下《萧颖士传》

以文学著于时者,曰兰陵萧君颖士,字茂挺。……君七岁能诵数经,背碑覆局;十岁以文章知名;十五誉满天下;十九进士擢第。

《李遐叔文集》卷一《扬州功曹萧颖士文集序》

元行冲,河南人,后魏常山王素连之后也。少孤,为外祖司农卿韦机所养。博学多通,尤善音律及诂训之书。举进士,累转通事舍人。

《旧唐书》卷一〇二《元行冲传》

陆据者，周上庸公腾六代孙。少孤，文章俊逸，言论纵横。年三十余，始游京师，举进士。公卿览其文，称重之，辟为从事。

《旧唐书》卷一九〇下《陆据传》

畅璀，河东人也。乡举进士。

《旧唐书》卷一一一《畅璀传》

〔谢〕良辅，登天宝十一年进士第。德宗时，刺商州，为团练所杀。

《唐诗纪事》卷四七

〔皇甫〕曾字孝常，冉之弟也。天宝十二年，杨憬榜进士。善诗，出王维之门。

《唐才子传校笺》卷三《皇甫曾》

次山见誉于弱夫苏氏，始有名。见取于公浚阳公，始得进士第。

《樊南文集》卷七《容州经略使元结文集后序》

〔元〕结少不羁，十七乃折节向学，事元德秀。天宝十二载，举进士，礼部侍郎阳浚见其文，曰："一第恩子耳，有司得子是赖！"果擢上第。复举制科。

《新唐书》卷一四三《元结传》

孟子以乡举秀才，射策甲科，二十年矣。

《毗陵集》卷一六《送孟评事赴上都序》

〔袁〕高字公颐。少慷慨有节尚。擢进士第。代宗时，累迁给事中。

《新唐书》卷一二〇《袁高传》

高郢字公楚，……宝应初，及进士第。

《新唐书》卷一六五《高郢传》

窦群字丹列，京兆金城人。……群兄弟皆擢进士第，独群以处士客隐毗陵。

《新唐书》卷一七五《窦群传》

公讳少连，字夷仲，吴郡人也。……每躬率耕稼，厉精坟典，齿列上庠，升堂睹奥。时小宗伯薛公邕深所叹异，以为东南之美尽在，廊庙之器不孤。擢进士甲科。

《全唐文》卷四七八《杜黄裳·东都留守顾公神道碑》

大历十三年，〔仲子陵〕举进士甲科，调补秘书省校书郎。

《权载之文集》卷二四《唐故尚书司门员外郎仲君墓志铭并叙》

〔羊〕士谔，贞元元年礼部侍郎鲍防下进士。

《唐才子传校笺》卷五《羊士谔》

唐德宗初即位，宰相常衮为福建观察使治其地。衮以辞进，乡县小民，有能读书作文辞者，亲与之为主客之礼，观游宴飨，必召与之。时未几，皆化翕然。于时欧阳詹独秀出，衮加敬爱，诸生皆推服。闽越之人举进士，繇詹始也。詹死于国子四门助教，陇西李翱为传，韩愈作哀辞。

《太平广记》卷一八〇《贡举三·常衮》

张籍者，贞元中登进士第。

《旧唐书》卷一六〇《张籍传》

〔吕〕温字和叔，一字化光，从陆质治《春秋》，梁肃为文章。贞元末，擢进士第。

《新唐书》卷一六〇《吕温传》

罗立言者，父名欢。贞元末，登进士第。

《旧唐书》卷一六九《罗立言传》

〔韩思复〕曾孙伙，字相之，少有文学，性尚简澹。举进士，累辟藩方。

《旧唐书》卷一〇一《韩伙传》

吴武陵，信州人。元和初，擢进士第。

《新唐书》卷二〇三《吴武陵传》

前进士王洙字学源，其先琅琊人。元和十三年春擢第。尝居邹、鲁闻名山习业。洙自云："前四年时，因随籍入贡，……"

《太平广记》卷四九〇《杂传记七·东阳夜怪录》

〔崔倰〕子岩，登进士第，辟襄阳掌书记、监察御史，方雅有父风。

《旧唐书》卷一一九《崔倰传》

李训，肃宗时宰相揆之族孙也，始名仲言。进士擢第。

《旧唐书》卷一六九《李训传》

〔徐〕商字义声，或字秋卿，……幼隐中条山。擢进士第。

《新唐书》卷一一三《徐商传》

魏谟字申之，巨鹿人。五代祖文贞公徵，贞观朝名相。曾祖殷，汝阳令。祖明，亦为县令。父冯，献陵台令。暮，大和七年登进士第。杨汝士牧同州，辟为防御判官，得秘书省校书郎。

《旧唐书》卷一七六《魏谟传》

邕州蔡大夫京者，故令狐相公楚镇滑台之日，因道场见于僧中，令京挈瓶钵。彭阳公曰："此童眉目疏秀，进退不慑，惜其卑幼，可以劝学乎！"师从之，乃得陪相国子弟。后以进士举上第，乃彭阳令狐公之举也。寻又学究登科，而作尉畿服。

《云溪友议》卷中《买山识》

秀才卢生名霈，字子中。……

开成三年，来京师举进士，于群辈中酋酋然，凡曰进士知名者多趋之，愿与之为交。生尝曰："丈夫一日得志，天子召座于前，以笏画地，取山东一百二十城，唯我知其甚易尔！"

《樊川文集》卷九《唐故范阳卢秀才墓志》

〔李商隐〕仲弟圣仆，特善古文，居会昌中进士，为第一二，常表以今体规我，而未焉能休。

《樊南文集》卷七《樊南甲集序》

大中四年，进士冯涓登第，榜中文誉最高。是岁，暹罗国起楼，厚赉金帛，奏请撰记。时人荣之。

《大中遗事》

〔裴向〕子寅，登进士第，累官至御史大夫卒。子枢，字纪圣，咸通十二年登进士第。宰相杜审权出镇河中，辟为从事，得秘书省校书郎。

《旧唐书》卷一一三《裴寅传》

故硖州夏侯表中泽，相国少子，及第中甲科。

《北里志》

崔昭纬，清河人也。祖庇，滑州酸枣县尉。父瑶，鄂州观察使。昭纬进士及第。

《旧唐书》卷一七九《崔昭纬传》

右臣[①]自年十二离家西泛，当乘桴之际，亡父诫之曰："十年不第进士，则勿谓吾儿。吾亦不谓有儿。往矣，勤哉！无隳乃力。"臣佩服严训，不敢弭忘，悬刺无遑，异谐养志。……观光六年，金名榜尾。

《桂苑笔耕集》之《桂苑笔耕序》

---

① 指崔致远。

公字文江，莆田人，唐乾宁二年擢进士第，光化中守四门博士。

《莆阳黄御史集》秩上《志》

〔张弘靖〕子：文规、次宗。……孙茂枢，字休府，及进士第。

《新唐书》卷一二七《张弘靖传》

金可记，新罗人也。宾贡进士，性沉静好道，不尚华侈。或服气炼形，自以为乐。博学强记，属文清丽。美姿容，举动言谈，迥有中华之风。俄擢第，于终南山子午谷葺居，怀隐逸之趣。

《太平广记》卷五三《神仙五十三·金可记》

范禹偁，九陇人也。……由是遂入丹景山，从师苦学。天成中登第。

《十国春秋》卷五三《后蜀·范禹偁传》

句中正字坦然，成都华阳人。明德中，授崇文馆校书郎，复举进士及第。中正精于字学，凡古文、篆、隶、行、草诸书，无所不工，常与宰相毋昭裔书《文选》等书行世。

《十国春秋》卷五六《后蜀·句中正传》

5. 明法科

其明法，试律、令各一部，识达义理，问无疑滞者，为通。粗知纲例，未究指归者，为不〔通〕。所试律、令，每部试十帖，策试十条，律七条，令三条。

全通者为甲，通八已上为乙，已下为不第。

《唐六典》卷二《吏部尚书》

凡明法，试律、令，取识达义理，问无疑滞者为通。所试律、令，凡每部试十帖，策试十条，律七条，令三条。

《唐六典》卷四《尚书礼部》

明法试律、令各十帖，试策共十条，律七条，令三条。全通为甲，通八以上为乙，自七以下为不第。

《通典》卷一五《选举三·历代制下》

〔永徽〕三年，诏曰："律学未有定疏，每年所举明法，遂无凭准。宜广召解律人，条义疏奏闻。仍使中书、门下监定。"于是太尉赵国公无忌、司空英国公勣、尚书左仆射兼太子少师监修国史燕国公志宁、银青光禄大夫刑部尚书唐临、太中大夫守大理卿段宝玄、朝议大夫守尚书右丞刘燕客、朝议大夫守御史中丞贾敏行等，参撰《律疏》，成三十卷，四年十月奏之，颁于天下。自是断狱者皆引疏分析之。

《旧唐书》卷五〇《刑法志》

〔永徽〕三年，诏曰："律学未有定疏，每年所举明法，遂无准凭。宜广召解律人，条义疏奏闻。仍使中书、门下监定。"于是太尉赵国公无忌、司空英国公勣、尚书左仆射兼太子少师监修国史燕国公志宁、银青光禄大夫刑部尚书唐临、大中大夫守大理卿段宝玄、朝议大夫守尚书右丞刘燕客、朝议大夫守御史中丞贾敏行等,参撰《律疏》,成三十卷,明年十月奏之,颁于天下。自是断狱者皆引疏分析之。

《册府元龟》卷六一二《刑法部·定律令四》

贞元二年六月,敕:"明法举人,有能兼习一经,小帖义通者,依明法例处分。"

《唐会要》卷七六《贡举中·明法》

贞元二年六月,诏:"……其明法举人,有能兼习一经,小帖义通者,依明经例处分。"

《册府元龟》卷六四〇《贡举部·条制二》

〔后唐长兴二年〕六月丁巳朔,复置明法科,同《开元礼》。

《旧五代史》卷四二《唐书·明宗纪八》

〔长兴二年〕六月,刑部员外郎和凝奏:"臣窃见明法一科,久无人应,今应令请减其选限,必当渐举人。谨按考课令,诸明法试律令十条,以识达义理,问无疑滞者为通。所贵悬科待士,自勤讲学之功;为官择人,终免旷遗之咎。况当明代,宜举此科。"敕旨:"宜升明法一科,同《开元礼》选数。兼赴举之时,委贡院别奏请。会刑法试官,依格例考试。"先是,天成三年十一月,权判大理寺萧希甫上言曰:"臣闻禁暴乱者,莫先于刑律;勤礼义者,无切于《诗》《书》。刑律明则人不敢为非,礼义行则时自然无事。今《诗》《书》之教,则业必有官;刑律之科,则世皆莫晓。近者大理正宋昇请置律学生徒,虽获上闻,未蒙申举。伏乞时颁诏旨,下付国庠,令再设此科,许其岁贡。仍委诸州各荐送一两人就京习学,候至业成,便放出身,兼许以卑官,却还本处。则率土之内,尽会刑书,免误触于金科,冀咸遵于皇化。"
至是,凝复奏请。

《册府元龟》卷六四二《贡举部·条制四》

后唐长兴二年七月一日,敕:"其明法科。今复宜与《开元礼》科同,其选数兼赴举之时,委贡院别奏请,会诸法试官,依格例考试。"

晋天福六年五月十五日,敕:"明法一科,今后宜令五选集合格,注官日优与处分。"

周广顺三年正月,户部侍郎权知贡举赵上交奏:"明法元帖律、令各十五帖,对义二十道。今欲罢帖律、令,试墨义六十道。"从之。至其年八月,刑部侍郎权知贡举徐台符奏:"却准元格帖律、令各十五帖,对墨义二十道。"从之。

《五代会要》卷二三《明法》

府君讳骘,字成骘,姓张氏。……年十九,明法擢第。

《张说之文集》卷二〇《府君墓志铭》

李朝隐,京兆三原人也。少以明法举,拜临汾尉,累授大理丞。

《旧唐书》卷一〇〇《李朝隐传》

6. 明书科

凡明书,试《说文》《字林》,取通训诂兼会杂体者为通。《说文》

六帖,《字林》四帖;兼口试,不限条数。

《唐六典》卷四《尚书礼部》

其明书,则《说文》六帖,《字林》四帖。诸试书学生,帖试通讫,先口试,不限条数,疑则问之,并通,然后试策。

《唐六典》卷二《尚书吏部》

书者试《说文》《字林》凡十帖,《说文》六帖,《字林》四帖。口试无常限,皆通者为第。

《通典》卷一五《选举三·历代制下》

7. 明算科

其明算,则《九章》三帖,《海岛》、《孙子》、《五曹》、《张丘建》、《夏侯阳》、《周髀》、五经等七部各一帖。其《缀术》六帖,《缉古》四帖。录大义本条为问,答者明数造术,辨明术理,然后为通。《记遗》《三等数》,读令精熟,试十得九为第。其试《缀术》《缉古》者,《缀术》七条,《缉古》三条。诸及第人并录奏,仍关送吏部。书、算于从九品下叙排。

《唐六典》卷二《尚书吏部》

凡明算,试《九章》、《海岛》、《孙子》、《五曹》、《张丘建》、《夏侯阳》、《周髀》、五经、《缀术》、《缉古》,取明数造术,辨明术理者为通。《九章》三帖,五经等七部各一帖,《缀术》六帖,《缉古》四帖,录大义本条为问。

《唐六典》卷四《尚书礼部》

算者试《九章》、《海岛》、《孙子》、《五曹》、《张丘建》、《夏侯阳》、《周髀》、五经、《缀术》、《缉古》，帖各有差，《九章》三帖，五经等七部各一帖，《缀术》六帖，《缉古》四帖。兼试问大义，皆通者为第。凡众科有能兼学，则加超奖，不在常限。

《通典》卷一五《选举三·历代制下》

8. 三礼科

自贞元五年一月敕特置三礼、《开元礼》科。

《旧唐书》卷四四《职官志三》

〔贞元〕五年五月，敕："自今以后，诸色人中有习三礼者，前资及出身人依科目选例，吏部考试；白身依贡举例，礼部考试。每经问大义三十条，试策三道。所试大义，仍委主司于朝官、学官中，拣择精通经术三五人闻奏，主司与同试问。义策全通为上等，特加超奖。大义每经通二十五条以上，策通两道以上为次等，依资与官。如先是员外、试官者，听依正员例。其诸学生愿习三礼及《开元礼》者，并听。仍永为常式。"

《通典》卷一五《选举三·历代制下》

贞元九年五月二日，敕："王者设教，劝学攸先；生徒肄业，执礼为本。然则礼者，务学之本，立身之端，居安之大猷，致治之要道。顷有司定议，习《礼经》者，独授散官，颇乖指要。姑务弘奖，以广儒风。自今已后，诸色人中有习三礼者，前资及出身人，依科目例选。吏部考试白身人，依贡举例。吏、礼部考试，每经问大义三十条,试策三道。所试大义,仍委主司于朝官、学官中,拣选精通经术三五人闻奏。主司于同试问义策全通为上等,特加超奖。大义每经通二十五条以上,策通两道以上,为次等,依资与官。如先是员外试官者,听依正员例。其诸馆学生,愿习三礼及《开元礼》者,并听。仍永为常式。”

《唐会要》卷七六《贡举中·三礼举》

　　王者设教,劝学攸先;生徒肄业,执礼为本。故孔子曰:“不学礼,无以立。”又曰:“安上理人,莫善于礼。”然则礼者,盖务学之本,立身之端,居安之大猷,致理之要道。属辞比事,而不裁之以礼则乱;疏通知远,而不节之以礼则诬。实百行之本源,为五经之户牖。虽圣人设教,罔不会通,而学者遵行,宜有先后。自顷有司定议,计功记习,不量教化浅深,义理难易。遂使博学者例从冬集,习礼经者独授散官,敦本劝人,颇乖指要。姑务弘奖,以广儒风。自今已后,明经习《礼记》及第者,亦宜冬集。如中经兼习《周易》若《仪礼》者,量减一选。应诸色人中习三礼者,前资及出身人,依科目例;白身人,依贡举例。每经问大义三十条,试策三道。仍主司于朝官、学官中,简择精通经术三五人闻奏,主司与同试问,质定通否。义策全通为上等,转加超奖。大义每经通十五条已上,策通两道已上为次等,依资与官。如先是员外试官者,听依正员例。其习《开元礼》人,问大义一百条,试策三道,全通者为上等。大义通八十条已上,策通两道已上为次等。余一切并准习三礼例处分。其诸馆学士,愿习三礼及《开元礼》者,并听。仍永为恒式。

《唐大诏令集》卷一〇六《条流习礼经人敕》

9. 开元礼科

贞元二年六月十一日，敕："《开元礼》，国家盛典，列圣增修，今则不列学科，藏在书府。使效官者昧于郊庙之仪，治家者不达冠婚之义，移风固本，合正其源。自今已后，其诸色举人中，有能习《开元礼》者，举人同一经例，选人不限选数许习。但问大义一百条，试策三道，全通者超资与官。义通七十条，策通两道已上者，放及第；已下不在放限。其有散官能通者，亦依正官例处分。"至贞元九年五月二十日，敕："其习《开元礼》人，问大义一百条，试策三道，全通者为上等。大义通八十条已上，策两道已上，为次等。余一切并准三礼例处分。仍永为常式。"

《唐会要》卷七六《贡举中·开元礼举》

贞元二年六月，敕："自今以后，其诸色举选人中，有能习《开元礼》者，举人同一经例，选人不限选数，许集。问大义一百条，试策三道，全通者超资与官；义通七十条，策通两道以上者，放及第；以下不在放限。其有散、试官能通者，亦依正员例处分。"

《通典》卷一五《选举三·历代制下》

〔贞元〕九年五月，诏曰："王者设教，劝学攸先；生徒肄业，执礼为本。故孔子曰：'不学礼，无以立。'又曰：'安上理人，莫善于礼。'然则礼者，盖务学之本，立身之端，居安之大猷，致政之要道。属词比事而不裁之以礼，则乱；疏通知远而不节之以礼，则诬。实百行之本源，为五经之户牖。虽圣人设教，罔不会通，而学者遵行,宜有先后。自顷有司定议,计功记习,不量教化浅深,义理难易,遂使修传学者例从冬集。习礼经者,独授散官,敦本劝人,颇乖指要。始务弘奖,以广儒风。自今已后,明经习《礼记》及第者,亦宜冬集。如中经兼习《周易》若《仪礼》者,量减一选。应诸色人中习三礼者,前资及出身人,依科目例;白身人,依贡举例。每经问大义三十条,试策三道。仍主司于朝官、学官中,简选精通经术三五人闻奏。主司与同试问,质定通否。义策全通为上等,转加超奖。大义每经通十五条已上,策通两道已上,为次等,依资与官。如先是员外试官者,听依正员例。其习《开元礼》人,问大义一百条,试策三道,全通者为上等。大义通八十条已上,策两道已上,为次等。余一切并准习三礼例处分。其诸馆学士,愿习三礼及《开元礼》者,并听。仍永为常式。"

《册府元龟》卷六四〇《贡举部·条制二》

丁公著字平子,苏州吴郡人。祖衷,父绪。……年十七,父勉令就学。年二十一,五经及第。明年,又通《开元礼》,授集贤校书郎。

《旧唐书》卷一八八《丁公著传》

程异,京兆长安人。尝侍父疾,乡里以孝悌称。明经及第,释褐扬州海陵主簿。登《开元礼》科,授华州郑县尉。精于吏职,剖判无滞。

《旧唐书》卷一三五《程异传》

辛秘,陇西人。少嗜学,贞元年中,累登五经、《开元礼》科,选授华原尉，判入高等，调补长安尉。

《旧唐书》卷一五七《辛秘传》

10. 三传科

长庆二年二月，谏议大夫殷侑奏："谨按《春秋》二百四十二年行事，王道之正，人伦之纪备矣。故先师仲尼称志在《春秋》。历代立学，莫不崇尚其教。伏以《左传》卷轴文字，比《礼记》多校一倍，《公羊》《穀梁》与《尚书》《周易》多校五倍。是以国朝旧制，明经授散，若大经中能习一传，即放冬集。然明经为传学者，犹十不一二。今明经一例冬集，人之常情，趋少就易，三传无复学者。伏恐周公之微旨，仲尼之新意，史官之旧章，将坠于地。伏请置三传科，以劝学者。《左传》问大义五十条，《公羊》《穀梁》各问大义三十条，策三道。义通七以上，策通二以上，与及第。其白身应者，请同五经例处分。其先有出身及前资官应者，请准学究一经例处分。"……敕旨："宜依。仍付所司。"

《唐会要》卷七六《贡举中·三传》

〔穆宗长庆〕二年二月，谏议大夫殷侑奏："谨案《春秋》二百四十年行事，王道之正，人伦之纪备矣！故先师仲尼称志在《春秋》。历代立学，莫不崇尚其教。伏以《左传》卷轴文字，比《礼记》多校一倍，《公羊》《穀梁》比《尚书》《周易》多校五倍。是以国朝旧制，明经若大经、中经能习一传，即放冬集。然明经为学者，犹十不一二。今明经一例冬集，人之常情，趋少就易，三传无复学者。伏恐周公之微旨，仲尼之新意，史官之旧章，将坠于地。伏请置三传科，以劝学者。《左传》问大义五十条,《公羊》《穀梁》各问大义三十条,策三道。义通七以上,策通二以上,与及第。其白身应者,请同五经例处分。其先有出身及前资官应者,请唯学究一经例别处分。"

《册府元龟》卷六四〇《贡举部·条制二》

11. 三史科

长庆二年二月,始置三传、三史科。

《旧唐书》卷四四《职官志三》

长庆二年二月,谏议大夫殷侑奏:……又奏:"历代史书,皆记当时善恶,系以褒贬,垂裕劝戒。其司马迁《史记》,班固、范晔两《汉书》,音义详明,惩恶劝善,亚于六经,堪为世教。伏惟国朝故事,国子学有文史直者,宏文馆宏文生,并试以《史记》、两《汉书》、《三国志》,又有一史科。近日以来,史学都废,至于有身处班列,朝廷旧章,昧而莫知,况乎前代之载,焉能知之?伏请置前件史科,每史问大义一百条,策三道。义通七,策通二以上,为及第。能通一史者,请同五经、三传例处分。其有出身及前资官应者,请同学究一经例处分。有出身及前资官,优稍与处分。其三史皆通者,请录奏闻,特加奖擢。仍请颁下两都国子监,任生徒习读。"敕旨:"宜依。仍付所司。"

《唐会要》卷七六《贡举中·三传》

〔穆宗长庆二年二月,谏议大夫殷侑〕又奏:"历代史书,皆记当时善恶,系以褒贬,垂裕劝戒。其司马迁《史记》,班固、范晔两

《汉书》，旨义详明，惩恶劝善，亚于六经，堪为代教。伏惟国朝故事，国子学有文史直者，弘文馆弘文生，并试以《史记》、两《汉书》、《三国志》，又有一史科。近日已来，史学都废，至于有身处班列，朝廷旧章，昧而莫知者，况乎前代之载，焉能知之？伏请量前件史科，每史问大义一百条，策三道。义通七，策通二以上，为及第。能通一史者，白身请同五经、三传例处分。其有出身及前资官应者，请同学究一经别处分。其有出身及前资官，稍优与处分。其三史皆通者，请录奏闻，特加奖擢。仍请班下两都国子监，任生徒习读。"敕旨："宜依。仍付所司。"

《册府元龟》卷六四〇《贡举部·条制二》

冯伉，本魏州元城人。父玠，后家于京兆。少有经学。大历初，登《五经》秀才科，授秘书郎。建中四年，又登博学三史科。三迁尚书膳部员外郎，充睦王已下侍读。

《旧唐书》卷一八九下《冯伉传》

冯伉，少有经学。代宗大历初，登五经秀才科，授秘书郎。建中四年，又登博学三史科。

《册府元龟》卷六五〇《贡举部·应举》

杨敬之拜国子司业，次子戴，进士及第，长子三史登科，时号"杨三喜"①。

《唐摭言》卷八《及第与长行拜官相次》

---

① 《新唐书》卷一六〇《杨敬之传》："文宗尚儒术，以宰相郑覃兼国子祭酒，俄以敬之代。未几，兼太常少卿。是日，二子戎、戴登科，时号'杨家三喜'。"

朱朴，襄州襄阳人。以三史举，繇荆门令进京兆府司录参军，改著作郎。

《新唐书》卷一八三《朱朴传》

12. 道举科

玄宗方弘道化，至二十九年，始于京师置崇玄馆，诸州置道学，生徒有差，京、都各百人，诸州无常员。习《老》《庄》《文》《列》，谓之"四子"。荫第与国子监同。谓之"道举"。举送、课试与明经同。

《通典》卷一五《选举三·历代制下》

开元二十九年正月三日，于玄元皇帝庙置崇玄博士一员，令学生习《道德经》《庄子》《文子》《列子》，待习业成后，每年随贡举人例送至省，准明经例考试。

《唐会要》卷六四《史馆下·崇玄馆》

〔开元〕二十九年春正月丁丑，制两京、诸州各置玄元皇帝庙并崇玄学，置生徒，令习《老子》《庄子》《列子》《文子》，每年准明经例考试。

《旧唐书》卷九《玄宗本纪下》

〔开元〕二十九年，始置崇玄学，习《老子》《庄子》《文子》《列子》，亦曰道举。其生，京、都各百人，诸州无常员。官秩、荫第同国子，举送、课试如明经。

《新唐书》卷四四《选举志上》

自今已后，常令讲习《道经》，以畅微旨。所置道学，须倍加敦劝，使有成益。是知真理深远，弘之在人，不有激扬，何以励俗！诸色人有能明《道德经》及《庄子》《列子》《文子》者，委所由长官访择，具以名闻。朕当亲试，别加甄奖。（开元二十九年五月）

《唐大诏令集》卷一一三《玄元皇帝临降制》

〔开元二十九年〕五月庚戌，帝梦玄元皇帝告以休期，命有司图画真容，分布天下。乃下诏曰："大道混成，乃先于天地；圣人立教，用敷于宗极。故能发挥妙本，宏济生灵，使秉志者悟往，迷方者知复。以此救物，故无弃人。其孰当之？粤若我烈祖玄元皇帝矣。朕纂承宝业，重阐玄猷，自临御以来，罔不夙夜涤虑凝想，齐心服礼，谒于尊容，未明而毕事，将三十载矣。盖为天下苍生，以祈多福。不谓微诚上达，宗祖垂鉴。顷因假寐，或梦真容，既觉之后，昭焉以瞻，殊相自然，与梦相协。诚为密降仙府，永镇人寰。告我以无疆之休，德音在听；表我以非常之庆，灵贶有期。乃昊穹幽赞，宗社储休，岂朕虚薄，能致兹事。若便寝之，乃乖祗敬。宜令所司，即写真容，分送诸道采访使，令当州道转送开元观安置。所在道士等，皆具威仪法事迎候，象到七日夜设斋行礼。仍各赐锡用，充斋庆之费。自今已后，常令讲习《道德经》，以畅微旨。所置道学，须倍加敦劝，使有成益。是知真理深远，弘之在人，不有激扬，何以励俗！诸色人等，有明《道德经》及《庄》《列》《文子》等，委所由长官访择，具以名闻。朕当亲试，别加甄奖。"

《册府元龟》卷五三《帝王部·尚黄老一》

唐明皇置崇玄馆，命生徒习《道德经》《庄》《列》《文子》，以门下侍郎陈希烈兼崇玄馆大学士,检校两京宫观。又别置道学,隶崇玄馆,课试如明经,谓之道举。

《刘冯事始》

道教之设,风俗之源,必在弘阐,以敦风俗。须列四经之科,冠九流之首。虽及门求进,颇有其人,而睹奥穷微,罕闻达者,岂专精难就?为劝奖未弘,天下诸色人中,有通明《道德经》及《南华》等四经,任于所在自举,各委长官考试申送。其崇玄生出身,自今已后,每至选宜减于常例一选,以为留放。

《唐大诏令集》卷九《天宝七载册尊号赦》

是月①,道举停习《道德经》,加《周易》,宜以来载为始。

《册府元龟》卷六四〇《贡举部·条制二》

开元二十九年正月十五日,于玄元皇帝庙置崇玄学,令习《道德经》《庄子》《文子》《列子》。待习成后,每年随举人例,送名至省,准明经考试。通者准及第人处分。其博士置一员。

天宝元年五月,中书门下奏:“两京及诸郡崇玄学生等,伏准开元二十九年正月制,前件人合习《道德》《南华》《通玄》《冲虚》等四经。又准天宝元年二月制,改《庚桑子》为《洞灵真经》。准请条补,崇玄学亦合习读。伏准后制,合通五经。其《洞灵真经》,人间少本,臣近令诸观寻访,道士全无习者。本既未广,业实难成。并《冲虚》《通玄》二经,亦恐文字不定。玄教方阐,学者宜精。其《洞

---

① 天宝三载十月。

灵》等三经，望付所司，各写十本，校定讫，付诸道采访使颁行。其贡举司及两京崇玄学生，亦望各付一本。今冬崇玄学人，望且准开元二十九年正月制考试。其《洞灵真经》，请待业成后准式。"从之。

二年三月十六日，制："崇玄生试及帖策，各减一条。三年业成，始依常式。"

七载五月十三日，崇玄生出身，至选时，宜减于常例一选，以为留放。

十三载十月十六日，道举停习《道德经》，加《周易》，宜以来载为始。至宝应三年六月二十日，道举宜停。七月二十六日，敕："礼部奏，道举既停，其崇玄生望付中书门下商量处分。"

大历三年七月，增置崇玄生员满一百。

建中二年二月，中书门下奏："准制，崇玄馆学生试日，减策一道者。其崇玄馆附学官见任者，既同行事，理合沾恩。惟策一道不可，更减大义两条。"从之。

《唐会要》卷七七《贡举下·崇玄生》

元载字公辅，凤翔岐山人。……天宝初，下诏举明庄、老、列、文四子学者，载策入高第，补新平尉。

《新唐书》卷一四五《元载传》

元载，凤翔岐山人也，家本寒微。……载自幼嗜学，好属文，性敏惠，博览子史，尤学道书。家贫，徒步随乡赋，累上不升第。天宝初，玄宗崇奉道教，下诏求明庄、老、文、列四子之学者。载策入高科，授邠州新平尉。

《旧唐书》卷一一八《元载传》

〔独孤〕及字至之，河南人。……天宝末，以道举高第，代宗召为左拾遗。迁礼部员外郎。历濠、舒、常三州刺史。

《唐才子传校笺》卷三《独孤及》

陈少游，博州人也。祖俨，安西副都护。父庆，右武卫兵曹参军，以少游累赠工部尚书。少游幼聪辩，初习《庄》《列》《老子》，为崇玄馆学生，众推引讲经。时同列有私习经义者，期升坐日相问难。及会，少游摄齐升坐，音韵清辩，观者属目。所引文句，悉兼他义，诸生不能对，甚为大学士陈希烈所叹赏，又以同宗，遇之甚厚。既擢第，补渝州南平令，理甚有声。

《旧唐书》卷一二六《陈少游传》

13. 孝廉科

贞观十八年二月六日，引汴、郧诸州所举孝廉，赐坐于御前。上问以皇王政术，及皇太子问以曾参《孝经》，并不能答。太宗谓曰："自楚庄王以群臣莫逮，退而有忧色曰：'诸侯能自得师者王，自为谋而莫己若者亡。今以不穀之不德，群臣言莫我逮，我国能免于亡乎！'朕发诏征天下俊异，才以浅近问之，咸不能答。海内贤哲，将无其人耶？朕甚忧之。"

《唐会要》卷七六《贡举中·孝廉举》

任敬臣字希古，棣州人。……十六，刺史崔枢欲举秀才，自以学未广，遁去。又三年，卒业，举孝廉，授著作局正字。

《新唐书》卷一九五《任敬臣传》

许伯会,越州萧山人。……举孝廉。上元中,为衡阳博士。

《新唐书》卷一九五《许伯会传》

〔韦〕虚心父维,少习儒业,博涉文史,举进士。自大理丞累至户部郎中,……虚心举孝廉,为官严整,累至大理丞、侍御史。

《旧唐书》卷一〇一《韦虚心传》

〔韦虚仙〕季弟虚舟,亦以举孝廉,自御史累至户部、司勋、左司郎中,……家有礼则,父子兄弟更践郎署,时称"郎官家"。

《旧唐书》卷一〇一《韦虚舟传》

〔韦〕绳长文辞。……举孝廉,以母老不肯仕。逾二十年,乃历长安尉,威行京师。

《新唐书》卷一一八《韦绳传》

蒋沇,莱州胶水人,吏部侍郎钦绪之子也。性介独好学,早有名称。以孝廉累授洛阳尉、监察御史。

《旧唐书》卷一八五下《蒋沇传》

宝应二年六月,礼部侍郎杨绾奏,诸州每岁贡人,依乡举里选,察秀才、孝廉。敕旨:"州县每岁察孝廉,取在乡闾有孝悌、廉耻之行荐焉。委有司以礼待之,试其所通之学。五经之内,精通一经,兼能对策,达于理体者,并量行业授官。其明经、进士、道举,并停。"旋复故矣。

《通典》卷一五《选举三·历代制下》

宝应二年六月二十日，礼部侍郎杨绾奏请每岁举人，依乡举里选，察秀才孝廉，敕令公卿以下集议。……敕旨："每州每岁察孝廉，取在乡闾有孝悌廉耻之行荐焉，委有司以礼待之，试其所通之学。五经之内，精通一经，兼能对策，达于治体者，并量行业授官。其明经、进士并停，道举亦宜准此，况所司作条件处分。"

《唐会要》卷七六《贡举中·孝廉举》

〔宝应二年〕七月二十六日，礼部侍郎杨绾奏贡举条目曰："孝廉各令精通一经，其取《左氏传》《公羊》《穀梁》《礼记》《周礼》《仪礼》《毛诗》《尚书》《周易》，任通一经。每经问义二十条，皆取旁通诸义，务穷根本。试格策三道，问古今治体，及当今时务，要取堪行用者，仍每日问一道，频三日毕。经义及策全通为上第，其上第者，望付吏部，便与官。其问义每十条通七，策通二，为中第，与出身。下者罢之。又《论语》《孝经》皆圣人深旨，《孟子》亦儒门之达者，其学官望兼习此三者，共为一经，其试如上。"

《唐会要》卷七六《贡举中·孝廉举》

广德元年七月，礼部侍郎杨绾上贡举条目曰："孝廉举人，请取精通一经，每经问义二十条，皆须旁通诸义，深识微言。试策三道，每日问一道，问古今理体，取堪行用者。经义及策全通为上第，望付吏部，便与官。义通七，策通二，为中第，与出身。下第者罢之。《论语》《孝经》，圣人深旨；《孟子》，亦儒门之达者。望兼习此三者，为一经，其试如上。先取在家有孝义廉耻谦恭之行，好学不倦，精通经义，并堪对策者，县令征于乡里，送名于州。刺史与曹官对试，以其通者送省。既是贡士，刺史、县令不得以部人待之，加其礼数，随朝集使以十月二十五日到省。其乡饮酒及至上都朝见，并谒先师，并依旧式。又以寇难之故，衣冠多去故乡，所居必闻，才行斯在，望许所在州县，且举所谙知者。秀才、举人，准旧格，惟试方略，策五条，望令精通五经。每经准孝廉例，问义二十条，对策五条，每日试一道，全通为上第，送中书门下，超与处分。十条通七，策通四，为中第，送吏部，与官。下者罢之。又国子监举人，亦请每岁本业博士推择才行，送名与祭酒，依乡贡例试，通者送省。举人自县至州，皆不得辄自陈牒。比来有到状、保辨、停牒等，请并停。明法举人，望付刑部考试。"疏入，帝问翰林学士，或以进士、明经，行来颇久，不可顿令改业，遂敕与旧法兼行。

《册府元龟》卷六四〇《贡举部·条制二》

至建中元年六月九日，敕："孝廉科宜停。"

《唐会要》卷七六《贡举中·孝廉举》

〔建中二年〕六月，敕："孝廉科宜停。"

《册府元龟》卷六四〇《贡举部·条制二》

泾县尉马子云，为人数奇，以孝廉三任为泾县尉，皆数月丁忧而去。

《太平广记》卷一〇一《释证三·马子云》

14. 孝悌力田科

其人正直清修，名行孝义，旌表门闾，堪理时务，亦随宾贡为孝悌力田。

《唐六典》卷三〇《三府督护州县官吏》

〔开元〕二十三年十月,诏曰:"文学政事,必在考言;孝悌力田,必须审行。顷从一概,何谓四科?其孝悌力田举人,宜各自疏比来事迹为乡闾所委者,朕当案覆,别有处分。"

《册府元龟》卷六三九《贡举部·条制一》

敕:孝悌力田,风化之本,苟有其实,未必求名。比来将此同举人考试词策,便与及第,以为常科。是开侥幸之门,殊乖敦劝之意。自今以后,不得更然。其有孝悌闻于郡邑,力田推于邻里,两事兼著,状迹殊尤者,委所由长官,特以名荐。朕当别有处分,更不须随考试例申送。

《唐大诏令集》卷一〇六《孝悌力田举人不令考试词策敕》

〔宝应二年〕七月二十六日,礼部侍郎杨绾奏贡举条目曰:"……孝悌力田,但能熟读一经,言音典切,即令所司举送,试通,便[①]与出身。"

《唐会要》卷七六《贡举中·孝廉举》

孝悌力田、怀才抱器、遗逸未经荐达者,各委州府闻奏,亲当策试,量能叙用。

《唐大诏令集》卷四《改元永泰赦》

① "便",原本作"使"。

周征俊造，汉辟贤良，垂之典谟，永代作则。天下有安贫乐道、孝悌力田，未经荐用者，委所在长官具以名闻，朕当亲自策试，量才叙用。

《唐大诏令集》卷四《改元大历赦》

广德二年五月二十四日，敕：孝悌力田科，其每岁贡宜停。

《唐会要》卷七六《贡举中·童子》

15. 童子科

（1）童子考试条规

〔武德〕七年七月，诏曰："自隋以来，离乱永久，雅道沦缺，儒风莫扇。朕膺期御宇，静难齐民，钦若典谟，以资政术，思弘德教，光振遐轨。是以广设庠序，益召学徒，旁求俊异，务从奖擢。宁州罗川县前兵曹史孝谦，守约丘园①，伏膺道素，爰有二子，年并幼童。讲习《孝经》，咸畅厥旨。义方之训，实堪励俗。故从优秩，赏以不次，宜普颁下，咸使知闻。如此之徒，并即申上，朕加亲览，特将褒异。"

《册府元龟》卷九七《帝王部·奖善》

广德二年五月二十四日，敕："孝悌力田科，其每岁贡宜停。童子每岁贡者亦停，童子仍限十岁以下者。"至大历三年四月二十五日，敕："童子举人，取十岁以下者，习一经，兼《论语》《孝经》。每卷诵文十科全通者，与出身。仍每年冬本贯申送礼部，同明经举人例，考试讫闻奏。"至十年五月二十五日，敕："童子科宜停。"开成三年十二月，敕："诸道应荐万言童子等，朝廷设科取士，门目

---

① "丘园"，原本作"邱园"。本书统一使用"丘园"。

至多，有官者合诣吏曹，未仕者即归礼部。文词学艺，各尽其长，此外更或延引，则为冗长。起今以后，不得更有闻荐，俾由正路，禁绝幸门。"虽有是命，而以童子为荐者，比比有之。

《唐会要》卷七六《贡举中·童子》

〔广德〕二年五月，罢岁贡孝悌力田及童子科，从礼部侍郎杨绾奏也。绾以孝悌之行，宜有实状，童子越众，不在常科，同之岁贡，恐成侥幸之路。

《册府元龟》卷六四〇《贡举部·条制二》

大历三年四月，复置童子科举。每岁，本贯申送礼部，同明经考试。取十岁已下，习一经，兼《论语》《孝经》，每卷诵文十科，全通者与官。通七已上者，与出身。仍每年冬，本贯申送礼部，同明经举人例，考试讫闻奏。

《册府元龟》卷六四〇《贡举部·条制二》

是月①，敕：停童子科举。

《册府元龟》卷六四〇《贡举部·条制二》

〔开成二年〕十二月，诏："诸道应荐万言、童子等，朝廷设科取士，门目至多，有官者合诣吏曹，未仕者即归礼部。此外更或延引，则为冗长。起今后，不得更有闻荐，俾由正路，冀绝幸门。"虽有是命，而以童子为荐者，比比有之。

《册府元龟》卷六四一《贡举部·条制三》

①　大历十年五月。

大中十年五月，中书门下奏："据礼部贡院见置科目内，《开元礼》、三礼、三传、三史、学究、道举、法、算、童子等九科，近年取人颇滥。曾无实艺可采，徒添入仕之门，须议条流，俾精事业。臣等已于延英面奏，伏奉圣旨，将文字奏来者。其前件九科，臣等商量，望起大中十年，权停三年。满后，至时赴科试者，令有司据所举人先进名，令中书舍人重覆问过。如有本业稍通，堪备朝廷顾问，即作等第进名，候敕处分。如事业荒芜，不合送名而妄送者，考官先议朝责。其童子，近日诸道所荐送者，多年齿已过，考其所业，又是常流。起今已后，望令天下州府，荐童子并须实年十一、十二已下，仍须精熟，经旨全通，兼自能书写者。如违条例，本道长吏，亦宜议惩罚。"从之。

《唐会要》卷七七《贡举下·科目杂录》

〔大中十年〕三月，中书门下奏："据礼部贡院见置科目，《开元礼》、三礼、三传、三史、学究、道举、明算、童子等九科，近年取人颇滥。曾无实艺可采，徒添入仕之门，须议条疏，俾精事业。臣已于延英面论，伏奉圣旨，将文字来者。其前件九科，臣等商量，望起大中十年，权停三年。满后，至时赴科试者，令有司据所举人先进名，令中书舍人重覆问过。如有本业稍通，堪备朝廷顾问，即作等第进名，候敕处分。如有事业荒芜，不合送名数者，考官即议朝责。其童子，近日诸道所荐送者，多年齿已过，伪称童子，考其所业，又是常流。起今日后，望令天下州府荐送童子，并须实年十一、十二已下，仍须精熟一经，问皆全通，兼自能书写者。如违制条，本道长史亦议惩法。"从之。

《旧唐书》卷一八下《宣宗本纪》

〔后唐庄宗同光三年〕五月，礼部贡院奏：……奉敕："起今后，宜准开成三年敕文，凡有官者，并诣吏曹；未仕者，皆归礼部。其童子，则委本州府依诸色举人例考试，结解送省，任称乡贡童子。长吏不得表荐。若无本处解送，本司不在考试之限。"

《册府元龟》卷六四一《贡举部·条制三》

〔同光三年〕八月，敕条例诸道州府，不得表荐童子。

《册府元龟》卷六四一《贡举部·条制三》

〔后唐〕天成三年，敕："近年诸道解童子，皆越常规，或年齿渐高，或神情非俊，或道字颇多讹舛，或念书不合格文，积成乖敝。此后应州府不考艺能，滥发文解，其逐处判官及试官并加责罚。仍下贡院，将解到童子，精加考较，须是年颜不高，念书合格，道字分明，即放及第。"

《文献通考》卷三五《选举八》

〔后唐〕天成四年春正月壬申朔，帝御崇元殿受朝贺，仗卫如仪。幽州节度使赵德钧奏："臣孙赞，年五岁，默念《论语》《孝经》，举童子，于汴州取解就试。"诏曰："都尉之子，太尉之孙，能念儒书，备彰家训，不劳就试，特与成名。宜赐别敕及第，附今年春榜。"

《旧五代史》卷四〇《唐书·明宗纪第六》

〔后唐〕长兴元年，敕："童子准往例，委诸道表荐，不得解送。每年所放不得过十人，仍所念书并须是正经，不得以诸子书虚成卷数。及第后，十一选集，初任未得授亲民官。"

《文献通考》卷三五《选举八》

晋天福五年四月,礼部侍郎张允奏:"童子一科,伏请停废。"从之。

开运元年八月,复童子科。

周广顺三年正月,户部侍郎权知贡举赵上交奏:"童子凡念书二十四道,今欲添念书,通前五十道。念及三十道者,放及第。"从之。

显德二年五月,礼部侍郎、知贡举窦仪奏:"其童子科,请依晋天福五年敕停罢,任改就别科赴举。"从之。

《五代会要》卷二三《童子》

开运元年八月,诏曰:"明经、童子之科,前代所设,盖期取士,良谓通规。爰自近年,暂从停废,损益之机未见,牢笼之义全亏。将阐斯文,宜依旧贯,庶臻至理,用广旁求。其明经、童子二科,今后复置。"

《旧五代史》卷一四八《选举志》

(2)童子及第事例

员半千字荣期,齐州全节人。……半千始名余庆,生而孤,为从父鞠爱,羁丱通书史。客晋州,州举童子,房玄龄异之,对诏高第,已能讲《易》《老子》。长与何彦先同事王义方,以迈秀见赏。……凡举八科,皆中。

《新唐书》卷一一二《员半千传》

卢庄道,年十三[①],造于父友高士廉,以故人子,引坐。会有献书

---

① "十三",他本或作"十二"。

者,庄道窃窥之,请士廉曰:"此文庄道所作。"士廉甚怪之,曰:"后生何轻薄之行!"庄道请讽之,果通。复请倒讽,又通。士廉请叙,良久,庄道谢曰:"此文实非庄道所作,向窥记之耳。"士廉即取他文,及案牍试之,一览倒讽,并呈已作文章。士廉具以闻。太宗召见,策试,擢第十六,授河池尉。满,复制举,擢甲科。召见,太宗识之曰:"此是朕聪明小儿耶!"授长安尉。太宗将录囚徒,京宰以庄道幼年,惧不举,欲以他尉代之。庄道不从,但闲暇,不之省也。时系囚四百余人,令丞深以为惧。翌日,太宗召囚,庄道乃徐状以进,引诸囚入。庄道评其轻重,留系月日,应对如神。太宗惊异,即日拜监察御史。

《大唐新语》卷八《聪敏》

贾嘉隐年七岁,以神童召见。时长孙太尉无忌、徐司空勣于朝堂立语。徐戏之曰:"吾所倚者何树?"曰:"松树。"徐曰:"此槐也,何得言松?"嘉隐云:"以公配木,何得非松?"长孙复问:"吾所倚何树?"曰:"槐树。"公曰:"汝不能复矫对耶?"嘉隐曰:"何烦矫对,但取其以鬼对木耳。"年十一二,贞观年被举,虽有俊辩,仪容丑陋。尝在朝堂取进止,朝堂官退朝并出,俱来就看。余人未语,英国公徐勣先即诸宰贵云:"此小儿恰似獠面,何得聪明?"诸人未报,贾嘉隐即应声答之曰:"胡头尚为宰相,獠面何废聪明?"举朝人皆大笑。徐状胡故也。

《隋唐嘉话》中

杨炯,华阴人。……炯幼聪敏博学,善属文。神童举,拜校书郎,为崇文馆学士。

《旧唐书》卷一九〇上《杨炯传》

〔杨〕炯，华阴人。举神童，授校书郎。

《新唐书》卷二〇一《杨炯传》

裴耀卿，赠户部尚书守真子也。少聪敏，数岁解属文，童子举。弱冠拜秘书正字，俄补相王府典签。

《旧唐书》卷九八《裴耀卿传》

裴耀卿字焕之，……擢童子举，稍迁秘书省正字、相王府典签。

《新唐书》卷一二七《裴耀卿传》

公[①]则晋州之第三子也。语而能文，有识便智。为儿则量过黄发，未仕而心在苍生。伯达试经，子琰应诏。古之人也，我不后之。八岁，神童举，试《毛诗》《尚书》《论语》及第。解褐，补秘书省校书郎。

《王右丞集》卷二一《裴仆射济州遗爱碑》

并州人毛俊诞一男，四岁，则天召入内试字。《千字文》皆能暗书，赐衣裳放还。人皆以为精魅所托，其后不知所终。

《朝野金载》卷五

贾言忠数岁记讽书，一日万言。七岁，神童擢第。事亲以孝闻，迁监察御史。

《大唐新语》卷八《聪敏》

---

① 指裴耀卿。

王丘，……父同晊，左庶子。丘年十一，童子举擢第。时类皆以诵经为课，丘独以属文见擢，由是知名。弱冠，又应制举，拜奉礼郎。

《旧唐书》卷一〇〇《王丘传》

王丘字仲山，……丘十一擢童子科，他童皆专经，而独属文，繇是知名。及冠，举制科中第，授奉礼郎。

《新唐书》卷一二九《王丘传》

师讳云坦，代宗皇帝赐号曰大悲，姓武氏，盖则天太后之族孙也。父宣，官至洛阳令。师生而神隽，七岁举童子及第。年二十，历太子通事舍人。

《全唐文》卷七三一《贾𫗧·扬州华林寺大悲禅师碑铭》

员俶《太玄幽赞》十卷。开元四年，京兆府童子，进书，召试及第，授散官文学，直弘文馆。

《新唐书》卷五九《艺文志三》

刘晏字士安，曹州南华人。年七岁，举神童，授秘书省正字。

《旧唐书》卷一二三《刘晏传》

刘晏字士安，曹州南华人。玄宗封泰山，晏始八岁，献颂行在。帝奇其幼，命宰相张说试之，说曰："国瑞也。"即授太子正字。公卿邀请旁午，号神童，名震一时。天宝中，累调夏令，未尝督赋，而输无逋期。举贤良方正，补温令，所至有惠利可纪，民皆刻石以传。

《新唐书》卷一四九《刘晏传》

开元初,上励精理道,铲革讹弊,不六七年,天下大治,……是时,刘晏年八岁,献《东封书》。上览而奇之,命宰相出题,就中书试验。张说、源乾曜等咸宠荐。上以晏间生秀妙,引晏于内殿,纵六宫观看。贵妃坐晏于膝上,亲为晏画眉总卯髻。宫中人投果遗花者,不可胜数也。寻拜晏秘书省正字。

《开天传信记》

时刘晏以神童为秘书正字,年方十岁,形状狞劣,而聪悟过人。……玄宗问晏曰:"卿为正字,正得几字?"晏曰:"天下字皆正,唯'朋'字未正得。"贵妃复令咏王大娘戴竿,晏应声曰:"楼前百戏竞争新,唯有长竿妙入神。谁谓绮罗翻有力,犹自嫌轻更著人。"玄宗与贵妃及诸嫔御欢笑移时,声闻于外,因命牙笏及黄文袍以赐之。

《明皇杂录》卷上

李泌字长源,赵郡中山人也。六代祖弼,唐太师。父承休,唐吴房令。……泌幼而聪敏,书一览必能诵,六七岁学属文。开元十六年,玄宗御楼大酺,夜于楼下置高座,召三教讲论。泌姑子员俶,年九岁,潜求姑备儒服,夜升高座,词辩①锋起,谭者皆屈。玄宗奇之,召入楼中。问姓名,乃曰:"半千之孙,宜其若是。"因问:

---

① "辩",原本作"辨"。

"外更有奇童如儿者乎?"对曰:"舅子顺,年七岁,能赋敏捷。"问其宅居所在,命中人潜伺于门,抱之以人,戒勿令其家知。玄宗方与张说观棋,中人抱泌至,俶与刘晏偕在帝侧。及玄宗见泌,谓说曰:"后来者与前儿绝殊,仪状真国器也。"说曰:"诚然。"遂命说试为诗,即令咏方圆动静。泌曰:"愿闻其状。"说应曰:"方如棋局,圆如棋子。动如棋生,静如棋死。"说以其幼,仍教之曰:"但可以意虚作,不得更实道'棋'字。"泌曰:"随意即甚易耳!"玄宗笑曰:"精神全大于身。"泌乃言曰:"方如行义,圆如用智。动如逞才,静如遂意。"说因贺曰:"圣代嘉瑞也。"玄宗大悦,抱于怀,抚其头,命果饵啗之。遂送忠王院,两月方归,仍赐衣物及彩数十,且谕其家曰:"年小,恐于儿有损,未能与官。当善视之,乃国器也。"

《太平广记》卷三八《神仙三十八·李泌》

吴通玄,海州人。父道瓘为道士,善教诱童孺,……通玄与兄通微,俱博学,善属文,文彩绮丽。通玄幼应神童举,释褐秘书正字、左骁卫兵曹、大理评事。建中初,策贤良方正等科,通玄应文词清丽,登乙第,授同州司户、京兆户曹。

《旧唐书》卷一九〇下《吴通玄传》

吴通玄者,海州人,……始,通玄举神童,补秘书正字。又擢文辞清丽科,调同州司户参军。

《新唐书》卷一四五《吴通玄传》

张童子生九年,自州县达礼部,一举而进立于二百之列。又二年,益通二经。有司复上其事,繇是拜卫兵曹之命。人皆谓童子耳目明达，神气以灵，余亦伟童子之独出于等夷也。童子请于其官之长，随父而宁母。岁八月，自京师道陕南至虢东及洛师，北过大河之阳，九月始来及郑。自朝之闻人以及五都之伯长群吏，皆厚其饩略，或作歌诗以嘉童子，童子亦荣矣！

虽然，愈将进童子于道，使人谓童子求益者，非欲速成者。夫少之与长也异观：少之时，人惟童子之异；及其长也，将责成人之礼焉。成人之礼，非尽于童子所能而已也。然则童子宜暂息乎其已学者，而勤乎其未学者可也！

愈与童子俱陆公之门人也。慕回、路二子之相请赠与处也，故有以赠童子。

《韩昌黎文集校注》卷四《赠张童子序》

宣宗尝亲试神童李毅于便殿。毅年数岁，聪慧详敏，对问机悟。上甚悦之，因赐解褐，官绢二匹，香一合子，以彰异渥。上之俭德，皆此类也。

《金华子杂编》卷上

刘神童者，昭宗朝以乡荐擢第，时年六岁矣。帝召于便殿复试之，神童朗讽经书，初无微误。帝大称，因掇御盘果实赐之。左右侍臣俱有羡色。

《太平广记》卷一七五《幼敏·刘神童》

诗言简，赋词饰，不可以叙事，故若之行也，送以序。袭明早举童子。旧儒有以小松为之目，袭明默而思：松之小者，干霄之势则尔，构厦之用则否。推是言之，龆而一飞，不若冠而十上。乃退。硕乎业,果以词学擅州里誉。

《全唐文》卷八二四《黄滔·送外甥翁袭明赴举序》

杨彦伯,庐陵新淦人也。童子及第。天复辛酉岁,赴选,至华阴,舍于逆旅。时京国多难,朝无亲识,选事不能如期,意甚忧闷。

《太平广记》卷八五《异人五·华阴店妪》

林杰字智周,幼而聪明秀异,言发成文,言调清举。年六岁,请举童子。

《太平广记》卷一七五《幼敏·林杰》

16. 万言科

张涉者,蒲州人,家世儒者。涉依国学为诸生讲说,稍迁国子博士,亦能为文,尝请有司日试万言,时呼"张万言"。

《旧唐书》卷一二七《张涉传》

天宝中,汉州雒县尉张陟应一艺,自举日试万言,须中书考试。

陟令善书者三十人,各令操纸执笔就席,环庭而坐,俱占题目。身自循席,依题口授,言讫即过,周而复始。至午后,诗笔俱成,得七千余字,仍请满万数。宰相曰:"七千可谓多矣,何须万?"

具以状闻,敕赐缣帛,拜太公庙丞,直广文馆。时号为"张万言"。

《封氏闻见记校注》卷一〇《敏速》

长沙日试万言王璘，辞学富赡，非积学所致。崔詹事廉问，特表荐之于朝。先是，试之于使院，璘请书吏十人，皆给砚。璘缜絺扪腹，往来口授，十吏笔不停缀。首题《黄河赋》三千字，数刻而成。复为《鸟散余花落诗》二十首，援毫而就。时忽风雨暴至，数幅为回飙所卷，泥滓沾渍，不胜舒卷。璘曰："勿取，但将纸来！"复纵笔一挥，斯须复十余篇矣。时未亭午，已构七千余言。詹事传语试官曰："万言不在试限，请屈来饮酒。"《黄河赋》复有僻字百余，请璘对众朗宣，旁若无人。至京师时，路庶人方当钧轴，遣一介召之。璘意在沽激，曰："请俟见帝。"岩闻之大怒，亟命奏废万言科。璘杖策而归，放旷于杯酒间，虽屠沽无间然矣。

《唐摭言》卷一一《荐举不捷》

湖南日试万言王璘与李群玉校书相遇于岳麓寺。群玉揖之曰："公何许人？"璘曰："日试万言王璘。"群玉待之甚浅，曰："请与公联句，可乎？"璘曰："唯子之命。"群玉因破题而授之，不记其词。璘览之略不伫思，而继之曰："芍药花开菩萨面，棕榈叶散野叉头。"群玉知之，讯之他事矣。

《唐摭言》卷一三《惜名》

开成三年十二月，敕："诸道应荐万言、童子等，朝廷设科取士，门目至多，有官者合诣吏曹，未仕者即归礼部。文词学艺，各尽其长，此外更或延引，则为冗长。起今以后，不得更有闻荐，俾由正路，禁绝幸门。"

《唐会要》卷七六《贡举中·童子》

开元初，潞州常敬忠十五明经擢第。数年之间，遍通五经。

上书自举，并云"一遍能诵千言"。敕付中书考试。张燕公问曰："学士能一遍诵千言，能十遍诵万言乎？"对曰："未曾自试。"燕公遂出一书，非人间所见也，谓之曰："可十遍诵之。"敬忠依命，危坐而读，每遍画地以记，读七遍，起曰："此已诵得。"燕公曰："可满十遍？"敬忠曰："若十遍，即是十遍诵得，今七遍已诵得，何要满十？"燕公执本临试，观览不暇，而敬忠诵之已毕，不差一字。见者无不叹羡。

即日闻奏，恩命引对，赐绿衣一副，兼赏礼物，拜东宫衔佐，仍直集贤院，侍讲《毛诗》。百余日中，三度改官，特承眷遇。为侪类所嫉，中毒而卒。

《封氏闻见记校注》卷一〇《颖悟》

附：日试百篇科

敕：乃者魏、兖二帅，以田夷吾、曹璠善属文，贡置阙下。有司奏报，明试以诗，五言百篇，终日而毕。藻思甚敏，文理多通。贤侯荐延，宜有升奖。因其所贡郡县，各命以官。而倚马爱来，衣锦归去，以文得禄，亦足为荣。可依前件。

《白居易集》卷五二《日试诗百首田夷吾、

曹璠等授魏州、衮州县尉制》

吴士孙发，尝举百篇科。故皮日休赠以诗云："百篇宫体喧金屋，一日官衔下玉除。"陆龟蒙亦有云："直应天授与诗情，百咏唯消一日成。"其见推于当时如此。此科不知创于何代，国初亦无定制,惟求应者即命试。

《中吴纪闻》卷一《孙百篇》

17. 弘文、崇文生举

弘、崇生虽同明经、进士,以其资荫全高,试亦不拘常例。弘、崇生习一大经、一小经者,两中经者,习《史记》者,《汉书》者,《东观汉记》者,《三国志》者,皆须读文精熟,言音典正。策试十道,取粗解注义,经通六,史通三。其试时务策者,须识文体,不失问目义,试五得三。皆兼帖《孝经》《论语》共十条。

《唐六典》卷二《尚书吏部》

开元二十六年正月八日敕文:"宏文、崇文生,缘是贵胄子孙,多有不专经业,便与及第,深谓不然。自今已后,一依令式考试。"至天宝十四载二月十日,宏文馆学生,自今已后,宜依国子监学生例帖试,明经、进士帖经并减半,杂文及策,皆须粗通,仍永为恒式。

《唐会要》卷七七《贡举下·宏文崇文生举》

〔天宝〕十四载二月,弘文馆学生,自今以后,宜依国子监学生例帖试。明经、进士帖经并减半,杂文及策,皆须粗通,仍永为常式。

《册府元龟》卷六四〇《贡举部·条制二》

广德元年七月二十六日,敕:"弘文、崇文两馆生,皆以资荫补充。所习经业,务须精熟,楷书字体,皆得正样。通者与出身,不通者罢之。"

《唐会要》卷七七《贡举下·宏文崇文生举》

〔贞元〕六年九月，敕："本置两馆学生，皆选勋贤胄子，盖欲令其讲艺，绍袭家风，固非开此幸门，隳紊典教。且令式之内，具有条章，考试之时，理须精核。比闻此色，幸冒颇深，或假市门资，或变易昭穆，殊愧教化之本，但长侥竞之风。未补者务取阙员，已补者自然登第，用荫既已乖实，试艺又皆假人，诱进之方，岂当如此？自今已后，所司宜据式文考试，定其升黜，如有假贷，并准法处分。"

《唐会要》卷七七《贡举下·宏文崇文生举》

公讳仲宣，字蔓，后汉太尉震之二十代孙也。……未弱冠，以通经为修文生，授右千牛，光朝选也。……乃授河南府河阳县尉。寻应藻思清华举。今上亲试，对策甲科。除蒲州司法参军。

《全唐文》卷二三五《席豫·唐故朝请大夫
吏部郎中上柱国高都公杨府君碑铭》

大和七年八月九日，敕："宏文、崇文两馆生，今后并依式。试经毕日，仍差都省郎官两人覆试，须责保任，不得辄许替代。"

《唐会要》卷七七《贡举下·宏文崇文生举》

裴炎字子隆，绛州闻喜人。……补弘文生，……举明经及第。补濮州司仓参军。

《新唐书》卷一一七《裴炎传》

〔杨元琰〕子仲昌，字蔓。以通经为修文生。累调，不甚显。以河阳尉对策，玄宗擢第一，授蒲州法曹参军，判入异等，迁监察御史。

《新唐书》卷一二〇《杨仲昌传》

徐齐聃字将道,湖州长城人,世客冯翊。……举弘文生,调曹王府参军。

《新唐书》卷一九九《徐齐聃传》

18. 斋郎简试

开元二十四年三月十二日,敕:"斋郎简试,并于礼部集。"

《唐会要》卷五九《尚书省诸司下·太庙斋郎》

应简斋郎,准贡举例帖试。太常解申礼部勘责,十月内送考功,帖《论语》及一大经,及第者奏闻。

《唐六典》卷二《尚书吏部》

太庙斋郎,亦试两经,文义粗通,然后补授,考满简试。其郊社斋郎简试,亦如太庙斋郎。

《唐六典》卷四《尚书礼部》

凡斋郎,太庙以五品以上子孙及六品职事并清官子为之,六考而满;郊社以六品职事官子为之,八考而满。皆读两经粗通,限年十五以上、二十以下,择仪状端正无疾者。

《新唐书》卷四五《选举志下》

〔太常寺〕两京郊社署　令各一人，从七品下；丞各一人，从八品上。令掌五郊、社稷、明堂之位，与奉礼郎设樽、罍、篚、幂，而太官令实之。……有府二人，史四人，典事五人，掌固五人，门仆八人，斋郎百一十人。斋郎掌供郊庙之役。……更一番者，户部下蠲符，岁一申考诸署所择者，太常以十月申解于礼部，如贡举法，帖《论语》及一大经。中第者，录奏，吏部注冬集散官，否者番上如初。六试而绌，授散官。……

《新唐书》卷四八《百官志三》

贞元十二年十月，朝廷欲以太学生令于郊庙摄事，将去斋郎，以从省便。太常博士裴堪因奏议曰："严奉宗庙，时享月祭，帝王展孝之重典也。故致斋清宫，设斋郎执事，使夫习肄虔恪，肃恭神人，内尽其敬也。太学置生徒，服勤儒业，弘阐教化，发明德义，用严师以训之，悬美禄以待之，限其课第，考其否臧，外奖其学也。夫如是，斋郎官员焉可废也，太学生徒焉可乱也？若虑不素洁，则无以观其敬矣；志不宿著，则无以成其业矣。故提其名而目之，表其从事也；绩其勤而禄之，使其服志也。罢斋郎则失重祭之义，用学生则挠敬业之道。将何以见促数之节，肃敬之容，强立之成，待问之奥？知必不能至矣。况国家有典，崇儒有制，岂以斋郎渎易是病，而思去之？学生冗惰无取，而思役之？诚宜名分有殊，课第自别，使俎豆有楚，弓冶知训，供职有赏勤之利，敦学得乐群之至。礼举旧典，人知向方，庶乎简牍无能代之烦，监寺绝往来之弊矣。将敦要本，在别司存，俾不相参，庶合事体。"从之。

《唐会要》卷五九《尚书省诸司下·太庙斋郎》

后唐天成三年十一月二十一日，尚书礼部员外郎和凝奏：

臣当司管补奏斋郎，今重起请如后。

一、应请补斋郎等，旧例，当司只凭都省发到状，便给补牒。旋团甲申奏："伏缘当司已前久无正官，多是诸司权判，或有投状多时并不团奏，或有才投文状即先团奏，遂致积聚人数不少。自同光二年二月后至今年十月已前，共计二百一十人未曾团奏。"今臣点检，除有碍格条、一官并补两人、三人，并使祖荫者落下外，犹有一百七十余人。人数既多，虚谬不少。若取年深者团奏，终成积滞。今欲限一月内，并须正身将已前所受补牒，到当司磨勘后，委是正身及是嫡子，年颜人材不谬者，团甲引过中书门下引验后，一齐申奏。

一、合使荫官，请自今后若遇改官，须是转品，即许更补一人。明言是长子、次子，仍须不得过三人。其所补斋郎，五品已上荫太庙斋郎，六品荫郊社斋郎，仍须是嫡子。以侄继院者，即初补时状内，言某无子，今以侄某继院为子使荫。

一、应补斋郎等，只凭都省发状，便给补牒。请自今后，须得正身斋状到当司比试呈验。除三省官外，并引验告敕，及取保任官状，委是亲子，即给补牒。每年旋于八月上旬，具状解送赴南曹。仍团奏时，别具子细三代乡贯，使官荫状，斋赴中书门下引验，候无差谬，即得团甲申奏。仍每年只限团甲奏，一年一甲三十人，以为常式。

一、按《六典》，所补斋郎，并试两小经，取粗通文义者充。奏补之后，非久为官，若不达经书，则难通吏理。请自今后，斋郎所投文字状，并须亲书，仍须念得十卷书者，即得补奏。

一、使父皇任官荫者，并须将前任告敕呈验，仍取在朝三员清资官充保，及移牒所曾任官台、省、寺、监，勘有此官及年月日同

否，委无虚谬，即得补奏。仍准千牛、进马例，不得过十年。其所
使祖皇任官荫者，年月深远，难知子细，今后请不许补奏。

从之。

《五代会要》卷一六《礼部》

（二）制科

1. 制举诏令

其天子自诏者曰制举，所以待非常之才焉。

《新唐书》卷四四《选举志上》

择善任能，救民之要术；推贤进士，奉上之良规。自古哲王，
弘风阐化，设官分职，惟才是与。然而岩穴幽居，草莱僻陋，被褐
怀珠，无因自达。实资选众之举，固藉左右之容，义在搜扬，理归
精确。是以贡士有道，爰致加锡之隆；无益于时，必贻贬黜之咎。
末叶浇伪，名实相乖，取非其人，滥居班秩。流品所以未穆，庶职
于是隳废。朕膺图御宇，宁济兆民，思得贤能，用清治本。招选之
道，宜革前弊；惩劝之方，式加恒典。苟有才艺，所贵适时，洁己登
朝，无嫌自进。宜令京官五品以上及诸州总管、刺史各举一人。
其有志行可录，才用未申，亦听自举，具陈艺能，当加显擢，授以不
次。当罚之科，并依别格。所司颁下，详加援引。务在奖纳，称朕
意焉。（武德五年三月）

《唐大诏令集》卷一〇二《京官及总管刺史举人诏》

〔武德〕七年二月，诏曰："六经茂典，百王仰则；四学崇教，千载垂范。是以西胶东序，春颂夏弦，悦《礼》敦《诗》，本仁祖义，建邦立极，咸必繇之。自叔世浇讹，雅道沦缺，悬历岁纪，儒风莫扇。隋季以来，丧乱兹甚，眷言篇籍，皆为煨烬。周孔之教，阙而不修；庠塾之义，泯焉将坠。非所以阐扬徽烈，敦尚风范，训民调俗，垂裕后昆。朕受命膺期，握图驭宇，思弘至道，翼宣德化，永言坟索，深存讲习。所以捃摭遗逸，招集散亡。诸生胄子，特加奖劝。而调弊之余，湮替日久，学徒尚少，经术未隆，《子衿》之叹，无忘兴寝。方今函夏既清，干戈渐戢，搢绅之业，此则可兴。宜下四方诸州，有明一经已上，未被升擢者，本属举送，具以名闻。有司试策，加阶叙用。其吏民子弟，有识性开敏，志希学艺，亦具名状，申送入京，量其差品，并即配学。明设考课，各使励精，琢玉成器，庶其非远。州县及乡，各令置学。官寮牧宰，或不存意，普更颁下，早遣立修。……"

《册府元龟》卷五〇《帝王部·崇儒术二》

〔贞观〕三年四月，诏曰："白屋之内，闾阎之人，但有文武材能，灼然可取；或言行忠谨，堪理时务；或在昏乱而肆情，遇太平而克己：亦录名状，官人同申。"[1]

《册府元龟》卷六七《帝王部·求贤一》

昔者明王之御天下也，内列公卿，允厘庶绩；外建侯伯，司牧黎元。唯惧淳化未敷，名教或替，故有巡狩之典，黜陟幽明，存省方俗。遐迩遂性，情伪无遗，时雍之宜，率由兹道。朕只膺宝命，

第三章 科举考试科目

---

[1] 徐松曰："按此诏所言，即制举科目之始。"见《登科记考》卷一"贞观三年"条。

临御帝图，禀过庭之义方，荷上玄之嘉祉，四荒八表，无思不服。而夙兴夕惕，勤躬约己，日慎一日，虽休勿休，欲万国欢心，兆民有赖。推诚待物，近取诸身，实谓群官受拜，咸能自励。乃闻连帅刺举，或乖共治之寄；县司主吏，尚多黩货之罪。有一于此，责在朕躬。是用中夜怃然，昃景辍食。宜遣大使，分行四方，申谕朕心，延问疾苦，观风俗之得失，察政刑之苛弊。耆年旧齿，孝悌力田，义夫节妇之家，疾废茕嫠之室，须有旌贤账赡，听以仓库物赐之。若有宏材异等，留滞末班，哲人奇士，隐沦屠钓，宜精加搜访，进以殊礼。务尽使乎之旨，俾若朕亲觌焉。（贞观八年正月）

《唐大诏令集》卷一〇三《遣使巡行天下诏》

朕以寡薄，嗣守鸿基，实资多士，共康庶政。虚己侧席，为日已久，投竿舍筑，罕值其人。自亲巡东夏，观省方俗，兴言至治，夕惕兢怀。然则齐赵魏鲁，礼义自出；江淮吴会，英髦斯在。山川所感，古今宁殊？载伫凤猷，实劳梦想。宜令河北、淮南诸州长官，于所部之内精加访采。其有孝悌淳笃，兼闲时务，儒术该通，可为师范，文词秀美，才堪著述，明识治体，可委字民，并志行修立，为乡里所推者，举送雒阳宫。□给传乘，优礼发遣。当随其器能，擢以不次。若有老病不堪入朝者，具以名闻。庶岩穴靡遗，俊乂可致。务尽搜扬之道，称朕意焉。（贞观十一年四月）

《唐大诏令集》卷一〇二《采访孝悌儒术等诏》

朕遐观前载，历选列辟，莫不贵此得人，崇兹多士，犹股肱之佐元首，譬舟楫之济巨川。若夫构大厦者，采众材于山岳；善为国者，求异人于管库。是以陶唐、有虞，揖让之圣帝也，非元、凯不能成茂功；商汤、姬发，革命之明王也，非伊、吕无以定祸乱。况乎齐桓中人之才，器非浚哲；汉武嗣业之主，志在骄奢。犹赖管仲、隰朋之相，平津、博陆之辅，既为五霸之长，亦称万代之宗。是知得士则昌，失人则乱。

朕冕旒夙夜，虚心政道。虽天地效祉，宗社降灵，区宇晏如，俊乂咸事，尚恐山林薮泽藏剂、隋之宝，卜筑屠钓韫萧、张之奇。是以躬抚黎庶，亲观风俗，临河渭而伫英杰，眺箕颍而怀隐沦，亟移日月，空劳梦寐。而骊熊莫兆，商歌寂寥。岂混迹驽骀，未逢良、乐之顾；将毓德岩穴，方追禽、向之游？望云怀想，增其叹息。

可令天下诸州，搜扬所部。士庶之内，或识达公方，学综今古，廉洁正直，可以经国佐时；或孝悌淳笃，节义昭显，始终不移，可以敦风励俗；或儒术通明，学堪师范；或文章秀异，才足著述：并宜荐举，具以名闻。限来年二月，总集泰山。庶独往之夫，不遗于版筑；藏器之士，方升于廊庙。务得伟奇，称朕意焉。（贞观十五年六月）

《唐大诏令集》卷一〇二《求访贤良限来年二月集泰山诏》

〔贞观〕十七年五月乙丑，诏曰："朕观前烈，建国君临，未有不藉忠良而能济其功业者也。朕显承宗祀，获奉鸿基，侧席求贤，有年载矣。而山林莫致，珍玩必臻，岂朕好恶之情未达于下？其令州县举孝廉茂才、好学异能卓荦之士。"

《册府元龟》卷六七《帝王部·求贤一》

〔贞观十九年二月，〕太子下令曰："仰惟圣训，奉[①]以周旋，虚

---

① "奉"，原本作"秦"。

想异人，共康神化。式遵顿纤，分骛翘车，企觇英灵，钦闻政道。宜颁下州郡，妙简贤良。其有理识清通，执心贞固；才高位下，德重位轻。或孝悌力行，素行高于州里；或洪笔丽藻，美誉陈于天庭；或学术该通，博闻千载；或政事明允，才为时新。如斯之伦，并堪经务，而韬光勿用，仕进无阶，委身蓬荜，深为可叹。所在官僚，精加访采，庶使垂纶必察，操筑无遗。一善弓旌，咸宜举送。"于是州郡所举，前后至者数百人。

《册府元龟》卷二五九《储宫部·监国》

〔贞观〕二十年六月，手诏曰："高明之天，资星辰以丽象；博厚之地，藉川岳而成形。况于帝王，体元立极，临驭万物，字养生灵者乎？所以致治之君，远谗佞，近忠良，屈己以申人，故能成其化。为乱之主，亲不肖，疏贤臣，虐下以恣情，用能成其乱。明君遵彼以兴国，暗主行此以亡身。是以朽壤毁于莲峰，巨蠹伤于翠叶。莲峰坠涧，竟无反岭之期；翠叶随风，终无归林之望。故知亡者难以复生，败者不可重全。[①] 所以驭朽临冰，铭心自戒，宵兴旰食，侧席思贤。庶欲博访丘园，搜采英俊，弼我王道，臻于大化焉。

可令天下诸州，明扬侧陋。所部之内，不限吏人，其有服道栖仁，澄心励操，出片言而标物范，备百行以综人师，质高视于琳琅，人不间于曾、闵，洁志丘园，扬名里闬。或甄明政术，晓达公方，禀木铎于孔门，受金科于郑相，奇谋间发，明略可以佐时；识鉴清通，伟才堪于干国。或含章杰出，命世挺生，丽藻遒文，驰楚泽而方驾，钩深睹奥，振梁苑以先鸣，业擅专门，词高载笔。或辨雕春囿，

---

① 自"是以朽壤毁于莲峰"至"败者不可重全"，《册府元龟》无，据《文苑英华》卷四六二《翰林制诰》之许敬宗《举贤良诏》补。

谈莹秋天,发研机于一言,起飞电于三寸,蓄斯奔箭,未遂扬庭。并宜推择,咸同举荐,以礼将送,具状表闻。限以今冬,并与考使同赴。庶使焚林之举,咸矫翼于岩廊;尺木之阶,方振鳞于游雾。翘心俊乂,称朕意焉。"

《册府元龟》卷六七《帝王部·求贤一》

〔贞观〕二十一年正月丁酉,诏曰"……贞观二十有二载仲春之月,式遵故实,有事于太山。……乃令天下诸州,搜扬仄陋。其有学艺优洽,文蔚翰林,政术甄明,才膺国器者,并宜〔申送。限以来年二月一日〕①总集太山。庶令作赋掷金,不韫天庭之揪;被褐怀玉,无溺屠钓之间。务得英奇,当加不次也。……"

《册府元龟》卷三五《帝王部·封禅一》

高宗以贞观二十三年即位。九月,诏曰:"殷宗迈德,化致升平;周王显仁,政称刑措。太宗文皇帝神明配德,灵武兼资,扫欃枪而王区夏,混阴阳而作天地。以此大业,留属微躬。虽复琯变星霜,而心婴荼毒。州郡之长,能修厥职,礼义兴行,奸回自屏,刑宪不苛,孤㷀是赖。有司询访,宜以名闻,有一于此,当超不次。其有经明行修,谈讲精熟,具此师严,才堪教胄者;志节高妙,识用清通,博闻强正,终堪卿辅者;游情文藻,下笔成章,援心处事,端平可纪者;疾恶扬善,依忠履义,执持典宪,终然不移者。京师长官、上都督府及上州各举二人,中下州刺史各举一人。前代忠鲠,身死王门,子孙才堪任官而留滞停移者,既想遗风,尤宜

---

① 括号中文字据徐松《登科记考》卷一补。

旌举。"

《册府元龟》卷六七《帝王部·求贤一》

朕受命上玄，嗣膺下武。每肃恭旒冕，延想英奇。俯振鹭而企贞臣，仰飞鸿而慕良辅。云台侧席，玉管屡移；宣室整衣，金壶亟改。寂寥靡觌，鉴寐兴怀。比虽年常进举，遂无英俊。犹恐栖岩穴以韬奇，乐丘园而晦影。宜令河南、河北，江淮以南州县，或纬俗之英，声驰管、乐；或济时之器，价轶萧、张；学可帝师，材堪栋辅者：必当位之不次。可明加采访，务尽才杰。州县以礼发遣。（显庆元年十月）

《唐大诏令集》卷一〇二《河南河北江淮采访才杰诏》

〔显庆〕二年二月，诏曰："济时兴国，实仵九功；御敌安边，亦资七德。朕端拱宣室，思弘景化，将欲分忧俊乂，共逸岩廊。而比贡寂英奇，举非勇杰，岂称居安虑危之志，处存思乱之心？如不旌贲远近，则爪牙何寄？宜令京官五品以上及诸州牧守，各举所知。或勇冠三军，翘关拔山之力；智兼百胜，纬地经天之才；蕴奇策于良、平，驰功绩于卫、霍；踪二起于吴、白，轨双李于牧、广；赏纤善而万众悦，罚片恶而一军惧。如有此色，可精加采访，各以奏闻。"

《册府元龟》卷六七《帝王部·求贤一》

〔显庆〕五年六月，诏内外官："四科举人，或孝悌可称，德行夙著，通涉经史，堪居繁剧；或游咏儒术，沈研册府，下帷不倦，博物驰声；或藻思清华，词锋秀逸，举标文雅，材堪远大；或廉平处事，强直为心，洞晓刑书，兼苞文艺者：精加搜访，各以名荐。"

《册府元龟》卷六七《帝王部·求贤一》

龙朔三年八月，诏内外官五品以上，各举岩薮幽素之士。

《册府元龟》卷六四五《贡举部·科目》

麟德元年七月丁未朔，诏："宜以三年正月，式遵故实，有事于岱宗。所司详求茂典，以从折中。其诸州都督、刺史，以二年十二月便集岳下。诸王十月集东都。缘边州府，襟要之处，不在集限。天下诸州，明扬才彦，或销声幽薮，或藏器下僚，并随岳牧举送。"

《册府元龟》卷三六《帝王部·封禅二》

〔乾封〕二年十月，令天下诸州举鸿儒硕学，博闻强记之士。

《册府元龟》卷六四五《贡举部·科目》

咸亨二年十月，景帝诏曰："礼乐之道，其来尚矣。朕诞膺明命，克光正历，思隆颂声，以康至道。而曲台阐训，犹乖揖让之容；大乐登歌，徒纪铿锵之韵。良以教亏绵蕝，学阙瞽宗，兴言盛业，寤叹盈抱。然则幽诚所著，纵九皋而必闻；忠信且存，在十室而无弃。但虑习俎之彦，韫迹于间阎；辨铎之英，韬深于林薮。夫良玉无胫，求之斯来；真龙难睹，好之而至。其四方士庶及丘园栖隐，有能明习礼经，详究音律，于行无违，在艺可录者，宜令州县，搜扬博访，具以名闻。"

《册府元龟》卷六七《帝王部·求贤一》

仪凤元年十二月，诏曰："山东、江左，人物甚众，虽每充宾荐，而未尽英髦。或孝悌通神，遐迩推敬；或德行光俗，邦邑崇仰；或学统九流，垂帷睹奥；或文高六艺，下笔成章；或备晓八音，洞该七曜；或射能穿札，力可翘关；或丘园秀异，志存栖隐；或将帅子孙，世称勇烈。委巡抚大使，咸加采访，伫申褒奖。亦有婆娑乡曲，负材傲俗，为讥议所斥，陷于跅弛之流者，亦宜选择，具以名闻。"

《册府元龟》卷六七《帝王部·求贤一》

京文武职事三品以上官，每年各举所知。或材蕴廊庙，器均瑚琏，体王佐之嘉猷，资公辅之宏量；或奇谋异算，决胜千里；或投石拔距，勇冠三军；或謇谔忠亮，志存匡弼；或绳违纠慝，不避权豪；或威惠仁明，堪居牧守之重；或公正廉直，足膺令长之任：咸宜搜访，具录封进。朕当详览，量加奖擢。（仪凤二年十二月）

《唐大诏令集》卷一〇二《京文武三品每年各举所知诏》

〔仪凤〕三年十二月，诏："京文武职事三品以上官，每年各举所知。或才蕴廊庙，器均瑚琏，体王佐之嘉猷，资公辅之宏量；或奇谋异算，决胜千里；或投石拔距，勇冠三军；或謇谔忠亮，志存规弼；或绳违纠恶，不避权豪；或威惠仁明，堪居牧守之重；或公正廉直，足膺令长之任：咸宜搜访，具录封进。朕当详览，量加奖擢。"

《册府元龟》卷六七《帝王部·求贤一》

调露元年七月，诏令雒州明扬仄陋。或孝悌纯至，感于神明；或文武兼资，才堪将相；或学艺该博，业标儒首；或藻思宏赡，思擅文宗；或洞晓音律，识均牙旷；或深明历数，妙同京管者：咸令荐举。

《册府元龟》卷六七《帝王部·求贤一》

永淳二年三月，敕：令应诏举人，并试策三道，即为永例。

《唐会要》卷七五《贡举上·帖经条例》

永淳二年三月初，令应诏举人并试策三道，即为永例。

《册府元龟》卷六三九《贡举部·条制一》

又济时之道，求贤是务。其官人及百姓等，或器标瑚琏，材堪栋干，或在职清慎，或抱德幽栖，或武艺驰声，或文藻流誉。宜令京官九品以上、诸州长官各举一人，咸以名荐。务取得贤之实，无贻滥吹之讥。

《唐大诏令集》卷三《改元光宅诏》

鸾台：朕闻璧月珠星，实为丽天之像；苍波翠岳，爰标纪地之形。是知正位辨方，体元建极，不凭群彦，孰赞皇猷？事总万几，心覃亿兆，恒靡遑于寝食，诚罔惮于忧勤。仁贤良则终宵失寝，询政道则竟日停餐，岂直未明求衣，昃晷忘食而已。比者屡垂旌帛，频访丘园，虽志切于旁求，然未逢于俊义。待舟航而涉水，思羽翼而凌虚。今者更启搜扬，庶得不遗草泽。其有文可以经邦国，武可以定边疆，蕴梁栋之弘才，堪将相之重任，无隔士庶，具以名闻。

若举得其人，必当擢以不次。如妄相推荐，亦真科绳。所冀多士袭于隆周，得人逾于盛汉。布告遐迩，知朕意焉。[①]

《文苑英华》卷四六二《翰林制诏·举贤制》

鸾台：上之临下，道莫贵于求贤；臣之事君，功岂逾于进善？所以允凝庶绩，式静群方，成大厦之凌云，济巨川之沃日。故周称多士，著美风谣；汉号得人，垂芳竹素。历观前代，罔不由兹。朕虽宵分辍寝，日旰忘食，勉思政术，不惮勤劳，而九域之至广，岂一人之独化？必仗材能，共成羽翼。虽复群龙在位，振鹭充庭，仍恐屠钓或违，迈轴尚隐，未殚岩穴之美，或委丘园之秀。所以屡回旌帛，频遣搜扬。推荐之道相寻，而虚仁之怀未惬，永言于此，寤寐以之。宜令文武官五品以上，各举所知。其有抱梁栋之材，可以丹青神化；蕴韬钤之略，可以振耀天威；资道德之方，可以奖训风俗；践孝友之行，可以劝率生灵；抱儒素之业，可以师范国胄；蓄文藻之思，可以方驾词人；守贞亮之节，可以直言无隐；履清白之操，可以守职不渝。凡此八科，实谈三道。取人以器，求才务适。所司仍具为限程，副朕意焉。主者施行。[②]

《文苑英华》卷四六二《翰林制诏·求访贤良诏》

鸾台：朕闻文武之道，凭经纬而开国；春秋之功，藉生杀而成岁。虽复车书混一，中黄之雄气谅存；温煦方滋，太白之高星必应。事既不昧，理乃固然。朕自临御天下，忧劳兆庶。宵衣仄旦，望调东户之风；旰食忘眠，希缉南薰之化。故得中外禔福，遐迩乂

① 此制年月不可考。徐松《登科记考》载于光宅二年。
② 此诏年月不可考。徐松《登科记考》载于永昌元年六月。

安。控蟠桃于滋穴之墟，通细柳于炎洲之域。楚锋越刃，俱铄大农之冶；侠客雄儿，皆服鸿都之肆。今若循其至理，任彼无为，则取夬之道有余，止戈之义不足。况金方起暴，玉河未靖，偷安榆鬼之乡，窃险麻奴之地。然而北酋向化，已事和亲之礼；而西璟负恩，不习用师之备。随时之义，宁可自然？当土宇旷修，人物繁富，三门九地之秘，岂谢前规？白猿苍兕之奇，何惭曩烈？或英谋冠代，雄略过人，总韩、白以先驱，掩孙、吴而得俊。或力能拔距，勇绝蒙轮，冒白刃其如归，扫苍壁而不顾。或迹隐鄽肆，身托村间，行虽犯于俗流，器乃堪于拯难。或捷如迅电，走若追风，弯弧则七札洞开，奔陈则重围自溃。并有思于制命，俱未遇于时须。可令文武内外官五品及七品已上，清官及外官刺史、都督等，于当管部内，即令具举。且十室之邑，忠信尚存；三人同行，我师犹在。会须搜访，不得称无。荐若不虚，自从褒异之典；举非其士，岂漏贬责之科？所司明为条例，布告远近，知朕意焉。[1]

《文苑英华》卷四六二《翰林制诏·搜访贤良诏》

中宗神龙元年二月，诏九品以上及朝集使举贤良方正直言之士。

三月，制令京官职事五品以上各举县令一人。

…………

九月，制内外文武五品以上官并县令、京师清官九品以上各举孝悌廉让一人。

《册府元龟》卷六七《帝王部·求贤一》

---

① 此诏年月不可考。徐松《登科记考》载于长安二年。

中宗神龙元年二月，诏九品已上及朝集使举贤良方正直言之士。

《册府元龟》卷六四五《贡举部·科目》

〔景龙〕三年三月，令内外五品以上举堪任刺史、县令者。

《册府元龟》卷六七《帝王部·求贤一》

朕克缵丕业，肇膺景命，宪章昔典，钦若前王。永言政途，庶几沿革。犹恐学校多阙，贤俊罕登。庠序者，风化之本，人伦之先。宜令州县劝导，令知礼让。每年贡明经、进士，不须限数，贵在得人。天下有奇才异行，沉伏不能自达，及官人有能极言时政得失，并令本州具状封进。乡饮之礼，废日已久，宜令诸州每年遵行乡饮之礼。（景龙四年七月十九日）

《唐大诏令集》卷一〇二《访天下奇才异行制》

才生于代，必以经邦；官得其人，故能理物。朕恭膺大宝，慎择庶僚，延伫时英，无忘终食。思欲萧艾咸采，荠菲不遗，而商山幽旷，渭滨寂寞。夫以贵耳贱目，殊通方之论；舍近谋远，非应务之术。今四方选集，群才辐凑，操斧伐柯，求之不远。其有能明三经通大义者，能综一史知本末者，通三教宗旨究精微者，善六书文字辨声象者，博雅度曲、和六律五音者，韬略孙吴、识天时人事者，畅于词气、聪于受领、善敷奏吐纳者，咸令所司，博采明试，朕亲择焉。（景云元年十二月）

《唐大诏令集》卷一〇二《博采通经史书学兵法诏》

〔唐睿宗唐隆元年〕七月，制："天下有奇才异行，沉伏不能自达，及官人有能极言时政得失者，并令本州责状封进。"

《册府元龟》卷六八《帝王部·求贤二》

致化之道，必于求贤；得人之要，在于征实。顷虽屡存贲帛，无辍翘车，而骏骨空珍，真龙罕觌。岂才之难遇，将举或未精。且人匪易知，取不求备，瑰琦失于俗誉，韬晦嗟于后时。宜其博询州里，明扬幽仄，使管库无遗，蔼轴咸举。其诸州有抱器怀才，不求闻达者，命所在长官访名奏闻。武勇者具言谋略，文学者指陈艺业。务求实用，以副予怀。（先天二年六月）

《唐大诏令集》卷一〇二《诸州举实才诏》

昔者明王之治天下也，内有公卿，允厘庶绩，外有侯伯，司牧群黎。犹惧至道未孚，淳风或替，故有巡狩之典，黜陟幽明；行人之官，省方察俗。用能遐迩乂宁，情伪无遗，于变时雍，率其道也。朕只膺嗣德，恭守帝图。上禀过庭之谋，下凭庶尹之力，竭精思理，两载于兹，冀逮小康，渐臻至化。而区宇遐远，风教未同，负扆长怀，责深在己。近者奸回构衅，祸起萧墙，宗社降灵，应时歼殄。今又恭承圣训，总统大猷，率彼百官，齐兹七政。恐仓廪不实，礼节未兴，吏靡息于贪残，人或滞于幽枉。永言于此，明发疚怀。今卜征未习，时迈仍远，宜分命轺轩，慰抚黎庶。毕构等并操履公清，识具明允。茂绩彰于历试，嘉誉满于周行。宜膺行李，载光原隰。所至之处，申谕朕心。并令屏绝浮华，敦崇仁厚，务修孝悌，勤事农桑。耆老鳏茕，征人家口，不自存者，咸加恤问。德举言扬，唯贤是急。若有良材异等，藏器下僚，哲人奇士，隐沦屠钓，审知才行灼然者,各以名闻。凡百牧宰,洎乎吏人,咸知朕心,各敬乃事,勤则不匮,仁远乎哉!勉以勗之,以副朕意。(先天二年七月)

《唐大诏令集》卷一一五《遣毕构等慰抚诸道诏》

立政之本,惟贤是切。朕祗膺天历,殷鉴远图,扬于王庭。生此王国,朕之所望久矣。岂征辟为事,未极于岩薮;而高尚绝尘,见遗于草泽?将何以举逸而劝,贲然来思?且才之或偏,犹器不求备。故非藏文之智则尚其言,收典逆之奇则损其行,过而能改,仁远乎哉!天下诸州有怀才隐逸,踬弛不调及失职冤人等,并令诸道检察使博访,具以名闻。副朕饥渴之怀,庶广搜扬之义。(先天二年十一月四日)

《唐大诏令集》卷一〇二《搜扬怀才隐逸等敕》

敕:"淮海〔唯扬〕①,是称溪险,山川重复,水陆殷凑。去岁田收,稍乖丰稔,念兹人庶,颇致饥乏。朕为人父母,深用惕然。近闻雨泽应节,粳稻有望。目前之困,糊口犹切,思从蠲省,用救荒弊。宜令给事中杨虚受往江东道安抚存问。不急之务,一切除减;观察疾苦,量宜处置;刑狱冤滞,委使详理。百姓间有伟识异才,潜藏鳞羽,隐沦屠钓,栖迟闾阁;官人内有贪欲苟得,背公徇私,循默自守,养望充位者:还日各以名闻。所至之州,具令宣布,求瘼恤隐,称朕意焉。……"(开元二年四月十一日)

《唐大诏令集》卷一一五《遣杨虚受江东道安抚敕》

————————

① 括号中文字据徐松《登科记考》卷五补。

〔开元〕二年六月甲子,制曰:"……其有茂才异等,拔萃超群,缘无绍介,久不闻达者,咸令自举,朕当亲问。其应宣抚使名闻,举人试第四等,须准旧例,别加优奖。"

《册府元龟》卷八五《帝王部·赦宥四》

……朕每置旌告善,仄席翘贤,恐闾阎有愁苦之声,草泽无明哲之士。吏或慢法,官或非才,因之致理,且未为得。其何以廉败政,恤冤刑,问茕嫠,招茂异,宽赋敛,节更徭,使天下为〔无为,事〕无事也?顷分连率,则曰使臣,将求人瘼,克宣朕命。诸道按察使扬州都督宋璟、益州长史韦抗、蒲州刺史程行谌、汴州刺史倪若水、魏州刺史杨茂谦、灵州都督强循、润州刺史李濬、荆州长史任昭理、秦州都督杨虚受、梁州都督张守洁,并迈迹垂宪,伟才通识,有其直方,无所回避。宜令各巡本管内,人有清介独立,可以标映士林,或文理兼优,可以润益邦政者,百姓中文儒异等,道极专门,或武力超伦,声侔敌国者,并精访择,具以名闻。(开元四年七月六日)

《唐大诏令集》卷一〇四《遣王志愔等各巡察本管内制》

〔开元〕七年五月,敕曰:"诸投匦献书上策人,其中或有怀才抱器者,不能自达,宜令理匦使料简,随事探赜,仍加考试。如有可采,具状奏闻。"

《册府元龟》卷六八《帝王部·求贤二》

〔开元九年〕五月壬戌,有司引应制举人见。敕曰:"兴化立理,急于隽贤;呈才效用,属在文武。朕恭默思道,寤寐劳求,长想幽仄，屡申征贲。今边隅未静，师旅时兴，属听鼓鼙，载怀屠钓，广求百夫之特，以作四方之守。总夫戎政，爰诏武臣；弘我风教，谅惟儒林。卿等或谋虑深远，或学艺该通，来应旌招，深副虚伫。并宜朝堂坐食讫，且归私第，即当有试期也。"

《册府元龟》卷六四三《贡举部·考试一》

武设五兵，所以安人禁暴；臣称三杰，所以战胜攻取。蜀乃一方之主，尚得孔明；齐为九合之君，斯由管仲。况宇宙至广，人物至多，岂乏英贤，无闻韬略？盖用与不用，知与不知。今边境未清，统遏须将。顷林胡暂扰，柳城非捷，北虏忽惊，西军莫振。罪由失律，过在无谋。曹刿不言，宁知登轼之效？毛遂缄口，岂彰处囊之奇？长想古今，是思擢用。恐虽沾簪绂，犹晦迹于下流；或蕴智谋，尚沉名于大泽。不加精访，何以甄收！其两京、中都及天下诸州官人百姓，有智合孙、吴，可以运筹决胜；有勇齐贲、育，可以斩将搴旗。或坐镇行军，足拟万人之敌；或临戎却寇，堪为一队之雄：各听自举，务道其实。仍令州府具以名进，所司速立限期，随表赴集。朕当亲试，不次用之。其有身见在诸军统押者，但录所能奏闻，未须赴集。（开元九年九月）

《唐大诏令集》卷一〇二《求访武士诏》

〔开元〕十一年正月丁卯，制："其有沉沦草泽，抱德栖迟，并委府县搜扬。"

《册府元龟》卷六八《帝王部·求贤二》

其官人有清白政术，堪任刺史、县令，及抱器怀才，不求闻达

者，州长具以名荐。宗室中有孝悌才术，为众所知，仍在卑任者，委宗正具以名奏。（开元十一年十一月戊寅）

《唐大诏令集》卷六八《开元十一年南郊赦》

朕闻以道得人者谓之儒，切问近思者谓之学。故以阳礼教让则下不争，以阴礼教亲则远无怨。岂非习无不利，教所繇生者乎？朕所以厚儒林，辟书殿，讨论《易》象，研核道源，冀淳风大行，华胥非远。而承平日久，趋竞岁积，谓儒官为冗列，视之若遗；谓吏职为要津，求如不及。顷亦开献书之路，观扬己之人，阙下之奏徒盈，席上之珍盖寡。岂弘奖之义或有未孚，将敦本之人隐而未见？天下官人百姓，有精于经史，道德可尊，工于著述，文质兼美者，宜令本司、本州长官指陈艺业，录状奏闻。其吏部选人，亦令所由铨择，各以名荐。朕当明试，用观其能。若行业可甄，待以不次。如妄相褒进，必加明罚。（开元十四年六月）

《唐大诏令集》卷一〇五《求儒学诏》

〔开元〕十五年春正月戊寅，制草泽有文武高才，令诣阙自举。

《旧唐书》卷八《玄宗本纪》

〔开元〕十五年二月制曰："草泽中有文武高才者，听诣阙自举。"

《册府元龟》卷六八《帝王部·求贤二》

〔开元〕二十二年三月，诏曰："博学、多才、道术、医药举人等,先令所司表荐,兼自闻达。敕限以满,须加考试。博学、多才举人,限今来四月内集。道术、医药举人,限闰三月内集。其博学科,试明三经、两史已上,帖试稍通者。多才科,试经国商略大策三道,并试杂文三道,取其词气高者。道术、医药举,取艺业优长,试练有效者。宜令所由依节限处分。"

《册府元龟》卷六三九《贡举部·条制一》

有能真言极谏者,具以状闻。每渴贤良,无忘鉴寐,顷虽虚伫,未副旁求。其才有王霸之略,学究天人之际,知勇堪将帅之选,政能当牧宰之举者,五品已上清官及将军、都督、刺史,各举。孝悌力田,乡闾推挹者,本州长官勘责,有才堪应务者,各以名奏。(开元二十三年正月)

《唐大诏令集》卷七四《开元二十三年籍田赦》

〔开元〕二十三年正月,藉田礼毕,诏曰:"每渴贤良,无忘鉴寝,顷虽虚伫,未副旁求。其或才有王霸之略,学究天人之际,知勇堪将帅之选,政能当牧宰之举者,五品以上清官及军将、都督、刺史各举一人。孝悌力田,乡闾推挹者,本州刺史长官各以名闻。"

《册府元龟》卷六八《帝王部·求贤二》

〔开元〕二十六年正月,亲迎春于东郊。毕,制曰:"朕之爵位,唯待贤能。虽选士命官,则有常调;而安卑退迹,尚虑遗才。其内外八品已下官及草泽间有学业精博,蔚为儒道,文词雅丽,通于政术,为众所推者,各委本州、本司长官,精加搜择,具以奏荐。”

《册府元龟》卷六八《帝王部·求贤二》

〔开元〕二十九年正月，诏曰："朕所求才，待之若渴，既旌于岩穴，亦贲于丘园。片善必收，冀无遗逸。然士人藏器，众何以知？岂若父子之间，自相推荐？昔祁奚之举祁午，谢安之任谢玄，良史书之，咸以为美。贤彦之士，何代无人？宁恨嫌疑，致有拘忌。其内外官有亲伯叔及兄弟并子侄中灼然有才术异能，风标节行，通闲政理，据资历堪充刺史、县令者，各任以名荐。其卑官所举人，听于所由长官处通状，一时录奏。其考试通人任用之后，如后有亏犯典宪，名实不相副者，所举之人与其同罚。如政绩著闻，终始廉谨，为众所知者，其所举人与其同赏。"

《册府元龟》卷六八《帝王部·求贤二》

国之急务，莫若求才。顷者虽屡搜扬，士庶尚虑遗逸，更宜精访，以副虚怀。其前资官及白身人中，有儒学博通及文词秀逸，或有军谋越众，或武艺绝伦者，委所在长官，具以名荐。（天宝元年正月）

《唐大诏令集》卷四《改元天宝赦》

自古圣人，皆以孝理。五常之本，百行莫先。移于国而为忠，事于长而为顺。永言要道，实在人弘。自今以后，令天下家藏《孝经》一本，精勤诵习。乡学之中，倍增教授，郡县官吏，明申劝课。百姓间有孝行过人，乡闾钦伏者，所由长官，具以名荐。朕惟熙庶绩，博访逸人，岂唯振拔滞淹，以期于大用，亦欲褒崇高上，将敦于

薄俗。虚伫之怀，兼在于此。其有高蹈不仕，遁迹丘园，远近知闻，未经荐举者，委所在长官以礼勘送。（天宝三载十二月）

《唐大诏令集》卷七四《亲祭九宫坛大赦天下敕》

〔天宝〕七载五月壬午，册尊号毕，御勤政楼，大赦天下。制曰："……古者乡有塾，党有庠，所以明尊卑之仪，正长幼之序。风化之道，义在于兹，先置乡学，务令敦劝。如闻郡县之间，不时训诱；闾巷之内，多亏礼节。致使言词鄙亵，少长相陵，有黩清猷，何成雅俗？自今已后，宜令郡县长官，申明条式，切加训导。如有礼仪兴行及纪纲不立者，委采访使明为褒贬，具状闻奏。道教之设，淳化之源，必在弘阐，以敦风俗。顷列四经之科，将冠九流之首。虽及门求进，颇有其人，而睹奥穷微，罕闻达者。岂专精难就，为奖劝未弘？天下诸色人等，有通《道德经》及《南华》等四经，任于所在自举，各委长官，考试申送。其崇玄馆生，自今已后，每至选日，宜减于常例，次为留放。"

《册府元龟》卷八六《帝王部·赦宥五》

〔天宝〕十载正月，诏："朕每搜罗贤俊，旌贲丘园，犹虑遁迹藏名，安卑守位。朕言及此，寤寐思焉。其诸色人中，有怀才抱器，未经荐举者，委所在长官，审加访择，具名录奏。"

《册府元龟》卷六八《帝王部·求贤二》

夫共理亲人，在于郡守县令。今二千石朝廷精择，咸得其人；县令委之选司，虑未尽善，孰若连职同官，见其踪迹。今宜令天下太守，各举堪任县令一人，善恶赏罚，必及所举。仍所司明作条例，每搜罗贤俊，旌贲丘园。犹虑匿迹藏名，安卑守位，瞻言及此，寤寐思焉。其诸色人中，有怀才抱器，未经荐举者，委所在长官审访，具名录奏。（天宝十载春正月）

《唐大诏令集》卷六八《天宝十载南郊赦》

自临御以来，四十余年，械朴延想，寤寐求贤，林薮无遗，旌招不绝。犹虑升平已久，学业增多，至于征求，或遗僻陋。其博通坟典、洞晓玄经、清白著闻、词藻宏丽、军谋出众、武艺绝伦者，任于所在自举。仍委郡县长官精加诠择，必取才实相副者奏闻。……且厚其风俗，五教之旨聿兴；贲于丘园，十翼之风斯在。其士庶间众推孝悌，累代义居，高尚确然，隐遁岩穴者，委采访使博访闻荐。（天宝十三载二月）

《唐大诏令集》卷九《天宝十三载册尊号赦》

〔天宝十三载秋八月，〕上御勤政楼试四科制举人，策外加诗赋各一首。制举加诗赋，自此始也。

《旧唐书》卷九《玄宗本纪下》

〔天宝〕十三载十月，御含元殿，亲试博通坟典、洞晓玄经、词藻宏丽、军谋出众等举人。命有司供食，既暮而罢。其词藻宏丽，问策外更试诗赋各一首。制举试诗赋，自此始也。〔时登科甲者三人，太子正字杨绾最为所称。乙第者凡三十余人。〕[①]

《册府元龟》卷六四〇《贡举部·条制二》

---

① 括号中文字据徐松《登科记考》卷九补。

其有直言极谏,才堪牧宰,文词博达,武艺绝伦,孝悌力田,沉沦草泽,委所在长官闻荐。诣阙自陈者,亦听。(天宝十五载八月)

《唐大诏令集》卷二《肃宗即位赦》

肃宗至德元年[①]七月即位于灵武,诏:"有直言极谏,才能牧宰,文词博达,武艺绝伦,孝悌力田,沉沦草泽,委所在长官闻奏焉。诣阙自陈者,亦听。"

《册府元龟》卷六八《帝王部·求贤二》

朕闻惟理乱在庶官,是以先王旁求俊彦,思皇多士,以倡九牧,阜成兆人。顷者奸臣执权,专利冒宠,惟正直是丑,惟邪佞是比。壅室贤路,罔蔽天聪,使忠臣不得进其谋,才士不得展其用,废三载之黜陟,寝九德之推择,多有老于郎署,滞于丘园,吏称无人,才不给位。朕以薄质,嗣守大宝,寇戎未殄,王业惟艰,兢兢乾乾,日慎一日。缅惟尧舜求贤之意,周公吐握之义,思欲广进髦乂,辅宁邦家,实赖公卿大夫,弘我视听。《易》曰"方以类聚",《语》曰"举尔所知"。凡宰相王臣,宜加搜择。其常参官及郡县长吏、上佐等,皆从历试而践通荣,如各知其密行异能、博学深识、才堪济代、术可利人、名不彰闻、位不充量、湮沦屠钓、流落风波者,一善可录,便宜公举。远则封表附驿,近则进状奏闻,勿避亲仇,无限侪伍。其有独负奇才,未逢知己,即仰投匦,并所在陈状自论,长官登时与奏。夫兹荐士,非止一举,永为恒典,有即登闻。

① "年",应作"载"。

昔荀桓子克翟有功，士伯受瓜衍之邑，柳下惠贤而不举，臧文仲被窃位之名，《春秋》书之，千载不朽！凡百在位，可不勉欤！宜宣示中外，令知朕意。（至德二载四月八日）

《唐大诏令集》卷一〇三《搜访天下贤俊制》

百姓中孝悌力田、不求闻达者，委采访使闻奏。其有文经邦国，学究天人，博于经史，工于词赋，善于著述，精于法理，军谋制胜，武艺绝伦，并任于所在自举。委郡守铨择奏闻，不限人数。（至德二载十二月）

《唐大诏令集》卷一二三《至德二载收复两京大赦》

乾元元年二月丁未，……诏曰："……自今已后，应有以医术入仕者，同明法例处分。……"

《册府元龟》卷八七《帝王部·赦宥六》

为政之要，求贤是急。比令中外举荐，多非实才，所以询事考言，登科盖寡。犹虑岩穴之内，尚有沉沦，宜令所在州县更加搜择。其怀才抱器，隐遁丘园，并以礼征送。如或不赴，具以名闻。凡与前诏科目相当，一切委内外文武五品已上官，有所知者，不限人数，任各荐闻。如自举者，亦听于所在投状。有堪任用，不限常资。（乾元元年十月）

《唐大诏令集》卷二九《立成王为皇太子德音》

〔乾元〕二年①闰四月，御明凤门，诏："宜令中外五品以上文

---

① "二年"，原本作"三年"，据徐松《登科记考》改。

武正员官,各举贤良方正直言极谏一人。武艺文才俱堪济理者,
亦任状举。其或文乏词策,武非骑射,但权谋可以集事,材力可以
临戎,方圆可收,亦任通举,并限制到一月内奏毕。"

《册府元龟》卷六八《帝王部·求贤二》

〔乾元二年五月〕丁亥,上御宣政殿试文经邦国等四科举人。

《旧唐书》卷一〇《肃宗本纪》

王者设教,择贤以理,广征岩穴,用副薪槱。宜令中外五品已
上文武正从员官,各举贤良方正直言极谏一人。武艺文才俱堪济
理者,亦任状举。其或文乏词策,武非骑射,但权谋可以集事,材
力可以临戎,方圆可收,亦任通举,并限制到一月内奏毕。(乾元
三年闰四月)

《唐大诏令集》卷四《改元上元赦》

文武不坠,道弘于人,务在搜扬,俾其展效。其诸道人中有词学
高深、兼通政理、军谋制胜、明习韬钤者,委所在刺史拣择,奏闻举荐。
京官四品已上正员文武官,任各举一人。(宝应元年建卯月辛亥)

《唐大诏令集》卷六九《元年建卯月南郊赦》

〔广德元年〕十二月,诏曰:"理道同归,求贤是急;非人不乂,
辟士是勤。招以弓车,设其坛席,且忧蒉轴,如待神明。朕临御多
方,诞敷至化,虑遗岩穴,载伫云津。知白珩之非宝,降玄纁于下
体。一自鸣銮关外,驻跸陕郭,每念明扬,深劳寤寐。听正言以除
国病,思硕德以定人讹。而犹高士鸿冥,幽人豹隐,将朕之不德,

而礼或有遗？望千旄之忠告，仰少微以叹息，眇然惕励，顾览河山，藿食薇歌，往而不返，永怀贤者，朕甚恶焉。今将意达巢居，诚通卜兆，一麾必起，四皓爰来，敦其素风，成我王道。宜令行在侧近府州长官，搜举遗逸，其有怀才抱器，高蹈不仕，精加访择，必以名荐。仍须以礼资遣，送赴行在，贲于丘园，待以郎署。务令申劝，悉朕意焉。"

《册府元龟》卷六八《帝王部·求贤二》

河北、河南，有怀才抱器、安贞守节、素在丘园不仕、为众所知，委所在长官具名闻荐。……诸色人中有孝悌力田，经术通博，文词雅丽，政理优长，本州各以名荐。（宝应二年七月）

《唐大诏令集》卷九《广德元年册尊号赦》

孝悌力田、怀才抱器、遗逸未经荐达者，各委州府闻奏。亲当策试，量能叙用。（永泰元年正月）

《唐大诏令集》卷四《改元永泰赦》

周征俊造，汉辟贤良，垂之典谟，永代作则。天下有安贫乐道、孝悌力田、未经荐用者，委所在长官，具以名闻奏。朕当亲自策试，量才叙用。（永泰二年十一月）

《唐大诏令集》卷四《改元大历赦》

〔大历二年十月〕癸卯，上御紫宸殿，策试茂才异行、安贫乐道、孝悌力田、高蹈不仕等四科举人。

《旧唐书》卷一一《代宗本纪》

内外文武官及前资官六品已下，并草泽中有硕学专门、茂才异等、智谋经武、讽谏主文者，仰所在州府观察、牧宰，精求表荐。如所由搜扬未尽，遗逸林间者，即宜诣阙自举，亲当策试，量能擢用。（大历五年三月）

《唐大诏令集》卷八四《大历五年大赦》

〔大历〕五年六月，诏曰："内外文武官及前资官六品已下，并草泽中有硕德专门、茂才异等、知谋经武、讽谏主文者，仰所在州府观察、牧宰，精求表荐。如所由搜扬未尽，遗逸林间者，即宜诣阙自举。亲当策试，量能擢用。"

《册府元龟》卷六八《帝王部·求贤二》

德宗以大历十四年即位。六月，诏："天下有才艺尤著、高蹈丘园及直言极谏之士，所在具以名闻。诸色人中，有孝悌力田、经学优深、文词清丽、军谋宏远、武艺殊伦者，亦具以名闻。能诣阙自陈者，亦听。仍限今年十二月内到，朕当亲试。"

《册府元龟》卷六八《帝王部·求贤二》

樊泽字安时，河中人也。父咏，开元中举草泽，授试大理评事，累赠兵部尚书。泽长于河朔，相卫节度薛嵩奏为磁州司仓、尧山县令。建中元年，举贤良对策，礼部侍郎于邵厚遇之。与杨炎善，荐为补阙，历都官员外郎。

《旧唐书》卷一二二《樊泽传》

尚德者，教化之所先；求贤者，邦家之大本。永言兹道，梦想劳怀。而浇薄之风，趋竞不息；幽栖之士，寂寞无闻。盖诚所未孚，故求之不至。天下有隐居行义、晦迹丘园、不求闻达者，委所在长吏具名闻奏。朕当备礼邀至。诸色人中，有贤良方正能直言极谏及博通坟典达于教化，并识洞韬略、堪任将帅者，委常参官及所在长吏闻荐。（兴元元年正月）

《唐大诏令集》卷五《奉天改兴元元年赦》

〔贞元元年九月〕乙巳，上御正殿，策贤良方正能直言极谏等三科举人。

《旧唐书》卷一二《德宗本纪上》

天下有蕴德怀才，隐居不仕，委所在观察使表荐，当以礼邀致。诸色人中，有贤良方正能直言极谏，或博通坟典达于教化，或详练故事长于著述，或精于律令晓畅法理，或详明吏术可委理人，或识洞韬略堪任将帅者：委所在州府长吏及台省常参官，详录行能举奏，仍牒报吏部，其所举人并限来年七月内到京。朕当亲试，缘大礼职掌行事。（贞元九年十一月）

《唐大诏令集》卷七〇《贞元九年南郊大赦天下》

〔贞元十年〕冬十月癸卯，御宣政殿，试贤良方正能直言极谏等举人。

《旧唐书》卷一三《德宗本纪下》

〔贞元〕十一年九月，制曰："天下有才德高远，为众所知，及隐居丘园不求闻达者，委所在州县长吏具名迹闻荐。诸色人中，有贤良方正能直言极谏,或博通坟典达于教化,或详明政术可以理人者,委常参官及州府长吏各举所知,奏闻。朕当亲自策试。"

《册府元龟》卷六八《帝王部·求贤二》

〔贞元〕十二年三月,诸州准制荐隐丘园、不求闻达蔡武等九人,并授试官,令给公乘,赴京到日,量才叙用。

《册府元龟》卷六八《帝王部·求贤二》

德宗搜访怀才抱器、不求闻达者。有人于昭应县逢一书生,奔驰入京。问求何事,答云:"将应不求闻达科。"

《因话录》卷四

二月甲子,上御丹凤门,大赦天下。……诸色人中,有才行兼茂,明于理体者;经术精深,可为师法者;达于吏理,可使从政者。宜委常参官各举所知。其在外者,长吏精加访择,具名闻奏,仍优礼发遣。

《韩昌黎文集校注》文外集下卷《顺宗实录卷第二》

诸色人中,有才识兼茂,明于体用者;经术精深,可为师法者;达于吏理,可使从政者:宜委常参官各举所知。其在外者,长吏精加访择,具以名闻,仍优礼发遣。朕当询事考言,审其才实。如无人论荐者,即任自诣阙应。(贞元二十一年二月)

《唐大诏令集》卷二《顺宗即位赦》

宪宗元和二年正月,制曰:"天下诸色人中,有贤良方正能直言极谏,博通坟典达于教化,军谋弘远堪任将帅,详明政术可以理人：委内外官各举所知，当亲策试。"

《册府元龟》卷六八《帝王部·求贤二》

天下诸色人中，有贤良方正能直言极谏，博通坟典达于教化，军谋宏远堪任将相，详明吏术可以理人：委内外官各举所知，朕亲策试。（元和二年正月）

《唐大诏令集》卷七〇《元和二年南郊赦》

天下诸色人，有贤良方正能直言极谏，博通坟典达于教化，军谋宏达堪任将帅，详明政术可以理人者：委内外官各举所知，当亲自策试。（元和十四年七月）

《唐大诏令集》卷一〇《元和十四年册尊号赦》

穆宗元和十五年即位，十一月制曰："如有隐于山谷，退在丘园，行义素高，名节可尚，或才兼文武，卓然可奖者，具名荐闻。"

《册府元龟》卷六八《帝王部·求贤二》

天下诸色人中，有能精通一经，堪为师法者，委国子祭酒访择，具以名闻。

《唐大诏令集》卷七〇《长庆元年正月南郊改元赦》

天下诸色人中，有贤良方正能直言极谏，博通坟典达于教化，军谋宏远堪任将帅，政术详明可以理人者：委有司各举所知，限今年十月到上都。

《唐大诏令集》卷七〇《长庆元年正月南郊改元赦》

长庆元年正月辛丑，郊禋礼毕，大赦，制："天下诸色人中，有贤良方正能直言极谏，博通坟典达于教化，军谋宏远堪任将帅，政术详明可以理人者：委有司各举所知，限今年十月到上都。"

《册府元龟》卷六八《帝王部·求贤二》

天下诸色人中，有贤良方正能直言极谏，博通坟典达于教化，军谋弘远堪任将帅，政术详明可以理人者：委有司各举所知，限今年十月到上都。（长庆元年正月）

《唐大诏令集》卷一〇《长庆元年册尊号赦》

敬宗长庆四年即位。三月壬子，赦书："诸色人中，有贤良方正能直言极谏，经学优深可为人师，详娴吏理达于教化，军谋宏远材任边将者：委常参官并诸道节度、观察使、诸州刺史各举所知，限来年①正月到上都。"

《册府元龟》卷六八《帝王部·求贤二》

澄清教化，莫尚乎大学；明治心术，必本乎六经。天下诸色人中，有能精通一经，堪为师法者，委国子祭酒访择，具以名闻奏。天下州县，各委刺史县令，招延儒学，明加训诱，名登科第，即免征役。

《唐大诏令集》卷七〇《宝历元年正月南郊赦》

天下诸色人中，有贤良方正能直言极谏者，及经学优深可为师法，详闲吏理达于教化，军谋宏远堪任将帅者。常参官及官牧

---

① "来年"，《册府元龟》作"本年"，敬宗颁赦时已三月，故当作"来年"。

郡守,各举所知。无人举者,亦听自举,并限来年正月到上都。

《唐大诏令集》卷五《改元太和赦》

文宗大和元年正月,赦书:"诸色人中,有贤良方正能直言极谏者,及经学优深可为师法,详娴吏理达于教化,军谋宏远堪任将帅者。常参官及方牧郡守各举所知。无人举者,亦听自举,并限来年正月到上都。"

《册府元龟》卷六八《帝王部·求贤二》

〔大和〕四年正月,德音节文:"天下诸色人中,有贤良方正能直言极谏及经术优深可为师法、详明吏治达于教化等科。委常参官及方牧郡守各举所知。草泽无人举者,亦听自举,限来年正月至上都。"

《唐会要》卷七六《贡举中·制科举》

〔大和〕五年正月十七日,诏:以兵戈未息,权停。

《唐会要》卷七六《贡举中·制科举》

开成元年正月一日,赦书:"其有藏器待时,隐身岩穴,奇节独行,可激风俗者,委常参官及所在长吏,各以名闻。"

《册府元龟》卷六八《帝王部·求贤二》

朕每念艰难之本,思拯救之图,治少乱多,古犹今也。盖搜扬之未至,非爵赏之不行。况自乡里沽名,物情贾怨,朝市有争先之党,山林多独往之人。彼岂自穷,驱而莫返。其有文苞经纬,道冠儒玄，贞遁自肥，浮名不染，岂无加等之爵，以待非常之流？今委使臣，远近征访，必行备礼，以耸群方。且机贵研深，用惟体要。运当无事，固垂拱而可恃；时属多虞，非拔奇而不振。或有才优将略，业洞兵钤，辨胜负于风云，计短长于主客，妙得神传之诀，耻成儿戏之名，不俟临机，方期制变。或销声于屠钓，或屈志于风尘，勿愧自媒，当期致用。至乃旁规国病，动适事宜，深探货殖之源，备得富强之术，排于浮议，郁彼良图。又有志擅纵横，久潜缁褐，材推超异，见辱侪流。苟全一艺之工，不必万夫之敌。亦有推研历象，校步星辰，言必效于机先，术岂疑于亿中？是资奇器，孰曰异端？亦在劝来，伫加殊赏。噫！功名可慕，少壮几何？在君亲则忠孝相资，念国家则安危同切。勿甘流俗，犹徇宴安。并委使臣榜示访求，长吏津置发遣。同心体国，无使淹延；悬赏俟能，必期升擢。朕虽钟艰否，亦谓忧勤。高祖、太宗之在天，固当垂祐；社稷生灵之有主，夫岂乏贤？达我敷求，咨尔将命，勿孤翘瞩，苟自因循。其间儒学优游，军谋弘远，密陈时务，愿就制科者，已后别敕处分。跅弛遗才，沉沦末位，不碍文武，并须升闻。布告天下，咸使知悉。（光启五年五月）

《唐大诏令集》卷一〇三《搜访兵术贤才诏》

汉征极谏，晁、董陈理乱之端；晋策能言，诜、玄贡阙遗之政。乃登道广，请举公平，诚在得人，以匡不逮。应天下诸色人中，有贤良方正能直言极谏，博通坟典达于教化，军谋宏远政述详明者。文武常参官及诸道节度、观察等使，具姓名闻荐。至冬十一月到京，朕当亲临册试，择其可否施行。（光化四年四月）

《唐大诏令集》卷五《改元天复赦》

天祐元年闰四月甲辰，帝至雒。乙巳，御光政楼，大赦，改元，制曰："……思拯艰难，实资材干，尚虑非常之士，犹怀自进之嫌。苟或失人，焉能致理！倘有怀才抱德，隐遁山林，武艺绝伦，湮沉卑贱者，仰所在处长吏察访奏荐。……"

《册府元龟》卷九一《帝王部·赦宥一〇》

自开创以来，凡有赦书、德音，节文内皆委诸道搜访贤良，尚虑所在长吏，未切荐扬。其有卓荦不羁，沉潜自晦，负王霸之业，蕴经济之谋，究古今刑政之源，达礼乐质文之奥，机筹可以制变，经术可以辨疑，一事轶群，一才拔俗，并令招聘，旋具奏闻。然后试其所长，待以不次。所贵牢笼俊杰，采摭英翘。

《全唐文》卷一〇一《梁太祖·求贤制》

〔开平四年九月甲午，〕下诏曰："朕闻历代帝王，首推尧、舜；为人父母，孰比禹、汤？睿谋高出于古先，圣德普闻于天下，尚或卑躬待士，屈己求贤。俯仰星云，虑一民之遗逸；网罗岩穴，恐片善之韬藏。延爵禄以征求，设丹青而访召，使其为政，乐在进贤。盖缘国有万几，朝称百揆，非才不治，得士则昌。自朕光宅中区，迄今三载，宵分辍寐，日旰忘餐，思共力于庙谋，庶永清于王道。而乃朝廷之内，或未尽于昌言；军旅之间，亦罕闻于奇策。眷言方岳，下及山林，岂无英奇，副我延伫！诸道都督、观察、防御使等，或勋高翊世，或才号知人，必于涂巷之贤，备察刍荛之士。诏到，可精搜郡邑，博访贤良，喻之以千载一时，约之以高官美秩。谅无求备，唯在得人。如有卓荦不羁，沉潜自负，通霸王之上略，达文武之大纲，究古今刑政之源，识礼乐质文之变，朕则待之不次，委以非常。用佐经纶，岂劳阶级？如或一言拔俗，一事出群，亦当舍短从长，随才授任。大小方圆之器，宁限九流；温良恭俭之人，难诬十室。勉思荐举，勿至因循。俟尔发扬，慰予翘渴。仍从别敕处分。"

《旧五代史》卷五《梁书·太祖纪第五》

周世宗显德四年十月，制曰："制策悬科，前朝盛世[①]，莫不访贤良于仄陋，求谠正于箴规，殿庭之间，帝王亲试。其或大裨于国政，有益于时机，则必待以优恩，縻之好爵。拔奇取异，无尚于兹。得人者昌，于是乎在。爰从近代，久废此科，怀才抱器者，郁而不伸；隐耀韬光者，晦而莫出。遂使翘翘之楚，多致于弃捐；皎皎之驹，莫就于縻挚。遗才滞用，阙孰甚焉！应天下诸色人中，有贤良方正能直言极谏，经学优深可为师法，详闲吏理达于教化者，不限前资、见任职官，黄衣草泽，并许应诏。其逐处州府，依每岁贡举人试例，差官别考试，解送尚书吏部。仍量试策论三道，共三千字以上，当日内成。取文理俱优，人物爽秀者，方得解送，取来年十月集上都。其登朝官，亦许上表自举。"时兵部尚书张昭上言请兴制举，故有是命。

《册府元龟》卷六四五《贡举部·科目》

〔后周显德四年冬十月〕戊午，诏悬制科凡三：其一曰贤良方正能直言极谏科，其二曰经学优深可为师法科，其三曰详闲吏理达于教化科。不限前资、见任职官，黄衣草泽，并许应诏。时兵部

---

① "世"，他本或作"事"。

尚书张昭条奏，请兴制举，故有是命。

《旧五代史》卷一一七《世宗纪第四》

〔前蜀〕武成元年春正月……壬午，大赦境内，改元武成。赦文曰：……诸州府或有贤良方正能直言极谏，达于教化，明于吏才，政术精详，军谋宏远，韬光待用，藏器俟时，或智辨过人，或辞华出格，或隐山林之迹，或闻乡里之称，仰所在州府奏闻，当与量材叙用。……

《十国春秋》卷三六《前蜀·高祖本纪下》

〔五代前蜀乾德五年〕九月，诏置贤良方正、博通经史、明达吏治、识洞兵机、沉滞丘园五科，令黄衣选人、白衣举人投策就试。

《十国春秋》卷三七《前蜀·后主本纪》

2. 制举科目

显庆三年二月，志烈秋霜科，韩思彦及第。

乾封元年，幽素科，苏瓌、解琬、苗神客、格辅元、徐昭、刘讷言、崔谷神及第。

上元三年正月，辞殚文律科，崔融及第。

永隆元年，岳牧举，武陟县尉员半千及第。上御武成殿亲问曰："兵书云天阵、地阵、人阵，各何谓也？"半千对曰："臣观载籍，多谓天阵，谓星辰孤虚也；地阵，谓山川向背也；人阵，谓偏伍弥缝也。以臣愚见，谓不然矣。夫师出以义，有若时雨，得天之时，此天阵也；兵在足食，且耕且战，得地之利，此地阵也；士卒轻利，将帅和睦，此人阵也。若有兵者，使三者去矣，其何以战？"上深赏之。

垂拱四年十二月,辞标文苑科,房晋、皇甫琼、王旦及第。

永昌元年正月,蓄文藻之思科,彭景直及第。抱儒素之业科,李文愿及第。

长寿三年四月,临难不顾徇节宁邦科,薛稷、寇泚及第。

证圣元年,长才广度沉迹下僚科,张漪及第。

万岁通天元年,文艺优长科,韩璪及第。

神功元年九月,绝伦科,苏颋、崔元童、袁仁敬、何凤、孟兼礼、洪子舆、卢从愿、赵不欺及第。

大足元年,理选使孟诜试拔萃科,崔翘、郑少微及第。疾恶科,冯万石及第。

长安二年,龚黄科,冯克麃及第。

神龙二年,才膺管乐科,张大求、魏启心、魏愔、卢绚、张文成、褚璆、成廙业、郭璘、赵不为及第。才高位下科,冯万石、晁良贞、张敬及第。

二年,才堪经邦科,张九龄、康元瓌及第。贤良方正科,苏晋、宋务光、寇泚、卢怡、吕恂及第。

景龙二年,抱器怀能科,夏侯铦及第。茂才异等科,王敬从、卢重元及第。

景云二年,文以经国科,袁晖、韩朝宗及第。藏名负俗科,李俊之及第。

先天二年,文经邦国科,韩休及第。藻思清华科,赵冬曦及第。寄以宣风则能兴化变俗科,郭璘之及第。道侔伊吕科,张九龄及第。手笔俊拔超越流辈科,杜昱、张子渐、张秀明、常无咎、赵居正、贾登、邢巨及第。

开元元年，直言极谏科，梁昇卿、袁楚客及第。哲人奇士逸伦屠钓科，孙逖及第。良才异等科，邵润之、崔翘及第。

五年，文儒异等科，崔侃、褚庭海及第。文史兼优科，李昇期、康子元、达奚珣及第。

六年，博学通艺科，郑少微、萧识及第。

七年，文辞雅丽科，邢巨、苗晋卿、褚思光、赵良器及第。

十二年，将帅科，裴敦复、房自谦及第。

十五年，武足安边科，郑昉、樊衡及第。高才沉沦草泽自举科，邓景山及第。

十七年，才高未达沉迹下僚科，吴巩及第。

十九年，博学宏词科，郑昉、陶翰及第。

二十一年，多才科，李史鱼及第。

二十三年，王伯科、刘璀、杜绾及第。智谋将帅科，张重光、崔圆、李广琛及第。

天宝元年，文辞秀逸科，崔明允、颜真卿及第。

六载，风雅古调科，薛璩及第。

十三载二月，辞藻宏丽科，杨绾及第。

大历二年，乐道安贫科，杨膺及第。

六年，讽谏主文科，郑珣瑜、李益及第。

建中元年，贤良方正能直言极谏科，姜公辅、元友直、樊泽、吕元膺及第。文辞清丽科，奚涉、梁肃、刘公亮、郑辕、沈封、吴通玄及第。经学优深科，孙玭、黎逢、白季随及第。高蹈丘园科，张绅、卫良儒、苏哲及第。军谋越众科，夏侯审、平知和、郑儋、凌正、周渭、丁悦及第。孝悌力田闻于乡闾科，郭黄中、崔浩、李牧及第。

贞元元年九月，贤良方正能直言极谏科，韦执谊、郑利用、穆质、杨邵、裴复、柳公绰、归登、李直方、崔邠、郑敬、魏宏简、沈回、田元祐、徐衮及第。博通坟典达于教化科，熊执易、刘简甫及第。识洞韬略堪任将相科，许赟及第。

四年四月，贤良方正能直言极谏科，崔元翰、裴次元、李彝、崔农、史牟、陆震、柳公绰、赵参、徐宏毅、韦彭寿、邹儒立、王及、杜伦、元易、王真及第。清廉守节政术可称堪县令科，李巽及第。孝悌力田闻于乡间科，张皓及第。

十二年十二月，贤良方正能直言极谏科，裴珦、王播、朱谏、裴度、熊执易、许尧佐、徐宏毅、杜毅、崔群、皇甫镈、王仲舒、许季同、仲子陵、郑士林、邱颖及第。博通坟典通于教化科，朱颖及第。详明政术可以理人科，张平叔、李景亮及第。

元和元年四月，才识兼茂明于体用科，元稹、韦惇、独孤郁、白居易、曹景伯、韦庆复、崔绾、罗让、崔护、薛存庆、韦珩、李瑀、元修、沈传师、萧俛、柴宿及第。达于吏治可使从政科，陈岵及第。

二年四月，贤良方正能直言极谏科，牛僧孺、皇甫湜、李宗闵、李正封、吉宏宗、徐晦、贾𫘎、王起、郭球、姚衮、庾威及第。博通坟典达于教化科，冯苞、陆亘及第。军谋宏达材任将帅科，樊宗师及第。达于吏治可使从政科，萧睦及第。

长庆元年十二月，贤良方正能直言极谏科，庞严、任畹、吕述、姚中立、韦曙、李回、崔嘏、崔龟从、韦正贯、崔知白、陈元锡及第。详明政术可以理人科，崔郢及第。军谋宏达材任将帅科，吴思、李商卿及第。博通坟典达于教化科，李思元及第。

宝历元年四月，贤良方正能直言极谏科，唐绅、杨俭、韦瑞符、舒元褒、萧敞、杨鲁士、来择、赵祝、裴晖、韦繇、李昌宝、严楚封、李涯、萧夷中、冯球、元晦及第。详明吏治达于教化科，韦正贯及第。

军谋宏达材任边将科,裴俦、侯云章及第。

太和二年闰三月,贤良方正能直言极谏科,李郃、裴休、裴素、南卓、李甘、杜牧、马植、郑亚、崔博、崔兴、王式、罗邵京、崔渠、韩宾、崔慎由、苗愔、韦昶、崔焕、崔谠及第。详明吏理达于教化科,宋昆及第。军谋宏达堪任将帅科,郑冠、李式及第。

载初元年二月十四日,试贡举人于洛成殿前,数日方毕。殿前试人,自兹始也。

《唐会要》卷七六《贡举中·制科举》

唐制举之名,多至八十有六,凡七十六科。至宰相者,七十二人。

《困学纪闻》卷一四《考史》

唐科目至繁,唐书志多不载,或略见于列传,今衰集于此。

制科及第永徽三年　　　志烈秋霜显庆三年

洞晓章程四年

材称栋梁,志标忠梗

政均卓鲁,字俗之化通高

安心畎亩,力田之业夙彰

道德资身,乡闾共挹

养志丘园,嘉遁之风载远

材堪应幕　　　　　　学综古今

茂材异行麟德元年　　　消声幽薮

幽素乾封元年　　　　　词赡文华

直言极谏　　　　　　　抱儒素光宅元年

韬钤	词操文庄
孝悌梗直_{天授二年}	临难不顾,循节宁邦_{长寿三年}
长材广度,沉迹下寮_{证圣元年}	
文艺优长_{万岁通天二年}	绝伦
经邦_{圣历三年}	疾恶_{大足二年}
龚黄	拔萃
贤才_{神龙元年}	才膺管乐
才高位下	贤良方正
材堪经邦	孝悌廉谨
草泽遗才	宰臣
抱器怀能_{景能二年}	文学优长
茂才异行	藏器晦迹
文可以经邦_{景云元年}	文以经国
藏名负俗	怀才抱器
明三经,通大义	抱一史,知其本末
通三教宗旨,究其精微	
经国治人_{先天元年}	藻思清华
道侔伊吕	才堪刺史
寄以宣风,则能兴化变俗	
文章俊拔,越超流辈	
贤良方正,能直言极谏_{开元二年}	
哲人奇士,隐沦屠钓	
良才异等	文儒异等
文史兼优	博学通议_{六年}
文辞雅丽	武足安边_{十五年}

高才草泽，沉沦自举

才高未达，沉迹下寮十七年

多才二十一年　　　　　宏词超绝流辈二十二年

王霸三十二年　　　　　知谋将帅

平判入等三十四年　　　国子明经

上书中书，试同进士及第

文词秀逸天宝元年　　　风雅古调四年

词藻宏丽三年　　　　　乐道安贫大历

文辞清丽建中元年　　　经学优深

高蹈丘园　　　　　　　军谋

孝悌力田，闻于乡间

超绝贞元元年　　　　　识洞韬略，堪任将帅

清廉守节，政术可称，堪任县令四年

书判拔萃元和元年　　　五经

《开元礼》　　　　　　学究

律令　　　　　　　　　明习律令

才识兼茂，明于体用

达于吏理，可使从政

三礼二年　　　　　　　博通坟典，达于教化

军谋宏远，材任将帅

详明政术，可以理人

神童六年　　　　　　　宝黄十二年

处士十五年　　　　　　山人长庆二年

日试百篇　　　　　　　道举三年

日试万言　　　　　　　长念九经宝历二年

学究周易处士_{大和二年}

草泽应制　　　　　　　三传_{七年}

三史　　　　　　　　　童子明经_{大中元年}

明算　　　　　　　　　童子学究

《云麓漫钞》卷六

3. 制科及第

崔仁师,定州安喜人。武德初,擢制举,调管州录事参军。

《新唐书》卷九九《崔仁师传》

张行成字德立,定州义丰人。……隋大业末,察孝廉,为谒者台散从员外郎。后为王世充度支尚书。世充平,以隋资补谷熟尉。家贫,代计吏集京师,擢制举乙科,改陈仓尉。

《新唐书》卷一〇四《张行成传》

田仁会,雍州长安人。祖轨,隋幽州刺史、信都郡公。父弘,陵州刺史,袭信都郡公。仁会,武德初应制举,授左卫兵曹,累迁左武候中郎将。

《旧唐书》卷一八五上《田仁会传》

田仁会,雍州长安人。……仁会擢制举,仕累左武候中郎将。

《新唐书》卷一九七《田仁会传》

谢偃,卫县人也,……偃仕隋为散从正员郎。贞观初,应诏对策及第，历高陵主簿。

《旧唐书》卷一九〇上《谢偃传》

崔信明，青州益都人也，……及长，博闻强记，下笔成章。……贞观六年，应诏举，授兴世丞。

《旧唐书》卷一九〇上《崔信明传》

公讳敞，字仲高，荥阳开封人。……贞观七年，制策高第，授越州都督府参军事。

《全唐文》卷二七五《薛稷·唐故洛州洛阳令郑府君碑》

君讳楚才，卫州卫县人也。……贞观元年，授长乐监，……十四年，应诏四科举，射策登甲第。

《杨盈川集》卷七《原州百泉县令李君神道碑》

李义府，瀛州饶阳人，……贞观中，李大亮巡察剑南，表义府才，对策中等，补门下省典仪。

《新唐书》卷二二三上《李义府传》

孔述睿，越州山阴人。……曾祖昌寓，字广成，贞观中对策高第，历魏州司马，有治状，帝为不置刺史。

《新唐书》卷一九六《孔述睿传》

韩思彦字英远，邓州南阳人。游太学，事博士谷那律。……万年令李乾祐异其才，举下笔成章、志烈秋霜科，擢第。授监察御史，昌言当世得失。

《新唐书》卷一一二《韩思彦传》

公讳哲,字知人,巨鹿曲阳人也。……〔显庆〕三年,诏除左卫清宫府左果毅都尉,寻圈谷府折冲都尉,并长上如故。又以应诏举,对策甲科,迁左骑卫郎将。……四年,诏公为铁勒道行军总管。陈兵玉塞,按节金徽①。

《杨盈川集》卷八《唐右将军魏哲神道碑》

公讳实,字茂实。其先鲁国邹人也。……弱冠文学生②进士擢第。遭家不造,府君捐馆。五日绝浆,三年泣血。……服阕,调并州大都督府参军事。丁太夫人忧,过哀终丧,有如前制。应八科举,策问高第,授绵州司户参军,转扬州大都督府仓曹参军。又举四科,敷言简帝,除益州导江县令。

《张说之文集》卷一六《河州刺史冉府君神道碑》

公讳至诚,字某,弘农华阴人。……明庆中,诏郡国举贤良。公对策,天朝无能出其右者,迁太子通事舍人。再举高第,徙国子监丞。……除公礼部员外郎,……又转公吏部员外郎。……丁太夫人忧去职。……服毕,授幽州三水令。……又应文擅词场举,策试天下第一。

《张说之文集》卷一六《赠太州刺史杨君神道碑》

君讳某,字某。……唐龙朔元年,有制举忠鲠,君对策及第,

---

① "金徽",他本作"金微"。
② "文学生",一作"太学生"。

试守秦州湘源县尉。

《陈伯玉文集》卷六《故宣议郎骑都尉

行曹州离狐县丞高府君墓志铭》

严善思,同州朝邑人也。……初,应销声幽薮科举擢第。

《旧唐书》卷一九一《严善思传》

公讳思训,字建,陇西狄道人也。……十有四,补崇文生。举
明经行修科甲。明年,吏阙一字。以文翰擢……阙三十一字。未几,
加朝散大夫。

《全唐文》卷二六五《李邕·唐故云麾将军右武卫

大将军赠秦州都督彭国公谥曰昭公李府君神道碑》

解琬,魏州元城人也。少应幽素举,拜新政尉,累转成都丞。

《旧唐书》卷一〇〇《解琬传》

解琬,魏州元城人。举幽素科,中之,调新政尉。

《新唐书》卷一三〇《解琬传》

君讳希铣,字南金。……宗为山阴令,子孙始居会稽,遂为郡人
焉。……年十四,明经登第,补右内率府胄曹。应词藻宏丽,举甲科,
拜秘书省校书郎。转左金吾卫录事参军。应博通文史,举高第,授太
府寺主簿,转丞。又应明于政理举,拜洛州河清令,加朝散大夫。

《颜鲁公文集》卷七《银青光禄大夫海濮饶房睦台六州

刺史上柱国汲郡开国公康使君神道碑铭》

王勃字子安,绛州龙门人。……

勃六岁解属文,构思无滞,词情英迈,……勃年未及冠,应幽素举及第。乾封初,诣阙上《宸游东岳颂》。时东都造乾元殿,又上《乾元殿颂》。沛王贤闻其名,召为沛府修撰,甚爱重之。

《旧唐书》卷一九〇上《王勃传》

王勃字子安,绛州龙门人。……麟德初,刘祥道巡行关内,勃上书自陈,祥道表于朝,对策高第。年未及冠,授朝散郎,数献颂阙下。

《新唐书》卷二〇一《王勃传》

〔李〕迥秀,大亮族孙也。……迥秀弱冠应英材杰出举,拜相州参军,累转考功员外郎。

《旧唐书》卷六二《李迥秀传》

马怀素,润州丹徒人也。寓居江都,少师事李善。家贫,无灯烛,昼采薪苏,夜燃读书,遂博览经史,善属文。举进士,又应制举,登文学优赡科,拜郿尉,四迁左台监察御史。

《旧唐书》卷一〇二《马怀素传》

马怀素,应文学优赡科举,及第,拜郿尉。

《册府元龟》卷六五〇《贡举部·应举》

员半千,本名余庆,晋州临汾人。……

上元初,应八科举,授武陟尉。……寻又应岳牧举,高宗御武成殿,召诸州举人,亲问曰:"兵书所云天阵、地阵、人阵,各何谓也?"半千越次而进曰:"臣观载籍,此事多矣。或谓:天阵,星宿孤虚;地阵,山川向背;人阵,偏伍弥缝。以臣愚见,谓不然矣。夫师出以义,有若时雨,得天之时,此天阵也;兵在足食,且耕且战,得地之利,此地阵也;善用兵者,使三军之士,如父子兄弟,得人之和,此人阵也。三者去矣,其何以战!"高宗甚嗟赏之。及对策,擢为上第。

《旧唐书》卷一九〇中《员半千传》

崔融,齐州全节人。初,应八科举擢第,累补宫门丞,兼直崇文馆学士。

《旧唐书》卷九四《崔融传》

崔融字安成,齐州全节人。擢八科高第,累补宫门丞、崇文馆学士。

《新唐书》卷一一四《崔融传》

阳峤,河南洛阳人,……仪凤中,应八科举,授蒋陵尉,累迁詹事司直。

《旧唐书》卷一八五下《阳峤传》

阳峤,其先北平人,世徙洛阳,……举八科皆中,调将陵尉,累迁詹事司直。

《新唐书》卷一三〇《阳峤传》

裴守真,绛州稷山人也。后魏冀州刺史叔业六世孙也。……

守贞早孤，……初举进士。及应八科举，累转乾封尉。

《旧唐书》卷一八八《裴守真传》

裴守真，绛州稷山人，……举进士，六科连中，累调乾封尉。

《新唐书》卷一二九《裴守真传》

公讳崇，字元之，……弱冠补孝敬挽郎。又制举高第。

《张说之文集》卷一四《文贞公碑》

姚崇，本名元崇，陕州硖石人也。父善意，贞观中，任巂州都督。元崇为孝敬挽郎，应下笔成章举，授濮州司仓，五迁夏官郎中。

《旧唐书》卷九六《姚崇传》

姚崇字元之，陕州硖石人。……仕为孝敬挽郎，举下笔成章，授濮州司仓参军。

《新唐书》卷一二四《姚崇传》

姚崇为孝敬皇帝挽郎，应制下笔成章举，授濮州司仓。

《册府元龟》卷六五〇《贡举部·应举》

王无竞者，字仲烈，其先琅邪人，因官徙居东莱，……无竞有文学，初应下笔成章举及第，解褐授赵州栾城县尉，历秘书省正字，转右武卫仓曹、洛阳县尉，迁监察御史，转殿中。

《旧唐书》卷一九〇中《王无竞传》

徐彦伯，兖州瑕丘人也。少以文章擅名，河北道安抚大使薛元超表荐之，对策擢第，累转蒲州司兵参军。

《旧唐书》卷九四《徐彦伯传》

李怀远，邢州柏仁人也。早孤贫好学，善属文。有宗人欲以高荫相假者，怀远竟拒之，退而叹曰："因人之势，高士不为；假荫求官，岂吾本志？"未几，应四科举擢第，累除司礼少卿。

《旧唐书》卷九〇《李怀远传》

李怀远字广德，邢州柏仁人。……擢四科第，累转司礼少卿。

《新唐书》卷一一六《李怀远传》

〔张柬之〕进士擢第，累补青城丞。永昌元年，以贤良征试。同时对策者千余人，柬之独为当时第一，擢拜监察御史。

《旧唐书》卷九一《张柬之传》

张柬之，则天永昌元年以贤良征试。同时射策者千余人，柬之独为天下第一。擢拜监察御史。

《册府元龟》卷六五〇《贡举部·应举》

〔孔〕季诩字季和。永昌初，擢制科，授校书郎。

《新唐书》卷一九九《孔季诩传》

陆元方，苏州吴县人。世为著姓。曾祖琛，陈给事黄门侍郎。伯父柬之，以工书知名，官至太子司议郎。元方举明经，又应八科举,累转监察御史。

《旧唐书》卷八八《陆元方传》

陆元方字希仲,苏州吴人。……元方初明经,后举八科皆中。
累转监察御史。

《新唐书》卷一一六《陆元方传》

祝钦明字文思,京兆始平人。……钦明擢明经,为柬台典仪。
永淳、天授间,又中英才杰出、业奥六经等科,拜著作郎,为太子率
更令。

《新唐书》卷一〇九《祝钦明传》

张说字道济,或字说之,其先自范阳徙河南,更为洛阳人。永
昌中,武后策贤良方正,诏吏部尚书李景谌糊名较覆,说所对第
一,后署乙等,授太子校书郎,迁左补阙。

《新唐书》卷一二五《张说传》

则天初革命,大搜遗逸,四方之士应制者向万人。则天御雒
阳城南门,亲自临试。张说对策为天下第一。则天以近古以来未
有甲科,乃屈为第二等。其警句曰:"昔三监玩常,有司既纠之以
猛;今四罪咸服,陛下宜计之以宽。"拜太子校书。仍令写策本于
尚书省,颁示朝集及蕃客等,以光大国得贤之美。

《大唐新语》卷八《文章》

武后策贤良方正,吏部尚书李景谌糊名较覆,说对第一,后署

乙等。

《新唐书》卷一二五《张说传》

惟天水赵公讳睿冲。……天后时,应明堂大礼科①。上异其对,授陕州陕县尉。转汾州平遥尉。……秩满,从调吏部,侍郎萧至忠以公所试超等,授大理评事。公迫于禄养,请署同州河西丞,赞贰其政。

《全唐文》卷四五二《邵说·唐故同州河西县丞赠虢州刺史太常卿天水赵公神道碑》

〔苏〕晋数岁能属文,……弱冠举进士,又应大礼举②,皆居上第。先天中,累迁中书舍人,兼崇文馆学士。

《旧唐书》卷一〇〇《苏晋传》

〔苏珦〕子晋,……举进士及大礼科,皆上第。

《新唐书》卷一二八《苏晋传》

裴漼,绛州闻喜人也。世为著姓。……父卒后,应大礼举,拜陈留主簿,累迁监察御史。

《旧唐书》卷一〇〇《裴漼传》

郭霸,庐江人也。天授二年,自宋州宁陵丞应革命举,拜左台

---

① 《旧唐书》卷六《则天皇后纪》:"永昌元年春正月,神皇亲享明堂,大赦天下,改元,大酺七日。"武后初享明堂在此年,是年因设"明堂大礼科"。
② 徐松《登科记考》卷四载,天册万岁二年有南郊大礼科,按语称:"《旧书》有言应大礼举者,盖即是科也。"

监察御史。……初举集，召见，于则天前自陈忠鲠云："往年征徐敬业，臣愿抽其筋，食其肉，饮其血，绝其髓。"则天悦，故拜焉，时人号为"四其御史"。

《旧唐书》卷一八六上《郭霸传》

郑惟忠，宋州宋城人。第进士，补井陉尉。天授中，以制举召见廷中，武后问举者，何所事为忠，对皆不合旨。惟忠曰："外扬君之美，内正君之恶。"后曰："善。"擢左司御胄曹参军事，迁水部员外郎。

《新唐书》卷一二八《郑惟忠传》

〔贺〕知章字季真，会稽人。少以文词知名。性旷夷，善谈论笑谑。证圣初，擢进士，超拔群类科。陆象先在中书，引为太常博士。

《唐才子传校笺》卷三《贺知章》

〔苏〕颋字廷硕，弱敏悟，一览至千言，辄覆诵。第进士，调乌程尉。武后封嵩高，举贤良方正异等，除左司御率府胄曹参军。

《新唐书》卷一二五《苏颋传》

公讳沔，字若冲，博陵安平人。……年二十四，举乡贡进士。考功郎季迥秀器异之，曰："王佐才也。"遂擢高第。其年，举贤良方正，对策万数，公独居第一，而兄浑亦在甲科。典试官梁载言、陈子昂叹曰："虽公孙、龟郊不及也。"召见前殿，拜麟台校书郎。

《颜鲁公文集》卷一四《通议大夫守太子宾客东都
副留守云骑尉赠尚书左仆射博陵崔孝公宅陋室铭记》

张廷珪，河南济源人，其先自常州徙焉。廷珪少以文学知名，性慷慨，有志尚。弱冠应制举。长安中，累迁监察御史。

《旧唐书》卷一〇一《张廷珪传》

刘幽求，冀州武强人也。圣历年，应制举，拜阆中尉。

《旧唐书》卷九七《刘幽求传》

齐瀚，定州义丰人。少以词学称。弱冠以制科登第，释褐蒲州司法参军。

《旧唐书》卷一九〇中《齐瀚传》

席豫字建侯，……长安中，举学兼流略、词擅文场科，擢上第，时年十六。……复举手笔俊拔科，中之。补襄邑尉。……俄举贤良方正异等，为阳翟尉。

《新唐书》卷一二八《席豫传》

张荐字孝举，深州陆泽人。祖鷟字文成，聪警绝伦，书无不览。……初登进士第，对策尤工，考功员外郎骞味道赏之曰："如此生，天下无双矣！"调授岐王府参军。又应下笔成章及才高位下、词标文苑等科。鷟凡应八举，皆登甲科。再授长安尉，迁鸿胪丞。凡四参选，判策为铨府之最。员外郎员半千谓人曰："张子之文如青钱，万简万中，未闻退时。"时流重之，目为"青钱学士"。

《旧唐书》卷一四九《张荐传》

张文成，以词学知名。应下笔成章、才高位下、词标文苑等三人科，俱登上第，转洛阳尉。故有《咏燕》诗，其末章云："变石身犹重，衔泥力尚微。从来赴甲第，两起一双飞。"时人无不讽咏。累迁司门员外。文成凡七应举，四参选，其判策皆登甲第科。员半千谓人曰："张子之文如青铜钱，万拣万中，未闻退时。"故人号"青铜学士"。久视中，太官令马仙童陷默啜，问张文成何在，仙童曰："自御史贬官。"默啜曰："此人何不见用也？"后暹罗、日本使入朝，咸使人就写文章而去。其才远播如此。

《大唐新语》卷八《文章》

王仁皎字鸣鹤，……景龙中，以将帅举，授甘泉府果毅，迁左卫中郎将。

《新唐书》卷二〇六《王仁皎传》

公讳敬从，字某，京兆人也。……曩者大定中举文擅词场，景云岁辟茂才异等，开元初征文藻宏丽，公三对策诏，皆为甲科。

《全唐文》卷三一三《孙逖·太子右庶子王公神道碑》

翰字子羽，并州人。景云元年，卢逸下进士及第。又举直言极谏。又举超拔群类科。

《唐才子传校笺》卷一《王翰》

公讳朝宗，字某，本出昌黎，今为京兆人也。……年若干，应文以经国,举甲科。试右拾遗,天禄校文。

《全唐文》卷三二七《王维·大唐吴兴郡别驾前荆州

大都督府长史山南东道采访使京兆尹韩公墓志铭》

太极元年,诏举文可以经邦国者。宣劳使源乾曜以公充赋。时对策者数百人,公与荥阳郑少微特冠科首,起家拜同州郃阳县尉。

《毗陵集》卷一〇《唐故朝散大夫颍川郡

长史赠秘书监河南独孤公灵表》

郑愔,常以言行闻转桃林丞。又举贤良,玄宗时在春宫,亲问国政,惜对策第一,擢授左补阙,寻判主爵员外郎。

《册府元龟》卷六五〇《贡举部·应举》

韩休,京兆长安人。……休早有词学,初应制举,累授桃林丞。又举贤良,玄宗时在春宫,亲问国政,休对策与校书郎赵冬曦并为乙第,擢授左补阙。

《旧唐书》卷九八《韩休传》

韩休,蚤有词学,应制举授虞乡尉。

《册府元龟》卷六五〇《贡举部·应举》

君讳践猷,字伯起,陈郡长平人。……年十三,日诵《左传》二十五纸,读《稽圣传》一遍,亦诵之。博览群言,尤精《史记》、《汉书》、百家氏族之说。……开元初,举文儒异等,授秘书省学士。

《颜鲁公文集》卷一〇《曹州司法参军

秘书省丽正殿二学士殷君墓碣铭》

开元初,观察使荐豫贤,……复举超拔群类科。

《新唐书》卷一二八《席豫传》

公讳逖,河南巩人。其先自乐安武水寓于涉而徙焉。父嘉之以词学登科,官至宋州司马。……年数岁,即好属文。十五时,相国齐公崔日用试《土火炉赋》,公雅思遒丽,授翰立成。齐公骇之,约以忘年之契。年未弱冠而三擅甲科。吏部侍郎王丘试《竹帘赋》,降阶约拜,以殊礼待之。相国燕公张说览其策而心醉。

《颜鲁公文集》卷一二《尚书刑部侍郎

赠尚书右仆射孙逖文公集序》

〔孙〕逖,博州人。幼而有文,属思警敏,援笔成篇。开元二年,举手笔俊拔、哲人奇士、隐沦屠钓及文藻宏丽等科,第一人及第。玄宗引见,擢左拾遗、集贤殿修撰。改考功员外郎。迁中书舍人。……仕终刑部侍郎。

《唐才子传校笺》卷一《孙逖》

孙逖,潞州涉县人。……开元初,应哲人奇士举,授山阴尉。迁秘书正字。十年,应制登文藻宏丽科,拜左拾遗。

《旧唐书》卷一九〇中《孙逖传》

孙逖，博州武水人，……举手笔俊拔、哲人奇士、隐沦屠钓及文藻宏丽等科。开元十年，又举贤良方正。玄宗御洛城门引见，命户部郎中苏晋等第其文异等，擢左拾遗。

《新唐书》卷二〇二《孙逖传》

马燧字洵美，……父季龙，举孙吴㑩傥善兵法科，仕至岚州刺史。

《新唐书》卷一五五《马燧传》

〔李元成〕开元三年举进士，十年举茂才，十七年举文学，皆射策取甲科，由太平尉为金吾曹、监察御史……

《毗陵集》卷一一《唐故朝散大夫中书舍人

秘书少监顿丘李公墓志》

房琯，河南人，天后朝正议大夫、平章事融之子也。琯少好学，风仪沉整，以门荫补弘文生。性好隐遁，与东平吕向于陆浑伊阳山中读书为事，凡十余岁。开元十二年，玄宗将封岱岳，琯撰《封禅书》一篇及笺启以献。中书令张说奇其才，奏授秘书省校书郎，调补同州冯翊尉。无几去官，应堪任县令举，授虢州卢氏令，政多惠爱，人称美之。

《旧唐书》卷一一一《房琯传》

卢藏用字子潜，幽州范阳人。……藏用能属文，举进士，不得调。与兄征明偕隐终南、少室二山，学练气，为辟谷，登衡、庐，彷洋岷、峨。……

长安中,召授左拾遗。……

姚元崇持节灵武道,奏为管记。还应县令举,甲科,为济阳令。

《新唐书》卷一二三《卢藏用传》

储光义,《正论》十五卷。兖州人,开元进士第。又诏中书试文章,历监察御史。……

《新唐书》卷五九《艺文志三》

王缙字夏卿,河中人也。少好学,与兄维早以文翰著名。缙连应草泽及文辞清丽举,累授侍御史、武部员外。

《旧唐书》卷一一八《王缙传》

王缙字夏卿,本太原祁人,后客河中。少好学,与兄维俱以名闻。举草泽、文辞清丽科上第,历侍御史、武部员外郎。

《新唐书》卷一四五《王缙传》

〔王〕缙字夏卿,河中人。与兄维俱以名闻。举草泽、文辞清丽科,上第。相肃宗。

《唐诗纪事》卷一六《王缙》

开元二十年,有敕将幸太原,重巡潞藩。上顾谓侍中裴光庭,先择才能,俾宿储供。公以左拾遗膺是选也。……公名仅,字冲用。……会有制命举才高未达、沉迹下僚、宏词博识、至公从正者,上御紫宸殿,亲试亲考,入拜献替之司。

《全唐文》卷三六二《徐季鸧·屯留令薛仅善政碑》

公讳史鱼,字某,赵郡平棘人也。……开元中,以多才应诏,解褐授秘书省正字。时海内和平,士有不由文学而进,谈者所耻。公以盛名冠甲科,群辈仰之如鸿鹄轩在霄际矣。秩满,调补河南参军长安尉监察御史。

《全唐文》卷五二〇《梁肃·侍御史摄御史中丞赠

尚书户部侍郎李公》

御史裴周使幽州日,见参谋姓胡,云是易州人,不记名。项有刀痕,问之,对曰:"某昔为番官,曾事特进李峤。峤奖某聪明,每有诗什,皆令收掌。常熟视谓之曰:'汝甚聪明,然命薄,少官禄,年至六十已上,方有两政。三十有重厄,不知得过否。尔后辗轲,不得觅身名。'"胡至三十,忽遇孙佺北征,便随入军。军败,贼刃颈不断,于积尸中卧,经一宿,乃得活。自此已后,每忆李公之言,更不敢觅官,于寺中洒扫。展转至六十,因至盐州,于刺史郭某家为客。有日者见之,谓刺史曰:"此人有官禄,今合举荐,前十月当得官。"刺史曰:"此边远下州,某无公望,岂敢辄荐举人?"俄属有恩赦,令天下刺史各举一人。其年五月,郭举此人有兵谋。至十月,策问及第,得东宫卫佐官,仍参谋范阳军事。

《太平广记》卷一六九《知人一·李峤》

《崔国辅集》。卷亡。应县令举,授许昌令,集贤直学士、礼部员外郎。……

《新唐书》卷六〇《艺文志四》

〔崔〕国辅,明皇时应县令举,授许昌令,集贤直学士、礼部员外郎。

《唐诗纪事》卷一五《崔国辅》

〔崔〕国辅,山阴人。开元十四年,严迪榜进士,与储光羲、綦毋潜同时。举县令,累迁集贤直学士、礼部郎中。

《唐才子传校笺》卷一《崔国辅》

崔圆,清河东武城人也。……父景晊,官至大理评事。圆少孤贫,志尚闳博,好读兵书,有经济宇宙之心。开元中,诏搜访遗逸,圆以钤谋射策甲科,授执戟。

《旧唐书》卷一〇八《崔圆传》

崔圆字有裕,贝州武城人,……少孤贫,志向卓迈,喜学兵家。开元中,诏举遗逸,以钤谋对策甲科,历京兆府参军。

《新唐书》卷一四〇《崔圆传》

崔圆,少孤贫,志尚闳博,好读兵书,有经济宇宙之心。开元中,诏搜访遗逸,圆以钤谋,射策甲科,授执戟。

《册府元龟》卷六五〇《贡举部·应举》

姚公讳子彦,字伯英,其先冯翊莲勺人,徙家河东。……而力行博学,温故知新,错综六艺。公作词赋。初举进士,又举词藻,皆升甲科,尉清苑获嘉永宁三县。开元二十九年,诏立黄老学,亲问奥义,对策者五百余人。公与今相国河南元公载及广平宋少贞等十人，以条奏精辩，才冠等列，授右拾遗。

《毗陵集》卷一一《唐故秘书监赠

礼部尚书姚公墓志铭并序》

　　天宝元年，诏征贤良方正，以备多士。公[1]时年十七，射策甲科，盛名翕然，震喧京邑。

《毗陵集》卷一三《唐故殿中侍御史赠

考功郎中萧府君文章集录序》

　　天宝元年秋，扶风郡太守崔琇举博学文词秀逸。玄宗御勤政楼，策试上第。以其年授京兆醴泉县尉。

《全唐文》卷五一四《殷亮·颜鲁公行状》

　　崔明允，天宝元年应文词秀逸举。明允等二十人；儒学博通，刘慇等八人；军谋越众，令狐潮等七人：并登科，各依资授官。

《册府元龟》卷六五〇《贡举部·应举》

　　元载，凤翔岐山人也，家本寒微。父景昇，任员外官，不理产业，常居歧州。载母携携载适景昇，冒姓元氏。载自幼嗜学，好属文，性敏惠，博览子史，尤学道书。家贫，徒步随乡赋，累上不升第。天宝初，玄宗崇奉道教，下诏求明庄、老、文、列四子之学者。载策入高科，授邠州新平尉。

《旧唐书》卷一一八《元载传》

---

① 指萧立。

元载自幼嗜学，好属文，性敏惠，博览经、史、子、学、道书。家贫，徒步随乡赋，累上不升第。天宝初，玄宗奉道教，下诏搜求明《老》《庄》《文》《列》四经学者。载策入高科，授邠州新平县尉。

《册府元龟》卷六五〇《贡举部·应举》

来瑱，邠州永寿人。……瑱略知书，尚名节，崖然有大志。天宝初，从四镇任剧职，累迁殿中侍御史、伊西北庭行军司马。诏举智谋果决、才堪统众者，拾遗张镐荐瑱能断大事，有御侮才，擢颍川太守，充招讨使。

《新唐书》卷一四四《来瑱传》

〔薛〕据，荆南人。开元十九年，王维榜进士。天宝六年，又中风雅古调科第一人。于吏部参选，据自恃才名，请受万年录事。流外官诉宰执，以为赤县是某等清要。据无由得之，改涉县令。

《唐才子传校笺》卷二《薛据》

〔权〕德舆先公与公天宝中，修词射策，为同门生。

《权载之文集》卷三三《唐故银青光禄大夫
御史大夫赠司徒赞皇文献公李公文集序》

君讳允臧，字季宁，京兆长安人。……天宝十载制举县令，对策及第，授延昌令。

《文忠集拾遗》卷三《朝请大夫行江陵少尹兼
侍御史荆南行军司马上柱国颜君神道碑铭》

归崇敬为四门博士。天宝末,对策高第,授左拾遗。

《册府元龟》卷六五〇《贡举部·应举》

归崇敬字正礼,苏州吴郡人也。……崇敬少勤学,以经业擢第。遭丧哀毁,以孝闻,调授四门助教。天宝末,对策高第,授左拾遗,改秘书郎。

《旧唐书》卷一四九《归崇敬传》

归崇敬字正礼,……天宝中,举博通坟典科,对策第一,迁四门博士。有诏举才可宰百里者,复策高第,授左拾遗。

《新唐书》卷一六四《归崇敬传》

归崇敬,天宝中举博通坟典科,对策第一。

《柳宗元集》卷二六《四门助教厅壁记》

杨绾字公权,华州华阴人也。祖温玉,则天朝为户部侍郎、国子祭酒。父侃,开元中醴泉令,皆以儒行称。绾生聪惠,年四岁,处群从之中,敏识过人。尝夜宴亲宾,各举坐中物以四声呼之,诸宾未言,绾应声指铁灯树曰:"灯盏柄曲。"众咸异之。及长,好学不倦,博通经史,九流七略,无不该览,尤工文辞,藻思清赡。而宗尚玄理,沉静寡欲,常独处一室,左右经书,凝尘满席,澹如也。含光晦用,不欲名彰,每属文,耻于自白,非知己不可得而见。早孤家贫,养母以孝闻,甘旨或阙,忧见于色。亲友讽令干禄,举进士,调补太子正字。天宝十三载,玄宗御勤政楼,试博通坟典、洞晓玄经、辞藻宏丽、军谋出众等举人,命有司供食,既暮而罢。取辞藻宏丽外，别试诗、赋各一首。制举试诗、赋，自此始也。时登科者三人，绾为之首，超授右拾遗。

《旧唐书》卷一一九《杨绾传》

杨绾字公权，华州华阴人。……第进士，补太子正字。举词藻宏丽科，玄宗已试，又加诗、赋各一篇，绾为冠，由是擢右拾遗。制举加诗、赋，繇绾始。

《新唐书》卷一四二《杨绾传》

杨绾举进士，调①补太学正字。玄宗朝征贤良，有司以绾赴召，策中甲科，超授右拾遗。

《册府元龟》卷六五〇《贡举部·应举》

天宝十三载，〔独孤及〕应诏至京师。时元宗以道莅天下，故黄老教列于学官。公以洞晓元经，对策高第，解褐，拜华阴尉。

《毗陵集》附录《朝散大夫使持节常州诸军事守
常州刺史赐紫金鱼袋独孤公行状》

王翃字宏肱，并州晋阳人。少治兵家。天宝中，授翊卫尉、羽林军宿卫。擢才兼文武科，出为辰州刺史。

《新唐书》卷一四三《王翃传》

高郢字公楚，其先渤海蓨人。九岁通《春秋》，能属文。……

---

① “调”，原本作“词”。

后举进士擢第,应制举,登茂才异行科,授华阴尉。

《旧唐书》卷一四七《高郢传》

郑珣瑜字元伯,郑州荥泽人。……大历中,以讽谏主文科高第,授大理评事,调阳翟丞,以拔萃为万年尉。

《新唐书》卷一六五《郑珣瑜传》

〔归〕登字冲之。……大历七年,举孝廉高第,补四门助教。贞元初,复登贤良科,自美原尉拜右拾遗。

《旧唐书》卷一四九《归登传》

吕元膺字景夫,郓州东平人。……建中初,策贤良对问第,授同州安邑尉。

《旧唐书》卷一五四《吕元膺传》

公讳陟,字殷衡。……幼而擢陵苕之秀,长而成清庙之器,群伦月旦,咸以第一流处之。及从乡赋,暨升名太常,果居上第。明年,诏郡国征贤良,设四科以尽材,公居文词清丽之目,授弘文馆校书郎。

《刘禹锡集》卷二《唐故朝议郎守尚书吏部侍郎
上柱国赐紫金鱼袋赠司空奚公神道碑》

奚陟字殷卿,亳州人也。祖乾绎,天宝中弋阳郡太守。陟少好读书,登进士第,又登制举文词清丽科,授弘文馆校书,寻拜大理评事。

《旧唐书》卷一四九《奚陟传》

奚陟少好读书，举进士升第。建中元年，制举文词清丽，授弘文馆校书。

《册府元龟》卷六五〇《贡举部·应举》

〔夏侯〕审，建中元年礼部侍郎令狐峘下试军谋越众科第一，释褐校书郎。又为参军，仕终侍御史。

《唐才子传校笺》卷四《夏侯审》

樊泽字安时，河中人。……相卫节度使薛嵩表为尧山令。举贤良方正，……是岁，泽上第，杨炎善之，擢左补阙。

《新唐书》卷一五九《樊泽传》

熊执易应举，道中秋雨泥潦，逆旅有人同宿而屡叹息者。问之，乃尧山令樊泽，将赴制举，驴劣不能进。执易乃辍所乘马，并囊中缣帛，悉与泽，以遂其往。诘朝，执易乃东归。

《唐国史补》卷上

吴通玄，海州人。……通玄幼应神童举，……建中初，策贤良方正等科。通玄应文词清丽，登乙第，授同州司户、京兆户曹。

《旧唐书》卷一九〇下《吴通玄传》

吴通玄，德宗建中初，举以文词清丽，授同州司户。

《册府元龟》卷五〇《贡举部·应举》

公讳佞①,字真长。······

烈考暾,宣州宣城县令,赠工部郎中,娶河东裴氏,乃生仆射。孝睦余力,工为文。始以崇文生应深谋秘策,考入上第,拜监察御史。

《刘禹锡集》卷三九《唐故监察御史赠

尚书右仆射王公神道碑》

君讳子陵,字某。······君卯岁好古学,与同门生肄业于峨嵋山下。采撷前载可以为文章枢要者,绅绎区别,凡数十万言。大历十三年,举进士甲科,调补秘书省校书郎。······贞元十年,举贤良方正,拜太常博士,转主客、司门二员外郎。

《权载之文集》卷二四《唐故尚书

司门员外郎仲君墓志铭并叙》

裴垍字弘中,河东闻喜人也,宰相裴居道七代孙。垍弱冠举进士。贞元中,诏选贤良极谏士,垍对策第一,授美原县尉。

《册府元龟》卷六五〇《贡举部·应举》

裴垍字弘中,河东闻喜人。垂拱中宰相居道七代孙。垍弱冠举进士。贞元中,制举贤良极谏,对策第一,授美原县尉。

《旧唐书》卷一四八《裴垍传》

太原王仲舒,······贞元十年冬,繇诸侯部从事贤良对策,历左右谏列、仪曹考功郎。

《权载之文集》卷三一《吏部员外郎南曹厅壁记》

---

① "佞",原本作"俊"。

王仲舒字弘中，太原人。少孤贫，事母以孝闻。嗜学工文，不就乡举。凡与结交，必知名之士，与杨頙、梁肃、裴枢为忘形之契。贞元十年，策试贤良方正能直言极谏等科，仲舒登乙第，超拜右拾遗。

《旧唐书》卷一九〇下《王仲舒传》

元稹字微之，河南人。……稹八岁丧父。其母郑夫人，贤明妇人也，家贫，为稹自授书，教之书学。稹九岁能属文。十五，两经擢第。二十四，调判入第四等，授秘书省校书郎。二十八，应制举才识兼茂明于体用科，登第者十八人，稹为第一，元和元年四月也。制下，除右拾遗。

《旧唐书》卷一六六《元稹传》

萧俛字思谦。……俛，贞元七年进士擢第。元和初，复登贤良方正制科，拜右拾遗，迁右补阙。

《旧唐书》卷一七二《萧俛传》

〔萧〕俛字思谦，恒子。贞元中，及进士第，又以贤良方正对策异第，拜右拾遗。

《新唐书》卷一〇一《萧俛传》

韦处厚字德载，京兆人。……通五经，博览史籍，而文思赡远。元和初，登进士第，应贤良方正，擢居异等，授秘书省校书郎。

《旧唐书》卷一五九《韦处厚传》

白居易字乐天，太原人。……贞元十四年，始以进士就试，礼部侍郎高郢擢升甲科，吏部判入等，授秘书省校书郎。元和元年四月，宪宗策试制举人，应才识兼茂明于体用科，策入第四等，授盩厔县尉、集贤校理。

《旧唐书》卷一六六《白居易传》

罗让字景宜。父珦，官至京兆尹。让少以文学知名，举进士，应诏对策高第，为咸阳尉。

《册府元龟》卷六五〇《贡举部·应举》

李虞仲字见之，赵郡人。祖震，大理丞。父端，登进士第，工诗。……端自校书郎移疾江南，授杭州司马而卒。

虞仲亦工诗。元和初，登进士第，又以制策登科，授弘文校书。

《旧唐书》卷一六三《李虞仲传》

〔樊泽〕子宗师，字绍述。始为国子主簿。元和三年，擢军谋宏远科，授著作佐郎。

《新唐书》卷一五九《樊宗师传》

自祖及绍述三世，皆以军谋堪将帅策上第。

《韩昌黎文集校注》卷七《南阳樊绍述墓志铭》

牛僧孺字思黯，……僧孺进士擢第，登贤良方正制科，释褐伊阙尉。

《旧唐书》卷一七二《牛僧孺传》

李宗闵字损之,宗室郑王元懿之后。祖自仙,楚州别驾。父
夷,宗正卿,出为华州刺史、镇国军潼关防御等使。夷兄夷简,元
和中宰相。宗闵,贞元二十一年进士擢第。元和四年,复登制举
贤良方正科。

《旧唐书》卷一七六《李宗闵传》

庞严者,字子肃,寿州寿春人。第进士,举贤良方正,策第一,
拜拾遗。

《新唐书》卷一〇四《庞严传》

李回字昭度,……长庆初,进士擢第,又登贤良方正制科。释
褐滑台从事,扬州掌书记,得监察御史。

《旧唐书》卷一七三《李回传》

（三）武科

1. 常科

其外,又有武举,盖其起于武后之时。长安二年,始置武举。
其制,有长垛、马射、步射、平射、筒射,又有马枪、翘关、负重、身材
之选。翘关,长丈七尺,径三寸半,凡十举后,手持关距,出处无过
一尺。负重者,负米五斛,行二十步。皆为中第,亦以乡饮酒礼送
兵部。

《新唐书》卷四四《选举志上》

长安二年，教人习武艺，其后每岁如明经、进士之法，行乡饮酒礼，送于兵部。开元十九年，诏武贡人与明经、进士同行乡饮酒礼。其课试之制，画帛为五规，置之于垛，去之百有五步，内规广六尺，概广六尺；余四规，每规内两边各广三尺。悬高以三十尺为限。列坐引射，名曰"长垛"。弓用一石力，箭重六钱。又穿土为埠，其长与垛均，缀皮为两鹿，历置其上，驰马射之，名曰"马射"。鹿子长五寸，高三寸。弓用七斗以上力。又断木为人，戴方版于顶。凡四偶人，互列埠上，驰马入埠，运枪左右触，必版落而人不踣，名曰"马枪"。枪长一丈八尺，径一寸五分，重八斤。其木人上版，方三寸[①]五分。皆以儇好不失者为上。兼有步射、穿札、翘关、负重、身材、言语之选，通得五上者为第。其余复有平射之科，不拘色役，高第者授以官，其次以类升。又制为土木马于里闾间，教人习骑。天宝六载正月，制："文武之道，既惟并用，宗敬之仪，不可独阙。其乡贡武举人上省，先令谒太公庙。每拜大将及行师克捷，亦宜告庙。"

《通典》卷一五《选举三·历代制下》

兵曹、司兵参军掌武官选举、兵甲器仗、门户管钥、烽候传驿之事。每岁贡武举人，有智勇谋略、强力悍材者，举而送之，试长垛、马枪、翘关、擎重，以为等第之上下，为之升黜，从文举行乡饮酒之礼，然后申送。

《唐六典》卷三〇《三府督护州县官吏》

〔兵部〕员外郎一人，掌贡举及诸杂请之事。凡应举之人有谋略、谓闲兵法。才艺、谓有勇技。平射、谓善能令矢发平直。十发五中，

---

① "三寸"，原本作"二寸"。

五居其次为上第；三中，七居其次为下第。筒射，谓善及远而中。十发四中，六居其次为上第；三中，七居其次为下第；不及此者为不第。皆待命以举，非有常也。

《唐六典》卷五《尚书兵部》

若州、府岁贡，皆孟冬随朝集使以至省，勘责文状而引试焉，亦与计科偕。有二科：一曰平射，试射长垛，三十发不出第三院为第。二曰武举。其试有七：一曰射长垛；入中院为上，入次院为次上，入外院为次。二曰骑射；发而并中为上，或中或不中为次上，总不中为次。三曰马枪；三板、四板为上，二板为次上，一板及不中为次。四曰步射，射草人；中者为次上，虽中而不法、虽法而不中者为次。五曰材貌；以身长六尺已上者为次上，已下为次。六曰言语；有神彩，堪充领者为次上，无者为次。七曰举重。谓翘关，率以五次为上第。皆试其高第者以奏闻。

《唐六典》卷五《尚书兵部》

其科第之优劣，谓平射、筒射之上第者，前资、见任见选，听减一次上，与官；勋、散、卫官五品已上官子孙，帖仗二年而选。次第者，其应选则据资优与处分，应帖仗则三年而选。庶人之上第亦帖仗，其年比次第。庶人次第，又加二年。武贡之第者，勋官五品已上并三卫执仗、乘，若品子年考已满者，并放选。勋官六品已上并应宿卫人及品子五考已上者，并授散官，谓"军士战官"。余并帖仗，然后授散官。勋、获之等级，皆审其实而授叙焉。

《唐六典》卷五《尚书兵部》

〔贞元〕十四年九月，诏："乡贡武举，并应百只箭及三十只箭人，今年宜权停。"时谏议大夫田敦因蒙召对，奏言："兵部武举等,每年尝数百千人,持挟弓矢,出入皇城间,恐非所宜。"上闻而矍然,故命停之。其实武举者,每岁不过十数人。时议恶敦贵,欲非短旧事,奏议不实。自是讫于贞元,更不复置。

《册府元龟》卷六四〇《贡举部·条制二》

〔元和〕三年五月,兵部奏:"乡贡武举,准贞元十四年九月诏宜权停。今请准旧例却置。"从之。

《册府元龟》卷六四〇《贡举部·条制二》

选士之科:沉谋密略出人者;词辩纵横,能移夺人之性情,堪辩说者;能往来听言语,览视四方之事,军中之情伪,日列于前者;能得敌之主佐、门庐、请谒之情,堪间谍者;能知山川险易,行止形势,利害远近,井泉水草,迳路迂直,堪乡导者;巧思出人,制造五兵及攻守器械者;引强彻札,戈铤剑戟,便于利用,挺身捕虏,搴旗斩将,堪陷陈者;趫捷若飞,逾城越堑,出入无形,堪窥觇者;往返三百里不及暮至者;破格舒钩,或负六百斤行五十步,四百斤行百步者;推步五行,瞻风云气候转式,多言天道,诡说阴阳者;罪犯者;父子兄弟欲执仇者;贫穷忿怒,将欲快其志者;故赘婿人虏,欲昭迹扬名者。

《通典》卷一四八《兵一·搜才》

大唐《卫公李靖兵法》曰:"诸兵士将战,身貌尪弱,不胜衣甲。又戎具所施,理须坚劲,须简取强兵,并令试练器仗。兵须胜举衣甲,器仗须彻札陷坚。须取甲,试令斫射,然始取中。"

《通典》卷一四八《兵一·选择》

郭子仪，华州郑县人。……子仪长六尺余，体貌秀杰，始以武举高等补左卫长史，累历诸军使。

《旧唐书》卷一二〇《郭子仪传》

郭子仪字子仪，华州郑人。长七尺二寸。以武举异等补左卫长史。

《新唐书》卷一三七《郭子仪传》

郭子仪，以武举补左卫长史，累以武艺登科，为诸军使。

《册府元龟》卷六五〇《贡举部·应举》

唐设武举，以选将帅，五代以来，皆以军卒为将，此制久废。

《燕翼诒谋录》卷五《武举更革》

2. 制科

济时兴国，实伫九工；御敌威边，亦资七德。朕端拱宣室，思弘景化，将欲分忧俊乂，共逸岩廊。而比贡英奇，举非勇杰，岂称居安虑危之志，虔存思乱之心！如不旌贲远近，则爪牙何寄？宜令京官五品已上及诸州牧守，各举所知，或勇冠三军，翘关拔山之力；智兼百胜，纬地经天之才；蕴奇策于良、平，驰功绩于卫、霍；踪二起于吴、白，轨双李于牧、广；赏纤善而万众悦，罚片恶而一军惧。如有此色，可精加采访，各以奏闻。（显庆二年六月）

《唐大诏令集》卷一〇二《采访武勇诏》

朕君临宇宙，司牧黎元，普天之下，罔不率服。蕞尔吐蕃，僻居遐裔，吐谷浑是其邻国，遂乃夺其土宇。往者暂遣偏裨，欲复浑王故地，义存拯救，事匪称兵。辄肆昏迷，潜相掩袭，既无备豫，颇丧师徒，因兹鸱张，每思狼顾。除凶伐叛，王者所急。前岁将发六军，问其罪戾，复以小寇，无劳大举，按甲息兵，庶其改过。不思惠养，更起回邪，敢纵狂惑，专为寇盗。或攻围镇戍，或驱抄羊马，烽燧频举，烟尘不息，候隙乘间，倏来忽往。比者止令镇遏，未能即事翦除，莫怀宽大之恩，遂长包藏之计。恶盈祸稔，当自覆灭。今欲分命将帅，穷其巢穴，克清荒服，必寄英奇。但秦雍之郊，俗称劲勇；汾晋之壤，人擅骁雄。宜令关内、河东诸州，广求猛士。在京者，令中书、门下于庙堂选试；外州，委使人与州县相知拣□。有膂力雄果、弓马灼然者，咸宜甄采，即以猛士为名。（仪凤二年十二月）

《唐大诏令集》卷一〇二《求猛士诏》

〔神龙〕三年春正月，……庚戌，以默啜寇边，制募猛士武艺超绝者，各令自举。

《旧唐书》卷七《中宗本纪》

将帅之任，军国斯重，御侮捍城，良才是急。顷者武臣多阙，戎政莫修。聆鼓鼙以载怀，筮熊罴而未遇。古今一也，何代无人？南仲、方叔之俦，亦在用之而已。宜令文武官及朝集使五品以上，各举堪将帅者一人，明扬幽仄，无限年位，务求实用，以副予怀。（先天元年十二月）

《唐大诏令集》卷一〇二《文武官及朝集使举堪将帅诏》

武设五兵，所以安人禁暴；臣称三杰，所以战胜攻取。蜀乃一方之王，尚得孔明；齐为九合之君，斯由管仲。况宇宙至广，人物至多，岂乏英贤，无闻韬略？盖用与不用，知与不知。今边境未清，统遏须将。顷林胡暂扰，柳城非捷；北虏忽惊，西军莫振。罪由失律，过在无谋。曹刿不言，宁知登轼之效？毛遂缄口，岂彰处囊之奇？长想古今，是思擢用。恐虽沾簪绂，犹晦迹于下流；或蕴智谋，尚沉名于大泽。不加精访，何以甄收！其两京、中都及天下诸州官人百姓，有智合孙、吴，可以运筹决胜；有勇齐贲、育，可以斩将搴旗。或坐镇行军，足拟万人之敌；或临戎却寇，堪为一队之雄。各听自举，务道其实。仍令州府，具以名进，所司速立限期，随表赴集。朕当亲试，不次用之。其有身充见在诸军统押者，但录所能奏闻，未须赴集。（开元九年九月）

《唐大诏令集》卷一〇二《求访武士诏》

公讳某，字时明，东莞莒人也。……公浚发卓荦，雄举倜傥。风雨之气，凛凛出徒；金玉之声，锵锵激物。问家以广孝，形国以尽忠。朋执义之，昆弟友之。虽文忠老成，而壮武特立。自左卫勋应穿叶附枝举，登科，授左玉钤翊府长史。

《李北海集》卷五《左羽林大将军臧公神道碑》

崔圆微时，欲举进士。……开元二十三年，应将帅举科，又于河南府充乡贡进士。其日正于福唐观试，遇赦下，便于试场中唤将，拜执戟参谋河西军事。

《太平广记》卷二二二《相二·李含章》

附： 备考读物

（一）各种备考读物

其明经比试帖经，殊非古义，皆诵帖括，冀图侥幸。

《旧唐书》卷一一九《杨绾传》

骆宾王《百道判集》一卷
张文成《龙筋凤髓》十卷
《崔锐判》一卷大历人。
郑宽《百道判》一卷元和拔萃。

《新唐书》卷六〇《艺文志四》

元思敬《诗人秀句》二卷
⋯⋯⋯⋯⋯⋯
王起《文场秀句》一卷

《新唐书》卷六〇《艺文志四》

王起《大中新行诗格》一卷
⋯⋯⋯⋯⋯⋯
元兢《古今诗人秀句》二卷
⋯⋯⋯⋯⋯⋯
张仲素《赋枢》三卷
范传正《赋诀》一卷

浩虚舟《赋门》一卷

倪宥《文章龟鉴》一卷

《新唐书》卷六〇《艺文志四》

李善注《文选》六十卷

《新唐书》卷六〇《艺文志四》

魏徵《时务策》五卷

············

《刘蕡策》一卷

《新唐书》卷六〇《艺文志四》

《五子策林》十卷集许南容而下五人策问。

《元和制策》三卷元稹、独孤郁、白居易。

《新唐书》卷六〇《艺文志四》

朕闻上古，其风朴略。虽因心之孝已萌，而资敬之礼犹简。及乎仁义既有，亲誉益著。圣人知孝之可以教人也，故因严以教敬，因亲以教爱。于是以顺移忠之道昭矣，立身扬名之义彰矣。子曰："吾志在《春秋》，行在《孝经》。"是知孝者，德之本欤！《经》曰："昔者明王之以孝理天下也，不敢遗小国之臣，而况于公、侯、伯、子、男乎？"朕尝三复斯言，景行先哲，虽无德教加于百姓，庶几广爱形于四海。

嗟乎！夫子没而微言绝，异端起而大义乖。况泯绝于秦，得之者皆煨烬之末；滥觞于汉，传之者皆糟粕之余。故鲁史《春秋》，学开五传;《国风》《雅》《颂》,分为四诗。去圣逾远,源流益别。近观《孝经》旧注,踳驳尤甚。至于迹相祖述,殆且百家;业擅专门,犹将十室。希升堂者必自开户牖,攀逸驾者必骋殊轨辙。是以道隐小成,言隐浮伪。且传以通经为义,义以必当为主,至当归一,精义无二,安得不翦其繁芜而撮其枢要也。韦昭、王肃,先儒之领袖;虞翻、刘邵,抑又次焉。刘炫明安国之本,陆澄讥康成之注,在理或当,何必求人?今故特举六家之异同,会五经之旨趣,约文敷畅,义则昭然;分注错经,理亦条贯。写之琬琰,庶有补于将来。且夫子谈经,志取垂训,虽五孝之用则别,而百行之源不殊。是以一章之中,凡有数句;一句之内,意有兼明。具载则文繁,略之又义阙。今存于疏,用广发挥。[1]

《十三经注疏·孝经注疏》之《孝经注序》

天宝二年五月,以重注《孝经》颁天下。诏曰:"化人成俗,率由于德本;移忠教敬,实在于《孝经》。朕思畅微言,以理天下,先为注释,寻也颁行。犹恐至赜难明,群疑未尽。近更探讨,因而笔削,兼为叙述,以究源流,将发明于大顺,庶开悟于来学。宜付所司,颁示中外。"

《册府元龟》卷四〇《帝王部·文学》

〔天宝〕五载,诏曰:"道为理本,孝实天经。将阐教以化人,必深究于微旨。朕钦承圣训,覃思玄宗。顷改《道德经》'载'字为'哉',仍隶属上句。及乎议定,众以为然。遂错综真铨,因成注

---

[1] 邢昺疏以此序属于开元十年六月,颁天下及国子学;又于天宝二年五月重注,亦颁天下。

解。又《孝经》旧疏虽粗，发明幽晦，探赜无遗，犹未能备。今更敷畅，以广阙文。且妙本逾玄，微言久绝，或怡然独得，或参以诸家。庶宏圣哲之规，用叶君亲之义。仍令集贤院具写，送付所司，颁示中外。"

《册府元龟》卷四〇《帝王部·文学》

公讳诚，字玄成，魏郡顿丘人也。……四岁知礼，七岁善属文。十六，户部尚书姚班以贤良荐，比之终、贾。开元三年举进士，十年举茂才，十七年举文学，皆射策取甲科。……开元中，蛮夷来格，天下无事，搢绅闻达之路唯文章先。公以俊造文赋皆第一，京师人传写策稿，相示以为式。

《毗陵集》卷一一《唐故朝散大夫中书舍人
秘书少监顿丘李公墓志》

乐天同元稹编《制科策林》，七十五门即怀挟也。

《吹剑录全编》之《吹剑四录》

初应进士时，中朝无缌麻之亲，达官无半面之旧。策蹇步于利足之途，张空拳于战文之场，十年之间，三登科第。名入众耳，迹升清贯，出交贤俊，入侍冕旒。始得名于文章，终得罪于文章，亦其宜也。日者，又闻亲友间说：礼、吏部举选人，多以仆私试赋判，传为准的；其余诗句，亦往往在人口中。

《元稹集》附录四《诗文·白居易·与元九书》

《白氏长庆集》者，太原人白居易之所作。居易字乐天。乐天
始言，试指"之""无"二字，能不误。始既言，读书勤敏，与他儿异。
五六岁识声韵，十五志诗赋，二十七举进士。贞元末，进士尚驰
竞，不尚文，就中六籍尤摈落。礼部侍郎高郢始用经艺为进退，乐
天一举擢上第。明年，拔萃甲科。由是《性习相近远》《求玄珠》
《斩白蛇》等赋，及百道判，新进士竞相传于京师矣。会宪宗皇帝
册召天下士，乐天对诏称旨，又登甲科。未几，入翰林，掌制诰，比
比上书言得失。因为《贺雨》《秦中吟》等数十章，指言天下事。时
人比之《风》《骚》焉。

《元稹集》卷五一《白氏长庆集序》

白居易，季庚之子。始生未能言，默识"之""无"二字，乳媪试
之，能百指而不误。间日复试之，亦然。既能言，读书勤敏，与他
儿异。五六岁识声韵，十五志诗赋，二十七举进士。贞元十六年，
中书舍人高郢掌贡闱，居易求试，一举擢第。明年，拔萃甲科。由
是《习性相近远》《求玄珠》《斩白蛇》等赋，为时楷式，新进士竞相
传于京师矣。会宪宗新即位，始用为翰林学士。

《太平广记》卷一七五《幼敏·白居易》

冯道字可道，瀛州景城人。……
…………

明宗入洛，……未几，迁中书侍郎、刑部尚书平章事。凡孤寒士
子，抱才业、素知识者，皆与引用。唐末衣冠，履行浮躁者，必抑而置
之。有工部侍郎任赞，因班退，与同列戏道于后曰："若急行，必遗下
《兔园册》。"道知之，召赞谓曰："《兔园册》皆名儒所集，道能讽之。

中朝士子止看《文场秀句》，便为举业，皆窃取公卿，何浅狭之甚耶！"
赞大愧焉。

《旧五代史》卷一二六《周书·冯道传》

（二）白居易《策林》

策林一（凡二十二道）

策林序

元和初，予罢校书郎，与元微之将应制举，退居于上都华阳观，闭户累月，揣摩当代之事，构成策目七十五门。及微之首登科，予次焉。凡所应对者，百不用其一二。其余自以精力所致，不能弃捐，次而集之，分为四卷，命曰《策林》云耳。

一、策头二道　二、策项二道　三、策尾三道　四、美谦让五、塞人望，归众心　六、政必成，化必至　七、不劳而理　八、风化浇朴　九、致和平，复雍熙　十、王泽流，人心感　十一、黄老术　十二、〔政〕化速成　十三、号令　十四、辨兴亡之由　十五、忠敬质文损益　十六、议祥瑞〔，辨妖灾〕　十七、兴五福，销六极　十八、辨水旱之灾〔，明存救之术〕

一、策头二道

臣伏见汉成帝以朱云庭辱张禹，令持下殿，云攀槛，槛折，成帝容之。后尝理槛，帝命勿易，以旌直臣。臣每览汉史至此，未尝不三复而叹息也。岂不以臣不爱死，虽邻于死而必谏乎？君能纳谏，虽折其槛而必容乎？不然，何云之竭忠也如此？而帝之见容也又如此？伏惟陛下：以至诚化万国，以至明临兆人。故数年之间，仍降诏旨，四海之内，累征贤良。思酌下言，乐闻上失；谕以旁求之意，询以无隐之辞。是则陛下纳谏之旨，远出于汉朝；微臣献言之罪，不虞于折槛矣。况清问之下，条对之中，苟言有可观，策有可取。陛下必光扬其名氏，优崇其爵秩，与夫勿易折槛，以旌直臣之意，又相万也。贱臣得不有犯无隐，以副陛下纳谏之旨乎？殚思极虑，以尽微臣献言之道乎？唯以直辞，昧死上对。

臣生也幸，沐圣朝垂覆育之惠，当陛下无忌讳之日，斯则朝闻夕死足矣，而况于充赋王庭者乎？伏念庸虚，谬膺诏选，诚不足以明辨体用，对扬德音。欲率尔而言，适足重小臣狂简之过；若默然而退，又何以副陛下虚求之心？是以窥玉旒，读金策，惭惶俛偗，不知所裁者久矣。然以愚虑之中，千或一得。而往古之成败，耳或妄有所闻；当今之得失，目或妄有所见。进不敢希旨，退不敢隐情，唯以直言，昧死上对。

二、策项二道

臣闻：人无常心，习以成性；国无常俗，教则移风。故亿兆之所趋，在一人之所执。是以恭默清净之政立，则复朴保和；贵德贱财之令行，则上让下竞；恕己及物之诚著，则苍生可致于至理；养老敬长之教洽，则皇化可升于太宁。由是言之，盖人之在教，若泥金之在陶冶。器之良窳，由乎匠之巧拙；化之善否，系乎君之作为。伏惟陛下慎而思之，勤而行之，则太平之风，大同之俗，可从容而驯致矣。

臣闻：教无常兴，亦无常废；人无常理，亦无常乱。盖兴废理乱，在君上所教而已。故君之作为，为教兴废之本；君之举措，为人理乱之源。若一出善言，则天下之人获其福；一违善道，则天下之人罹其殃；若一肆其心，而事有以阶于乱；一念于德，而邦有以渐于兴。交应之间，实犹影响。今陛下以懋建皇极为先，则大化不得不流矣；以钦若前训为本，则大朴不得不复矣；以缉熙庶绩为念，则五刑不得不措矣；以祗奉宗庙为心，则五教不得不敷矣。而尚有未流、未措、未复、未敷之问，自懋建已下，皆叠策问中事。此乃陛下劳谦之德太过，故不自见其益也；求理之心太速，故不自见其功也。臣何足以知之？然臣闻有始有卒者，其惟圣人乎？此言王者行道，非始之难，终之实难也。陛下又能终之，则太平之风，大同之俗，如指掌耳，岂止化流、朴复、刑措、教敷而已哉？

三、策尾三道

臣，鄙人也，生仁寿之代，沐文明之化，始以进士举及第，又以拔萃选授官。臣之名既获贰成，君之禄已受一命。虽天地不求仁于刍狗，而猷洽思委润于沧溟，惓惓之诚，畜之久矣。幸遇陛下发旁求之诏，垂下济之恩，详延谟猷，亲览条对。逢不讳之日，虽许极言，当无过之朝，不知所述。无裨清问，有负皇明；仰冒宸严，伏待罪戾。谨对。

臣幸逢昭代，得列明庭，惭无嘉言，以充清问。辄罄狂瞽，惟陛下择之。谨对。

臣生圣代，三十有五年，蒙陛下子育之恩，睹陛下升平之化，谬膺诏选，充赋天庭。安足亲承德音，条对清问？逢旁求之日，虽许直言；当已理之朝，将何极谏？尘黩圣鉴，俯伏待罪。谨对。

四、美谦让

四、美谦让总策问中事，连赞美之

臣闻：王者之有天下也，自谓之理，非理也；自谓之乱，非乱也；自谓之安，非安也；自谓之危，非危也。何者？盖自谓理且安者，则自骄自满，虽安必危。自谓乱且危者，则自戒自强，虽乱必理。理之又理，安之又安，则盛德大业，斯不远矣。伏惟陛下：嗣建皇极，司牧苍生，夙兴以忧人，夕惕而修己。以今日之理，陛下视朝廷未以为理；以今日之安，陛下视海内未以为安。而又思酌下言，乐闻上失，弊无不革，利无不兴。今则严禋郊庙，犹谓敬之不至。爱养黎庶，犹谓惠之不弘。省罢进献，犹忧人之困穷。蠲免逋租，犹虑农之勤匮。搜扬俊乂，犹畏贤之遗逸。涤荡罪戾，犹念狱之非辜。底定兵戈，犹惧其未戢。怀柔夷狄，犹恐其未宾。大化参乎阴阳，犹惭之以寡德。重光并乎日月，犹让之以不明。斯乃陛下劳谦之心，合天运之不息也；勤恤之德，合地道之无疆也。如臣者何所知焉？何所述焉？伏以圣聪，贵闻庶议，苟有愚见，敢不极谏？

五、塞人望，归众心在慎言动之初

夫欲使人望塞，众心归者，无他焉，在陛下慎初之所致耳。臣闻：天子动则左史书之，言则右史书之。言动不书，非盛德也；书而不法，后嗣何观焉？若王者言中伦，动中度，则千里之外应之，百代之后歌之，况其迩者乎？若言非宜，动非礼，则千里之外违之，百代之后笑之，况其迩者乎？是以古之天子，口不敢戏言，身不敢妄动，动必三省，言必再思。况陛下初嗣祖宗，新临兆庶。臣伏见天下之目，专专然以观陛下之动也；天下之耳，颙颙然以听陛下之言也。则陛下出一言，不终日而达于朝野；动一事，不浃辰而闻于华夷。盖是非之声，无翼而飞矣。损益之名，无胫而走矣。陛下得不慎之哉？伏惟观于斯，察于斯，使一言一动，无所苟而已矣。言动不苟，则天下之望塞焉，天下之心归焉。

六、政必成，化必至_{在敬其终}

问：先王之教，布在方策。事虽易举，政则难成。岂文之空垂？将行之未至？思臻其极，伫质所疑。

夫欲使政必成，化必至者，无他焉，在陛下敬始慎终之所致耳。臣闻：先王之训，不徒言也；先王之教，不虚行也。浅行之则小理，深行之则大和。浅深小大之应，其犹影响矣。然则天下至广，王化至大，增减损益，难见其形。是以政之损者，虽不见其日损，必有时而乱也。教之益者，虽不见其日益，必有时而理也。陛下但推其诚，勤其政，慎其始，敬其终，日用而不知自臻其极，此先王终日所务者也，终日所行者也。不可月会其教化之深浅，岁计其风俗之厚薄焉。臣又闻：《易》曰："圣人久于其道，而天下化成。"《诗》曰："靡不有初，鲜克有终。"此言王者之教，待久而成也；王者之化，待终而至也。陛下诚能久而终之，则何虑政不成而化不至乎？

七、不劳而理在顺人心立教

问：方今勤恤忧劳，夙夜不息，而政教犹缺，惩劝未行。何则上古之君，无为而理，令不严而肃，教不劳而成？何施何为，得至于此？

臣请以三五之道言之。臣闻：三皇之为君也，无常心，以天下心为心；五帝之为君也，无常欲，以百姓欲为欲。顺其心以出令，则不严而理；因其欲以设教，则不劳而成。故风号无文而人从，刑赏不施而人服。三五所以无为而天下化者，由此道也。后代反是，故不及者远焉。臣请以三代已后之事言之。臣闻：后代之天下，三五之天下也；后代之人，三五之人也；后代之位，三五之位也。居其位，得其人，有其天下，而不及三五者，何哉？臣窃惊怪之，然亦粗知其由矣。岂不以己心为心，抑天下以奉一人之心也。以己欲为欲，咈百姓以从一人之欲也。苟或心与道未合，政与欲并行，得失交争，利害相半。如此，则虽宵衣旰食，劳体励精，才可以致小康，不足以弘大道。故出令而吏或犯，设教而人敢违；刑虽明而寡惩，赏虽厚而鲜劝。此由舍人而从欲，是以勤多而功少也。伏惟陛下去彼取此，执古御今，以三五之心为心，则政教何忧乎不洽？以亿兆之欲为欲，则惩劝何畏乎不行？政教洽，则不殷忧而四海宁；惩劝行，则不勤劳而万人化。此由舍己而从众，是以事半而功倍也。臣又闻太宗文皇帝尝曰：朕虽不及古，然以百姓心为心。臣以为致贞观之理者，由斯一言始矣。伏愿陛下从而鉴之，嗣而行之，则天下幸甚！天下幸甚！

八、风化浇朴 _{由教不由时}

问：甿俗之理乱，风化之盛衰，何乃得于往而失于来？薄于今而厚于古？或曰：兴替之道，执在君臣。又云：浇朴之风，系于时代。二说相反，其谁可从？

臣闻：代之浇醨，人之朴略，由上而不由下，在教而不在时。盖政之臧否定于中，则俗之厚薄应于外也。何以验核？伏请以周、秦以降之事言之。臣闻：周德浸衰，君臣凌替，蚕食瓜割，分为战国。秦氏得之，以暴易乱，曾未旋踵，同归覆亡。炎汉勃兴，奄有四海，仅能除害，未暇化人。迨于文帝、景帝，始思理道，躬行慈俭，人用富安，礼让自兴，刑罚不试。升平之美，邻于成康，载在《汉书》，陛下熟闻之矣。降及魏、晋，迄于梁、隋，丧乱弘多，殆不足数。我高祖始建区夏，未遑缉熙。迨于太宗、玄宗，抱圣神文武之姿，用房、杜、姚、宋之佐，谋猷启沃，无怠于心；德泽施行，不遗于物。所以刑措而百姓欣戴，兵偃而万方悦随，近无不安，远无不服。虽成、康、文、景，无以尚之，载在国史，陛下熟知之矣。然则周、秦之乱极矣，及文、景继出，而昌运随焉；梁、隋之弊甚矣，及二宗嗣兴，而王道融焉。若谓天地生成之德渐衰，家国君臣之道渐丧，则当日甚一日，代甚一代，不应衰而复盛，浇而复和，必不尔者。何乃清平朴素之风，薄于周、秦之交，而〔复〕厚于文、景之代耶？顺成和动之俗，丧于梁、隋之际，而独兴于贞观、开元之年耶？由斯言之，不在时矣。故魏徵有云：若言人渐浇讹，不反质朴，至今应为鬼魅，宁可复得而教化耶？斯言至矣。故太宗嘉之。又按《礼记》曰："教者，人之寒暑也；事者，人之风雨也。"此言万民之从王化，如百谷之委岁功也。若寒暑以时，则禾黍登而菽麦熟；若风雨不节，即稂莠植而秕稗生。故教化优深，则廉让兴而仁义作；刑政偷薄，则讹伪起而奸宄臻。虽百谷在地，成之者天也；虽万人在下，化之者上也。必欲以凉德弊政，严令繁刑，而求仁义行，奸宄息；亦犹飘风暴雨，愆阳伏阴，而望禾黍丰，稂莠死，其不可也，亦甚明矣！故曰：尧、舜率天下以义，比屋可封；桀、纣率天下以暴，比屋可戮。斯则由上在教之明验也，伏惟圣心无疑焉。

九、致和平，复雍熙在念今而思古也

问：今欲感人心于和平，致王化于朴厚，何思何念，得至于斯？

臣闻：政不念今，则人心不能交感；道不思古，则王化不能流行。将欲感人心于和平，则在乎念今而已。伏惟陛下知人安之至难也，则念去烦扰之吏。爱人命之至重也，则念黜苛酷之官。恤人力之易罢也，则念省修葺之劳。忧人财之易匮也，则念减服御之费。惧人之有馁也，则念薄麦禾之税。畏人之有寒也，则念轻布帛之征。虑人之有愁苦也，〔则念节声乐之娱。恐人之有怨旷也，〕则念损嫔嫱之数。故念之又念之，则人心交感矣；感之又感之，则天下和平矣。将欲致王化于雍熙，则在乎思古而已。伏惟陛下仰羲轩之道也，则思兴利而除害。侔唐虞之圣也，则思明目而达聪。师夏禹之德也，则思泣辜而恤人。法殷汤之仁也，则思祝网而爱物。鉴汉之盛也，则思罢露台而海内流化。观周之兴也，则思葬枯骨而天下归心。弘贞观之理也，则思闻房、杜之谠议以致升平。嗣开元之政也，则思得姚、宋之嘉谋而臻富寿。故思之又思之，则王泽流行矣；行之又行之，则天下雍熙矣。

十、王泽流，人心感在恕己及物

夫欲使王泽旁流，人心大感，则在陛下恕己及物而已。夫恕己及物者无他，以心度心，以身观身，推其所为以及天下者也。故己欲安，则念人之重扰也。己欲寿，则念人之嘉生也。己欲逸，则念人之惮劳也。己欲富，则念人之恶贫也。己欲温饱，则念人之冻馁也。己欲声色，则念人之怨旷也。陛下念其重扰，则烦暴之吏退矣。念其嘉生，则苛虐之官黜矣。念其惮劳，则土木之役轻矣。念其恶贫，则服御之费损矣。念其冻馁，则布帛麦禾之税轻矣。念其怨旷，则妓乐嫔嫱之数省矣。推而广之，念一知十。盖圣人之道也，始则恕己以及人，终则念人而反己。故恕之又恕之，则王泽不得不流矣；念之又念之，则人心不得不感矣。泽流心感，而天下不太平者，未之闻也。

十一、黄老术在尚宽简，务清净，则人俭朴，俗和平

夫欲使人情俭朴，时俗清和，莫先于体黄老之道也。其道在乎尚宽简，务俭素，不眩聪察，不役智能而已。盖善用之者，虽一邑一郡一国至于天下，皆可以致清净之理焉。昔宓贱得之，故不下堂而单父之人化。汲黯得之，故不出阁而东海之政成。曹参得之，故狱市勿扰〔而〕齐国大和。汉文得之，故刑罚不用而天下大理。其故无他，清净之所致耳。故《老子》曰："我无为而人自化，我好静而人自正，我无事而人自富，我无欲而人自朴。"此四者皆黄老之要道也。陛下诚能体而行之，则人俭朴而俗清和矣。

十二、政化速成 由不变礼,不易俗

夫欲使政化速成,则在乎去烦扰,弘简易而已。臣请以齐、鲁之事明之。臣闻:伯禽之理鲁也,变其礼,革其俗,三年而政成。太公之理齐也,简其礼,从其俗,五月而政成。故周公叹曰:"夫平易近人,人心归之。"鲁后代其北面事齐矣!此则烦简迟速之效明矣。伏惟陛下鉴之。

十三、号令 令一则行,推诚则化

问:号令者,所以齐其俗,一其心,故圣人专之慎之。然则号令既出,而俗犹未齐者,其故安在?令既行而心犹未一者,其失安归?欲使下令如风行,出言如响应,导之而人知勤,防之而人不逾,将致于斯,岂无其要?

臣闻:王者发施号令,所以齐其俗,一其心。俗齐则和,心一则固,人于是乎可任使也。《传》曰:"人心不同,如其面焉。"故一人一心,万人万心,若不以令一之,则人人之心各异矣。于是积异以生疑,积疑以生惑,除乱莫先乎令者也,故圣王重之。然则令者,出于一人,加于百辟,被于万姓,渐于四夷,如风行,如雨施,有往而无返也。其在《周易》涣汗之义,言号令如汗涣然,一出而不可复也,故圣王慎之。然则令既出,而俗犹未齐者,由令不一也。〔令不一者,〕非独朝出夕改,晨行暮止也。盖谨于始,慢于终,则不一也。张于近,弛于远,则不一也。急于贱,宽于贵,则不一也。行于疏,废于亲,则不一也。且人之心,犹不可以不一而理,况君之令，其可二三而行者乎？然则令既一，而天下之心犹未悦随者，由上之不能行于己、推于诚者也。凡下之从上也，不从口之言，从上之所好也；不从力之制，从上之所为也。盖行诸己也诚，则化诸人也〔速。求诸己也至，则感诸人也〕深。若不推之于诚，虽三令五申，而令不明矣。苟不行之于己，虽家至日见，而人不信矣。圣王知其如此，故以礼自修，以法自理，慎其所好，重其所为，有诸己者而后求诸人，责于下者必先禁于上。是以推之而往，引之而来，导之斯行，禁之斯止。使天下之心，颙颙然唯望其令、听其言而已。故言出则千里之外应如响，令下则四海之内行如风。故曰：禁胜于身，则令行于人者矣。又曰：下令如流水发源，盖是谓也。如此，则何虑乎海内之令，不如身之使臂，臂之使指者哉？

十四、辨兴亡之由<small>由善恶之积</small>

问：万姓亲怨之由，百王兴亡之渐，将独系于人乎？抑亦系于君乎？

臣观前代邦之兴，由得人也；邦之亡，由失人也。得其人，失其人，非一朝一夕之故，其所由来者渐矣。天地不能顿为寒暑，必渐于春秋；人君不能顿为兴亡，必渐于善恶。善不积，不能勃焉而兴；恶不积，不能忽焉而亡。善与恶，始系于君也；兴与亡，终系于人也。何则？君苟有善，人必知之。知之又知之，其心归之。归之又归之，则载舟之水，由是积焉。君苟有恶，人亦知之。知之又知之，其心去之。去之又去之，则覆舟之水，由是作焉。故曰：至高而危者，君也；至愚而不可欺者，人也。圣王知其然，故则天上不息之道以修己，法地下不动之德以安人。修己者，慎于中也，栗然如履春冰。安人者，敬其下也，懍乎若驭朽索，犹惧其未也。加以乐人之乐，人亦乐其乐；忧人之忧，人亦忧其忧。乐同于人，敬慎著于己。如是而不兴者，反是而不亡者，自生人已来，未之有也。臣愚以为百王兴亡之渐，在于此也。

十五、忠敬质文损益

问：忠敬质文，百代循环之教也。五帝何为而不用？三王何故而相承？将时有同异邪？道有优劣耶？又三代之际，损益不同，所祖三才，其义安在？岂除旧布新，务于相反相异乎？复扶衰救弊，其道不得不然乎？又国家祖述五帝，宪章三代，质文忠敬，大备于今。而尚人鲜朴而忠，俗多利而巧。欲救斯弊，其道如何？

臣闻：步骤殊时，质文异制。五帝以道化，三王以礼教。道者无为，无为故无失，无失故无革。是以唐、虞相承，无所改易也。礼者有作，有作则有弊，有弊则有救。故殷、周相代，有所损益也。损益之教，本乎三才。夏之教尚忠，忠本于人，人道以善教人，忠之至也。故曰：忠者，人之教也。忠之弊，其民野。救野莫若敬，故殷之教尚敬。敬本于地，地道谦卑，天之所生，地敬养之。故曰：敬者，地之教也。敬之弊，其人诡。救诡莫若文，故周之教尚文。文本于天，天道垂文，而人则之。故曰：文者，天之教也。文之弊，其人僿，救僿莫若忠。然则三王之所祖不同者，非欲自异而相反也，盖扶衰救弊，各随其运也。运苟有异，教亦不同。虽忠与敬，各系于时；而质与文，俱致于理。标其教则殊制，臻其极则同归，亦犹水火之相形，同根于冥化，共济于人用也。寒暑之相代，同本于元气，共成于岁功也。三王之道，亦如是焉。我国家钦若五帝，宪章三代。典谟不易之道，祖述而大用；忠敬迭救之教，具举而兼行：可谓文质协和，礼乐明备之代也。然臣闻孔子曰："殷因于夏礼，周因于殷礼，损益始终，若循环然。其继周者，百代可知也。"臣观周之弊也，爵赏黩，刑罚穷。而秦反用刑名，祚因中绝。及汉杂以霸道，德又下衰。迨于魏、晋以还，未有继而救者。是以周之文弊，今有遗风，故人鲜朴而忠，俗犹利而巧。伏愿陛下以继周为己任，以行夏为时宜，稍益质而损文，渐尚忠而救僿。斟酌于教，经纬其人，使瞻前而道继三王，顾后而光垂万叶。则尽善之道，大同之风，不专〔美〕于上古矣。

十六、议祥瑞〔，辨妖灾〕

问：国家将兴，必有祯祥；国家将亡，必有妖孽。斯岂国之兴灭，系于天地之灾祥欤？将物之妖瑞，生于时政之昏明欤？又，天地有常道，灾祥有常应，此必然之理也。何则桑谷之妖，反为福于太戊？大鸟之庆，竟成祸于帝辛？岂吉凶或僭在人，将休咎不常其道？儆戒之征安在？改悔之效何明？又，祥必偶圣，妖必应昏。何则明时不能为无灾，乱代或闻其有瑞？报施之道，何缪滥哉？

臣闻：国家将兴，必有祯祥；国家将亡，必有妖孽者。非孽生而后邦丧，非祥出而后国兴。盖瑞不虚呈，必应圣哲；妖不自作，必候淫昏。则昏圣为祥孽之根，妖瑞为兴亡之兆矣。《文子》曰："阴阳陶冶万物，皆乘人气而生。"然则道之休明，德动乾坤，而感者谓之瑞；政之昏乱，腥闻上下，而应者谓之妖。瑞为福先，妖为祸始,将兴将废,实先启焉。然有人君,德未及于休明,政不至于昏乱,而天文有异,地物不常,则为瑞为妖,未可知也。或者天示儆戒之意,以寤君心,俾乎君修改悔之诚,以答天鉴。如此,则转乱为治,变灾为祥,自古有之,可得而考也。臣闻高宗不聪,飞雉雊于鼎;宋景有罚,荧惑守于心。及乎懋懿德以修身,出善言而罪己,则升耳之异自珍,退舍之庆自臻。天人相感,可谓明矣!速矣!且高宗,三代之贤主也,有一德之违,亦谪见于物。宋景,列国之常主也,有一言之感,亦冥应乎天。则知上之鉴下,虽贤王也,苟有过而必知;下之感上,虽常主也,苟有诚而必应。故王者不惧妖之不灭,而惧过之不悛;不惧瑞之不臻,而惧诚之不至。足明休征在德,吉凶由人矣。失君道者,祥反成妖;悟天鉴者,灾亦为瑞:必然而已矣。抑臣又闻:王者之大瑞,在乎天地泰,阴阳和,风雨时,寒暑节,百谷熟,万人安,赋役轻,服用俭,兵革偃,刑罚措,贤者出,不肖者退,声教日被,讴歌日兴。此之谓休征,此之谓嘉瑞也。王者之大妖,在乎两仪不泰,四气不和,风雷不时,水旱不节,五谷不稔,百膻不藏,徭役烦,征赋重,干戈动,刑狱作,君子隐,小人见,政令日缺,怨谤日兴。此之谓咎征,此之谓妖孽也。至若一星一辰之瑞,一云一露之祥;一鸟一兽之妖,一草一木之怪:或偶生于气象,或偶得于陶钧,信非休咎之征,兴亡之兆也。何则?隐见出处,亦不干常。明圣之朝,不能无小灾小沴;衰乱之代,亦或有小瑞小祥。固未足质帝王之疑,明天地之意耳。王者但外思其政,内省其身,自谓德之不修,诚之不著,虽有区区之瑞,不足嘉也;自谓政之能立,道之能行,虽有琐琐之妖,不足惧也。臣窃谓:妖祥废兴之由,实在于此,故虽辞费,不敢不备而言之。

十七、兴五福，销六极

问：昔周著九畴之书，汉述五行之志，皆所以精究天人之际，穷探政化之源。然则五福之祥，何从而作？六极之沴，何感而生？将欲辨行，可明本末。又，今人财耗费，既贫且忧，时沴流行，或疾而夭，思欲销六极，致五福，驱一代于富寿，纳万人于康宁。何所施为，可致于此？

臣闻：圣人兴五福，销六极者，在乎立大中，致大和也。至哉！中和之为德，不动而感，不劳而化。以之守则仁，以之用则神；卷之可以理一身，舒之可以济万物。然则和者，生于中也；中者，生于不偏也，不邪也，不过也，不及也。若人君内非中勿思，外非中勿动，动静进退，皆得其中。故君得其中，则人得其所；人得其所，则和乐生焉。是以君人之心和，则天地之气和；天地之气和，则万物之生和。于是乎三和之气，沂合细缊，积为寿，蓄为富，舒为康宁，敷为攸好德，益为考终命。其羡者，则融为甘露，凝为庆云，垂为德星，散为景风，流为醴泉。六气叶乎时，七曜顺乎轨。迨于巢穴羽毛之物，皆煦妪而自蕃；草木鳞介之祥，皆丛萃而继出。夫然者，中和之〔气所〕致也。若人君内非中是思，外非中是动，动静进退，不得其中。故君不得其中，则人不得其所；人不得其所，则怨叹兴焉。是以君人之心不和，则天地之气不和；天地之气不和，则万物之生不和。于是乎三不和之气，交错埋郁，伐为凶短折，攻为疾，聚为忧，损为贫，结为恶，耗为弱。其羡者，潜为伏阴，淫为愆阳，守为彗星，发为暴风，降为苦雨。四序失其节，三辰乱其行。迨于襁褓卵胎之生，皆夭阏而不遂；木石华虫之怪，皆糅杂而毕呈。夫然者,不中不和之气所致也。则天人交感之际,五福六极之来,岂不昭昭然哉?臣伏见比者兵赋未减,人鲜无忧;时沴所加,众或有疾。德宗皇帝病人之病,忧人之忧,于是救之以广利之方,悦之以中和之乐。将使易忧为乐,变病为和,惠化之恩,莫斯甚也。然臣窃闻:善除害者,察其本;善理疾者,绝其源。伏惟陛下欲纾人之忧,先念忧之所自;欲救人之病,先思病之所由。〔知所自〕以绝之,则人忧自弭也;知所由以去之,则人病自瘳也。然后申之以救疗之术,则人易康宁;鼓之以安乐之音,则人易和悦。斯必应疾而化速,利倍而功兼;六极待此而销,五福待此而作。如是,可以陶三才缪滥之气,发为休祥;驱一代鄙夭之人,臻乎仁寿。中和之化,夫何远哉!

十八、辨水旱之灾(、明存救之术)

问:"狂常雨若,僭常旸若。"此言政教失道,必感于天也。又,尧之水九年,汤之旱七年。此言阴阳定数,不由于人也。若必系于政,则盈虚之数徒言;如不由于人,则精诚之祷安用?二义相戾,其谁可从?又问:阴阳不测,水旱无常,将欲均岁功于丰凶,救人命于冻馁。凶歉之岁,何方可以足其食?灾危之日,何计可以固其心?将备不虞,必有其要。历代之术,可明征焉。

臣闻:水旱之灾,有小有大。大者由运,小者由人。由人者,由君上之失道,其灾可得而移也。由运者,由阴阳之定数,其灾不可得而迁也。然则小大本末,臣粗知之。其小者,或兵戈不戢,军旅有强暴者;或诛罚不中,刑狱有冤滥者;或小人入用,谗佞有得志者;或君子失位,忠良有放弃者;或男女臣妾,有怨旷者;或鳏寡孤独,有困死者;或赋敛之法无度焉;或土木之功不时焉。于是乎，忧伤之气，愤怨之诚，积以伤和，变而为沴。古之君人者，逢一灾，偶一异，则收视反听，察其所由。且思乎军镇之中，无乃有纵暴者耶？刑狱之中，无乃有冤滥者耶？权宠之中，无乃有不肖者耶？放弃之中，无乃有忠贤者耶？内外臣妾，无乃有幽怨者耶？天下穷人，无乃有困死者耶？赋入之法，无乃有过厚者耶？土木之功，无乃有屡兴者耶？若有一于此，则是政令之失，而天地之谴也。又，《洪范》曰："狂常雨若，僭常旸若。"言不信不乂，亦水旱应之。然则人君苟能改过塞违，率德修政，励敬天之志，虔罪己之心，则虽逾月之霖，经时之旱，至诚所感，不能为灾。何则？古人或牧一州，或宰一县，有暴身致雨者，有救火反风者，有飞蝗去境者。郡邑之长，犹能感通，况王者为万乘之尊，居兆人之上，悔过可以动天地，迁善可以感神明。天地神明，尚且不违，而况于水旱、风雨、虫蝗者乎？此臣所谓由人，可移之灾也。其大者，则唐尧九载之水，殷汤七年之旱是也。夫以尧之大圣，汤之至仁，于时德俭人和，刑清兵偃，上无狂僭之政，下无怨嗟之声，而卒有浩浩滔天之灾，炎炎烂石之沴。非君上之失道，盖阴阳之定数矣。此臣所谓由运，不可迁之灾也。然则圣人不能迁灾，能御灾也；不能违时，能辅时也。将在乎廪积有常，仁惠有素。备之以储蓄，虽凶荒而人无菜色；固之以恩信，虽患难而人无离心。储蓄者，聚于丰年，散于歉岁。恩信者，行于安日，用于危时。夫如是，则虽阴阳之数不可迁，而水旱之灾不能害。故曰：人强胜天。盖是谓矣。斯亦图之在早，备之在先，所谓思危于安，防劳于逸。若患至而方备，灾成而后图，则虽圣人，不能救矣。抑臣又闻：古者圣王在上，而下不冻馁者，何哉？非家至日见，衣之食之，盖能均节其衣食之原也。夫天之道无常，故岁有丰必有凶；地之利有限，故物有盈必有缩。圣王知其必然,于是作钱刀布帛之货,以时交易之,以时敛散之。所以持丰济凶,用盈补缩,则衣食之费,谷帛之生,调而均之,不啻足矣。盖管氏之轻重,李悝之平籴,耿寿昌之常平者,可谓不涸之仓,不竭之府也。故丰稔之岁,则贵籴而以利农人;凶歉之年,则贱籴以活饿殍。若水旱作沴,则资为九年之蓄;若甲兵或动,则馈为三军之粮。上以均天时之丰凶,下以权地利之盈缩,则虽九年之水,七年之旱,不能害其人,危其国矣。至若禳祷之术,凶荒之政,历代之法,臣粗闻之。则有雩天地以牲牢,禜山川以圭璧,祈土龙于玄寺,舞群巫于灵坛,徙市修城,贬食彻乐,缓刑省礼,务啬劝分,杀哀多婚,弛力舍禁。此皆从人之望,随时之宜,勤恤下之心,表恭天之罚,但可以济小灾小弊,未足以救大危大荒。必欲保邦邑于危,安人心于困,则在乎储蓄充其腹,恩信结其心而已。盖羲农、唐虞、禹汤、文、武,皆由此途而王也。

《白居易集》卷六二《策林一》

策林二(凡十七道)

十九、息游堕　二十、平百货之价　二十一、人之困穷,由君之奢欲　二十二、不夺人利　二十三、议盐法之弊　二十四、议罢漕运可否　二十五、立制度　二十六、养动植之物　二十七、请以族类求贤　二十八、尊贤　二十九、请行赏罚,以劝举贤　三十、审官　三十一、大官乏人　三十二、议庶官迁次之迟速　三十三、革吏部之弊　三十四、牧宰考课　三十五、使百职修,皇纲振

十九、息游堕劝农桑，议赋税，复租庸，罢缗钱，用谷帛

问：一夫不田，天下有受其馁者。一妇不蚕，天下有受其寒者。斯则人之性命系焉，国之贫富属焉。方今人多游心，地方有遗力。守本业者，浮而不固；逐末作者，荡而忘归。夫然，岂惩戒游堕之法，失其道耶？将敦劝农桑之教，不得其本耶？

臣伏见今之人，舍本业，趋末作者，非恶本而爱末，盖去无利而就有利也。夫人之蚩蚩趋利者甚矣，苟利之所在，虽水火蹈焉，虽白刃冒焉。故农桑苟有利也，虽日禁之，人亦归矣，而况于劝之乎？游堕苟无利也，虽日劝之，亦不为矣，而况于禁之乎？当今游堕者逸而利，农桑者劳而伤。所以伤者，由天下钱刀重而谷帛轻也。所以轻者，由赋敛失其本也。夫赋敛之〔失其〕本者，量桑地以出租，计夫家以出庸。租庸者，谷帛而已。今则谷帛之外，又责之以钱。钱者，桑地不生铜，私家不敢铸，业于农者，何从得之？至乃吏胥追征，官限迫蹙，则易其所有，以赴公程。当丰岁，则贱籴半价，不足以充缗钱；遇凶年，则息利倍称，不足以偿逋债。丰凶既若此，为农者何所望焉？是以商贾大族，乘时射利者，日以富豪。田垄罢人，望岁勤力者，日以贫困。劳逸既悬，利病相诱，则农夫之心，尽思释耒而倚市；织妇之手，皆欲投杼而刺文。至使田卒污莱，室如悬磬；人力罕施，而地利多郁；天时虚运，而岁功不成。臣常反覆思之，实由谷帛轻而钱刀重也。夫籴甚贵，钱甚轻，则伤人；籴甚贱，钱甚重，则伤农。农伤则生业不专，人伤则财用不足。故王者平均其贵贱，调节其重轻，使百货通流，四人交利。然后上无乏用，而下亦阜安。方今天下之钱，日以减耗，或积于国

府,或滞于私家,若复日月征求,岁时输纳。臣恐谷帛之价转贱,农桑之业转伤,十年已后,其弊或甚于今日矣。非所谓平均调节之道也。今若量夫家之桑地,计谷帛为租庸,以后斗登降为差,以匹丈多少为等,但书估价,并免税钱,则任土之利载兴,易货之弊自革。弊革,则务本者致力;利兴,则趋末者回心。游手于道途市肆者,可易业于西成;托迹于军籍释流者,可返躬于东作。欲其游堕,其可得乎?加以陛下念稼穑之艰难则薄敛,而人足食矣;念纺绩之勤苦则省用,而人丰财矣;念异货之败度则寡欲,而人著诚矣;念奇器之荡心则正德,而人归厚矣。其兴利除害也如彼,又修己化人也如此,是必应之如响答,顺之如风行。斯所谓下令于流水之源,系人于包桑之本者矣。欲其游堕,其何得乎?

二十、平百货之价_{陈敛散之法,请禁销钱为器}

问:今田畴不加辟,而菽粟之估日轻;桑麻不加植,而布帛之价日贱。是以射时利者,贱收而日富;勤力稼者,轻用而日贫。夫然,岂殖货敛散之节,失其宜耶?将帛布轻重之权,不得其要也?

臣闻:谷帛者,生于农也;器用者,化于工也;财物者,通于商也;钱刀者,操于君也。君操其一,以节其三,三者和钧,非钱不可也。夫钱刀重则谷帛轻,谷帛轻则农桑困,故散钱以敛之,则下无弃谷遗帛矣。谷帛贵则财物贱,财物贱则工商劳,故散谷以收之,则下无废财弃物也。敛散得其节,轻重便于时,则百货之价自平,四人之利咸遂。虽有圣智,未有易此而能理者也。方今关辅之间,仍岁大稔,此诚国家散钱敛谷,防俭备凶之时也。时不可失,伏惟陛下惜之!臣又见今人之弊者,〔由钱刀重于谷帛也。所以重者,〕由铜利贵于钱刀也。何者? 夫官家采铜铸钱,成一钱,破数钱之费也;私家销钱为器,破一钱,成数钱之利也。铸者有程,销者无限。虽官家之岁铸,岂能胜私家之日销乎? 此所以天下之钱日减而日重矣。今国家行挟铜之律,执铸器之禁,使器无用铜。铜〔既〕无利也,则钱不复销矣。此实当今权节重轻之要也。

二十一、人之困穷,由君之奢欲

问:近古已来,君天下者,皆患人之困,而不知困之由;皆欲人之安,而不得安之术。今欲转劳为逸,用富易贫。究困之由,矫其失于既往;求安之术,致其利于将来:审而行之,以康天下。臣闻:近古已来,君天下者,皆患人之困,而不知困之由;皆欲人之安,而不得安之术。臣虽狂瞽,然粗知之。臣窃观前代人庶之贫困者,由官吏之纵欲也。官吏之纵欲者,由君上之不能节俭也。何则? 天下之人亿兆也,君者一而已矣,以亿兆之人奉其一君,则君之居处,虽极土木之功,殚金玉之饰;君之衣食,虽穷海陆之味,尽文采之华;君之耳目,虽慆郑卫之音,厌燕赵之色;君之心体,虽倦畋渔之乐,疲辙迹之游:犹未合扰于人,伤于物。何者? 以至多奉至少故也。然则一纵一放,而弊及于人者,又何哉? 盖以君之命行于左右,左右颁于方镇,方镇布于州牧,州牧达于县宰,县宰下于乡吏,乡吏传于村胥,然后至于人焉。自君至人,等级若是,所求既众,所费滋多。则君取其一,而臣已取其百矣。所谓上开一源,下生百端者也。岂直若此而已哉? 盖亦君好则臣为,上行则下效。故上苟好奢,则天下贪冒之吏将肆心焉;上苟好利,则天下聚敛之臣将置力焉。雷动风行,日引月长,上益其多,下成其私,其费尽出于人,人实何堪其弊?此又为害十倍于前也。夫如是,则君之躁静,为人劳逸之本;君之奢俭,为人富贫之源。故一节其情,而下有以获其福;一肆其欲,而下有以罹其殃。一出善言,则天下之心同其喜;一违善道,则天下之心共其忧。盖百姓之殃,不在乎鬼神;百姓之福,不在乎天地:在乎君之躁静奢俭而已。是以圣王之修身化下也,宫室有制,服食有度,声色有节,畋游有时;不徇己情,不穷己欲,不殚人力,不耗人财。夫然,故诚发乎心,德形乎身,政加乎人,化达乎天下。以此禁吏,则贪欲之吏不得不廉矣;以此牧人,则贫困之人不得不安矣。困之由,安之术,以臣所见,其在兹乎?

二十二、不夺人利<small>议盐铁与榷酤,诚厚敛及杂税</small>

问:盐铁之谋,榷酤之法,山海之利,关市之征,皆可以助佐征徭,又虑其侵削黎庶。舍之则乏用于军国,取之则夺利于生人。取舍之间,孰为可者?

臣闻:君之所以为国者,人也;人之所以为命者,衣食也;衣食之所从出者,农桑也。若不本于农桑而兴利者,虽圣人不能也。苟有能者,非利也,其害也。何者?既不自地出,又非从天来,必是巧取于人,曲成其利。利则日引而月长,人则日削而月朘。至使人心穷,王泽竭。故臣但见其害,不见其利也。所以王者不殖货利,不言有无。耗羡之财,不入于府库;析毫之计,不行于朝廷者:虑其利穴开而罪梯构。然则圣人非不好利也,利在于利万人;非不好富也,富在于富天下。节欲于中,人斯利矣;省用于外,人斯富矣。故唐尧、夏禹、汉文之代,虽薄农桑之税,除关市之征,弃山海之饶，散盐铁之利，亦国足而人富安矣。何则？欲节而用省也。秦皇、汉武、隋炀之时，虽入太半之赋，征逆折之租，建榷酤之法，出舟车之算，亦国乏用而人贫弊矣。何则？欲不节而用不省也。盖所谓山林不能给野火，江海不能实漏卮。夫利散于下，则人逸而富；利壅于上，则人劳而贫。故下劳则上无以自安，人富则君孰与不足。《礼记》曰："人以君为心，君以人为体。"《诗》曰："恺悌君子，人之父母。"由此而言，未有体劳而心逸者也，未有子富而父贫者也。臣又闻：地之生财，多少有限；人之食利，众寡有常。若盈于上，则耗于下；利于彼，则害于此。而王者四海一家，兆人一统，国无异政，家无异风。若夺其利，则害生，害不加于人，欲何加乎？若除其害，则利生，利不归于人，欲何归乎？故夺之也，如皮尽于毛下，本或不与存之同也。囊漏于贮中，利将焉往？与夺利害，断可知焉。是以善为国者，不求非农桑之产，不重非衣食之货，不用计数之吏，不畜聚敛之臣。臣闻榷管之谋，则思侵削于下；见羡余之利，则念诛求于人：然后德泽流而歌咏作矣。故曰：利出一孔者王，利出二孔者强，利出三孔者弱。此明君立国子人者，贵本业而贱末利也。

二十三、议盐法之弊论盐商之幸

臣伏以国家盐之法久矣，盐之利厚矣。盖法久则弊起，弊起则法隳，〔法隳则利厚，〕利厚则奸生，奸生则利薄。臣以为隳薄之由，由乎院场太多，吏职太众故也。何者？今之主者，岁考其课利之多少，而殿最焉，赏罚焉。院场既多，则各虑其商旅之不来也，故羡其盐而多与焉。吏职既众，则各惧其课利之不优也，故慢其货而苟得焉。盐羡则幸生，而无厌之商趋矣；货慢则滥作，而无用之物入矣。所以盐愈费而官愈耗，货愈虚而商愈饶；法虽行而奸缘，课虽存而利失。今若减其吏职，省其院场，审货帛之精粗，谨盐量之出入，使月有常利，岁有常程，自然盐不诱商，则出无羡盐矣；吏不争课，则入无滥货矣。盐不滥出，货不滥入，则法自张而利复兴矣。利害之效，岂不然乎？臣又见：自关以东，上农大贾，易其资产，入为盐商。率皆多藏私财，别营稗贩，少出官利，唯求隶名，居无征徭，行无榷税，身则庇于盐籍，利尽入于私室。此乃下有耗于农商，上无益于管榷明矣。盖山海之饶，盐铁之利，利归于人，政之上也。利归于国，政之次也。若上既不归于人，次又不归于国，使幸人奸党得以自资，此乃政之疵，国之蠹也。今若划革弊法，沙汰奸商，使下无侥幸之人，上得析毫之计，斯又去弊兴利之一端也。唯陛下详之。

二十四、议罢漕运可否

问：秦居上腴，利号近蜀，然都畿所理，征赋不充，故岁漕山东谷四百万斛，用给京师。其间水旱不时，赈贷贫乏。今议者罢运谷而收脚价，籴户粟而折税钱，但未知利于彼乎？而害于此乎？

臣闻：议者将欲罢漕运于江淮，请和籴于关辅，以省其费，以便入。臣愚以为救一时之弊则可也，若以为长久之法，则不知其可也。何者？方今自淮以南，逾年旱歉；自洛而西，仍岁丰稔。彼人困于艰食，此谷贱于伤农。困则难于发租，贱则易于乞籴。斯则不便于彼，而无害于此矣。此臣所谓救一时之弊则可也。若举而为法，循以为常，臣虽至愚，知其不可。何者？夫都畿者，四方所凑也，万人所会也，六军所聚也。虽利称近蜀之饶，犹未能足其用；虽田有上腴之利，犹不得充其费。况可日削其谷，月朘其食乎？故国家岁漕东南之粟以给焉，时发中都之廪以赈焉。所以赡关中之人，均天下之食，而古今不易之制也。然则用舍利害，可明征矣。夫赍敛籴之资，省漕运之费，非无利也，盖利小而害大矣，故久而不胜其害。挽江淮之租，赡关辅之食，非无害也，盖害小而利大矣，故久而不胜其利。大凡事之大害者，不能无小利也；事之大利者，不能无小害也。盖恤小害则大害不去，爱小利则大利不成也。古之明王，所以能兴利除害者非他，盖弃小而取大耳。今若恤泛舟之役，忘移谷之用，是知小计而不知大会矣。此臣所谓若以为长久之法，则不知其可也。

二十五、立制度_{节财用，均贫富，禁兼并，止盗贼，起廉让}

问：夫地之利有限也，人之欲无穷也。以有限奉无穷，则必地财耗于僭奢，人力屈于嗜欲。故不足者为奸为盗，有余者为骄为滥。今欲使食力相充，财欲相称，贵贱别而礼让作，贫富均而廉耻行。作为何方，可至于此？

臣闻：天有时，地有利，人有欲。能以三者与天下共者，仁也，圣也。仕圣之本，在乎制度而已。夫制度者，先王所以下均地财，中立人极，上法天道者也。且天之生万物也，长之以风雨，成之以寒燠；圣人之牧万人也，活之以衣食，济之以器用。若风雨淫，寒燠甚，则反伤乎物之生焉。若衣食奢，器用费，则反伤乎人之生焉。故作四时八节，所以时寒燠，节风雨，不使之过差为渗也。圣人制五等十伦，所以伦衣食，等器用，不使之逾越为害也。此所谓法天而立极者也。然则地之生财有常力，人之用财有常数。若羡于上，则耗于天下也；有余于此，则不足于彼也。是以地方人财，皆待制度而均也；尊卑贵贱，皆待制度而别也。大凡爵禄之外，其田宅栋宇、车马仆御、器服饮食之制，暨乎宾婚祠葬之度，自上而下，皆有数焉。若不节之以数，用之以伦，则必地力屈于僭奢，人财消于嗜欲。而贫困冻馁，奸邪盗贼，尽生于此矣。圣王知其然，故天下奢则示之以俭，天下俭则示之以礼。俾乎贵贱区别，贫富适宜，上下无羡耗之差，财力无消屈之弊。而富安温饱、廉耻礼让，尽生于此矣。然则制度者，出于君而加于臣，行于人而化于天下也。是以君人者，莫不唯欲是防，唯度是守。守之不固，则外物攻之。故居处不守其度，则峻宇崇台攻之；饮食不守其度，则殊滋异味攻之；衣服不守其度，则奇文诡制攻之；视听不守其度，则奸声艳色攻之，喜怒不守其度，则僭赏淫刑攻之；玩好不守其度，则妨行之货、荡心之器攻之；献纳不守其度，则谗谄之言、聚敛之计攻之；道术不守其度，则不死之方、无生之法攻之。夫然，则安得不内固其守，甚于城池焉；外防其攻，甚于寇戎焉。将在乎寝食起居，必思其度，思而不已，则其下化之。《诗》曰："仪刑文王，万邦作孚。"此之谓矣。

二十六、养动植之物以丰财用，以致麟凤龟龙

臣闻：天育物有时，地生财有限，而人之欲无极。以有时有限，奉无极之欲，而法制不生其间，则必物暴殄而财乏用矣。先王恶其及此，故川泽有禁，山野有官；养之以时，取之以道。是以豺獭未祭，置网不布于野泽；鹰隼未击，矰弋不施于山林；昆虫未蛰，不以火田；草木未落，不加斤斧。渔不竭泽，畋不合围。至于麛卵

蚳蝼,五谷百果,不中杀者,皆有常禁。夫然,则禽兽鱼鳖,不可胜食矣;财货器用,不可胜用矣。臣又观之,岂直若此而已哉?盖古之圣王,使信及豚鱼,仁及草木。鸟兽不狨,胎卵可窥。麟凤效灵,龟龙为畜者,亦由此途而致也。

二十七、请以族类求贤

问:自古以来,君者无不思求其贤,贤者罔不思效其用。然两不相遇,其故何哉?今欲求之〔、辨之〕,其术安在?

臣闻:人君者无不思求其贤,人臣者无不思效其用。然而君求贤而不得,臣效用而无由者,岂不以贵贱相悬,朝野相隔?堂远于千里,门深于九重,虽臣有偻偻之诚,何由上达?虽君有孜孜之念,无因下知。上下茫然,两不相遇。如此,则岂唯贤者不用,矧又用者不贤?所以从古已来,乱多理少者,职此之由也。臣以为求贤有术,辨贤有方。方术者,各审其族类,使之推荐而已。近取诸喻,其犹线与矢也,线因针而入,矢待弦而发。虽有线矢,苟无针弦,求自致焉,不可得也。夫必以族类者,盖贤愚有贯,善恶有伦,若以类求,必以类至。此亦由水流湿,火就燥,自然之理也。何则?夫以德义立身者,必交于德义,不交于险僻;以正直克己者,必朋于正直,朋于颇邪;以贪冒为意者,必比于贪冒,不比于贞廉;以悖慢肆心者,必狎于悖慢,不狎于恭谨。何者?事相害而不相利,性相戾而不相从,此乃天地常伦,人物常理,必然之势也。则贤与不肖,以此知之。伏惟陛下欲求而致之也,则思因针待弦之势;欲辨而别之也,则察流湿就燥之徒。得其势,必汇征而自来;审其徒,必群分而自见。求人之术,辨人之方,于是乎在此矣。

二十八、尊贤请厚礼以致大贤也

问：国家岁贡俊造，日求贤良，何则所得者率寻常之才，所来者非师友之佐？岂时无大贤乎？将求之不得其道乎？

臣闻：致理之先，先于行道；行道之本，本于得贤；得贤之由，由乎审礼。若礼之厚薄定于此，则贤之优劣应于彼。故黜位而朝，西面而事，则师之才至矣。先之以身，下之以色，则友之才至矣。展皮弊之礼，尽揖让之仪，则大臣之才至矣。南面而坐，使者先焉，则左右之才至矣。凭几据杖，以令召焉，则厮役之才至矣。是以得师者帝，得友者王，得大臣者霸，得左右者弱，得厮役者乱。然则求师而得友，求友而得臣者有矣，未有求臣而得友，求友而得师者也。是故图帝而成王，图王而成霸者有矣，未有图霸而成王，图王而成帝者也。夫以夷吾之贤，为不可召之臣，桓公所以霸齐也。孔明之才，为非屈致之士，刘氏所以图蜀也。夫欲霸一国，图一方，犹审其礼，行其道焉。况开帝王之业，垂无疆之休，苟无尊贤之风，师友之佐，则安能弘其理，恢其化乎？国家有天下二百年，政无不施，德无无备，唯尊贤之礼，未与三代同风。陛下诚能行之，则尽美尽善之事毕矣！

二十九、请行赏罚，以劝举贤

问：顷者累下诏旨，令举所知。献其状，莫匪贤能；授以官，罕闻政绩。将人不易知耶？将容易其举耶？

臣伏见顷者德宗皇帝颁下诏旨，令举所知。自是内外百寮，岁有闻荐。有司各详其状，咸命以官。语其数，诚得多士之召；考其才，或非尽善之实。何则？得贤由举择慎审，慎审由赏罚必行。自十年以来，未闻有司以得所举赏一人，以失所举罪一人。则内外之荐，恐未专精；出处之贤，或有违滥。斯所以令陛下尚有未得贤之叹也！伏惟申命所举，深诏有司，量其短长之材，授以小大之职。然后明察臧否，精考殿最。得人者，行进贤之赏；谬举者，坐不当之罪。自然上下精详，远近惩劝，谨关梁以相保，责辕轮以相求。俾夫草靡风行，达于天下。天下之耳，尽为陛下听；天下之目，尽为陛下视。明其视，则举不失德；广其听，则野无遗贤。而后官得其才，事得其序。如此，则陛下但凝神端拱，而天下理矣。

三十、审官 量才授职，则政成事举

问：官既备而事未举，才既用而政未成。将欲正之，其失安在？

臣闻：夫官既备而事未举，才既用而政未成者，由官与才不相得也。且官有小大繁简之殊，才有短长能否之异。称其任，则政立；枉其能，则事乖。故先王立庶官而后求人，使乎各司其局也；辨众才而后入仕，使乎各尽其能也。如此，则官虽省，才虽半，可得而理矣。若以短任长，以大授小，委其不可而望其可，强其不能而责其能。如此，则官虽能，才虽倍，无益于理矣。故曰：任小能于大事者，犹狸搏虎而刀伐木也；屈长才于短用者，犹骥捕鼠而斧剪毛也。所不相及，岂不宜哉！王者诚能量众才之短长，审庶官之小大，俾操凿柄者无圆方之谬，备轮辕者适曲直之宜。自然人尽其能，职修其要，彝伦日叙，庶绩日凝，又何患乎事不举而政未成哉？

三十一、大官乏人_{由不慎选小官也}

问：国家台衮之材，台省之器，胡然近日稍乏其人。将欲救之，其故安在？

臣伏见国家公卿将相之具，选于丞郎给舍；丞郎给舍之材，选于御史遗补郎官；御史遗补郎官之器，选于秘著校正畿赤簿尉。虽未尽是，十常六七焉。然则畿赤之吏，不独以府县之用求之；秘著之官，不独以校勘之用取之。其所责望者，乃丞郎之椎轮，公卿之滥觞也。则选用之际，宜得其人。臣窃见近日秘著校正，或以门地授，畿赤簿尉，唯以资序求。未商较其器能，不研核其才行。至使顷年已来，台官空，不知所取；省郎阙，不知所求。岂直乏贤，诚亦废事！且以资序得者，仅能参于簿领，以门地进者，或未任于铅黄。臣恐台衮之才，台者之具，十年已后，稍乏其人。又，顷者有司惩趋竞之流，塞侥幸之路。俾进士非科第者，不授校正；校正欠资考者，不署畿官。立而为文，权以救弊，盖以一时之制，非可久之术。今者有司难于抡材，易于注拟，因循勿改，守以为常，至使两畿之中，数县之外，虽资序皆当其任，而名实莫得而闻。故每台省缺员，曾莫拟议。则守文之弊，一至于斯。伏愿思以后艰，革其前失，广丞郎椎轮之本，疏公卿滥觞之源。如此，则良能之材，必足用矣；要剧之职，不乏人矣。

三十二、议庶官迁次之迟速

问：先王建官，升降有制，迁次有常，此经久之道也。或云：

赏善罚恶者，不逾时月。又曰：为官吏者，可长子孙。岂今古之制殊乎？不然，何迟速之异如此也？今欲速迁而劝善，恐诱躁求之心；将令久次有而望功，虑与滞用之叹。疾徐之制，何以为中？

臣闻：孔子曰："苟有用我者，三年而有成。"《舜典》曰："三载考绩，三考黜陟幽明。"虽圣贤为政，未及三年，不能成也。虽善恶难知，不过九载，必自著也。由此而论，为官吏者，不可速迁也，不可久次也。若未三年而迁，则政未立、绩未成，且躁求之心生，而驯致之化废矣。若过九载而不转，则明不陟、幽不黜，而劝善之法缺，惩恶之典隳矣。大凡内外之官，其略如此。然则最与天子共理者，莫先于二千石乎？臣窃见近来诸州刺史，有未两考而迁者。岂为善成政之速，速于圣贤耶？将有司考察之不精耶？不然，何迁之遽也？又有逾一纪而不转者。〔岂〕善恶未著，莫得而知耶？将有司遗忘而举耶？不然，何转之迟也？臣伏见顺宗皇帝诏曰："凡内外之职，四考递迁。"斯实革今之弊，行古之道也。然臣犹以为吏能有闻者，既以四考迁之；政术无取者，亦宜四考黜之。将欲循其名，辨其实，则在陛下奖纠察之吏，督考课之官，使别其否臧，明知白黑。仍命曰：虽久次者，不得逾于四载；虽速迁者，亦待及于三年。此先王较能之大方，致理之要道也。优惟陛下试垂意而察焉！

三十三、革吏部之弊

问：吏部之弊，为日久矣。今吏多于员，其故何因？官不得人，其由何在？奸伪日起，其计何生？驰骛日滋，其风何自？欲使吏与员而相得，名与实而相符。趋竞巧滥之弊销，公平政理之道长。奸蠹者不能欺于藻镜，锱铢者不敢诈于铨衡。岂无良谋，以救求弊？

臣伏见吏部之弊，为日久矣。时皆共病，不知其然。臣请备而言之。臣闻：古者计户以贡士，量官而署吏，故官不乏吏，士不乏官，士吏官员，必相参用。今则官倍于古，吏倍于官，入色者又倍于吏也。此由每岁假文武而筮仕者众，冒资荫而出身者多。故官不得人，员不充吏。是以争求日至，奸滥日生，斯乃为弊之一端也。臣又闻：古者州郡之吏，牧守选而举之；府寺之寮，公卿辟而署之；其余者乃归有司。有司所领既少，则所选必精，此前代所以得人也。今则内外之官，一命已上，岁羡千数，悉委吏曹。吏曹案资署官，犹惧不给，则何暇考察名实，区别否臧者乎？至使近代以来，浸而成弊，真伪争进，共征循资之书；贤愚莫分，同限停年之格。才能者淹滞而不振，巧诈者因缘以成奸，此又为弊之一端也。今若使内外师长者，各选其人，分署其吏，则庶乎官得其才矣。使诸色入仕者，量省其数，或间以年，则庶乎士不乏官矣。官得其才，则公平政理之道所由长也。士不乏官，则趋竞巧滥之弊所由消也。矧又减铨衡之偏重，则力不挠而易平矣；分藻镜之独鉴，则照不疲而易明矣。与夫千品折于一面，百职断于一心，功相万也。得失相悬，岂不远矣！臣以为芟烦划弊，莫尚于斯。

三十四、牧宰考课议殿最未精，又政不由己

问：今者勤恤黎元之隐，精求牧宰之材，亦既得人，使之为政。何则抚字之方，尚未副我精求之旨；疲困之俗，尚未知我勤恤之心？岂才未称官？将人不求理？备陈其故，以革其非。

臣闻：王者之设庶官，无非共理者也。然则庶官之理同归，而牧宰之用为急。盖以邦之赋役，由之而后均；王之风教，由之而后行。人之性命系焉，国之安危属焉。故与夫庶官之寄，轻重不可齐致也。臣伏见陛下勤恤黎元之心至矣，慎择牧宰之旨深矣。然而黎元之理，尚未副陛下勤恤之心；牧宰之政，尚未称陛下慎择之旨。非人不求理，非才不称官，以臣所窥，粗知其由矣。臣闻：贤者为善，不待劝矣。何哉？性不忍为恶耳。愚者为不善，虽劝而不迁也。何哉？性不能为善耳。贤愚之间，谓之中人。中人之心，可上可下，劝之则迁于善，舍之则陷于恶。故曰：惩劝之废也，推中人而坠于小人之域；惩劝之行也，引中人而纳诸君子之途。是知劝沮之道，不可一日无也。况天下牧宰，中人者多，去恶迁善，皆待劝沮。伏以方今殿最之法甚备，黜陟之令甚明。然则就备之中，察之者未甚精也；就明之中，奉之者未甚行也。未甚精，则臧否同贯；未甚行，则善恶齐驱。虽有和璞之真，不能识也；虽有齐竽之滥，何由知之？如此，则岂独利淫，亦将失善。善苟未劝，淫或未惩，欲望副陛下勤恤之心，称陛下慎择之旨，或恐难矣！臣又请以古事验之。臣闻：唐虞之际也，敷求俊乂，而四凶见用。及三考黜陟，而四罪乃彰。则知虽至明也，尚或迷真为之徒；虽至圣也，不能去考察之法。故其法张，则变曲为直，如蓬生于麻也；其法弛，则变香为臭，使兰化为艾也。且圣人之为理，岂尽得贤而用之乎？岂尽知不肖而去之乎？将在夫秉其枢，操其要，划邪为正，削觚为圆。能使善之必迁，不谓善之尽有；能使恶之必改，不为恶之尽无。成此功者无他，惩劝之所致也。则考课之法，其可轻乎？臣又见：当今牧宰之内，甚有良能，委之理人，亦足成政；所未至者，又有其由。臣闻：牧宰古者五等之国也，于人有父母之道焉,于吏有君臣之道焉。所宜弛张举措由其心,威福赏罚悬于手,然后能镇其俗,移其风也。今县宰之权受制于州牧,州牧之政取则于使司,迭相拘持,不敢专达,虽有政术,何由施行?况又力役之限,赋敛之期,以用之费省为求,不以人之贫富为度;以上之缓急为节,不以下劳逸为程。县畏于州,州畏于使,虽有仁惠,何由抚绥?此犹束舟楫而望济川,绊骐骥而求致远。臣恐龚黄卓鲁复生于今日,亦不能为理矣!

三十五、使百职修,皇纲振在乎革慎默之俗

夫百职不修,万事不举,皇纲弛而不振,颓俗荡而不还者,由君子谠直之道消,小人慎默之道长也。臣伏见近代以来,时议者率以拱默保位者为明智,以柔顺安身者为贤能,以直言危行者为狂愚,以中立守道者为凝滞。故朝寡敢言之士,庭鲜执咎之臣,自国及家,浸而成俗。故父训其子曰:无介直以立仇敌。兄教其弟曰:无方正以贾悔尤。识者腹非而不言,愚者心竞而是效。至使天下有目者如瞽也,有耳者如聋也,有口者如含锋刃也。慎默之俗,一至于斯!此正士直臣所以退藏而长太息也。岂直若此而已哉?盖慎默积于中,则职事废于外。强毅果断之心屈,畏忌因循之性成。反谓率职而举正者,不达于时宜;当官而行法者,不通于事变。是以殿最之文,虽书而不实;黜陟之法,虽备而不行。欲望善者劝,恶者惩,百职修,万事举,不可得也。然臣以为历代之颓俗,非国朝不能革也;国朝之皇纲,非陛下不能振也。革振之术,臣粗知之。何者?夫人之蚩蚩,唯利是务。若利出于慎默,则慎默之风大起;若利出于谠直,则谠直之风大行。亦犹冬月之阳,夏

日之阴,不召物〔而物〕自归之者,无他,温凉之利所在故也。伏惟陛下以至公统天下,以至明御群臣,使情伪无所逃,言行无所隐。有若谠直强毅,举正弹违者,引而进之;有若慎默畏忌,吐刚茹柔者,推而远之。使此有利,彼无利,安得不去彼取此乎?斯所谓俾人日从善远罪而不自知也。如此,则有职修,万事举,皇纲振,颓俗移,太平之风由斯而至矣。

《白居易集》卷六三《策林二》

策林三(凡十九道)

三十六、达聪明,致理化　三十七、决壅蔽　三十八、君不行臣事　三十九、使官吏清廉　四十、省官,并俸,减使职　四十一、议百司食利钱　四十二、议百官职田　四十三、议兵　四十四、销兵数　四十五、复府兵,置屯田　四十六、选将帅之方　四十七、御功臣之术　四十八、御戎狄　四十九、备边,并将,置帅　五十、议守险　五十一、议封建,论郡县　五十二、议井田阡陌　五十三、议肉刑　五十四、刑,礼,道

三十六、达聪明,致理化

夫欲达聪明,致理化,则在乎奉成式,不必乎创新规也。臣闻:尧之所以神而化者,聪明文思也;舜之所以圣而理者,明四目、达四聪也。盖古之理化,皆由聪明出也。自唐虞以降,斯道浸衰;秦汉以还,斯道大丧。上不以聪接下,下不以明奉上。聪明之道,既阻于上下,则讹伪之俗,不得不流于内外也。国家承百王已弊

之风,振千古未行之法;于是始立瓯使,始加谏员,始命待制官,始设登闻鼓。故遗补之谏入,则朝廷之得失所由知也。瓯使之职举,则天下之壅蔽所由通也。待制之官进,则众臣之谋猷所由展也。登闻之鼓鸣,则群下之冤滥所由达也。此皆我烈祖所创,累圣所奉,虽尧舜之道,无以出焉。故贞观之大和,开元之至理,率由斯而驯致矣。自贞元以来,抗疏而谏者,留而不行;投书于瓯者,寝而不报。待制之官,经时而不见于一问;登闻之鼓,终岁而不闻于一声。臣恐众臣之谋猷,或未尽展;朝廷之得失,或未尽知。壅蔽者有所未通,冤滥者有所未达。今幸当陛下践祚体元之始,施令布和之初,则宜申明旧章,条举废事,使列圣之述作不坠。陛下之聪明惟新,以初为常,今其时矣!时不可失,惟陛下惜而行之,则尧舜之化,祖宗之理,可得而致矣。臣故曰:达聪明,致理化,在乎奉成式,不必乎创新规也。

三十七、决壅蔽在不使人知所欲

臣闻:国家之患,患在臣之壅蔽也。壅蔽之生,生于君之好欲也。盖欲见于此,则壅生于彼;壅生于彼,则乱作其间。历代有之,可略言耳。昔秦二代好佞,赵高饰诡谀之言以壅之。周厉好利,荣夷公陈聚敛之计以壅之。殷辛好音,师涓作靡靡之乐以壅之。周幽好色,褒人纳艳妻以壅之。齐桓好味,易牙蒸首子以壅之。虽所好不同,同归于壅矣;所壅不同,同归于乱也。故曰:人君无见其意,将为下饵,盖谓此矣。然则明王非无欲也,非无壅也。盖有欲则节之,有壅则决之。节之又节之,以至于无欲也;决之又决之,以至于无壅也。其所然者,将在乎静思其故,动防其微。故闻甘言,则虑赵高之谀进于侧矣。见厚利,则虑荣夷公之计陈于前矣。听新声,则虑师涓之音诱于耳矣。顾艳色,则虑褒氏之女惑于目矣。尝异味,则虑易牙之子入于口矣。夫如是,安得不昼夜虑之,寤寐思之,立则见其参于前,行则想其随于后。自然兢兢业业,日慎一日,使左不知其所欲,右不知其所好,虽欲壅蔽,其可得乎?此明王节欲壅之要道也。

三十八、君不行臣事<small>委任宰相</small>

臣闻:建官施令者,君所执也。率职知事者,臣所奉也。臣行君道则政专,君行臣道则事乱。专与乱,其弊一也。然则臣道者,百职至众,万事至繁,诚非一人方寸所能尽也。故王者但操其要,择其人而已。将在乎分务于群司,各令督责其课,受成于宰相,不以勤倦自婴,然后谨殿最而赏罚焉,审幽明而黜陟焉,则万枢之要毕矣。故失君道者,虽多夕惕若厉之虑,而彝伦未必序也。行臣事者,虽多日昃不食之勤,而庶绩未必凝也。得其要,逸而有终,非其宜,劳而无功敌也。臣又闻:坐而论道,三公之任也。作而行之,卿大夫之职也。故陈平不肯知钱谷,邴吉不问死伤者,此有司之职也,非宰相之任也。夫以宰相尚不可侵有司之职,况人君可侵宰相之任乎?可侵百执事之事乎?臣又闻:宰相之任者,上代天工,下执人柄,群职由之而理乱,庶政由之而弛张。君之心膂,待宰相而启沃;君之耳目,待宰相而聪明。设其位,不可一日非其人;得其人,不可一日无其宠。疑则勿用,用则勿疏。然后能诉合其心,驯致其道。盖先王所以端拱凝旒,而天下大理者,无他焉,委务于有司也,仰成于宰相也。

三十九、使官吏清廉在均其禄，厚其俸

臣闻：为国者，皆患吏之贪，而不知去贪之道也；皆欲吏之清，而不知致清之由也。臣以为去贪致清者，在乎厚其禄，均其俸而已。夫衣食阙于家，虽严父慈母不能制其子，况君长能捡其臣吏乎？冻馁切于身，虽巢由夷齐不能固其节，况凡人能守其清白乎？臣伏见今之官吏，所以未尽贞廉者，由禄不均而俸不足也。不均者，由所在课料重轻不齐也；不足者，由所在官长侵刻不已也。其甚者，则有官秩等而禄殊，郡县同而俸异。或削夺以过半，或停给而弥年。至使衣食不充，冻馁并至。如此，则必冒白刃、蹈水火而求私利也。况可使抚人字物，断狱均财者乎？夫上行则下从，身穷则心滥。今官长日侵其吏，而望吏之不日侵于人，不可得也。盖所课渴马守水，饿犬护肉，则虽日用刑罚，不能惩贪而劝清必矣。陛下今欲革时之弊，去吏之贪，则莫先于均天下课料重轻，禁天下宫长侵刻，使天下之吏温饱充于内，清廉形于外。然后示之以耻，纠之以刑。如此，则纵或为非者，百无一二也。

四十、省官，并俸，减使职

臣闻：古者计人而置官，量赋而制禄。故官之省置，必稽人户之众寡；禄之厚薄，必称赋入之少多。俾乎官足以理人，人足以奉吏。吏有常禄，财有常征，财赋吏员，必参相得者也。顷以兵戎屡动，荒浸荐臻，户口流亡，财征减耗，则宜量其官而省之，并其禄而厚之。故官省则事简，事简则人安，禄厚则吏清，吏清则俗阜，而

天下所由理也。然则知清其吏,而不知厚其禄,则饰诈而不廉矣。知厚其禄,而不知省其官,则财费而不足矣。知省其官,而不知选其能,则事壅而不理矣。此三者,选为表里,相须而成者也。伏惟陛下详而行之。臣又见:兵兴以来,诸道使府,或因权宜而置职,一置而不停;或因暂劳而加俸,一加而无减。至使职多于郡县之吏,俸优于台省之官。积习生常,烦费滋甚。今若量其职员,审其禄秩,使众寡有常数,厚薄得其中。故禄得其中,则费不广,而下无侵削之患矣。职有常数,则事不烦,而人无劳扰之弊矣。此又利害相悬远者。伏惟陛下念而救之。

四十一、议百司食利钱

臣伏见百司食利,利出于人,日给而经费有常,月征而倍息无已。然则举之者,无非贫户;征之者,率是远年。故私财竭于倍利,官课积于逋债。至使公食有阙,人力不堪,弊既滋深,法宜改作。且王者恶言求利,患在不均。况天下之钱一也,谓之曰利,曷若谓之曰征乎?取之于寡,曷若取之于众乎?今若日计其费,岁会其用,举为定数,命曰食征,随两税以分征,使万民而均出。散之天下,其数几何?故均之于众,则贫户无倍息之弊矣;入之有程,则公食无告阙之虑矣。公私交便,其在兹乎?

四十二、议百官职田

臣伏以职田者,职既不同,田亦异数,内外上下,各有等差,此亦古者公田稍食之制也。国家自多事以来,厥制不举。故稽其地籍,而田则具存；考以户租，而数多散失。至有品秩等，官署同，廪禄厚薄之相悬，近乎十倍者矣。今欲辨内分之职，均上下之田，不必乎创新规，其在乎举旧典也。臣谨按：国朝旧典，量品而授地，计田而出租。故地之多少，必视其品之高下；租之厚薄，必视其田之肥硗。如此，则沃瘠齐而户租均，等列辨而禄食足矣。今陛下求其典，而典存焉；索其田，而田在焉。诚能申明举而行之，则前弊必自革矣。

四十三、议兵用舍，逆顺，兴亡

问：《传》曰："谁能去兵，兵之设久矣。"又曰："先王耀德不观兵。"二者古之明训也。然则君天下者，废而不用，且涉去兵之非。资以定功，又乖耀德之美。去就之理，何者得中？

又问：兵不妄动，师必有名。议之者颇辨否臧，用之者多迷本末。故有一戎而业成王霸，一战而祸及危亡。兴灭之由何申？逆顺之要安在？

臣闻：天下虽兴，好战必亡；天下虽安，忘战必危；不好不忘，天下之王也。祭公曰："先王耀德不观兵。"老子曰："兵者，不祥之器，不得已而用之。"斯则不好之明训也。《传》曰："谁能去兵，兵之设久矣。"又，周定天下，偃武修文，犹立司马之官，六军之众，以时教战，斯又不忘之明训也。然则君天下者，不可去兵也，不可黩武也，在乎用之有本末，行之有逆顺。逆顺之要，大略有三，而兵之名随焉。夫兴利除害，应天顺人，不为名尸，义然后动，谓之义兵。相时观衅，取乱侮亡，不为祸先，敌至而应，谓之应兵。恃力宣骄，作威逞欲，轻人性命，贪人土田，谓之贪兵。兵贪者亡，兵应者强，兵义者王。王之兵，无敌于天下也，故有征无战焉。强之兵，先弱敌而后战也，故百战百胜焉。亡之兵，先自败而后战也，故胜与不胜，同归于亡焉。然历代君臣，惑于本末，闻王者之无敌，则思耀武，是获一兔而欲守株也。见亡者之自败，则思弭兵，是因一咽而欲去食也。曾不知无敌者根于义，自败者本于贪，而欲归咎于兵，责功于武，不其惑欤！兴废之由，逆顺之要，昭然可见，唯陛下择之。

四十四、销兵数_{省军费，在断召募，除虚名}

臣伏见自古以来，军兵之众，资粮之费，未有如今日者。时议者皆患兵众，而不知众之由；皆欲兵之销，而不得销之术。故散之则军情怨而戎心启，聚之则财用竭而人力疲。为日既深，其弊亦甚。臣以为销兵省费者，在乎断召募，去虚名而已。伏以贞元军兴以来，二十余年，陛下念其劳效，固不可散弃，幸以时无战伐，又焉用增加？臣窃见当今募新兵，占旧额，张虚簿，破见粮者，天下尽是矣。斯则致众之由，积费之本也。今若去虚名，就实数，则一日之内，十已减其二三矣。若使逃不补，死不填，则十年之间，十又销其三四矣。故不散弃之，则军情无怨也；不增加之，则兵数自销也。去虚就实，则名不诈，而用不费也。故臣以为销兵之方，省费之术，或在于此。唯陛下详之。

四十五、复府兵，置屯田_{分兵权，存戎备，助军食}

夫欲分兵权，存戎备，助军食，则在乎复府兵，置屯田而已。昔高祖始受隋禅，太宗既定天下，以为兵不可去，农不可废，于是当要冲以开府，因隙地以营田。府有常官，田有常业。俾乎时而讲武，岁以劝农。分上下之番，递劳逸之序。故有虞则起为战卒，无事则散为农夫。不待征发，而封域有备矣；不劳馈饷，而军食自充矣。此亦古者尉候之制，兵赋之义也。况今关畿之内，镇垒相望，皆仰给于县官，且无用于战伐。若使反兵于旧府，兴利于废田，张以簿书，颁其廪积。因其卒也，安之以田宅；因其将也，命之以府官。始复于关中，稍置于天下。则兵权渐分，而屯聚之弊日销矣；戎备渐修，而训习之利日兴矣；军食渐给，而飞挽之费日省矣。一事作而三利立，唯陛下裁之。

四十六、选将帅之方

臣闻：君明则将贤，将贤则兵胜。故有不能理兵之将，而无不可胜之兵；有不能选将之君，而无不可得之将。是以君功见于选将，将功见于理兵者也。然则选将之术，在乎因人之耳而听之，因人之目而视之，因人之好恶而取舍之。故明王〔之〕选将帅也，访于众，询于人。若十人爱之，必十人之将也；百人悦之，必百人之将也；〔千人悦之，必千人之将也；〕万人伏之，必万人之将也。臣以为贤愚之际，优劣之间，以此而求，十得八九矣。

四十七、御功臣之术

臣闻：明王之御功臣也，量其功而限之以爵，审其罪而纠之以法。限之以爵，故爵加而知荣矣；纠之以法，故法行而知恩矣。恩荣并加，畏爱相济，下无贰志，上无疑心，此明王所以念功劳而全君臣之道也。若不限之以爵，则无厌之心生矣，虽极人臣之位，而不知荣也。若不纠之以法，则不忌之心启矣，虽竭人主之宠，而不知恩也。恩荣不知，畏爱不立，而望奉上之心尽，念功之道全，或难矣。故《传》曰："报者倦矣，施者未厌。"此由爵无限而法不行使之然也。唯陛下察之。

四十八、御戎狄<small>征历代之策，陈当今之宜</small>

问：戎狄之患久矣，备御之略多矣。故王恢陈征讨之谋，贾生立表饵之术，娄敬兴和亲之计，晁错建农战之策。然则古今异道，利害殊宜，将欲采之，孰为可者？又问：今国家北虏款诚，南夷请命，所未化者，其唯西戎乎？讨之则疲顿师徒，舍之则侵轶边鄙；许和亲则启贪而厚费，约盟誓则饰诈而不诚。今欲遏彼虔刘，化其桀骜；来远人于朔漠，复旧土于河湟。上策远谋，备陈本末。

臣闻：戎狄者，一气所生，不可剪而灭也；五方异族，不可臣而畜也。故为侵暴之患久矣，而备御之略亦多矣。考其要者，大较有四焉。若乃选将练兵，长驱深入之谋，自王恢始。建以三表，诱以五饵之术，自贾谊始。厚以赂遗，结以和亲之计，自娄敬始。徙人实边，劝农教战之策，自晁错始。然则用王恢之谋，则殚财耗力，罢竭生人，祸结兵连，功不偿费，故汉武悔焉，而下哀痛之诏也。用贾谊之术，则羌胡之耳目心腹，虽诱而荒矣，而华夏之财力风教，亦随而弊矣，故汉文知其不可而不行也。用娄敬之计，则启宠纳侮，厚费偷安，虽侵略之患暂宁，而和好之约屡背，故汉氏四代为匈奴所欺也。用晁错之策，则边人有安土之惠，未免攻战之劳，匈奴无得志之虞，亦绝归心之望，故汉武犹病之，有广武之役也。是以讨之以兵，不若诱之以饵；诱之以饵，不若和之以亲；和之以亲，不若备之有素。斯皆前代已验之事，可覆而视也。以今参古，弃短取长，亦可择而用焉。然臣终以为近算浅图，非帝王久远安边之上策。何者？臣观前代，若政成国富，德盛人安，则虽六月有北伐之师，不足忧也。若政缺国贫，德衰人困，则虽一时无南牧之马，不足庆也。何则？国富则师壮，师壮则令严；人安则心固，心固则思理。如此久久，则天子之守，不独在于诸侯，将在于四夷矣；则暂虽有事，何足忧矣？若国贫则师弱，师弱则不虞；人困则心离，心离则思乱。如此久久，则天子之忧，不独在于边陲，或在于萧墙矣；则暂虽无事，何足庆焉？盖古之王者，庆在本而不在末，忧在此而不在彼也。今国家柔中怀外，近悦远来，北虏向风，南蛮底贡，所未化者，其余几何？伏愿陛下，畜之知犬羊，视之如蜂虿；不以士马强而才力盛，恃之而务战争；不以亭障静而烟尘销，轻之而去守备。但且防其侵轶，遏其虔刘，去而勿追，来而勿纵而已。然后略四子之小术，弘三王之大猷，以政成德盛为图，以人安师壮为计。故德盛而日闻则服，服必怀柔；师壮而时动则威，威必震詟。夫然可以不糜财用，不烦师徒，不盟誓而外成，不和亲而内附。如此，则四海之内，五年之间，要荒未服之戎，必匍匐而来；河陇已侵之地，庶从容以归。上策远谋，不出于此矣。

四十九、备边，并将，置帅

臣伏见方今备边之计，未得其宜。何则？京西之兵，其数颇众，城堡甚备，器械甚精，以之遏侵掠，禁夺攘则可矣。若犬戎大至，长驱而来，臣恐将卒虽多，无能抗者。今所以轸陛下虑者，岂非此乎？其所以然者，盖由镇垒太多，主将太众故也。夫镇多则兵散，兵散则威不相合，而力不相济矣。将众则心异，心异则胜不相让，而败不相救矣。卒然有事，谁肯当之？今若合之为五将，统之以一师，将合则戮力，师一则同心。仍使均握其兵，分守其界，明察功罪，必待赏罚。然后据便宜之地，扼要害之冲，以逸待劳，以寡制众，则虽黠虏，无能为也。臣又以为自古及今，有不能守塞之兵，而无不可守之塞；有不能备戎之将，而无不可备之戎。故曰：十围之木，持千钧之屋，得其宜也；五寸之关，能制其开阖，居其要也。伏惟陛下握戎之要，操塞之关，则西陲之忧，可以少息矣。

五十、议守险德与险兼用

问：《易》曰："王公设险，以守其国。"《记》曰："在德不在险。"然则用之则乖在德之训，弃之则违守国之诫。二义相反，其旨何从？

又问：以山河为宝者，万夫不能当也；以道德为藩者，四夷为之守也。何则？苗恃洞庭，负险而亡；汉都天府，用险而昌。又何故也？今欲鉴昌亡，审用舍，复何如哉？

臣闻：《易》曰："王公设险，以守其国。"又秦得百二，以吞天下；齐得十二，而霸诸侯。盖恃险之论，兴于此矣。《史记》曰："在德不在险。"《传》曰："九州之险，是不一姓。"盖弃险之议，生于此矣。臣以为险之为用，用舍有时，恃既失之，弃亦未为得也。何者？夫险之为利大矣，为害亦大矣。故天地闭否，守之则为利；天地交泰，用之则为害。盖天地有常险，而圣人无常用也。然则以道德为藩，以仁义为屏，以忠信为甲胄，以礼法为干橹者，教之险，政之守也。以城池为固，以金革为备，以江河为襟带，以丘陵为咽喉者,地之险,人之守也。王者之兴也,必兼而用之。昔汉高帝除害兴利,以安天下,自谓德不及于周,而贤于秦。故去洛之易,即秦之险,建都创业,垂四百年,是能兼而用之也。桀、纣、三苗之徒,负大河,凭太行,保洞庭,而不修德政,坐取覆亡者,是专恃其险也。莒子恃其僻陋,不修城郭,浃辰之间,丧其三都者,是急弃其险也。由斯而观之,山河之阻,沟塍之固,可用而不可恃也,可诫而不可弃也。智以险昌,愚以险亡,昌亡之间,唯陛下能鉴之。

五十一、议封建,论郡县

问:周制五等,其弊也,王室衰微。秦废列国,其败也,天下崩坏。汉封子弟,其失也,侯王僭乱。何则? 为制不同,同归于弊也。故自古及今,议其是非者多矣。今若建侯开国,恐失随时之宜;如置守专城,虑乖稽古之义。考其要旨,其谁可从?

又问:封建之制,肇自黄唐;郡县之规,始于秦汉:或沿或革,以至国朝。今欲子兆人,家四海,建不拔之业,垂无疆之休,大鉴兴亡,从长而用,无论今古,择善而行。侯将守而何先? 郡与国而孰愈? 具书于策,当举行之。

臣闻:封建之废久矣,是非之论多矣。异同之要,归于三科。或曰:周人制五等,封亲贤;其弊也,诸侯擅战伐,陪臣执国命。故闻蚕食瓜剖,以至于衰灭也。而李斯、周青之议,由是兴焉。又曰:秦皇废列国,弃子弟;其败也,万民无定主,九族为匹夫。故鱼烂土崩,以至于覆亡也。而曹冏、士衡之论,由是作为。又曰:汉氏侯功臣,王同姓;其失也,爵号太尊,土宇太广。故鸱张瓦解,以至于悖乱也。而晁错、主父之计,由是行焉。然则秦惩周之弊也,既以亡而易衰；汉鉴秦之亡也，亦矫枉而过正。历代之说，无出于此焉。以臣所观，窃谓知其一，未知其二也。何者？臣闻王者将欲家四海，子兆人，垂无疆之休，建不拔之业者，在乎操理柄，立人防，导化源，固邦本而已矣。是故刑行德立，近悦远安，恩信推于中，惠化流于外。如此，则四夷为臣妾，况海内乎？虽置守罢侯，亦无害也。若法坏政荒，亲离贤弃，王泽竭于上，人心叛于下。如此，则九族为仇敌，况天下乎？虽废郡建邦，又何益也？故臣以为周之衰灭者，上失其道，天厌其德，非为封建之弊也。秦之覆亡者，君流其毒，人离其心，非唯郡县之咎也。汉之祸乱者，宠而失教，立不选贤，非独强大之故也。由是观之，苟固其本，导其源，虽郡与国，俱可理而安矣。苟逾其防，失其柄，虽侯与守，俱能乱且危矣。伏惟陛下虑远忧近，鉴古观今，以敦睦亲族为先，不以封王为急；以优劝劳逸为念，不以建侯为思；以尊贤宠德为心，不以开国为意；以安抚黎元为事，不以废郡为谋：则无疆之休，不拔之业，在于此矣。况国家之制，垂二百年，法著一王，理经十圣，变革之议，非臣敢知。

五十二、议井田阡陌 息游堕，止兼并，实版图

问：三代之牧人也，立井田之制，别都鄙之名。其为名制，可得而知乎？其为功利，可得而闻乎？

又闻：自秦坏井田，汉修阡陌，兼并大启，游堕实繁，虽历代因循，诚恐弊深而害甚。如一朝改作，或虑失业而扰人。既废之甚难，又复之非便。斟酌其道，何者得中？

臣闻：王者之贵，生于人焉；王者之富，生于地焉。故不知地

之数,则生业无从而定,财征无从而计,军役无从而平也。不知人之数,则食力无从而计,军役无从而均也。不均不平,则地虽广,人虽多,徒有贵之名,而无富之实。是以先王度土田之广狭,画为夫井;量人户之众寡,分为邑居。使地利足以食人,人力足以辟土;邑居足以处众,人力足以安家。野无余田,以启专利;邑无余室,以容游人。逃刑避役者,往无所之;败业迁居者,来无所处。于是生业相固,食力相济。其出财征也,不待征书而已平矣。其起军役也,不待料人而已均矣。然后天子可以称万乘之贵,四海之富也。洎三代之后,厥制崩坏,故井田废,则游堕之路启;阡陌作,则兼并之门开。至使贫苦者无容足立锥之居,富强者专笼山络野之利。故自秦汉迄于圣朝,因循未迁,积习成弊。然臣以为井田者废之颇久,复之稍难,未可尽行,且宜渐制。何以言之?昔商开秦之利也,荡然废之,故千载之间,豪奢者得其计。王莽革汉之弊也,卒然复之,故一时之间,农商者失其业。斯则不可久废,不可速成之明验也。故臣请斟酌时宜,参详古制,大抵人稀土旷者,且修其阡陌;户繁乡狭者,则复以井田。使都鄙渐有名,家夫渐有数。夫然,则井邑兵田之地,众寡相维;门闾族党之居,有亡相保。相维则兼并者何所取?相保则游堕者何所容?如此,则庶乎人无浮心,地无遗力;财产丰足,赋役平均;市利归于农,生业著于地者矣。

五十三、议肉刑可废,不可用

问:肉刑者,其来尚矣,其废久矣,前贤之论,是非纷然。今欲弃而不行,法或乖于稽古;若举而复用,义恐失于随时。取舍之间,何者为可?

臣伏以汉除肉刑，迨今千有余祀，其间博闻达识之士，议其是非者多矣。其欲废之者，则曰：刻肤革，断支体，人主忍而用之，则恺悌恻隐之心乖矣。此缇萦所谓虽欲改过自新，其道亡由者也。其欲复之者，则曰：任箠令，用鞭刑，酷吏倚而行之，则专杀滥死之弊作矣。此班固所谓以死罔人，失本惠者也。臣以为议事者宜征其实，用刑者宜酌其情，若以情实言之，则可废而不可复也。何者？夫肉刑者，盖劓、刵、琢、黥、刖之类耳，《书》所谓五虐之刑也。昔苗人始淫为之，而天既降咎。及秦人又虐用之，而天下亦离心。夫如是，则岂无滥死者耶？汉文帝始除去之，而刑罚以清。我太宗亦因而弃之，而人用不犯。夫如是，则岂有罔人者耶？此臣所谓征其实者也。臣又闻：圣人之用刑也，轻重适时变，用舍顺人情，不必乎反今之宜，复古之制也。况肉刑废之久矣，人莫识焉。今一朝卒然用之，或绝筋，或折骨，或伤面，则见者必痛其心，闻者必骇其耳，又非圣人适时变，顺人情之意也。征之于实既如彼，酌之于情又如此，可否之验，岂不明哉？《传》曰："君子为政，贵因循而重改作。"又曰："利不百不变法。"臣以为复之有害而无利也，其可变而改作乎？

五十四、刑，礼，道_{选相为用}

问：圣王之致理也，以刑纠人恶，故人知劝惧；以礼导人情，故人知耻格；以道率人性，故人反淳和。三者之用，不可废也。意者将偏举而用耶？将并建而用耶？从其宜，先后有次耶？成其功，优劣有殊耶？然则相今日之所宜，酌今日之所急，将欲致理，三者奚先？

臣闻：人之性情者，君之土田也。其荒也，则薙之以刑；其辟也，则莳之以礼；其植也，则获之以道。故刑行而后礼立，礼立而后道生。始则失道而后礼，中则失礼而后刑，终则修刑以复礼，修礼以复道。故曰：刑者，礼之门；礼者，道之根。知其门，守其根，则王化成矣。然则王化之有三者，犹天之有两曜，岁之有四时，废一不可也，并用亦不可也，在乎举之有次，措之有伦而已。何者？夫刑者，可以禁人之恶，不能防人之情；礼者，可以防人之情，不能率人之性；道者，可以率人之性，又不能禁人之恶。循环表里，迭相为用。故王者观理乱之深浅，顺刑礼之后先，当其惩恶抑淫，致人于劝惧，莫先于刑。划邪窒欲，致人于耻格，莫尚于礼。反和复朴，致人于敦厚，莫大于道。是以衰乱之代，则弛礼而张刑；平定之时，则省刑而弘礼；清净之日，则杀礼而任道。亦如祁寒之节，则疏水而附火；徂暑之候，则远火而狎水。顺岁候者，适水火之用；达时变者，得刑礼之宜。适其用，达其宜，则天下之理毕矣，王者之化成矣。将欲较其短长，原其始终，顺其变而先后殊，备其用而优劣等。离而言之则异政，合而理之则同功。其要者，在乎举有次，措有伦，适其用，达其宜而已。方今华夷有截，内外无虞，人思休和，俗已平泰，是则国家杀刑罚之日，崇礼乐之时。所以文易化成，道易驯致者，由得其时也。今其时矣，伏惟陛下惜而不失焉。

《白居易集》卷六四《策林三》

策林四（凡二十一道）

五十五、止狱措刑　五十六、论刑法之弊　五十七、使人畏爱悦服，理大罪，赦小过　五十八、去盗贼　五十九、议赦　六十、救学者之失　六十一、黜子书　六十二、议礼乐　六十三、

沿革礼乐　六十四、复乐古器古曲　六十五、议祭祀　六十六、禁厚葬　六十七、议释教　六十八、议文章　六十九、采诗　七十、纳谏　七十一、去谄佞，从谠直　七十二、使臣尽忠，人爱上　七十三、养老　七十四、睦亲　七十五、典章禁令

五十五、止狱措刑在富而教之

问：成、康御宇，囹圄空虚；文、景继统，刑罚不用；太宗化下，而人不犯。成此功者，其效安在？桀、纣在上，比屋可诛；秦氏为君，赭衣满道。致此弊者，其故安在？今欲鉴桀、纣、秦氏之弊，继周、汉、太宗之功，使人〔有〕耻且格，刑措不用。备详本末，著之于篇。

臣闻：仲尼之训也，既庶矣，而后富之；既富矣，而后教之。管子亦云：仓廪实，知礼节；衣食足，知荣辱。然则食足财丰，而后礼教所由兴也。礼行教立，而后刑罚所由措也。盖前事之不忘，后事之元龟。臣请以前事明之。当周成、康之时，天下富寿，人知耻格，故囹圄空虚四十余年。当汉文、景之时，节用劝农，海内殷实，人人自爱，不犯刑法，故每岁决狱，仅至四百。及我太宗之朝，勤俭化人，人用富庶，加以德教，致于升平，故一岁断刑，不满三十。虽则明圣慎刑，贤良恤狱之所致也，然亦由天下之人，生厚德正而寡过也。当桀、纣之时，暴征仇敛，万姓穷苦，有怨无耻，奸宄并兴，故是时也，比屋可戮。及秦之时，厚赋以竭人财，远役以殚人力，力殚财竭，尽为寇贼，群盗满山，赭衣塞路，故每岁断罪，数至十万。虽则暴君淫刑，奸吏弄法之所致也，然亦由天下之人，贫困思邪而多罪也。由是观之，刑之繁省，系于罪之众寡也；教之废兴，系于人之贫富也。圣王不患刑之繁，而患罪之众；不患教之

废，而患人之贫。故人苟富，则教斯兴矣；罪苟寡，则刑斯省矣。是以财产不均，贫富相并，虽尧舜为主，不能息忿争而省刑狱也。衣食不充，冻馁并至，虽皋陶为士，不能止奸宄而去盗贼也。若失之于本，求之于末，虽圣贤并生，臣窃以为难矣。至若察小大之狱，审轻重之刑，定加减于科条，得情伪于察色，此有司平刑之要也，非王者恤刑之德也。至若尽钦恤之道，竭哀矜之诚，使生者不怨，死者不恨，此王者恤刑之法也，非圣人措刑之道也。必欲端影于表，澄流于源，则在乎富其之，崇其教，开其廉耻之路，塞其冤滥之门，使人内乐其生，外畏其罪，则必过犯自省，刑罚自措。斯所谓致群心于有耻，立大制于不严。古者有画衣冠、异章服，而人不犯者，由此道素行也。

五十六、论刑法之弊升法科，选法吏

问：今之法，贞观之法；今之官，贞观之官。昔何为而大和？今何为而未理？事同效异，其故何哉？将刑法不便于时耶？而官吏不得其人耶？

臣伏以今之刑法，太宗之刑法也；今之天下，太宗之天下也。何乃用于昔，而俗以宁壹？行于今，而人未休和？臣以为非刑法不便于时，是官吏不循其法也。此由朝廷轻法学，贱法吏，故应其科与补其吏者，率非君子也，其多小人也。盖刑法者，君子行之，则诚信而简易，简易则人安。小人习之，则诈伪而滋彰，滋彰则俗弊。此所以刑一而用二，法同而理殊者也。矧又律令尘蠹于栈阁，制敕堆盈于桉几，官不遍睹，法无定科。今则条理轻重之文，尽询于法直，是使国家生杀之柄，假手于小人。小人之心，孰不可

忍？至有黩货贿者矣，有祐亲爱者矣，有陷仇怨者矣，有畏权豪者矣，有欺贱弱者矣。是以重轻加减，随其喜怒；出入比附，由乎爱憎。官不察其所由，人不知其所避。若然，则虽有贞观之法，苟无贞观之吏，欲其刑善，无乃难乎？陛下诚欲申明旧章，划革前弊，则在乎高其科，重其吏而已。臣谨按：汉制以四科辟士，其三曰明习律令，足以决狐疑，能按章覆问，文中御史者，辟而用之。伏惟陛下悬法学为上科，则应之者必俊乂也；升法直为清列，则授之者必贤良也。然后考其能，奖其善，明察守文者，擢为御史；钦恤用情者，迁为法官。如此，则仁恕之诚，廉平之气，不散于简牍之间矣。捨刻之心，舞文之弊，不生于刀笔之下矣。与夫愚诈小吏，窃而弄之者，功相万也。臣又闻：管仲夺伯氏之邑，没无怨言；季羔刖门者之足，亡而获宥；孔明黜廖立之位，死而垂泣。三子者，可谓能用刑矣。臣伏思之，亦何代无其人哉？在乎求而用之，考而奖之而已。伏惟陛下再三察焉。

五十七、使人畏爱悦服，理大罪，赦小过

问：政不可宽，宽则人慢；刑不可急，急则人残。故失于恢恢，则漏网而为弊；务于察察，则及泉而不祥。将使宽猛适宜，疏密合制，上施畏爱之道，下有悦服之心，刑政之中，何者为得？

臣闻：圣人在上，使天下畏而爱之，悦而服之者，由乎理大罪，赦小过也。《书》曰："宥过无大，况小者乎？刑故无小，况大者乎？"故宥其小者，仁也。仁以容之，则天下之心，爱而悦之矣。刑其大者，义也。义以纠之，则天下之心，畏而服之矣。臣窃见国家用法，似异于是。何则？纠察之政，急于朝官，而宽于外官；惩戒

之刑,加于小吏,而纵于长吏。是则权轻而过小者,或反绳之;寄重而罪大者,或反舍之。臣复思之,恐非先王宥过刑政之道也。然则小大之喻,其犹鱼耶?鱼之在泉者,小也,察之不祥;鱼之吞舟者,大也,漏之不可。刑烦犹水浊,水浊则鱼喁;政宽犹防决,防决则鱼逝。是以善为理者,举其网,疏其网。网举则所罗者大矣,网疏则所漏者小也。伏惟陛下举其网于长吏,疏其网于朝官,舍小过以示仁,理大罪而明义,则畏爱悦服之化,暗然而日彰于天下矣。

五十八、去盗贼在举德选能,安业厚生

臣闻:圣王之去盗贼也,有二道焉。始则举有德,选有能,使教化大行,奸宄者去。次又安其业,厚其生,使廉耻大兴,贪暴者息。故舜举皋陶,不仁者远;晋用士会,盗奔于秦:此举德选能之效也。成、康阜其俗,礼让兴行;文、景富其仁,盗贼衰息:此安业厚生之验也。由是观之,则俗之贪廉,盗之有无,系于人之劳逸,吏之贤否也。方今禁科虽严,桴鼓未静,放攘者时闻于道路,穿窬者或纵于乡间。无乃陛下之人,有多穷困冻馁者乎?无乃陛下之吏,有非循良明白者乎?伏惟陛下大推爱人之诚,广喻称善之旨;厚其生业,使俗知耻格;举以贤德,使国无幸人:自然廉让风行,奸滥日息。则重门罕闻于击柝,外户庶见于不扃者矣。

五十九、议赦

臣谨案:《书》曰:"眚灾肆赦。"又,《易》曰:"雷雨作解,君子以赦过宥罪。"斯则赦之不可废也必矣。《管子》曰:"赦者,奔马之委

譬也；不赦者，痤疽之碪石也。"又，谚曰："一岁再赦，妇儿喑哑。"
斯又赦之不可数也明矣。然则赦之为用，用必有时，数既失之，废
亦未为得也。何者？赦之为德大矣，为贼亦甚矣。大凡王者践祚
改元之初，一用之，则为德也；居常致理之际，数用之，则为贼也。
故践祚而无赦，则布新之义缺，而好生之德废矣；居常而数赦，则
惠奸之路启，而召乱之门开矣。由此而观，盖赦者，可疏而不可数
也，可重而不可废也。用舍之要，其在兹乎？

六十、救学者之失礼、乐、诗、书

问：学者，教之根，理之本。国家设庠序以崇儒术，张礼乐而
厚国风，师资肃以尊严，文物焕其明备。何则学《诗》《书》者，拘于
文而不通其旨；习礼、乐者，滞于数而不达其情？故安上之礼未
行，化人之学将落。今欲使工祝知先王之道，生徒究圣人之心，
《诗》《书》不失于愚诬，礼、乐无闻于盈减；积之为言行，播之为风
化。何为何作，得至于斯？

臣闻：化人动众，学为先焉；安上尊君，礼为本焉。故古之王
者，未有不先于学，本于礼，而能建国君人，经天纬地者也。国家
删定六经之义，裁成五礼之文，是为学者之先知，生人之大惠也。
故命太常以典礼乐，立太学以教《诗》《书》，将使乎四术并举而行，
万人相从而化。然臣观太学生徒，诵《诗》《书》之文，而不知《诗》
《书》之旨；太常工祝，执礼、乐之器，而不识礼、乐之情。遗其旨，
则作忠兴孝之义不彰；失其情，则合敬同爱之诚不著。所谓去本
而从末，弃精而得粗。至使陛下语学有将落之忧，顾礼有未行之
叹者，此由官失其业，师非其人，故但有修习之名，而无训导之实

也。伏望审官师之能否,辨教学之是非,俾讲《诗》者以六义风赋为宗,不专于鸟兽草木之名也。读《书》者以五代典谟为旨,不专于章句诂训之文也。习礼者以上下长幼为节,不专于俎豆之数,裼袭之容也。学乐者以中和友孝为德,不专于节奏之变,缀兆之度也。夫然,则《诗》《书》无愚诬之失,礼、乐无盈减之差,积而行立者,乃升之于朝廷;习而事成者,乃用之于宗庙。是故温柔敦厚之教,疏通知远之训,畅于中而发于外矣。庄敬威严之貌,易直子谅之心,行于上而流于下矣。则睹之者莫不承顺,闻之者莫不率从。管乎人情,出乎理道,欲人不化,上不安,其可得乎?

六十一、黜子书

臣闻:仲尼没而微言绝,七十子丧而大义乖。大义乖,则小说兴;微言绝,则异端起。于是乎歧分派别,而百氏之书作焉。然则六家之异问,马迁论之备矣;九流之得失,班固叙之详矣。是非取舍,较然可知。今陛下将欲抑诸子之殊途,遵圣人之要道,则莫若弘四术之正义,崇九经之格言。故正义著明,则六家之异见,不除而自退矣;格言具举,则九流之偏说,不禁而自隐矣。夫如是,则六家九流,尚为之隐退,况百氏之殊文诡制,得不藏匿而销荡乎?斯所谓排小说而扶大义,斥异端而阐微言,辨惑向方,化人成俗之要也。伏惟陛下必行之。

六十二、议礼乐

问:礼乐并用,其义安在?礼乐共理,其效何征?礼之崩也,何方以救之乎？乐之坏也，何术以济之乎？

臣闻：序人伦，安国家，莫先于礼；和人神，移风俗，莫尚于乐。二者所以并天地，参阴阳，废一不可也。何则？礼者，纳人于别而不能和也；乐者，致人于和而不能别也。必待礼以济乐，乐以济礼，然后和而无怨，别而不争。是以先王并建而用之，故理天下如指诸掌耳。《志》曰："六经之道同归，而礼乐之用为急。"故前代有乱亡者，由不能知之也；有知而危败者，由不能行之也；有行而不至于理者，由不能达其情也；能达其情者，其唯宗周乎？周之有天下也，修礼达乐者七年，刑措不用者四十年，负扆垂拱者三百年，龟鼎不迁者八百年，斯可谓达其情，臻其极也。故孔子曰："吾从周。"然则继周者，其唯皇家乎？臣伏闻礼减则销，销则崩；乐盈则放，放则坏。故先王减则进之，盈则反之，济其不及，而泄其过，用能正人道，反天性，奋至德之光焉。国家承齐、梁、陈、隋之弊，遗风未弭，故礼稍失于杀，乐稍失于奢。伏惟陛下虑其减削，则命司礼者大明唐礼；防其盈放，则诏典乐者少抑郑声。如此，则礼备而不偏，乐和而不流矣。继周之道，其在兹乎？

六十三、沿革礼乐

问：礼乐之用，百王共之。然则历代以来，或沿而理，或革而乱，或损而兴，或益而亡。何述作之迹同，而得失之效异也？方今大制虽立，至理未臻，岂沿袭损益，未适其时宜？将文物声明，有乖于古制？思欲究盛礼之旨，审至乐之情；不和者改而更张，可继者守而勿失。具陈其要，当举而行。

臣闻：议者曰：礼莫备于三王，乐莫盛于五帝，非殷周之礼，不足以理天下；非尧舜之乐，不足以和神人。是以总章辟雍、冠服篁簋之制，一不备于古，则礼不能行矣；干戚羽旄、屈伸俯仰之度，一不修于古，则乐不能和矣。古今之论，大率如此。臣窃谓斯言，失其本，得其末，非通儒之达识也。何者？夫礼乐者，非天降，非地出也，盖先王酌于人情，张为通理者也。苟可以正人伦，宁家国，是得制礼之本意也；苟可以和人心，厚风俗，是得作乐之本情矣。盖善沿礼者，沿其意，不沿其名；善变乐者，变其数，不变其情。故得其意，则五帝三王不相沿袭，而同臻于理矣；失其情，则王莽屑屑习古，适足为乱矣。故曰：行礼乐之情者王，行礼乐之饰者亡。盖谓是矣。且礼本于体，乐本于声，文物名数，所以饰其体；器度节奏，所以文其声。圣人之理也，礼至则无体，乐至则无声。然则苟至于理也，声与体犹可遗，况于文与饰乎？则本末取舍之宜，可明辨矣。今陛下以上圣之资，守烈祖之制，不待损益，足以致理。然苟有沿革，则愿陛下审本末而述作焉。盖礼者，以安上理人为体，以别疑防欲为用，以玉帛俎豆为数，以周旋裼袭为容。数与容可损益也，体与用不可斯须失也。乐者，以易直子谅为心，以中和孝友为德，以律度铿锵为饰，以缀兆舒疾为文。饰与文可损益也，心与德不可斯须失也。夫然，则礼得其本，乐达其情，虽沿袭损益不同，同归于理矣。

六十四、复乐古器古曲

问：时议者或云：乐者，声与器迁，音随曲变。若废今器，用古器，则哀淫之音息矣。若舍今曲，奏古曲，则正始之音兴矣。其说若此，以为如何？

臣闻:乐者本于声,声者发于情,情者系于政。盖政和则情和,情和则声和,而安乐之音,由是作焉。政失则情失,情失则声失,而哀淫之音,由是作焉。斯所谓音声之道,与政通矣。伏睹时议者,臣窃以为不然。何者?夫器者所以发声,声之邪正,不系于器之今古也。曲者所以名乐,乐之哀乐,不系于曲之今古也。何以考之?若君政骄而荒,人心动而怨,则虽舍今器,用古器,而哀淫之声不散矣。若君政善而美,人心平而和,则虽奏今曲,废古曲,而安乐之音不流矣。是故和平之代,虽闻桑间濮上之音,人情不淫也,不伤也。乱亡之代,虽闻咸护、韶武之音,人情不和也,不乐也。故臣以为销郑卫之声,复正始之音者,在乎善其政,和其情,不在乎改其器,易其曲也。故曰:乐者不可以伪,唯明圣者能审而述作焉。臣又闻:若君政和而平,人心安而乐,则虽援黄桴,击野壤,闻之者必融融泄泄矣。若君政骄而荒,人心困而怨,则虽撞大钟,伐鸣鼓,闻之者适足惨惨戚戚矣。故臣以为谐神人,和风俗者,在乎善其政,欢其心;不在乎变其音,极其声也。

六十五、议祭祀

问:圣王立郊庙,重祭祀者,将以展诚敬而事鬼神乎?将欲裨教化而利生人乎?

又问:近者敬失于鬼,祭祀以淫。禳祷者有僭滥诡媚之风,蒸尝者失疏数丰俭之节。今欲使俗无淫祀,家不黩神,物省费而厚生,人守义而不惑。何为何作,可以救之?

臣闻:祭祀之义,大率有三:禋于天地,所以示人报本也;祠于圣贤,所以训人崇德也;享于祖考,所以教人追孝也。三者行于天下，则万人顺，百神和，此先王所以重祭祀者也。臣又观之，岂直若是而已哉？盖先王因事神而设教，因崇祀以利人，俾乎人竭其诚，物尽其美，美致于鬼，则利归于人焉。故阜其牲牷，则牛羊不得不蕃矣。丰其黍稷，则仓廪不得不实矣。美其祭服，则布帛不得不精矣。不畜者无牲，不田者无盛，则游堕者不得不惩矣，勤本者不得不勉矣。四者行于天下，虽曰事鬼神，其实厚生业也。故曰：礼行于祭祀，则百货可极焉，斯之谓矣。然则物力有余，则奢淫之弊起；祀事不节，则诡黩之萌生。先王又防其然也，是以宗庙有数，丰约有度，疏数有时。非其度者，则鬼不享而礼不容；非其类者，则神不歆而刑不舍。二者行于天下，则人与神不相黩矣，不相伤矣。近代以来，稍违祀典，或礼物失于奢俭，或巫史假于淫昏，追远者昧从生之文，徼福者有媚神之祭。虽未甚弊，亦宜禁之。伏惟陛下崇设人防，申明国典。蒸尝不经者，示之以礼；禳祷非鬼者，纠之以刑。所谓存其正，抑其邪，则人不惑矣；著其诚，谨其物，则人厚生矣。斯以齐风俗，和人神之大端也。惟陛下详之。

六十六、禁厚葬

臣伏以国朝参古今之仪，制丧葬之纪，尊卑丰约，焕然有章。今则郁而不行于天下者久矣，至使送终之礼，大失其中，贵贱昧从死之文，奢俭乖称家之义。况多藏必辱于死者，厚费有害于生人，习不知非，浸而成俗，此乃败礼法，伤财力之一端也。陛下诚欲革其弊，抑其淫，则宜乎振举国章，申明丧纪。奢侈非宜者，齐之以礼；凌僭不度者，量之以威。故威行于下，则坏法犯贵之风移矣；

礼适其中，则破产伤生之俗革矣。移风革俗，其在兹乎！

六十七、议释教僧尼

问：汉、魏以降，像教浸兴，或曰足以耗蠹国风，又云足以辅助王化。今欲禁之勿用，恐乖诱善崇福之方；若许之大行，虑成异教殊俗之弊。裨化之功诚著，伤生之费亦深。利病相形，从其远者。

臣闻：上古之化也，大道惟一；中古之教也，精义无二。盖上率下以一德，则下应上无二心。故儒、墨六家，不行于五帝；道、释二教，不及于三王。迨乎德既下衰，道又上失，源离派别，朴散器分。于是乎，儒、道、释之教，鼎立于天下矣。降及近代，释氏尤甚焉。臣伏观其教，大抵以禅定为根，以慈忍为本，以报应为枝，以斋戒为叶。夫然，亦可以诱掖人心，辅助王化。然臣以为不可者有以也。臣闻：天子者，奉天之教令；兆人者，奉天子之教令。令一则理，二则乱。若参以外教，二三孰甚焉！况国家以武定祸乱，以文理华夏，执此二柄，足以经纬其人矣。而又区区西方之教，与天子抗衡，臣恐乖古先惟一无二之化也。然则根本枝叶，王教备焉，何必使人去此取彼？若欲以禅定复人性，则先王有恭默无为之道在。若欲以慈忍厚人德，则先王有忠恕恻隐之训在。若欲以报应禁人僻，则先王有惩恶劝善之刑在。若欲以斋戒抑人淫，则先王有防欲闲邪之礼在。虽臻其极则同归，或能助于王化，然于异名则殊俗，足以贰乎人心，故臣以为不可者以此也。况僧徒月益，佛寺日崇，劳人力于土木之功，耗人利于金宝之饰，移君亲于师资之际，旷夫妇于戒律之间。古人云：一夫不田，有受其馁者；一妇不织，有受其寒者。今天下僧尼，不可胜数，皆待农而食，待蚕而衣。臣窃思之：晋、宋、齐、梁以来，天下凋弊，未必不由此矣。伏惟陛下察焉。

六十八、议文章碑碣、词赋

问：国家化天下以文明，奖多士以文学，二百余载，文章焕焉。然则述作之间，久而生弊，书事者罕闻于直笔，褒美者多眩其虚辞。今欲去伪抑淫，芟芜划秽，黜华于枝叶，反实于根源，引而救之，其道安在？

臣谨按：《易》曰："观乎人文，以化成天下"。《记》曰："文王以文理。"则文之用大矣哉！自三代以还，斯文不振，故天以将丧之弊，授我国家。国家以文德应天，以文教牧人，以文行选贤，以文学取士，二百余载，焕乎文章。故士无贤不肖，率注意于文矣。然臣闻：大成不能无小弊，大美不能无小疵。是以凡今秉笔之徒，率尔而言者有矣，斐然成章者有矣。故歌咏、诗赋、碑碣、赞咏之制，往往有虚美者矣，有愧辞者矣。若行于时，则诬善恶而惑当代；若传于后，则混真伪而疑将来。臣伏思之，恐非先王文理化成之教也。且古之为文者，上以纫王教，系国风；下以存炯戒，通讽谕。故惩劝善恶之柄，执于文士褒贬之际焉；补察得失之端，操于诗人美刺之间焉。今褒贬之文无核实，则惩劝之道缺矣；美刺之诗不稽政，则补察之义废矣。虽雕章镂句，将焉用之？臣又闻：稂莠秕稗生于谷，反害谷者也；淫辞丽藻生于文，反伤文者也。故农者耘稂莠，簸秕稗，所以养谷也。王者删淫辞，削丽藻，所以养文也。伏惟陛下诏主文之司，谕养文之旨，俾辞赋合炯戒讽谕者，虽质虽野，采而奖之；碑诔有虚美愧辞者，虽华虽丽，禁而绝之。若然，则为文者，必当尚质抑淫，著诚去伪，小疵小弊，荡然无遗矣。则何虑乎皇家之文章，不与三代同风者欤？

六十九、采诗以补察时政

问：圣人之致理也，在乎酌人言，察人情，而后行为政，顺为教者也。然则一人之耳，安得遍闻天下之言乎？一人之心，安得尽知天下之情乎？今欲立采诗之官，开讽刺之道，察其得失之政，通其上下之情。子大夫以为如何？

臣闻：圣王酌人之言，补己之过，所以立理本，导化源也。将在乎选观风之使，建采诗之官，俾乎歌咏之声，讽刺之兴，日采于下，岁献于上者也。所谓言之者无罪，闻之者足以自诫。大凡人之感于事，则必动于情，然后兴于嗟叹，发于吟咏，而形于歌诗矣。故闻《蓼萧》之诗，则知泽及四海也；闻《禾黍》之咏，则知时和岁丰也；闻《北风》之言，则知威虐及人也；闻《硕鼠》之刺，则知重敛于下也；闻"广袖高髻"之谣，则知风俗之奢荡也；闻"谁其获者妇与姑"之言，则知征役之废业也。故国风之盛衰，由斯而见也；王政之得失，由斯而闻也；人情之哀乐，由斯而知也。然后君臣亲览而斟酌焉，政之废者修之，阙者补之，人之忧者乐之，劳者逸之。所谓善防川者，决之使导；善理人者，宣之使言。故政有毫发之善，下必知也；教有锱铢之失，上必闻也。则上之诚明，何忧乎不下达？下之利病，何患乎不上知？上下交和，内外胥悦。若此，而不臻至理，不致升平，自开辟以来，未之闻也。老子曰："不出户，知天下。"斯之谓欤？

七十、纳谏 上封章,广视听

问:国家立谏净之官,开启沃之路久矣。而謇谔者未尽其节,谋猷者未竭其诚。思欲取天下之耳目,裨我视听;尽天下之心智,为我思谋。政之壅蔽者决于中,令之绝灭者通于外。上无违德,下无隐情。可为何方,得至于此?

又问:先王立训,唯谏是从。然则历代君臣,有贤有否,至若献替之际,是非之间,若君过臣规,固宜有言必纳。如上得下失,岂可从谏如流?以是训人,其义安在?

臣闻:天子之耳,不能自聪,合天下之耳听之,而后聪也。天子之目,不能自明,合天下之目视之,而后明也。天子之心,不能自圣,合天下之心思之,而后圣也。若天子唯以两耳听之,两目视之,一心思之,则十步之内,不能闻也;百步之外,不能见也;殿庭之外,不能知也。而况四海之大,万枢之繁者乎?圣王知其然,故立谏净议之官,开献替启沃之道,俾乎补察遗阙,辅助聪明。犹惧其未也,于是设敢谏之鼓,建进善之旌,立诽谤之木,工商得以流议,士庶得以传言,然后过日闻而德日新矣。是以古之圣王,由此途出焉。臣又闻:不弃死马之骨,然后良骥可得也;不弃狂夫之言,然后佳谋可闻也。苟臣管见之中,有可取者,陛下取而行之;苟臣刍言之中,有可采者,陛下采而用之。则闻之者必曰:如某之言,如某之见,犹且不弃,况愈于某之徒欤?则天下谋猷之士,得不比肩而至乎?天下謇谔之臣,得不继踵而来乎?故览其谋猷,则天下之利病,如悬于握中矣。纳其謇谔,则朝廷之得失,如指诸掌内矣。所谓用天下之耳听之,则无不聪也;用天下之目视之,则无不明也；用天下之心识思谋之，则无不圣神也。圣神启于上，聪明达于下，如此，则何壅蔽之有耶？灭绝之有耶？臣又尝观历代人君，有愚有贤，举事非尽失也。人臣者有能有否，出言非尽得也。然则先王勤勤恳恳，劝从谏，诫自用者，又何哉？岂不以自古以来，君虽有得，未有复谏而理者也，况其有失乎？臣虽有失，未有从谏而乱者也，况其有得乎？勤恳劝诫之义，在于此矣。伏惟陛下鉴之。

七十一、去谄佞，从谠直

问：天地无私，贤愚间生焉；理乱有时，邪正选用焉。然则理代岂无愚邪者耶？将有而不任耶？乱代岂无贤正者耶？将有而不用耶？思决所疑，可征其验。

又问：历代之君，无不知用贤则理，用愚则乱，从谏兴，从佞亡也。而取舍之际，纷然自迷。故诛放者多非小人，宠用者鲜有君子，至使衰亡危乱，历代相望。岂臣之邪正，惑其心乎？将己之爱恶，昏其鉴乎？昏惑之由，必有其故。

臣闻：昏明不并兴，邪正不两废。盖贤者进则愚者退矣，曲者用则直者隐矣。亦犹昼夜相代，寒暑相推，必然之理也。然则盛明之代，非无小人，小人之道消，不能见而为乱也。昏衰之代，非无君子，君子之道消，不〔肯〕出而为理也。故殷纣之末，三仁在朝；虞舜之初，四凶在位。虽仁在朝，不能用之，所以丧天下速于旋踵也。虽凶在位，卒能去之，所以理天下易如覆掌也。用舍兴亡之验，唯明主能察之。然则历代之主，莫不知邦以贤盛，以愚衰；君以谏安，以佞危。然则犹前车覆而后车不诫者，何也？盖常人之情，悦其从命逊志者，恶其违己守道者。又，君子难进而易退，况恶之乎？小人易进而难退，况悦之乎？是则常主之待君子也，必敬而疏；其遇小人也，必轻而狎。狎则恩易下及，疏则情难上通。是以面从者日亲，动则假虎威而自负也。骨鲠者日疏，言则犯龙鳞而必死也。故政令日以坏，邦家日以倾。斯所以变盛为衰，转安为危者矣。是以明王知君子之守道也，虽违于己，引而进之；知小人之徇惑也，虽从于命，推而远之；知谠言之为良药也，虽逆于耳，恕而容之；知佞言之为美疹也，虽逊于心，忍而绝之。故政令日以和，邦家日以理。斯所以变衰为盛，转危为安者矣。盛衰安危之效，唯明主能鉴之。

七十二、使臣尽忠，人爱上在乎明报施之道

去欲使臣节尽忠，人心爱上，则在乎明报施之道也。《传》曰："美恶周必复。"又曰："其事好还。"然则复与还，皆报施之谓也。夫日月不复，则昼夜不生；阴阳不复，则寒暑不行；善恶不复，则君臣不成。昔者五帝接其臣以道，故臣致其君以德也。三王使其臣以礼，故其臣事君以忠也。秦汉以降，任其臣以利，故其臣奉君以贾道。贾道者，利则进，不利则退。故君昏，寡救恶之士；国危，鲜致命之臣。是以其君独安独危，其臣亦独忧独乐。君臣之道，既阻于上，则兆庶之心，不得不离于下也。故曰：君视臣如股肱，则臣视君如元首。君待臣如犬马，则臣待君如路人。君爱人如赤子，则人爱君如父母。君视人如土芥，则人视君如寇仇。孔子云："审吾之所以适人，知人之所以来我也。"则尽忠爱上之来，在于此，不在于彼矣。

七十三、养老在使之寿富贵

臣闻：昔者西伯善养老，而天下归心。善养者，非家至户见，衣而食之，盖能为其立田里之制，以安其业；导树畜之产，以厚其生。使生有所养，老有所终，死有所送也。近代之王，以为老者，非帛不暖，非肉不饱，而特颁其布帛肉粟之赐，则为养老之道，尽于是矣。臣以为此小惠也，非大德也。何则？赐之以布帛，仁则仁矣，不若劝其桑麻之业，使天下五十者可以衣帛矣。赐之以肉粟，惠则惠矣，不若教其鸡豚之畜，使天下七十者可以食肉矣。然后牧以仁贤，慎其刑罚，虽不与之年，而老者得以寿矣。不夺其力，不扰其时，虽不与之财，而老者得以富矣。使幼者事长，少者敬老，虽不与之爵，而老者得以贵矣。此三代盛王，所以不遗年而兴孝者，用此道也。

七十四、睦亲选用

臣闻：圣人南面而理天下，自人道始矣。人道之始，始于亲亲。故尧之教也，睦九族而平百姓。文王之训也，刑寡妻而御家邦。斯可谓教之源，理之本也。今陛下诚欲推其恩，广其爱，使惠洽九族，化流万人，则宜乎先亲后疏，自近及远者也。然后置其师傅，闲之以教训；选其贤能，授之以官政。或出为牧守，入为公卿。如此，则虽无三代封建之名，而有三代翼戴之实也。使《棣华》之咏协于内，《麟趾》之风著于外，所谓枝叶茂而本根可庇，骨肉厚而家国俱肥。则天下之人，相从而化矣。故曰：未有九族睦而万人叛者也，未有九族离而万人和者也。盖先王所以布六顺而化百姓，敷五教而协万邦者，由此道素行也。

七十五、典章禁令

问：子大夫才膺间出，副我旁求，宜当悉心，靡有所隐。其或典章有违于古，禁令不便于今，尔无面从，予将亲览。

臣伏以今之典章，百王之典章也，安有戾于古道者欤？今之禁令，列圣之禁令也，安有乖于昔时者欤？但在乎奉与不奉，行与不行耳。陛下之念至此，诚思理之心切，好问之旨深也。此臣所以极千虑，昧万死，而献狂直者，以副天心之万一焉。

臣闻：典者不能自举，待教令而举；教令不能自行，待诚信而行。今百王之典具存，列圣之法明备；而禁末甚止，令未甚行者。臣愚以为待陛下诚信以将之。昔宓贱行化，德及泉鱼，非严刑所致也，推其诚而已。鲁恭为理，仁及春翟，非猛政所驱也，委其信而已。今以陛下上圣之资，仁惠之力，令行禁止之势，万万于一邑一宰也，何虑教不敷而化不洽乎？臣又闻：周公之理也，周年而变，三年而化，五年而定。陛下苟能勤教令以抚之，推诚信以奉之，则三年化成，五年理定，臣窃未以为迟矣。伏惟陛下少垂意而待焉。

《白居易集》卷六五《策林四》

第四章

科举考试过程

一、 科举考试的一般过程

大唐贡士之法，多循隋制。上郡岁三人，中郡二人，下郡一人，有才能者无常数。其常贡之科，有秀才，有明经，有进士，有明法，有书，有算。自京师郡县皆有学焉。每岁仲冬，郡县馆监课试其成者，长吏会属僚，设宾主，陈俎豆，备管弦，牲用少牢，行乡饮酒礼，歌《鹿鸣》之诗，征耆艾、叙少长而观焉。既饯，而与计偕。其不在馆学而举者，谓之乡贡。旧令诸郡虽一、二、三人之限，而实无常数。到尚书省，始由户部集阅，而关于考功课试，可者为第。武德旧制，以考功郎中监试贡举。贞观以后，则考功员外郎专掌之。《律》曰："诸贡举非其人，谓德行乖僻，不如举状者。及应贡举而不贡举者，谓才堪利用，蔽而不言也。一人徒一年，二人加一等，罪止徒三年。"

《通典》卷一五《选举三·历代制下》

高祖武德四年四月十一日，敕：诸州学士及白丁，有明经及秀才、俊士，明于理体，为乡曲所称者，委本县考试，州长重覆，取上等人，每年十月随物入贡。至五年十月，诸州共贡明经一百四十三人,秀才六人,俊士三十九人,进士三十人。十一月引见,敕付尚书省考试。十二月,吏部奏付考功员外郎申世宁考试,秀才一人,俊士十四人,所试并通,敕放选与理入官,其下第人各赐绢五匹,充归粮,各勤修业。自是考功之试,永为常式。至开元二十四年,以员外郎李昂与举子矛盾失体,因以礼部侍郎专知。

《唐摭言》卷一五《杂记》

天下之以明二经举于礼部者,岁至三千人。始自县考试定其可举者,然后升于州若府;其不能中科者,不与是数焉。州若府总其属之所升,又考试之如县,加察详焉,定其可举者,然后贡于天子而升之有司;其不能中科者,不与是数焉,谓之乡贡。有司者揔州府之所升而考试之,加察详焉,第其可进者,以名上于天子而藏之属之吏部,岁不及二百人,谓之出身。能在是选者,厥惟艰哉!二经章句,仅数十万言,其传注在外,皆诵之,又约知其大说。繇是举者,或远至十余年,然后与乎三千之数,而升于礼部矣;又或远至十余年,然后与乎二百之数,而进于吏部矣:班白之老半焉。昏塞不能及者,皆不在是限,有终身不得与者焉。

《韩昌黎文集校注》卷四《赠张童子序》

选士命官,有国之大典;察言考行,先王之旧规。古者命于乡而升诸学,俾大乐正论造士之秀者而升诸司马,曰进士。进士者,谓可进而授之爵禄也。然则前一作"历"。代选士,其科不一。洎圣一作"暨有"。唐高祖,以神武而静天下,用文教而镇万姓。武德五年,帝诏有司,特以进士为选士之目,仍古道也。自乡升县,县升州,州升府,皆历试行艺。秋会贡于文昌,咸达一作"造"。帝庭,以光王国。然后会群后，谒先师，备牲牢，奏金石，尊儒教也。若明试其业，主张其文，核—作"覆"。能否于听览之间，定取舍于笔削之下，职在考功郎。后至玄宗开元二十五年，重难其事，更命春官小宗伯主之，而业文志学之士劝矣。于是献艺输能，擅场中的者，榜第揭出，万人观之，未浃旬而名达四方矣。近者佐使外藩，司言中禁，弹—作"峨"。冠宪府，起草粉闱。由此与能，十恒七八。至于能登台阶，参密命者，亦繁有徒。所谓选才授爵之高科，求仕滥觞之捷径也，不其然欤？粤自武德，逮乎贞元，阅崔氏本记前后嗣续者，在吾宗为多焉。顾惟寡昧，获与斯文，因濡翰而为之序。贞元七年春三月丁亥序。

《全唐文》卷五三六《李奕·登科记序》

〔同光三年〕五月，礼部贡院奏："当司准流内铨牒，应请定冬集举人，内有前乡贡童子者，三铨已前团奏冬集，皆竖前乡贡童子。伏准格文，只有童子科，此无乡贡字。铨司先为请定冬集举人九经张仲宣等，内有前乡贡明经童子成光海。遂捡①寻《六典》及苏冕《会要》，又无本朝书，子细简讨，惟有十三年闰十二月敕，诸道应荐万言及童子，起今后不得更有闻荐。据此，'童子'两字皆由诸道表荐，固无乡贡之名，又无口议、帖经，亦不合有明经之字。进则止于暗诵，便号'神童'，此外格文，别无童子。其成光海，铨司准格，只收竖前童子团奏。去二月十五日具状申留司宰臣取裁，奏例准申者。伏缘三铨见团奏冬集，右内有乡贡及明经字，已依成光海例，准格只竖童子团奏，次者左。伏以院司常年考

---

① "捡"，他本或作"检"。

试，皆凭诸道表荐，降敕下到当司，准格考试，及格者便放及第。其同光二年童子郭忠恕等九人，皆是表荐，童子敕内并纳到家状，并有'乡贡'两字，院司简勘，同便榜示。引试及第后，先具白关牒报吏部南曹，续便团奏。春关奏状下到中书省，追当司元下纳家状，检点同覆奏放。敕经过诸处，敕下后方始到当司，备录黄关牒报御史台、尚书省并吏部南曹，令准流内铨牒。伏缘院司承前，皆凭敕命施行，童子敕内并有'乡贡'两字。若使下落，恐涉专擅者。"奉敕："起今后，宜准开成三年敕文，凡有官者并诣吏曹，未仕者皆归礼部。其童子则委本州府依诸色举人例考试，结解送省，任称乡贡童子。长史不得表荐。若无本处解送，本司不在考试之限。"

《册府元龟》卷六四一《贡举部·条制三》

〔天成三年〕七月，工部侍郎任赞上言曰："伏以圣代设科，贡闱取士，必自乡荐，来观国光。将叶公平，惟求艺行。盖广搜罗之理，且非喧竞之场。伏见常年举人等，省门开后，春榜悬时，所习既未精妍，有司宁免黜落？或嫉其先达，或恣以厚诬，多集怨于通衢，皆取骇于群听。颇亏教本，却成乱阶，宜立新规，以革前弊。自今后，诸举人不是家在远方，水陆隔越者，望本令各于本贯选艺精通宾寮一人考试，如非通赡，不许委荐。傥考核必当，即试官请厚于甄酬；若荐送稍私，并童子尽归于窜遂。冀彰睿化，免紊儒风。庶绝滥进之人，共守推公之道。"

是日，敕："宜令今后诸色举人，委逐道观察使慎择有词艺及通经官员，各据所业考试。及格者，即与给解。仍具所试诗赋、经帖通精数，一一申省。未及格者，不得徇私发解。兼承前诸道举人，多于京兆府寄应，例以洪固乡、胄贵里为户，一时不实，久远难明。自此各于本道请解,具言本州县某乡某里某为户。如或寄应,须具本贯属入状,不得效洪固、胄贵之例。文解到省后,据所称贯属州府,户籍内如是无名,本人并给解处官吏必加罪责。京百司发解就试,准前指挥,兼下贡院。具本朝旧格,诸色举人每年各放几人及第,到日续更详酌处分。"

《册府元龟》卷六四一《贡举部·条制三》

其年^①七月,敕:"今年应新及第人,给春关并于敷政门外宣赐。"其年十月一日,中书门下条流贡举人事件如后:

一、应诸道州府解送诸色举人,须准元敕差有才艺公正官考试及格,然后给解,仍具所试诗赋、义目、帖由送省。如逐州府解内,不竖书前件指挥事节,所司不在引试之限。礼部贡院考试诸色帖经举人,今后据所业经书对义之时,逐经须将生卷与熟卷中半考试,不得依往例,只将熟卷试问。

一、今后主司不得受内外官寮书题荐托举人,及安排考官。如或实在知有才学精博者,任具奏闻。若受书题嘱托,致有屈人,其主司与发书人并加黜责,其所举人别行朝典。三铨南曹亦不得受诸色官员荐托选人。如违,并准前指挥。

一、应诸色落第人,此后所司具所落事由,别张文榜,分明晓示。除诸州府解送举人外,余有于河南府寄应,及宗正寺、国子监生等,亦须准上指挥。其中有依托朝臣者,于解内具言在某官姓名门馆,考试及第后,并据姓名覆试。

一、应诸色举人,至入试之时前,照日内据所纳到试纸,本司

① 天成四年。

印署讫,送中书门下,取中书省印印过,却付所司给散,逐人就试贡院。合请考官、试官,今后选学业精通、廉慎有守者充。如在朝臣门馆人,不得奏请。

奉敕:"宜依。"

《五代会要》卷二三《缘举杂录》

二、 府州县考试

（一）县考试，州府覆试

1. 贡举人须由州府考送与拔解

始自武德辛巳岁四月一日,敕诸州学士及早有明经及秀才、俊士、进士,明于理体,为乡里所称者,委本县考试,州长重覆,取其合格,每年十月随物入贡。斯我唐贡士之始也。

《唐摭言》卷一《统序科第》

投刺,谓之乡贡。……京兆府考而升者,谓之等第。外府不试而贡者,谓之拔解。

《唐国史补》卷下

进士下第,当年七月复献新文求拔解,故曰:"槐花黄,举子忙。"王维重阳应制诗曰:"四海方无事,三秋大有年。无穷菊花节,长奉柏梁篇。"

《秦中岁时记》

吴郡陆宾虞，举进士，在京师。常有一僧曰惟瑛者，善声色，兼知术数，宾虞与之往来，每言小事，无不验。至宝历二年春，宾虞欲罢举归吴，告惟瑛以行计。瑛留止一宿，明旦谓宾虞曰："君来岁成名，不必归矣。但取京兆荐送，必在高等。"宾虞曰："某曾三就京兆，未始得事。今岁之事，尤觉甚难。"瑛曰："不然。君之成名，必以京兆荐送，他处不可也。"……宾虞深信之，固取荐京兆府，果得殊等。明年入省试毕，又访瑛。瑛曰："君已登第矣，名籍不甚高，当在十五人之外。"……后月余放榜，状头李郃，宾虞名在十六，即三十三人也。

《前定录》之《陆宾虞》

大学小学，尊师而敬道；上庠下庠，钦贤而贵德。稽山之竹，资括羽以宣功；昆岫之珍，待琢磨而成器。东序西序，离经辨志之原；小成大成，温故知新之学。积川为海，蛟龙鱼鳖处其中；积土为山，鸾鸳鹓雏翔其上。学而从政，罔不由兹；学古入官，其来尚矣。只如每年贡举，先有成规，登上科者高步于龙门，落下第者退飞于鹡路。蹶足之马，尚想造途；失晨之鸡，犹思改旦。庶使鸿飞海浦，仍怀渐陆之期；鹤唳霜皋，尚有闻天之望。岂得一回试落，便弃前功？善诱生徒，却将未可。昔苏秦十上，岂曰无才？主父八条，何妨有用？尹勤西瑭教首，北海儒宗，应知三绝之劳，颇识百篇之训。随蓝改质，实藉招携；题竹书名，良资教授。宁有弃古人之糟粕，顿被疏遗；受新生之束脩，频为改换。所请无理，状涉有情，未可举科，且宜从记。

《全唐文》卷一七三《张鷟·监尹勤奏学生多无经业
举送至省落第并请退还本邑以激励庶望生徒进益》

进士王胜、盖夷，元和中求荐于同州。时宾馆填溢，假郡功曹王翥第，以俟试。

《太平广记》卷三四三《鬼二十八·窦玉》

皇甫弘应进士举，华州取解，酒忤于刺史钱徽，被逐出。至陕州求解讫，将越城关，闻钱自华知举，自知必不中第，遂东归。

《太平广记》卷二七八《梦三·梦休征下·皇甫弘》

其年[①]六月，中书门下奏："贡举人取解，宜准旧例，于京兆、河南府集试。"从之。

《唐会要》卷七六《贡举中·进士》

〔大中元年〕六月，中书门下奏："贡举人取解，宜准旧例，于京兆府、河南府集试。"从之。

《册府元龟》卷六四一《贡举部·条制三》

唐荆州每解送举人，多不成名，号曰"天荒"。至刘蜕舍人，以荆州解及第，号"破天荒"。

《邵氏闻见后录》卷一七

夫物不得以时而发，其发必炽。风行溪谷，飔飔习习，即不得遂作，必飘忽源泉，混混然堤防陂畜，波决壅缺，亦不可遏。其于人也亦然。颍川陈君，学积乎勤，艺高乎专，丧家途歉，志用不通，郁然而居者有年矣。累为连帅宾礼，贡之天子，赍咨暗呜，辄以穷尽。今年稍始克偕计吏，黾勉上道。久愤湮郁，一旦决发，若风波

---

① 大中元年。

之得宣泄,吁可当邪?名光耀乎天庭,声飞驰乎海浦,其在此行矣。然君子学道以循禄,端己以售道,不肯尺枉,以蕲寻直。况突梯滑稽,以苟得与?君其勉之。樵弱弓蓬矢,难以妄觳,徒善君之引满强劲,指期命中,于行不能无述。

《孙樵集》卷七《序陈生举进士》

温庭筠有词赋盛名,初从乡里举,客游江淮间。扬子留后姚勖厚遗之。庭筠少年,其所得钱帛多为狭邪所费。勖大怒,笞且逐之,以故庭筠卒不中第。

《玉泉子》

钟传,洪州高安人。……僖宗擢传江西团练使,俄拜镇南节度使、检校太保、中书令,……广明后,州县不乡贡,惟传岁荐士,行乡饮酒礼,率官属临观,资以装赍,故士不远千里走传府。

《新唐书》卷一九〇《钟传传》

旧举人应及第,开检无籍者不得与第。陈章甫制策登科,吏部榜放。章甫上书:"昨见榜云:'户部报无籍记者。'昔传说无姓,殷后置于盐梅之地;屠羊隐名,楚王延以三旌之位,未闻征籍也。范雎改姓易名为张禄先生,秦用之以霸;张良为韩报仇,变姓名而游下邳,汉祖用之为相:则知籍者所以计租赋耳。本防群小,不约贤路。若人有大才,不可以籍弃之。苟无其德,虽籍何为?令员外吹毛求瑕,务在驳放,则小人也却寻归路,策藜杖,着草衣,田园芸芜,锄犁尚在。"所司不能夺,特谘执政收之,天下称美焉。

《封氏闻见记校注》卷三《制科》

秦韬玉应进士举，出于单素，屡为有司所斥。京兆尹杨损奏复等列，时在选中。明日将出榜，其夕忽叩试院门，大声曰："大尹有帖!"试官沈光发之，曰："闻解榜内有人曾与路岩作文书者，仰落下。"光以韬玉为问，损判曰："正是此。"

《唐语林》卷七《补遗》

长安举子自六月已后，落第者不出京，谓之"过夏"。多借静坊庙院及闲宅居住，作新文章，谓之"夏课"。亦有十人五人醵率酒馔，请题目于知己、朝达，谓之"私试"。七月后，投献新课，并于诸州府拔解。人为语曰："槐花黄，举子忙。"

《南部新书》乙

梁开平元年七月，敕："近年举人，当秋荐之时，不亲试者号为拔解，今后宜止绝。"

《旧五代史》卷一四八《选举志》

梁太祖开平元年六月，诏："近年诸道贡举人，当籓方秋荐之时，不亲试者号为拔解，非所以责实也。"帝因知之，乃下令止绝。

《册府元龟》卷六四一《贡举部·条制三》

臣切见每年贡举人数甚众，动应五举、六举，多至二千、三千。既事业不精，即人文何取？请敕三京、邺都，就道州府长官合发诸色贡举人文解者，并须精加考较。事业精研，即得解送，不得滥有举送。冀塞滥进之门，开兴能之路。

《全唐文》卷八六一《边归谠·请诸道举精加考试不得滥送奏》

伏以圣代设科，贡闱取士，必自乡荐，来观国光。将叶公平，惟求艺行。盖广搜罗之理，且非喧竞之场。伏见常年举人等，省门开后，春榜悬时，所习既未精研，有司宁免黜落？或嫉其先达，或恣以厚诬，多集怨于通衢，皆取骇于群听。颇亏教本，却成乱阶，宜立新规，以革前弊。自今后，诸举人，不是家在远方，水陆隔越者，望本令各于本贯选艺精通宾寮一人考试。如非通赡，不许妄荐。傥考核必当，即试官请厚于甄酬；若荐送稍私，并童子尽归于窜逐。冀彰睿化，免紊儒风。庶绝滥进之人，共守推公之道。

《全唐文》卷八五〇《任赞·请州县官先考试贡举人表》

〔天成〕三年七月四日，尚书工部侍郎任赞奏：“今后伏请宣下诸州府，所有诸色举人，不是家在远方，水陆隔越者，逐处选宾从官僚中艺学精博一人，各于本贯一例分明比试。如非通赡，不许妄给文解。”敕：“宜令今后诸色〔举〕人委逐道观察使，慎择其词艺及通经官员，各据所业，考试及格者，即与给解。仍具所试诗赋、帖经通粗数，一一申省。未及格者，不得徇私发解。兼承前诸道举人，多于京兆府寄应，例以洪固乡、贵胄里为户，一时失实，事久难明。自此各于本道请解，具言本州县某乡某里为户。如或寄应，须具本贯入状，不得效洪固、贵胄之例。文解到省后，据所称贯属州府，户籍内如无名，本人并给解处，官吏必行重责。京百司给解就试，准前指挥，兼下贡院。其本朝旧格，诸色举人，每年各放几人及第，到日续更详酌处分。”

《五代会要》卷二三《缘举杂录》

是月①，兵部尚书卢质奏请逐年诸色贡举人，州府取解之时，选强明官考试，具诗赋义自送省。从之。

《册府元龟》卷六四一《贡举部·条制三》

汉隐帝乾祐二年，刑部侍郎边归谠上言："臣窃见每年贡举，人数甚众，动应五举、六举，多至二千、三千。既事业不精，即人文何取？请敕三京、邺都、诸道州府长官合发诸色贡举人文解者，并须精加考较。事业精研，即得解送，不得滥有举送。冀塞滥进之门，开兴能之路。"敕从之。其间条奏未尽处，下贡院录天福五年四月二十七日敕文，告谕天下，依元敕条件施行。如有故违，其随处考试官员当准敕条处分。

《册府元龟》卷六四二《贡举部·条制四》

2. 分科考送

凡贡举人有博识高才，强学待问，无失俊选者，为秀才；通二经已上者，为明经；明闲时务，精熟一经者，为进士；通达律令者，为明法。其人正直清修，名行孝义，旌表门闾，堪理时务，亦随宾贡为孝悌力田。凡贡人，上州岁贡三人，中州二人，下州一人。若有茂才异等，亦不抑以常数。

《唐六典》卷三〇《三府督护州县官吏》

刘允济，洛州巩人，其先自沛国徙焉，……博学，善属文，与绛

---

① 天成四年十月。

州王勃早齐名，特相友善。弱冠本州举进士，累除著作佐郎。

《旧唐书》卷一九〇中《刘允济传》

长安二年正月，初令天下诸州有练习武艺者，每年准明经、进士例举送。

《册府元龟》卷六三九《贡举部·条制一》

开元二十三年，〔崔圆〕应将帅举科，又于河南府充乡贡进士。其日正于福唐观试，遇赦下，便于试场中唤将，拜执戟参谋河西军事。

《太平广记》卷二二〇《相二·李含章》

张镒字季权，……大历初，出为濠州刺史，政条清简，延经术士讲教生徒。比去，州升明经者四十人。

《新唐书》卷一五二《张镒传》

郁浑《百篇集》一卷。浑常应百篇举，寿州刺史李绅命百题试之。

《新唐书》卷六〇《艺文志四》

周显德四年十月，诏曰："制策悬科，前朝盛事，莫不访贤良于侧陋，求谠正于箴规，殿廷之间，帝王亲试。其或大裨于国政，有益于时机，则必待以优恩，縻之好爵。拔奇取异，无尚于兹，得士者昌，于是乎在。爰从近代，久废此科，怀才抱器者郁而不伸，隐耀韬光者晦而不出。遂致翘翘之楚，多至于弃捐；皎皎之驹，莫就于縻絷。遗才滞用，阙孰甚焉。应天下诸色人中，有贤良方正能直言极谏,经学优深可为师法,详闲吏理达于教化者,不限前资、见任职官,黄衣草泽,并许应诏。其逐处州府依每年贡举人式例,差官考试,解送尚书吏部,仍量试策论三道,共三千字已上。当日内取文理具优,人物爽秀,方得解送。取来年十月集上都,其登朝官亦许上表自举。"

《五代会要》卷二二《制举》

3. 考试内容与场次

令狐文公镇三峰,时及秋赋,特置五场试。第一场,杂文;第二场,试歌篇;第三场,表檄。先是卢弘正一人就试,来者皆栗缩而退。马植以将家子来求荐,文公与从事皆鄙之,专令人伺其词句。既而试《登山采珠赋》,曰:"文豹且异于骊龙,采斯疏矣;白石又殊于老蚌,剖莫得之。"众皆大惊,遂夺弘正解元矣。

《唐摭言》卷五《以其人不称才试而后惊》

同、华解最推利市,与京兆无异,若首送,无不捷者。元和中,令狐文公镇三峰,时及秋赋,榜云:"特加置五场。"盖诗、歌、文、赋、帖经,为五场。常年以清要书题求荐者,率不减十数人,其年莫有至者。虽不远千里而来,闻是皆浸去,唯卢弘正尚书独诣华请试。公命供帐酒馔,侈靡于往时。华之寄客毕纵观于侧。弘正自谓独步文场。公命日试一场,务精不务敏也。弘正已试两场,而马植下解。植,将家子弟,从事辈皆窃笑。公曰:"此未可知。"既而试《登山采珠赋》,略曰:"文豹且异于骊龙,采斯疏矣;白石又殊于老蚌,剖莫得之。"公大伏其精当,遂夺弘正解元。后弘正自丞郎将判蹉，俄而为植所据。弘正以手札戏植曰："昔日华元，已遭毒手；今来蹉务，又中老拳。"复曰，试《破竹赋》。

咸通末，永乐崔侍中廉问江西，取罗邺为督邮，邺因主解试。时尹璞自远来求计偕，璞有文而使气，邺挟私黜之。璞大恚，怒疏邺云："罗邺讳则，则可知也。"邺父则，为余杭盐铁小吏。

白乐天典杭州，江东进士多奔杭取解。时张祐自负诗名，以首冠为己任。既而徐凝后至。会郡中有宴，乐天讽二子矛盾。祐曰："仆为解元，宜矣。"凝曰："君有何嘉句？"祐曰："甘露寺诗有：'日月光先到，山河势尽来。'又，《金山寺》诗有：'树影中流见，钟声两岸闻。'"凝曰："善则善矣，奈无野人句云：'千古长如白练飞，一条界破青山色。'"祐愕然不对。于是一座尽倾。凝夺之矣。

・・・・・・・・・・・

国朝自广明庚子之乱，甲辰，天下大荒，车驾再幸岐梁，道殣相望，郡国率不以贡士为意。江西钟传令公起于义聚，奄有疆土，充庭述职，为诸侯表式，而乃孜孜以荐贤为急务。虽州里白丁，片文只字求贡于有司者，莫不尽礼接之。至于考试之辰，设会供帐，甲于治平。行乡饮酒之礼，常率宾佐临视，拳拳然，有喜色。复大会以饯之，筐篚之外，率皆资以桂玉。解元三十万，解副二十万，海送皆不减十万。垂三十载，此志未尝稍息。时举子有以公卿关节，不远千里而求首荐者，岁常不下数辈。

・・・・・・・・・・・

高贞公郢就府解后，时试官别出题目曰《沙洲独鸟赋》。郢援笔而成曰："欻有飞鸟，在河之洲。一饮一啄，载沉载浮。赏心利涉之地，浴质至清之流。"

《唐摭言》卷二《争解元》

尚书白舍人初到钱塘，令访牡丹。独开元寺僧惠澄，近于京得此花，始栽植于庭，栏围甚密，他亦未知有也。时春景方深，惠澄设油幕覆其上。牡丹自东越分而种之也，会稽徐凝自富春来，未识白公，先题诗曰："此花南地知谁种，惭愧僧门用意栽。海燕解怜频睥睨，胡蜂未识更徘徊。虚生芍药徒劳妒，羞杀玫瑰不敢开。唯有数苞红萼在，含芳只待舍人来。"白寻到寺看花，乃命徐生同醉而归。时张祜艕舟而至，甚若疏诞，然张、徐二生，未之习稔，各希首荐焉。中舍曰："二君论文，若廉、白之斗鼠穴，较胜负于一战也。"遂试《长剑倚天赋》、《余霞散成绮》诗。既解送，以凝为先，祜其次耳。张祜诗有："地势遥尊岳，河流侧让关。"多士以陈后主"日月光天德，山河壮帝居"比，徒有前名矣。祜题《金山寺》诗曰："树影中流见，钟声两岸闻。"虽綦毋潜云："塔影挂青汉，钟声扣白云。"此二句未为佳也。祜又有《观猎》四句及《宫词》。白公曰："张三作猎诗以拟王右丞，予则未敢优劣也。"王维诗曰："风劲角弓鸣，将军猎渭城。草枯鹰眼疾，雪尽马蹄轻。忽过新丰市，还归细柳营。回看落雁处，千里暮云平。"张祜诗曰："晚出禁城东，分围浅草中。红旗开向日，白马骤临风。背手抽金镞，翻身控角弓。万人齐指处，一雁落寒空。"白公又以《宫词》四句之中皆偶对，何足奇乎？不如徐生云："今古常如白练飞，一条界破青山色。"徐凝曰："谯周室里，定游、夏于邱、虔；马守帷中，分《易》《礼》于卢、郑。如我明公荐拔，岂惟偏党乎？"张祜亦曰："《虞韶》九奏，非瑞马之至音；荆玉三投，伫良工之必鉴。且洪钟韶击，瓦缶雷鸣；荣辱纠绳，复何定分！"祜遂行歌而迈，凝亦鼓枻而归。自是二生终身偃仰，不随乡试矣。先是李补阙林宗、杜殿中牧与白公辇下较文，具言元白体舛杂，而为清苦者见嗤，因兹有恨也。白为河南尹，李为阳河令，道上相遇，尹乃乘马，令则肩舆，似乖趋事之礼。尝谓乐天为"嗫嚅公"，闻者皆笑，乐天之名稍减。白曰："李直木，吾之猘子也，其锋不可当。"后杜舍人之守秋浦，与张生为诗文交，酷爱祜宫词，亦知钱塘之岁自有是非之论，怀不平之色，为诗二首以高之，曰："谁人得似张公子，千首诗轻万户侯。"又云："如何故国三千里，虚唱歌辞满六宫。"

《唐语林》卷三《品藻》

京兆府解试比同礼部三场试，巢寇之后，并只就一场耳。

《唐摭言》卷二《为等第后久方及第》

4. 考试等第与举送名额

凡贡人，上州岁贡三人，中州二人，下州一人。若有茂才异等，亦不抑以常数。

《唐六典》卷三〇《三府督护州县官吏》

〔开元〕二十五年三月，敕："应诸州贡人，上州岁贡三人，中州二人，下州一人，必有才行，不限其数。其所贡之人，将申送一日，行乡饮酒礼，牲用少牢，以现物充。"

《唐会要》卷二六《乡饮酒》

〔张〕楚金少有志行，事亲以孝闻。初与兄越石同预乡贡进士，州司将罢越石而荐楚金，辞曰："以顺则越石长，以才则楚金不如。"固请俱退。时李勣为都督，叹曰："贡士本求才行，相推如此，何嫌双居也。"乃俱荐擢第。楚金,高宗时累迁刑部侍郎。

《旧唐书》卷一八七上《张楚金传》

李丞相绛,先人为襄州督邮。方赴举求乡荐,时樊司徒泽为节度使,张常侍正甫为判官,主乡荐。张公知丞相有前途,启司徒曰:"举人悉不知李某秀才,请只送一人,请众人之资以奉之。"欣然允诺。

《嘉话录》

乔彝京兆府解试,时有二试官。彝日午叩门,试官令引入,则已醺醉。视题,曰《幽兰赋》,不肯作,曰:"两个汉相对作此题?速改之。"遂改为《渥洼马赋》,曰:"校些子。"奋笔斯须而就。警句云:"四蹄曳练,翻翰海之惊澜;一喷生风,下胡山之乱叶。"便欲首送。京尹曰:"乔彝峥嵘甚,宜以解副荐之。"

《幽闲鼓吹》

〔元和〕十年,新及第进士将去都,……生揖语亚之曰:"吾家世居蜀,尝以进士得第,吾少能嗣其业。幸子之文得称甚光,愿为我序还家之荣。"亚之辞谢不敏,曰:"愿无让。"曰始生与兄之来举进士,得绌。及缀字为便口之句,历赞其文于公卿之门,由是一岁而名。八年,成都贡士,生名在贡首。九年,生与其兄试贡京兆,京兆籍贡名,生名为亚首,生之兄益在列下。十年,礼部第士,生名在甲乙。如是而后归,亚之以为相如还蜀之荣,而生未后也。

《沈下贤文集》卷九《送同年任晚归蜀序》

唐尚书特，太和六年，尉渭南，为京兆府试进士官。杜丞相悰时为京兆尹，将托亲知间等第。时重十人，内为等第。召公从容，兼命茶酒。及语举人，则趋而下阶，俯伏不对，杜公竟不敢言而止。是年上等内近三十余人，数年内皆及第无缺落者，前后莫比。时余偶在等第之选。

《因话录》卷三

李卫公颇升寒素。旧府解有等第。卫公既贬，崔少保龟从在省，子殷梦为府解元。广文诸生为诗曰："省司府局正绸缪，殷梦元知作解头。三百孤寒齐下泪，一时南望李崖州。"卢渥司徒以府元为第五人，自此废等第。

《唐语林》卷七《补遗》

神州解送，自开元、天宝之际，率以在上十人，谓之等第，必求名实相副，以滋教化之源。小宗伯倚而选之，或至浑化，不然，十得其七八。苟异于是，则往往牒贡院请落由。暨咸通、乾符，则为形势吞嚼，临制近，同及第，得之者互相夸诧，车服侈靡，不以为僭。仍期集人事，贞实之士不复齿，所以废置不定，职此之由。

《唐摭言》卷二《京兆府解送》

天府之盛，神州之雄，选才以百数为名，等列以十人为首，起自开元、天宝之世，大历、建中之年，得之者搏跃云衢，阶梯兰省，即六月冲霄之渐也。今所传者，始于元和景戌岁，次叙名氏，目曰《神州等第录》。

《唐摭言》卷二《元和元年登科记京兆等第榜叙》

开成二年，大尹崔珙判云："选文求士，自有主司。州府送名，岂合差第？今年不定高下，不锁试官，既绝猜嫌，暂息浮竞。"差功曹卢宗回主试，除文书不堪送外，便以所下文状为先后。试杂文后，重差司录侯云章充试官，竟不列等第。明年，崔珙出镇徐方，复置等第。

大中七年，韦澳为京兆尹，榜曰："朝廷将裨教化，广设科场。当开元、天宝之间，始专明经、进士。及贞元、元和之际，又益以荐送相高。当时唯务切磋，不分党甲，绝侥幸请托之路，有推贤让能之风。等列标名，仅同科第；既为盛事，固可公行。近日以来，前规顿改，互争强弱，多务奔驰；定高卑于下第之初，决可否于差肩^①之日；会非考核，尽系经营。奥学雄文，例舍于贞方寒素；增年矫貌，尽取于朋比群强。虽中选者曾不足云，而争名者益炽其事。澳叨居畿甸，合贡英髦，非无藻鉴之心，惧有爱憎之谤。且李膺以不察孝廉去任，胡广以轻举茂才免官，况在管窥，实难裁处。况礼部格文，本无等第，府解不合区分。其^②今年所合送省进士、明经等，并以纳策试前后为定，不在更分等第之限。"

《唐摭言》卷二《废等第》

韦澳为京兆尹，豪右敛手。国舅郑光庄不纳租，澳系其主者，期以五日，不足，必抵法。太后为言之。上延英问澳，澳具奏本末。上曰："今日纳租足，放否？"曰："尚在限内，来日即不得矣。"澳既出半廷，上连召之曰："国舅庄租，今日纳足，放主者否？"澳曰："必放！"上入告太后曰："韦澳不可犯，且与送钱纳却。"顷刻而放。

先是，京兆府进士、明经解送，设殊、次、平等三级，以甄别行实。近年公道益衰，止于奔竞。至解送之日，威势挠败，如市道焉。至是，澳榜曰："朝廷将裨教化，广设科场。当开元、天宝之间，始专重明经、进士。及贞元、元和之际，又益以荐送相高。当时务尚切磋，不分党甲，绝侥幸请托之路，有推贤让能之风。等列标名，仅同科第，既为盛事，固可公行。近日以来，前规顿改，互争强弱，多务奔驰。定高卑于下第之初，决可否于差官之日。曾非考核，尽系经营。奥学雄文，例舍于贞方寒素；增年矫日，尽取以党比群强。中选者曾不足云，而争名者益炽其事。澳叨司畿甸，合贡英髦，非无藻鉴之心，惧有爱憎之谤。且李膺以不察孝廉去任，胡广以轻举茂才免官，况其管窥，实难裁处。况礼部格文，本无等第，府廷解送，不合①区分。今年合送省进士、明经等，并以纳策试前后为定，不在更分等第之限。"词科之盛，本以京兆府等第为梯级。建中二年，崔元翰、崔敖、崔备三人，府元、府副、府第三人，于邵知贡举，放及第，并依府例。盖推崇艺实，不能易也。自文学道丧，朋党道兴，纷竞既多，澳不胜惧。遂此厘革，盖救一时之弊，人多惜之。

《东观奏记》卷中

京兆府进士、明经解送，设殊、次、平等三级，以甄行能，其后挠于权势而不行。宣宗时，韦澳为尹，榜曰："礼部旧格，本无等第，京府解送，不当区分。今年所送省进士、明经等，并以纳策试前后为定，更不分等第之限。"词科本以京兆等第为梯级。建中二年，崔元翰、崔敖、崔备三人，府元、府副、府第三人，于邵知贡举，依次放及第。盖推崇艺实，不能易也。自文学道丧，朋党弊兴，纷

---

① "合"，他本或作"当"。

竞既多，澳虽愤浇弊而革之，然人亦惜其故事之废。

《唐语林》卷一《政事上》

宋言端公，近十举而名未播。大中十一年，将取府解，言本名岳，因昼寐，似有人报云："宋二郎秀才，若头上戴'山'，无因成名。但去其'山'，自当通泰。"觉来便思去之，不可名"狱"，遂去二"犬"，乃改为"言"。及就府试，冯涯侍郎作掾而为试官，以解首送言也。时京兆尹张大夫毅夫以冯参军解送举人有私，奏谴澧州司户。再试，退解头宋言为第六十五人。知闻来唁，宋曰："来春之事，甘已参差。"李播舍人放榜，以言为第四人及第。言感恩最深，而为望外也。乃服冯涯知人，寻亦获雪。

《云溪友议》卷下《去山泰》

乾符四年，崔淯为京兆尹，复置等第。差万年县尉公乘亿为试官，试《火中寒暑退赋》、《残月如新月》诗。

李时文公孙。　韦硎　沈驾　罗隐　刘綦　倪曙　唐骈　周繁池人，善赋。　吴廷隐　贾涉其年所试八韵，涉擅场，而屈其等第。

《唐摭言》卷二《置等第》

（二）合格者解送

1. 行乡饮酒礼

每岁仲冬，州、县、馆、监举其成者送之尚书省；而举选不繇馆、学者，谓之乡贡，皆怀牒自列于州、县。试已，长吏以乡饮酒礼，会属僚，设宾主，陈俎豆，备管弦，牲用少牢，歌《鹿鸣》之诗，因与耆艾叙长少焉。

《新唐书》卷四四《选举志上》

自京师郡县皆有学焉。每岁仲冬，郡县馆监课试其成者，长吏会属僚，设宾主，陈俎豆，备管弦，牲用少牢，行乡饮酒礼，歌《鹿鸣》之诗，征耆艾、叙长少而观焉。既饯，而与计偕。其不在馆学而举者，谓之乡贡。旧令诸郡虽一、二、三人之限，而实无常数。

《通典》卷一五《选举三·历代制下》

乡饮酒之礼，刺史为主人，此为贡人之中，有明经、进士身兼德存孝悌，灼然明著，旌表门闾及有秀才者，皆刺史为主人。若无，上佐摄行事。先召乡之致仕有德者谋之。贤者为宾，其次为介，又其次为众宾，与之行礼而宾举之。

《通典》卷一三〇《礼九十·开元礼纂类二十五》

贞观六年，诏曰："比年丰稔，闾里无事，乃有惰业之人，不顾家产，朋游无度，酗宴是耽，危身败德，咸由于此。每览法司所奏，因此致罪，实繁有徒。静言思之，良增轸叹。自匪澄源正本，何以革兹俗弊？当纳之轨物，询诸旧章，可先录《乡饮酒礼》一卷，颁行天下。每年令州县长官，亲率长幼，齿别有序，递相劝勉，依礼行之，庶乎时识廉耻，人知敬让。"

《唐会要》卷二六《乡饮酒》

长安二年，教人习武艺，其后每岁如明经、进士之法，行乡饮酒礼,送于兵部。开元十九年,诏武贡人与明经、进士同行乡饮酒礼。

《通典》卷一五《选举三·历代制下》

唐隆元年七月十九日,敕:"乡饮酒礼之废,为日已久,宜令诸州,每年遵行乡饮酒礼。"

《唐会要》卷二六《乡饮酒》

乡饮礼废,为日已久,尊德尚齿,弘益极深。宜令诸州,每年遵行乡饮之礼,令有劝慕。

《文苑英华》卷四六五《翰林制诏·诚励风俗》

开元六年七月十三日,初颁《乡饮酒礼》于天下,令牧宰每年至十二月行之。

《唐会要》卷二六《乡饮酒》

开元十八年,宣州刺史裴耀卿上疏曰:"……窃见以《乡饮酒礼》颁于天下,比来唯贡举之日,略用其仪,闾里之间,未通其事。"

《通典》卷七三《礼三十三·沿革三十三·嘉礼十八》

〔开元〕二十五年三月,敕:"应诸州贡人,上州岁贡三人,中州二人,下州一人,必有才行,不限其数。其所贡之人,将申送一日,行乡饮酒礼,牲用少牢,以现物充。"

《唐会要》卷二六《乡饮酒》

今州府贡士陈乡饮酒堂上,堂下乐工皆坐,亦皆有人歌,又皆丝竹。明曰：如此则尊卑无别，何为分居上下哉？按乡饮酒礼及燕礼事皆云："升歌《鹿鸣》《四牡》《皇皇者华》，笙人立于堂下，奏《南陔》《白华》《华黍》。"即是堂上乐有人歌以琴瑟和之，并无竹器，乐工皆坐堂下，无人歌，但吹笙播诗，亦无琴瑟，吹笙者皆立。故《郊特牲》云："歌者在上，匏竹在下，贵人声也。"言贵重人之声，故令歌者在上，轻贱匏竹之器，故令在下。今州府所行，并无等级，有司不辨故也。

《兼明书》卷一

贡士有宴，我牧席公新礼也。贞元癸酉岁，邑有秀士八人，公将首荐于阙下。古者相觐相祖，有享有宴。享以昭恭俭，宴以示慈惠，二典为用，鲜或克廉。诸侯升俊造于天子，遣之日，唯行乡饮酒之礼，则享礼也。荐肉玄酒，莫饮莫食。公念肉不使食则仁不下浃，酒不使饮则欢不上交，方欲激邦俗于流醨，致王人乎德行，而贤者仁未伊浃，才者欢未我交，其若蚩蚩何？秋七月，与八人者，乡饮之礼既修，乃加之以宴。肴移已膳，醴出家酝。求丝桐匏竹以将之，选华轩胜境以光之。后一日，遂有东湖亭之会。公削桑榆之礼，执宾主之仪，揖让升堂，雍容就筵。乐遍作而情性不流，爵无算而仪形有肃。锵锵焉，济济焉，于是老幼来窥，尽室盈岐。非其亲懿，则其间里皆内讼而誓迁善焉。於戏！行其教不必耳提而口授，移其风不必门扇而户吹，公斯宴则风移教行其闲矣。真尽心谒诚，奉主化民之宰也。烟景未暮，酒德俱饱，有逡巡避位而言曰："夫诗者，有以美盛德之形容。君侯因片善，附小能，回一邑之心，成一邑之行，而昭吾人恭俭于嘉享，示吾人慈惠于清宴。回人心，成人行，周、孔之才也；昭恭俭，示慈惠，管、晏之贤也。不有歌咏，其如六义何？"是日人有《甘棠》《泮宫》之什，客有天水姜阅、河东裴参和、颖川陈诩、邑人济阳蔡沼，佐赞盛事，亦献雅章。小子公之旽，幸鼓微声，先八人者鸣，捧豆伺彻，时在公之侧。睹众君子之作，遂从卜商之后，书其旨为首序。

《欧阳行周文集》卷九《泉州刺史
席公宴邑中赴举秀才于东湖亭序》

三折肱为良医。予五升词场，四遭掎撼，是以窃知乎文。则洪氏子举秀才，前后胜负，予得而度。夫子黼黻之性，加好勤苦之节，纺绩坟典，组织篇什，观经纬机杼，则重锦绣段，日日当成。今年秋贡士，果居首荐。歌《鹿鸣》以为饯，想鹏搏而饬驾。金欲求锻，玉将就磨，光芒颖耀，朝夕以冀。回雁宾海，秋风落山，虽难别离，向庆无恨，中鹄余矢，犹思再发。升冬元月，期会于阙下。

《欧阳行周文集》卷一〇《送洪儒卿赴举序》

诸侯岁贡秀才于天子，故陈侯今年有观光之举。白露肃物，青天始高，云回鸿盘，言遵永途。吾观夫雄心锐志，将领能事，则夷山堙谷，不尽其力。何东堂一枝，南荆一片，足尘其虑邪？勉哉陈侯，有其才，奏其试，知其成矣。

《欧阳行周文集》卷一〇《送陈八秀才赴举序》

诸科举人，常年荐送，先令行乡饮酒之礼。凡预举人，列从乡赋，遂奏《鹿鸣》之什，俾腾龙化之津，雅音既动于笙簧，厚礼复陈于筐篚。行兹盛事，克振儒风，宜令复行乡饮酒之礼。太常草定仪注，颁下诸州，预前肄习，解送举人之时，便行此礼。其仪速具闻奏。

《全唐文》卷一一一《后唐明宗·复乡饮酒礼敕》

2. 随计入京应试

凡举试之制，每岁仲冬，率与计偕。

《唐六典》卷四《尚书礼部》

贡士，《周礼》大司徒之职，郡国举贤者于王庭。武德初，委本州县考试，取其合格者，每年十月随物入贡。

进士举，《周礼》乐正论进士之秀升诸司马，曰进士。隋大业初，始举进士举。

《续事始》

先天年中，仆虽幼小，未闲声律，辄参举选。公既明试，量拟点额。仆之枉落，岂肯缄口？……一年在长安，一年在洛下，一年在家园。去年冬十月得送，今年春三月及第。往者虽蒙公不送，今日亦自致青云。天下进士有数，自河以北，唯仆而已。

《唐摭言》卷二《恚恨》

武德五年，李义琛与弟义琰、从弟上德三人同举进士。义琛等陇西人，世居邺城。国初，草创未定，家素贫乏，与上德同居，事从姑，定省如亲焉。随计入潼关，遇大雪，逆旅不容。有咸阳商人见而怜之，延与同寝处。居数日，雪霁而去。琛等议觉驴，以一醉酬之。商人窃知，不辞而去。义琛后宰咸阳，召商人，与之抗礼。琛位至刑部侍郎、雍州长史，义琰相高宗皇帝，上德司门郎中。

《唐摭言》卷七《起自寒苦》

前进士王洙字学源，其先本琅琊人。元和十三年春，擢第。尝居邹鲁间名山学业。洙自云，前四年时，因随籍入贡。

《东阳夜怪录》

荆南解比号"天荒"。大中四年，刘蜕舍人以是府解及第。时崔魏公作镇，以破天荒钱七十万资蜕。蜕谢书略曰："五十年来，自是人废；一千里外，岂曰天荒！"

《唐摭言》卷二《海述解送》

天成元年八月，敕："应三京、诸道，今年贡举人，可依常年取解，仍令随处量事，津送赴阙。"

《旧五代史》卷一四八《选举志》

天成元年八月，敕："应三京、诸道，今年贡举人，可依常年例取解，仍命随处量事，津送赴阙。"

《五代会要》卷二三《缘举杂录》

三、省试

（一）应试的资格条件

1. 资格条件的若干规定

古之学者，始入小学见小节，大学见大节，知父子长幼之序，君臣上下之位，然后师逸功倍，化人成俗，莫不由之。子不云乎：

"远而有光者，饰也；近而愈明者，学也。"故道行于上，禄在其中，所期于有成，不唯于迟达。自顷州里所荐，公卿之绪，门人众矣，孰嗣子音？国胄颙然，未臻吾道。至使钻仰之地，寂寥厥化，贵于责实，务于求仕。将去圣滋远，尚沿浇薄，为敦儒未弘，不行劝沮？朕承百王之末，居四海之尊，惟怀永图，思革前弊。何以发后生之智虑，垂先王之法则？朕甚惧之，敢忘于是。天下有业擅专门、学优重席、□堪师授者，所在具以名闻。自今以后，贡举人等宜加励勉，须获实才。如有义疏未详，习读未遍，辄充举选，以希侥幸，所由官亦置彝宪。有司申明条例，称朕意焉。（开元二年五月）

《唐大诏令集》卷一〇六《令贡举人勉学诏》

〔开元二十九年〕正月丁酉，诏曰："三皇之时，兆庶淳朴，盖繇其上，以道化人。自兹厥后，为政各异。我烈祖玄元皇帝，禀大贤之德，蕴至道之精，乃著五千文，用矫时弊。可以理国家。超夫象系之表，出彼明言之外。朕有处分，令家习此书，庶乎人用向方，政成不宰。虑兹下士，未达微言，是以重有发明，俾之开悟。期弱丧而知复，弘善贷于无穷。两京及诸州各置玄元皇帝庙一所，每年依道法斋醮。兼置崇玄学，于当州县学士数内，均融量置，令习《道德经》及《庄子》《文子》《列子》。待习业成后，每年随贡举人例送至省。置助教一人，委所繇州长官于诸色人内精加访择补授，仍稍加优奖。"

《册府元龟》卷五三《帝王部·尚黄老一》

〔建中〕三年四月，敕："礼部应进士举人等，自今已后，如有试官及不合选，并诸色出身人等，有应举者，先于举司陈状，准例考试。如才堪及第者，送名中书门下，重加考核。如实才堪，即令所司追纳告身，注毁官甲，准例与及第。至选日，仍稍优与处分。其正员官，不在举限。”

《唐会要》卷七六《贡举中·进士》

元和二年十二月，敕：“自今已后，州府所送进士，如迹涉疏狂，兼亏礼教，或曾任州府小吏。有一事不合清流者，虽薄有辞艺，并不得申送。如后举事发，长吏奏停现任；如已停替者，殿二年。本试官及司功官，见任及已停替，并量事轻重贬降。仍委御史台常加察访。”

《唐会要》卷七六《贡举中·进士》

进士为时所尚久矣，是故俊乂实集其中，由此出者，终身为闻人。故争名常切，而为俗亦弊。其都会谓之举场，通称谓之秀才，投刺谓之乡贡，得第谓之前进士。互相推敬谓之先辈，俱捷谓之同年，有司谓之座主。京兆府考而升者谓之等第，外府不试而贡者谓之拔解，将试各相保任谓之合保，群居而赋谓之私试，造请权要谓之关节，激扬声价谓之还往。既捷，列书其姓名于慈恩寺塔谓之题名会，大醵于曲江亭子谓之曲江会，籍而入选谓之春闱。不捷而醉饱谓之打毷氉，匿名造谤谓之无名子，退而肄业谓之过夏，执业而出谓之夏课，挟藏入试谓之书策。此是大略也。其风俗系于先达，其制置存于有司。虽然，贤士得其大者，故位极人臣，常十有二三，登显列十有六七，而张睢阳、元鲁山有焉，刘辟、元镠有焉。

《唐国史补》卷下

元和中，中书舍人李肇撰《国史补》，其略曰："进士为时所尚久矣，是故俊乂实在其中。由此而出者，终身为文人，故争名常为时所弊。其都会谓之举场，通称谓之秀才，投刺谓之乡贡，得第谓之前进士。互相推敬谓之先辈，俱捷谓之同年，近年及第，未过关试，皆称新及第进士，所以韩中丞仪尝有"知闻近过关试"，仪以一篇纪之曰："短行纳了付三铨，休把新衔恼必先。今日便称前进士，如留春色与明年。"有司谓之座主。京兆府考而升者谓之等第，外府不试而贡者谓之拔解，然拔解亦须预托人为词赋，非谓白荐。将试各相保谓之合保，群居而赋谓之私试，造请权要谓之关节，激扬声价谓之还往。既捷，列名于慈恩寺塔谓之题名，大燕于曲江亭子谓之曲江会，曲江大会在关试后，亦谓之关宴。宴后同年各有所之，亦谓之为离会。藉而入选谓之春关。不捷而醉饱谓之打毷氉，匿名造谤谓之无名子，退而肄业谓之过夏，执业以出谓之夏课，亦谓之秋卷。挟藏入试谓之书策。此其大略也。其风俗系于先达，其制置存于有司。虽然，贤者得其大者，故位极人臣，常有十二三，登显列十有六七，而元鲁山、张睢阳有焉，刘辟、元翯有焉。"

　　　　　　　　　　　　　　　《唐摭言》卷一《述进士下篇》

　　大和元年二月，敕："自今已后，天下勋臣、节将子弟，有能修词尚学，应进士、明经，及通史学者，委有司务加奖引。"

　　　　　　　　　　　《唐会要》卷七六《贡举中·缘举杂录》

　　〔梁开平元年〕四月，兵部尚书权知贡举姚洎奏："近代设文科，选胄子，所以纲维名教，崇树邦本也。今在朝公卿亲属、将相子孙，有文行可取者，请许所在州府荐送，以广疏材之路。"从之。

《旧五代史》卷一四八《选举志》

〔梁太祖开平〕四年十二月，兵部尚书、知贡举姚洎奏曰："近代设词科，选胄子，盖所以纲维名教，崇树邦本者也。曩时进士，不下千人，岭徼海隅，偃风向化。近岁观光之士，人数不多。加以在位臣僚，罕有子弟，就其寡少，复避嫌疑。实恐因循，渐为废坠。今在朝公卿亲属、将相子孙，有文行可取者，请许所在州府荐送，以广毓才之义。"从之。

《册府元龟》卷六四一《贡举部·条制三》

是月[1]，敕："近年诸道解送童子，皆越常规，或年齿渐高，或精神非俊，或道字颇多讹舛，或念书不合格文。主司若不去留，贡部积成乖弊。自此后，应诸道州府，如公然滥发文解，略不考选艺能，其逐处判官及试官，并加责罚。仍下贡院，将来诸道应解送到童子，委主司精专考较，须是年颜不高，念书及格，道字分明，兼无蹶失，即放及第。仍依天成三年例，主司未出院间便引就试，与诸科举人同日放榜，不得前却。"

《册府元龟》卷六四一《贡举部·条制三》

〔天成四年〕十月，中书门下条流贡举人事件："应诸道州府解送诸色举人，须准元敕，差有才艺公正官考试，及格，然可给解。仍具所试诗赋、义目、帖繇送省。如逐州府解内，不竖出前件指挥

---

[1] 天成三年七月。

事节,所司不在引试之限。礼部贡院考试诸色帖经举人,今后据所业经书对义之时,逐经须将生卷与熟卷中半考试,不得依往例只将熟卷试问。今后主司,不得受内外官寮书题荐托举人及安排考试官。如或实讲,知有才学精博者,任其奏闻。若受书题嘱托,致有屈人,其主司与发书人并加黜责。其所举人,别行朝典。三铨南曹,亦不得受诸色官员书题荐托选人。如违,并准前指挥。应诸色落第人,此后所司具所落事繇,别张悬文榜,分明晓示。除诸州府解送举人外,余有于河南府寄应及宗正寺、国子监生等,亦须准上指挥。其中有依托朝臣者,于解内具言在某官、某姓名门馆。考试及第后,并据姓名覆试。诸色举人,至入试之时前五日内,据所纳到试纸,本司印署讫,却送中书门下,取中书省印印过,却付司,给散逐人就试。贡院合请考官、试官,今后选举业精通、廉慎有官者充。人①在朝臣门馆人,不得奏请。"奏敕:"宜依。"

《册府元龟》卷六四一《贡举部·条制三》

长兴元年六月,中书门下奏:"此后宾贡,每年只请放一人。……曾赴举落第人,不得改名。将来举人,并依选人例,据地里远近,于十月中纳文解。如违,不在受纳之限。"从之。

《五代会要》卷二三《缘举杂录》

其月②,举人张洞而下,以去年落第人各于乡里取解,以试期近,来往不及,乞今年且徇旧例。从之。来年即勒本州取解。

《册府元龟》卷六四二《贡举部·条制四》

---

① "人",他本或作"如"。
② 后唐清泰二年九月。

汉乾祐二年，刑部侍郎边归谠上言："臣窃见每年贡举人数甚众，动引五举、六举，多至二千、三千，既事业不精，即人文何取。请敕三京、邺都、诸道州府长官，合发诸色贡举人文解者，并须精加考校，事业精研，即得解送，不得滥有举送，冀塞滥进之门，开与能之路。"敕从之。其间条奏未尽处，下贡院录天福五年四月二十七日敕文，告谕天下，依元敕条件施行；如有固违，其随处考试官员，当准敕条处分。

《旧五代史》卷一四八《选举志》

〔后周广顺二年十一月〕丙子，诏曰："应内外文武官僚幕职、州县官举选人等，今后有父母、祖父母亡殁未经迁葬者，其主家之长，不得辄求仕进，所由司亦不得申举解送。如是卑幼在下者，不在此限。"

《旧五代史》卷一一二《周书·太祖纪第三》

2. 须隶所在官学，然后举

按《实录》：西监，隋制；东监，龙朔元年所置。开元已前，进士不由两监者，深以为耻。李华员外寄赵七侍御诗，略曰："昔日萧邵友，四人才成童。"华与赵七侍御骅、萧十功曹颖士、故邵十六司仓畛，未冠游太学，皆苦贫共弊。五人登科，相次典校。邵后二年擢第，以冤横贬，卒南中。又郭代公、崔湜、范履冰辈，皆由太学登第。李肇舍人撰《国史补》，亦云："天宝中，袁咸用、刘长卿分为朋头，是时常重两监。尔后物态浇漓，稔于世禄，以京兆为荣美，同华为利市，莫不去实务华，弃本逐末。故天宝十二载，敕：天下举人不得言乡贡，皆须补国子及郡学生。广德二年，制京兆府进士，并令补国子生。斯乃救压覆者耳。奈何人心既去，虽拘之以法，犹不能胜。矧或执大政者不常其人，所立既非自我，则所守亦不坚矣。繇是贞元十年已来，殆绝于两监矣。"

《唐摭言》卷一《两监》

〔天宝〕十二载七月，诏天下举人，不得充乡试，皆须补国子学生及郡县学生，然〔后〕听举。四门俊士停。

《册府元龟》卷六四〇《贡举部·条制二》

是日①降诏："……其公卿士族子弟，明年已后，不先入国学习业，不在应明经、进士限。"

《旧唐书》卷一七下《文宗本纪下》

太和七年八月赦节文：应公卿士族子弟，取来年正月以后，不先入国学习业者，不在应明经、进士之限。

《唐会要》卷三五《学校》

柳璟知举年，有国子监明经，失姓名，昼寝，梦徙倚于监门。有一人负衣囊，衣黄，访明经姓氏，明经语之。其人笑曰："君来春及第。"明经因访邻房乡曲五六人，或言得者。……来春，明经与邻房三人梦中所访者悉及第。

《支诺皋》

---

① 大和七年八月甲申朔。

会昌五年正月，制：公卿百官子弟及京畿内士人寄客，修明经、进士业者，并宜隶于太学。外州县寄学及士人，并宜隶各所在官学。

《唐会要》卷三五《学校》

会昌五年正月，敕：公卿百寮子弟及京畿内士人，寄修明经、进士业者，并宜隶名太学。外州寄学及士人，并宜隶名所在官学，仍永为常制。

《唐摭言》卷一《两监》

其月①，中书门下奏：贡举人并不许于两府取解，仰于两都国子监就试。

《唐会要》卷七六《贡举中·进士》

〔会昌〕五年三月，中书门下奏："贡举人并不许于两府取解，仰于两都国子监就试。"

《册府元龟》卷六四一《贡举部·条制三》

世宗显德元年十一月，敕："国子监所解送广顺三年已前监生人数，宜令礼部贡院收纳文解。其今年内新收补监生，只仰落下。今后须是监中受业，方得准令式收补解送。"先是，国学收补监生，显有条例。迩来学官因循，多有近甸州府不得解者，即投监请补送省，率以为常。是岁，主文者知其弊，因取监司所送学生七十四人状事详之，例不合于令式，悉不收试。由是，移刺纷纭，更相援

---

① 会昌五年三月。

引。监司举奏束脩之条，以塞其议。贡院告于执政，因达于上听，故降是命。议者非成均，而是礼闱。

《册府元龟》卷六四二《贡举部·条制四》

〔清泰〕三年五月，明经崔觊等经中书诉："宋州节度掌书计[①]上封事，贡举人须依旧格，取本州里文解者。见附国子监诸生赴举，皆不取文解，条例异同。"诏曰："凡布化条，惟务均一，苟公平之无爽，即中外以适从。国子监每举举人，皆自四方来集，不询解送，何辨是非？其附监举人，并依去年八月一日敕，须取本处文解。如不及第者，次年便许监司解送。若初投名，未尝令本处取解者，初举落第后，监司勿更收补。其淮南、江南、黔、蜀远人，即不拘此例。监生礼部补，令式在焉。"

《册府元龟》卷六四二《贡举部·条制四》

3. 应试的各色人物

君讳某，字某，赵国人也。……始入太学，以精理见知。未几，进士高第，拜白水县尉。

《陈伯玉文集》卷六《唐水衡监丞李府君墓志铭》

君讳漪，……弱冠以门胄入国学，举进士。母弟汲亦以明经何年擢第。

《张说之文集》卷一九《唐故瀛州河间丞崔君神道碑》

---

① "计"，他本或作"记"。

公讳景怀，……弱冠以国子进士高第，补相府典签。

《张说之文集》卷二〇《唐故左庶子
赠幽州都督元府君墓志铭》

〔萧直〕十岁能属文，工书。十三游上庠。十七举明经上第，名冠太学。

《毗陵集》卷一一《唐故给事中
赠吏部侍郎萧公墓志铭并序》

贞元初，有太学生杜思温，善鼓琴，多游于公侯门馆，每登临宴，往往得与。……思温明年又下第，遂罢举，西游。

《前定录》之《杜思温》

〔张龟龄〕年十六，游太学，以明经擢第。献策肃宗，深蒙赏重。

《颜鲁公文集》卷九《浪迹先生玄真子张志和碑》

熊执易赴举，行次潼关，秋霖月余，滞于逆旅。俄闻邻居有一士吁嗟数四，执易潜伺之，曰："前尧山令樊泽举制科，至此，马毙囊空，莫能自进！"执易造焉，遽辍所乘马，倒囊济之。执易其年罢举，泽明年登科。

《唐摭言》卷四《气义》

公即尚书第若干子。弱冠，游太学，举进士甲科，补太子校书。

《权载之文集》卷一四《唐故太子右庶子
集贤院学士赠左散骑常侍王公神道碑铭并序》

夫人姓权氏，天水略阳人。……王父益州成都县尉无待，烈考许州临颍县令伋。成都以太学进士擢第，临颍判入甲科，皆以文学著名。

《权载之文集》卷二七《唐睦州桐庐县丞
柳君故夫人天水权氏墓志铭并序》

王播少孤贫，尝客扬州惠昭寺木兰院，随僧斋餐。诸僧厌怠，播至，已饭矣。后二纪，播自重位出镇是邦，因访旧游，向之题已皆碧纱幕其上。播继以二绝句曰："二十年前此院游，木兰花发院新修。而今再到经行处，树老无花僧白头。上堂已了各西东，惭愧阇黎饭后钟。二十年来尘扑面，如今始得碧纱笼。"

…………

徐商相公常于中条山万固寺泉入院读书。家庙碑云："随僧洗钵。"

韦令公昭度少贫窭，常依左街僧录净光大师，随僧斋粥。净光有人伦之鉴，常器重之。

《唐摭言》卷七《起自寒苦》

彭伉、湛贲，俱袁州宜春人，伉妻即湛姨也。伉举进士擢第，湛犹为县吏。妻族为置贺宴，皆官人名士，伉居客之右，一座尽倾。湛至，命饭于后阁，湛无难色。其妻忿然责之曰："男子不能自励，窘辱如此，复何为容！"湛感其言，孜孜学业，未数载，一举登第。伉常侮之。时伉方跨长耳纵游于郊郭，忽有僮驰报湛郎及第，伉失声而坠。故袁人谑曰："湛郎及第，彭伉落驴。"

《唐摭言》卷八《以贤妻激劝而得者》

以明经举者，诵数十万言；又约通大义、征辞引类、旁出入他经者，又诵数十万言：其为业也勤矣。登第于有司者，去民亩而就吏禄，由是进而累为卿相者，常常有之，其为获也亦大矣。

然吾未尝闻有登第于有司而进谢于其门者，岂有司之待之也，抑以公不以情？举者之望于有司也，亦将然乎？其进而谢于其门也，则为私乎？抑无乃人事之未思，或者不能举其礼乎？若牛堪者，思虑足以及之，材质足以行之，而又不闻其往者，其将有以哉！违众而求识，立奇而取名，非堪心之所存也。由是而观之，若堪之用心，其至于大官也不为幸矣！

堪，太学生也；余，博士也。博士师属也，于其登第而归，将荣于其乡也，能无说乎？

《韩昌黎文集校注》卷四《送牛堪序》

太学生陈密请于余曰："密承训于先生，今将归觐其亲，不得朝夕见，愿先生赐之言，密将以为戒。密来太学，举明经，累年不获选，是弗利于是科也。今将易其业而三礼是习，愿先生之张之也。密将以为乡荣。"

余愧乎其言，遗之言曰："子之业信习矣，其容信合于礼矣，抑吾所见者外也？夫外不足以信内，子诵其文则思其义，习其仪则行其道，则将谓子君子也。爵禄之来也不可辞矣，科宁有利不利邪？"

《韩昌黎文集校注》卷四《送陈密序》

足下年少才俊，辞雅而气锐，当朝廷求贤如不及之时，当道者又皆良有司，操数寸之管，书盈尺之纸，高可以钓爵位，循次而进，亦不失万一于甲科。

《韩昌黎文集校注》卷二《答窦秀才书》

陈彦博与谢楚同为太学广文馆生，相与齐名。……彦博以元和五年崔枢下及第，……谢楚明年于尹躬下擢第。

《前定录》之《陈彦博》

臣八岁丧父，家贫无业，母兄乞丐以供资养，衣不布体，食不充肠。幼学之年，不蒙师训，因感邻里儿稚，有父兄为开学校，涕咽发愤，愿知诗书。慈母哀臣，亲为教授。年十有五，得明经出身。自是苦心为文，夙夜强学。年二十四，登乙科，授校书郎。年二十八，蒙制举首选，授左拾遗。始自为学，至于升朝，无朋友为臣吹嘘，无亲党为臣援庇。莫非苦己，实不因人，独立成性，遂无交结。任拾遗日，屡陈时政，蒙先皇帝召对延英，旋为宰相所憎，贬臣河南县尉。及为监察御史，又不敢规避，专心纠绳，复为宰相怒臣不庇亲党，因以他事贬臣江陵判司。废弃十年，分死沟渎。元和十四年，宪宗皇帝开释有罪，始授臣膳部员外郎。与臣同省署者，多是臣初登朝时举人；任卿相者，半是臣同谏院时遗阙。愚臣既不能低心曲就，辈流亦以此望风怒臣。不料陛下天听过卑，知臣薄艺，朱书授臣制诰，延英召臣赐绯。宰相恶臣不出其门，由是百计侵毁。陛下察臣无罪，宠奖逾深，召臣面授舍人，遣充承旨学士，金章紫服，光饰陋躯。人生之荣，臣亦至矣。

《元稹集》卷三三《同州刺史谢上表》

周匡物字几本，漳州人，唐元和十二年，王播榜下进士及第，时以歌诗著名。初，周以家贫，徒步应举，落魄风尘，怀刺不偶。路经钱塘江，乏傭船之资，久不得济。乃于公馆题诗云："万里茫茫天堑遥，秦皇底事不安桥？钱塘江口无钱过，又阻西陵两信潮。"郡牧出见之，乃罪津吏。至今天下津渡，尚传此诗讽诵。舟子不敢取举选人钱者，自此始也。

《太平广记》卷一九九《文章二·周匡物》

刘轲，慕孟轲为文，故以名焉。少为僧，止于豫章高安县南果园。复求黄老之术，隐于庐山。既而进士登第。文章与韩、柳齐名。

《唐摭言》卷一一《反初及第》

某①启：某本洛下诸生，山东旧族，粗沾科第，薄涉艺文，谬藉时来，因成福过。

《樊南文集》卷三《为绛郡公上崔相公启》

卢生客居于饶，年十七八，即主一家骨肉之饥寒。常与一仆东泛沧海，北至单于府，丐得百钱尺帛，囊而聚之，使其仆负之以归。饶之士皆怜之。能辞，明敏而知所去就。年未三十，尝三举进士，以业丐资家，近中辍之。

《樊川文集》卷一〇《送卢秀才赴举序》

罗给事隐、顾博士云俱受知于相国令狐公。顾虽醝商子，而风韵详整。罗，钱塘人，乡音乖刺。相国子弟每有宴会，顾独预

---

① 指赵晢。

之，丰韵谈谐，不辨寒素之子也。顾赋为时所称，而切于成名。尝有启事，陈于所知，只望丙科尽处，竟列名于尾科之前也。罗既频不得意，未免怨望，意为贵子弟所排，契阔束归。黄寇事平，朝贤意欲召之，韦贻范沮之曰："某与之同舟而载，虽未相识，舟人告云：'此有朝官。'罗曰：'是何朝官？我脚夹笔，可以敌得数辈。'必若登科通籍，吾徒为粃糠也。"由是不果召。

《唐语林》卷七《补遗》

许棠，宣州泾县人，早修举业。乡人汪遵者，幼为小吏，洎棠应二十余举，遵犹在胥徒。然善为歌诗，而深晦密。一旦辞役就贡，会棠送客至灞浐间，忽遇遵于途中。棠讯之曰："汪都都者，吏之呼也。何事至京？"遵对曰："此来就贡。"棠怒曰："小吏无礼！"而与棠同砚席，棠甚侮之。后遵成名五年，棠始及第。

《唐摭言》卷八《为乡人轻视而得者》

唐姜抚先生，不知何许人也。尝著道士衣冠，自云年已数百岁，持符，兼有长年之药，度世之术，时人谓之"姜抚先生"。……有荆岩者，于太学四十年不第，退居嵩少，自称"山人"。颇通南北史，知近代人物。尝谒抚，抚简踞不为之动。荆岩因进而问曰："先生年几何？"抚曰："公非信士，何暇问年几？"岩曰："先生既不能言甲子，先生何朝人也？"抚曰："梁朝人也。"岩曰："梁朝绝近，先生亦非长年之人。不审先生梁朝出仕，为复隐居？"抚曰："吾为西梁州节度。"岩叱之曰："何得诳妄？上欺天子，下惑世人。梁朝在江南，何处得西梁州？只有四平、四安、四镇、四征将军，何处得节度使？"抚惭恨，数日而卒。

《太平广记》卷二八八《妖妄一·姜抚先生》

杜昇父宣猷,终宛陵。昇有词藻。广明岁,苏导给事刺剑州,昇为军卒,驾幸西蜀,例得召见,特敕赐绯。导寻入内庭,韦中令自翰长拜主文,昇时已拜小谏,抗表乞就试,从之。登第数日,有敕复前官并服色,议者荣之。

昇自拾遗赐绯,却应举及第,又拾遗,时号"著绯进士"。

《太平广记》卷一八三《贡举六·杜昇》

张策,同文子也。自小从学浮图,法号藏机,粲名内道场为大德。广明庚子之乱,赵少师崇主文,策谓时事更变,求就贡籍,崇庭遣之。策不得已,复举博学宏辞,崇职受天官,复黜之,仍显扬其过。策后为梁太祖从事。天祐中,在翰林,太祖颇奇之,为谋府。策极力媒蘖,崇竟罹冤酷。

《唐摭言》卷一一《反初不第》

(二) 求荐

1. 请谒求知己

唐人举进士必行卷者,为缄轴录其所著文以献主司也。其式见《李义山集·新书序》,曰:"治纸工率一幅,以墨为边准,用十六行式,率一行不过十一字。"此式至本朝不用。

《演繁露》卷七《唐人行卷》

萧颖士开元二十三年及第,恃才傲物,夐无与比。常自携一壶,逐胜郊野。偶憩于逆旅,独酌独吟。会风雨暴至,有紫衣老父，领一小僮避雨于此。颖士见其散冗，颇肆陵侮。逡巡，风定雨霁，车马卒至，老父上马，呵殿而去。颖士仓忙觇之，左右曰："吏部王尚书也。"颖士常造门，未之面，极所惊愕。明日，具长笺，造门谢，尚书命引至庑下，坐而责之，且曰："所恨与子非亲属，当庭训之耳。"复曰："子负文学之名，倨忽如此，止于一第乎！"颖士终于扬州功曹。

《唐摭言》卷三《慈恩寺题名游赏赋咏杂纪》

将仕郎守太子校书郎王泠然谨再拜上书相国燕公阁下：

孔子曰："居是邦也，事其大夫之贤者。"则仆所以有意上书于公，为日久矣。所恨公初为相，而仆始总角；公再为相，仆方志学；及仆预乡举，公左官于巴邱；及仆参常调，而公统军于沙朔。今公复为相，随驾在秦，仆适效官，分司在洛，竟未识贾谊之面，把相如之手，则尧、舜、禹、汤之正道，稷、薛、夔、龙之要务，焉得与相公论之乎？昔者，公之有文章时，岂不欲文章者见之乎？公未富贵时，岂不欲富贵者用之乎？今公贵称当朝，文称命代，见天下未富贵、有文章之士，不知公何以用之？公一登甲科，三至宰相，是因文章之得用，于今亦三十年。后进之士，公勿谓无其人。何者？长安令裴耀卿于开元五年掌天下举，擢仆高第，以才相知；今尚书右丞王丘于开元九年掌天下选，拔仆清资，以智见许。然二君者，若无明鉴，宁处要津？是仆亦有文章，思公见也；亦未富贵，思公用也。此非自媒自衒，恐不道不知。有唐以来，无数才子，至于崔融、李峤、宋之问、沈佺期、富嘉谋、徐彦伯、杜审言、陈子昂者，与公连飞并驱，更唱迭和。此数公者，真可谓五百年后挺生矣。天丧斯文，凋零向尽，唯相公日新厥德，长守富贵，甚善，甚善！是知天赞明主而福相公。当此之时，亦宜应天之休，报主之宠，弥缝其阙，匡救其灾。若尸禄备员，则焉用彼相矣？仆闻位称燮理者，则道合阴阳；四时不忒，则百姓无怨。岂有冬初不雪，春尽不雨，麦苗继日而青死，桑叶未秋而黄落，蠢蠢迷愚，嗷嗷秋怨，而相公温眠甲第，饱食庙堂？仆则天地之一生人，亦同人而怨相公也。京房《易传》曰，欲德不用，兹谓张言人君欲贤者而不用，徒张此意。厥灾荒，云大旱也。阴阳不雨，复曰师出过时，兹谓旷其旱不生。夫天道远，人道迩。仆多言者也，安知天道！请以人事言之。主上开张翰林，引纳才子。公以傲物而富贵骄人，为相以来，竟不能进一贤，拔一善。汉高祖云："当今之贤士，岂独异于古人乎？"有而不知，是彰相公之暗；知而不用，是彰相公之短。故自十月不雨，至于五月，云才积而便散，雨垂落而复收，此欲德不用之罚也。仍闻六胡为孽，日寇边陲，邦家连兵，来往塞下，巴西诸将，必不出师，过时之咎也。四郊之多垒，卿大夫之辱也。不知庙堂肉食者何以谋之？相公在外十余年，而复相国，险阻艰难，备尝之矣；民之情伪，尽知之矣。今人室如悬磬，野无青草，何恃而不恐！天则不雨，公将若之何？昨五月有恩，百官受赐。相公官既大，物亦多，有金银器及锦衣等。闻公受之，面有喜色。今岁大旱，黎民阻饥，公何不固辞金银，请赈仓廪？怀宝衣锦，于相公安乎？百姓饿欲死，公何不举贤自代，让位请归？公三为相而天下之人皆以公为亢极矣。夫物极则反，人盛必衰；日中则昃，月成则亏。老子曰："功成、名遂、身退，天之道也。"今公富贵功成，文章名遂，唯身未退耳。相公昔在南中，自为《岳阳集》，有送别诗云："谁念三千里，江潭一老翁。"则知虞卿非穷愁，不能著书以自宽；贾谊非流窜，不能作赋以自安。公当此时，思欲生入京华，老归田里，脱身瘴疠，其可得乎？今则不然，忘往日之栖迟，贪暮年之富贵，仆恐前途更失，后悔难追！主上以相公为贤，使辅佐社稷，若弃德不让，是废明君之举，岂曰能贤！仆见相公事方急，不可默诸桃李；公闻人之言或中，犹可收以桑榆。《诗》曰："投我以木瓜，报之以琼琚。"此言虽小，可以喻大。相公《五君咏》曰："凄凉丞相府，余庆在玄成。"苏公一闻此诗，移相公于荆府，积渐至相，由苏得也。今苏屈居益部，公坐庙堂，投木报琼，义将安在？亦可举苏以自代，然后为方朔之行。抑又闻："屋漏在上，知之在下。"报国之重，莫若进贤。去年赦书云："草泽卑位之间，恐遗贤俊，宜令兵部即作牒目，征召奏闻。"而吏部起请云："试日等第全下者，举主量加贬削条目一行。"仆知天下父不举子，兄不举弟。向者，百司诸州长官皆无才能之辈，并是全躯保妻子之徒。一入朝廷，则恐出；暂居州郡，即思改。岂有轻为进举，以取贬削？今闻天下向有四百人应举，相公岂与四百人尽及第乎？既有第差，由此百司诸州长官惧贬削而不举者多矣。仆窃谓今之得举者，不以亲，则以势；不以贿，则以交：未必能鸣鼓四科，而裹粮三道。其不得举者，无媒无党，有行有才，处卑位之间，仄陋之下，吞声饮气，何足算哉！何乃天子令有司举之，而相公令有司拒之！则所谓"欲德不用"，"徒张此意"，事与京房《易传》同，故天下以大旱相试也。去年所举县令，吏部一例与官。举若得人，天下何不雨？贤俊之举，楚既失之；县令之举，齐亦未得。夫有贤明宰相，尚不能燮理阴阳，而令庸下宰君，岂即能缉熙风化？相公必欲选良宰，莫若举前仓部员外郎吴太玄为洛阳令；必欲举御史中丞，莫若举襄州刺史靳□。清辇毂之路，非太玄不可；生台阁之风，非靳不可。仆非吴、靳亲友，但以知其贤明，相公有而不知，知而不用，亦其过深矣。抑又闻之，昔闵子骞为政曰："仍旧贯，如之何？何必改作？"凡校书、正字，一政不得入畿。相公曾为此职，见贞观已来故事。今吏部侍郎杨滔，眼不识字，心不好贤，芜秽我清司，改张我旧贯，去年冬奏请："自今已后，官无内外，一例不得入畿。"即知正字、校书不如一乡县尉，明经、进士不如三卫出身。相公复此改张，甄别安在？古人有坐钓登相，立筹封侯。今仆无尚父之谋、薛公之策，徒以仕于书苑，生于学门，小道逢时，大言祈相。仆也幸甚，幸甚！去冬有诗赠公爱子协律，其诗有句云："官微思倚玉，交浅怯投珠。"《吕氏春秋》云："尝一脔之味，可知一鼎之味。"请公且看此十字，则知仆曾吟五言，则亦更有旧文，愿呈作者。如公之用人，盖已多矣；仆之思用，其来久矣。拾遗补阙，宁有种乎！仆虽不佞，亦相公一株桃李也。此书上论不雨，阴阳乖度；中愿相公进贤为务；下论仆身求用之路。事繁而言不典，理切而语多忤。其善也，必为执事所哂；其恶也，必为执事所怒。哂哂既罢，怒方解，则仆当持旧文章而再拜来也。

《唐摭言》卷六《公荐》

武殷者，邺郡林虑人也。少有名誉，乡里信爱。尝欲娶同郡郑氏，则殷从母之女也，姿色绝世，雅有令德。殷甚悦慕，女意亦愿从之。因求为婿有成约矣，无何逼于知己所荐，将举进士，期以三年，从母许之。

《前定录》之《武殷》

范液有口才，薄命，所向不偶。曾为诗曰："举意三江竭，兴心四海枯。南游李邕死，北望守珪殂。"液欲投谒二公，皆会其沦殁，故云然。

宗叔范纯，家富于财。液每有所求，纯常给与之，非一。纯曾谓液曰："君有才而困于贫迫，可试自咏。"液命纸笔，立操而竟。其诗曰："长吟太息问皇天，神道由来也已偏！一名国士皆贫病，但是裨兵总有钱。"纯大笑曰："教君自咏，何骂我乎？"不以为过。

《封氏闻见记校注》卷一〇《侮谑》

天宝十二年[①]，漫叟以进士获荐，名在礼部。会有司考校旧文，作《文编》纳于有司。当时叟方年少，在显名迹，切耻时人谄邪以取进，奸乱以致身。径欲填陷阱于方正之路，推时人于礼让之庭，不能得之。故优游于林壑，快恨于当世。是以所为之文，可戒可劝，可安可顺。侍郎杨公见《文编》，叹曰："以上第污元子耳，有司得元子是赖。"叟少师友仲行公，公闻之，谕叟曰："於戏！吾尝恐直道绝而不续，不虞杨公于子相续如缕。"

明年，有司于都堂策问群士，叟竟在上第。尔来十五年矣，更经丧乱，所望全活，岂欲迹参戎旅，苟在冠冕，触践危机，以为荣利？盖辞谢不免，未能逃命。故所为之文，多退让者，多激发者，多嗟恨者，多伤闵者。其意必欲劝之忠孝，诱以仁惠，急于公直，守其节分。如此，非救时劝俗之所须者欤！

叟在此州，今五年矣。地偏事简，得以文史自娱。乃次第近作，合于旧编，凡二百三首，分为十卷，复命曰《文编》，示门人子弟，可传之于筐箧耳。叟之命称，则著于《自释》云，不录。时大历二年丁未中冬也。

《全唐文》卷三八一《元结·文编序》

———————————

① "年"，应作"载"。

杭州有王生者，建中初，辞亲之上国，收拾旧业，将投于亲知，求一官耳。

《太平广记》卷四五三《狐七·王生》

月日。崔元翰再拜上书郎中使君阁下：天之文以日月星辰，地之文以百谷草木，生于天地而肖天地。圣贤又得其灵和粹美，故皆含章垂文，用能裁成庶物，化成天下。而治平之主，必以文德致时雍；其承辅之臣，亦以文事助王政。而唐尧、虞舜、禹、汤、文、武之代，则宪章法度礼乐存焉；皋陶、伯益、伊、傅、周、召之伦，则诰命谟训歌颂传焉。其后卫武、召穆、吉甫、仍叔，咸作之《诗》，并列于《雅》。孔圣无大位，由修《春秋》，述《诗》《易》，反诸正而寄之治。而素臣丘明[①]、游夏之徒，又述而赞之。推是而言，为天子大臣，明王道，断国论，不通乎文学者，则陋矣；士君子立于世，升于朝，而不綝乎文行者，则僻矣。然患后世之文，放荡于浮虚，舛驰于怪迂。其道遂隐，谓宜得明哲之师长，表正其根源，然后教化淳矣。阁下绍三代之文章，播六学之典训，微言高论，正词雅音，温纯深润，溥博宏丽，道德仁义，粲然昭昭，可得而本。学者风驰云委，日就月将，庶几于正。若元翰者，徒以先人之绪业，不敢有二事。不迁于他物，而其颛蒙朴骏，难以为工；抗精劳力，未有可采。独喜阁下虽处贵位，而有仲尼诲人不倦之美，亦欲以素所论撰，贡之阁下。然而未有暇也，不意流于朋友，露其嗤鄙，而乃盛见称叹，俯加招纳。顾惟狂简，何以克堪？今谨别贡五篇，庶垂观察。傥复褒其一字，有逾拱璧之利；假以一言，若垂华衮之荣。不宣。

---

① "丘明"，原本作"邱明"。本书统一使用"丘明"。

元翰再拜。

《全唐文》卷五二三《崔元翰·与常州独孤使君书》

贞元二年，牛锡庶、谢登，萧少保下及第。先是昕宝应二年一榜之后，尔来二纪矣。国之耆老，殆非俊造驰骛之所。二子久屈场籍，其年计偕来，主文颇以耕凿为急。无何并驰人事，因回避朝客，误入昕第。昕岸帻倚杖，谓二子来谒，命左右延接。二子初未知谁也，潜访于阍吏，吏曰："萧尚书也。"因各以常行一轴面贽，大蒙称赏。昕以久无后进及门，见之甚善，因留连竟日。俄有一仆附耳，昕盼二子辄然。既而上列继至，二子隐于屏后。或曰："二十四年载主文柄，国朝盛事，所未曾有。"二子闻之，亦不意是昕，犹虑数刻淹留，失之善地。朝士既去，二子辞。昕面告之，复许以高第，竟如所诺。

《唐摭言》卷八《遭遇》

豆卢署，本名辅真。贞元六年，举进士下第。将游信安，以文谒郡守郑式瞻，瞻甚礼之。馆给数日，稍狎，因谓署曰："子复姓，不宜两字为名，将为改之，何如？"署因起谢，且求其所改。式瞻书数字，若"著"者、"助"者、"署"者，曰："吾虑子宗从中有同者，故书数字，子当自择之。"

《前定录》之《豆卢署》

公讳僧孺，字思黯，陇西狄道人。……举进士，轩然有声。时韦崖州作相，网罗贤隽，知公名，愿与交。公袖文往谒，一见如旧，由是公卿籍甚，名动京师。得上第，联以贤良方正举，又冠甲科。

《全唐文》卷七二〇《李珏·故丞相太子少师

赠太尉牛公神道碑铭》

贞元中，李元宾、韩愈、李绛、崔群同年进士。先是四君子定交久矣，共游梁补阙之门。居三岁，肃未之面，而四贤造肃多矣，靡不偕行。肃异之，一日延接，观等俱以文学为肃所称，复奖以交游之道。然肃素有人伦之鉴。观、愈等既去，复止绛、群，曰："公等文行相契，他日皆振大名，然二君子位极人臣，勉旃！勉旃！"后二贤果如所卜。

《唐摭言》卷七《知己》

月日。乡贡进士李观，长跪荐书侍郎座右。侍郎知小子也。侍郎方扬清上流，观方委照下风。夫上流之清有源，下风之行无还，借之于人事也。有察之者昭昭，有昧之者元元。乃古人曰：离娄视千里，盲不见咫尺，得非然哉！用是越群子之行，荐数字之书，排得丧之怀，登万一之途，侍郎其或不见邪？其或悦也，得不言之而后退，言之而后进，安可空空而为乎？

昨者奉试《明水赋》《新柳诗》。平生也实非甚尚，是日也颇亦极思。侍郎果不以媸夺妍，不以瑕废瑜，获邀福于一时。小子不虚也，而以帖经为本，求以过差去留。

观去冬十首之文，不谋于侍郎矣，岂一赋一诗足云乎哉？十首之文，去冬之所献也，有《安边书》《汉祖斩白蛇剑赞》《报弟书》《邠宁庆三州飨军记》《谒文宣王庙文》《大夫种碑》《项籍碑》《请修太学书》《吊韩弇没胡中文》等作。上不罔古，下不附今，直以意到为辞,辞讫成章。中最逐情者,有《报弟书》一篇,不知侍郎尝览之耶? 未尝览之耶?

观尝窃览侍郎《顷年诗》一篇,言才者许以不一,端文者许以所长,则虽班固、司马迁、相如,未闻若话言。是侍郎雅评,掩于三贤矣。

故观今日以所到之文,谋于侍郎,不以帖经疑侍郎也。且昔圣人曰:后世罪我者以《春秋》,知我者亦以《春秋》。夫圣人祖述尧舜,宪章文武。然犹以《春秋》为言者,何也? 盖以谊有所不加,道有所不拘,夫文人读《春秋》,求旨归。观实忝为文,不敢越,及来应举,知有此事。意希知音,遇以特知,而有司多守文相沿。今遇侍郎,其特知乎? 且侍郎曰:帖经为本。本实在才,才不由经,文自谬矣。由经之才,文自见矣。本于是在,不在帖是,或亦所司以是置人,不然其耻耳。今观也实在洛,日系指挥占往来。以侍郎为文犀,以侍郎作灵龟。中之通者不闻遗训,兆之灵者不闻宿夜。顾不复帖,闻洛乞今。先意知微,则两至之虑,一意是恤。幸甚幸甚! 观再拜。

《李元宾文集》卷六《帖经日上侍郎书》

贞元十三年八月日。独孤郁谨上书于舍人三兄阁下:郁以世旧,遂获谒见叙故。大贤之遇郁也,亦不以常交言之,眷意甚露。郁琐琐郁堙,三年无闻。摧颓折羽而不喜者,非失意之谓,非尤人之谓,盖将因事自罪而不喜也。借如豫章生于拥肿小木之中,樵苏见之,亦以嗟矣。一有不嗟,则必自与拥肿者亦不多远也,珠玑混于砾石之中,童子弄之,亦以惊矣。一有不惊,则必自与砾石者亦不多远也,镆铘卧于铅钝之下,下工睹之,固亦知矣。一有不知,则必自与铅钝者亦不多远也,毛嫱后于宿瘤而行,有目者睹之，固即分矣。一有不分，则必自与宿瘤者亦不多远也，苟与乎拥肿、砺石、铅钝、宿瘤辈果殊异，则不能移凡眼所择，况逃乎良工、巧冶、有识者之目哉？今礼部侍郎之目，固亦国之良工、巧冶、有识者之目也。于中再择再不中，是真已为拥肿、砺石、铅钝、宿瘤矣，何止与斯不远哉！此所以因事自罪而不喜也。或谕之曰：今之道尚光，子之所以不振者晦遏也，子之道丰黇也。子且真有崒天之材而隐植之，有照乘之珍而密椟之，有切玉之利而谨椸之，有倾都之艳而深帷之。虽使离娄左执光而右拭眥，迫而索之，固亦不能知子矣。子何不移植露光，披锋示貌，使识者睹而骇之？彼之所诲，固亦郁所不能焉。己必不材也，必不宝也，必不利也，必不姝也，且遍过于有识者之目，是自扬其短也。己必材也，必宝也，必利也，必姝也，虽小示其光锋干貌于一人，惊我亦已多矣。所不惊者，是予四事果不足异于族凡也。郁病直拙，独大贤于郁分殊，尚不能以亟，况悠悠者与？郁常行乎时辈之间，多酌其言语善者、鄙者，而自减盈消息。其旨稍有可惊，不敢不于许言者言之。今之后学者，或叹曰：吁！后学何所归哉！此且非宜长者所当闻也，亦非宜长者所不当闻也。今朝廷先达，病在不能公也，或能公而不能为力也。览其文，则赞美称嗟，无不至也，其间善恶、轻重、进退，则心以别矣，此其所以为不能公也。鲜有知其必善而风鼓之，不啻若自其口出，此其所以为公不能为力。致使遑遑之伦，其下才者亦曰：今夫在位者，其无公欤？其无心欤？有一善未尝肯称也，意曰非我事也。又虑与之谈者不与我符爰也，是使诸子窃窃然自以无闻为不辱，遂相与择捷趋邪！纷屯于主司之迹，亲者苟能致誉，则不诘其所以致誉者之贤不肖，而曹趋之矣。此实今之躁进苟得之风也。在朝廷大贤，主而名之，驱而正之。于其善者,扶之持之;有善而未具者,决之导之。使四方学士,知向方焉,何如其曰非我事也。若使一人曰非我事也,十人曰非我事也,举朝廷皆曰非我事也,苟非我事,则无所不非我事。无所不非我事,则天地之间,无乃已寂寥乎!昔孔子饬诗书礼乐,以化齐弟子,而至天下。使孔子亦曰非我事也,则今者安尽闻夫七十子之贤,诗书礼乐之盛?七十子亦曰非我事也,又孰为播孔子之圣如此其大乎?今文亦如是,朝廷先达亦如是,后之达者亦如是。若不相播,则人文礼义知己复往之道,不几乎息乎?郁不肖,辱承大贤之心深矣,非又敢以假喻自荐也。意欲以大贤择众贤,如七十子之徒,是亦方孔子于大贤也。何如?不宣。郁再拜。

《全唐文》卷六八三《独孤郁·上权侍郎书》

春雷作,龙蛇不安于蛰户;贤人用,君子思奋于康衢。时至气动,而不知其所以然也。是以小生区区,愿有所陈。伏以今之献书者,语取士之得失,扬盛烈之宏懿多矣。刀尺之下,固当有在。小子浅陋,自陈所抱,曾不逮意,何敢妄有称谓,以成繁文哉!然而志苦者声必哀,气直者辞必端,苟察之不惑,听之不失,则伯牙不碎琴,卞和不泣玉矣。阁下宗文祖德,名全道著,执贽循墙,如岵者固多焉。门屏故人,非敢自适。前者病中求拜,辄以愚弱自疑,犹记与善,谓遇长者之眷,固无戏言。孤负知见,局地无措,衣化京尘,星霜七周,分将委运,方里归策。适有一外阕举解至翎羽之类,志气由存,欲就明试,不能自决。友人樊生之见谋曰:"足下与元宗简不与他解,就试明主,足下其审处之。李疑行举者不然,使吾子为主司,如君之负辱者,将谓伸之乎?"岵曰:"伸之。行举日就试可也。"有姚衮曰:"夫道穷而心泰者神与之,俗变而志定者义归之。时之通塞，非智力所及。吾子处否若泰，不改其守久矣。今主司方以公用骇拘俗。吾子贤，淮阴之辱，非韩信罪也；不贤，损益何有于众人哉！"岵曰："唯。欲闻后命矣。"严考功之纳樊衡也，以为取衡难，得衡无后悔；黜衡易，失衡有遗恨。故开一人之数以容之，人到于今不谓衡忝一第，而谓严得主司求人之义也。伏想阁下虚求当甚于严也，小子焉敢有希于衡哉！惧畏不敢多陈，死罪死罪！

《全唐文》卷七三九《陈岵·上中书权舍人书》

补阙执事：宗元闻之，重远轻迩，贱视贵听，所由古矣。窃以宗元幼不知耻，少又躁进，拜揖长者，自于幼年。是以篚俊造之末迹，厕牒计之下列，贾艺求售，阒无善价。载文笔而都儒林者，匪亲乃旧，率皆携抚相示，谈笑见昵，喔咿逡巡，为达者嗤。无乃睹其朴者鄙其成，狎其幼者薄其长耶？将行不拔异，操不砥砺，学不该广，文不炳耀，实可鄙而薄耶？今鸳鹭充朝，而独干执事者，特以顾下念旧，收接儒素，异乎他人耳。敢问厥由，庶几告之，俾识去就，幸甚幸甚！

今将慷慨激昂，奋攘布衣，纵谈作者之筵，曳裾名卿之门，抵掌峨弁，厚自润泽。进越无恶，污达者之视听，狂狷愚妄，固不可为也。复欲俯默惕息，叠足榻翼，拜祈公侯之阍，跪邀贤达之车，竦魂栗股，兢恪危惧，荣者倦之，弥忝厥心，又不可为也。若慎守其常，确执厥中，固其所矣，则又色平气柔，言讷性鲁，无特达之节，无推择之行，琐琐碌碌，一儒子耳。孰谓其可进？孰谓其可退？抑又闻之，不鼓踊无以超泥涂，不曲促无以由险艰，不守常无以处明分，不执中无以趋夷轨。今则鼓踊乎？曲促乎？守其常而执厥中乎？浩不知其宜矣。

进退无倚，宵不遑寐，乃访于故人而咨度之。其人曰："补阙权君，著名逾纪，行为人高，言为人信，力学掞文，时侪称雄。子亟拜之，足以发扬。"对曰："衷燕石而履玄圃，带鱼目而游涨海，只取诮耳，曷予补乎？"其人曰："迹之勤者，情必生焉；心之恭者，礼必报焉。况子之文，不甚鄙薄者乎？苟或勤以奉之，恭以下之，则必勖励尔行，辉耀尔能。言为建瓴，晨发夕被，声驰而响溢，风振而草靡。可使尺泽之鲵，奋鳞而纵海；密网之鸟，举羽而翔霄。子之一名，何足就矣，庶为终身之遇乎？曷不举驰声之资，挈成名之基，授之权君，然后退行守常执中之道，斯可也。"愚不敏，以为信然，是以有前日之拜。又以为色取象恭，大贤所怃；朝造夕谒，大贤所倦。性颇疏野，窃又不能，是以有今兹之问，仰惟览其鄙心而去就之。洁诚斋虑，不胜至愿。谨再拜。

《柳宗元集》卷三六《上权德舆补阙温卷决进退启》

古之知己者，不待来求而后施德，举能而已；其受德者，不待成身而后拜赐，感知而已。故不叩而响，不介而合，则其举必至，而其感亦甚。斯道遁去，辽阔千祀，何为乎今之世哉？

若宗元者，智不能经大务、断大事，非有恢杰之才，学不能探奥义、穷章句，为腐烂之儒。虽或置力于文学，勤勤恳恳于岁时，然而未能极圣人之规矩，恢作者之闻见，劳费翰墨，徒尔拖逢掖，曳大带，游于朋齿，且有愧色，岂有能乎哉？阁下何见待之厚也？始者自谓抱无用之文，戴不肖之容，虽振身泥尘，仰睎云霄，何由而能哉？遂用收视内顾，俯首绝望，甘以没没也。今者果不自意，他日琐琐之著述，幸得流于衽席，接在视听。阁下乃谓可以蹈远大之途，及制作之门，决然而不疑，介然而独德，是何收采之特达，而顾念之勤备乎？且阁下知其为人何如哉？其貌之美陋，质之细大，心之贤不肖，阁下固未知也。而一遇文字，志在济拔，斯盖古之知己者已。故曰：古之知己者，不待来求而后施德者也。然则亟来而求者，诚下科也。

宗元向以应博学宏词之举，会阁下辱临考第，司其升降。当此之时，意谓运合事并，适丁厥时，其私心日以自负也。无何，阁下以鲲鳞之势，不容尺泽，悠尔而自放，廓然而高遭。其不我知者，遂排逐而委之。委之，诚当也，使古之知己犹在，岂若是求多乎哉？夫仕进之路，昔者窃闻于师矣。太上有专达之能，乘时得君，不由乎表著之列，而取将相，行其政焉。其次，有文行之美，积能累劳，不由乎举甲乙、历科第，登乎表著之列，显其名焉。又其次，则曰吾未尝举甲乙也，未尝历科第也，彼朝廷之位，吾何修而可以登之乎？必求举是科也，然后得而登之。其下，不能知其利，又不能务其往，则曰：举天下而好之，吾何为独不然？由是观之，有爱锥刀者，以举是科为悦者也；有争寻常者，以登乎朝廷为悦者也；有慕权贵之位者，以将相为悦者也；有乐行乎其政者，以理天下为悦者也。然则举甲乙、历科第，固为末而已矣。得之不加荣，丧之不加忧，苟成其名，于远大者何补焉？然而至于感知之道，则细大一矣，成败亦一矣。故曰：其受德者，不待成身而后拜赐。然则幸成其身者，固末节也。盖不知来求之下者，不足以收特达之士；而不知成身之末者，不足以承贤达之遇，审矣。

伏以阁下德足以仪世，才足以辅圣，文足以当宗师之位，学足以冠儒术之首，诚为贤达之表也。顾视下辈，岂容易而收哉？而宗元朴野昧劣，进不知退，不可以言乎德；不能植志于义，而必以文字求达，不可以言乎才；秉翰执简，败北而归，不可以言乎文；登场应对，刺谬经旨，不可以言乎学：固非特达之器也。忖省陋质，岂容易而承之哉？叨冒大遇，秽累高鉴，喜惧交争，不克宁居。窃感苟萌如实出己之德，敢希豫让国士遇我之报。伏候门屏，敢俟招纳。谨奉启以代投刺之礼，伏惟以知己之道，终抚荐焉。不宣。宗元谨启。

《柳宗元集》卷三六《上大理崔大卿应制举不敏启》

二十五日，宗元白：两月来，三辱生书，书皆逾千言，意若相望仆以不对答引誉者。然仆诚过也。而生与吾文又十卷，噫！亦多矣。文多而书频，吾不对答引誉，宜可自反。而来征不肯相见，亟拜亟问，其得终无辞乎？

············

……然世之求知音者，一遇其人，或为十数文，即务往京师，急日月，犯风雨，走谒门户，以冀苟得。今生年非甚少，而自荆来柳，自柳将道连而谒于潮，途远而深矣，则其志果有异乎？又状貌巍然类丈夫，视端形直，心无岐径，其质气诚可也，独要谨充之尔。谨充之，则非吾独能，生勿怨。亟之二邦以取法，时思吾言，非固拒生者。孟子曰："余不屑之教诲也者，是亦教诲而已矣。"宗元白。

《柳宗元集》卷三四《复杜温夫书》

月日愈再拜：天池之滨，大江之渍，曰有怪物焉，盖非常鳞凡介之品汇匹俦也！其得水，变化风雨上下于天不难也；其不及水，盖寻常尺寸之间耳。无高山大陵、旷途绝险为之关隔也，然其穷涸不能自致乎水，为猿獭之笑者，盖十八九矣。如有力者哀其穷而运转之，盖一举手一投足之劳也。

　　然是物也，负其异于众也，且曰：烂死于沙泥，吾宁乐之。若俯首帖耳，摇尾而乞怜者，非我之志也。是以有力者遇之，熟视之若无睹也。其死其生，固不可知也。今又有有力者当其前矣，聊试仰首一鸣号焉，庸讵知有力者不哀其穷，而忘一举手一投足之劳，而转之清波乎？

　　其哀之，命也；其不哀之，命也；知其在命而且鸣号之者，亦命也。愈今者实有类于是。是以忘其疏愚之罪，而有是说焉。阁下其亦怜察之！

《韩昌黎文集校注》卷三《应科目时与人书》

　　愈少鄙钝，于时事都不通晓，家贫不足以自活，应举觅官，凡二十年矣。薄命不幸，动遭谗谤，进寸退尺，卒无所成。性本好文学，因困厄悲愁无所告语，遂得究穷于经传史记百家之说，沉潜乎训义，反复乎句读，砻磨乎事业，而奋发乎文章。凡自唐虞已来，编简所存，大之为河海，高之为山岳，明之为日月，幽之为鬼神，纤之为珠玑华实，变之为雷霆风雨，奇辞奥旨，靡不通达。惟是鄙钝不通晓于时事，学成而道益穷，年老而智益困，私自怜悼，悔其初心，发秃齿豁，不见知己。

　　…………

　　谨献旧文一卷，扶树教道，有所明白；南行诗一卷，舒忧娱悲，杂以瑰怪之言，时俗之好，所以讽于口而听于耳也。如赐览观，亦有可采，干黩严尊，伏增惶恐。愈再拜。

《韩昌黎文集校注》卷二《上兵部李侍郎书》

君讳适,姓王氏。好读书,怀奇负气,不肯随人后举选。见功业有道路可指取,有名节可以戾契致,困于无资地,不能自出,乃以干诸公贵人,借助声势。诸公贵人既志得,皆乐熟软媚耳目者,不喜闻生语,一见辄戒门以绝。上初即位,以四科募天下士。君笑曰:"此非吾时邪!"即提所作书,缘道歌吟,趋直言试。既至,对语惊人,不中第,益困。

《韩昌黎文集校注》卷六《试大理评事王君墓志铭》

愈不肖,行能诚无可取:行己颇僻,与时俗异态;抱愚守迷,固不识仕进之门。乃与群士争名竞得失,行人之所甚鄙,求人之所甚利,其为不可,虽竟昏实知之。如执事者,不以是为念,援之幽穷之中,推之高显之上。是知其文之或可,而不知其人之莫可也;知其人之或可,而不知其时之莫可也。既以自咎,又叹执事者所守异于人人,废耳任目,华实不兼,故有所进,故有所退。且执事始考文之明日,浮嚣之徒已相与称曰:"某得矣,某得矣。"问其所从来,必言其有自。一日之间,九变其说。凡进士之应此选者,三十有二人;其所不言者,数人而已,而愈在焉。及执事既上名之后,三人之中,其二人者,固所传闻矣。华实兼者也,果竟得之,而又升焉。其一人者,则莫之闻矣,实与华违,行与时乖,果竟退之。如是则可见时之所与者,时之所不与者之相远矣。

然愚之所守,竟非偶然,故不可变。凡在京师八九年矣,足不迹公卿之门,名不誉于大夫士之口。始者谬为今相国所第,此时惟念以为得失固有天命,不在趋时,而偃仰一室,啸歌古人。今则复疑矣。未知夫天竟如何,命竟如何?由人乎哉,不由人乎哉?欲事干谒,则患不能小书,困于投刺;欲学为佞,则患言讷词直,卒事不成：徒使其躬儳焉而不终日。是以劳思长怀，中夜起坐，度时揣己，废然而返。虽欲从之，未由也已。

又常念古之人日已进，今之人日已退。夫古之人四十而仕，其行道为学，既已大成，而又之死不倦，故其事业功德，老而益明，死而益光。故《诗》曰："虽无老成人，尚有典刑。"言老成之可尚也。又曰："乐只君子，德音不已。"谓死而不亡也。夫今之人务利而遗道，其学其问，以之取名致官而已。得一名，获一位，则弃其业而役役于持权者之门，故其事业功德，日以忘，月以削，老而益昏，死而遂亡。愈今二十有六矣，距古人始仕之年尚十四年，岂为晚哉？行之以不息，要之以至死，不有得于今，必有得于古；不有得于身，必有得于后。用此自遗，且以为知己者之报，执事以为如何哉？其信然否也？今所病者在于穷约，无僦屋赁仆之资，无缊袍粝食之给。驱马出门，不知所之，斯道未丧，天命不欺，岂遂殆哉？岂遂困哉？

窃惟执事之于愈也，无师友之交，无久故之事，无颜色言语之情，卒然振而发之者，必有以见知尔。故尽暴其所志，不敢以默。又惧执事多在省，非公事不敢以至，是则拜见之不可期，获侍之无时也，是以进其说如此。庶执事察之也。

《韩昌黎文集校注》文外集上卷《上考功崔虞部书》

愈儒服者，不敢用他术干进，又惟古执贽之礼，窃整顿旧所著文一十五章以为贽。而喻所以然之，意于此曰：丰山上有钟焉，人所不可至，霜既降，则铿然鸣，盖气之感，非自鸣也。

愈年二十有三，读书学文十五年，言行不敢戾于古人，愚固泯泯不能自计。周流四方，无所适归。伏惟阁下昭融古之典义，含和发英,作唐德元;简弃诡说,保任皇极。是宜小子刻心悚慕,又焉得不感而鸣哉!

徒以献策阙下,方勤行役,且有负薪之疾,不得稽首轩阶,遂拜书家仆,待命于郑之逆旅。伏以小子之文,可见于十五章之内;小子之志,可见于此书。与之进,敢不勉;与之退,敢不从。进退之际,实惟阁下裁之。

《韩昌黎文集校注》文外集上卷《上贾滑州书》

愈白:尉迟生足下,夫所谓文者,必有诸其中,是故君子慎其实。实之美恶,其发也不掩。本深而末茂,形大而声宏,行峻而言厉,心醇而气和。昭晰者无疑,优游者有余。体不备不可以为成人,辞不足不可以为成文。愈之所闻者如是,有问于愈者,亦以是对。

今吾子所为皆善矣,谦谦然若不足而以征于愈,愈又敢有爱于言乎?抑所能言者,皆古之道,古之道不足以取于今,吾子何其爱之异也?

贤公卿大夫在上比肩,始进之贤士在下比肩,彼其得之必有以取之也。子欲仕乎?其往问焉,皆可学也。若独有爱于是而非仕之谓,则愈也尝学之矣,请继今以言。

《韩昌黎文集校注》卷二《答尉迟生书》

今年秋,见孟氏子琯于郴,年甚少,礼甚度,手其文一编甚巨,退披其编以读之,尽其书,无有不能,吾固心存而目识矣。其十月,吾道于衡潭以之荆,累累见孟氏子焉,其所与偕尽善人长者,吾益以奇之。今将去是而随举于京师,虽不有请,犹将强而授之以就其志,况其请之烦邪?

京师之进士以千数，其人靡所不有，吾常折肱焉，其要在详择而固交之。善虽不吾与，吾将强而附；不善虽不吾恶，吾将强而拒。苟如是，其于高爵犹阶而升堂，又况其细者邪？

《韩昌黎文集校注》卷四《送孟秀才序》

太原王埙示予所为文，好举孟子之所道者，与之言，信悦孟子而屡赞其文辞。夫沿河而下，苟不止，虽有迟疾，必至于海。如不得其道也，虽疾不止，终莫幸而至焉。故学者必慎其所道，道于杨、墨、老、庄、佛之学，而欲之圣人之道，犹航断港绝潢以望至于海也。故求观圣人之道，必自孟子始。今埙之所由，既几于知道，如又得其船与楫，知沿而不止。呜呼，其可量也哉！

《韩昌黎文集校注》卷四《送王秀才序》

愈白：进士刘君足下，辱笺教以所不及，既荷厚赐，且愧其诚然。幸甚，幸甚！

凡举进士者，于先进之门何所不往，先进之于后辈，苟见其至，宁可以不答其意邪？来者则接之，举城士大夫莫不皆然，而愈不幸独有接后辈名。名之所存，谤之所归也。

有来问者，不敢不以诚答。或问：为文宜何师？必谨对曰：宜师古圣贤人。曰：古圣贤人所为书具存，辞皆不同，宜何师？必谨对曰：师其意，不师其辞。又问曰：文宜易宜难？必谨对曰：无难易，惟其是尔。如是而已，非固开其为此，而禁其为彼也。

夫百物朝夕所见者，人皆不注视也，及睹其异者，则共观而言之：夫文岂异于是乎？汉朝人莫不能为文，独司马相如、太史公、刘向、扬雄为之最。然则用功深者，其收名也远。若皆与世沉浮，不自树立，虽不为当时所怪，亦必无后世之传也。足下家中百物皆赖而用也，然其所珍爱者，必非常物。夫君子之于文，岂异于是乎？今后进之为文，能深探而力取之，以古圣贤人为法者，虽未必皆是，要若有司马相如、太史公、刘向、扬雄之徒出，必自于此，不自于循常之徒也。若圣人之道不用文则已，用则必尚其能者。能者非他，能自树立，不因循者是也。有文字来，谁不为文？然其存于今者，必其能者也。顾常以此为说耳。

愈于足下忝同道而先进者，又常从游于贤尊给事，既辱厚赐，又安得不进其所有以为答也。足下以为何如？愈白。

《韩昌黎文集校注》卷三《答刘正夫书》

贞元九年，翱始就州府之贡举人事。其九月，执文章一通，谒于右补阙安定梁君。是时梁君之誉塞天下，属词求进之士，奉文章造梁君门下者，盖无虚日。梁君知人之过也。亦既相见，遂于翱有相知之道焉，谓翱得古人之遗风，期翱之名不朽于无穷，许翱以拂拭吹嘘。翱初谓面相进也，亦未幸甚。十一月，梁君遘疾而殁。翱渐游于朋友公卿间，往往皆曰："吾久籍子姓名于补阙梁君也。"翱乃知非面相进也。当时意谓先进者遇人特达，皆合有是心，亦未谓知己之难得也。

梁君殁于兹五年，翱学圣人经籍教训文句之旨，而为文将数万言。愈昔年见于梁君之文，弗啻数倍，虽不敢同德于古人，然亦常无怍于中心。每岁试于礼部，连以文章罢黜，声光晦昧于时俗，人皆谓之固宜。然后知先进者遇人特达，亦不皆有是心也，方知知己之难得也。

夫见善而不能知，虽善何焉？知而不能誉，则如勿知；誉而不能深，则如勿誉；深而不能久，则如勿深；久而不能终，则如勿久。翱虽不肖，幸辱于梁君所知，君为之言于人，岂非誉欤？谓其有古人之风，岂非深欤？誉而逮夫终身，岂非久欤？不幸梁君短命遽殁，是以翱未能有成也，其谁能相继梁君之志而成之欤？

《李文公集》卷一《感知己赋并序》

月日，乡贡进士李翱再拜。前者以所著文章献于阁下，累获咨嗟，勤勤不忘。翱率性多感激，每读古贤书，有称誉荐进后学之士，则未尝不遥想其人，若与神交，太息悲歌，夜而复明，何独乐已往之事哉？诚窃自悲也。临空文，尚慨慕如不足，况亲遇厥事，观厥人哉！幸甚幸甚！

翱自属文，求举有司，不获者三，栖遑往来，困苦饥寒，蹐而未能奋飞者，诚有说也。窃惟当兹之士，立行光明，可以为后生之所依归者，不过十人焉。其五六人，则本无劝诱人之心，虽有卓荦奇怪之贤，固不可得而知也。其余则虽或知之，欲为之荐言于人，又恐人之不我信。因人之所不信，复生疑而不自信，自信且犹不固，矧曰能知人之固？是以再往见之，或不如其初；三往见之，又不如其再。若张燕公之于房太尉，独孤常州之于梁补阙者，讫不见二人焉。夫如是，则非独后进者学浅词陋之罪也，抑亦先达称誉荐进之道有所不至也。孔子曰："举尔所知。"古君子于人之善，惧不能知；既知之，耻不能誉；能誉之，耻不能成。若翱者，穷贱朴讷无所取，然既为阁下之所知，敢不以古君子之道有望于阁下哉？不宣。翱载拜。

《李文公集》卷七《谢杨郎中书》

李贺以歌诗谒韩吏部。吏部时为国子博士分司，送客归，极困。门人呈卷，解带旋读之。首篇《雁门太守行》曰："黑云压城城欲摧，甲光向日金鳞开。"即①援带，命邀之。

《幽闲鼓吹》

韩文公名播天下，李翱、张籍皆升朝，籍北面师之。故愈《答崔立之书》曰："近有李翱、张籍者，从予学文。"翱《与陆傪员外书》亦曰："韩退之之文，非兹世之文也，古之文也；其人非兹世之人，古之人也。"后愈自潮州量移宜春郡，郡人黄颇师愈为文，亦振大名。颇尝睹卢肇为碑版，则唾之而去。案《实录》：愈与人交，其有沦谢，皆能恤其孤，复为毕婚嫁，如孟东野、张籍之类是也。李义山师令狐文公，呼小赵公为"郎君"，于文公处称"门生"。

《唐摭言》卷四《师友》

韩愈引致后进，为求科第，多有投书请益者，时人谓之韩门弟子。愈后官高，不复为也。

《唐国史补》卷下

皇甫湜答李生二书。第一书："辱书，适曛黑，使者立复，不果一二，承来意之厚。传曰：'言及而不言，失人。'粗书其愚，为足下答，幸察。来书所谓今之工文，或先于奇怪者，顾其文工与否耳。夫意新则异于常，异于常则怪矣；词高出众，出众则奇矣。虎豹之文，不得不炳于犬羊；鸾凤之音，不得不锵于鸟鹊；金玉之光，不得

---

① "即"，他本或作"却"。

不炫于瓦石。非有意先之也，乃自然也。必崔巍然后为岳，必滔天然后为海。明堂之栋，必挠云霓；骊龙之珠，必锢深泉。足下以少年气盛，固当以出拔为意。学文之初，且未自尽其才，何遽称力不能哉！图王不成，其弊犹可以霸；其仅自见也，将不胜弊矣。孔子讥其身不能者，幸勉而思进之也。来书所谓浮艳声病之文，耻不为者，虽诚可耻，但虑足下方今不尔，且不能自信其言也。向者，足下举进士。举进士者，有司高张科格，每岁聚者试之，其所取乃足下所不为者也。工欲善其事，必先利其器，足下方伐柯而舍其斧，可乎哉？耻之，不当求也；求而耻之，惑也。今吾子求之矣，是徒涉而耻濡足也，宁能自信其言哉？来书所谓急急于立法宁人者，乃在位者之事，圣人得势所施为也，非诗赋之任也。功既成，泽既流，咏歌记述光扬之作作焉。圣人不得势，方以文词行于后。今吾子始学未仕而急其事，亦太早计矣。凡来书所谓数者，似言之未称，思之或过；其余则皆善矣。既承嘉惠，敢自固昧！聊复所为，俟见方尽。湜再拜。"

《唐摭言》卷五《切磋》

奇章公始举进士，致琴书于瀍、涝间，先以所业谒韩文公、皇甫员外。时首造退之，退之他适，第留卷而已。无何，退之访湜，遇奇章亦及门。二贤见刺，欣然同契，延接询及所止。对曰："某方以薄技卜妍丑于崇匠，进退惟命。一囊犹置于国门之外。"二公披卷，卷首有《说乐》一章，未阅其词，遽曰："斯高文，且以拍板为什么？"对曰："谓之乐句。"二公相顾大喜曰："斯高文必矣！"公因谋所居。二公沉默良久，曰："可于客户坊税一庙院。"公如所教，造门致谢。二公复海之曰："某日可游青龙寺，薄暮而归。"二公其日联镳至彼，因大署其门曰："韩愈、皇甫湜同谒几官先辈。"不过翌日，辇毂名士咸往观焉。奇章之名由是赫然矣。

《唐摭言》卷七《升沉后进》

禹锡在儿童时已蒙见器，终荷荐宠，始见知名。众之指目，忝阁下门客，惧无以报称，故厚自淬琢，靡遗分阴。乃今道未施于人，所蓄者志。见志之具，匪文谓何？是用颙颙恳恳于其间，思有所寓。非笃好其章句，泥溺于浮华。时态众尚，病未能也，故拙于用誉；直绳朗鉴，乐所趋也，故锐于求益。今谨录近所论撰凡十数篇，蕲端较是非，敢关于左右。犹夫矿朴，纳于容范。

尝闻昔宋广平之沉下僚也，苏公味道时为绣衣直指使者，广平投以《梅花赋》，苏盛称之，自是方列于闻人之目。是知英贤卓荦，可外文字，然犹用片言借说于先达之口，席其势而后骧首当时。矧碌碌者，畴能自异？

今阁下之名之位，过于苏公之曩日，而鄙生所赋，或巨于《梅花》，则沉泥干霄，悬在指顾间。其词汰而喻僭，诚黩礼也。緊游藩之久，觊尚旧而霁严。禹锡惶悚再拜。

《刘禹锡集》卷一○《献权舍人书》

白尚书应举，初至京，以诗谒顾著作。顾睹姓名，熟视白公曰："米价方贵，居亦弗易。"乃披卷，首篇曰："离离原上草，一岁一枯荣。野火烧不尽，春风吹又生。"即嗟赏曰："道得个语，居即易矣。"因为之延誉，声名大振。

《幽闲鼓吹》

白乐天初举，名未振，以歌诗谒顾况。况谑之曰："长安百物贵，居大不易。"及读至《赋得原上草送友人》诗曰："野火烧不尽，春风吹又生。"况叹之曰："有句如此，居天下有甚难！老夫前言戏之耳。"

李太白始自西蜀至京，名未甚振，因以所业贽谒贺知章。知章览《蜀道难》一篇，扬眉谓之曰："公非人世之人，可不是太白星精耶？"

《唐摭言》卷七《知己》

正月日，乡贡进士白居易，谨遣家僮奉书献于给事阁下。伏以给事门屏间，请谒者如林，献书者如云，多则多矣。然听其辞，一辞也；观其意，一意也。何者？率不过有望于吹嘘翦拂耳。居易则不然。今所以不请谒而奉书者，但欲贡所诚，质所疑而已，非如众士有求于吹嘘翦拂也。给事得不独为之少留意乎？大凡自号为进士者，无贤不肖，皆欲求一第，成一名，非居易之独慕耳。既慕之，所以窃不自察，尝勤苦学文，迨今十年，始获一贡。每见进士之中，有一举而中第者，则欲勉狂简而进焉。又见有十举而不第者，则欲引驽钝而退焉。进退之宜，固昭昭矣。而遇者自惑于趣舍，何哉？夫蕴奇挺之才，亦不自保其必胜；而一上得第者，非他也，是主司之明也。抱琐细之才，亦不自知其妄动；而十上下第者，亦非他也，是主司之明也。岂非知人易而自知难耶？伏以给事，天下文宗，当代精鉴，故不揆浅陋，敢布腹心。居易，鄙人也，上无朝廷附离之援，次无乡曲吹煦之誉，然则孰为而来哉？盖所仗者文章耳，所望者主司至公耳。今礼部高侍郎为主司，则至公矣。而居易之文章，可进也，可退也，窃不自知之。欲以进退之疑，取决于给事，给事其能舍之乎？居易闻神蓍灵龟者无常心，苟叩之者不以诚则已，若以诚叩之，必以信告之，无贵贱，无大小，而不之应也。今给事鉴如水镜，言为蓍龟，邦家大事，咸取决于给事，岂独遗其微小乎？谨献杂文二十首、诗一百首，伏愿俯察悃诚，不遗贱小，退公之暇，赐精鉴之一加焉。可与进也，乞诸一言；小子则磨铅策蹇，骋力于进取矣。不可进也，亦乞诸一言；小子则息机敛迹，甘心于退藏矣。进退之心，交争于胸中者有日矣，幸一言以蔽之。旬日之间，敢伫报命。尘秽听览，若夺气褫魄之为者。不宣。居易谨再拜。

《白居易集》卷四四《与陈给事书》

贞元十五年秋，予始举进士，与侯生俱为宣城守所贡。明年春，予中春官第。既入仕，凡历四朝，才朽命剥，蹇踬不暇。去年冬，蒙不次恩，迁尚书郎，掌诰西掖，然青衫未解，白发已多矣。时子尚为京师旅人，见除书，走来贺予。因从容问其宦名，则曰：无得矣。问其生业，则曰：无加矣。问其仆乘囊韬，则曰：日消月朘矣。问别来几何时，则曰：二十有三年矣。嗟乎侯生！当宣城别时，才文志气，我尔不相下。今予犹小得遇，子卒无成。由子而言，予不为不遇耳。嗟乎侯生！命实为之，谓之何哉？言未竟，又有行色，且曰：欲谒东诸侯。恐不我知者多，请一言以宠别。予方直阁，慨然窃书命笔以序之尔。

《白居易集》卷四三《送侯权秀才序》

庐山自陶、谢泊十八贤已还，儒风绵绵，相续不绝。贞元初，有符载、杨衡辈隐焉，亦出为闻人。今其读书属文，结草庐于岩谷间者，犹一二十人。即其中秀出者，有彭城人刘轲。轲开卷慕孟轲为人，秉笔慕扬雄、司马迁为文，故著《翼孟》三卷、《豢龙子》十卷、杂文百余篇。而圣人之旨，作者之风，虽未臻极，往往而得。予佐浔阳三年，轲每著文，辄来示予。予知轲志不息，异日必能跨符、杨而攀陶、谢。轲一旦尽赍所著书及所为文，访予告行，欲举进士。予方沦落江海，不足以发轲事业；又羸病无心力，不能遍致书于台省故人。因援纸引笔，写胸中事授轲，且曰：子到长安，持此札，为予谒集贤庾三十二补阙、翰林杜十四拾遗、金部元八员外、监察牛二侍御、秘省萧正字、蓝田杨主簿兄弟。彼七八君子，皆予文友，以予愚直，常信其言。苟于今不我欺，则子之道，庶几光明矣。又欲使平生故人，知我形体已悴，志气已惫，独好善喜才之心未死。去矣去矣！持此代书。三月十三日，乐天白。

《白居易集》卷四三《代书》

刘禹锡为屯田员外郎，旦夕有腾超之势。知一僧有术数，寓直日，邀至省。方欲问命，报韦秀才在门外。不得已见之，令僧坐帘下。韦献卷已，略省之，意色颇倦，韦觉告去。僧吁叹良久，曰："某欲言，员外心不惬，如何？员外后迁，乃本曹郎中也。然须待适来韦秀才知印处置。"禹锡大怒，揎出之。不旬日，贬官。韦乃处厚相。二十余年，在中书，禹锡转为屯田郎中。

《唐语林》卷六《补遗》

今年秋，亚之求贡于郡，以文求知己于郡之执事。凡三易郡，失其知，辄去。其友相率而笑之，亚之为之语曰："里人有良金鬻于市，而里之豪亦鬻焉，俱将售于衡者。豪人金虽精，里人出其左，衡人畏豪，夺其价而先豪，里人怀而去。明日之他市而衡之，直复不同，又怀去。又明日，之他又然。归而聚党与谋曰：'闻某市有衡人不欺，一市之人谓之直。'遂往与群金角，俱历火升衡。市人曰：'虽然，愿先豪。'衡人曰：'是精粗在目，轻重在衡，衡目可欺乎？'市人惭而退，其直果然。"今亚之之负词来，于执事其望亦同于直者也。伏惟熟察无忽。亚之再拜。

《沈下贤文集》卷八《与同州试官书》

　　孔子之徒三千，而言升堂者十辈，然皆不能周其德，故各以其所长出人者称之，名之曰四科。百世之下，皆言孔子圣，是知无全能者也。今亚之虽不肖，其著之文亦思有继于言，而得名光裔，裔不灭于后。由是旨《春秋》而法太史，虽末得陈其笔，于君臣废兴之际，如有义烈端节之事，辄书之，善恶无所回。虽日受摧辱，然其志不死，亦将俟能为孔子之心者拔之，是以昼夜增矣。时亦有人勉亚之于进士科，言得禄位，大可以养上饱下。去年始来京师，与群士皆求进，而赋以八咏，雕琢绮言与声病。亚之习未熟，而又以文不合于礼部，先黜去。今年复来，闻执事主选京兆，长安中贤士皆贺亚之曰："某执事斯谓明矣。其取舍必以目辨而察。"亚之曰："微亚之以八韵为畏。"对曰："不然。夫良工为厦而选材者，不以桷废栋，不责能此而否彼。"又曰："无求备于一人，此圣人采取之至言也。"亚之文已贡矣。执事其服孔子之心有素，如其取舍之际，亦能留意乎？亚之再拜。

《沈下贤文集》卷八《与京兆试官书》

　　牛僧孺任伊阙县尉，有东洛客张生，应进士举，携文往谒。至中路，遇暴雨雷雹，日已昏黑，去店尚远，歇于树下。逡巡，雨定微月，遂解鞍放马。张生与僮仆宿于路侧，困倦甚，昏睡。

《太平广记》卷三五七《夜叉二·东洛张生》

李固言初未第时，过洛，有胡卢先生者知神灵间事。曾诣而问命，先生曰："纱笼中人，勿复相问。"及在长安，寓归德里，人言圣寿寺中有僧善术数，乃往诣之。僧又谓曰："子纱笼中人。"是岁元和七年，许孟容以兵部侍郎知举，固言访中表间人在场屋之近事者，问以求知游谒之所。斯人且以固言文章甚有声称，必取甲科，因绐之曰："吾子须首谒主文，仍要求见。"固言不知其误之，则以所业径谒孟容。孟容见其著述甚丽，乃密令从者延之，谓曰："举人不合相见，必有嫉才者。"使诘之，固言遂以实对。孟容许第固言于榜首，而落其教者姓名，乃遣秘焉。既第，再谒圣寿寺，问纱笼中之事。僧曰："吾常于阴府往来，有为相者，皆以形貌，用碧纱笼于庑下，故所以知。"固言竟出入将相，皆验焉。

《太平广记》卷一五五《定数十·李固言》

蹇钝无大计，酷嗜进士名。为文性不高，三年住西京。相府执文柄，念其心专精。薄艺不退辱，特列为门生。事出自非意，喜常少于惊。春榜四散飞，数日遍八纮。眼始见花发，耳得闻鸟鸣。免同去年春，兀兀聋与盲。家寄河朔间，道路出陕城。暌违逾十年，一会豁素诚。同游山水穷，狂饮飞大觥。起坐不相离，有若亲弟兄。中外无亲疏，所算在其情。久客贵优饶，一醉旧疾平。家远归思切，风雨甚亦行。到兹恋仁贤，淹滞一月程。新诗忽见示，气逸言纵横。缠绵意千里，骚雅文发明。永昼吟不休，咽喉干无声。羁贫重金玉，今日金玉轻。

《姚少监诗集》卷四《寄陕府内兄郭同端公》

　　轲今月十日只奉榜限纳杂文一卷，又闻每岁举人或得以书导志。轲惟颛鲁，狃隶山野，未熟去就，悚惶惕息，伏惟宽明，少冥心察纳。轲伏见今之举士，竞取誉雌黄之口，而知必也定轻重于持衡之手。虽家至户到，曾不足裨铢两。苟自低昂，已定乎徇己者之论，是私己于有司，非公有司于己也。轲也愚，敢不以是规。轲本沛上耕人，代业儒为农人家。天宝末，流离于边，徙贯南鄙。边之人，嗜习玩味异乎沛，然亦未尝辍耕舍学，与边俗齿。且曰：言忠信，行笃敬，虽夷貊行矣，故处边如沛焉。贞元中，轲仅能执经从师。元和初，方结庐于庐山之阳。日有芟夷畚筑之役，虽震风凌雨，亦不废力火耨。或农圃余隙，积书窗下，日与古人磨砻前心，岁月悠久，浸成书癖。故有《三传指要》十五卷、《十三代名臣议》十卷、《翼孟子》三卷。虽不能传于时，其于两曜无私之烛，不为堕弃矣。流光自急，孤然一生。一日，从友生计，裹足而西。京邑之大，居无环堵；百官之盛，亲无瓜葛矣。夫何能发声光于幽陋？虽不欲雌黄者之所轻重，岂不欲持衡者之所斤铢耶？此轲所以中夜愤激，愿从寒士齿。庶或搴芳入幽，不以孤秀不撷；拣金于沙，不可以泥土不取。阁下自谓：此心宜如何答也？尝读史感和璞之事，必献不至三，刖不至再，必献不至再，殆几乎无刖矣。伏荷阁下以清明重德，镇定群虑，衡镜在乎蚩妍、轻重之分，咸希一定。俾退者无屈辞，进者无幸言。夫如是，非独斯四辈之望而已矣。亦宜实公器而荷百禄，岂只区区世人而已哉！轲也生甚微末,甚乎鱼鸟。鱼鸟微物,犹能依茂林清泉以厚其生,矧体乾刚坤顺之气,不能发迹于大贤人君子之门乎?轲再拜。

《刘希仁文集》之《上座主书》

〔章孝标〕元和十三年下第时,多为诗以刺主司,独章君为《归燕》诗,留献庾侍郎承宣。小宗伯得诗,展转吟讽,诚恨遗才,仍候秋期,必当引荐。庾果重秉礼曹,孝标来年擢第。群议以为二十八字而致大科,则名路可遵,遽相砻砺也。诗曰:"旧垒危巢泥已落,今年故向社前归。连云大厦无栖处,更望谁家门户飞?"孝标及第正字,东归。

《云溪友议》卷下《巢燕辞》

李翱江淮典郡,有进士卢储投卷,翱礼待之,置文卷几案间,因出视事。长女及笄,闲步铃阁前,见文卷,寻绎数回,谓小青衣曰:"此人必为状头。"迨公退,李闻之,深异其语,乃令宾佐至邮舍,具白于卢,选以为婿。卢谦让久之,终不却其意,越月随计。来年,果状头及第,才过关试,径赴嘉礼。

《太平广记》卷一八一《贡举四·李翱女》

朱庆余校书,既遇水部郎中张籍知音,遍索庆余新制篇什数通,吟改后,只留二十六章,水部置于怀抱而推赞之。清列以张公重名,无不缮录讽咏,遂登科第。朱君尚为谦退,作《闺意》一篇以献张公,公明其进退,寻亦和焉。诗曰:"洞房昨夜停红烛,待晓堂前拜舅姑。妆罢低声问夫婿,画眉深浅入时无?"张籍郎中酬曰:"越女新妆出镜心,自知明艳更沉吟。齐纨未是人间贵,一曲菱歌

467

敌万金。"朱公才学,因张公一诗名流于四海内矣。

《云溪友议》卷下《闺妇歌》

　　唐郎中李播典蕲州日,有李生称举子来谒。会播有疾病,子弟见之,览所投诗卷,咸播之诗也。既退,呈于播,惊曰:"此昔应举时所行卷也,唯易其名矣。"明日,遣其子邀李生,从容诘之曰:"奉大人咨问,此卷莫非秀才有制乎?"李生闻语,色已变,曰:"是吾平生苦心所著,非谬也。"子又曰:"此是大人文战时卷也,兼笺翰未更,却请秀才不妄言。"遽曰:"某向来诚为诳耳。二十年前,实于京辇书肆中以百钱赎得,殊不知是贤尊郎中佳制,下情不胜恐悚。"子复闻于播,笑曰:"此盖无能之辈耳,亦何怪乎!饥穷若是,实可哀也。"遂沾以生饩,令子延食于书斋。数日后,辞他适,遗之缣缯。是日,播方引见。李生拜谢前事毕,又云:"某执郎中盛卷,游于江淮间已二十载矣,今欲希见惠,可乎?所贵光扬旅寓。"播曰:"此乃某昔岁未成事所怀之者,今日老为郡牧,无用处,便奉献可矣。"亦无愧色,旋置袖中。播又曰:"秀才今拟何之?"生云:"将往江陵,谒表丈卢尚书耳。"播曰:"贤表丈任何官?"曰:"见为荆南节度使。"播曰:"名何也?"对曰:"名弘宣。"播拍手大笑曰:"秀才又错也!荆门卢尚书是某亲表丈。"生惭悸失次,乃复进曰:"诚君郎中之言,则并荆南表丈一时曲取。"于是再拜而走出。播叹曰:"世上有如此人耶!"蕲间悉话为笑端。

《大唐新语》辑佚《李秀才》

　　吾居河阴,邱生敲门请曰:"儒贵求知,予谨自露,愿以是非赐决。"语其学如猗顿之富,听其文如清庙之乐,观其刻意厉行,如奉商鞅之法而惧秦刑。吾惊而与之游。逾年，斗其艺于洛下。吾远来游洛下，谕之曰："子知市乎？怀贝玉以如名都之肆，未有置而不售者也。挈而之三家之墅，未有不盗而困矣。子将安贾哉？京师贤才市也，一人不知子也，他人知子；一门不容子也，他门容子。谨持其所有以往，未有不成者也。今子之类固少，势能移事者，稀为一不知为一相移，白变而为黑，倒上而为下，吾未如之何也矣！"生不信而试，果困而见吾。酌酒而贺之曰："谨持贝玉以往之都市可矣！"曰："诺。"乃叙其行。

《皇甫持正文集》卷二《送邱儒序》

中丞阁下，愚生二十五年矣。五年诵经书，七年弄笔砚，始闻长老言，学道必求古，为文必有师法。常悒悒不快，退自思曰："夫所谓道，岂古所谓周公、孔子者独能邪？盖愚与周、孔俱身之耳。"以是有行道不系今古，直挥笔为文，不爱攘取经史，讳忌时世。百经万书，异品殊流，又岂能意分出其下哉！

凡为进士者五年，始为故贾相国所憎。明年，病不试。又明年，复为今崔宣州所不取。居五年间，未曾衣袖文章，谒人求知，必待其恐不得识其面，恐不得读其书，然后乃出。呜呼，愚之道可谓强矣！可谓穷矣！宁济其魂魄，安养其气志，成其强，拂其穷，惟阁下可望。辄尽以旧所为发露左右，恐其意独未宣泄，故复有是说。某再拜。

《樊南文集补编》卷八《上崔华州书》

不审近日尊体何如？伏计不失调护。昔周以冢宰治国用，汉以丞相领军储，典故具存，选倚为重。侍郎自膺新宠，益副佥谐。

窃计旬时，便归枢务。某幸因科第，受遇门墙，辱累已来，孤残仅在。笺封旷绝，岁序淹迟，弃席遗簪，托诚无地，伏许亦赐哀察。至冬初赴选，方遂起居，未间下情，不任攀恋。

《全唐文》卷七七五《李商隐·上度友归侍郎状》

某才乏出群，类非拔俗。……自叩从岁贡，求试春官，前达开怀，后来慕义。

《樊南文集补编》卷五《上令狐相公状一》

今月二十四日，礼部放榜，某侥幸成名，不任感庆。某材非秀异，文谢清华，幸忝科名，皆由奖饰。昔马融立学，不闻荐彼门人。孔光当权，讵肯言其弟子？岂若四丈，屈于公道，中以私恩？培树孤株，骞腾短羽。自卵而翼，皆出于生成；碎首糜躯，莫知其报效。瞻望旌棨，无任戴恩陨涕之至。

《樊南文集补编》卷五《上令狐相公状五》

前月七日，过关试讫。伏以经年滞留，自春宴集，虽怀归苦无其长道，而适远方俟于聚粮，即以今月二十七日东下。伏思自依门馆，行将十年；久负梯媒，方沾一第。仍世之徽音免坠，平生之志业无亏。信其自强，亦未臻此。

《樊南文集补编》卷五《上令狐相公状六》

已而被乡曲所荐，入来京师，久亦思前辈达者，固已有是人矣。有则吾将依之。系鞿出门，寂莫往返其间，数年，卒无所得，私怪之。而比有相亲者曰："子之书，宜贡于某氏某氏，可以为子之依归矣。"即走往贡之，出其书，乃复有置之而不暇读者；又有默而视之，不暇朗读者；又有始朗读，而中有失字坏句不见本义者。进不敢问，退不能解，默默已已，不复咨叹。故自太和七年后，虽尚应举，除吉凶书，及人凭倩作笺启铭表之外，不复作文。文尚不复作，况复能学人行卷耶？时独令狐补阙最相厚，岁岁为写出旧文纳贡院。既得引试，会故人夏口主举人，时素重令狐贤明，一日见之于朝，揖曰："八郎之交谁最善？"绚直进曰李商隐者。三道而退，亦不能为荐托之辞，故夏口与及第。然此时实于文章懈退，不复细意经营述作，乃命合为夏口门人之一数耳！尔后两应科目者，又以应举时，与一裴生者善，复与其挽捵，不得已而入耳。前年乃为吏部上之中书，归自惊笑，又复懊恨周、李二学士以大法加我。夫所谓博学宏辞者，岂容易哉！天地之灾变尽解矣，人事之兴废尽究矣，皇王之道尽识矣，圣贤之文尽知矣，而又下及虫豸草木鬼神精魅，一物已上，莫不开会。此其可以当博学宏辞者耶？恐犹未也。设他日或朝廷或持权衡大臣宰相，问一事，诘一物，小若毛甲，而时脱有尽不能知者，则号博学宏辞者，当有①罪矣。私自恐惧，忧若囚械。后幸有中书长者曰："此人不堪。"抹去之。乃大快乐，曰："此后不能知东西左右，亦不畏矣！"去年入南场作判，比于江淮选人，正得不忧长名放耳。寻复启与曹主，求尉于虢。实以太夫人年高，乐近地有山水者，而又其家穷，弟妹细累，喜得贱薪菜处相养活耳。始至官，以活狱不合人意，辄退去，将遂脱衣置笏，永夷农牧。会今太守怜之，催去复任。

《全唐文》卷七七六《李商隐·与陶进士书》

---

① "有"，他本或作"其"。

敕：朝议郎、前守太常丞、上柱国李承庆等，以文学升名于有司，以才能入仕于官次。诸侯辟之，以佐于宾席；天子用之，升于朝廷。次第等级，大小高下，亦与古之乡举里选，考德试言，无以异也。尔等皆吾卿大夫之令子弟也，清风素范，克肖家声，属辞雕章，能取章科第。既有知己，皆为才人，贤观与游，达视所举。今尔宾主，两皆得之，义则进，否则退，无为美疚，以求苟容。可依前件。

《樊川文集》卷一九《李承庆除凤翔
节度副使冯轩除义成军推官等判》

〔项〕斯字子迁，江东人。始未为闻人，因以卷谒杨敬之，杨甚爱之，赠诗云："几度见诗诗尽好，及观标格过于诗。平生不解藏人善，到处逢人说项斯。"未几，诗达长安，明年擢上第。

《唐诗纪事》卷四九《项斯》

李德裕以己非由科第，恒嫉进士举者。及居相位，贵要束手。德裕尝为藩府从事日，同院李评事以词科进，适与德裕官同。时有举子投文轴，误与德裕。举子既误，复请之，曰："某文轴当与及第李评事，非与公也。"由是德裕志在排斥。

《玉泉子》

周瞻举进士，谒李卫公，月余未得见。阍者曰："公讳'吉'，君姓中有之。公每见名纸，即颦蹙。"瞻俟公归，突出肩舆前，讼曰："君讳偏傍，则赵壹之后数不至'三'，贾山之家语不言'出'，谢石之子何以立碑？李牧之男岂合书姓？"卫公遂入。论者谓两失之。

《唐语林》卷七《补遗》

临其事，不能苟有待而先自请者，阁下以为难乎？赞功论美近乎谄，饰词言己近乎私，低陋摧伏近乎鼠窃，广博张引近乎不敬。钩深简尚，则畏不能动乎人；偕俪相比，又畏取笑乎后。情志激切谓之躁，词语连绵谓之戮。夫临其事而自言者，其难如此也。然不有听者之明，言者无病，则固当背惶踖踧，俟乎知者而自知也，用者而自用也，安得持一言于已难之时者哉？然或不得已而言之者，亦将自言而已矣，又岂敢因其时而遽言大体哉？蜕少时，不知小人通生有自可之事，树之为栀茜，种之为谷粟，贾于市，钓于江，亦以老也。无何，罗络旧简，附会时律，怀笔启于搢绅家十二三年矣。谓卯而习之，龀而成基，壮而历级乘时，无难梗寒苦之疲。今者欲三十岁矣，所望不过抱关输力，求粟养亲而已。何者？家在九江之南，去长安近四千里。膝下无怡怡之助，四海无强大之亲。日行六十里，用半岁为往来程，岁须三月侍亲左右，又留二月为乞假衣食于道路。是一岁之中，独余一月在长安。王侯听尊，媒妁声深，况有疾病、寒暑、风雨之不可期者，杂处一岁之中哉？是风雨生白发，田园变荒芜，求抱关养亲，亦不可期也。及今年冬，见乙酉诏书，用阁下以古道正时文，以平律校群士。怀才负艺者，踊跃至公。蜕也不度，入春明门，请与八百之列，负阶待试。呜呼！蜕也材不良，命甚奇，时来而功不成，事修而名不副，将三十年矣。今而后，阁下进之，蜕亦得以至公进；阁下退之，蜕亦得以至公退。进退者，由阁下也，未可知也。干渎尊严，敢忘儌辱，情或须露，岂曰图私？不然，则蜕也岂敢。蜕再拜。

《刘蜕集》卷五《上礼部裴侍郎书》

孙樵既黜于有司，忽恍乎若病醒之未醒，茫洋若痴人之瞑行，据床隐几，懑然不寐。二僮以樵尚甘于眠，偶语户间，且曰："吾闻他举进士者，有门吏诸生为之前焉，有亲戚知旧为之地焉。走健仆，囊大轴，肥马四驰，门门求知。所至之家，入去如归。阍者迎屈，引主人出，取卷开读，喜欢入骨。自某至某，如到一户，口口附和，不敢指破。亲朋扳联，声光烂然。其于名达，进取如掇。今主远来关东，居长安中，进无所归，居无所依。忍割口食，以就卷轴。冒暑触雪，携出籍谒。所至之门，当关迎嗔，俯眉与语，受卷而去。望一字到主人目，且不可得，矧其开口以延乎？时或不弃，而遇主人，推心于公是者，当开缄引读。苟合心曲，又曰彼何人耶？彼何自耶？况所为幽拙，大与时阔。凡为世人，婉颜巧唇，望风趋尘，以售其身。则必淡面钝口，戆揖痴步，昧于知几，买嫌于时。凡为读书，东猎西渔，粗知首尾，则为有余。则必灯前月下，寒朝暑夜，磨砣反覆，期入圣域。徒苦其神，孰裨其身？凡为文章，拈新摘芳，鼓势求知，取媚一时。则必摆落尖新，期到古人，上规时政，下达民病。句句淡涩，读不可入，徒乖于众，孰适于用？凡为造谒，去冷附热，大求其力，小求其得。则必权门扫迹，寂寞是适，所至之处，雀罗在户。人皆嫌去，愈恭好慕。凡为结交，搜罗杰豪，相醉以酒，相饫以庖。则必屑去温燠，胶牢淡泊。时或丛处，冻冷彻曙，晨起散去，洁腹出户，追暮如故。学猎古今，不为众誉；文近于奇，不为人知。九试泽宫，九黜有司。十年辇下，与穷为期。一岁之间，几日晨炊。饥不饱菜，寒无袭衣。此皆自掇，何怨于时？浪死无成，孰与归耕？"言始及是，樵闻起喜。二僮遽匿，呼谕不得。遂敲几而歌曰："彼以其势，我专吾勤。彼以其力，我勤吾学。学之不修，骨肉如仇。学之苟修，四海何仇？噫！吾之所贵，僮之所薄；吾之所恶，僮之所乐。僮何知，吾岂独无时？"

《孙樵集》卷一〇《骂僮志》

杨希古,靖恭诸杨也。……希古性行诞僻,初应进士举,投丞郎以所业,丞郎延奖之。希古起而对曰:"斯文也,非希古之作也。"丞郎讶而诘之。曰:"此舍弟源幡为希古所作也。"丞郎大异之,曰:"今之子弟以文求名者,大半假手也。苟袖一轴,投之于先进,靡不私自衒鬻,以为莫我若也。"

《玉泉子》

欧阳琳父衮,亦中进士。琳与弟玭同在场屋,苦其贫匮,每诣先达,刺辄同幅,时人称之。

《唐语林》卷六《补遗》

王蜀刑部侍郎李仁表寓居许州,将入贡于春官。时薛能尚书为镇,先缮所业诗五十篇以为贽,濡翰成轴,于小亭凭几阅之。

《太平广记》卷四六三《禽鸟四·戴胜》

蒋凝,咸通中,词赋绝伦。随计涂次汉南,谒相国徐公。公见其人么,不信有其才,因试《岘山怀古》一篇。凝于客位赋成,公大奇之。

《唐摭言》卷六《以其人不称才试而后惊》

蒋凝,江东人,工于八韵,然其形不称名。随计途次襄阳,谒徐相商公,疑其假手,因试《岘山怀古》一篇。凝于客次赋成,尤得意。时温飞卿居幕下,大加称誉。

《唐摭言》卷七《知己》

薛保逊好行巨编,自号"金刚杵"。太和中,贡士不下千余人,公卿之门,卷轴填委,率为阍媪脂烛之费,因之平易者曰:"若薛保逊卷,即所得倍于常也。"

《唐摭言》卷一二《自负》

郑隐者,其先闽人,徙居循阳,因而耕焉。少为律赋,辞格固寻常。咸康末,小魏公沆自阙下黜州佐,于时循人稀可与言者,隐贽谒之,沆一见甚慰意,自是日与之游。隐年少,懒于事,因傲循官寮,由是犯众怒,故责其逋租,系之非所。沆闻大怒,以钱代隐输官,复延之上席。未几,沆以普恩还京,命隐偕行。隐禀性赵趄,沆之门吏、家仆靡不恶之,往往呼为乞索儿。沆待之如一。行次江陵,隐狎游多不馆宿,左右争告。沆召隐微辩,隐以实对。沆又资以财帛,左右尤不测也。行至商颜,诏沆知贡举。时在京骨肉,闻沆携隐,皆以书止之。沆不能舍,遂令就策试,然与诸亲约止于此耳。暨榜除之夕,沆巡廊自呼隐者三四,矍然顿气而言曰:"郑隐,崔沆不与了,却更有何人肯与之!"一举及第。然隐远人,素无关外名,足不迹先达之门,既及第而益孤。上过关宴,策蹇出京,槃桓淮浙间。中和末,郑绪镇南海,辟为从事。诸同舍皆以无素知,闻隐自谓有科第志,无复答。既赴辟,同舍皆不睦,绪不得已,致隐于外邑。居岁余,又不为宰君所礼。会绪欲贡士,以幕内无名人,迎隐尸之。其宰君谓隐恨且久,仇之必矣,遂于饯送筵置鸩。隐大醉,吐血而卒。

《唐摭言》卷九《好知己恶及第》

邵安石,连州人也。高湘侍郎南迁归阙,途次连江,安石以所业投献遇知,遂挈至挚下。湘主文,安石擢第,诗人章碣,赋《东都望幸》刺诗曰:"懒修珠翠上高台,眉月连娟恨不开。纵使东巡也无益,君王自领美人来。"

《唐摭言》卷九《好知己恶及第》

平曾谒华州李相固言不遇,因吟一绝而去曰:"老夫三日门前立,珠箔银屏昼不开。诗卷却抛书袋里,譬如闲看华山来。"

刘鲁风,江西投谒所知,颇为典谒所沮,因赋一绝曰:"万卷书生刘鲁风,烟波千里谒文翁。无钱乞与韩知客,名纸毛生不为通。"

《唐摭言》卷一〇《海叙不遇》

欧阳澥者,四门之孙也。薄有辞赋,出入场中,仅二十年。善和韦中令在阁下,澥即行卷及门,凡十余载,未尝一面,而澥庆吊不亏。韦公虽不言,而心念其人。中和初,公随驾至西川命相,时澥寓居汉南。公访知行止,以私书令襄帅刘巨容俾澥计偕。巨容得书大喜,待以厚礼,首荐之外,资以千余缗,复大宴于府幕。既而撰日遵路,无何,一夕心痛而卒。巨容因籍澥答书,既呈于公。公览之怃然,因曰:"十年不见,酌然不错!"

《唐摭言》卷一〇《海叙不遇》

京兆庞尹及第后,从事寿春。有江淮举人姓严,是登科记误本,倒书庞严姓名,遂赁舟丐食。就谒时,郡中止有一判官,亦更不问其氏,便诣门投刺,称从侄。庞之族人甚少,览刺极喜,延纳殷勤,便留款曲,兼命对举匕箸。久之,语及族人,都非庞氏之事。

庞方讶之，因问止竟："郎君何姓？"曰："某姓严。"庞抚掌大笑曰："君误矣！余自姓庞，预君何事？"揖之令去其人尚拜谢叔父，从容而退。

《因话录》卷四

咸通丙戌中，日休射策不上第，退归州，来别墅，编次其文，复将贡于有司。发箧丛萃，繁如薮泽，因名其书曰《文薮》焉。比见元次山纳《文编》于有司，侍郎杨公浚见《文编》叹曰："上第污元子耳。"斯文也，不敢希杨公之叹，希当时作者一知耳。赋者，古诗之流也，伤前王太佚，作《忧赋》；虑民道难济，作《河桥赋》；念下情不达，作《霍山赋》；悯寒士道壅，作《桃花赋》；《离骚》者，文之菁①英者，伤于宏奥，今也不显《离骚》，作《九讽》；文贵穷理，理贵原情，作《十原》；大乐既亡，至音不嗣，作《补〈周礼〉九夏歌》；两汉庸儒，贱我《左氏》，作《春秋决疑》；其余碑、铭、赞、颂、论、议、书、序，皆上剥远非，下补近失，非空言也。较其道，可在古人之后矣。古风诗编之文末，俾视之粗俊于口也，亦由食鱼遇鲭，持肉偶臇。《皮子世录》著之于后，亦《太史公自序》之意也。凡二百篇，为十卷，览者无诮矣。

《皮子文薮》卷首

羊绍素夏课有《画狗马难为功赋》，其实取"画狗马难于画鬼神"之意也，投表兄吴子华。子华览之，谓绍素曰："吾子此赋未嘉。赋题无鬼神，而赋中言鬼神。子盍为《画狗马难于画鬼神

---

　① "菁"，原本作"青"。

赋》，即善矣。"绍素未及改易，子华一夕成于腹笥。有进士韦豪，池州九华人，始以赋卷谒子华。子华闻之，甚喜。豪居数日，贡一篇于子华，其破题曰："有丹青二人：一则矜能于狗马，一则夸妙于鬼神。"子华大奇之，遂焚所著，而绍素竟不能以己下之。其年，子华为豪取府元。

陈峤谒安陆郑郎中诚，三年方一见。诚从容谓峤曰："识闵廷言否？"峤曰："偶未知闻。"诚曰："不妨与之还往，其人文似西汉。"

吴融，广明、中和之际，久负屈声，虽未擢科第，同人多赞谒之如先达。有王图，工词赋，投卷凡旬月。融既见之，殊不言图之臧否，但问图曰："更曾得卢休信否？何坚卧不起，惜哉！融所得，不如也！"休，图之中表，长于八韵，向与子华同砚席，晚年抛废，归镜中别墅。

《唐摭言》卷五《切磋》

李昭嘏，举进士不第。登科年，已有主司，并无荐托之地。
《太平广记》卷四四○《畜兽七·李昭嘏》

长安举子，自六月以后，落第者不出京，谓之"过夏"。多借静坊庙院及闲宅居住，作新文章，谓之"夏课"。亦有十人五人醵率酒馔，请题目于知己、朝达，谓之"私试"。

《南部新书》乙

某去年秋，尝以所为文两通上献，其贵贱之相远，崖谷之相悬，且不啻千里，故罪戮之与悯嗟，不可得而知也。由是卑折惭蹙，若不自容者，以至于今。然窃念理世之具，在乎文质。质去则文必随之，苟未去，则明天子未有不爱才，贤左右未有不汲善者。故汉武因一鹰犬吏而《子虚》用，孝元以《洞箫赋》使六宫婢子讽之。当时卿大夫，虽死不敢轻吾辈。是以霍光贵也，萧望之责其不下士；公孙述叛也，马援〔怒其〕陛戟相见。一为权臣，一为狂虏，犹且不能下一书生。而千百年后，风俗敝敛，居位者以先后礼绝，竞进者以毁誉相高，故吐一气，出一词，必与人为行止，况更责霍光、怒公孙述者乎？何昔人心与今人不相符也如是！若某者，正在此机窖中，不惟性灵不通转，抑亦进退间多不合时态，故开卷则悒悒自负，出门则不知所之。斯亦天地间不可人也。而执事者，提健笔为国家朱绿，朝夕论思外，得相如者几人？得王褒者几人？得之而用之者又几人？夫昔之招贤养士，不惟吊穷悴而伤冻馁，亦将询稼穑而问安危。呜呼！良时不易得，大道不易行。某所以迟迟者，为执事惜。苟燕台始隗，汉殿荐雄，则斯人也，不在诸生下。

《罗隐集》之《谗书·投知书》

某启：某前月十八日，辄以所为恶文，上干严重。寻婴疾劣，遂旷门墙。伏以皎镜无私，虽容屡照；医门多病，应倦施功。忍随翔鸟之姿，更望不龟之术。某沧州舍钓，紫陌迷尘，徒欲信书，不能知命。道薄而鱼腮易曝，计疏而凫胫难加。所以甯戚叩歌，不惟长夜；魏舒对策，近至中年。丹霄无独上之期，双鬓有相轻之色。而员外芝田养秀，桂苑摘华。口里雌黄，旋成典故；座中薤白，早避风流。敢因诱善之初，仰冀嘘枯之便。傥一掬华阴之土，聊拭薜文，则数升泾水之泥，永依清济。谨启。

《罗隐集》之《杂著·投礼部郑员外启》

桃在仙翁旧苑傍，暖烟晴霭扑人香。十年此地频偷眼，二月春风最断肠。曾恨梦中无好事，也知囊里有仙方。寻思仙骨终难得，始与回头问玉皇。

《罗隐集》之《甲乙集·逼试投所知》

此去蓬壶两日程，当时消息甚分明。桃须曼倩催方熟，橘待洪崖遣始行。岛外音书应有意，眼前尘土渐无情。莫教更似西山鼠，啮破愁肠恨一生！

《罗隐集》之《甲乙集·出试后投所知》

国初，袭唐末士风，举子见先达，选通笺刺，谓之"请见"。既与之见，他日再投启事，谓之"谢见"。又数日，再投启事，谓之"温卷"。或先达以书谢，或有称誉，即别裁启事，委曲叙谢，更求一见。当时举子之于先达者，其礼如此之恭。近岁举子不复行此礼，而亦鲜有上官延誉后进者。

《渑水燕谈录》卷九《杂录》

君子所以章灼当时、焜耀来裔者，必曰进士擢第，畿尉释褐。斯道也，中朝令法，虽百王不移者也。自圣历中兴，百度渐贞，能兴此美者，今始见张、郭二生矣。则知九仞之势，千里之行，凝云逐日，未可量也。铉也不佞，生于先贤之后，进在二子之前，此美不兼，可以叹息。然有事同而时异，请试论之。噫！词场堙废五十年矣。故老之言议殆绝，后生之视听懵然。今百僻有司，达于俊国吏，徒见趋走公府中一尉耳，焉知其余哉！而二君子调高才逸，年少气盛。将以俊造之业自重，责人以既废之礼；又将以尧、舜之道为用,议政于俗吏之间。如是,将与时大乖矣。呜呼!彼众我寡,或者难以胜乎?君子之道,无施不可,舒之弥四海,卷之在掌握。日碑见奇于牧马,元杨知名于水硙,彼二人即公辅大器也,岂以耻辱为累哉!愚愿二君子反己正身,开怀戢耀,无望人以不知,无强人以不能,如斯而已矣。今天子重文好古,诸生怀才待用,所以苍生未蒙福者,上下之势殊,中有间尔。《大易》之义,物不终否,否极必泰。泰之时,在上者,其道下降;在下者,其道上行。君臣相合,然后事业远矣。吾以为斯道之复不远,吾子其勉之!句曲仙乡,广陵胜地,多难将弭,春物将华。琴棋诗酒,足以为适。赠言之旨,尽于斯焉。

《徐铉集校注》卷一九《送张伲郭贲二先辈序》

冯瀛王道之在中书也,有举子李导投贽所业,冯相见之。

《五代史补》卷五《周·举子与冯道同名》

2. 获得名人公荐

崔颢荐樊衡书:"夫相州者,九王之旧都,西山雄崇,足是秀异。窃见县人樊衡,年三十,神爽清晤,才能绝伦。虽白面书生,有雄胆大略,深识可以轨时俗,长策可以安塞裔。藏用守道,实有岁年。今国家封山勒崇,希代罕遇,含育之类,莫不踊跃。况诏征隐逸,州贡茂异,衡之际会,千载一时。君侯复躬身执圭,陪銮日观此州名藩,必有所举。当是举者,非衡而谁?伏愿不弃贤才,赐以甄奖。得奔大礼,升闻天朝。衡因此时策名树绩,报国荣家,令当代之士知出君侯之门矣。愿不胜区区,敢闻左右。俯伏阶屏,用增战汗！"

《唐摭言》卷六《公荐》

执事好贤乐善，孜孜以荐进良士、明白是非为己任，方今天下，一人而已。愈之获幸于左右，其足迹接于门墙之间，升乎堂而望乎室者，亦将一年于今矣。念虑所及，辄欲不自疑外，竭其愚而道其志，况在执事之所孜孜为己任者，得不少助而张之乎？诚不自识其言之可采与否，其事则小人之事君子，尽心之道也。天下之事，不可遽数。又执事之志或有待而为，未敢一二言也。今但言其最近而切者尔。

执事之与司贡士者相知诚深矣。彼之所望于执事，执事之所以待乎彼者，可谓至而无闲疑矣。彼之职在乎得人，执事之志在乎进贤，如得其人而授之，所谓两得其求，顺乎其必从也。执事之知人，其亦博矣。夫子之言曰"举尔所知"，然则愈之知者亦可言已。

文章之尤者，有侯喜者、侯云长者。喜之家，在开元中衣冠而朝者，兄弟五六人。及喜之父仕不达，弃官而归。喜率兄弟操耒耜而耕于野，地薄而赋多，不足以养其亲，则以其耕之暇，读书而为文，以干于有位者而取足焉。喜之文章，学西京而为也，举进士十五六年矣。云长之文，执事所自知。其为人淳重方实，可任以事。其文与喜相上下。有刘述古者，其文长于为诗，文丽而思深。当今举于礼部者，其诗无与为比，而又工于应主司之试。其为人温良诚信，无邪佞诈妄之心，强志而婉容，和平而有立。其趋事静以敏，著美名而负屈称者，其日已久矣。有韦群玉者，京兆之从子。其文有可取者，其进而未止者也。其为人贤而有材，志刚而气和,乐于荐贤为善。其在家无子弟之过,居京兆之侧,遇事辄争,不从其令而从其义。求子弟之贤而能业其家者,群玉是也。凡此四子,皆可以当执事首荐而极论者。主司疑焉则以辨之,问焉则以告之,未知焉则殷勤而语之,期乎有成而后止可也。有沈杞者、张弘者、尉迟汾者、李绅者、张后余者、李翊者,或文或行,皆出群之才也。凡此数子,与之足以收人望,得才实。主司疑焉则以解之,问焉则以对之,广求焉则以告之可也。

往者陆相公司贡士,考文章甚详。愈时亦幸在得中,而未知陆之得人也。其后一二年,所与及第者皆赫然有声。原其所以,亦由梁补阙肃、王郎中础佐之。梁举八人,无有失者,其余则王皆与谋焉。陆相之考文章甚详也,待梁与王如此不疑也。梁与王举人如此之当也,至今以为美谈。自后主司不能信人,人亦无足信者,故蔑蔑无闻。今执事之与司贡士者有相信之资、谋行之道,惜乎其不可失也!

方今在朝廷者,多以游宴娱乐为事,独执事眇然高举,有深思长虑,为国家树根本之道,宜乎小子之以此言闻于左右也。愈恐惧再拜。

《韩昌黎文集校注》卷三《与祠部陆员外书》

某闻:木在山,马在肆,遇之而不顾者,虽日累千万人,未为不材与下乘也。及至匠石过之而不睨,伯乐遇之而不顾,然后知其非栋梁之材、超逸之足也。以某在公之宇下非一日,而又辱居姻娅之后,是生于匠石之园,长于伯乐之厩者也。于是而不得知,假有见知者千万人,亦何足云? 今幸赖天子每岁诏公卿大夫贡士,若某等比咸得以荐闻,是以冒进其说以累于执事,亦不自量已。

然执事其知某如何哉？昔人有鬻马不售于市者，知伯乐之善相也，从而求之，伯乐一顾，价增三倍。某与其事颇相类，是故终始言之耳。某再拜。

《韩昌黎文集校注》卷三《为人求荐书》

进士侯喜。

右其人为文甚古，立志甚坚，行止取舍有士君子之操，家贫亲老，无援于朝，在举场十余年，竟无知遇。愈常慕其才而恨其屈。与之还往，岁月已多，尝欲荐之于主司，言之于上位，名卑官贱，其路无由。观其所为文，未尝不掩卷长叹。去年，愈从调选，本欲携持同行，适遇其人自有家事，迍遭坎轲，又废一年。及春末自京还，怪其久绝消息。五月初至此，自言为阁下所知，辞气激扬，面有矜色，曰："侯喜死不恨矣！喜辞亲入关，羁旅道路，见王公数百，未尝有如卢公之知我也。比者分将委弃泥涂，老死草野，今胸中之气勃勃然，复有仕进之路矣！"

愈感其言，贺之以酒，谓之曰："卢公，天下之贤刺史也！未闻有所推引，盖难其人而重其事。今子郁为选首，其言'死不恨'，固宜也。古所谓知己者，正如此耳。身在贫贱，为天下所不知，独见遇于大贤，乃可贵耳。若自有名声，又托形势，此乃市道之事，又何足贵乎？子之遇知于卢公，真所谓知己者也。士之修身立节而竟不遇知己，前古已来，不可胜数，或日接膝而不相知，或异世而相慕。以其遭逢之难，故曰'士为知己者死'，不其然乎！不其然乎！"

阁下既已知侯生，而愈复以侯生言于阁下者，非为侯生谋也。感知己之难遇，大阁下之德，而怜侯生之心，故因其行而献于左右焉。谨状。

《韩昌黎文集校注》卷八《与汝州卢郎中论荐侯喜状》

韩文公、皇甫湜,贞元中名价籍甚,亦一代之龙门也。奇章公始来自江黄间,置书囊于国东门,携所业,先诣二公卜进退。偶属二公,从容皆谒之,各袖一轴面贽。其首篇说乐。韩始见题而掩卷问之曰:"且以拍板为什么?"僧孺曰:"乐句。"二公因大称赏之。问所止,僧孺曰:"某始出山随计,进退唯公命,故未敢入国门。"答曰:"吾子之文,不止一第,当垂名耳。"因命于客户坊僦一室而居。俟其他适,二公访之,因大署其门曰:"韩愈、皇甫湜同访几官先辈,不遇。"翌日,自遗阙而下,观者如堵,咸投刺先谒之。由是僧孺之名,大振天下。

《唐摭言》卷六《公荐》

广平程子齐昔范,未举进士日,著《程子中谟》三卷,韩文公一见大称叹。及赴举,言于主司曰:"程昔范不合在诸生之下。"当时下第,大振屈声。庾尚书承宣知贡举,程始登第,以试正字,从事泾原军。李太师逢吉在相位,见其书,特荐拜左拾遗。

《因话录》卷三

清旭燕居,有秀才钮氏,以儒者衣冠访我于衡门之下,用文一轴,与刺偕至。访其行色,则曰:"将抵贤二千石陆上饶,然后自江而西,射策上国。"且上饶以伟词迈气待东南之士,士至必循分加礼,繇是褒衣之徒,耻不登其门。故殿中韩侍御元直工为直词,尝觊若以序。故临海守李君子从父户部郎,皆以六义风骚为师友,又赆若以诗。矧夫植文行于内，亲仁贤于外，强学不倦，洁己以进。今兹行也，以桂林一枝为己任，岂虚也哉！辱征不腆，是用词达。

《权载之文集》卷三九《送钮秀才谒信州陆员外便赴举序》

〔沈〕传师字子言。材行有余，能治《春秋》，工书，有楷法。少为杜佑所器。贞元末，举进士。时给事中许孟容、礼部侍郎权德舆乐挽毂士，号"权许"。德舆称之于孟容，孟容曰："我故人子，盍不过我？"传师往见，谢曰："闻之丈人，脱中第，则累公举矣，故不敢进。"孟容曰："如子，可使我急贤诣子，不可使子因旧见我。"遂擢第。德舆门生七十人，推为颜子。复登制科，授太子校书郎。

《新唐书》卷一三二《沈传师传》

凡士之当显宠贵剧，则其受赐于人也，无德心焉。何也？彼将曰：吾势能得之。是其所出者大，而其报也必细。居穷厄困辱，则感慨捧戴，万万有加焉。是其所出者小，而其报也必巨，审矣。故凡明智之君子，务其巨以遗其细，则功业光乎当时，声名流乎无穷，其所以激之于中者异也。

若宗元者，可谓穷厄困辱者矣。世皆背去，憔悴旷野，独赖大君子以明智垂仁，问讯如平生，光耀囚梏，若被文绣。呜呼！世之知止足者鲜矣。既受厚遇，则又有不已之求，以黩阁下之严威，然而亦欲出其感慨捧戴而效其巨者。伏惟阁下留意裁择，幸甚幸甚！

伏以外族积德儒厚，以为家风。周、齐之间，兄弟三人，咸为帝者师，孝仁之誉，高于他门。伯舅叔仲，咸以孝德通于鬼神，为文士所纪述。相国彭城公尝号于天下，名其孝以求其类，则其后咸宜硕大光宠，以充神明之心。乃今凋丧沦落，莫有达者，岂与善之道无可取耶？独内弟卢遵，其行类诸父，静专温雅，好礼而信，饰以文墨，达于政事。今所以闻于阁下者，无怍于心，无愧于色焉。以宗元弃逐枯槁，故不求达仕、务显名，而又难乎其进也。窃高阁下之举贤容众，故愿委心焉。则施泽于遵，过于厚赐小人也远矣。以今日之形势，而不废其言，使遵也有籍名于天官，获禄食以奉养，用成其志，一举而有知恩之士二焉，可不务其巨者乎？伏惟试详择焉，言而无实，罪也。其敢逃大谴？进退恐惧，不知所裁。不宣。谨启。

《柳宗元集》卷三五《上桂州李中丞荐卢遵启》

元和九年韦贯之榜，殷尧藩杂文落矣。杨汉公尚书，乃贯之前榜门生，盛言尧藩之屈，贯之为之重收。或曰：李景让以太夫人有疾，报堂请暂省侍，路逢杨虞卿，恳称班图源之屈，因而得之也。

《唐摭言》卷八《已落重收》

廊，宰相李程之子也。少有志勋业，揽辔慨然，而未肯屑就，遂困场屋中。作《下第诗》曰："榜前潜制泪，众里独嫌身。气味如中酒，情怀似别人。"时流皆称赏，且怜之，因共推挽。元和十三年独孤樟榜进士，调司经局正字，出为鄠县令。

《唐才子传校笺》卷六《李廓》

庐山自陶、谢洎十八贤已还，儒风绵绵，相续不绝。贞元初，有符载、杨衡辈隐焉，亦出为闻人。今其读书属文，结草庐于岩谷闻者，犹一二十人。即其中秀出者，有彭城人刘轲。轲开卷慕孟轲为人，秉笔慕扬雄、司马迁为文，故著《翼孟》三卷、《豢龙子》十卷、杂文百余篇。而圣人之旨，作者之风，虽未臻极，往往而得。予佐浔阳郡三年，轲每著文，辄来示予。予知轲志不息，异日必能跨符、杨而攀陶、谢。轲一旦尽赍所著书及所为文，访予告行，欲举进士。予方沦落江海，不足以发轲事业；又羸病无心力，不能遍致书于台省故人。因援纸引笔，写胸中事授轲，且曰：子到长安，持此札，为予谒集贤庾三十二补阙、翰林杜十四拾遗、金部元八员外、监察牛二侍御、秘省萧正字、蓝田杨主簿兄弟。彼七八君子，皆予文友，以予愚直，常信其言。苟于今不我欺，则子之道，庶几光明矣。又欲使平生故人，知我形体已悴，志气已惫，独好善喜才之心未死。去矣去矣！持此代书。三月十三日，乐天白。

《白居易集》卷四三《代书》

张祜，元和、长庆中，深为令狐文公所知。公镇天平日，自草荐表，令以新旧格诗三百篇表进。献辞略曰："凡制五言，苞含六义，近多放诞，靡有宗师。前件人久在江湖，早工篇什，研机甚苦，搜象颇深，辈流所推，风格罕及，云云。谨令录新旧格诗三百首，自光顺门进献，望请宣付中书门下。"祜至京师，方属元江夏偃仰内庭，上因召问祜之辞藻上下，积对曰："张祜雕虫小巧，壮夫耻而不为者，或奖激之，恐变陛下风教。"上颔之，由是寂寞而归。祜以诗自悼，略曰："贺知章口徒劳说，孟浩然身更不疑。"

《唐摭言》卷一一《荐举不捷》

崔郾侍郎既拜命于东都试举人，三署公卿皆祖于长乐传舍，冠盖之盛，罕有加也。时吴武陵任太学博士，策蹇而至。郾闻其来，微讶之，乃离席与言。武陵曰："侍郎以峻德伟望，为明天子选才俊，武陵敢不薄施尘露！向者，偶见太学生十数辈，扬眉抵掌，读一卷文书，就面观之，乃进士杜牧《阿房宫赋》。若其人，真王佐才也。侍郎官重，必恐未暇披览。"于是搢笏朗宣一遍。郾大奇之。武陵曰："请侍郎与状头。"郾曰："已有人。"曰："不得已，即第五人。"郾未遑对。武陵曰："不尔，即请此赋。"郾应声曰："敬依所教。"既即席，白诸公曰："适吴太学以第五人见惠。"或曰："为谁？"曰："杜牧。"众中有以牧不拘细行间之者。郾曰："已许吴君矣。牧虽屠沽，不能易也。"

《唐摭言》卷六《公荐》

大和二年，小生①应进士举，当其时，先进之士以小生行可与进，业可益修，喧而誉之，争为知己者不啻二十人。

《樊川文集》卷一三《投知己书》

秘书监刘禹锡，其子咸允，久在举场无成。禹锡愤惋宦途，又爱咸允甚切，比归阙，以情诉于朝贤。太和四年，故吏部崔群与禹锡深于素分，见禹锡蹭蹬如此，尤欲推挽咸允。其秋，群门生张正谟②充京兆府试官。群特为禹锡召正谟，面以咸允托之，觊首选焉。及榜出，咸允名甚居下。群怒之，戒门人曰："张正谟来，更不要通。"正谟兄正矩，前河中参军，应书判拔萃。其时群总科目人，考官糊名考讫，群读正矩判，心窃推许，又谓是故工部尚书正甫之

---

① 指杜牧。
② "谟"，原本作"暮"。

弟，断意便与奏。及敕下，正矩与科目人谢主司，独正矩启叙，前致词曰："某杀身无地以报相公深恩。一门之内，兄弟二人，俱受科名拔擢，粉骨脔肉，无以上答。"方泣下，语未终，群忽悟是正谟之兄弟，勃然曰："公是张正谟之兄，尔贤弟大无良，把群贩名，岂有如此事，与贼何异？公之登科，命也，非某本意，更谢何为？"

《太平广记》卷一五六《定数十一·张正矩》

晋人裴昌禹读书数千卷，于《周官》《小戴礼》尤邃。性是古敢言，虽侯王不能卑下，故与世相参差。凡抵有位以素合，行天下几遍。常叹诸侯莫可庸，欲一见天子而未有路。会今年诏书征贤良，昌禹大喜，以为可以尽豁平生，搏髀雀跃曰："一观云龙庭足矣！"繇是裹三月粮而西徂，咨余以七言，为西游之资藉耳。

裴生久在风尘里，气劲言高少知己。注书曾学郑司农，历国多于孔夫子。往年访我到连州，无穷绝境终日游。登山雨中试蜡屐，入洞夏里披貂裘。白帝城边又相遇，敛翼三年不飞去。忽然结束如秋蓬，自称对策明光宫。人言策中说何事，掉头不答看飞鸿。彤庭翠松迎晓日，凤衔金榜云间出。中贵腰鞭立倾酒，宰臣委佩观摇笔。古称射策如弯弧，一发偶中何时无？由来草泽无忌讳，努力满挽当云衢。忆得童年识君处，嘉禾驿后联墙住。垂钓斗得王余鱼，蹋芳共登苏小墓。此事今同梦想间，相看一笑且开颜。老大希逢旧邻里，为君扶病到方山。

《刘禹锡集》卷二八《送别四十六首·送裴处士应制举》

古人以偕受学为同门友，今人以偕升名为同年友。其语孰见，搢绅者皆道焉。余于张盥为丈人，由是道也。曩吾见尔之始生，以老成为祝。今吾见尔之成人，以未立为忧。吾不幸，向所谓同年友，当其盛时，联袂齐镳，亘绝九衢，若屏风然。今来落落如曙星之相望。借曰会合不烦异席,可长太息哉!然而尚书右丞卫大受、兵部侍郎武庭硕二君者,当时伟人,咸万夫之望,足以订十朋之多也。第如京师,无骚骚尔,无悾悾尔。时秋也,吾为若叩商之讴,幸有感夫二君子。

尔生始悬弧,我作坐上宾。引箸举汤饼,祝词天麒麟。今成一丈夫,坎轲愁风尘。长裾来谒我,自号庐山人。道旧与抚孤,悄然伤我神。依依见眉睫,嘿嘿含悲辛。永怀同年友,追想出谷晨。三十二君子,齐飞陵烟旻。曲江一会时,俊会已雕沦。况今三十载,阅世难重陈。盛时一已过,来者日日新。不如摇落树,重有明年春。火后见琼璜,霜余识松筠。肃机乃独秀,武部亦绝伦。尔今持我诗,西见二重臣。成贤必念旧,保贵在安贫。清时为丞郎,气力侔陶钧。乞取斗升水,因之云汉津。

《刘禹锡集》卷二八《送别四十六首·送张盥赴举》

李德裕镇浙西。有刘三复者,少贫苦,有才学。时中使赍诏书赐德裕,德裕谓曰:"子为我草表,能立构否?"三复曰:"文贵中,不贵速得。"德裕以为然。三复又请曰:"中外皆传公文,请得以文集观之。"德裕出数轴,三复乃体而为表,德裕尤喜之。遣诣京师,果登第。其子邺,后为丞相,上表雪德裕冤,归榇洛中。

《唐语林》卷二《文学》

贡士许道敏,随乡荐之,初获知于时相。是冬,主文者将莅事于贡院,谒于相门。丞相大称其文学精臻,宜在公选。主文加简揖额而去。许潜知其旨,则磨砺以须,屈指试期,大挂人口。俄有张希复员外结婚于丞相奇章公之门。亲迎之夕,辟道敏为傧。道敏乘其喜气,纵酒飞章,摇珮高谈,极欢而罢。居无何,时相敷奏不称旨,移秩他郡。人情恐骇,主文不敢第于甲乙。尔后晦昧坎壈,不复闻达,继丁家故,垂二十载。至柘国小兵部知举年,方擢于上科。时有同年张侍郎读,一举成事,年才十九。乃道敏败于垂成之冬,傧导外郎鹊桥之夕,牛夫人所出也。差之毫厘,何啻千里!

《唐阙史》卷上

舒守谦即元舆之族也,聪敏慧悟,富有春秋。元舆以源流非远,而礼遇颇厚,经岁处元舆舍,未尝一日间怠于车服饮馔。元舆谓之犹子,荐取明经第,官历秘书郎。

《杜阳杂编》卷中

〔杨〕敬之爱士类,得其文章,孜孜玩讽,人以为癖。雅爱项斯为诗,所至称之,繇是擢上第。斯字子迁,江东人。

《新唐书》卷一六〇《杨敬之传》

〔于〕琮落拓有大志,虽以门资为吏,久不见用。大中朝,驸马都尉郑颢,以琮世故,独以器度奇之。……会李藩知贡举,颢托之登第。

《旧唐书》卷一四九《于琮传》

令狐滈、弟澄,皆好文。自楚及澄,三世掌诰命,有称科场中。令狐滈以父为丞相,未得进。滈出访郑侍郎,道遇大尹,投国学避之。遇广文生吴畦,从容久之。畦袖卷呈滈,由是出入滈家。滈荐畦于郑公,遂先滈一年及第,后至郡守。

《唐语林》卷三《赏誉》

王镣富有才情，数举未捷。门生卢肇等公荐于春官云："同盟不嗣，贤者受讥；相子负薪，优臣致诮。"乃旌镣嘉句曰："击石易得火，扣人难动心。今日朱门者，曾恨朱门深。"声闻蔼然，果擢上第。

《太平广记》卷二〇二《儒行·怜才·卢肇》

卢延让，光化三年登第。先是，延让师薛许下为诗，词意入癖，时人多笑之。吴翰林融为侍御史，出官峡中。延让时薄游荆渚，贫无卷轴，未遑贽谒。会融表弟滕籍者，偶得延让百篇，融览，大奇之，曰："此无他，贵不寻常耳。"于是称之于府主成汭。时故相张公职大租于是邦，常以延让为笑端，及融言之，咸为改观。由是大获举粮，延让深所感激，然犹因循，竟未相面。后值融赴急征入内庭，孜孜于公卿间称誉不已。光化戊午岁，来自襄南，融一见如旧相识，延让呜咽流涕，于是攘臂成之矣。

《唐摭言》卷六《公荐》

（三）试前手续与仪式

1. 尚书省集中

（1）纳文解

前年臣年二十三，学文成立，为州县察臣，臣得备下土贡士之数。到阙下月余，待命有司，始见贡院悬板样，立束缚检约之目，勘磨状书，剧责与吏胥等伦。臣幸状书备，不被驳放，得引到尚书试。

《全唐文》卷七二七《舒元舆·上论贡士书》

进士单长鸣者，随计求试于春官日，袖状诉吏云："某姓单，音丹。为笔引榜者易为单。音善。单诚姓氏之僻，而援毫吏得以侮易之，实贻宗先之羞也。"主司初不谕，久之方云："方口尖口，亦何异耶？"长鸣厉声曰："不然。梯航所通，声化所暨，文学之柄，属在明公。明公倘以尖、方口得以互书，则台州吴儿乃吕州矣儿也。"主文者不能对，词场目为举妖。

《唐阙史》卷上

〔天成四年〕七月，贡院奏："今年诸色及第人中，有曾摄州县官及有御署摄牒，兼或有正授官及曾在宾、幕赴举者。诸条格中，书奏及第人先曾授职官者，宜令所司于守摄文书内，竖重任举及第年月日，或改名不改名，分明印押。惧其转赐于人，假资冒进也。其中曾授正官御署并佐幕者，仍约前任资序，与除一任官。如自中兴以来，诸科及第人曾授职官者，并令所司追给文书。到日，准今年及第人例处分。已授官者，不在此限。兼勒贡院，将来举人纳家状内，各分折曾为官及不曾为官、改名不改名，其曾为职官者，先纳历任文书。及第后，准例指挥。"从之。

《册府元龟》卷六四一《贡举部·条制三》

长兴元年六月，中书门下奏："……将来举人，并依选人例，据地里远近，于十月中纳文解。如违，不在受纳之限。"从之。

《五代会要》卷二三《缘举杂录》

〔长兴〕三年正月，诏曰："贡举之人，辛勤颇甚，每年随计，终日食贫。须宽奖劝之门，俾释羁栖之叹。今后落第举人，所司已纳家状者,次年便付所司就试,并免再取文解。兼下纳文解之时,不在拘以三旬,但十月内到者,并与收受。"

《册府元龟》卷六四二《贡举部·条制四》

清泰二年九月,礼部贡院奏:"……又奉长兴三年正月敕:'每落第举人,免取文解。'今后欲依元敕格,请并再取解,十月十五日到省毕,违限不收。……"

《五代会要》卷二三《缘举杂录》

清泰三年五月,敕:"国子监每岁举人,皆自远方来集,不询解送,何辨是非?其附监举人,并准去年八月一日敕,须取本处文解。如不及第者,次年便许监司解送。若初投名,未曾本处取解者,初举落第后,监司勿便收补。其淮南、江南、黔、蜀远人,不拘此例。"

《五代会要》卷一六《国子监》

周显德元年十一月,敕:"国子监所解送广顺三年已前监生人数,宜令礼部贡院收纳文解。其今年内新收补监生,并仰落下。今后须是监中受业,方得准令式收补解送。"

《五代会要》卷一六《国子监》

(2) 贡举人互保

其年[1]十月,中书门下奏:"朝廷设文学之科,以求髦俊,台阁清选,莫不由兹。近缘核实不在于乡闾,趋名颇杂于非类,致有跛

---

[1] 开成元年。

扈之地，情计交通，将澄化源，在举明宪。臣等商量，今日以后，举
人于礼部纳家状后，望依前五人自相保。其衣冠，则以亲姻故旧，
久同游处者。其江湖之士，则以封壤接近，素所谙知者为保。如
有缺孝悌之行，资朋党之势，迹由邪径，言涉多端者，并不在就试
之限。如容情故，自相隐蔽，有人纠举，其同举人并三年不得赴
举。仍委礼部明为戒励，编入举格。"敕："依奏。"

《唐会要》卷七六《贡举中·进士》

〔会昌四年〕十月，中书门下奏："朝廷设文学之科，以求髦
俊，台阁清选，莫不繇兹。近缘核实不在于乡闾，趋名颇杂于非
类，致有跋扈之地，情计交通，将澄化源，在举明宪。臣等商量，今
日以后，举人于礼部纳家状后，望依前三人自相保。其衣冠，则以
姻亲故旧，久同游处。其有江湖之士，则以封壤接近，素所谙知者
为保。如有缺孝悌之行，资朋党之势，迹繇邪径，言涉多端者，并
不在就试之限。如容情故，自相隐蔽，有人纠举，其同保人并三年
不得赴举。仍委礼部明为戒励，编入举格。"从之。

《册府元龟》卷六四一《贡举部·条制三》

〔天成三年〕十二月戊午，礼部贡院以诸色及第人失坠出身，
请同年一人充保，次年及第二人充保，即重给春关。

《册府元龟》卷六四一《贡举部·条制三》

2. 贡士朝见

国朝旧式，天下贡士，十一月一日，赴朝见。长寿二年，拾遗

刘承之上疏："请元日举人朝见，列于方物之前。"从之。见状，台司接览，中使宣口敕慰谕。建中元年十一月，朝集使及贡士见于宣政殿。兵兴已来，四方不上计，内外不会同者，二十五年矣。今计吏至一百七十三人矣。仍令朝集使每日二人待制。

《唐摭言》卷一《朝见》

伏见比年已来，天下诸州所贡物，至元日皆陈在御前，惟贡人独于朝堂拜列。但孝廉秀异，国之英才，既随方物，以充岁贡，宜同珍币，列见王庭。岂得金帛羽毛升于玉陛之下，贤良文学弃彼金门之外？恐所谓贵财而贱义，重物而轻人，其不副陛下好道之心，尊贤之意。伏请贡举人至元日引见，列在方物之前，以播充庭之礼。

《全唐文》卷二〇三《刘承庆·请贡举人列方物前疏》

每岁十一月，天下贡举人于含元殿前，见四方馆舍人当直者，宣曰："卿等学富词雄①，远随乡荐，跋涉山川，当甚劳止。有司至公，必无遗逸，仰各取有司处分。"再拜舞蹈，讫退。

《南部新书》丙

〔长兴〕三年正月，敕："今后落第举人，所司已纳家状者，次年便赴贡院就试，并免再取文解，兼下纳文解之时，不在拘三旬。但十月内到者，并与收纳。"其年十二月三十日，礼部贡院奏："准《会要》，长寿二年十月十日，左拾遗刘承庆上疏曰：'伏见比年已

---

① "词雄"，他本或作"雄词"。

来,天下诸州府所贡物,已至元日皆陈在御前,唯贡人独于朝堂列拜。伏请贡人至元日列在贡物之前,以备充庭之礼。'制曰:'可。'近年直至临锁院前,赴应天门外朝见。今后请令举人复赴正仗。仍缘今岁已晚,贡士未齐,欲具见到人点引,牒送四方馆。至元日,请令通事舍人一员引伸朝贺,列于贡物之前,或以人数不少,即请只取诸科解头一人就列;其余续到者,候齐日别令朝见。如蒙俞允,当司只于都省点引习仪。"奉敕:"宜准元敕处分,余宜依。"

《五代会要》卷二三《缘举杂录》

〔长兴三年〕十二月,礼部贡院奏:"准《会要》,长寿二年七月十日,左拾遗刘承庆上疏曰:'伏见比年已来,天下诸州所贡方物,至元日皆陈在御前,惟贡人独于朝堂列拜。伏请贡人至元日列在方物之前,以备充庭之礼。'制曰:'可。'近年直至临锁院前,赴应天门外朝见。今后请令举人复赴正仗。仍缘今岁已晚,贡士未齐,欲且据见到人点引,牒送四方馆。至元日,请令通事舍人一员引押朝贺,列在贡物之前,或以人数不少,即请只取诸科解头一人就列;其余续到者,候齐日别令朝见。如蒙允许,当司即于都省点别习仪。"奉敕:"宜准元敕处分,余宜依。"

《册府元龟》卷六四二《贡举部·条制四》

〔显德〕六年正月壬子,对诸道贡举人石熙载等三百余人于万春殿。旧例,每岁举人皆见于阁门外,上以优待儒者,故允其入见。

《册府元龟》卷六四二《贡举部·条制四》

3. 贡举人谒先师

古有宾献之礼，登于天府，扬于王庭。重学尊儒，兴贤造士，能美风俗，成教化，盖先王之所繇焉。朕以寡德，钦若前政，思与大夫士复臻于理。每日访道，有时忘食；乙夜观书，分宵不寐。悟专经之义笃，知学史之文繁。永怀覃思，有足尚者。不有褒崇，孰云奖劝！其诸州乡贡明经、进士见讫，宜令引就国子监谒先师。学官为之开讲，质问疑义。仍令所司，优厚设食。两馆及监内得举人，亦准此。其清资官五品以上及朝集使并往观礼，即为常式。《易》曰："学以聚之，问以辩之。"《诗》云："如切如磋，如琢如磨。"此朕所望于贤才矣。（开元五年）

《唐大诏令集》卷一〇五《令明经进士就国子监谒先师敕》

开元五年九月，诏："诸州乡贡明经、进士见讫，宜令引就国子监谒先师。学官为之开讲，质问疑义。仍令所司，优厚设食。两馆及监内得解举人，亦准此。其日，清官五品已上及朝集使并往观礼，即为常式。"谒先师，自此始也。

《唐会要》卷七六《贡举中·缘举杂录》

开元五年九月，诏曰："古有宾献之礼，登于天府，扬于王庭。重学尊师，兴贤进士，能美风俗，成教化，盖先王之繇焉。朕以寡德，钦若前政，思与子大夫复臻于理。故他日访道，有时忘餐；乙夜观书，分宵不寐。悟专经之义，笃学史之文。永怀覃思，有足尚者。不示褒崇，孰云奖劝！其诸州乡贡明经、进士见讫，宜令引就国子监谒先师。学官为之开讲，质问其义。宜令所司优厚设食。两馆及监内得举人亦准。其日，清资官五品以上及朝集使往观礼，即为常式。《易》曰：'学以聚之，问以辩之。'《诗》曰：'如切如磋，如琢如磨。'此朕所望于习才也。"

《唐摭言》卷一《谒先师》

开元七年十一月十一日，以贡举人将谒先师，质问疑义，敕皇太子及诸子，宜行齿胄礼。

《唐会要》卷三五《释奠》

〔开元二十六年春正月丁丑，制：〕诸乡贡每年令就国子监谒先师，明经加口试。内外八品已下及草泽有博学文辞之士，各委本司本州闻荐。

《旧唐书》卷九《玄宗本纪下》

〔开元〕二十六年正月，敕："诸州乡贡见讫，令引就国子监谒先师，学官为之开讲，质问疑义，有司设食。弘文、崇文两馆学生及监内得举人，亦听预焉。"其日，祀先圣已下，如释奠之礼。青宫①五品已下及朝集使，就监观礼。遂为常式，每年行之至今。

《旧唐书》卷二四《礼仪志四》

古者乡有序，党有塾，将以弘长儒教，诱进学徒，化人成俗，率由于是。斯道久废，朕用悯焉。宜令天下州县，每一乡之内，别各

---

① "青宫"，疑为"清宫"之误。

置学，仍择师资，令其教授。其诸州乡贡明经、进士，每年引见讫，并令就国子监谒见先师，所司设食，学官等为之开讲，质问疑义。且公侯之胤，皆禀义方，学《礼》闻《诗》，不应失坠。容其侥幸，是长慢游。如闻近来弘文馆学士，缘是贵胄子孙，多有不专经业，便与及第，深谓不然。自今以后，宜一依式令考试。朕之爵位，唯待贤能。虽选士命官，则有常条，而安卑遁迹，尚虑遗才。其内外八品以下①官，及草泽间有学业精博，蔚为儒首，文词雅丽，通于政术，为众所推者，各委本州、本司长官精加搜择，具以闻奏。（开元二十六年正月）

《唐大诏令集》卷七三《亲祀东郊德音》

〔贞元〕九年九月，太常奏："以十一月贡举人谒先师，今与亲享太庙日同。准《六典》，上丁释奠；若与大祀同日，即用中丁。谒先师，请别择日。"从之。

《唐会要》卷三五《释奠》

元和二年八月，国子监奏："准敕，今月二十四日，诸州府乡贡明经、进士见访，宜令就国学官讲论，质定疑义，仍令百僚观礼者。伏恐学官职位稍卑，未足饰扬盛事，伏请选择常参官有儒学者三两人，与学官有儒学者，庶圣朝盛典，辉映古今。"于是命兵部郎中蒋武、考功员外郎刘伯刍、著作郎李蕃、太常博士朱颖、郯王府谘议章庭规，同赴国子监讲论。

《册府元龟》卷六〇四《学校部·奏议三》

元和九年十一月，礼部贡院奏："贡举人见讫，谒先师。准格，学官为开讲，质定疑义，常参及致仕官观礼。旧例，至时举奏。"诏："宜谒先师，余著停。"后虽每年举奏，并不复行。

《唐会要》卷三五《释奠》

〔刘宽夫〕子允章，字蕴中，咸通中为礼部侍郎。请诸生及进士第并谒先师，衣青衿，介帻，以还古制。

《新唐书》卷一六〇《刘允章传》

〔后唐长兴元年〕七月，比部员外郎知制诰崔税奏："臣伏见开元五年敕，每年贡举人见讫，宜令引就国子监谒先师，学官为之开讲质疑，所司设食，永为常式。自经多故，其礼浸停，请举旧典。"从之。

《册府元龟》卷六四二《贡举部·条制四》

4. 贡举人试前纳卷

〔韦〕陟字殷卿，代为关中著姓，人物衣冠，弈世荣盛。……后为礼部侍郎，陟好接后辈，尤鉴于文，虽辞人后生，靡不谙练。曩者主司取与，皆以一场之善，登其科目，不尽其才。陟先责旧文，仍令举人自通所工诗笔，先试一日，知其所长，然后依常式考核，片善无遗，美声盈路。

《旧唐书》卷九二《韦陟传》

韦陟为礼部侍郎，好接后辈，尤鉴于文，虽词人后生，靡不谙练。曩者主司取与，皆以一场之善，登其科目，不尽其才。陟先责旧文，仍令举人自通所工诗笔，先试一日，知其所长，然后依常式考核，片善无遗，美声盈路。

《册府元龟》卷六五一《贡举部·清正》

刘子振，蒲人也，颇富学业，而不知大体，尤好陵轹同道，诋讦公卿。不耻干索州县，稍不如意，立致寒暑，以至就试明庭，稠人广众，罕有与之谈者。居守刘公主文岁，患举子纳卷繁多，榜云纳卷不得过三轴。子振纳四十轴，因之大掇凶誉。子振非不自知，盖不能抑压耳。

《唐摭言》卷九《四凶》

刘允章侍郎主文年，榜南院曰："进士纳卷，不得过三轴。"刘子振闻之，故纳四十轴。

《唐摭言》卷一二《自负》

右：前件进士所纳诗篇等，识略精微，堪裨教化。声词激切，曲备风谣，标题命篇，时所难著。灯烛之下，雄词卓然，诚宜榜示众人，不敢独专华藻。并仰榜出，以明无私。仍请申堂，并榜礼部。咸通七年十月六日，试官温庭筠榜。

《全唐文》卷七八六《温庭筠·榜国子监》

其年①五月，尚书礼部侍郎知贡举窦仪奏：

其进士请今后省卷限纳五卷已上，于中须有诗、赋、论各有一

① 后周显德二年。

卷，余外杂文歌篇，并许同纳，只不得有神道碑、志文之类。

《五代会要》卷二二《进士》

四、殿试

（一）殿试事例

又有制诏举人，皆标其目而搜扬之，如志烈秋霜、词殚文律、抱器怀能、茂才异等、才膺管乐、道侔伊吕、贤良方正、军谋宏远、明于体用、达于吏理之类，始于显庆，盛于开元、贞元，皆试于殿廷，乘舆亲临观之。试已，糊其名于中，考之策，高者特授美官，其次与出身。

《册府元龟》卷六三九《贡举部·总序》

唐太宗贞观十八年三月己丑，有鄜州所举孝廉，赐坐于御前，帝问曰："历观往古圣帝明王，莫不得一奉天，必以黎元为本。隆邦建国，亦以政术为先。天以气变物，莫知其象；君以术化人，不显其机。气以隐质为虚，术以潜通为妙，运之无为，施之无极。故能清风荡万域，长辔控八荒，不令而行，不言而信。欲尊此术，未辨其方，想望高才，以陈良策。"孝廉等文之无对。

又令皇太子问之曰："夫子何以为曾参说《孝经》？"孝廉答云："夫子以弟子之中参最称孝，所以为说。"太子曰："《礼记》云：公明仪问曾子，曰：'夫孝子先意承志，喻父母于善。参直养而已，安能为孝？'据此而言，参未云孝。"又问："《礼》云：居处不庄，非孝也。事君不忠，非孝也。莅官不敬，非孝也。朋友不信，非孝也。战阵无勇，非孝也。五者不遂，灾及于亲。此五孝施用，若为差等？”孝廉不能答。

次令近臣迭问：“仁孝之名，谁所创作？明其优劣，仁孝何先？”又问：“孝廉于四行之内，居第几科？”又问：“社主之义，殷柏周栗。秦汉以来，若为变改？”又问：“尧舜圣德，应贻厥孙谋，何因朱、均以降，绝灭无后？”孝廉并不能答。帝曰：“昔楚庄王谋事，群臣莫及。退而有忧色，曰：‘诸侯能自得师者王，自为谋而莫己若者亡。今以不谷之不肖，群臣莫吾逮，吾国几亡乎？’朕发语征天下俊异，才以浅近问之，咸不能答。海内贤哲，将无其人耶？朕甚忧之。”

令引就中书省射策，所答乖旨。于是下诏曰：“朕遐想千载，旁览九流，详求布政之方，莫若荐贤之典。是以元、凯就列，仄微可以立帝功；管、隰为臣，中人可以成霸业。朕缅怀曩烈，虚己英奇，断断之士必升于廊庙，九九之术不弃于闾阎。犹恐在阴弗和，独善难夺，永言髦杰，无忘寤寐。是以去夏之中，爰动翰墨，披露丹府，畴咨海内。尺木既树，思睹游雾之群；云罗宏举，伫降翔庭之翼。而诸州所举十有一人，朕载怀仄席，引入内殿，借以温颜，略访政道。莫能对扬，相顾结舌。朕仍以其未睹廷阙，能无战栗，令于内省，更以墨对。虽构思弥日，终不答问旨，理既乖违，词亦庸陋。岂可饰丹漆于朽质，假风云于决起者哉！宜并放还，各从本色。其举主以举非其人罪论，仍加一等。然则今之天下，犹古之天下也。宁仲舒、伯始之流，偏钟美于往代？秀彦、广基之侣，独绝响于今辰？故其见之也，则平津与乐安并进；其不用也，则敬通与宁伯同悲。淮阳所以兴言，子长所以始叹。因斯论之，良髞俊造难进，或固栖迟之节，牧宰循常，未尽搜扬之道。抚事长息，弥增怃然。其令州县，依前荐举，皆集今冬。奇伟必收，浮华勿采，无使巴人之调，滥吹于《箫韶》；魏邦之珍，沉光于江汉。务尽报国之义，以副兴贤之怀。"

《册府元龟》卷六四三《贡举部·考试一》

高宗显庆四年二月，引诸色目举人谒见，下诏策问之，凡九百余人。唯李巢、张昌宗、秦相如、崔行功、郭待封五人为上第，令待诏弘文馆，仍时随仗供奉。

《册府元龟》卷六四三《贡举部·考试一》

员半千，本名余庆，晋州临汾人。……上元初，应八科举，授武陟尉。……寻又应岳牧举。高宗御武成殿，召诸州举人，亲问曰：……半千越次而进曰：……高宗甚嗟赏之。及对策，擢为上第。

《旧唐书》卷一九〇中《员半千传》

武太后载初元年二月，策问贡人于洛城殿，数日方了。殿前试人自此始。

《通典》卷一五《选举三·历代制下》

韩休，京兆长安人。……休早有词学。初应制举，累授桃林丞。又举贤良。玄宗时在春宫，亲问国政，休对策，与校书郎赵冬曦并为乙第，擢授左补阙。

《旧唐书》卷九八《韩休传》

玄宗在东宫，举天下文藻之士，亲加策问。九龄对策高第，迁右拾遗。

《旧唐书》卷九九《张九龄传》

〔开元九年五月〕乙亥,亲试应制举人于含元殿,命有司置食。敕曰:"卿等知蕴韬略,学综古今,乔木将迁,虚钟待扣。既膺旁求之辟,伫闻明试之言。各整尔能,对扬所问。古有三道,朕今减其二策;近无甲科,朕将存其上第。务收贤隽,用宁军国。并宜即存①,缓详思之。"

《册府元龟》卷六四三《贡举部·考试一》

〔开元〕十四年七月癸巳,以御雒城南门楼,亲试岳牧举人及东封献赋颂人,命太官置食,赐物有差。

《册府元龟》卷六四三《贡举部·考试一》

〔开元十四年〕十月,诏曰:"朕梦想贤才,咨谋列岳,遂因封祀,发诏搜扬。昨所临御道场,亲加策问,不称所荐,其数则多。乃闻膏粱之人,递相招致;丘园之俊,罕见襃升。岂朕劳求之意也?宜令都督、刺史,审更访择,具以名荐。"

《册府元龟》卷六八《帝王部·求贤二》

〔开元十五年〕九月庚辰,帝御雒城南门,亲试沉沦草泽、诣阙自举文武人等。

《册府元龟》卷六四三《贡举部·考试一》

① "存",他本或作"坐"。

〔开元〕二十六年八月甲申，亲试文词雅丽举人，命有司置食。敕曰："古者求士，必择其才，考之以文，施于有政。自非体要，何用甄明？顷年以来，亦尝亲试。对策者众，而登科者少。盖緣宿构之词不与所问相对，所以然也。卿等博达古今，聿膺推荐。朕之所问，皆有节目，宜指事而对，勿措游词。并宜坐食，食讫就试。"有郭纳、姚子彦等二十四人升第，皆量资授官。

《册府元龟》卷六四三《贡举部·考试一》

天宝元年九月庚申，御花萼楼试文武举人，命有司供食。

《册府元龟》卷六四三《贡举部·考试一》

大历二年十月，御紫宸殿，策试茂才异行、安贫乐道、孝悌力田、高道不仕等四科举人。

《册府元龟》卷六四三《贡举部·考试一》

〔大历〕六年四月戊午，御宣政殿，亲试讽谏主文、茂才异等、智谋经武、博学专门等四科举人。帝亲慰勉，有司常食外，更赐御厨珍馔及茶酒，礼甚优异。举人或有敝衣菜色者，帝悯之，谓左右曰："兵革之后，士庶未丰，皆自远来，资粮不足故也。"因为之泣下。时方炎暑，帝具朝衣，永日危坐，读太宗《贞观政要》。及举人策成，悉皆观览，一百余道。将夕，有策未成者，命大官给烛，令尽其才思，夜分而罢。时登科者，凡一十五人。

《册府元龟》卷六四三《贡举部·考试一》

唐德宗贞元元年九月乙巳，御宣政殿策贤良方正能直言极谏等三科举人。

《册府元龟》卷六四四《贡举部·考试二》

〔贞元〕四年正月，诏曰："贤良方正能直言极谏者、高蹈不仕隐居岩穴、孝悌力田闻于乡里，所在长官，具名闻荐。……朕当亲自策试之。"

《册府元龟》卷六八《帝王部·求贤二》

元公秀，明经制策入仕。秀字紫芝，为鲁山令，政有能名。颜真卿为碑文，号曰"元鲁山"也。其一篇自述云："延英引对绿衣郎，红砚宣毫各别床。天子下帘亲自问，宫人手里过茶汤。"是时贵族，竞应制科。用为男子荣进，莫若兹矣。

《云溪友议》卷下《琅琊忤》

顺宗贞元二十一年即位，制曰："诸色人中有才识兼茂明于体用者、经术精深可为师法者、达于吏理可使从政者，宜委常参官各举所知。其在外者，长吏精加访择，具以名闻，仍优礼发遣。朕当询事考言，审其才识。如无人论荐者，即任自诣阙庭。"

《册府元龟》卷六八《帝王部·求贤二》

上①每临朝，多令征四方丘园才能学术、直言极谏之士，由是提笔贡艺者满于阙下。上亲自考试，用绝请托之门。是时文学相高，公道大振，得路者咸以推贤进善为意。上试制科于宣政殿，或有词理乖谬者，即浓笔抹之至尾。如辄称旨者，必翘足朗吟，翌日

① 指唐德宗。

则遍示宰臣学士，曰："此皆朕门生也。"是以公卿大臣已下无不服上藻鉴。宏词独孤绶，所司试《放驯象赋》，及进其本，上自览考之，称叹者久，因吟其句曰："化之式孚，则必受乎来献；物或违性，斯用感于至仁。"上以绶为知去就，故特书第三等。先是，代宗朝文单国累进驯象三十有二。上即位，悉令放之于荆山之南，而绶不辱其受献，不伤放弃，故赏其知去就焉。

《杜阳杂编》卷上

〔长庆元年〕十月，诏："文武常参官及诸州府，准制举荐贤良方正人等，以十一月二十五日御宣政殿策试。宜令所司准式。"

《册府元龟》卷六四四《贡举部·考试二》

敬宗宝历元年三月辛酉，诏常参及诸州府，准去年三月三日制举，诸色目见到总三百一十九人，今月二十八日御宣政殿临试。宜付所司准式。

《册府元龟》卷六四四《贡举部·考试二》

文宗太和二年三月辛巳，御宣政殿亲策试制举人。诏曰："志本于道，盖道以致君为先；代实生才，盖才以济理为务。不索何以获其实？不言何以知其志？故帝尧重询众之训，殷宗首沃心之术，其《传》曰'嘉言罔攸伏'，又曰'俊民用彰'。汉魏以还，诏策时作，暨于我唐，遵为故事。繇是善政惟乂，魁能间出。朕祇荷大宝，勤恤兆人，明不烛于幽暗，惠未流于鳏寡，御朽兢虑，求思永图。是以诏命有司，会群材，列稽疑，延阙政。子大夫达学通识，俨然来思，操觚濡翰，条诲宿滞，慰我虚伫，必引嘉猷。故临轩命书,策以审访,继烛俟奏,其悉乃辞。各宜坐食,食毕就试。"左散骑常侍冯宿、太常少卿贾𬤇、库部郎中庞严宜并充考制策官。是日,宰臣等以监侍制举人,及夜,并宿于中书省。

《册府元龟》卷六四四《贡举部·考试二》

四月二日明文殿试制科,白衣蒲禹卿对策,其略曰:"今朝廷所行,皆一朝一夕之事。公卿所陈者,非乃子乃孙之谋。暂偷目前之安,不为身后之虑。衣朱紫者皆盗跖之辈,在郡县者皆狼虎之人。奸佞满朝,□□如市。以斯求治,是谓倒行。"执政皆切齿,欲诛之。衍以其言有益,擢为右补阙。

《幸蜀记》

（二）试前训令

敕:求贤济理,询事考言,务取由衷,以观深识。顷年策试,颇成弊风,所问既不切于时宜,所对亦何关于政事?徒征隐僻,莫见才明,以此择贤,良未得所。卿等各膺推荐,副朕虚求,宜其悉心,各尽所见,勿复仍旧,空载游词。各宜就食,食讫就试。(开元九年)

《唐大诏令集》卷一〇六《处分举人敕》

兴化立理,急于隽贤,呈才效用,属在文武。朕恭默思道,痌瘝劳求,长想幽仄,屡申征贲。今边隅未静,师旅时兴,属听鼓鼙,载怀屠钓。广求百夫之特,以作四方之守。总夫戎政,爰诏武臣;弘我风教,谅惟儒林。卿等或谋虑深远,或学艺该通,来应旌招,深副虚伫。并宜朝堂坐食讫，且归私第，即当有试期也。

《全唐文》卷三四《玄宗·赐贡举人朝堂坐食敕》

古者求士，必择其才。考之以文，施于有政。自非体要，何用甄明？顷年以来，亦尝亲试，对策者众，而登科者少。盖繇宿构之词，不与所问相对，所以然也。卿等博达古今，聿膺推荐。朕之所问，皆有节目，宜指事而对，勿措游辞。并宜坐食，食讫就试。

《全唐文》卷三五《玄宗·试文词举人赐食敕》

朕以寡薄，获奉睿图，严恭寅畏，不敢暇逸。永惟万邦之广，庶务之殷，而烛理未明，体道未至。思欲复三代之盛列，觌十圣之耿光，是用详求正言，思继先志。子大夫等藏器斯久，贲然而来，白驹就维，洪钟待扣。膺兹献纳，朕甚嘉之。言观国光，宜有廷试。本将询事，岂忘临轩？园邑有期，营奉是切。永言诚感，未暇躬亲。爰命公相，洎于卿士，亲谕朕意，延访嘉谋。至于兴化之源，才识攸重，练达吏理，详明儒术。当是三道，副朕旁求，意或开予，靡有所隐。条列所问，毕志尽规，当酌古而参今，使文约而意备。朕将亲览，择善而行。并宜坐食，讫，就试。（元和元年四月）

《唐大诏令集》卷一○六《元和元年尚书省试制科举人敕》

敕：古人有言，当引一代之人，以理一代之务。虽隽贤茂彦，不乏于时，然亦在敷纳以言，精核其实。若决川渎以导其气，叩金石以求其音，使抱忠义者必尽其诚，知古今者必宣其虑。朕纂承鸿业，以抚兆人，尝欲宪三代之理，修列祖之法。犹念和气之未洽，休祥之未臻，百姓之未安，五兵之未戢。故详延修洁之士，庶得闻乎未闻，将以达天地之心，究俗化之变，研安危之虑，探理乱之原。子大夫覃思于六经，驰骛于百代，得不讲求至论，以沃朕心。方直者举朕之阙，政术者体时之要，慕古远者卑其论，赡文词者抑其华。言经者折中于圣人，以明教化；论将者先之以仁义，无效纵横。於戏！子大夫当朕之时，必冀思自达。且古之翼其君者，尚委辂纳说，荷担吐奇，由壶关以上言，自南昌而讽刺。况文陛之下，负扆亲临，若藏器不耀，结囊而去，顾朕深志，复何望焉？当体于衷，无惧后害。宜坐食，讫，就试。（长庆二年十月二十三日）

《唐大诏令集》卷一〇六《长庆二年试制科举人敕》

朕闻心术顺道，天下可一言而兴；聪明自壅，堂上有千里之远。故唐虞而降，则考试观俗；汉魏之际，则诏策求贤。朕缵绍丕图，抚临方夏，实惧诚有所偏信，鉴有所未周。乃前岁诏六官、九卿、方岳、尹正、有位之士，逮于庶僚，高悬四科，博荐群彦，将访众政之阙，酌至论之中。子大夫庭列俨然，各应其品，是用宵兴前殿，永日渴求，条列坦明，咸本经意。固子大夫之所讲磨矣，当竭诚尽虑，无有蕴藏。宜坐食，讫，就试。（宝历元年二月二十八日）

《唐大诏令集》卷一〇六《宝历元年试制举人诏》

士志于道，盖道以致君为先；代实生才，盖才以济理为务。不索何以获其实，不言何以知其志？故帝尧垂询众之训，殷宗首沃心之术，其《传》曰"嘉言罔攸伏"，又曰"俊乂用彰"。汉魏以还，诏策时作，暨于我唐，遵为故事。由是善政惟乂，魁能间出。朕祗荷大宝，勤恤兆人，明不烛于幽昧，惠未流于鳏寡，御朽兢虑，求贤永图。是以诏命有司，会群材，列稽疑，延问阙政。子大夫达学通识，俨然来思，操觚濡翰，条诲宿滞，慰我虚伫，必弘嘉猷。故临轩命书，策以审访，继烛俟奏，其悉乃诚辞。各宜坐食，食毕就试。（大和二年三月二十九日）

《唐大诏令集》卷一○六《太和二年亲试制举人敕》

第五章

科举考试命题与评卷

一、 命题

敕：求贤济理，询事考言，务取由衷，以观深识。顷年策试，颇成弊风。所问既不切于时宜，所对亦何关于政事？徒征隐僻，莫见才明，以此择贤，良未得所。卿等各膺推荐，副朕虚求，宜其悉心，各尽所见，勿复仍旧，空载游词。各宜就食，食讫就试。（开元九年）

《唐大诏令集》卷一〇六《处分举人敕》

其年①六月，敕："大道先于两仪，天地生于万物，是以圣哲之后，咸竭其诚。今后应缘国家制命，表疏、簿书及所试制策文章，一事已上，语指道教之事及天地乾坤之字者，并一切平阙，宜宣示中外。"

《唐会要》卷五〇《尊崇道教》

自古帝王五运之次，凡有二说：邹衍则以五行相胜为义，刘向则以五行相生为义。汉、魏共遵刘说。

① 天宝元年。

国家承隋氏火运,故为土德。衣服尚黄,旗帜尚赤,常服赭赤也。赭黄,黄色之多赤者,或谓之柘木染,义无所取。

高宗时,王勃著《大唐千年历》:"国家土运,当承汉氏火德。上自曹魏,下至隋室,南北两朝,咸非一统,不得承五运之次。"勃言迂阔,未为当时所许。

天宝中,升平既久,上书言事者多为诡异,以希进用。有崔昌袭勃旧说,遂以上闻,玄宗纳焉。下诏以唐承汉,自隋以前历代帝王皆屏黜之,更以周、汉为二王后。是岁,礼部试天下造秀,作《土德惟新赋》,则其事也。

《封氏闻见记校注》卷四《运次》

十一月下旬,遂试杂文。十二月三日,天津桥放杂文榜,景庄与某俱过,其日苦寒。是月四日,天津桥作铺帖经,景庄寻被黜[①]落。某具前白主司曰:"某早留心章句,不工帖书,必恐不及格。"主司曰:"可不知礼闱故事,亦许诗赎?"某致词后,纷纷去留。某又遽前白主司曰:"侍郎开奖劝之路,许作诗赎帖,未见题出。"主司曰:"赋天津桥望洛城残雪诗。"某只作得二十字。某诗曰:"新霁洛城端,千家积雪寒。未收清禁色,偏向上阳残。"已闻主司催约诗甚急,日势又晚,某告主司:"天寒地冻,书不成字。"便闻主司处分:"得句见在将来。"主司一览所纳,称赏再三,遂唱过。

《太平广记》卷一七九《贡举二·阎济美》

吕渭字君载,河中人。……授太子右庶子、礼部侍郎。中书

---

① "黜",原本作"绌"。

省有柳树，建中末枯死，兴元元年车驾还京后，其树再荣，人谓之"瑞柳"。渭试进士，取"瑞柳"为赋题，上闻而嘉①之。

《旧唐书》卷一三七《吕渭传》

　　吕渭字君载，……贞元中，累迁礼部侍郎。始，中书省有古柳，建中末枯死。德宗自梁还，复荣茂，人以为"瑞柳"，渭令贡士赋之。帝闻，不以为善。又与裴延龄为姻家，擢其子操上第，会入阁，遗私谒之书于廷。出为潭州刺史。

《新唐书》卷一六〇《吕渭传》

　　〔长庆元年〕十一月戊午，御宣政殿试制科举人。制曰："古人有言，尝引一代之人，以理一代之务。虽隽贤茂彦，不乏于时，然亦在敷纳以言，精核其实。若决川渎以导其气，考金石以求其音，使抱忠义者必尽其诚，知古今者必先其虑。朕纂承鸿业，以抚兆人，尝欲效三代之礼，修列祖之法。犹念和气之未洽，休祥之未臻，百姓之未安，五兵之未戢。故详延修洁之士，庶得乎未闻，将以达天地之心，究俗化之变，研安危之虑，探理乱之言。子大夫覃思于六经，驰骛于百氏，得不讲求至论，以沃朕心。方直者举朕之阙，政术者体时之要，慕玄远者裨其论，赡文词者抑其华。言经者折中于圣人，以明教化；论将者先之以仁谊，无效纵横。於戏！子大夫当朕之时，必思自达。且古之翼戴其君者，尚委辂纳说，荷担吐奇，由壶关之上言，自南昌而讽刺。况文陛之下，负扆亲临，若藏器不耀，结囊而去，顾朕深志，复何望焉？当体予衷，无惧后害。

① "嘉"，《太平御览》卷九五七作"恶"。

宜坐食,讫,就试。"

《册府元龟》卷六四四《贡举部·考试二》

文宗皇帝,尚贤乐善,罕有伦比。每与宰臣学士论政事之暇,未尝不话才术文学之士。故当时以文进者,无不谔谔焉。……每试进士及诸科举人,上多自出题目。及所司进所试,而披览吟诵,终日忘倦。

《杜阳杂编》卷中

文宗开成元年二月癸未,宰臣奏事于紫宸殿,帝曰:"从来文格非佳,昨试进士,题目是朕自出,所见诗赋似胜去年。"宰臣李石曰:"陛下改诗赋格调,以正颓俗。高锴亦能厉精取士,仰副圣旨。"帝曰:"四方表奏,不典实而尚浮巧者,宜罚掌书记。"石曰:"古人因事为文,今人以文害事,惩弊抑末,实在盛时。"帝曰:"但效古为文,自然体尚高还。"时又诏兵部尚书王起进《文场秀句》一卷。

《册府元龟》卷四〇《帝王部·好文》

宏词独孤绶所司试《放驯象赋》,及进其本,上自览考之,称叹者久,因吟其句曰:"化之式孚,则必受乎来献;物或违性,斯用感于至仁。"上以绶为知去就,故特书第三等。先是,代宗朝文单国累进驯象三十有二,上即位,悉令放之于荆山之南。而绶不辱其受献,不伤放弃,故赏其知去就焉。

《杜阳杂编》卷上

开成二年,高侍郎锴主文,恩赐诗题曰《霓裳羽衣曲》。三年,复前诗题为赋题,《太学石经》诗并辞,入贡院日面试。大中中,都尉郑尚书放榜,上以红笺笔札一名纸云"乡贡进士,李御名。"以赐镐。

《唐摭言》卷一五《杂记》

参寥子曰:开成初,文宗皇帝耽玩经典,好古博雅。尝欲黜郑卫之乐,复正始之音。有太常寺乐官尉迟璋者,善习古乐,为法曲,箫磬琴瑟,戛击铿拊,咸得其妙,遂成《霓裳羽衣曲》以献。诏中书门下及诸司三品以上,具常朝服班坐,以听金奏,相顾曰:"不知天上也,瀛洲也!"因以曲名宣赐贡院,充试进士赋题。

《唐阙史》卷下

开成中,高锴知举,内出《霓裳羽衣曲赋》、《太学创置石经》诗。进士试诗赋,自此始也。

《太平广记》卷一七八《贡举一·内出题》

赵骘试《被衮以象天赋》,更放韩衮为状元。或为中贵语之曰:"侍郎既试王者《被衮以象天赋》,更放韩衮状元,得无意乎?"骘由是求出华州。

《唐摭言》卷一三《无名子谤议》

刘允章试《天下为家赋》,为拾遗杜裔休驳奏。允章辞穷,乃谓与裔休对。时允章出江夏,裔休寻亦改官。

《唐摭言》卷一三《无名子谤议》

刘允章题目《天下为家赋》,给事中杜裔休进疏论,事虽不行,时以为当。崔澹《至仁伐不仁赋》亦颇招时议。薛耽《盛德日新赋》,韵脚云"循乃无已"。刘子震通状,请改为"修"字,当时改正。

《太平广记》卷一八三《贡举六·刘允章》

倪曙字孟曦,福州候官人。唐乾符四年,举进士试于京兆。故事神州解选,自开元、天宝之际,率以在上十人,谓之等第,必求名实相副者,送小宗伯倚而选之。时制已久停,至是,崔渭为京兆尹,复置焉。以万年县尉为试官,试《火中寒暑退赋》、《残月如新月》诗。曙名列第五。至中和时,乃再举及第,除太学博士,文字雅为唐僖宗所知。当时制词有"萤雪服勤,属词清妙"之语。

…………

曙工科举之学,有赋名,著有赋一卷。

《南汉书》卷九《诸臣传一·倪曙》

崔澹试《以至仁伐至不仁赋》,时黄巢方炽,因为无名子嘲曰:"主司何事厌吾皇,解把黄巢比武王。"

《唐摭言》卷一三《无名子谤议》

唐刘义方,东府解试《貂蝉冠赋》,韵脚以"审之厚薄"。义方赋"赋"字原空阙,据黄本补。成云:"某于厚字韵,有一联破的。"乃吟曰:"悬之于壁,有类乎兜鍪;戴之于头,又同乎席帽。"莫后反。无不以为欢笑。

《太平广记》卷二六一《嗤鄙四·刘义方》

卢质字子征,河南人也。……

…………

同光元年冬,从平大梁,权判租庸事,逾月随驾都洛,旋有诏权知汴州军府事。……俄又改金紫光禄大夫、兵部尚书、知制诰、翰林学士承旨,仍赐论思匡佐功臣。会覆试进士,质以"后从谏则圣"为赋题,以"尧、舜、禹、汤倾心求过"为韵,旧例试韵四平四侧,质所出韵乃五平三侧,由是大为识者所消。

《旧五代史》卷九三《晋书·卢质传》

应将来三传、三礼、三史、《开元礼》、学究等考试,本业毕后,引试对策时,宜令主司须于时务中采取要当策题,精详考校。不必拘于对属,须有文章。但能词理周通,文字典切,即放及第。如不及此格,虽本业精通,亦须黜落。应九经、五经、明经,帖书及格后,引试对义时,宜令主司于大经泛出问义五通,于帘下书于试纸,令隔帘逐段解说。但要不失疏注义理,通二、通三,然后便令念疏。如是熟卷,并须全通,仍无失错,始得入策。亦须于时务中选策题,精当考较。如粗于笔砚留意者,则任以四六对,仍须理有指归,言关体要。如不曾于笔砚致功,则许直书其事,不得错使文字,只在明于利害。其问义、念疏、对策,逐件须有去留。

《全唐文》卷一〇九《后唐明宗·策对重时务敕》

二、 各类试题与试卷

（一）诗

1. 府、州、监考试诗卷

荣落何相似,初终却一般。犹疑和夕照,谁信堕朝寒。水国辉华别,诗家比象难。佳人应误拜,栖鸟反求安。屈指期轮满,何心谓影残。庾楼清赏处,吟彻曙钟看。

《文苑英华》卷一八一《郑谷·京兆府试残月如新月》

献赋多年客,低眉恨且千。此心常郁矣,纵目忽超然。送骥登长路,看鸿入远天。古墟烟幂幂,穷野草绵绵。树与金城接,山疑桂水连。何当开霁日,无物翳平川。

《文苑英华》卷一八九《刘得仁·京兆府试目极千里》

酌言虽旧典,刈楚始登堂。百拜宾仪尽,三终乐奏长。想同莺出谷,看似雁成行。礼罢知何适,随云入帝乡。

《文苑英华》卷一八九《吕温·河南府试乡饮酒》

丹心何所喻,唯水并清虚。莫测千寻底,难知一勺初。内明非有物,上善本无鱼。澹泊随高下,波澜逐卷舒。养蒙方浩浩,出险每徐徐。若灌情田里,常流尽不如。

《文苑英华》卷一八九《卢肇·江陵府初试澄心如水》

湘南飞去日,蓟北乍惊秋。叫出陇云夜,闻为客子愁。一声初触梦,半白已侵头。旅馆移欹枕,江城起倚楼。余灯依古壁,片月下沧洲。寂听良宵彻,踌躇感岁流。

《莆阳黄御史集》秩上《河南府试秋夕闻新雁》

与月转鸿蒙,扶疏万古同。根非生下土,叶不堕秋风。每以类诗作"每向"。圆时足,还随缺处空。影高群木外,香满一轮中。未种丹霄日,应虚玉—作"白"。兔宫。如何当—作"何当应"。羽化,细得问玄功。

《文苑英华》卷一八七《张乔·华州试月中桂》

南越千年事,兴怀一旦来。歌钟非旧俗,烟月有层台。北望人何在,东流水不回。吹窗风杂瘴,沾槛雨经梅。壮气曾难揖,空名信可哀。不堪登览处,花落与花开。

《莆阳黄御史集》秩上《广州试越台怀古》

杳杳复霏霏,应缘有所依。不言天路远,终望帝乡归。高岳和霜过,遥关带月飞。渐怜双阙近,宁恨众山违。阵触银河乱,光连粉署微。旅人随计日,自笑此麻衣。

《莆阳黄御史集》秩上《襄州试白云归帝乡》

天静秋山好,窗开晓翠通。遥怜峰窈窕,不隔竹朦胧。万点当虚室,千重叠远空。列檐攒秀气,缘隙助清风。碧爱新晴后,明宜反照中。宣城郡斋在,望与古时同。

《白居易集》卷三八《窗下列远岫诗》①

良宵出户庭,极目向青冥。海内逢康日,天边见寿星。临空遥灼灼,竟晓独荧荧。春后先依景,秋来忽近丁。垂休归有道,作瑞掩前经。岂比周王梦,徒言得九龄。

《文苑英华》卷一八一《李频·府试观老人星》

南池寒色动,北陆岁阴生。薄薄流澌聚,漓漓翠潋平。暗沾

---

① 《文苑英华》卷一八七作《宣州试窗中列远岫》。

霜稍厚，回照日还轻。乳窦悬残滴，湘流减恨声。即堪金井贮，会映玉壶清。洁白心谁识，空期饮此明。

《文苑英华》卷一八二《马戴·府试水始冰》

玄都开秘篆，白石礼先生。上界秋光静，中元夜景清。星辰朝帝处，鸾鹤步虚声。玉洞花长发，珠宫月最明。扫坛天地肃，投简鬼神惊。傥赐刀圭药，还成不死名。

《文苑英华》卷一八九《殷尧恭·府试中元观道流步虚》

旧是秦时镜，今来古匣中。龙盘初挂月，凤舞欲生风。石黛曾留殿，朱光适在宫。应祥知道泰，监物觉神通。肝胆诚难隐，妍媸信易穷。幸居君子室，长愿免尘蒙。

《文苑英华》卷一八九《失名·府试古镜》

园林青气动，众木散寒声。败叶墙阴在，滋条雪后荣。忻忻春令早，蔼蔼日华轻。庾岭梅先觉，隋堤柳暗惊。山川应物候，皋壤起农情，只待花开日，连栖出谷莺。

《文苑英华》卷一八七《郑谷·府试木向荣》

太华万余重，岩峣只此峰。当秋倚寥泬，入望似芙蓉。翠拔千寻直，青危一朵秾。气分毛女秀，灵有羽人踪。倒影侵关路，香风激庙松。尘埃终不及，车马自憧憧。

《文苑英华》卷一八七《刘得仁·监试莲花峰》

霎霎复凄凄，飘松又洒槐。气蒙蛛网槛，声叠藓花阶。古壁青灯动，深庭湿叶埋。徐垂旧鸳瓦，竞历小茅斋。冷与阴虫间，清将玉漏谐。病身唯展转,谁见此时怀。

《文苑英华》卷一八九《喻凫·监试夜雨滴空阶》

霁阙露穹崇,含生仰圣聪。英明高比日,声教下如风。静发宸居内,低来品物中。南薰歌自溥,北极响皆通。蘋末看无状,人间觉有功。因令委泥者,睹此忘途穷。

《文苑英华》卷一八九《薛能·国学试风化下》

2. 进士考试诗卷

有司试《终南山望余雪》诗,咏赋云:"终南阴岭秀,积雪浮云端。林表明霁色,城中增暮寒。"四句即纳于有司。或诘之,咏曰:"意尽。"

《唐诗纪事》卷二〇《祖咏》

《试明堂火珠》诗云:"正位开重屋,中天出火珠。夜来双月满①,曙后一星孤。天净光难灭,云生望欲无。还将圣明代,国宝在京都。"

《唐诗纪事》卷二〇《崔曙》

应历生周日,修祠表汉年。复兹秦岭上,更似霍山前。昔赞神功起,今符圣祚延。已题金简字,仍访玉堂仙。睿祖光元始,曾孙体又玄。言因六梦接,庆叶九灵传。北阙心超矣,南山寿固然。无由同拜庆,窃抃贺陶甄。

《文苑英华》卷一八〇《殷寅·玄元皇帝应见贺圣祚无疆》

① "满",原本作"合"。

皇纲归有道，帝系祖玄元。运表南山祚，神通北极尊。大同齐日月，兴废应乾坤。圣后趋庭礼，宗臣稽首言。千官欣赐睹，万国贺深恩。锡宴云天接，飞声雷地喧。祥云飞紫阁，喜气绕皇轩。未预承天命，空勤望帝门。

《文苑英华》卷一八〇《李峤·玄元皇帝应见贺圣祚无疆》

圣主今司契，神功格上玄。岂唯求傅野，更在叶钧天。留梦[①]西山下，焚香北阙前。道光尊圣日，福应集灵年。咫尺真容近，巍峨大象悬。觞从百寮献，形为万方传。声教惟皇矣，英威固邈然。惭无美周颂，徒上祝尧篇。

《文苑英华》卷一八〇《赵铎·玄元皇帝应见贺圣祚无疆》[②]

瑶瑟多哀怨，朱弦且莫听。扁舟三楚客，蒹竹二妃灵。淅沥闻余响，依稀欲辨形。柱间寒水碧，曲里暮山青。良马悲衔草，游鱼思绕萍。知音若相遇，终不滞南溟。

《文苑英华》卷一八四《魏璀·湘灵鼓瑟》

善鼓[③]云和瑟，常闻帝子灵。冯夷空自舞，楚客不堪听。苦调凄金石，清音入杳冥[④]。苍梧来怨慕[⑤]，白芷动芳馨。流水传湘浦，悲风过洞庭。曲终人不见，江上数峰青。

《文苑英华》卷一八四《钱起·湘灵鼓瑟》

---

① "留梦"，原本作"审梦"，据清徐松《登科记考》改。
② "玄元皇帝应见贺圣祚无疆"为天宝四载进士诗题。
③ "善鼓"，一作"善抚"。
④ "入杳冥"，一作"发杳冥"。
⑤ "来怨慕"，一作"成怨慕"。

神女泛瑶瑟，古祠严野亭。楚云来泱漭，湘水助清泠。妙指微幽契，繁声入杳冥。一弹新月白，数曲暮山青。调苦荆人怨，时遥帝子灵。遗音如可赏，试奏为君听。

《文苑英华》卷一八四《陈季·湘灵鼓瑟》

帝子鸣金瑟，余声自抑扬。悲风丝上断，流水曲中长。出没游鱼听，逶迤彩凤翔。微音时扣徵，雅韵乍含商。神理诚难测，幽情讵可量。至今闻古调，应恨滞三湘。

《文苑英华》卷一八四《庄若讷·湘灵鼓瑟》

宝瑟和琴韵，灵妃应乐章。依稀闻促柱，髣髴梦新妆。波外声初发，风前曲正长。凄清和万籁，断续绕三湘。转觉云山迥，空怀杜若芳。谁能传此意，雅会在宫商。

《文苑英华》卷一八四《王邕·湘灵鼓瑟》①

晓见苍龙驾，东郊春已迎。彩云天仗合，玄象太阶平。佳气山川秀，和风政令行。钩陈霜骑肃，御道雨师清。律向韶阳变，人随草木荣。遥观上林苑，今日遇迁莺。

《文苑英华》卷一八一《皇甫冉·东郊迎春》②

颛顼时初谢，勾芒令复陈。飞灰将应节，宾日已知春。考历明三统，迎祥受万人。衣冠宵执玉，坛埠晓清尘。肃穆来东道，回环拱北辰。仗前花待发，旆处柳凝新。云敛黄山际，冰开素浐滨。

---

① "湘灵鼓瑟"，为天宝十载进士诗题。
② "东郊迎春"，为天宝十五载进士诗题。

圣朝多庆赏，希为荐沉沦。

《文苑英华》卷一八一《张濯·迎春东郊》

玉管潜移律，东郊始报春。銮舆膺宝运，天仗出佳辰。睿泽
光时辈，恩辉及物新。虬螭动旌斾，烟景入城闉。御柳初含色，龙
池渐启津。谁怜在阴者，得与蛰虫伸。

《文苑英华》卷一八一《王绰·迎春东郊》^①

阴阴清禁里，苍翠满春松。雨露恩偏近，阳和色更浓。高枝
分晓日，灵韵杂宵钟。岚助炉烟远，形疑盖影重。愿符千载寿，不
羡五株封。傥得回天眷，全胜老碧峰。

《文苑英华》卷一八七《陆贽·禁中春松》

几岁含贞节，青青紫禁中。日华留偃盖，雉尾转春风。不为
繁霜改，那将众木同。千条攒翠色，百尺澹晴空。影密金茎近，花
明凤沼通。安知幽涧侧，独与散樗丛。

《文苑英华》卷一八七《周存·禁中春松》

郁郁贞松树，阴阴在紫宸。葱笼偏近日，青翠更宜春。雅韵
风来起，轻烟雾后新。叶深栖语鹤，枝亚拂朝臣。全节长衣地，陵
云欲致身。山苗荫不得，生植荷陶钧。

《文苑英华》卷一八七《员南溟·禁中春松》

映殿松偏好，森森列禁中。攒柯沾圣泽，疏盖引皇风。晚色

---

① "迎春东郊"，为上元二年进士诗题。

连秦苑，春香满汉宫。操将贞石固，材与直臣同。翠影宜青琐，苍枝秀碧空。还知沐天眷，千载更葱茏。

《文苑英华》卷一八七《常沂·禁中春松》①

万国来初岁，千年觐圣君。辇迎仙仗出，扇匝御香焚。俯对朝元近，先知曙色分。冕旒开处见，钟磬合时闻。影动承朝日，花攒似庆云。蒲葵那可比，徒用隔炎氛。

《文苑英华》卷一八〇《张莒·元日望含元殿御扇开合》②

朱一作"王"。骑传红烛，天厨赐近臣。火随黄道见，烟绕白榆新。荣耀分他日，一作"室"。恩光拱紫宸。更调金鼎膳，还暖玉堂人。灼灼千门映，辉辉万井春。应怜萤聚夜，瞻望及东邻。

《文苑英华》卷一八〇《韩濬·清明日赐百寮新火》

上苑连侯第，清明及暮春。九天初改火，万井属良辰。颁赐恩逾洽，承时庆自均。翠烟和柳嫩，红焰出花新。宠命尊三老，祥光烛万人。太平当此日，空腹贺陶甄。

《文苑英华》卷一八〇《史延·清明日赐百寮新火》

御火传香殿，华光及侍臣。星流中使马，烛耀九衢人。转影连金屋，分辉丽锦茵。焰迎红蕊发，烟染绿条春。助律和风早，添炉暖气新。谁怜一寒玉，犹望照东邻。

《文苑英华》卷一八〇《王濯·清明日赐百寮新火》③

---

① "禁中春松"，为大历八年进士诗题。
② "元日望含元殿御扇开合"，为大历九年上都进士诗题。
③ "清明日赐百寮新火"，为大历九年东都进士诗题。

上苑韶容早,芳菲正吐花。无言向春日,闲笑任年华。润色笼轻霭,晴光艳晚霞。影连千户竹,香散万人家。幸绕楼台近,仍怀雨露赊。愿君垂采摘,不使落风沙。

《文苑英华》卷一八八《独孤授·花发上林苑》

灼灼花凝雪,春来发上林。向风初散蕊,垂叶欲成阴。人过香随远,烟晴色自深。净时空结雾,疏处未藏禽。奉荂何年植,间关几日吟。一枝如可冀,不负折芳心。

《文苑英华》卷一八八《周渭·花发上林苑》

上苑晓沈沈,花枝乱缀阴。色浮双阙近,春入九门深。向暖风初扇,余寒雪尚侵。艳回秦女目,愁处越人心。绕绕时萦蝶,关关乍引禽。宁知幽谷羽,一举欲依林。

《文苑英华》卷一八八《窦常·花发上林苑》

上苑春何早,繁花已满林。笑迎明主仗,香拂美人簪。地接楼台近,天垂雨露深。晴光来戏蝶,夕影动栖禽。欲托凌云势,先开捧日心。当知桃李树,从此必成阴。

《文苑英华》卷一八八《王表·花发上林苑》

东陆和风至,先开上苑花。秾枝藏宿鸟,香蕊拂行车。散白怜晴日,舒红爱晚霞。桃间留御马,梅处入胡笳。城郭连增媚,楼台映转华。岂同幽谷草,春至发犹赊。

《文苑英华》卷一八八《王储·花发上林苑》①

---

① "花发上林苑",为大历十四年进士诗题。

春晴凭水轩,仙杏发南园。开蕊风初晓,浮香景欲暄。光华临御陌,色相对空门。野雪遥添净,山烟近借繁。地闲分禁苑,景胜类桃源。况值新晴日,芳枝度彩鸾。

《文苑英华》卷一八八《李君何·曲江亭望慈恩寺杏园花发》

江亭闲望处,远近见秦源。古寺迟春景,新花发杏园。尊中轻蕊密,枝上素姿繁。拂雨云初起,含风雪欲翻。容辉明十地,香气遍千门。愿莫随桃李,芳菲不为言。

《文苑英华》卷一八八《周弘亮·曲江亭望慈恩寺杏园花发》

渚亭临净域,凭望一开轩。晚日分初地,东风发杏园。异香飘九陌,丽色映千门。照灼瑶华散,葳蕤玉露繁。未教游妓折,乍听早莺喧。谁复争桃李,含芳自不言。

《文苑英华》卷一八八《曹著·曲江亭望慈恩寺杏园花发》

曲池晴望好,近接梵王家。十亩开金地,千林发杏花。映云犹误雪,照日欲成霞。紫陌传香远,红泉落影斜。园中春尚早,亭上路非赊。芳景堪游处,其如惜物华。

《文苑英华》卷一八八《陈翥·曲江亭望慈恩寺杏园花发》①

应节偏干吕,亭亭在紫氛。缀云初度影,捧日已成文。结盖祥光迥,为楼翠色分。还同起封上,更似出横汾。作瑞来藩国,呈形表圣君。徘徊如有托,谁道比闲云。

《文苑英华》卷一八二《林藻·青云干吕》

---

① "曲江亭望慈恩寺杏园花发",为贞元四年进士诗题。

郁郁复纷纷，青霄干吕云。色令天下见，候向管中分。远覆无人境，遥彰有德君。瑞容惊不散，冥感信稀闻。湛露羞依草，南风耻带薰。恭惟汉武帝，余烈尚氛氲。

《文苑英华》卷一八二《令狐楚·青云干吕》

异方占瑞气，干吕见青云。表圣兴中国，来王见六君。迎祥殊大乐，叶庆类横汾。自感明时起，非因触石分。映霄难辨色，从吹乍成文。须使留千载，垂芳在典坟。

《文苑英华》卷一八二《王履贞·青云干吕》

祥辉上干吕，郁郁又纷纷。远示无为化，将明至道君。势凝千里静，色向九霄分。已见从龙意，宁知触石文。状烟殊散漫，捧日更氛氲。自使来宾国，西瞻仰瑞云。

《文苑英华》卷一八二《彭伉·青云干吕》①

御苑阳和早，章沟柳色新。托根偏近日，布叶乍迎春。秀质方含翠，清阴欲庇人。轻烟度斜景，多露滴行尘。袅袅堪离赠，依依独望频。王孙如可赏，攀折在芳辰。

《文苑英华》卷一八八《贾稜·御沟新柳》

宛宛如丝柳，含黄一望新。未成沟上暗，且向日边春。袅娜方遮水，低迷欲醉人。托空芳郁郁，逐溜影鳞鳞。弄色滋宵露，垂枝染夕尘。夹堤连太液，还似映天津。

《文苑英华》卷一八八《陈羽·御沟新柳》

---

① "青云干吕"，为贞元七年进士诗题。

东风韶景至，垂柳御沟新。媚作千门秀，连为一道春。柔荑生女指，嫩叶长龙鳞。舞絮回青岸，轻烟拂绿蘋。王孙初命赏，佳客几伤神。芳意能相赠，一枝先远人。

《文苑英华》卷一八八《欧阳詹·御沟新柳》

御沟回广陌，芳柳对行人。翠色枝枝满，年光树树新。畏逢攀折客，愁见别离辰。近映章台骑，遥分禁苑春。嫩阴初覆水，高影渐离尘。莫入胡儿笛，还令泪湿巾。

《文苑英华》卷一八八《李观·御沟新柳》

夹道天渠远，垂丝御柳新。千条宜向日，万户共迎春。轻翠含烟发，微音逐吹频。静看思渡口，回望忆江滨。袅袅分游骑，依依驻旅人。阳和如可及，攀折在兹辰。

《文苑英华》卷一八八《冯宿·御沟新柳》[①]

澹荡和风至，芊绵碧草长。徐吹遥扑翠，半偃乍浮光。叶似翻宵露，蕤疑扇夕阳。逶迤明曲渚，照耀满回塘。白芷生还暮，崇兰泛更香。谁知揽结处，含思向余芳。

《文苑英华》卷一八三《裴杞·风光草际浮》

纤纤春草长，迟日度风光。霢靡含新彩，霏微笼远芳。殊姿媚原野，佳色满池塘。最好垂清露，偏宜带艳阳。浅深浮嫩绿，轻丽拂余香。好助莺迁势，乘时冀便翔。

《文苑英华》卷一八三《张复元·风光草际浮》

———————————
① "御沟新柳"，为贞元八年进士诗题。

春风泛瑶草，九日遍神州。已向花间积，还来叶上浮。晓光缘圃丽，芳气满街流。澹荡依朱萼，飘飚带玉沟。向空看转媚，临水见弥幽。况被崇兰色，王孙正可游。

《文苑英华》卷一八三《陈璀·风光草际浮》

草色春沙里，风光晓正幽。轻明摇不散，郁昱丽仍浮。吹缓苗难转，晖闲叶本柔。碧疑烟彩入，红是日华流。耐可披襟对，谁应满掬收。恭闻掇芳客，为此尚淹留。

《文苑英华》卷一八三《吴秘·风光草际浮》

秀发王孙草，春生君子风。光摇低偃处，影散艳阳中。稍稍移蘋末，微微转蕙丛。浮烟倾绿野，远色澹晴空。泛彩池塘媚，含芳景气融。清晖谁不挹，几许赏心同。

《文苑英华》卷一八三《陈祜·风光草际浮》①

霭霭青春曙，飞仙驾五云。浮轮初缥缈，承盖下氤氲。薄影随风度，殊容向日分。羽毛纷共远，环珮杳犹闻。静合烟霞色，遥将鸾鹤群。年年瞻此御，应许从元君。

《文苑英华》卷一八二《李季何·立春日晓望三素云》

晴晓仲春日，高心望素云。彩光浮玉辇，紫气隐元君。缥缈中天去，逍遥上界分。鸾骖攀不及，仙吹远难闻。礼候于斯睹，明循在解纷。人归悬想处，霞色自氤氲。

《文苑英华》卷一八二《陈师穆·立春日晓望三素云》

---

① "风光草际浮"，为贞元九年进士诗题。

玄鸟初来日，云仙望处分。冰容朝上界，玉辇拥朝云。碧落流轻艳，红霓间彩文。带烟时缥缈，向斗更氤氲。仿佛随风驭，迢遥出晓云。兹辰三见后，希得从元君。

《文苑英华》卷一八二《李应·立春日晓望三素云》①

曲台送春日，景物丽新晴。霭霭烟收翠，忻忻木向荣。静看迟日上，闲爱野云平。风慢游丝转，天开远水明。登高尘虑息，观徽道心清。更有迁乔意，翩翩出谷莺。

《文苑英华》卷一八四《李程·春台晴望》

追赏层台迥，登临四望频。熙熙山雨霁，处处柳条新。草长秦城夕，花宜汉苑春。晴林翻度鸟，紫陌阅行人。旅客风尘厌，山家梦寐亲。迁莺思山谷，骞翥待芳辰。

《文苑英华》卷一八四《郑贲·春台晴望》

层台聊一望，遍赏帝城春。风暖闻啼鸟，冰开见跃鳞。晴山烟外翠，香蕊日边新。已变青门柳，初销紫陌尘。金汤千里国，车骑万方人。此处云霄近，凭高愿致身。

《文苑英华》卷一八四《乔弁·春台晴望》②

青春先凤苑，细草遍龙池。曲渚交蘋叶，回塘若柳枝。因风初冉冉，覆岸欲离离。色带金堤静，阴连玉树移。日光浮霡霂，波

---

①　"立春日晓望三素云"，为贞元十一年进士诗题。
②　"春台晴望"，为贞元十二年进士诗题。

影动参差。岂比生幽远，芳馨众不知。

《文苑英华》卷一八八《陈翊①·龙池春草》

凤阙韶光遍，龙池草色匀。烟波全让绿，堤柳不争新。翻叶
迎红日，飘香借白蘋。幽姿偏占暮，芳意欲留春。已胜生金埒，长
思籍玉轮。翠华如见幸，正好及兹辰。

《文苑英华》卷一八八《宋迪·龙池春草》

暖积龙池绿，晴连御苑春。迎风茎未偃，裛露色犹新。苒苒
分阶砌，离离杂荇蘋。细丛依远渚，疏影落轻纶。迟引紫花蝶，偏
宜拾翠人。那怜献赋者，惆怅惜兹辰。

《文苑英华》卷一八八《万俟造·龙池春草》②

芳蓝滋疋帛，人力半天经。浸润加新气，光辉胜本青。还同
冰出水，不共草为萤。翻覆衣襟上，偏知造化灵。

《文苑英华》卷一八九《王季友·青出蓝》

物有无穷好，蓝青更③出青。殊研方比德，白受始成形。袍袭
宜从政，衿垂可问经。当年④不采撷，佳色几飘零。

《文苑英华》卷一八九《吕温·青出蓝》⑤

欲速竟何成，康庄亦砥平。天衢皆利往，吾道本方行。不复

由蓬径，无因访蒋生。三条遵广道，九轨尚安贞。紫陌悠悠去，芳尘步步清。澹台千载后，公道有遗名。

《文苑英华》卷一八九《封孟绅^①·行不由径》

邪径趋时捷，端心恶此名。长衢贵高步，大路自规行。且虑萦纡僻，将求坦荡情。讵同流俗好，方保立身贞。远迹如违险，修仁在履平。始知夫子道，从此得坚诚。

《文苑英华》卷一八九《王炎·行不由径》

田里有微径，贤人不复行。孰知趋捷步，惟恐异端成。从易众所欲，安邪患亦生。谁能违大路，共此竞前程。子羽有遗迹，孔门传旧声。今逢大君子，士节再应明。

《文苑英华》卷一八九《张籍·行不由径》

古人心有尚，乃是孔门生。为计安贫乐，当从大道行。讵应流远迹，方欲料前程。捷径虽云易，长衢岂不平。后来无枉路，先达擅前名。一示遵途易，微衷益自精。

《文苑英华》卷一八九《俞简·行不由径》^②

玉泉何处比，四折水文浮。润下宁逾矩，居方在上流。映空虚碌碌，涵白净悠悠。影碎疑冲斗，光清耐掩舟。珪璋分辨状，沙砾共怀柔。愿赴朝宗日，萦回入御沟。

《文苑英华》卷一八六《吴丹·玉水记方流》

---

① "封孟绅"，原作"孟封"，据《唐诗纪事》改。
② "行不由径"，为贞元十五年进士诗题。

积水棋文动,因知玉产幽。如天涵素色,侔地引方流。潜润滋云起,英华射浪浮。鱼龙泉不夜,草木岸无秋。璧沼宁堪比,瑶池讵可俦。若非悬可测,谁复寄冥搜。

《文苑英华》卷一八六《郑俞·玉水记方流》

良璞含章久,寒泉彻底幽。尹孚①光泛泛,方折浪悠悠。凌乱波纹异,萦回水性柔。似风摇浅濑,如月落清流。潜颖应旁达,藏真岂上浮。玉人如不记,沦弃即千秋。

《文苑英华》卷一八六《白居易·玉水记方流》

玉润在中洲,光临碕岸幽。氤氲冥瑞影,演漾度方流。乍似轻涟合,还疑骇浪收。寅缘知有异,洞彻信无俦。比德称殊赏,含辉处至柔。沉沦如见念,况乃属时休。

《文苑英华》卷一八六《王鉴·玉水记方流》

重泉生美玉,积水异常流。如见清堪赏,因知宝可幽。斗回虹气见,磬折紫光浮。中矩谐明德,同方叶至柔。月生偏共映,风暖仁将游。异宝虽无胫,逢时愿俯收。

《文苑英华》卷一八六《杜元颖·玉水记方流》

明媚如怀玉,奇姿自托幽。白虹深不见,绿水折空流。方珏清沙遍,纵横气色浮。类圭才有角,写月让成钩。久处沉潜贵,希

---

① "孚",又作"浮"。

当特达收。滔滔在何许,揭厉愿从游。

《文苑英华》卷一八六《陈昌言·玉水记方流》①

嘉名标万祀,擢秀出深宫。嫩叶含烟蔼,芳柯振惠风。参差摇翠色,绮靡舞晴空。气禀祯祥异,荣沾雨露同。天年方未极,圣寿比应崇。幸列华林里,知殊众木中。

《文苑英华》卷一八七《韦纾·风动万年枝》

珍木罗前殿,乘春任好风。振柯方袅袅,舒叶乍蒙蒙。影动丹墀上,声传紫禁中。离披偏向日,凌乱半分空。轻拂祥烟散,低摇翠色同。长令占天眷,四气借全功。

《文苑英华》卷一八七《樊阳源·风动万年枝》

琼树春偏早,光飞处处宜。晓浮三殿日,暗度万年枝。婀娜摇仙禁,缤翻映玉池。含芳烟乍合,拂砌影初移。为近韶阳煦,皆先众卉垂。成阴知可待,不与众芳随。

《文苑英华》卷一八七《许稷·风动万年枝》②

谁怜被褐士,怀玉正求沽。成器终期达,逢时岂见诬。宝同珠照乘,价重剑论都。浮彩朝虹满,悬光夜月孤。几年沦瓦砾,今日出泥涂。采研资良匠,无令瑕掩瑜。

《文苑英华》卷一八六《罗立言·沽美玉》③

---

① "玉水记方流",为贞元十六年进士诗题。
② "风动万年枝",为贞元十八年进士诗题。
③ "沽美玉",为贞元二十一年进士诗题。

灵山蓄云彩，纷郁出清晨。望树繁花白，看峰小雪新。映松张盖影，依涧布鱼鳞。高似从龙处，低如触石频。浓光藏半岫，浅色类飘尘。玉叶开天际，遥怜占早春。

《文苑英华》卷一八二《陆畅·山出云》

山静云初吐，霏微触石新。无心离碧岫，有叶占青春。散类如虹气，轻同不让尘。陵空还似翼，映涧欲成鳞。异起临汾鼎，疑随出峡神。为霖终济旱，非独降贤人。

《文苑英华》卷一八二《张复·山出云》

杳霭祥云起，飘飏翠岭新。莹峰开石秀，吐叶间松春。林静翻空少，山明度岭频。回崖时掩鹤，幽涧或随人。姑射朝凝雪，阳台晚伴神。悠悠九宵上，应坐玉京宾。

《文苑英华》卷一八二《李绅·山出云》

片云初出岫，孤迥色难亲。盖小辞山近，根轻触石新。飘飘经绿野，明丽照晴春。拂树疑舒叶，临流似结鳞。从龙方有感，捧日岂无因。看取为霖去，恩沾雨露均。

《文苑英华》卷一八二《张胜之·山出云》①

青苍初得地，华省植来新。尚带山中色，犹含洞里春。近楼依北户，隐砌净游尘。鹤寿应成盖，龙形未有鳞。为梁资大厦，封爵耻嬴秦。幸此观光日，清风屡得亲。

《文苑英华》卷一八七《李正封·贡院楼北新栽小松》

第五章　科举考试命题与评卷

---

① "山出云"，为元和元年进士诗题。

华省春霜曙，栖阴植小松。移根依厚地，委质别危峰。北户
知犹远，东堂幸见容。心坚终待鹤，枝嫩未成龙。夜影看仍薄，朝
岚色渐浓。山苗不可荫，孤直俟秦封。

《文苑英华》卷一八七《白行简·贡院楼北新栽小松》

爱此凌霜操，移来独占春。贞心初得地，劲节始依人。映月
烟犹薄，当轩色转新。枝低无宿羽，叶净不留尘。每与芝阑近，常
惭雨露均。幸因逢顾盼，生植及兹辰。

《文苑英华》卷一八七《钱众仲·贡院楼北新栽小松》

拂槛爱贞容，移根自远峰。曾经芳草没，终不任苔封。叶少
初陵雪，鳞生欲化龙。乘春濯雨露，得地近垣墉。逐吹香微动，含
烟色渐浓。时回日月照，为谢小山松。

《文苑英华》卷一八七《吴武陵·贡院楼北新栽小松》①

西陆宜先启，春寒寝庙清。历官分气候，天子荐精诚。已辨
瑶池色，如和玉珮鸣。礼余神转肃，曙后月残明。雅合冰容洁，非
同雪体轻。空怜一掬水，珍重此时情。

《文苑英华》卷一八二《鲍溶·荐冰》

仲月开凌室，斋心感圣情。寒姿分玉坐，皎质发丹楹。积素
因风壮，虚空向日明。遥涵窗户冷，近映冕旒清。在掌光逾澈，当
轩质自轻。良辰方可致，由此表精诚。

《文苑英华》卷一八二《赵蕃·荐冰》

---

① "贡院楼北新栽小松"，为元和二年进士诗题。

荐冰朝日后，辟庙晓光清。不改晶荧质，能彰雨露情。且无霜比耀，岂与水均明。在捧摇寒色，当呈表素诚。凝姿陈俎豆，浮彩映璁珩。皎皎盘盂侧，稜稜严气生。

《文苑英华》卷一八二《卢钧·荐冰》

乘春方启闭，羞献有常程。洁朗寒光彻，辉华素彩明。色凝霜雪静，影照冕旒清。肃肃将崇礼，兢兢^①示捧盈。方圆陈玉座，小大表精诚。朝觌当西陆，桃弧每共行。

《文苑英华》卷一八二《范傅质·荐冰》

凌寒开固沍，寝庙致精诚。色静澄三酒，光寒肃两楹。形盐非近进，玉豆为潜英。礼自春分展，坚从北陆成。藉茅心共结，出鉴水渐明。幸得来观荐，灵台一小生。

《文苑英华》卷一八二《陈至·荐冰》^②

阿衡随逝水，地馆主他人。天意能酬德，云孙喜庇身。生前由直道，殁后振芳尘。雨露新恩日，芝兰旧里春。勋庸留千代，光彩映诸邻。共贺升平日，从兹得谏臣。

《文苑英华》卷一八〇《陈彦博·
恩赐魏文贞公诸孙旧第以道直臣》

邢茅虽旧锡，第邸是初荣。迹往伤遗事，恩深感直声。云孙方庆袭，池馆忽春生。古甃开泉井，新禽绕画楹。自然垂带砺，况

---

① "兢兢"，原本作"竞竞"。
② "荐冰"，为元和四年进士诗题。

复激忠贞。必使千年后，长书竹帛名。

《文苑英华》卷一八○《裴大章·

恩赐魏文贞公诸孙旧第以道直臣》①

一步一愁新，轻轻恐陷人。薄光全透日，残色半消春。蝉想行时翼，鱼惊踏处鳞。底虚难动足，岸阔怯回身。岂暇踌躇久，宁容顾盼频。愿将矜慎意，从此越涌津。

《文苑英华》卷一八二《张萧远·履春冰》

投迹清冰上，凝光动早春。兢兢愁陷履，步步怯移身。鸟照微生水，狐听或过人。细迁形外影，轻蹑镜中轮。咫尺忧偏远，危疑惧已频。愿坚容足分，莫使独惊神。

《文苑英华》卷一八二《舒元舆·履春冰》②

玉叩能旋止，人言与乐并。繁音忽已阕，雅韵谲然清。珮想停仙步，泉疑咽夜声。曲终无异听，响极有余情。特达知难拟，玲珑岂易名。昆山如可得，一片伫为荣。

《文苑英华》卷一八六《刘轲·玉声如乐》

表质自坚贞，因人一扣③鸣。静将金并响，妙与乐同声。杳杳疑风送，泠泠似曲成。韵含湘瑟切，音带舜弦清。不独藏虹气，犹

---

① "恩赐魏文贞公诸孙旧第以道直臣"，为元和五年进士诗题。
② "履春冰"，为元和八年进士诗题。
③ "扣"，他本或作"叩"。

能畅物情。后夔如为听，从此振玱玱。

《文苑英华》卷一八六《潘存实·玉声如乐》①

有马骨堪惊，无人眼暂明。力疲吴坂峻，嘶②苦朔风生。逐逐怀良御，萧萧顾乐鸣。瑶池期弄影，天路欲飞声。皎月谁知种，浮云莫问程。盐车终愿脱，千里为君行。

《文苑英华》卷一八五《章孝标·骐骥长鸣》

骐骥忻知己，嘶鸣忽异常。积悲摅怨抑，一举彻穹苍。迹类三年鸟，心驰五达庄。何言从塞踬，今日逐腾骧。牛皂休维絷，天衢恣陆梁。向非逢伯乐，谁足见其长。

《文苑英华》卷一八五《陈去疾·骐骥长鸣》③

〔姚〕康礼部试《早春残雪》云："微暖春潜至，轻明雪尚残。银铺光渐湿，珪破色仍寒。无柳花常在，非秋露正团。素光浮转薄，皓质驻应难。幸得依阴处，偏宜带月看。玉尘销欲尽，穷巷起袁安。"

《唐诗纪事》卷五〇《姚康》

霁日雕琼彩，幽庭减夜寒。梅飘余片积，日堕晚光残。零落偏依桂，霏微不掩兰。阴林披雾縠，小沼破冰盘。曲槛霜凝砌，疏篁玉碎竿。已闻三径好，犹可访袁安。

《文苑英华》卷一八二《裴乾余·早春残雪》

---

① "玉声如乐"，为元和十四年进士诗题。
② "嘶"，原本作"斯"。
③ "骐骥长鸣"，为元和十四年进士诗题。

春景照林峦，玲珑雪影残。井泉添碧甃，药圃洗朱栏。云路迷初醒，书堂映渐难。花分梅岭色，尘减玉楷寒。远称栖松鹤，高宜点露盘。仁逢春律后，阴谷始堪看。

《文苑英华》卷一八二《施肩吾·早春残雪》①

美景春堪赏，芳园白日斜。共看飞好鸟，复见落余花。来往惊翻电，经过想散霞。雨余飘处处，风送满家家。友声初去离，枝色可咨嗟。从兹时节换，谁为惜年华。

《文苑英华》卷一八五《孔温业·鸟散余花落》

春晓游禽集，幽庭几树花。坐来惊艳色，飞去堕晴霞。翅拂繁枝落，风添舞影斜。彩云飘玉砌，绛雪下仙家。分散音初静，凋零蕊带葩。空阶瞻玩久，应共惜年华。

《文苑英华》卷一八五《赵存约·鸟散余花落》

晚树春归后，花飞鸟下初。参差分羽翼，零落满空虚。风外清香转，林边艳影疏。轻盈疑雪舞，仿佛似霞舒。万片情难极，迁乔思有余。微臣一何幸，吟赏对宸居。

《文苑英华》卷一八五《窦洵直·鸟散余花落》②

卞玉何时献，初疑尚在荆。琢来闻制器，价衔胜连城。虹气冲天白，云浮入信贞。珮为廉节德，杯作侈奢名。露璞方期辨，雕

---

① "早春残雪"，为元和十五年进士诗题。
② "鸟散余花落"，为长庆元年进士诗题。

文幸既成。他山岂无石,宁及此时呈。

《文苑英华》卷一八六《丁居晦·琢玉》

已沐识坚贞,应怜器未成。辉山方可重,散璞乍堪惊。玷灭隮心正,瑕消夺眼明。琢磨虹气在,拂拭水容生。赏玩冰光冷,提携月魄轻。伫当亲捧握,珊瑚幸齐名。

《文苑英华》卷一八六《浩虚舟·琢玉》①

缑山明月夜,岭寂隔尘氛。紫府参差曲,清宵次第闻。韵流多入洞,声度半和云。拂竹鸾惊侣,经松鹤舞群。蟾光听处合,仙路望中分。坐惜千岩曙,遗音过汝坟。

《文苑英华》卷一八四《厉玄·缑山月夜闻王子晋吹笙》

月满缑山夜,风传子晋笙。初闻盈谷远,渐听入云清。杳异人间曲,遥分鹤上情。孤鸾惊欲舞,万籁寂无声。此夕留烟驾,何时返玉京。唯愁音响绝,晓色出都城。

《文苑英华》卷一八四《钟辂·缑山月夜闻王子晋吹笙》②

开元太平时,万国贺丰岁。梨园献旧曲,玉座流新制。风管递参差,霞衣竞摇曳。宴③罢水殿空,辇余春草细。蓬壶事已久,仙乐功无替。谁肯听遗音,圣明知善继。

《文苑英华》卷一八四《李肱·霓裳羽衣曲》④

第五章　科举考试命题与评卷

---

① “琢玉”,为长庆二年进士诗题。
② “缑山月夜闻王子晋吹笙”,为大和二年进士诗题。
③ “宴”,他本或作“醮”。
④ “霓裳羽衣曲”,为开成二年进士诗题。

习习和风至，过条不自鸣。暗通青律起，远望白蘋生。拂树花仍落，经林鸟自惊。几牵萝蔓动，潜惹柳丝轻。入谷迷松响，开窗失竹声。薰弦方在御，万国仰皇情。

《文苑英华》卷一八三《卢肇·风不鸣条》

五纬起祥飙，无声瑞圣朝。稍开含露蕊，才转惹烟条。密叶应潜变，低枝几暗摇。林间莺欲啭，花下蝶微飘。初满绿堤草，因生逐水苗。太平无一事，天外奏虞韶。

《文苑英华》卷一八三《黄颇·风不鸣条》

吾君理化清，上瑞报升平。晓吹何曾息，柔条自不鸣。花香知暗度，柳色觉潜生。只见低垂势，那闻击触声。大王初溥畅，少女正轻盈。幸遇无私力，幽芳愿发荣。

《文苑英华》卷一八三《姚鹄·风不鸣条》

旭日悬清景，微风在绿条。入松声不发，过柳影空摇。长养应潜变，扶疏每暗飘。有林时袅袅，无树渐萧萧。误逐青烟散，轻和树色饶。丰年知有待，歌咏美唐尧。

《文苑英华》卷一八三《尤①牢·风不鸣条》

圣日祥风起，韶晖助发生。蒙蒙遥野色，袅袅细条轻。荏弱②看渐动，怡和吹不鸣。枝含余露湿，林霁晓烟平。缥缈春光媚。

---

① "尤"，原本作"左"。
② "弱"，他本或作"苒"。

悠扬景气晴。康哉帝尧代,寰宇共澄清。

《文苑英华》卷一八三《王甚夷·风不鸣条》

寂寂曙风生,迟迟散野轻。露华摇有滴,林叶袅无声。暗剪蓑芳发,空传谷鸟鸣。悠扬韶景静,淡荡霁烟横。远水波澜息,荒郊草树荣。吾君垂至化,万类共澄清。

《文苑英华》卷一八三《金厚载·风不鸣条》①

有鸟生江浦,霜华作羽翰。君臣相比洁,朝野用为欢。月影林梢下,冰光水际残。飞翻时共乐,饮啄道皆安。回翥宜高咏,群栖入静看。由来鸳鹭侣,济济列千官。

《文苑英华》卷一八五《李频·振振鹭》②

至德符天道,龙媒应圣明。追风奇质异,喷玉彩毛轻。蹀躞形难状,连拳势乍呈。效材矜逸态,绝影表殊名。歧路宁辞远,关山岂惮行。盐车虽不驾,今日亦长鸣。

《文苑英华》卷一八五《徐仁嗣·天骥呈才》

异产应尧年,龙媒顺制牵。权奇初得地,蹀躞欲行天。讵假调金埒,宁须动玉鞭。嘶风深有恋,逐日定无前。周满夸常驭,燕昭恨不传。应知流赭汗,来自海西偏。

《文苑英华》卷一八五《卢征·天骥呈才》

毛骨合天经,拳奇步骤轻。曾邀于阗驾,新出贰师营。喷勒

---

① "风不鸣条",为会昌三年进士诗题。
② "振振鹭",为大中八年进士诗题。

金铃响，追风汗血生。酒亭留去迹，吴坂认嘶声。力可通衢试，材堪圣代呈。王良如顾盼，垂耳欲长鸣。

《文苑英华》卷一八五《郑薰·天骥呈才》①

马知因圣出，才本自天生。驵骏何烦隐，权奇愿尽呈。电从双眼落，云向四蹄轻。过去王良喜，嘶来伯乐惊。绝尘惭逸步，曳练议能名。唯待金鞭下，春风紫陌情②。

《麟角集》附录《省题诗·天骥呈才》

王泽尚通津，恩波此日新。深宜一夜雨，远似五湖春。泛滟翘振鹭，澄清跃紫鳞。翠低孤屿柳，香失半汀蘋。凤辇寻佳境，龙舟命近臣。桂华如入手，愿作从游人。

《文苑英华》卷一八三《郑谷·涨曲江池》③

暖气飘蘋末，冻痕消水中。扇冰初觉泮，吹海旋成空。入律三春照，朝宗万里通。岸分天影阔，色照日光融。波起轻摇绿，鳞游乍跃红。殷勤排弱羽，飞翥趁和风。

《徐正字诗赋》卷二《东风解冻省试》④

雨露及万物，嘉祥有瑞莲。香飘鸡树近，荣占凤池先。圣日临双丽，恩波照并妍。愿同指佞草，生向帝尧前。

《文苑英华》卷一八八《王贞白·宫池产瑞莲》⑤

---

① "天骥呈才"，为咸通三年进士诗题。
② "情"，他本或作"青"。
③ "涨曲江池"，徐松《登科记考》以之为乾符三年进士诗题。
④ "东风解冻"，为景福元年进士诗题。
⑤ "宫池产瑞莲"，为乾宁二年进士诗题。

细草含愁碧，芊绵南浦滨。萋萋如恨别，苒苒共伤春。疏雨烟华润，斜阳细彩匀。花黏繁斗锦，人藉软胜茵。浅映宫池水，轻遮辇路尘。杜回如可结，誓作报恩身。

《文苑英华》卷一八八《殷文圭·春草碧色》

习习东风扇，萋萋草色新。浅深千里碧，高下一时春。嫩叶舒烟际，微香动水滨。金塘明夕照，辇路惹芳尘。造化功何广，阳和力自均。今当发生日，沥恳祝良辰。

《文苑英华》卷一八八《王毂·春草碧色》[①]

（二）赋

1. 府试赋卷

君子严其墙仞，戒以心胸，知耽味之易入，俾回邪而不容。其慎德也，白圭是闻其三复；其好贤也，缁衣必荐其九重。自然契己坦荡，清心肃雍，玩丧志而何有？欲败度兮何从？昔如王者三朝，远人重译，执贽山委，献琛云积。岂不知纳宝库，为子孙之藏；映玉堰，嘉戎夷之绩？盖以难得之货有损，不贪之宝无致，获狼而荒服不臻，却马而汉皇受益。嗞虞公受玉之败，美晋帝焚裘之迹。匪骋欲而适愿，将去奢而无怨。满堂足戒，黄金宁慎其四知？连城不求，白璧何劳于三献？所爱者礼，所怀者仁，君由之而乂国，士用之以防身。衣服有常，非敢玩于千袭；饮食不溽，宁专美于八珍。其爱才也，必择能而得俊；其慕友也，亦资忠而履信。将辞直而不违，知言甘而有吝，是窒其欲，无忽于微。五色足耽，审之则朱紫不夺；八音可乐，慢之则郑雅同归。思禁邪而制放，虑今是而昨非。上则宣风，下同偃草。将还淳而复朴，在耽德而味道。蒐田失度，则念虞人之箴；慈俭或亏，必思老氏之宝。至矣哉！好之者儒，以多闻为润屋，立义为分社。孝既慕于参乎，学愿从于回也。孜孜屑屑，束脩问寡，如此，人所以铭座而弗忘，书绅而不舍。

《全唐文》卷二七四《刘子元·京兆试慎所好赋》

至道玄默，真宗朴素。莫究其源，孰知其故？将假物以明象，乃忘言而立喻。若筌在鱼，若蹄在兔。苟薮泽之内，以时而肃设；溪涧之间，应节而周布。乃凌岑蔁，忘蹄与筌。兴言薄狩，命驾忘旋。鱼泼泼以随波乐只，兔爰爰而得性怡然。好之者徒发叹于终日，观之者空起羡于临川。斯无虞于即鹿，宁有望于烹鲜。於戏！道有兴废，时有通塞。羡鱼如之何？匪筌不得。逐兔如之何？匪蹄不克。犹蹄在兔，兔既获而蹄可以亡；循筌在鱼，鱼既烹而筌可以息。亦何异游道藩者，挥郢匠之斤；遇道枢者，削公输之墨。彼损之而又损，故不得而有得。是以圣人立教，所宝惟真。勤求若丧之旨，远索忘言之津。还淳返朴，求于道要；绝圣弃智，无为实宝。故卓立攻始，辉光日新。夫子将欲论筌蹄于宜观，盍若考前途而后遵。

《文苑英华》卷一一○《邵说·河南府试筌蹄赋》

圣人弦木为弧，剡木为矢；唯弧矢之用也，中正鹄而已矣。是谓武之经,礼之纪。故王者务以选诸侯,诸侯用而贡多士。将俾乎礼无秕稗,位有降杀,广场辟而堵墙开,射夫同而钟鼓戒。有以致国用,终岁贡,使技痒者出于群,艺成者推于众。在乎矢不虚发,弓不再控。射,绎志也,信念兹而在兹。鹄,小鸟焉,取难中而能中。乃设五正,张三侯,叶吉日于清昼,顺杀气于素秋。礼事展,乐容修,既五善而斯备,将百中而是求。于是诚心内蕴,庄容外奋。升降揖让,合君子之令仪;进退周旋,伸先王之彝训。故礼举而义立,且无声而有闻。及夫观者坌入,射得挺立。矢既挟,弓既执;抗大侯,次决拾。指正则掌内必取,料鹄乃彀中所及。雕弧乍满,当昼而明月弯弯;银镝急飞,不夜而流星熠熠。其一发也,骁若彻札,其再中也,擿如贯笠。玉霜降而弓力调,金风劲而弦声急。惬群心而踊跃,骇众目而翕习。若然者,安知不能空弯而雁惊,虚引而猿泣者也?矧乃正其色,温如栗如;游于艺,匪疾匪徐。妙能曲尽,勇可贾余。岂不以志正形直,心庄体舒。不出正兮,信得礼之大者;无失鹄也,岂反身而求诸?斯盖弓矢合规,容止有仪,必气盈而神王,宁心耆而力疲。则知善射者,在乎合礼合乐,不必乎饮羽;在乎和容和志,不必乎主皮。〔夫〕如是,则射之礼,射之义,虽百世而可知。

《白居易集》卷三八《宣州试射中正鹄赋》

天辟区宇,人尊帝王。国将入于封部,教先知于典章。不宰成功,乃乾坤之德;无私鉴物,能齐日月之光。多士之操修,六经之楷式。将欲明其教,必在游于国。温柔敦厚,出《风》《雅》之咏歌;比事属词,本《春秋》之黜陟。协彼典教,谐斯礼文,广博而乐章具有,精微而《易》象爰分。先王所以总斯御物,体彼为君,遂使足历四门。亲爱之仪已睹，身由万户，民从之义皆闻。莫不周览金汤，潜量王霸，审乐知政以攸类，陈《诗》观《风》而相亚。是以逢耕让畔，得先人后己之规；察鸟安巢，验恶杀好生之化。今吾君兴帝业，赫皇明，以谦柔而教蛮貊，以朴素而教公卿，以节俭而教百姓，以农耕而教五兵。自然八方走响，六合飞声，岂俟入乎阃阈，方能知彼规程？其或跋扈未歼，陆梁未向，可使拜天阙而俯听，趋帝闱而引望。俾其退而补过，警干羽之舞阶；进以尽忠，报圣明之在上。士有负书剑，出林峦，谒九门而教化斯仰，瞻百辟而威仪可观。则知不上泰山，岂觉寰区之大；不浮东海，宁知溟渤之宽。敢不广义路，怀忠甲，开闻阖以听声诗，贺仁沾而恩洽。

《全唐文》卷八《徐寅·京兆府试入国知教赋》

九月肃霜，山静风落，天高气凉。蟋蟀入兮堂户近，鸿雁飞兮天路长。欲备岁之无衣无褐，始御冬而载玄载黄。命妇女事，为公子裳。若乃田畯入室，居人在巷。警杀气之秋殒，切严霜其夜降。物藏于时，人感于是，虽怀有稔而及节，亦念无衣而在此。绩我丝麻，具尔纮绮，将备服之缥素，岂徒事夫红紫？则知王者之德，圣人之思。礼法在矣，古今以之。事陈王业，功当天时。泽及周王之道，歌得幽人之诗。既而涤场穹室熏鼠，乘其农间以入室，处爰邈载绩之功，始命缝裳之女，掺掺柔腕，札札鸣杼。天寒夜静，既阅西邻之光；月明更深，齐度南轩之杵。夫如是，事合其制，礼亦有序。物响政方，人知义所。将前规不昧，故斯事必举。资尔绩而卒岁是裳，授余衣而穷冬可御。方今四隩既宅，九州攸同。人悦物茂，时和年丰。男勤耕于稼穑，女务绩于蚕工。虽悦当今之化，亦由行古之方。于是彼其—作"已"。之子，名称其服；此生之物，咸得其群。念彼及此，务穑劝分，虽非后作，抑有前云，岂上帝之思我？实下人之戴君。客有闻而歌曰："天之高兮无不覆，君之大兮无不祐。生人殖物，既庶且富。尔在于时，尔茅于昼。霜始降兮女工就，岁时穷兮寒衣授。"

《文苑英华》卷一一三《李子卿·府试授衣赋》

2. 进士考试赋卷

帝王之德，无以加于孝乎！惟孝之理，惟农是先。我上皇传玺之二载，圣主飞龙之四年，日在陬訾，只事于九宫之位，时惟戊己，躬耕于千亩之田。祥风发于耒耜，瑞雪掩于郊廛。万姓颙颙，若百川之朝海；九宫济济，如众星之丽天。帝乃俨然，荫华盖，被衮服，戴冕旒，佩琼玉。朱纮炯以照烛，藻绣纷其繁缛。敬齐之色，既肃肃以雍雍；礼乐之容，亦皇皇而穆穆。于是出甲乙之帐，命先农之官，设庭燎而晰晰，陈量币而戈戈。旌旆夹于翠幕，簋簠列于青坛。然后华钟撞，焚燎举，馨香发乎圣躬，烟煴感乎寰宇。常伯撰播殖之器，宗人掌牲帛之数。既金石而间陈，亦笾豆而静旅。晨光渐朗，湛露初晞，告九天之事毕，将三辰之礼依。帝犹怀神农之务穑，想伯禹之疆理。一之日于是躬耕，二之日于是举趾。秉金耦而颙若，驾铁骊而礼矣。将致美于粢盛，遂尽力于耘耔。望农祥之晨正，知土膏之脉起。所宝惟谷，故大饮以劳农；所贵惟人，故躬耕以悦使。俾夫三时不夺，六府咸修，遂放牛于薮泽，还却马于田畴。道方齐于雨粟，化实远于焚裘。务穑劝分，顾勤于稷卨；授时度地，弥甚于殷周。职乃分于九扈，政不逮于诸侯。岂非人和而俗阜，亦将力穑而有秋？是日命丞相，巡行山林，道达沟浍。因物土以分宜,随川原而刊木。画为九野,教种百谷。实万代之储址,况九年之所蓄。犹以为不躬不亲,庶人不信,降翅车以征求,发红粟以恤赈。绨弋不加于嫔御,茅茨永慕于尧舜。祭惟司啬,蜡必田畯。即异亩同颖,岂独瑞于往年;象耕鸟耘,是锡羡于今运。适有田父,起而歌曰:"畇畇千亩兮,理有疆。济济千耦兮,稷既良。躬三推兮,供神仓。分九飏兮,应农祥。粢盛普淖兮,洁敬斯皇。神之听之兮,将登穰穰。"

《文苑英华》卷七○《阙名·籍田赋》

神物昭见,圣人是则。五位时序兮,万邦以宁;百祥荐臻兮,一人之德。鼓兹灵器,呈我王国。有物有凭,匪雕匪刻。察其状而玄妙,相其仪而不忒。谅幽赞而克成,矧徽猷之允塞。是知奇制可久,嘉名不朽。类君子之心,以虚而受;同至人之德,终善且有。既应盛而自满,不假于盘瓶;亦讵炊而自熟,何劳于薪樵?拟神鼎之有用,掩敧器而无咎。岂以尘见范丹之空,赂为纪国之丑者矣?且夫清明在躬,符瑞由衷,诚之必感,感而遂通。献白环于重华,克明睿哲;锡玄珪于文命,告厥成功。此唐尧之表贶,盖王母之钦风。曷若自然挺出,为瑞斯崇,其应不昧,其用无穷。莫因埏埴,宁俟磨砻,以彰我君圣,以报我年丰而已哉!客有赋而歌曰:"玄德日用兮,象帝之先。丹甑时见兮,神物光妍。中含虚兮体道,上应规兮法天。染人无所施其彩饰,陶人无所效其贞坚。以享以孝兮,可以馈饎。多稌多黍兮,尸兹丰年。"

《文苑英华》卷八六《薛邕·丹甑赋》

皇矣上帝,临下有则。玄德升闻,荣问充塞。三光明而品物昭报，四气序而黎人不试。虽休勿休，惟静惟默。伟夫自然之丹甄，方作瑞于明德。应皇运而无疆，报时丰于有国。其业可大，其功可久。既申命以自天，类有孚而盈缶。循环外映，爰假象以为名；濩落内虚，信当无而入有。明夫既耨既获，表此不稂不莠。将有开而必先，固兹器之可守。天应灵贶，人期至丰。不汲而满，将宝鼎而齐列；不炊而沸，与温泉而比崇。异钧陶之有作，符造化之为功。千箱以之而发咏，万姓无嗟乎屡空。且夫人为国本，食乃人天。朝有代耕之秩，野多击壤之贤。岂不以休征毕至，瑞应无边？正色斯呈，以明于圣感；天资可尚，是表其丰年。影亭亭于瑞日，光泛泛于祥烟。九功咸序，八政攸先。超三皇而轶五帝，尚何足夫比肩？

《文苑英华》卷八六《史翙·丹甄赋》①

观乎太古之初，乾坤定列，有坎方一德之大，成江河四渎之别。注仙海以环流，度星桥而靡竭。立体清静，舒光朗澈。观五行以独举，润万物而齐悦。岂惟以善下之故，长应流行？抑亦能遇坎则止，以竭为平？居荒野而不动，合寒虚而自清。昼则烟云乱出，夜则星象罗生。若乃湖称青草，泽若云梦，浅深漭潡，表里寒洞。当朱阳之夏晚，遇白露之秋仲，紫关之鸿雁飞来，绿浦之莲舟风送。既能止而利物，所以归之者众。亦有凤凰之沼，明月之潭，每澄流于庭院，常不注于东南。蒙寮寀之玩洽，浑琴酌而相参。以游以赏，如液如涵。若英贤之取则，类贞咸之是湛。届夫玉宇初晴，风飙载寝，笼碧天而似镜，展红霞而若锦。纳众影

---

① "丹甄赋"，为开元四年进士所试赋题。

而不遗,比群情而特甚。用使至人观之而心察,智者乐之而情审,达士爱而欲临,高节闻而愿饮。复乃养龟鹤,藏鱼龙,怪石积,明珠重。虚以受物,谦而克从。有一人兮充赋,每咨叹于涧松。饰清颜而自肃,希止水而今逢。则知无美恶以毕鉴,岂徒取乎矫容?

《文苑英华》卷三二《刘清^①·止水赋》

尝闻神心保正,天道害盈。漏卮添而复出,欹器备而还倾。岂若兹水,居然可名。既混之而不浊,又澄之而不清。时止则止,时行则行。峻堤防则其源见塞,开汲引则其道能亨。安波不动,与物无争。如方圆之得性,何宠辱之能惊?故为国者,取象于止水,使其政公平;为身者,亦同于止水,使其心至明。至察可尚,柔谦何禀?思远道则一苇能航,守贫居则一瓢可饮。接下流则卑以自牧,鉴群物则宽而能审。诚用之而舍之,在去泰而去甚。水之为德也长,水之为功也众。散成云雨,畜作潭洞。浮芥则傲吏措杯,种瓜则幽人抱瓮。无朝夕之出纳,有飞沉之狎弄。徒观其深虚见底,咫尺宜探,千流并入,万象皆涵。摇树影于青岸,落山光于碧潭。其仁可以济物,其义可以激贪。既而壅之不流,蒙则未决。照春物而画屏相似,映晴空而明镜无别。雨来而圆点乱生,风静而长波自灭。任天时以开闭,随王泽而盈绝。受涓滴而逾深,处冰壶而更澈。《书》云:视水责影,能见形容;视人行事,能知吉凶。政烦则人扰,水浊则鱼喁。夫子欲精神而不惑,俾荣利无系于心胸。比浮云之于我,观止水而为容。兀兮若枯木坐忘,

① 《文苑英华》注曰:"开元五年《登科记》第十三刘廷玉至第十七刘巍,无刘清名。"

澹兮若虚舟见逢。正道未远，斯言可从。倪不违于射鲋，希有便
于登龙。

《文苑英华》卷三二《王泠然·止水赋》①

昔炎汉之开国，宅咸秦而设规，阐都邑之壮丽，纷制作而多
仪。像蓬岛以疏岳，拟天河而凿池。馆倚南山，撅云霞而上出；城
侔北斗，仰星汉而曾披。何爽鸠之代谢，验骊骥之运亏。是以作
之者不处，居之者不为。祚我神唐，丹青焜煌，峻址云蠹，曾谯锦
章。幂赪壤以叠形，凝皓粉以飞光。门结黄金之石，檐施白璧之
挡。堞盘纡于曲槛，池径复于圆塘。城势逶迤，若苔岑之隐映；楼
形宛转，似昆仑之相望。接千门之宫阙，通八达之康庄。既而鸾
驾西巡，严扃晨启，羽卫咸集，声明克陈。登睥睨以清夜，听毕逋
而候春。俨雄戟以耀武，振鹓行而拱辰。夕沉烟云之色，晓流车
马之尘。引祥昭之烂漫，吐佳气而轮囷。于是岁发青道，池隍煦
旱，堞雾萦林，岸风柔草。暖悬寰以弥蔼，饰崇隅之增好。映春水
之澄澄，纳朝阳之杲杲。惟壮势之峥嵘，达洪规而镇京。望浮云
之黑水，对翔凤之丹楹。配宗子之永固，等皇家之不倾。俯宾庭
而赞义，终自恶其轻生。

《文苑英华》卷四五《崔损②·北斗城赋》

惟冰也有坚凝之贞，惟壶也有虚受之明。谢周流之弱质，托
熔铸以成名。直方任器，规圆惬情。对光辉而比色，固击扣而驰
声。冰假壶以为用，壶含冰而转清。及夫欢呈朝晏之余，瑞表经

纶之初，尤荀吴之失对，陷王羁之后车。既遇赏以为乐，乃获成于所如。但观夫推移在道，澄澈如玉，时见莹而则明，或将摧而不曲。故曰：冰贵于水，器尊者壶。国因时而必用，军每击而何虞。若乃周将酬客，鲁欲藏冰，挹籍父其何忌，顾申丰而可凭。是以用之者广，须之者多。遇薜鼓而击，诵《豳》诗而何。至时冰销滴润，壶馨成醑，乃挟纩以荷德，岂知漏而兴惭。昔者赵衰从径，魏主其逐。虽有馁而仍携，顾无麋而未宿。每览余轨，当思践迹。志未吐乎平生，容已衰于畴昔。傥开冰之可荐，庶投壶而无敦。况霜空且寒，晚景仍坠。虽杼轴而不辍，犹仿佛而无记。将投皎洁之姿，愿假含容之意。

《文苑英华》卷三九《陶翰·冰壶赋》

炯乎太阳之精，玉有真质，冰则贞清。我君子象诸，温如皎如。正其色兮，匪真不克；峻其节兮，匪贞不居。尔其制盘盂，访结缘，瞻白虹之气，咏生刍之束。乃赋于他山，攻此良玉，刻之成器，错以成壶。信以旁达，忠不掩瑜。以虚而受，用当其无。及乎严律闭，阴气升，氛雾结，河海凝，沙惊雁塞，雪满崤陵。于是天景初夕，玉壶始冰。临象筵而孤映，对金镜而相澄。尔其淋漓未泮，温润而瑳，纤光不隐，毫末不过。岂尔瑕之可匿，玷之可磨。不然，珉之众矣，贵玉者何？心之洁矣，饮冰则那？庄氏寓论，宣父式谈，夜光夺魄，明月怀惭。岂比夫立概生操，激清励贪。伊至人之比德，同贞士之司南。夫以物象所鉴，精明所蓄，霜华晨清，月影寒宿，故览之者魂竦，凭之者虑惕。迨北风之已壮，幸西陆之未觌，客有抚而叹曰："猗欤！吾无是易。"且漏卮无当兮叹诸古，大圭不琢兮闻诸昔。曷若兹器之可佳，谅君子之弘益。然后宣其烈,赞其意,抽毫命简,赋冰壶之盛事。

《文苑英华》卷三九《崔损·冰壶赋》①

匠人度有山之梓,相文木之理。既因性而是度,又从绳而可拟。故轮桷适任,栋梁资始。阴阳之体叶时,隐括之形中轨。饰其象乃图之以鸟兽,谐其音必均之以宫徵。苟可择于樲朴,亦何殚夫杞梓。徒观其破拥肿,斫瑰材,攒节迸集,斜文洞开。蜀柿落而雨足交洒,郢斤运而风声飙来。伐之丁丁,兔麑狸之斑首;斫之橐橐,碎空穴之青苔。巧无匪制,庸无所施,因心则达,触物能为。初会方以成矩,乍投圆而得规。削斫同功,准量成类。方资剖劂之力,乃作馨香之器。厥若选德以序,辨官以位,诚当正直而无颇,亦何患乎纲纪之紊坠?小既以此,大无不如。文公立号以化俗,康叔省功以慎储。仁义有常,刚柔贵识其虚实;宽猛相济,勤苦务知其疾徐。教在洽人,愍于出令。亦犹代大匠斫,罕或不伤其性。俾夫来者,式遵前圣。且修短得丧,亦奚其为政。森彼灌木,工则度之。有伦有要,念兹在兹。展矣君子,如何勿思?思不越,乃心逸。于人也明其采章,于木也须其丹漆。瞻济济之榛楛,懿彬彬之文质。虽非班、扁之奇妙,敢献斫轮之良术。

《文苑英华》卷六九《邵昂·梓材赋》

昔成王纂位,周公辅理。命尔康叔,尹兹殷士。既因命以申劝,欲善终而令始。述文武之所修,陈艺术之攸起。播英声于典训,扬芬烈于国史。则知上之化下,如梓之材。遵绳墨以运思,受

① "冰壶赋",为开元十八年进士所试赋题。

铃模于简能。其度木也，伫林衡之毕选；其取制也，仰倕和之所开。于是既勤朴斫，惟所云为。奂兹服用，靡尚精奇。信其有益，取于无私。工必止其淫巧，物欲称其事宜。去雕镂，所以昭代俗之反素；涂丹腰，所以知礼义之攸施。拟古呈功，观象制器。或因事以立法，亦凭质而托类。临时通轨，开物以利。乃作诰于圣人，俾流戒于在位。凡教在始，而法在初。莫不念乎梓匠，慎尔攸居。苟方圆之失理，是风化之蔑如。故王者削殷迹，述周令，汲汲贤良，孜孜善政。招延俊造，以辅明盛。伟夫立德垂训，名言在兹。凡百斧藻，各共乃司。勿谓幽昧，神其听之。自然片善无遗，群材靡失，轮桷兼采，栋梁并出。实有补于大厦，方见用于王室。擅高、曾之规矩，腾《雅》《颂》之洋溢。阐无疆之淑懿，成不朽之政术。

《文苑英华》卷六九《魏缮·梓材赋》

　　立政施教，能简则理；为器择才，唯良是视。政有孚而可大，器自斫而称美。学古入官，斯可已矣。故周公设诫，取鉴梓材。百工饰化以物作，万势曲成而象开。柏之可伐而取诸新甫，松之可断而美于徂徕。何备用之征要，信崇功而大哉。观夫良匠抡木，知无不为。尽力以献艺，因材而合规。勤朴斫而去夫滥窳，尚俭素而昭于轨仪。智者相物，后人述器，得成风之妙，穷运斤之利。或经纬乎阴阳，亦法象乎天地。上栋下宇，资丹腰之余饰；从有之无，通舟车乎远致。嘉兹义之可分，而发昭乎在位。是寻是尺，其桎其椐。每从绳而则正，异投刃而皆虚。观梓匠之斫矣，吾是知为政之所如。材之既度，可施于政。若意匠以合则，必《由庚》而在咏。侯其伟而，张衡《东京赋》："侯其伟而。"念兹在兹。政有善人则不欺，山有木工则度之。材有常质，政则匪一。每呈器而受用，亦相时而陈术。夫如是，谐利贞，保元吉。信前贤之济代，岂小人之能悉。

《文苑英华》卷六九《梁洽·梓材赋》

猗嗟！抢才者杼必将，有以抢者动不妄。施材者用之为美，涂其丹膑之色，契乃斫雕之理。成乎器用，孰不勤止？则知能者轨物，其利博哉！达于道，必获乎象；酌于事，实在乎材。材罔不奇，戒乎不知。应时可重，匪饰胡焉。须度长而絜大，谅方矩而圆规。役是司者，勉矣厥宜。亦犹德必辅人，材不假器，人失德而奚取？器非材而奚利？材滥则过于杼人，德乖则失乎尔位。其有取非轮桷，性实散樗，以不材而见弃，思入用其焉如。岂比山有之亦修短惟准，工度也而削理有余，既罕节而抱直，成大厦之厥居者哉！夫如是，则工以理材为难，国以教人为圣。圣体材而存道，材象道而成政。弘之在人，慎乃出令。藏器俟时，人罔物思。达乎至极，钦哉有司。惟试可矣，以材校之。守而勿失，其德秩秩。以人观材，以材观实。非独陈伊、周之弘义，将以翊我唐之政术。傥小材之不遗，愿雕奂于兹日。

《文苑英华》卷六九《王澄·梓材赋》①

开元中岁，天子筑宫于长安东郭，有以眷夫代邸之义。旧者中宫起楼，临瞰于外，乃以花萼相辉为名，盖所以敦友悌之义也。银榜天题，金扉御阙，俯尽一国，旁分万里，崇崇乎实帝城之壮观

---

① "梓材赋"，为开元二十二年进士赋题。

也。是时海内宾荐之士，咸游仙署，驰神累日，以待问于有司。有司盛称兹楼，并命赋之。小子庸蔽，敢同颂美，词曰：

"惟唐六代，盛德被于幽遐。弥玄都暨丹穴，掩扶海与流沙，莫不推福祚之攸永，极威灵之所加。敦本既同夫羲轩之日，睦亲又比乎棠棣之花。裂土苴茅以表庆，锡圭分瑞以联华。信可以受无穷之祉，而保乂我皇家者哉。

"乃命有司，浚池隍，缮城郭。将崇大壮之义，载考方中之作。缭垣墙周乎旧宫，设井干而为新阁。既准既绳，以揆以度。望驰道而通禁林，走建章而抵长乐。攒画栱以交映，列绮窗以相薄。金铺摇吹以玲珑，珠缀含烟而错落。饰以粉绘，涂之丹膜。飞梁回绕于虹光，藻井倒垂乎莲萼。信神明之保护，亦列仙之凭托。于是乘舆，乃登夫翠辇而建华旟，钩陈警道兮环卫周。命期门使按跸，将有事乎娱游。六龙骧首以启路，八骏腾光而夹辀。且肃肃以穆穆，幸夫花萼之楼。然后层轩四敞，圣情周顾。遥窥函谷之云，近识昆池之树。绿野初霁，分渭北之川原；青门洞开，览山东之贡赋。亦以崇友悌之德，劝农桑之务。岂止唯临鄠杜之郊，空指邯郸之路而已哉。且壮丽难匹，光华匪一。凭禁掖以孤明，隐垂杨而半出。赫旷旷以宏敞，肃隐隐而静谧。非匠氏之奇工，梓人之妙术，孰能至于是哉？

"岁如何？其岁之首，花萼楼兮，对仙酒。愿比华封兮，祝我圣君千万寿。岁如何？其岁始正，花萼楼兮，开御营。愿同吉甫兮，颂我圣君亿载声。盖圣人去有欲，反无名，深宫皓素，高居穆清。观群材之乐业，朝诸侯而响明。即知华夷欣庆，冠带混并。均五气之善，叶三光之精。嗟乎！时难再得，岁不我与。迹已混于沉滞，心未齐于出处。此小子之所以瞻梁栋以自非，仰云霄而失序。"

《文苑英华》卷四九《高盖·花萼楼赋》

我唐有国，堙炎海而苑绝漠，封日域而提流沙。生尧舜而开统，诞文景而承家。于兹百有二十载，开元皇帝驭极。居藩符五马之兆，在天岂一龙能加。爰弟则淮南之仙术，名王则临淄之才华。朝有土阶之约，宫靡瑶台之奢。饰旧馆而纳景，建飞观而临霞。长公子之自薄，塞主人之相夸。非徒拟花萼之丽，盖取诸棠棣之华。请循其始，仍旧而作。珍林自生，灵池不凿。下池塘之烟雾，植掖垣之花萼。凫鹥翕习而来止，楼台蹇产而相错。雨日而云起澄潭，霁夕而月悬高阁。归梁国于上苑，通代邸于平乐。洞复道而为临幸，矗曾城而作垠堮。

于是于城之陬，建此飞楼。横逦迤而十丈，上崚嶒而三休。仰接天汉，俯瞰皇州。百鄽之所回合，九逵之所夷犹。总万象之多少，极二曜之环周。为栋宇之殊观，实崇高之寡仇。盖术者之不陋，亦帝王之所游。规模制度，去奢维素。方面曲折，匠石所务。浮栏郁律而却偃，飞甍参差而前注。连磴道而内属，曳轩窗之横鹜。龙兽抚柱而相惊，虹蜺亘薄而齐布。涂椒兰以为馥，衔明月而为炷。榜题仲将之手，颂登文考之赋。

六合清朗，天地静谧。明主垂裳，贤臣屈膝。龙舆亲览，珠旗晓出。言羽卫以清帐，敕太史之择日。点翠幕而夹道，列云影而竟术。万国争驰而骈会，千官毕扈而咸秩。宫阙超遥其若浮，郡国森罗以如一。广宴颁太官之膳，鸿霈宽司寇之律。献春之望，严更罗守。月上南山，灯连北斗。鱼启钥于楼上，龙衔烛于帐口。帝城纵观而驾肩，王官望瞻而仰首。鼓吹更落，琴笙夜久。清歌齐升而切汉，妙舞连轩而垂手。张广乐以建和，示至乐于群有。

天子偃伯天下，高临穆清。理国以道，与代作程。不纯俭以愆德，不徇奢而害盈。建官而丰其屋，则遵求旧；作室而节其用，则示闲情。其孝友也，署为"花萼"之号；其动①人也，则榜以"务本"之名。何圣人之启意，物与道而相并。秦作阿房，而穷侈靡；汉宫未央，以自尊荣。由是展礼乐，开塾序，太学时荐，列国奉举。择仙郎为清选之官，辟星台为明试之所。顾无智士之知难，而劳能者之虚伫。

《文苑英华》卷四九《王谠·花萼楼赋》

粤若帝业，盛惟皇家。宅秦都雍，枕梁通巴。开别馆以对赫，饰离宫而再华。叙温恭之深爱，沐棠棣之荣花。当其代邸初构，华池方凿。鸿雁新来，潜龙未跃。盘石利建，维城固作。授车东华之门，飞盖西园之乐。升降五位，周环四托。维梓维匠，爰谋爰度。建采楼，规层阁，栾栌□翼以攒斗，枝撑杈牙见《灵光殿赋》。而相搏。凌兢云垂，巢岌星错。风恬气隐，雨霁烟廓。中坐平望，数香街之往来；冯槛下观，尽天京之郊郭。厉丹凤，陵白鹤。浮网玲珑，流光灼烁。阴移翠伏，影碧潭之清泠；日上金题，照锦林之花萼。

帝曰惟休，顺豫而游。跻攀初极，眺览还周。登万乐或歌或舞，列千品乃公乃侯。莫不倾赤县，竭神州，士女都集，衣冠尽留，悉观圣旨，共仰皇猷。掩宫扉则开箫声之下汉，卷珠箔则睹天人之在楼。至若乃趣，是求室喻。政有光于听览，事无妨于农赋。

① "动"，他本或作"勤"。

邈以回出，花容玉质。绮树纷映，类仙台之下空；天光照临，若秦楼之上日。列众窗以启扉，疏重门而夹室。红尘昼敛则数之疑千，缘云暮屯则望之如一。理孝光大，敦敬则友。抚安戎狄，调六合以为家；敦睦友于，冠百王而为首。化猷方行，土无不并。演禹、汤之仁惠，洒唐、虞之颂声。士庶从而言曰："观其壮则知至尊之攸处，察其功则知万人之是与，钦其号则知昆弟之相穆，见其仪则知君臣之有序。"此圣情方在于玄邈，岂小人之赋能举。

《文苑英华》卷四九《张甫·花萼楼赋》

粤若稽古，大哉皇家。叶聪明于六圣，敦孝友于四遐。睦亲亲以相及，乐铧铧以同华。汉后龙宫，建邸园之水树，梁王雁沼，通禁掖之烟花。仍峻隅以立制，葺重楼之可嘉。嘉其谓何？感物而作。取诸棠棣，目以花萼。既揆日而爰谋，亦占星而是度。奢必去泰，俭而匪薄。素壁照曜以霜皛，丹桂翁茷而霞错。叠栾栌之夭矫，绕轩槛之周流。虽丽萼之不足，实规模而寡仇。秦皇祈年之观，汉武井干之楼，在纵骄而彼得，岂兴奇而我侪？

若乃百寮望幸，一人流煦。君御下而观风，臣登高而献赋，信布泽而昭德，岂徒乐而是务？术径直千，鄽闬如一。察近远而皆尽，指纤微而匪失。前卷珠帘，后却疏牖。分渭北之川光，别终南之峰首。千门回霁，百陌微明。翠幄凝烟，暖青轩以霭映；红荷浸水，娇绿浦以萦盈。咨谋景暇，游务晨并。爰居爰处，载笑载语。万人是察，九族惟叙。犹侧听于舆言，或敢扬于君举。

《文苑英华》卷四九《陶举·花萼楼赋》

大哉神武，四三皇而作主；赫矣勋华，一六合而为家。莫不北荒于穷发，西极于流沙。故得殊方效祥，则黄银紫玉；禁苑呈瑞，则芝草仙花。彼成、康与文、景，又安足以道耶？美夫一人有作，庶品咸若。以为不壮不丽，无以彰至尊；是用上栋下宇，将以信景禄。于是建百堵之崇墉，起九重之层阁。上郁律兮中窈窕，灵煌煌兮神漠漠。形直举而孤标，势将飞而不却。俯兰丛之长坂，对旗亭之延郭。銮舆屡降，岂写望于桂岩？金榜遄开，遂兴名于花萼。懿哉鸿纷以□宠，夫何佳气之萧索。

泊夫冰开御沟，春满皇洲，青气始霁，旭日初浮。皇帝乃被法服，登兹楼，罗彩伏，驻鸣驺。开绣户之银镍，卷珠帘之玉钩。冠盖穆然而仰敬，睟容端拱而倚旒。将欲居北辰而观万国，向南面而朝诸侯。岂徒爱居爱处，以遨以游而已哉！

邈邈陵云，崇崇作固。虹梁蟠蠖而霞艳，皓壁晶晃而月素。亘以遄路，近对东郭之门；周以缭垣，遥接上林之树。流云冲牖而中断，飞鸟拂檐而斜度。贲育之捷，犹愕眙而不能跻；扬马之才，斯侍从而为之赋。

若乃雷雨作解，乾坤得一，泽布三春，欢逢五日。陈簮笏之济济，耀威仪之秩秩，皇帝乃臻夫此楼也。若其旁倚凤城，却瞻龙首。帟幕伏以分布，车徒纷以相轹。奉常陈百戏之乐，太官进千钟之酒。巍巍天子，南面山寿。德洽苍生，乐乎大有。别有失路营营，栖迟此情，时哉未遇，命也难并。参岁赋兮徒延伫，怀明君兮变芳序。思入仕以尽忠，怅良时而谁与。倪仙郎之高鉴，冀夫鹓鹭而为侣。

《文苑英华》卷四九《敬括·花萼楼赋》①

---

① "花萼楼赋"，为开元二十五年进士赋题。

夫物有形而必累，影随形以相保。穷希微而归真，信罔两之合道。岂其取舍，焉得丑好？谅不由其运行，实禀之于玄造。原夫不皦不昧，无失无得。宁在阳而必迁，曷处阴而自默？罔言成象，合庄叟之深衷；责影辨疑，异田巴之见惑。岂徒饰词比事，所以尊道贵德？增于物或有知其长短，察于人孰可分其白黑。搏之则微，听之则希。将去彼而取此，由虚往而实归。明引喻，混是非。用之于身，岂疾走可息？行之于国，则至道之肥，故往无思。吾有影而何患，吾有色而可遗。同焉皆得，没而不衰。寻边鄙契之于罔象，铸肩镐合之于希夷。夫焉则岂止持操自保，纳虚为邻。复归无物，夫何有云？匪劳逸之足眩，曷行藏之是亲？任皇人之化迹，通天地之不仁。况我国家，道周寥廓，德及纯粹。扨伪归真，绝圣弃智。汉阴抱瓮而匿影，赤水遗珠而有愧。罔两难明，慌惚无累。徒以知人藏化，见德思义。傥微阴之所及，幸余光兮不我秘。

《文苑英华》卷九〇《李澥·罔两赋》

粤若穷理尽性，在宗载考。观穷玄元，讦谟天造。悯鹪鹩之为得，处一枝而属厌。词罔两而格言，详万籁于至道。道之为体也，无思无虑，惟静惟默。黄帝得之而升于云天，维斗得之而运于辰极。下空洞之路，理必谐于襄野；登隐垄之邱，义无亏于建德。尔其问影责实，稽谋惟微。审行止之常分，固怨菌而用希。阴与夜兮吾所隐，火与日兮吾所依。若有待而持操，诚不协于天机。且夫步日者足，怜蚑者蘷。虽凫鹤而异禀，将断续而则悲。苟安时以处顺，惟我心之则夷。如莫邪之或跃，必欧冶之见遗。客有感之而叹曰："大块劳我，圣人不仁。天地无私于覆载，阴阳吻合于陶钧。动之则矫，置之则亲。泛然无迹，瞠然绝尘。时既来而不再，物亦煦而知春。夫如是，则何患无位不作，守道安贫而已哉！"于是罔两，卑陬改容，逡巡徐避。养澹泊，怀简易。鄙白龙之遇制，嗤文豹之有累。寓百骸于神理，休四海之光被。在埏埴于洪铲，得修身之明义。

《文苑英华》卷九○《石镇·罔两赋》

揖傲吏以逍遥，启真经于探讨。则知办雕万物，富有三宝。假影外之微阴，喻域中之大道。惟彼罔两，同夫纠缠。邈矣难名，混兮不测。离娄目眩而方见，桑弘心计而宁识。其出也与影俱游，其入也与阴相息。乃谓影曰：子于我兮何力？我于子兮何德？将诘之于心，请对之于臆。殊途兮同归，孰是兮孰非？进岂得苟，退殊所希。系我有待，俾尔相依。在波澜而比目，升云汉而联飞。胡乃折责其持操，而欲论乎等威者哉！且夫出入随日，行藏任时。仪刑长短，取象毫厘。虽曩华而今槁，岂变态而殊姿？语默无滞，类达人之舒卷；视听无及，符至道之希夷。原夫以阴托影，以影辅人，行则无迹，居必同尘。不乐葆太，宁悲贱贫。茹藜被褐非所耻，腰金鸣玉非所珍。谁泣杨朱之路，谁迷宣父之津？诚滑疑于至理，不夭阏于天真。则知于物有凭，处身如寄。和光远害是其道，先人后己是其义。鉴之者虽临水而罕窥，畏之者将奔走而奚避。欲明有象之无象，有愧知音之意。

《文苑英华》卷九○《蒋至·罔两赋》

罔两谓形，岂伊天造？试一商榷，此焉探讨。谓之小入乎无间,谓之大达于苍昊。虽则名参于异物,抑亦理齐于至道。今将议其旨,穷其色。为涅而不缁,为系而不食。或托之于鳞介,或生之于羽翼。谓子有回日之役,谓子有戴山之力。向若执盈似虚,太白若黑。毫毫有难名之称,乘乘有可尚之德。苟不然者,人将奚则?彼逐者影,动每相依,既不可逼,又不可违。凌青冥而对举,投汗漫而双飞。鉴秋叶而逾静,临夕阳而暂微。彼何事而相托?此何心而所希?罔两曰:我形子影,我应子追。我凭子之状,子假我之威。宁论立兮与坐,夫何操而不持?似都捐于视听,宛冥合于希夷。未识形为影之主,影亦形之宾。讵可责之于动息,又何怒之于因循?使恶迹者止其足,厌影者荫其身。子之意兮焉适?唯此求而得仁。更忆班固,丽藻漆园。清真述幽通于前烈,继逍遥于后尘。沉吟染翰,顾慕书绅。于是稽乎古,陈乎义,常未得其一端,固多惭于明试。

《文苑英华》卷九〇《包佶·罔两赋》

南华真人,立玄古,恣探讨。折罔两之喻,明希夷之道。将欲侔三光之悬,为百代之宝。其始也,若乃天清气明,长云如扫。呈纤微之虚质,扬大阳之杲杲。莫不以影为典,以形为则。动静委任,浓纤合德。欣御寇之轻盈,耻寿凌之匍匐。遇夫明也,有似夫亨通;遇夫阴也,何异于否塞。罔两责于影曰:"子实伤躁,吾之甚微。谓为无也,虽微而必有;谓其有也,虽可名曰希。吾将舍子而去,子复何所归?"影乃假词而谕曰:"夫鸿钧造物,其道大夷。至精者不思而玄得,懵昏者役虑而不知。则吾之与尔,皆形之阴也,焉得以自颐?亦何以舍天地之大德,承日月之无私?幸文明之宣照,故纤毫而不遗。"罔两于是欣然而应曰:"此乃迹其身,居其神。

静躁匪肃，吉凶由人。虽谗构不能以相间，安绳墨之竟尔相因。翳夫行高道洁，煦然慈仁。规行矩步，和光同尘。志存礼义，上奉君亲。是以吾以与尔，俱得其真。无终食之见舍，罔不孤之有邻。岂比夫共体嚚顽，本枝险诐。随夸竞以驰骋，靡道德之浸渍。务呫嗫之委曲，疲趑趄之巧伪。腾浮薄而为名，竟颠蹶以俱累。岂与盛明之光烛，希荐能而比义。

《文苑英华》卷九〇《孙镜·罔两赋》[1]

丽哉豹舄，文彩彬彬。豹则雕虎齐价，舄与君子同身。故得飞声入楚，见赐留秦。曩者胡为，隐雾而不下；今复何幸，对雪而迎宾。盖因虞者之获，成于匠者之手。苟当时以为用，虽杀身而何有？于以理之，美且无度。既居下以御泾，亦迎前而启路。花映香尘，光生玉步。借使登朝廷，列台阁，规矩不改，会同自若。投其迹必陟鸳鹭之行，取其文不改犬羊之鞹。诗人歌其事，《春秋》美其名。舍则止，用则行。逗迥齐飞，遥分邮令之术；入朝曳响，近杂尚书之声。彼纠纠葛屦，珊珊珠履，一则固穷，一则僭起。制度首出，宪章俱美。尝试谈论，其兹舄而已。士或览之而言曰，象以齿而焚，龟以骨而毙。况之豹也，凭岩穴以逞欲，以爪牙而自卫。而有用于人，竟以皮而戾。一朝寝处，成此新伟。夫斑文散焕，毳毛蒙密。映鹤氅以迎晖，临翠被以曜质。于斯时也，不可谈悉。亦有刻意，未参卑秩。东郭之曳履长穿，王生之结袜何日。思蔚然而一变，歌豹舄以自毕。

《文苑英华》卷一一三《钱起·豹舄赋》

---

[1] "罔两赋"，为天宝六载进士赋题。

惟兹鸟兮称珍，受异质而彬彬。其文也合变于君子，其用也见美于诗人。伊昔大匠未知，含章可久。栖山隐雾，或群或友。且申威以肃宁，畏险而铤走。岂知献状于缭者之身，入用于屡人之手。敏手既至，光华增媚。两美必合，一朝成器。信常功之嘉猷，为尽饰之美利。苟赏善之在我，甘杀身而不怼。曲直裁成，威仪可睹。若向也兽，而今也鸟。诸侯所重，楚子之翠被有光；王者攸宜，周官之赤缯无斁。左之右之，乍合乍离。每唯命以进退，将有翼于威仪。择地而行，岂虑泥涂之辱；有道则至，尚怀文彩之奇。故尚书之曳履，声则有旨；中郎之倒屣，义亦为美。虽惜足以同方，岂能文而可纪？则知随时应物，顺人合度。克通夫莫往莫来，实怪于规行矩步。滞皋乡之自惜，飞邺县之可慕。愿宾上国之阶墀，冀吾君之一顾。夫材俟时而进用，时俟材以求索。彼微兽之有章，亦饰躬而制作。慕公孙之几几，耻滑稽以文错。幸参鹓鹭之行，无杂犬羊之鞟。若然者，则荷夫天衢之亨，对斯文而不怍。

《文苑英华》卷——三《谢良辅·豹舃赋》[①]

至阳之精，内含文明。成命宥密，神化阴骘。倬元圣而纬天，烁灵符之在日。人文变见，玄象贞吉。焕尔殊容，昭然异质。三阳并列，契乾体以成三；一气贯中，表圣人之得一。当是时也，河清海晏，时和岁丰，车书混合，华夷会同。皇帝乃率百吏，禋六宗，登台视朔，候律占风。祀夕月于礼神之馆，拜朝日于祈年之宫。霁氛雾，扫烟虹，地涯静，天宇空。阴魄既没，大明在东。吐象成

---

① "豹舃赋"，为天宝十载进士赋题。

字,昭文有融。法科斗以为体,并畯鸟以处中。冯相未觌,畴人发蒙。此乃圣人合契,至化玄通。不然者,何为曜灵启瑞,明彼于有截;垂光烛地,运行而无穷?圣人以不宰成能,日月以无私可久。偶圣则呈祥,逢昏则显咎。贞观契无为之功,休祥应无疆之寿。没于地,我则取诚于明夷;登乎天,我则呈形于大有。其初见也,昭昭彰彰,流晶曜芒,若神龙负图兮,呈八卦于羲皇。其少登也,发色腾光,乍见乍藏,状灵龟衔书兮,锡九畴于夏王。蔽亏若木,隐映扶桑。瞳眬五云之表,辉焕重轮之旁。临紫宸兮千门洞照,出黄道兮八极增光。惟德化成,惟王正位。兄其日兮姊其月,父事天兮母事地。馨六合以为王,统三才而制字。道不藏宝,神开奥秘。王在日兮垂文,日在天兮重懿。岂徒色映合璧,光连抱珥,三舍回鲁阳之戈,再中美汉文之志。皇上以为命不于常,惟德是据,灾逐祥启,福随祸著。知微知彰,一喜一惧。因嘉瑞以增德,合元符而降祚。客有上国观光,金门献赋,睹日中有字之感,成天下至公之务。倾心太阳,企踵云路。愿回光以暂烛,庶千载之一遇。

《文苑英华》卷二《郑锡·日中有王字赋》

　　至尊者王,至明者日。处其位兮无二,配其德兮惟一。制服以象,必图之而并临;视朝以时,方候之而俱出。懿夫日实也,厥生于东;王往也,厥居于中。其呈祥以下烛,必布德而上通。然则日中之有王字者,岂不以昭宸聪,彰国风,焕乎黄道,赫矣苍穹,表皇纲之不紊,延圣祚于无穷者哉!且天垂三光,日当其首;人执六艺,书列于后。此神功之所成,彼人力而何有?况乎鸟为鸟矣,无惭苍颉之能;日匪扇焉,宁假右军之手。稽图纬与载籍,信可大而可久。岂比夫龟麟龙凤，徒在乎宫沼郊薮。适足以劳于史臣，未可以齐乎不朽。夫运行不已者，天地之常；临照无私者，日月之光。美之则配于太昊，恶之则比夫夏王。是以逆其时则休亦成咎，顺其道则否亦为臧。故昔王者，莫不观天文兮顺阴阳，授人时兮正纪纲，而人用康，而邦其昌。如此者，厥鉴不远，实归美乎我皇。信所谓承天之序兮，袭于休祥者也。是知君能则天，天必呈瑞。明海内之四目，瞻日中之一字。士有仰止云路，若心词赋，战欲酣兮日将暮。傥鲁阳之修戈可借，冀和仲之余晖可驻。愿倾葵藿之心，希成桃李之树。

《文苑英华》卷二《乔琮·日中有王字赋》①

养形玄豹兮，以隐雾而成文。振羽飞蛾兮，因附火而自焚。彼纷然之落隼，识昧此而丧群。诚不知高非小者所处，静为躁者之君。苟失度而接适，将受毙而何云。且夫长塘崇崇，蠹若云峙；飞隼珊珊，倏随风止。曾不料其微陋，焉更知其休否？故疾恶之夫，善射之子，操骍角之弓，调白羽之矢，纵穿杨之妙，呈落雁之美。量远近于目端，审高下于规里，纷洞胸而达腋，果裂嗉而破嘴。原夫刚镞初架，劲弦正张，引弯弯之月影，迸的的之星光。铲毛羽之振迅，挫容貌之昂藏。审必中而后发，固焉用而不臧？若也处身顺理，投迹知常，时决起而无滞，或怒飞而有方。烟云足以遐赏，翳荟足以来翔。必绝捐躯之患，岂贻在彀之殃。是则素有隽志，往无不利，藏器者人，获隼者器。矢应弦而上激，禽应矢而横坠。微隼谅比于小人，高塘亦方于重位。苟不戒于游处，曾何

---

① 《文苑英华》注："'乔琮'，《登科记》作'乔琛'。""日中有王字赋"，为宝应二年进士赋题。

免于颠踬？士有五善斯在，载櫜有待。丽龟之知未忘，贯隼之诚勿改。幸文武之不坠，希莳菲之必采。则知发矢有期，获禽俟时。想大《易》之灵文，微言可颐；稽高墉之玄象，壮立空持。既是则而是效，永念兹而在兹。

《文苑英华》卷一三六《敬骞·射隼高墉赋》

羽族纷纷，彼飞隼兮，独劲捷而莫群。心耻介以腾踊，羡斑斓而被文。击每依于素节，翔亦致乎青云。匪全身以自变，宁有齿而见焚。贯矢落庭，既垂名于孔宣父；抟鸠陷网，又伏罪于信陵君。今也何时，轻乎所履。伊广甸不游，乃高墉爱止。信非位乎是蹈，宜贾害而鬻死。吾尝问术于列御寇，学艺于熊渠子。尔或舍诸，吾斯过矣。我矢惟良，我弓未藏，度中而发，于何不臧。矧专精而致用，奚得失之难量哉！于是正色敛容，凝心定志，睨手引满，目注神萃。惊弦骇括，将辟易以翻飞；裂臆洞胸，已拔离而迸坠。观彼隼之贻戚，谅吾人之会意。故君子周而不比，用则择地。无苟进以蹑高位，无躁求以享厚利。智昧于是，安往而免夫颠踬？然则怀贪怙力者怨所聚，材小任崇者覆可待。故圣人明象象以立言，悬日月而不改。或有人兮修其词，遇其时，三复射隼之兆，载欣射隼之期。幸寸长而闳贵，冀一闻而在斯。

《文苑英华》卷一三六《武少仪·射隼高墉赋》①

日为炎精，君实阳德。明至乃照临下土，德盛则光被四国。天垂象，圣作则。候春分之节，时则闳愆；顺《周官》之仪，事乃不

---

① "射隼高墉赋"，为大历二年进士赋题。

忒。于是载青旆，俨翠华，盖留残月，旗拂朝霞。咸济济以皇皇，备礼容于邦家。天子躬整服以待曙，心既诚而望赊。倏尔罢严，更辟禁城，五辂齐驾，八鸾启行。风出郊而草偃，泽先路而尘清。卷余霭于林薄，动神光于旃旌。初破镜而半掩，忽成轮而上征。杲耀荣光，分辉于千品万类；烟煴瑞色，均烛于四夷八纮。一人端冕以仰拜，百辟奉璋而竭诚。故曰天为父，日为兄。和气旁通，帝德与德俱远；清光相对，帝心与日心齐明。时也春事既用，夹钟律中。登观台而瑞集，睹芳甸而农众。东为阳位，故出拜于国东；仲居时中，乃展礼于春仲。既而盛礼毕陈，锡銮回轮，家有罄室，巷无居人。备礼服之灿灿，殷游车之辚辚。人望如草，我泽如春。惟天德与圣寿，配朝日而长新。伊兹礼之可持，历前代而修之。汉拜庭中，成烦亵之细事；魏朝岁首，失《礼经》于旧时。国家钦若天命，率由时令，矫前王之失德，修古典而施敬。俾伯夷之掌礼，俾轩后以作圣。恭承命于春卿，遂观光而兴咏。

《文苑英华》卷五五《陆贽·东郊朝日赋》①

至哉土德，光含五色。其色也辨五方以建侯，其德也发万物以生植。自夏禹而作贡，在徐方而是职。王者立社以封疆，诸侯苴茅而有国。于赫巨唐，德之皇皇，乘土而化康。采大汉强干之宜，裂地以爵；法有周维城之制，分土而王。各班其位，各正其方。用甲日而靡忒，建阴气而允臧。定五方而式序，分五色而有章。平野烟销，发卿云之瑞彩；高天雨霁，浮丽日之重光。众色环封，所以示外共其方职；正色居上，所以表内附于中黄。观其仪则知

---

① "东郊朝日赋"，为大历八年进士赋题。

大君之有弼，稽其旨则知邦伯之有秩。列三才则惟数在五，参十端则惟德居一。既明既丽，可以比乎天文；不骞不崩，所以保乎阴骘。配皇王之永久，齐天地而终毕。矧夫经邦理社，必土是封。光昭圣德，叶赞时雍。将尊天以亲地，在侯土与国社。既蕃翰乎四海，实底宁乎天下。若然者，君立社以布政，臣受土而宜威，象君臣之同理，知社土之相依。是以成百王之则，作万邦之宪。珪璋玉帛，莫不因我而执；公侯伯子，莫不因我而建。土之德也斯美，社之义也奚拟？其色也匪同五星而乍连乍散，其质也各表一方而岳立山峙。有以崇国祚于我皇，有以同磐石于宗子。夫如是，则其义广矣，岂斯文之所能尽纪。

《文苑英华》卷二五《崔恒^①·五色土赋》

尊彼国常，乃立人极。依大社以封土，命诸侯以方色。木官复位，东方于焉必书；火正是司，南方由之可识。西同白帝之象，北察玄武之职。配中黄而立名，覆四方而作式。于是端宸穆穆，授策皇皇，贤戚封建，君臣乐康。既载人之尔厚，亦植物而惟良，可以载八纮，包大荒。岂离遐于尔邑，尽东南于我疆？昔神黦无厌，闻革故于有魏；天祚明德，遂惟新于圣唐。总祝融与蓐收，臣玄冥与勾芒。知合之以济代，故贡之以来王。守于尔位，亦有宠子。思瑾桐而是立，故分茅以共理。所以维臣，所以抚封。爰作稼穑，锡之附庸。列五色以相备，和八音以相从。色能惟正，音乃叶雅。将察之以报功，故封之以立社。惟人是恤，选贤以建。仰夏王之攸敦，法《周官》之大宪。胙之而氏可命，相之而宅可依。

孙培青文集　第五卷　隋唐五代考试文献集成

五德聿修，万方知归。即之也真彩煌煌，望之也灵坛巍巍。足以表正方夏，发扬德辉。等乎珪瑞，叶以元吉。建树侯家，藩屏王室。分之惟五，行之惟一。实邦家之永固，与天壤而齐毕。

《文苑英华》卷二五《卢士开·五色土赋》^①

日之升也，浴海而丽天；岳之峻也，切汉而临边。登高者以致九霄之上，爱景者欲在万人之先。其所惟一，其仞惟千。伊风灵之有载，彼日观之存焉。夫其夜刻未终，曙色犹昧，彼穷高之极远，此有进而无退。未辨昏明，斯分覆载。屡闻鸣雁，犹阴沉而不睹；忽听晨鸡，即瞳胧而可爱。于是渐出旸谷，将离地维，岩峦既秀，草树生姿，气则赫赩，人皆仰之。其望也如烛，其照也无私。昔者帝王御宇，立极垂统，封禅及此成功，巡狩应其春仲。莫不登兹绝顶，遐烛大明。思煦妪之义，穷造化之精。以为日象一人之德，岳是三公之名。信王侯之设险，俾夷狄之来平。方今一德无为，三光有象，动植昭泰，神祇肸蠁。千岩瑞色，思效祉以爱升；万壑春云，欲入封而空上。客有才泛羽仪，心思蹇謇，每积聚萤之志，难登望日之处。引领终夕，含情达曙。知烛照之有期，故踟蹰而不去。重曰日有观兮，绝代独立。登之望兮，无远不及。何太阳之至精，莫不专于出入。

《文苑英华》卷二九《丁泽·日观赋》^②

行人徘徊，登秦原而游目，见汉右之荒台。清风穆其尚在，翠华归而不回。对古情至，临高思来。披蔓草以遐想，睹离宫而兴

第五章　科举考试命题与评卷

---

① "五色土赋"，为大历十年上都进士赋题。
② "丁泽"，原本作"丁春泽"。"日观赋"，为大历十年东都进士赋题。

哀。试问薪者，乃秦人也。云汉之兴，兹台之下，驰道通乎中禁，周墙绕于平野。经逝川而不息，抚环堵而殊寡。昔汉皇帝，幸甘泉宫，肆目将远，筑台其中。高居物外，若与天通。祈列仙之庥止，致寿圣之延洪。绎绎凭云，蹲蹲捧日。干元气以直上，倚长空而迥出。危槛岩崿，回涂郁律。植承露之盘，开肃神之室。将以接上元，朝太一。乘大君之登降，访总真之抚实。於戏！郊祀之义，志而可采。鸿纷之状，望而已改。哀壮丽之都失，想威灵其如在。徒野鸟之飞来，何真人之可待。且白日可以精贯，玄珠难乎力求。虽层台巉岈，磴道周流，秦峙乎西面，齐宫乎上头。仰通苍昊，俯瞰皇州。宁不死之可致，谅其生也若浮。我国家立太平，尚清静，俨宸居以自整，绝仙台之望幸。虽丹槛栖于列宿，飞梁历于倒景，有唐虞之允恭，无汉武之游骋。化由其衷，居慎其独，有仪可象，无思不服。自然为域中之大，获天下之福。等南山之不骞，何高台之是筑？

《文苑英华》卷五〇《黎逢[①]·通天台赋》

　　武皇起云阳之宫，致崇台于爽垲。就山谷之交会，得神明之所在。近瞰八极，周临四海。将端冕而不二，必垂衣而有待。是用回载天路，高标地游。依稀玄圃，想象丹邱。嶝道邈以特立，通天赫其无俦。托神灵于秦甸，结元气于雍邱。白日旁转，青云上浮。八垓可接于跬步，万象无逃于寸眸。是献岁春，众灵咸秩。天子乃举群祠，撰吉日，郊上玄，礼太一。风伯陪乘，蚩尤扈跸。向甘泉以整像，届通天而挺出。既而越氛雾之途，近星辰之境。

　① "黎逢"，今本《文苑英华》阙名，据徐松《登科记考》补。

背麟衍之五畤,面长安之万井。岐阳、太华,双标象魏之形;秦岭、
终南,遥树轩墀之屏。蹈烟霞而有慕,洁斋戒而思耆。奉宝位之
虔恭,仾神仙于光景。当其宵衣待曙,旸谷未开,钩陈匝乎营卫,
天汉列以昭回。爟火周起,神光迥来。暨三山之遍登,当仰候于
斯台。霭霭高躅,神祇烨煜。喜气周旋,庆云回复。召安期于沧
海,降王母于黄屋。树翠玉以青葱,草灵芝以芬馥。上结彩帱,高
居耳目。斯览物于怀柔,非取乐于幽独。观乎层构凌空,形势作
雄。风起而纤埃不致,雨过而瀑溜潜通。其载惟厚,其覆惟洪。
所以大启于皇祚,岂徒峻极于苍穹? 是以拥带休征,感通纯嘏。
会歌童之曲节,彰从臣之风雅。立极人望,叶灵王者。将大汉之
可追,愿侍祠于台下。

《文苑英华》卷五〇《任公叔·通天台赋》

伊昔炎汉,功高化洪。乐率土之暨阜,筑通天而且崇。初一
篑以发地,终百寻以隐空。构之以楩梓,饰之以丹红。浮彩外烁,
流光内融。赫兮烜兮,独出烟云之表;壮矣丽矣,迥标天地之中。
柏梁不同,井干非匹。势岌嶪以山峙,体朣胧而景轶。中邃窅窕,
入之者当昼而居昏;上跂崚蹭,登之者先曙而观日。偓佺于是乎
宴处,安期于是乎暇逸。月上壁而旁飞,云缘梯而下出。粲粲彩
彩,灵仙兮所在。若瑶台之云驭,冠鳌山于溟海。炳炳彪彪,天子
兮共游。若琼楼之云蔚,照龙烛于昆邱。光玉树而葱翠,影甘泉
以沉浮。于是孝武皇帝,绍祚恤胤,登眺远骋,高揖八极,俯窥万
井。拂轩楯之宛虹,步檐楹之倒影。乃言曰:可以临万国,可以游
九垓。凡厥层构,莫先斯台。窥地底以豁险,迓天门以崔嵬。谓
四夷不遒,将拓迹以开统;见百神咸在,则祈褉而禳灾。既玉女之

下视,复金乌之上回。既而襄云献赋,文质彬郁。且曰陛下,承天启圣,聿膺多福。排玉户于玉堂,飚金铺于金屋。亦可以上忧宗社,下恤茕独。何峻极于台树,恣欢娱于耳目。将乘奔而独惧,矧长途而中宿。至矣哉,斯言也。我皇德循楷式,帝锡纯嘏。傥茅茨而是陋,尧何事乎光宅天下。

《文苑英华》卷五〇《杨系·通天台赋》①

惟天为大兮,尧实则之。命羲和而驭日,俾出纳而从时。肇岁首以平分,既中星鸟;及宵衣而敬导,始见嵎夷。所以示农功之有序,叶君德于无私。我国家克定三元,光临四海,纂唐虞之旧说,崇德礼而私在。将举正而履端,奉天时而不改。繇是春官藏事,太史作程。天子居青阳之左个,鉴万物之初生。始昭宣于东作,终协赞于西成。杲杲临空,无幽而不烛;迟迟监下,有蛰而皆惊。伊兆人分地之利,我圣上则天之明。淑气载扬,畅禽鱼而共跃;融风乍扇,迨葵藿而咸倾。庶绩其凝,三农式就。高台纪于云物,大野陈其搜狩。毕向化以观光,亦顺时而敬授。岁如何?其岁既登,节盈缩兮日有恒。岁如何?其岁将起,兆发生兮日之始。苟奉顺而无违,得祯祥而所以。原夫君比德于日,日丽光乎天。抚有万方,每朝君于岁始;照临庶物,故出日于春前。煦百泉而冰泮,薰九陌而苍然。合璧表无为之化,重云示有庆之年。信惟贞而惟一,示无党而无偏。客有藏器俟时,卑躬思泰,遇乾坤之诉合,睹日月之光大,莫不向春景以自娱,沐尧风而永赖。

《文苑英华》卷三《王储②·寅宾出日赋》

古先哲王，允厘内外。虽庶政之咸叙，在司天而为大。所以叶
乎上下，所以察乎交会。其职废而时令则乖，其职修而黎人永赖。
岁既阳止，东风作矣。惟时羲仲，奉若天纪。候旸谷之初升，揆农功
之当起。寅宾克展，守而勿失，末耜乃修，视其所以。观乎旭日之渐
也，丽苍穹而曜晶，按黄道而徐行。万物发春，仁气良由兹始；四方
仰照，阳德协于离明。盈缩必循夫晷度，职司宁阙其将迎。木位值
于扶桑，初杲杲以出；土膏润于南亩，且泽泽其耕。故王者重焉，官
不虚授。考之历象，则象是用贞；准之田农，则农靡愆候。惟帝典之
明征，示人有常；惟日官之无改，永代斯在。平秩乎下，以播百谷；钦
若乎上，以刑四海。慎尔在司，惟其敬之。是将迈景德于太皞，侔神
功于女夷。玉烛开耀，金乌效迟。致人和而岁美，无乱日而废时。
况吾君承乾，玄化昭宣。叙三光以著象，乘六龙而御天。经纪不忒，
职官惟贤。分命之事举，曲成之道全。观寅宾之出日，端稼穑兮大
田。愿聆舜弦，歌唐年，因末光之可就，与羲驭而回旋。

《文苑英华》卷三《独孤授①·寅宾出日赋》

日为天经，春为岁始。贞三农而允协于度，调四时而不愆于
理。敬其所出，导其所以。升黄道而万化融，出青方而百工起。
所以放勋钦明，羲仲是司，协和天意，敬授人时。阙其职则厚生斯
废，行其典乃庶绩咸熙。且晓色曈昽，清光杳蔼，垂大明于有截，
察幽深于无外。守晦明之度类，顺躔次之交会。合一德而无私，
位三光而称大。煦育无偏，阴阳气宣。应律管而初变，暖林花而
未鲜。兴农功于墺室，发末耜于原田。既陶陶以受岁，亦欣欣而

---

① "独孤授"，原本引《登科记》作"独孤绶"。

乐天。则知日以阳为德，君以政为恒。阳亏则物无仰照，政失则年用不登。睹寅宾之有则，知平秩之方弘。瞻彼涨海，日之所在。出扶桑而吐辉，泛旸谷而裕彩。贞明宇宙，协顺时候。将虔敬而专其所职，岂出纳而轻其所授。我国家献岁发生，舒句达萌。惊大田于东作，纪斯箱于西成。君德与日德俱远，道光与日光齐明。将授官而守职，俾万化而为程。

《文苑英华》卷三《袁同直·寅宾出日赋》

　　陶唐氏钦若日出，资授人时。乃命羲仲，往哉汝司。纪寅宾而建始，旌烛照兮无私。旸谷初升，退群冥于仄陋；扶桑适上，分万象于毫厘。日之为德也均，日之为功也大。作朝夕之程准，见乾坤之交泰。无远无近，幽而必通；惟植惟生，罔不咸赖。出于东兮，示发生之所在；倾于西兮，睹光灵之不改。必将表岁以务稿，岂独陵虚而赋彩。尔其孟陬叶月，大簇和声，农祥正而土膏咸动，庶绩凝而百度惟贞。于以秩东作，于以望西成。涂足沾体，勉稿夫与田畯；布和施令，乐国泰而君明。岂不以五行班序，七曜宣精者哉！则有三足呈祥，重晖降祉，瑞圣斯应，为光有以。远色杲杲，非童子之辩焉；浮彩昭昭，惟仲尼之揭矣。爰考休征，图牒与能。既煦育之无外，同寅宾而有恒。宾者导也，惟人之导阳；寅者敬也，惟人之敬授。谅难逾而可仰，参地载而天覆。观其烨熠动川，澄明丽天。消漇漇之残雪，敛霭霭之轻烟。谣东君于楚客，祀岱岳于汉年，愿捧图称瑞以相宣。

《文苑英华》卷三《周谓·寅宾出日赋》①

---

　① "寅宾出日赋"，为大历十四年进士赋题。

异哉鼓之设也，恢制度于天邑，佐大礼于时行即行，赞盛容而立之斯立。观其象，可以守威仪之三千；节其音，可以表吉行之五十。配和鸾以入用，并司南而为急。若乃郊荐之仪既陈，封禅之礼攸执，经千里之分寸可候，度四方而礼容是集。施五击于华山之野，知雾气已笼；用百发乎南山之阳，识雷声所及。

先圣有作，后王式遵，启玄机以求旧，运巧智而攸新。相彼良工，自殊昧道之士；眷兹木偶，应异迷途之人。齐步武而无佚，差远近而有伦。遵大路，罔愆乎礼典；听希声，克正于时巡。

虽道有环回，地分险易，固善应而莫实，谅知几而有为。载考载击，所辨于长亭短亭；匪疾匪徐，足分乎有智无智。

观其妙矣，孰测其微细？观其徼矣，讵知其启闭？音不衰而得度，响其铿而有制。

于以翊龙御，于以引天旋。异铜浑之仪，亦可叙紫微之星次；殊玉漏之制，而能涉黄道之日躔。周物之智斯设，极深之几是研。鄙繁音之坎坎，陋促节之阗阗。

妙出人谋，思由神假。时然后击，赞赏典于今兹；动惟其常，契同文于古者。

由是皇衢以正，帝道斯盛。恭出震以成威，膺御乾而放圣。

我后得以昭文物，展声明，不愆于素，可举而行。宜乎骋墨妙，呈笔精，固敢先三雅而献赋，庶将开万国之颂声。

《柳宗元集》外集卷上《记里鼓赋》

骊龙之珠，无胫而至。骇浪浮彩，长川再媚。回夜光之错落，反明月之瑰异。非经汉女之怀，宁泣鲛人之泪。状征既往，莫究奚自。偶良吏兮斯来，遇贪夫兮则闷。想夫旋返之仪，圆明可期，辉如电转，粲若星驰。光浦溆，窜蛟螭，映沙砾，晃涟漪。在暗而投，诚则悲路人未鉴；沉泉而隐，亦常表帝者无为。欣出处兮据德，幸浮沉兮中规。是以特表殊姿，潜怀有道，中含逸彩，上系玄造。丑当时之饕餮，应为政之美好。真列郡之尤祥，实重泉之至宝。于是焕清濑，辉浅湾，奔璀璨，走斓斑。岂能与石前却，随流往还，泛连波之下，盈一水之间而已哉！兹川兮始明，老蚌兮勿剖。瓴甋兮罢笑，琼瑰兮莫偶。抱圆质而胥既，扬众彩而未久。方载沉而载浮，且曷浣而曷不。玉非宝，泉戒贪，实为国之司南。诚感神，德繫物，在为政之不咈。愚是以颂其宝而悗其人，美斯政而感斯珍。想沿泂于旧渚，念涵泳于通津。则知美政不远，嘉猷入神。故中潜皎晶，下沉瀹沦。转则无类，磨而不磷。诚丹泉之莫拟，谅赤水之非珍。苟或疑此为虚诞，愿征之于水滨。

《文苑英华》卷一一七《尹枢·珠还合浦赋》

珠行藏兮，与道为邻。政善恶兮，感物生神。私以务贪，必去土而匿耀；光之崇俭，则还浦而归淳。我政无累，匪求而至。宛若中流，昭然明媚。对三光而分色，契一德而潜致。盈虚无眹，不随月魄以哉生；往返有孚，殊异奔星之出使。徒见其表迹，罔知其奚自。睹映水之新规，谓沉泉之初弃。为人利也，且一贯以称珍；与众共之，虽十斛而不匮。然知此珠之感，唯政是随。当政至而则至，偶俗离而则离。人而无道兮不去何以，人而有德兮不复何为？止旧浦而可采，同暗投而在斯。质若累累，疑照缀于霄汉；色仍皎皎，终炫耀乎涟漪。且夫彼邦政悖，我则为不居之物；彼邦政闲，我则能应道而还。岂专巨蚌是剖，实惟无胫而走。将不贪以共

存，非甚爱之能守。浦之不吝，任变化以往还；珠之圆来，辨政理
之奸否。明可以久处泥沙而有光，知进退而不苟。利用溥博，何
必取之于龙颔；报德宏多，奚犹得之于蛇口。其来也所以辅政，其
去也所以戒贪。警循良之夕惕，俾傲很以知惭。勿以珠为蕴蓄，
勿以珠为珍好。且还浦而难期，且离邦而难宝。将守之而勿失，
在闲邪以存道。

《文苑英华》卷一一七《陆复礼・珠还合浦赋》

　　物之多兮珠为珍，通其货而济乎人。才披沙以晶耀，仪错彩
以璘玢。避无厌之心，去在他境；归克俭之政，还乎旧津。繇是
观德，孰云无神？相彼南州，昔无廉吏。富期润屋，贪以败类。
孤汉主析珪之恩，夺苍梧易米之利。滥源既启，真质斯闷。从予
旧而不嘅，谅天际兮有自。孟君来止，惠政潜施。欲不欲之欲，
为无为之为。不召其珠，珠无胫而至；不移其俗，俗如影之随。
尔其状也，上掩星彩，遥迷月规。粲粲离离，与波迤逦。乍入潭
心，时依浦口。惊泉客之初泣，疑冯夷之始剖。依于仁里，天亦
何言？富彼贪夫，神之所不。沙下兮泥间，韬光而自闲。映石华
之皎皎，杂鱼目之鳞鳞。岂比黄帝之使罔象，玄珠乃得；蔺生之
诡秦主，荆玉斯还。繇是发润洲蘋，增辉崖草，水容益媚，泽气弥
好。川实效珍，地宁爱宝。隐见谅符乎龙跃，亏全非系乎蚌老。
岂惟彰太守之深仁，可以表天子之至道。观夫采耀外澈，英华内
含，饰君之履兮岂不可，照君之车兮岂不堪。犹未遭于采拾，尚
见滞于江潭。虽旧史之录与前贤之谈，终思入掬以腾价，永得书
绅而厉贪。于惟明时，不贵异物。徒饰表者招累，而握珍者难
屈。是珍也居下流而委弃，历终岁而堙郁。望高鉴兮暗投，幸余

波之洗拂。

《文苑英华》卷一一七《令狐楚·珠还合浦赋》①

祭祀上洁,精诚克宣。伊明水之为用,谅至诚以为先。积阴以成符,嘉应于冥数。以鉴而取感,无私于上玄。将假以表敬,式彰乎告虔。皎皎泛月,瀼瀼降天。既禀气在阴,亦成形于夜。有无虽系于恍惚,融结宁随于冬夏。明者诚也,我则暗然而彰;水惟信焉,吾非倏尔而化。徒观其清霄雾敛,朗月轮孤。鉴清荧而类镜,水滴沥而疑珠。混金波而共洁,迷玉露而全无。感而遂通,配阳燧之为火;融而不涸,异寒冰之在壶。彼既无情,此何有待?始同方而合体,宁望远而功倍。故能佐因心于霜露,均润下于江海。有形有实,徒加以强名;无臭无声,孰知其真宰?是以昭其俭,洁其意。含水月之淳粹,修粢盛于丰备。作玄酒而礼崇,登清庙之诚贵。嗤潢污之野荐,陋甘醴之莫致。祀事孔明,其仪既精,无朕而有,不为而成。二气相临,本自蟾蜍之魄;三危莫比,殊非沆瀣之英。至道自玄而兆,醴泉因地而生。原夫月丽于天,水习乎坎。物有时而出,故方诸而夜呈;事有朕而因,故阴灵而下感。大满若冲,其来不穷。风尘莫染其真质,天地不隔其幽通。况国家崇仪衸祀,荐敬旻穹,方欲行古道,稽淳风。客有赋明水之事,敢闻之于闷宫。

《文苑英华》卷五七《夏稜②·明水赋》

智之不测,有明水焉。方诸在手,圆月居天。象质遐分,则迢

---

① "珠还合浦赋",为贞元七年进士赋题。
② "夏稜"之"夏"疑为"贾"之误。

遥而回远；精华潜合，遂滴沥以流连。可谓妙自斯妙，玄之又玄。兹道也自何而来，彼灵也从何而借。越杳杳之苍昊，滋遥遥之永夜。望蟾魄而光彩殊流，端蛤形而清泠忽下。等阳燧之通感，实柔祇之闳化。岂非月包阴德，蛤乃阴余，英精合契，气类相符。共禀坤而配坎，谅交津以有濡。是理焉，自取之乎必有；斯水也，遂生之于本无。精洁可嘉，清明斯在。湛玉壶以无垢，入牺罇而有待。处罍实爵，今则由于邕人；置下升堂，以不闻乎真宰。观其所自，原夫所致。临庭目击，虽从阴鉴而来；向月心祈，允似上天而至。来莫我系，至莫我精。弃本不仁，故存名而曰水；从仪酌号，遂表性以称明。信可荐宗祐，祈上清。是故祭先展敬，类帝昭诚。首三酒而上献，掩五齐以先行。招百神之景福，致万姓之惟真。无益下人，鄙玉浆于夜漏；自求其溢，哂珠露于金茎。游原习坎，固有旁感。处陆腾空，不无玄通。龙吟云而致雨，虎啸谷以来风。动无千里之燠，润才百里之功。岂若以握中之琐细，映天上之瞳蒙，精液下融，神人以崇，而福禄攸同者乎！

《文苑英华》卷五七《欧阳詹·明水赋》

古圣人之制祭祀，必主忠敬，崇吉蠲。不责其丰，乃或荐之以水；不可以渎，斯用致之于天。其事信美，其义惟玄。月实水精，故水其本也；明为君德，因取以名焉。于是命烜氏，候清夜。或将祭圆丘于玄冬，或将祭方泽于朱夏。持鉴而精气旁射，照月而阴灵潜下。视之不见，谓合道于希夷；挹之则盈，方同功于造化。应于有，生于无。形象未分，徒逞离娄之目；光华暗至，如还合浦之珠。既齐高一作"芳"。于醴酒，讵比贱于潢污。明德惟馨，神功不宰。于以表诚洁，于以诚荒怠。苟失其道，杀牛之祭何为？如得其情，明水之荐斯在。不引而自致，不行而善至。虽辞麹蘖之名，实处罇罍之器。降于圆魄，殊匪金茎之露；出自方诸，已似鲛人之泪。将以赞于阴德，配夫阳燧。夜寂天清，烟消气明，桂华吐耀，兔影流精。聊设教以取水，伊不注而能盈。霏然有象，的尔而呈。始茫茫以霜积，渐微微而浪生。岂不以德叶于坎，有类则感，形昭在空，气应则通。鹤鸣在阴之论不谬，武啸于谷之道可崇。庶令知圣真之无党，验天地之至公。窃比大羹之贵味，幸希荐于庙中。

《文苑英华》卷五七《韩愈·明水赋》

彼美明水，含精自天。孤影流辉，乃凝空作润；万灵来享，故为酒称玄。所以贵新涤虑，殷荐告虔。水本涵清，表至深之心著；明以比德，惟馨香之义全。想夫含气遥空，成形永夜，出阴鉴则凝清自美，对明烛则遥光相借。至诚所感，同就湿而流；大飨是资，若待神而化。斯可谓至精无眹，明诚有孚。泛清月而乍融乍结，洗轻烟而若有若无。润而鲜，见湛露之濡金镜；晶分洁，类清冰之在玉壶。至若高天委秋，皎月分彩，氤氲既合，精粹斯在。方昭德以降神，异趋下而归海。是知严而敬者其德大，洁而祀者其福倍。緊景命之不渝，岂成功之不宰。原夫明水之初化也，天子斋心，司烜葳事。望灵月，露炎燧，皎晶浮光，清泠在器。自无而有，知灵化之不测；应感而来，知神物之斯至。其或崇国祀，设方明，备礼乐，洁粢盛。用陶匏之器，荐茧栗之牲。秩神祇而配坐，望天地之含精。匪明水而神不降，无明水则祀不诚。是以明处作离，水居为坎。谅明水之潜化，本阴阳之所感。其名也合五行之德，其用也冠三酒之功。泊尔味淡，凝然色融。至馨无臭，至洁含光。则是水也,与灵物幽通。

《文苑英华》卷五七《陈羽·明水赋》①

惟天垂象,惟圣作程。播二气而是分晷度,立五则而在审权衡。上穆天时,应阴阳之克正;下统人极,俾准绳而惟平。于是黍累无差,毫厘必究。等度量而化通远迩,体平均而势行宇宙。当其夹钟中律,南吕戒候,铜浑应节于寒暑,玉漏方齐乎宵昼。繇是命有司而申令,考前王而是遵,权轻重以审则,中规矩而和钧。事垂文兮,风传乎千古;道如砥兮,日用于兆人。懿夫正以处中,平而立矩。命其同也,有虞之制克彰;称其谨焉,宣父之言可取。故能用该仁里,象合天文。既左旋而右折,量轻并而重分。持平罔亏,可为范于秉钧之佐;苟信惟一,将有助于执契之君。不然,则何以悬之而息彼奸诈,正之而协于晨夜?得平则正,我之道兮允执厥中;益寡哀多,众所用兮不言而化。化之有孚,功莫可逾。立规程罔惭夫龟镜,揣钧石宁失乎锱铢。匪假垂钩而其用不匮,何劳剖斗而所争自无。方今百度惟贞,万邦承则。顺时设教兮靡不获所,同律和声兮允臻其极。玉衡正而三阶以平,七正齐而庶政不忒矣。美君臣之同体,犹权衡以合德。宰准绳之在心,庶轻重之不惑。

《文苑英华》卷一〇四《刘禹锡·平权衡赋》

王者统四时,均五则。彼权衡之为准,验阴阳之不忒。钩深致远,黍累于焉靡差;称物平施,晷度由之斯得。惟权也分其重,

惟衡也取其平。明乎国经，固悬兹以垂范；掌乎天秩，如用兹而永贞。衡任权以钧物，权资衡以作程。故一人体之，以清万国，万国仰之，而庶政以成。当其玄鸟司分，畴人敬授，既量诸夕，又测其昼。盈虚气等，何藉于土圭？日夜时分，已传于玉漏。莫不同度量以应其兹，平权衡以叶其候。苟顺气以颁节，实从时而不谬。其功斯博，其道式孚。谅同君于远近，故不失于锱铢。俾称物者守之无易，抡材者持之罔渝。皇矣我君，康哉神化。万方取则，自得于均平；二气尚分，无怨于昼夜。不然者，何以佐璇枢之斟酌，调元气以绸缊？申乎旧章，孰以权衡之大？匪无同异，所季春秋之分。齐其重轻，等其规矩。岂钧铢之是待，在准绳而有取？固将平邦国，亦以叙彝伦。七政惟齐，有符乎应天之运；百工咸赖，实资乎秉国之钧。宜其平域中而齐律度，贞天下而利黎人。惟正直可法，惟中平可均。夫如是，则权衡者盖亦考兹义而是遵。

《文苑英华》卷一〇四《李宗和·平权衡赋》

俾民不迷，兹器维则。行之而万象正，动之而天下直。一人不宰，命任权者必公；百辟以孚，在持衡者守德。此盖国之恒准，教以顺行。虽因时以考正，乃假人而后成。权之垂，或俯下而斯重；衡之正，乃得一以至贞。忠以自胜，直哉惟清。物无偏以表德，器守公而作程。动必推移，佐璇玑而克正；静无偃仰，若太阶之既平。懿夫衡之诚悬，德乃是茂。秉中正以不惑，在毫厘而何谬？众星分列，若历历以拱辰；一权下临，正亭亭而当昼。斯斟酌之所以，俾名实以相副者也。尔其观象取则，其数可陈。积而成重，铢以和钧。称物平施，则其道无极；从可利用，乃有命惟新。既审度而攸准，夫何患乎不均？安则无倾，正以顺化。四时行令，必因其阴阳;一德奉天,谅贞夫日夜。是知分寸相生成乎象,盈虚有准观夫文。因黄钟以起数,应玄鸟之司分。尔乃七政允修,五常斯睹。为时德也,诚金义而木仁;为器法焉,乃左旋而右矩。既轻重之必审,虽细微而待取。平之为美,曲逆终作汉臣;中以见称,伊尹是为殷辅。兹乃衡之为道也可大,权之为义也斯孚。绳从则正,德不可诬。动不欺于黍累,用有识于分钧。若夫求平之至者,执中之谓乎。

《文苑英华》卷一〇四《陈祐·平权衡赋》①

风为气兮溥畅,箫在物而虚受。何相会于自然,合无情于妙有。泠泠斯韵,习习占久。如闻松盖之巅,宁比土囊之口。飒尔而至,锵然辄随。响才度以俄远,声成文而不亏。其虚其实,是可披襟而纳;以条以畅,何烦鼓腹之吹? 彼孔雀下降,凤凰来仪,虽见美于格物,岂不惭于有为? 彼箫之韵,惟风所借。或激越于清晓,或凄凉于永夜。寂寞之内,爰生不考之音;希夷之间,是合不言而化。谓越客乍流其遗响,谓秦女遥度其仙驾。散彼寥寂,复于沉潜。被治国之风,以安以乐;在敬心所感,乃直乃廉。动有轻重,应无洪纤。解愠且和,可并鼓琴之唱;不奸而顺,亦其从律之占。若乃察其所感,盖有符于玄漠,岂惟契于闲澹? 籁之所之,智之所知。诚万殊之舛错,终一贯而逶迤。风从武兮飘忽,箫象凤兮参差。何体异之如彼,而音同之若斯? 岂不以宫商所合,唱和为称? 类霜钟之暗叩,同灰管之潜应。时然后起,风匪躁求。激而乃扬,箫为静胜。彼钧天之音肸蚃,洞庭之乐虚无,岂比风箫之

第五章 科举考试命题与评卷

---

① "陈祐",原本作"陈佑"。"平权衡赋",为贞元九年进士赋题。

感召？亦由律吕之相须。异搜奇于蔡笛，鄙滥吹于齐竽。征颜成、南郭之言，浩然难究；拟宋玉、王褒之赋，庶或同途。

《文苑英华》卷一三《范传正·风过箫赋》

　　风之过兮一气之作，箫之应也众音以殊。虽高下以异响，终合散而同途。体宫商而自得，韵清浊以相须。动必造适，用当其无。宜然理顺，昭与道俱。以由一人之化，为而不有；万物之心，以虚为受。帝于何力，各自遂其生成；天且不言，乃能恒于悠久。观夫指大块之噫气，裁众管而声随。始飋飋兮清越，终杳杳以逶迤。远而聆之，初疑白虎方啸；近而察也，旋惊丹凤来仪。知化本之有朕，见天籁之在斯。道固无名，物罔不感。彼命宫而商应，信阳舒而阴惨。云何事而从龙，水何情而习坎。故达人作用而虚清其心，大道不疵乃涤其玄览。之风也扇其轻重，之箫也应以洪纤。彼若疾而飘，我则以号以噭；彼若和而静，我则若沉若潜。曷异夫暴心感而粗以厉，敬心感而直以廉？尔其断续清空，萧寥永夜。历虚无而轻飘自远，拂松竹而幽韵相借。微闻阙下，伴金奏之发天庭；迥彻云中，疑笙箫之随羽驾。庄生托之以《齐物》，子綦由是而观化。化之至矣，兹焉可知。风乃不私其用，箫亦自得其宜。玄元立言事无事，我后垂拱为无为。君子曰：风箫也，罔不争其善胜，契不言而自应。是将观彼以化成，岂独因之而比兴？

《文苑英华》卷一三《夏方庆·风过箫赋》[1]

　　德动天鉴，祥开日华。守三光而效祉，彰五色而可嘉。验瑞

---

[1]　"风过箫赋"，为贞元十年进士赋题。

典之所应，知淳风之不遐。禀以阳精，体乾爻于君位；昭夫土德，表王气于皇家。懿彼日升，考兹礼斗。因时而出，与圣为偶。仰瑞景兮灿中天，和德辉兮光万有。既分羲和之职，自契黄人之守。舒明耀，符君道之克明；丽九华，当帝业之嗣九。时也寰宇廓清，景气澄霁。浴咸池于天末，拂若木于海裔。非烟捧于圆象，蔚矣锦章；余霞散于重轮，焕然绮丽。固知畴人有秩，天纪无失。必观象以察变，不废时而乱日。合璧方而孰可，抱珥比而奚匹。泛草际而瑞露相鲜，动川上而荣光乱出。信比象而可久，故成文之不一。足使阳乌迷莫黑之容，白驹惊受彩之质。浩浩天枢，洋洋圣谟。德之交感，瑞必相符。五彩彰施于黄道，万姓瞻仰于康衢。足以光昭前古，照临下土。殊祥著明，庶物咸睹。名羍矫翼，如威凤兮鸣朝阳；时藿倾心，状灵芝兮耀中圃。斯乃天有命，日跻圣，太阶平，王道正。同夫少昊谅感之以呈祥，异彼夏王徒指之而比盛。今则引耀神州，扬光日域。设象以启圣，宣精以昭德。彰烛远于皇明，乃备彩于方色。故曰：惟天为大，吾君是则。

《文苑英华》卷五《李程·日五色赋》

圣日呈贶，至德所加。布璀璨之五色，被辉光于四遐。纤尘乍收，烂彼云间之彩；清涟既动，焕乎川上之华。且夫德惟纯一，瑞符祚九。彼合璧而未方，愿抱珥而何有。岂若青赤以之彩错，光芒屏其氛垢。星同色而莫俦，露成文而曷偶。至乃天衢将曙，春雨新霁。廓彼长空，敛其织翳。焕羲车而逾媚，映彤庭而转丽。同象德于金天，陋再中于汉帝。于时宸眷屡回，圣心方契。恒旰食以为虑，岂浮云之能蔽。观其往复黄道，隐见非一。彰有德而天下文明，照无私而海内清谧。驯羍对而沮色，仪凤临而委质。

光浮石壁，谓娲皇之补天；影入词林，疑江淹之梦笔。彼连珠之代，王字之日虽得以载其图牒，实难以为其俦匹。未若光分五色，德合三无。明天道以下济，与人事而同符。较兹嘉祉，超于邃古。杲杲而五色成文，郁郁而万物咸睹。祥光旁烛，偏宜连畛之瓜；瑞彩下临，更并建社之土。于以光被四表，昭彰元圣。播颂声于管弦，流喜气于歌咏。矧其尧舜为理，羲和奉职。仰以阳精，象于我德。不然，何以照曜六合，玄黄五色，出乎震位，焕夫皇极？仰其耀，希煦妪以资成；倾其心，比葵藿之生植。悗余光之可惜，庶分阴之有得。

《文苑英华》卷五《湛贲·日五色赋》

阳精之瑞兮，惟瑞之嘉。首三光而委照，备五色以连华。繁彩遥分，叶二数于圣运；祥光下烛，赞元吉于皇家。且夫天之降祯，昭示群有；日之效庆，丕应元后。轶图牒而称灵，著策书而不朽。径惟千里，表年历而当千；丽彼九华，彰帝业之在九。懿其廓烟霄而朗霁，敛天宇之氛曀。出旸谷之方融，历离宫而增丽。羲和疑而愕立，畴官骇以横睨。循黄道以迟迟，烁青冥而晰晰。观其瑞景中焕，浮晶外溢，所以告昌期，符圣日。结金天以标异，掩群祥而首出。仰其众色，比河上之荣光；征彼谣言，异江中之萍实。景丽天衢，明均八区。知神光之有宰，信玄化之潜敷。媚韶阳于紫陌，混佳气于皇都。于是见土行之善应，识帝载之珍符。君一德兮格于上天，日五色兮临于下土。实有感而斯见，固惟仁而是辅。乘虚散彩，状朝烟之煖空；缘隙通辉，若晴虹之入户。灿烂同耀，玄黄交映。汇藻绘于金轮，聚云霞于宝镜。当道泰以垂睨，契河清之表圣。谅四彗之莫俦，岂再中而攸竞。则知天意非昧，人情可测。所以异其彩，示辉光之日新;所以呈其祥,庆文明之允塞。伟夫彼日之瑞,可以象君之德。谬膺荐于春闱,幸观光于上国。

《文苑英华》卷五《崔护·日五色赋》[①]

乾坤至诚,草木无情。神灵乘化而致理,枯朽效祥而发生。当圣泽未沾,故兀然枯瘁;及天光回照,遂蔼尔敷荣。因万物以咸遂,与百祥而毕呈。故得垂阴锁闼之中,固本凤池之侧。始孤标而颖拔,乍苒弱而条直。长充西掖之佳玩,回夺东门之秀色。芬数自异,永垂不朽之名;变化无常,用表好生之德。懿其菶生渐蔚,干耸惟条。拂瑞景而增丽,袅祥风而独摇。可以彰圣主之玄感,可以见昊天之孔昭。舒卷以时,陋梧桐之半死;荣枯顺理,鄙松柏之后凋。且春布发生之庆,秋行肃杀之令,于天地而不失其常,在金木而各得其性。众皆毕出尽达,我则向日而衰;众皆黄落萎腓,我则感时而盛。不然,何以知至德之动天,运神功而瑞圣者矣?翠色毿毿,异酒泉嘉棣之祥;轻阴澹澹,同鄐郡枯梓之感。烟销雨霁,霏素雪于宸居;日晏春深,杂繁花于睿览。青翠葳蕤,垂轩拂墀。在日月偏临之处,当鸳鸾集苑之时。至矣哉,天降灵贶,圣为明证。既得地而不杂众流,常托根而独标美称,是知天听自人而应者也。

《文苑英华》卷八七《郭炯·西掖瑞柳赋》

柳变西掖,瑞彰圣时。感巡游之未至,失荣落于先期。雨露所均,常比中园之郁郁;宫闱暂闭,若无春日之迟迟。所以望车尘

---

① "日五色赋",为贞元十二年进士赋题。

之行幸，慰都人之怨思。物或有凭神，固难宰生植。不易地而孤影，忽同秋而异色。岂上天之降鉴，俾下民之是则？于以激忠臣之心，于以彰大君之德。初斯柳之失常，人未知其为祥。秦原之烟景明媚，汉苑之草树芬芳。独孤凋而槁瘁，似永隔于风光。无絮花之似雪，意膏露之疑霜。及夫天回旧步，木得其性。千官捧日以轮忠，万姓从龙而翊圣。彼众芳之已歇，我得秋而始盛。岂固异于常材，实愿贞乎景命。伟夫瑞发匪遥，成天意之孔昭；德惟可览，结人心之幽感。不然，抑且无情，曷枯而生？其枯也当烟尘之晦，其生也表氛浸之清。与时不偶，叶圣斯呈。政或可持，疾风始知夫草劲；节无所立，岁寒徒称乎柏贞。宜其俯风池而洒润，接鸡树以连荣。儒有因物比兴，属词揣称，闻瑞柳于春宫，遂揄扬于天应。

《文苑英华》卷八七《陈诩·西掖瑞柳赋》①

水止矣静之其徐，物鉴矣久而益虚。且无情于美恶，又奚议夫亲疏？委质由来，所期乎上善同利；忘筌已悟，宁患夫至清无鱼。若乃回塘月抱，高岸环合，泥滓湛然，自沉金沙。炯其不杂，同道德之以虚而受，异川泽之惟污是纳。有斐君子，此焉明征。气随波息，心与源澄。端形赴影，如木从绳。其表微也，挂金镜而当昼；其索隐也，隔玉壶而见冰。尔其色必洞彻，光无溷濊。不蒸蓊郁之气，不激潺湲之响。百丈在目，千仞指掌。恶每自乎中见，美实非乎外奖。鉴形之始，方似以身观身；得意之间，乃同求象忘象。徒观其下倒星汉，上披烟云，守其常而性将道合，居其所而物

① "西掖瑞柳赋"，为贞元十三年进士赋题。

以群分。君鉴之以平心，临下必简；臣鉴之而厉节，在邦必闻。妍媸无形兮，惟人所召；物我兼遗兮，水无私照。廉士以之立诚，至人以之观妙。岂比夫流若激矢，波如建瓴，不舍昼夜，争输沧溟，徒乖躁静之理，莫分真伪之形者哉！邦国以道一作"邦国以贤"。为止水，鉴有余裕。群形鳞集，众①象景附。滥竽窃吹者，十手共②指；妍精撼实者，千载一遇。夫如是，姑自摄其威仪，亦何忧而何惧？

《文苑英华》卷三二《吕温·鉴止水赋》

水可取鉴，人能就诸。将审己以征实，必含形而内虚。其止也静，其清也徐。方湛兮而皎镜，异洿彼而沦胥。符上善之心，自多弘纳；见无私之状，临或踟蹰。资坎德之深矣，谐至人之淡如。当其晓日增鲜，光风未度，既清泠以爱止，持炯戒以为谕。等滥觞之犹蓄，何一杯之是措。谅善恶之咸观，必形影之自遇。岂独无当五色，空涵众文。伊吉凶之肇起，如动静之潜分。俯而窥似神交之淡泊，默而察若灵化之细缊。且义叶养蒙，道深观窍。洞虚无以责有，在清明而惟肖。必不同也常称厚貌之疑，鉴之精兮未若重泉之照。辨妍媸而无失，固洁著而为妙。斯所以田巴览之而独悲，陆云观之而自笑。若乃芳塘始启，白水初澄，有美人兮方觏，坐曲岸而情凝。毫发已分，想沉姿而映藻；清华不动，见浮彩之生灵。是知声有往而必复者谓其响答，水以止而能鉴者谓之冥合。方取则于川淳，孰混归于海纳。此亦纪人事，垂正经。庶在观身而责影，岂徒品物而流形。今则万顷方临，群容在掌。随方

---

① "众"，原本作"万"。
② "共"，原本作"所"。

圆以见意，在清通而赋象；苟明鉴之不遗，愿饰躬而是往。

《文苑英华》卷三二《张仲素·鉴止水赋》

　　鉴于水者，不在于广大而在于澄淳。奔流则崇山莫辨，静息则纤芥必形。故能任人伦之巨细，随物色之丹青。皆一鉴而洞达，若三光之出冥。因见底之清，成照胆之朗。以无心而应物，皆洁己而呈象。如白日之辉煌，无孤蓬之振荡。凭虚之状，信有妍而有媸；阅实之明，固无偏而无党。若乃仙井旧渫，华池既潴，中无浴鸟，下绝游鱼。疑金镜之湛寂，若瑠璃之至虚。当其来，见威仪之酷似；及其去，无朕迹于沧胥。向使潺湲不息，喷薄长住，将沃日而腾虹，或因山而瀑布，遭骇飙之欸起，值潜虬之交鹜。虽有清明之本质，岂能使形影之相遇？是知专而静可以居要，明而动亦不能照。斯大道之指归，岂常情之感召？得惩躁之为诫，知饰容之惟肖。人观于水，既定而后详；水鉴于人，当止而为妙。照其美也非所爱，照其恶也非所憎。不分明于有位，不掩映于无朋。谅可移性，俾居于正直。岂怀鉴貌，独贵于清澄？想夫烟雨初霁，泥沙不杂。明看皎练，止若冰合。忽形来而影见，类声往而响答。在良贤而暂窥，宜陋躯之愧纳。今者贞清特异，颖耀前闻。虽万形之森列，终一鉴而区分。

《文苑英华》卷三二《王季友·鉴止水赋》①

　　噫！下自人，上达君，咸德以慎立，而性由习分。习则生常，将俾夫善恶区别；慎之在始，必辨乎是非纠纷。原夫性相近者，岂

---

① "鉴止水赋"，为贞元十四年进士赋题。

不以有教无类，其归于一揆？习相远者，岂不以殊途异致，乃差于千里？昏明波注，导为愚智之原；邪正歧分，开成理乱之轨。安得不稽其本，谋其始，观所由，察所以？考成败而取舍，审臧否而行止。俾流遁者返迷途于骚人，积习者遵要道于君子。且夫德莫德于老氏，乃曰道是从矣；圣莫圣于宣尼，亦曰非生知之。则知德在修身，将见素而抱朴；圣由志学，必切问而近思。在乎积艺业于黍累，慎言行于毫厘。故得其门，志弥笃矣，性弥近矣。由其径，习愈精而，道愈远而。其旨可显，其义可举。勿谓习之近，徇迹而相背重阻；勿谓性之远，反真而相去几许。亦犹一源派别，随浑澄而或浊或清；一气脉分，任吹煦而为寒为暑。是以君子稽古于时习之初，辩惑于成性之所。然则性者中之和，习者外之徇。中和思于驯致，外徇诚于妄进。非所习而习则性伤，得所习而习则性顺。故圣与狂由乎念与罔念，福与祸在乎慎与不慎。慎之义莫匪乎率道为本，见善则迁。观炯诫于既往，审进退于未然。故得之则至性大同，若水济水也；失之则众心不等，犹面如面焉。诚哉习性之说，吾将以为教先。

《文苑英华》卷九三《白居易·性习相近远赋》

酌人心之善败，惟性习之所分。习者物之迁，以动为主；性者生之质，以静为君。运情有同于熔铸，通志亦比夫耕耘。或定心以纯一，或逐境而纠纷。故定心者若疏源而自得，逐境者犹理丝而又棼。且物之感人无穷，人之徇物无已。近之则归于正性，远之则灭于天理。虽真妄之多端，谅御用而由己。至若习于所是，则孟母之训子。其居也初阛阓之是邻，遂贾鬻而无耻。及夫又徙于学徒，示以坟史。卒能振文行以标名，郁古今而播美。岂不以性相近而习之至矣？又若效之而非，则寿陵之从师。其故也等善行之无辙，见大道之甚夷。及夫邯郸之学，匍匐于兹。既所能之未尽，终故步而莫追。岂不以习相远而性亦失之？固宜人定其情，物安其所。苟欲迁性，习以交丧。易贤愚之攸处，则舍于己而效于人，学弥得而性弥阻。述而莫息，亦莫之御。是非乖理而亦徇，未若袭慎而委顺。勿牵外以概名，在执中而克慎。钦若奥旨，闻诸古先。习之则善道可进，守之则至理自全。兹义也，智所不染，愚亦难迁。傥中庸之可甄，愿斯焉而取焉。

《文苑英华》卷九三《郑俞·性习相近远赋》①

王子②垂训导于门子，戒骄盈于代禄，厉师严以成教诲，敷乐德而宣化育。长能从而可久，幼能正以不黩。悦之以道，宁假乎干戚羽旄；动之斯和，讵资乎匏土革木。是知深于乐者，岂徒然哉！畅生成于寿域，道纯粹于灵台。明明而六德是以，荡荡而群心有开。瞻之在前，伫将成于国栋；由乎充选，庶有嗣于乡材。登于隽造，释其奸回。聆音乃接武而至，乐善而差肩载来。且于中者表得中而可尊，和者达至和而不紊。繄吾道之克广，谅乃心之是训。青衿选其悦学，绛帐资乎待问。于以识琬琰之姿，于以言始终之训。然则祗者敬也，居敬足以修身；彝者常也，守常而能化人。萃群生之济济，达诱善以循循。肃穆以居而文明有耀，条畅斯及而乐教惟新。然后以孝友俾其师资，春秋则教，夙夜惟寅。弘广博易良，人胥效矣？美父母兄弟，谁能问之？内必成性，外无越思。匪铿锵而感物，咸敬顺以亲师。异齐国之闻于宣父，叶虞

---

①　"性习相近远赋"，为贞元十六年进士赋题。
②　"王子"，他本或作"王者"。

帝之命以后夔。惟德音之是进，岂奸声之能混？入于国学，习者由是知归；祭于瞽宗，享者于焉报本。至哉圣人之设教，谅终古而无损。

《文苑英华》卷七六《李彦方·乐德教胄子赋》

至乐之极兮，德教所蓄。德者体中和而定刚柔，教者正性情而靖耳目。既垂法于国胄，亦布政于方族。四术允正，三行祗肃。所以明俊选之标表，所以致才贤之蕴育。比师严而道尊，信仁行而礼复。乐正初协，司成理该。被其风而导其志，涤其滥而释其回。持筋骸以固束，刷性灵而洞开。德义可依，异射宫之取士；程准斯在，同杼人之理材。乐且致之，行之广运。内无声以是托，表中庸以垂训。在敬逊以务时，资端悫而待问。斯乃成性所臻，教学相因。既广博而克己，抑直易而以藩身。不特考击兮教备，无假拊搏兮行醇。以道应物，以乐和人。事且符于米廪，义且畅于成均。将俟乎绮纨之子率变，何患乎膏粱之性难驯？苟以我于木铎，尔宜必诚必信；苟以我于藻镜，尔宁不智不仁。庶居之也泄泄，谅诲之乎谆谆。在声音之道兮，以律度是维，谐和是司。在德教之术兮，以友敬为仪，忠孝为师。固舍彼而取此，念钻之而仰之。足使放心精正，体道希夷。罢铿锵于师氏，识明命于后夔。宁鼓箧而徒至，必抠衣以慎兹。俾行乎乡党，尊尊长长；俾立乎黉塾，庸庸祗祗。夫然则宽愿者日益，简傲者日损。习语舞而殊源，敦《诗》《书》而异壶。斯教也教之至，诚天下之本。

《文苑英华》卷七六《罗让·乐德教胄子赋》

至哉乐为德也，保太和，茂生育。是以先王法之以成教，乐正尊之以示睦。将磨琢于仁义，匪铿锵于匏竹。洋洋乎节以惠和，煦煦然致其恭肃。其仪不忒，故容止可观；其道既弘，乃进退可复。信月将而日就，庶不谄而不渎。且有教无类，道之原来。廉让之风斯扇，恺悌之德不回。趋隅以继其志，待问以成其材。于以见易和之容参于前也，中庸之德夫何远哉！何必朱干玉戚，一起一偾。将以宫商克悬，角徵潜运。凫趋碧沼，皆藉藉于令名；鱼贯青衿，各愔愔于淑问。百行由是内融，三德于焉成顺。俾夫迁善者乐以陈，修己者德以真。乐者乐也，可以乐其孝友；德者得也，可以得其忠臣。昔后夔所以推其典乐，虞舜所以称其圣人，岂不以人心感乐，乐有其伦者哉！今国家德教绥于九有，礼乐达乎四维。朴素远符于轩氏，和乐方轶于周诗。多士济济，百寮师师。明诚之德可见，中和之乐在兹。自君臣达乎父子，性成也何莫由之。由之伊何？行之非远。亦由端本去末，化迟自阐。然后外可以维城，中可以补衮。于与乐乎，实教人之大本。

《文苑英华》卷七六《徐至·乐德教胄子赋》

国有学，家有塾，播乐德之文采，率胄子以化育。始先激其清浊，而后攻其节目。鼓箧之士，宣声音以相和；函杖之时，俾心志而思服。语于效者，执德不回。道以乐者，知阳必来。盈耳之声讵作，理心之教有开。实俎豆之闻矣，宁钟鼓而云哉！动于外而畅于中，使和其性；进以德而举以事，各尽其材。惟其教学，必有谟训。咸养以致和，强学以待问。观德毕贤愚之贯，序德同长幼之分。岂不以乐之至也通乎神，教之至也慎乎身。惟彼乐之为德，是彰教之有伦。不在匏竹设，金石振；乃贵于祗庸备，孝友陈。岂不愈终始而典学，美教化于成均？遂乃与诵讽，观屈伸，斯可以移风易俗，不止于温故知新。保和于心，畅五声，而授之有道；将逊其业，崇四术，而弘之在人。厥类可知，允怀在兹。谅审乐以知政，由切问而近思。初感至音，听角声而恻隐变矣；终怀雅性，闻羽奏而宽大似之。且被之以箫管，加之以训辞。升学而在于春候，合射而戒于秋时。然则不教以中和不能知乐，不教以博依不能安《诗》。是以学者为王化之端，乐者系国风之本。故曰：观大学之道，然后知困而满知损。

《文苑英华》卷七六《郑方·乐德教胄子赋》

惟天惠人，惟王司牧。必资立乐以化被，聚贤而政肃。乐垂六德，允接于生灵；人抱七情，□是乎修睦。故命乐官宣乐德之旨，教国子俾国人思服。施行而万邦作乂，动荡而群生茂育。原其诏司乐，辟灵台，选国中之胄子，集宇内之怀材。示中和于前，俾行而不怠；尊祗庸于次，将守而不回。实克孝而克友，必无间而无猜。缅赜谟猷，明征义训。乐同和而会极，网有条而不紊。中为忠□，俾邪者奉忠格之心；和乃适正，制刚者守调适之分。非有象以外感，乃无声而潜运。祗敬必逾，庸言是尊。率威仪而允淑，致言行之惟醇。睦蒸蒸之孝诚，全乎天性；勗怡怡之友义，原乎天伦。设教之规爰立，列乐之事方陈。是将崇德教，播成均，议道自己，建中于人。夫就学必时，为乐在兹。春诵夏弦，顺阳而乐功犹懋；无虐无傲，率下而乐德增丕。所以舜命伯，伯让夔，立之以四教，道之以六诗。然后学制敦浃，国经允厘。通至性于伦理，垂善教于师资。慕其人则遝不谓矣，仰其教则学以知之。方今政举道光，文修武偃。播崇德为宣风之始，训国子为化人之本。忝承教之在躬，庶声名之不远。

《文苑英华》卷七六《刘积中·乐德教胄子赋》

国家自诚而明，讲信修睦。既移风以设教，每登贤而制禄。由是命司乐之职，率彼成均；教舞勺之童，取诸卿族。常德咸事，庸言可复。纳诸轨物则物有其容，摄以威仪无不淑。日将月就，不疾而速。于以见中和之教克修，杞梓之材可育。观鼓箧请益，摄齐员来，严师尊道，至矣休哉。捧函丈之筵，无思不厌；听撞钟之问，有说必该。心不忘于翼翼，视有主于梅梅。审依仁即童蒙之求我，语成器如杼人之理材。且鼓舞铿锵，徒闻于物格；兴道讽诵，亦资于释回。岂如中以理心，和而适分。敬居简而可久，德有常而不紊。孝实天经，友为义训。本其至也，可以赜天地之情；引而伸之，可以畅雍熙之运。则知通和章德，在圣与仁。革蒙惑于初志，致辉光于日新。于以代天工，则庶绩时序；于以施邦教，则百姓皆新。斯可为理以乐成俗，师以贤得人。於戏！至教在兹，无从匪彝。合游洋以来学，任道德而为资。孝友祗庸，则无不顺者；自上下下，可咸使由之。夫然，则乐之教也，义微而婉。以八音为制，以六德为本。既履孝而资忠，宜任重而道远。若然者，安得不慎其终而思其反者也？

《文苑英华》卷七六《杜周士·乐德教胄子赋》[①]

我后令节，中和孔嘉。冻已全解，桃仍欲华。庆赏之多燕乐，既均于九有；播植之始教化，爰贞于四遐。于是心膂周、召，股肱稷、卨。洎彼庶尹，当兹新节。阳和溥畅，言拜赐于生成；稼穑艰难，乃载陈于睿哲。观其克合天意，咸造皇居，金曰国以人为本，人以食为储。政令不差，则夷华知劝；水旱无备，则仓廪其虚。且

① "乐德教胄子赋"，为贞元十七年进士赋题。

自古在昔，靡不有初。敬授人时而《尧典》垂记，大无禾麦则鲁史频书。今陛下夔夔栗栗，日慎一日，惟人是忧，惟农是恤。是以域中无事，海内殷实，人献其诚，神降之吉。臣等叨遇昌运，思禋大猷。惟兹南亩，可致崇邱。虔考令辰，实当四仲之首；敬举彝典，庶为六府孔修。岂止合彼九畴，冠夫百氏。高悬象魏，必日就而月将；永播蒸黎，自风行而草靡。帝曰"善哉，子之言"，是于变时雍，恭慎是宗。应天地中和之气，备朝廷中和之容。君告成中和之功，久而作乐；臣献守中和之术，先告三农。此所谓超羲越轩，臣贤主圣。树光宅之深本，为经邦之善政。美哉启沃之义，于斯为盛。

《文苑英华》卷二二《侯喜·中和节百辟献农书赋》

圣上睹万国之无事，伟三农之可嘉。因月令之初，爰询播植；俾年丰之庆，无隔幽遐。于是文武毕陈，威仪斯列。爰修末耜之务，用广异同之说。将期国实京坻，人怀礼节。捧书而进，知地利之可分；足食是图，见天心之载悦。既而启文字，俨簪裾，焕夔龙之献纳，掩河洛之图书。得富国以如此，契生人于厥初。稽重谷之言，徒称董仲；验深耕之法，何愧朱虚。所以候惊蛰之辰，应夹钟之律。昭八政之所用，蓄九年之闲失。是荐是蓑，将致乎千斯仓；爰始爰谋，必因乎四之日。故当载阳之候，以进为邦之术。俾农识不耕之凶，岁获终亩之吉。且中也者，表天地之交泰；和也者，象德化之优柔。致中和之令节，展稼穑之允修。将以肥硗异等，丰歉殊收。人靡在阿之叹，野传击壤之讴。已矣哉，富庶之规既如此，弼谐之道必于是。佐玄化之风行，动黎元而草靡。故得祥生地表，庆发天宗。百谷允修，臣罔惭于后稷；兆人乃粒，帝有迈于神农。伊斯事之明盛,掩前代之辉映。因献寿之嘉辰,遂启心于善政。何必考李悝之地力,览崔寔之《月令》。懿此群公之书,永作九州之庆。

《文苑英华》卷二二《贾𫗧·中和节百辟献农书赋》

农为务本,春则岁华。和者取至和之麾戎,中者象居中之莫邪。吾君将以发教源于仲序,配节令于孔嘉。知稼穑之道,则《无逸》之书何远;睹播植之论,审后稷之训不遐。至若四海无事,万方胥悦。野思疆理之勤,朝有田畴之说。铸兵器为农器,更旧节为新节。天子方坐承明之庐,端穆清之居。百执事孜孜而奉职,群有司济济以进书。曰:陛下德被淳古,时登太初。念耘籽之勤,每思亲劳;伫丰年之应,曾不自虚。臣所以极闻见而献可,庶将获大小之所如。伏以羲徇平秩,时在元吉。既钱镈之徒营,固准直而何失。迟西成于遗秉之岁,戒东作于寅宾之日。庶居勤之辈咸执其常,惰游之人罔敢不率。皇上谐众议,允嘉猷。载耒耜而亲耕,天下皆劝;率公卿而终事,庶绩咸修。然后创典章,颁远迩。斯再耕之自此,伫多稔之于彼。稽汜氏之法,未足方之;考《周官》之规,谅当改是。岂不以群下执躬,在上务农,故将降玄功于后土,介景福于天宗。况令节适时,良图合盛。近可法于三务,远从规于八政。岂将独播美于兹辰,冀终古而辉映。

《文苑英华》卷二二《胡直钧·中和节百辟献农书赋》

圣人清谧六合,车书一家。皇心协于天统,节令征为国华。思播植以富人,故农书是进;建中和而照物,俾淳风不遏。是以四夷即叙,九谷用嘉。当其天庙低临,韶光发泄。二月初吉,式协于农祥；三务成功，不亏乎岁节。授其时用天之道，进其书知人则哲。一人垂拱以忧勤，百辟献章而诚竭。于是元老进而言曰：陛下道洽无外，化康有截。犹虑九扈未弘，三时尚缺。命陈书而王化可阐，俾知方而农政斯列。既戒既种，粢盛之望有期；弗震弗渝，地利之宜奚设。岂不以寒气总入，春阳始初，陈乎五种之用，本乎三农之书。王者则千亩是籍，庶人则中田有庐。故年谷之顺不差，物力之功克实。首嘉节而东作方起，符中星而西成乃毕。其殖也习无不利，其耕也动罔不吉。然后邦国知息①节之宜，象魏识劝农之术。于以见君臣克协，于以见土谷惟修。足食表丰年之庆，多稼兴《大田》之猷。且夫节者育物于生成，农者丰功于遐迩。善宜兮时罔不若，化洽兮物无非是。乃疆乃理，歌积庾于京坻；有翼有凭，致殊方之率俾。非我后圣应太昊，德包神农，则不能尽地力，祈天宗。故得贞万性，行八政。幸沐化于和平，庶采葑而谣咏②。

　　　《文苑英华》卷二二《郑式方·中和节百辟献农书赋》③

　　乐之容，舞为则。道于情，崇于德。制其衣而五方咸备，颁其序而八卦不忒④。然后体利贞而疾徐有度，法行健而循环不穷。数盈而刚柔匪杂，缀短而明德将融。初配六以回旋，状马行于此；及变三而成列，知龙化其中。信《乾》《坤》之简易，应金石之变通。于是步日而前，因风而举。乘飘飏而婆娑杂沓，映照烛而长短合序。既顺之而不却，亦明之而有所。则《离》《巽》之不差，岂进退之无旅？则有应水之理，象木之规，叠若奔溜，散如繁丝。五色相

---

① "息"，他本或作"设"。
② "咏"，他本或作"诔"。
③ "中和节百辟献农书赋"，为贞元十九年进士赋题。
④ "忒"，原本作"惑"。

宣，谓神龟初负；八音咸奏，知灵凤来仪。《震》也《坎》也，何斯违斯。既以悦随，企其遵令。象山而乍结乍凝，依泽而若游若泳。状巍巍之德，仰之弥高；节荡荡之音，于斯为盛。是知《艮》《兑》之为美，故必随而不竸①。是故圣人穷乐之变，制舞惟新。效知来而藏往，故有要而有伦。非干戚之前设，若钧天之所陈。至若卿云共临，瑞日同霁，乍离乍合，若翔若滞。随方辨色，非前代之旧章；应节成文，实我唐之新制。是知舞以适道无颇，乐以审政同和。观象取则，异乎侧弁峨峨。则舞也，实百代之不讹。

《文苑英华》卷七九《张存则·舞中成八卦赋》

卦惟体德，舞以象功。分其节于《乾》《坤》之位，列其画于缀兆之中。相彼六爻，爰配数于六律；俾兹八体，俾叶义于八风。原夫乍合乍离，进旅退旅。参于繇而九变无挠，辨于位而五方有序。作既自于天心，用必在夫君所。刚柔斯别，皆取象于负图；俯仰可观，各分行于曳绪。尔其舞既，备位亦陈。赞扬和之启蛰，助雷雨之解屯。卦始画于庖牺，当皇唐贞元之岁；《易》咸列于宣父，在圣祖中和之辰。度曲未终，变态无极。《震》《艮》以节其动止，《离》《坎》以分其南北。闻之者正性命而深和，睹之者守精微而不贼。继虞《韶》之尽美，晒夏乐之惭德。征其本，察其仪，成于《巽》而德风备矣，变为《兑》而圣泽在斯。近取诸身，且表乎是则是效；大合乎乐，孰谓乎不识不知。矧夫作者既取诸身，演者必因于圣。谅旷代而莫睹，实于斯而为盛。其始也，取于卦而施诸人；其终也，观其妙而通乎政。是以契兹穆穆，异彼偡偡。象在于中，将致天

① "竸"，他本或作"竞"。

孙培青文集　第五卷　隋唐五代考试文献集成

地交泰；德形于外，以明保合太和。且夫周八佾而非美，汉《五行》而徒制。虽冠华秉翟于干戚之间，起索隐钩深于天人之际。曷若容止合于象象，幽赜殊乎卜筮。客有欣千载之一时，歌圣功而献艺。

《文苑英华》卷七九《白行简·舞中成八卦赋》

　　舞者乐之容，卦者象之则。故因舞以成卦，乃观象以知德。八音是节，位必配乎八风；五方具陈，衣必表乎五色。是以德从之理也，功加有截，化洽无为。作乐以习舞，同文而共规。俾万姓睹而悦服，百代勤而行斯。懿其舞者员来，乐人攸叙，匏土草木兮夙设，六律五声兮具举①。初就列以修容，忽扬袂而进旅。体殊舜乐，九成徒辨其疾徐；迹类羲文，八卦自分其处所。行缀罔失，俯仰攸同。《乾》《坤》定而有伦有要，《震》《兑》分而自西自东。禀雷泽以浃洽，象天地之昭融。纷纶乎抑扬之际，辉焕乎节奏之中。进退相依，变易交映。《艮》《巽》布而若离若合，《离》《坎》峙而不哗不竞②。体山风之次序，叶水火之情性。周旋乎玄武之间，繁会乎羽籥之盛。既而谐管磬，感神人。卦成列而不已，节有序而复频。赴度应声，倏凤转而龙骞；攒青拖紫，粲霞骇而锦新。翘遥兮比大章而未匹，缥缈兮异钧天之下陈。我后惟明，旧章爰制。以嗣以续，不陵不替。和乐且湛，每立象以化人；德音不忘，故体《乾》而称帝。是知卦之设也，八方正，四序和。彼象功以明德，安可与兹舞而同科。

《文苑英华》卷七九《钱众仲·舞中成八卦赋》③

---

① "举"，原本作"与"。
② "竞"，原本作"兢"。
③ "舞中成八卦赋"，为元和二年进士赋题。

第五章　科举考试命题与评卷

惟唐十二叶，盛德如春，虽幽无不被，而犷有未臣。帝曰："苟非我武，焉能庇人？"于是考龟策，谐谘询，投干戈于苗扈之地，拯黎庶于涂炭之辰。是师也，以胜残为心，以除暴为主，得周宣之薄伐，非汉皇之黩武。尔乃誓六师，命吉甫，鼓而出兮俯而取。始天声乍发，阗若雷霆；终圣泽旁流，霈如甘雨。既歼元恶，不问其余。诚与之更始，而待之如初。箪食壶浆，将争先以邀路；缁黄耆艾，知弛负以宁居。是以足蹈手舞，怨释愤摅，洗心灵而沃若，类草木之贲如。始其闻金鼓之声，疑杀戮之谓；及其蒙沾濡之赐，众乃歆歈以相慰。曰岂图污俗，犹轸圣心。殷云雷以作解，与枯槁而为阴。济济蒸徒，一以贯乎睿旨；颙颙噍类，咸得涤其烦襟。渥恩既溥，幽夏爰泄。爰离毕之时见，睹燎原之焰灭。始凭鼓怒，信天步之不回；终乃发生，谅人情之大悦。既而新厥政，革其讟。遂开儒风与文教，载橐越棘与燕弧。正皇网于寒暑，变下国之荣枯。夫如是，莫不沐仁泽以愉愉，咏恩波之侃侃。方且观濠梁之鱼乐，岂复比农夫于岁旱？

《文苑英华》卷六五《陈去疾·王师如时雨赋》

念黎庶兮，罹于毒痛。我兴师以剪屠，如旱岁之稼穑，得膏雨之沾濡。岂不以垂渥泽，润涸枯，草木之心宁虑暵其乾矣，天人之意将同卫讨邢乎？至乃锐戈矛，齐卒伍，诚告处于上帝，祈发生于下土。龙旗电掣，疑驱蔚矣之云；鼍鼓雷奔，似送霈然之雨。匪六师之是侵，实百姓以为心。所谓谋臣如雨，猛将如林。驰之驱之，似得时而将降；六伐七伐，谓决渠而就深。既踊跃而成列，象沉阴之欲泄。青萍制而破块将分，白羽麾而散丝不绝。奚润草之芳茂，信洗兵之是阅。异苞茅之贡矣，尔职不恭；同阴雨以膏之，我心则悦。不疾不徐,箕张翼舒。向兵革而自弭,喻滂沱之有余。多鼓均声,知上善之不若;密云不雨,想西郊之未如。且宣王六月兮,非旱之备;高宗三年兮,适足为费。惟鬼方之是惧,何人伦之足慰。岂比指绿林于一戎,养苍生于百卉。知我者信号令如春,不知我者疑甘泽随轮。一鼓而风云作气,再麾而寰宇清尘。以此出征为活国,不能无战乃爱人。故得戎羯来末①,淮夷纳款。嗟蝼蚁之犹聚,将刑戮而尚缓。今挟泰山,压危卵,不得已而用师,如救岁之大旱。

《文苑英华》卷六五《章孝标·王师如时雨赋》②

惟昔有人,心至术精,得鸡之情。情可驯而无小无大,术既尽而不飞不鸣。对勍敌以自持,坚如挺植;登广场而莫顾,混若削成。初其教以自然,诱之不惧。希渐染而能化,将枯槁而是喻。质殊朴斫,用明不竞之由;状匪雕镂,盖取无情之故。然则饮啄必异,嬉游每殊。伫栖心而自若,期顾敌而如无。日就月将,功尽而稍同颠柄;不震不悚,性成而渐若朽株。已而芥羽讵设,雕笼莫闭。卓然之至全变,兀若之姿已致。首圆胫直,轮桷之状俱呈;嘴利距铦,枳枸之芒并利。是以纵逸情绝,端良气全。臆离披而踵附,眸眩曜而节穿。惊被文而锦翼蔚矣,迷𢬋木而花冠烂然。虚骄者怀不才之虞,安能自恃?贾勇者有攻坚之惧,莫敢争先。故能进异激昂,处同虚寂。郢工误起乎心匠,邱氏徒惊乎目击。澹然无挠,子綦之质方侔;确尔不回,周勃之强未敌。之喻斯在,其由可征。驯致已忘乎力制,积习潜通乎性能。是则语南国者未足

① "末",他本或作"王"。
② "王师如时雨",为元和十四年进士赋题。

与议，斗东郊者无德而称。士有特力自持，端然不倚。块其形而与木无二，灰其心而顾鸡若是。彼静胜之深诚，冀一鸣而在此。

《文苑英华》卷一三八《浩虚舟·木鸡赋》①

儒有悦声教以自勖，睹至乐于实录。如玄宗之圣代，制《霓裳》之丽曲。岂惟象德以饰喜，将以变风而易俗。原夫鼎湖道洽，薰弦思深。恶繁声以惑志，思雅乐以理心。调乎琴瑟之间，无非故曲；奏自《云韶》之下，尽是凡音。乃制神仙之妙响，是知《郑》《卫》之难侵。与钧天之潜契，冀瑶池之可寻。时也廷臣并观，乐器斯设，弦匏由是而居次，箫管因之而在列。假宫商之具举，成曲度之妙绝。变虚徐之歌态，始讶遏云；振飘飘之舞容，忽惊回雪。既应弦而合雅，亦投袂而赴节。已而乐自宸虑，备于太常。首琼殿之法曲，改梨园之乐章。配八佾以称美，旌九功而无荒。尽文物之全盛，致众庶之欢康。是知和平有因，雅正无比，既容与而在目，复周旋而盈耳。融融然节奏合度，佮佮然周旋有旨。逸调奏兮既彻，嘉名播兮未已。今皇帝奕叶继代，明德是资。开元之圣运复启，《羽衣》之余响宁遗。观两阶之舞干，既柔殊俗；睹二②清之仙乐，复播明时。下臣就列以贡赋，喜闻《韶》而在兹。

《文苑英华》卷七四《沈郎·霓裳羽衣曲赋》

我玄宗心崇至道，化叶无为。制神仙之妙曲，作歌舞之新规。被以衣裳，尽法上清之物；序其行缀，乃从中禁而施。原夫采金石之清音，象蓬壶之胜概。俾乐工以交泰，俨彩童而相对。漓洒合节，初

① "木鸡赋"，为长庆二年进士赋题。
② "二"，他本或作"三"。

闻六律之和；摇曳动容，宛似群仙之态。尔其绛节回互①，霞袂飘飏。或眄盼以不动，或轻盈而欲翔。八风韵肃，清音思长。引洞云于丹墀之下，飒天风于紫殿之旁。懿乎乐洽人和，曲含仙意。杂弦管之繁节，澹君臣之玄思。清凄满听，无非冲漠之音；飒沓盈庭，尽是云霄之事。吾君所以凝清虑，慕玄风，无更旧曲，用纂成功。既心将道合，乃乐与仙同。悦康平于有截，延圣寿于无穷。美矣哉！调则冲虚，音惟雅正。于以臻逍遥之境，于以畅恬和之性。遂使俗以廉平，人无分竞。见天地之诉合，致朝廷之清净。小臣抃而歌曰：圣功成兮至乐修，大道叶兮皇风流。愿揣俸于竹帛，赞玄化于鸿休。

《文苑英华》卷七四《陈嘏·霓裳羽衣曲赋》②

欲廓文德，先韬武功。倒干戈而是载，铸剑戟以欣同。千里还师，回刃于戎车之上；一朝偃伯，垂仁于王道之中。皇上以心宅八纮，威加四极，有罪必伐，无征不克。旌旗西向，竞纳款于中原；鼙鼓东临，咸献俘于上国。然后轸宸虑，恻皇情。万姓苟宜于子视，三边可俟其尘清。由是罢师旅，休甲兵。干橹势倾，压双轮而委积；戈铤色寝，满十乘以纵横。盖以战乃危事，兵惟凶器，欲令永脱于祸机，必使先离于死地。所以前铎俄睹，回辕继至。虞舜舞而曾用，比此宁同；鲁阳挥以负来，于斯则异。既不授其豹略，乃长苞于虎皮。谅櫜弓而若此，讵反斾以如斯？征彼《礼经》，折轴苟闻于山立；考诸《易》象，盈车徒见其离为。岂虑自焚，诚同载戢，五兵从此以皆弭，七德于焉而复立。遂使顽凶之子，无日可

第五章　科举考试命题与评卷

寻；更怜忠烈之臣，徒云能执。故得杀气潜息，嘉猷孔彰。以此怀柔而何人不至，以此亭育而何俗不康？罢刃销金，道无惭于齐帝；放牛归马，德宁愧于周王？大矣哉！因尔仁天，用藏兵柄，得东征西怨之体，见师出凯旋之盛。小臣伏睹乎纛鞬，敢不歌扬于明圣？

《麟角集》之《王棨·倒载干戈赋》①

　　明彼今古，闻诸圣贤，《易》垂言而著在八卦，人有文而形于普天。用以成章，既验斯风之肃穆；瞩之于物，乃知厥德之昭宣。吾君秉②此格言，恢乎至理，以为文在天而苟可鉴，文在人而诚足视。在天则时变从之，在人则化成有以。故体此以御宇，取兹而教人。且文也，肇自河龟见，洛书陈，道德故，仁义新。出无为而入有象，齐父子而一君臣。既而上古遐，中古迩，苟流播之如此，乃弛张而若彼。始则六十四位演自周王，旋则三百五篇删于孔氏。故得有国之君，准绳斯文。诗书礼乐以表里，干戚俎豆以区分。莫不经天纬地，仿佛氤氲。布彼寰瀛，风行而草偃；被于亿兆，玉洁而兰薰。然后铿作《咸》《韶》，散为《风》《雅》，调畅动植，周通夷夏。车书得以合矣，贵贱与而同也。遂使九州四海，皆瞻黼黻于朝端；墨客词人，交露锋芒于笔下。大哉人文之义也，焕矣赫矣，可名可观。唯圣朝之所擅，岂悖德之能干？推其时而时或异，论其道而道斯完。故将垂百王而作范，岂唯充万国以咸欢者也。夫如是，则肩比三王，威销五霸，弘彰驭马之成政，克俾雕龙之擅价。彬彬乎哉，郁郁乎哉，有以见我唐之至化。

《莆阳黄御史集》秩上《省试人文化天下赋》

---

① "倒载干戈赋"，为咸通二年进士赋题。
② "秉"，他本或作"乘"。

文皇帝以精求要义，下访良弓，以木心之邪正既别，将理道之比方乃同。木若有邪，奚副准绳之一一？理如无苟，必资国祚之崇崇。斯盖体元立制，启圣乘乾，与禹、汤而接轸，将尧、舜以差肩。

睹于物也，必有诚焉。言念为弓，尚穷玄于脉理，岂于有国不注意于英贤？否则，何以弘丕图于赫赫，垂宝祚于绵绵者哉？则知黄帝造舟车之旨，其难为比；周武倒干戈之文，殊不称美。观草木而尚比烛幽，统寰区而足彰致理。遂使度木抡材之子，每自依依；献可替否之臣，曾非唯唯。

今吾皇播声教以锵洋，浚恩波而浩汗。乾坤与之而合德，夷夏有之而一贯。斯弓不制，洞其理以明明。斯问克兴，露其言而粲粲。儒有生在江岭，来趋辇毂。波涛久慕于化鲲兮[1]……

《莆阳黄御史集》秩上《御试良弓献问赋》[2]

曲也者，厥理惟何？直也者，其词可属，一则见回邪之所自，一则非平正而不欲。故圣人立此格言，为乎懿躅。俾有家而有国，不与混同；令自高而自卑，靡相参触。至如木也，或表从绳之直，或叠来巢之曲。虽则含烟带雨，共呈苍翠于岩间；而耸本盘根，各禀规模于山足。勿言同地而错杂，固乃殊途而瞻瞩。所以方能中矩，俟良匠之所知；劲不为轮，信奇材而可录。莫不分彼邪正，镇于时俗。且木之理兮，犹不差忒；人之道兮，切在忠直。

直也，不可以曲从。曲也，不可以直饰。行于己而己有异，施于人而人是测。繇是屈原在楚，铺其糟而不为；比干相殷，剖其心

---

① 原文后阙。
② "良弓献问赋"，为乾宁二年进士复试赋题。

第五章　科举考试命题与评卷

617

而可得。顾惟忠谠之受性，岂与邪谀而同域？其不相入也。

理苟如是，俗奚以惑。小人曲媚，或乘造次以得时；君子直诚，可仗英明而辅国。今我后恢睿哲以御乾，澄圣心而立极。恶似钩而在物，乐如弦而比德。惟曲是斥，彰万乘之准绳；惟直是求，示百王之楷式。微臣之获咏歌，敢不佩之于取则。

《莆阳黄御史集》秩上《御试曲直不相入赋》[1]

（三）策

1. 府州试策

问："有征无战，道存制御之机；恶杀好生，化含亭育之理。顷塞垣夕版，战士晨炊，犹复城邑河源，北门未启，樵苏海畔，东郊不开。方议驱长毂而登陇，建高旗而指塞。天声一振，相吊俱焚。夫春雪偎阳，寒蓬易卷。今欲先驱诱谕，暂顿兵刑，书箭而下蕃臣，吹笳而还虏骑。眷言筹画，兹理何从？"

问："夫子述《孝经》，裁道德，辅天相地，树之王化，穆乎人伦。既钩命而合谟，亦契神而尽性。历听藏书，同为代宝；永言五孝，不列六经。将设教之有旨，岂偏序之无法？北宫群彦，未始详焉；东观诸儒，不之辩也。且礼乐二本，古文漏失；《春秋》三传，大议派分。而备六借于兰台，悬九经于甲令。今欲登孝道为七艺，抑未前闻，足经名为十部，恐疑后进。思观义窟，用定儒门。"

问："语人以伦，鸣鹤斯和；砥名砺节，异代同归。子等温古知

---

[1] "曲直不相入赋"，为乾宁二年进士复试赋题。

今，将施有政，前言往行，岂曰无闻？至于显仁义以基德，标智信以习礼，触目青史，比肩缥帙，思齐其事，各辩其人。既呈役于扣钟，可征贤于求燧。肖形天地，甄化阴阳，五常配于五行，六情同于六气。为所禀之各异，盖因物而或迁。仍分情气之题目，兼叙常行之方位。"

问："自昔帝王，必有制作，所以隆基天命，器辩神奸。至如或铸昆吾，或迁郏、鄏，虞邱之说尚疑周、汉，楚子之问未详轻重。通明旧史，幸为指陈。亦有弗父勒铭，仲山传器，得于何代，显自何功？鱼游之旨安施，雉颂之文奚戒？兼言鼎鼐之异，及显国家之宜。"

《全唐文》卷二二二《张说·试洛州进士策问四道》①

问："古之山林薮泽之地，各以肥硗多少为差。故供甲兵士徒之役，府库赐予之用，给郊社宗庙之礼，奉养禄食之出，辨乎名物，存乎有司，是谓公赋知归，地着不挠者已。今圣朝绍宣王中兴之洪业于上，庶尹备山甫补衮之能事于下，而东寇犹小梗，率土未甚辟，总彼赋税之获，尽瞻军旅之用，建是官御之旧典辟矣，入神之攸序乖矣。欲使军旅足食，则赋税未能充备矣。欲将诛求不时，则黎元转瘝于疾苦矣。子等以待问之实，知新之明，观志气之所存，于应对乎何有？仁渴救弊之通术，愿闻强学之所措，意道在此矣，得游说乎？"

问："国有轺车，庐有饮食。古之案风俗，遣使臣，在王官之一守，得驰传而分命。盖地有要害，郊有远近，供给之比，省费相悬。

第五章　科举考试命题与评卷

今兹华惟襟带，关逼辇毂，行人受词于朝夕，使者相望于道路。属年岁无蓄积之余，职司有愁痛之色。况军书未绝，王命急宣。插羽先骛于腾鹰，弊帷不供于埋马。岂刍粟之勤独尔，实骖䮷之价阙如。人主之轸念，屡及于兹。邦伯之分忧，何尝敢怠？乞恩难再，近日已降水衡之钱；积骨颇多，无暇更入燕王之市。欲使轺轩有喜，主客合宜，闾阎罢杼轴之嗟，官吏得从容之计，侧仁嘉论，当闻适时。"

问："通道陂泽，随山浚川，经启之理，疏奠之术，抑有可观，其来尚矣。初圣人尽力沟洫，有国作为堤防。洎后代控引淮海，漕通泾渭，因舟楫之利，达仓廪之储。又赖此而殷，亦行之自久。近者有司相土，决后支渠，既渭而乱河，竟功多而事寝。人实劳止，岸乃善崩。遂使委输之勤，中道而弃。今军用盖寡，国储未赡，虽远方之粟大来，而助挽之车不给。是以国朝仗彼天使，征兹水工，议下淇园之竹，更凿商颜之井。又恐烦费居多，绩用莫立，空荷成云之插，复拥圆淤之泥。若然，则舟车之用，大小相妨矣；军国之食，转致或阙矣。矧夫人烟尚稀，牛力不足者已。子等饱随时之要，挺宾王之资，副乎求贤，敷厥说论。"

问："足食足兵，先哲雅诰。盖有兵而无食，是谓弃之。致能掉鞅靡旌，斯可用矣。况寇犹作梗，兵不可去。日闻将军之令，亲睹司马之法。关中之卒未息，灞上之营何远？近者，郑南训练，城下屯集，瞻彼三千之徒，有异什一而税。窃见明发教之战斗，停午放其庸保，课乃菽粟，以为寻常。夫悦以使人，是能用古。伊岁则云莫，实虑休工。未卜及瓜之还，交比罢桑之饿。群有司自救不暇，二三子谓之何哉？"

问："昔帝尧之为君也，则天之大，敬授人时，十六升自唐侯者已。昔帝舜之为臣也，举禹之功，克平水土，三十登为天子者已。本之以文思聪明，加之以劳身焦思。既睦九族，协和万邦；黜去四凶，举十六相。故五帝之后，传载唐虞之美，无得而称焉。《易》曰：'君子终日乾乾。'《诗》曰：'文王小心翼翼。'窃观古之圣哲，未有不以此。君唱于上，臣和于下，致乎人和年丰，成乎无为而理者也。主上，躬纯孝之圣，树非常之功，内则拳拳然事亲如有阙，外则恓恓然求贤如不及。伊百姓不知帝力，庶官但恭己而已。寇孽未平，咎征之至数也；仓廪未实，物理之固然也。今大军武步，列国鹤立，山东之诸将云合，淇上之捷书日至。二三子议论弘正，词气高雅，则遗袄荡涤之后，圣朝砥砺之辰。虽遭明主，必致之于尧舜；虽降元辅，必要之于夔皋。驱苍生于仁寿之域，反淳朴于羲皇之上。自古哲王立极，大臣为体，眇然坦途，则何往不顺，子有说否？庶复见子之志，岂徒琐琐射策，趋兢①一第哉？顷之问孝秀，取备寻常之对，多忽经济之体。考诸词学，自吐文章在。策以征事，曷成凡例焉？今愚之粗征，贵切时务而已。夫时患钱轻，以至于量资币，权子母，代复改铸，或行乎前榆荚，后契刀。当此之际，百姓蒙利厚薄，何人所制轻重？又谷者，所以阜俗、康时、聚人、守位者也。下至十室之邑，必有千钟之藏。苟凶穰以之，贵贱失度，虽封丞相而犹困，侯大农而谓何？是亦继绝表微，无或区分逾越，蒙实不敏，仁远乎哉！"

《文苑英华》卷四七四《杜甫·乾元元年华州试进士策问五道》

问："《礼记》曰：'事君有犯无隐。'又曰：'为人臣者不显谏。'

---

① "兢"，他本或作"竞"。

然则不显谏者，有隐也，无乃夫事君之道乎？无隐者，显谏也，无乃失为臣之节乎？《语》曰：'不知命，无以为君子。'《易》曰：'乐天知命，故不忧。'又，《语》曰：'君子忧道不忧贫。'斯又忧道者，非知命乎？乐天不忧者，非君子乎？夫圣人立言，皆有伦理，虽前后上下，若贯珠然。今离之则可以旁行，合之则不能同贯。岂精义有二耶？抑学者未达其微旨耶？"

问："大时不齐，大信不约，大白若辱，大直若屈。此四者，先圣之格言，后学之彝训。有国者，酌之以行化也；立身者，践之以修己也。然则，雷一发而蛰虫苏，勾萌达；霜一降而天地肃，草木衰。其为时也大矣！斯岂不齐者乎？日月代明而昼夜分，刻漏者准之，无杪忽之失焉；春秋代谢而寒暑节，律吕者候之，无黍累之差焉。其为信也大矣！斯岂不约者乎？尧让天下而许由遁，周有天下而伯夷饿，其为白也大矣！斯亦（不）辱者乎？桀不道，龙逄谏而死；纣不道，比干谏而死。其为直也大矣！斯岂（不）屈己者乎？由是而观，有国者、立身者惑之久矣，众君子试为辨之。"

问："大凡人之感于事，则必动于情，发于叹，兴于咏，而后形于歌诗焉。故闻《蓼萧》之咏，则知德泽被物也；闻《北风》之刺，则知威虐及人也；闻"广袖、高髻"之谣，则知风俗之奢荡也。古之君人者采之，以补察其政，经纬其人焉。夫然，则人情通而王泽流矣。今有司欲请于上，遣观风之使，复采诗之官，俾无远迩，无美刺，日采于下，岁闻于上，以副我一人忧万人之旨。识者以为何如？"

问："百官职田，盖古之稍食也。国朝之制，悬在有司。兵兴已还，吏鲜克举。今稽其地籍，则田亦具存；计以户租，则数多散失。至使内外官中，有品秩等、局署同而厚薄相悬，不啻乎十倍。

斯者积弊之甚也，得不思革之乎？请陈所宜，以救其失。”

问：“谷帛者，生于下也；泉货者，操于上也。必由均节，以致厚生。今田畴不加辟，而菽粟之价日贱；桑麻不加植，而布帛之估日轻。懋力者轻用而愈贫，射利者贱收而愈富。至使农人益困，游手益繁矣。然岂谷帛敛散之节，失其宜乎？将泉货轻重之权，不得其要乎？今天子方策天下贤良政术之士，亲访利病，以活元元。吾子若待问于王庭，其将何辞以对？”

《白居易集》卷四七《进士策问五道》

问：“昔者秦襄公举秦鄙之人，逐犬戎于西河之外，因其险而塞焉，后代无敢逾。始秦方列为小国，而东有诸侯窥地之兵，西有强戎不忘之怨，未闻当时秦尝籍卒于外而屈于敌也。此一侯者之士尚尔，况臣天下之大哉？今西边制戎，起陇黄花辅两关。自黄花掘塞倚汉中，南逾山，绵阻极巴蜀。自开萦陇西，北会弹筝，杠于河，堑于朔方，夹河而东，倚丰而角有天障。居其西以控戎者凡七师，逦迤数千里之间，壁冲扼要之戎百有余城。若此，足以流威而谨塞乎？且戎之力不能加古昔之患，而边防与地之兵，方秦之多倍百矣。犹以不足于用，即东取卒于淮南吴越，东南取长沙，至于衡山临江，更岁以易卒。彼其土之人，逾寒不纩，而投之积冰之地，役其所不习，用其所不能，非独馈挽之不胜于费也。及闻堕指裂肤之事，父母妻子，聚而兴哀。今欲疏罢征之请，则边臣有失助之告；如存乎旧规，则赘疣而无用。得失之端，幸称其当。”

问：“时皆曰：县令之官，为能以化亲于人矣。讯其变化宠最之法，曰：岁益氓几室，赋随而息之。是令之诲人曰：劳氓其来我者，遂其所而保之。吾能使吏不侵，决不渝。一岁曰：侨人籍而不赋。再岁曰：侨人赋而不役。诚著而不衰，四邻之人逋而来者，属袖于道。岁告籍于其郡，达于连帅，即迁之。逋人之邑，亦且虚籍以自蔽，累赋于所存。四邻之邑，更教诲以召之，赋累而不能反者，更往而逋之。四土之人，环游不绝，轻去其乡闾，犹脱垢耳。虽恩书亟降，为之濯煦，然犹虚籍为祖，日增而不止。岂褒尤宠最之谬哉？不然，其咎安在？众在君子皆含智负能，惟其不吝嘉谋，伫闻通理。"

问："夫才之居人也，自中正降，短长之不相侔甚矣。今士非列于朝请者，必仰于吏部。故岁调试千余人，即假疑于事，使对书决之。亦有冒买其书者，莫有所禁。其取舍之程，考于字句耳。夫栌栱轴辐之具也，细不掩短，狭不模挠，随用有蒌。于今士一规而选，授于殊执，岂果尽其性哉？欲去书判之选，则有司者无以为准约，未知何以而得其中也。惟陈必中之言，以程斟酌之度。"

《沈下贤文集》卷一〇《京兆府试进士策问》

2. 常科试策

(1) 秀才

问："儒有安身以全德，有杀身以成仁，有徇名以行己，有忘名以救物。虽俱出于儒墨，而用之不同。圣人立言，岂其无持操欤？夫魏颗违命，申生受赐，伍尚赴郢，伍胥如吴，四者孰孝？比干死之，微子去之，太公投竿，伯夷采薇，四者孰义？石户窜于海上，伯阳隐于柱下，范蠡泛舟于越，三者孰洁？今欲考其本末，度长以挈大；较其去就，合异以为同。渴闻贯之之道，辩之之说。"

问:"黄帝氏以无为为政,垂衣裳而天下顺。周人三千,其仪亦克用义。舜诛四罪,天下咸服。而成康恭己,刑措不用。致化之本,岂不同源?而文质殊贯,损益相反,以古范今,何去何就?孔子用钺两观,而鲁至于道。而宓子贱鸣琴愔愔,单父亦化。宽猛之际,大小不侔。比权量实,其义焉在?敷畅厥旨,敬伫嘉言。"

问:"《传》曰:'其君齐明精洁,则神飨人听,故明神降之。'夫天地烟煴,冲气为人。神何由降?明何由出?至如晋崇实沉,崧生申甫,编传谷城之老,言发魏榆之石。梼杌杜伯与商周而存亡,黄熊白毛将晋虢而兴败。是何祥也?根本焉在?二三子贲然来斯,宜究乎天人之终始。其悉数以对。"

《毗陵集》卷一八《策秀才文三道》

(2)明经

问:"孔圣属词,丘明同耻,裁成义类,比事系年。居体元之前,已有先传;在获麟之后,尚列余经。岂脱简之难征,复绝笔之云误?子产遗爱也,而赂伯石;叔向遗直也,而戮叔鱼。吴季札附子臧而吴衰,宋襄公舍与夷而宋乱。阵为鹅鹤,战岂捷于鱼丽?诅以犬鸡,信宁优于牛耳?子所习也,为予言之。"

问:"三代之弊,或朴或薄;六经之失,或愚或诬。夫以殷、周之理道,《诗》《书》之述作,施于风俗,岂皆有所未至耶?辍祭纳书,诚为追远;执戈桃茢,无乃伤恩。何二者之相反耶?两楹坐奠,叹有功于宗予;九龄魂交,数能移于与尔。何二者之不一耶?山节藻棁,豚肩狐裘,皆大夫也,又何相远耶?《檀弓》祖免,子游衰麻,何如直谅而忠告之耶?各以经对。"

问:"四营成卦,三古遗文,本自河图,演于羑里。而西邻禴祭,斯乃自多;箕子利贞,且居身后。岂理有未究,复古失其传?《乾》之象辞乃次六爻之末,《坎》加习字有异八纯之体。《无妄》则象称物与,《同人》则象引卦名。或备四德而才至悔亡,或无一德而自居贞吉。访于承学,思以稽疑。至若康成之阴阳象数,辅嗣之人事名理,异同优劣,亦为明征。"

问:"左史记言,古之大训。何首载《尧典》而乃称《虞书》? 当文思之代,而九官未命,及纳麓之时,而四凶方去。岂允恭克让,待玄德而尽善耶? 仲虺作诰,伊尹作训,岂臣下忠规之称耶? 伯禽《费誓》,穆公《秦誓》,岂帝王轨范之书耶? 好风好雨,既从于箕毕,时若恒若,复系于体咎,何所适从耶? 伏生传于耄耋,鲁壁得于残缺,前代讲训,孰为名家? 可以详言,用窥奥学。"

问:"二《南》之化,六义之宗,以类声歌,以观风俗。列国斯众,何限于十四? 陈诗固多,岂止于三百? 颂编《鲁颂》,奚异于《商》《周》? 风有《王风》,何殊于《邶》《卫》? 颇疑倒置,未达指归。至若以句命篇,义例非一,瓜瓞取绵绵之状,草虫弃喓喓之声,斯类则多,不能具举。既传师学,一为起予。企闻博依之喻,当纵解颐之辨。"

问:"鲁史成文,以一字为褒贬;汉庭尚学,有二传之异同。虽子夏授经,孙卿肄业,而去圣浸远,传疑悦多。闰以定时,何非乎告朔? 雩乃闵雨,奚忧于去让? 文有无天之说,定有无王之年,例或难通,理也未尽。卫辄辞以尊祖,于义安乎? 许止阙于尝药,受诬乃甚。以兹疑滞,皆藉发明。穀梁子之言,固当有据,应上公于古,复是何神? 诸儒待问,一为觇缕。"

问:"孔门达者,列在四科。颜子不幸,伯牛恶疾,命之所赋,诚不可问。至若攻冉求以鸣鼓，比宰我于朽木，言语政事，何补于斯？七年可以即戎，百年可以去杀，固弛张之有异，曷迟速之相悬？为仁由己，无信不立。拜阳货则时其亡也，辞孺悲则歌使闻之，圣人之心，固当有为。鄙则未达，子其辨欤。"

《文苑英华》卷四七五《权德舆·明经诸经策问七道》①

问："鲁史之文，先师用明于王道。汉武之代，《左氏》不列于学官。诚义例之可观，终诬艳而多失。凤凰兆启，陈氏不得不昌；鹳鹆成谣，季氏不得不叛。既未然于前定，于立教而谓何？同耻释经，岂其如是！夏五之阙，虽系月而何嫌？艮八之占，于兼山为何象？因生因谥，未详命氏之殊；德命类命，请数制名之义。生既充赋，无辞说经。"

问："冠婚成人著代之义，一献之响，舅姑先降以奠酬；三加弥尊，母兄皆拜而为礼。责妇顺而则可，于子道而谓何？一与之齐，终身不改，而夷狄有问服。二姓之合为重，而孔门多出妻。蹈白刃或易于《中庸》，引重鼎奚列于《儒行》？禪衰疑衰之制②，继别继祢之差，生既讲闻，佇观详辨。"

问："周制六官，以倡九牧，分事任之广，计名物之多。下士吏胥，类颇繁于冗食；上农播殖，力或屈于财征。简则易从，寡能理众。疑宋母之失实，岂周公之信然。今欲举司徒之三物，教宾兴之六艺，又虑乐舞未通于《韶》《濩》，徒玩干旄，乡射有昧于和容，务持弓矢。适废术学，岂资贤能？至若六变八变，致神祇之格；天产地产，有礼乐之防。忝贰春官，企闻详说。"

---

① 时在贞元十八年。
② 此为贞元十九年明经策问。

问:"作《易》者,其有忧患乎? 又曰:'乐天知命故不忧,鼓天下之动者存乎辞。'又曰:'吉人之辞寡,寂然不动,则感而遂通。见几而作,乃不俟终日。'岂各有所趣? 幸备言其方。至若《巽》之于人为广颡白眼,《坎》之于马为美脊薄蹄,诚曲成以弥纶,何取象之琐细? 伫闻体要,然后忘言。"

问:"尧之文思也,命羲和、四岳,敬授人时,其道巍巍矣。舜之登庸也,则流放窜殛,考绩黜陟,熙帝载而亮天工者二十有二人,其理昭昭矣。至禹则别九州,导九河,分五服,建五长,辛壬癸甲,荒度土功,其勤云云矣。夫以陶唐、虞、夏,皆圣人也,而劳逸斯殊。岂时不得不然,复道有所不及? 何事功玄德烦简相去之远耶? 愿闻其说。"

问:"三网之道,有君臣焉,有父子焉。《周南》《召南》以风化于天下,《关雎》《鹊巢》乃首于夫妇。举后妃曷若先天子,美夫人曷若称诸侯? 岂自迩而及遐,将举细而明大? 又太师所采,孔圣所删,以时则齐襄先于卫顷,以地则魏土褊于晋境。未详差次,何所后先? 一言虽蔽于无邪,六义乃先于谲谏,既歌乃必类,何失之于愚? 理或出于郑笺,言无惮于匡说。"

问:"褒贬之书,宣父约于史氏;清婉之传,卜商授于门人。经有体元,且无训说,日称夜食,颇近迂异。征秃眇之修聘,聚綦辄之方言,晋大夫奚俟于偕行,卫公子岂名其天疾? 隐居摄以崇让,郑讨叛以灭亲,未曰申邪,宁为积虑? 邹氏、夹氏,学既不传;尸子、沈子,复为何者? 鄙夫未达,有伫嘉言。"

问:"子曰:'君子无终食之间违仁。'又曰:'仁远乎哉?'则子文之忠,文子之清,由也之果,求也之艺,皆曰不知其仁,岂尽非君子耶? 胡为乎登夫子之门而称齐楚之贤大夫也? 其愚如愚,甯武与颜生孰愈？三思三省，季文子与曾子孰优？虞仲隐居以放言，下惠辱身以降志，颇殊取舍，皆曰逸贤。探索精微，当有师说。"

问："《春秋》者，以仲尼明周公之志而修经，丘明受仲尼之经而为传，元凯悦丘明之传而为注。然则夫子感获麟之无应，因绝笔以寄词，作为褒贬，使有劝惧。是则圣人无位者之为政也，其于笔削义例，岂皆周法耶？左氏有无经之传，杜氏又错传分经，诚多艳富，虑失根本。既学于是，颇尝思乎？"

问："《大学》有明德之道，《中庸》有尽性之术，阙里弘教，微言在兹。圣而无位，不敢作礼乐；时当有开，所以先气志。然则得甫、申之佐，犹曰降神；处定、哀之时，亦尝问政。致知自当乎格物，梦奠奚叹于宗予？必若待文王之无忧，遭虞帝之大德，然后凝道，孰为致君？尔其深惟，以判其惑。"

问："洁净精微，研几通变。伏羲重其象，文王演其辞。设位尽通于三极，修德岂惟于九卦？何思何虑，既宜以同归；先甲先庚，乃详于出令。俭德避难，颇殊謇謇之风；趋时贵近，方异谦谦之吉。穷理尽性之奥，入神致用之精，乾元用九之则，大衍虚一之数，成性有存存之道，知几穷至至之□，此所讲闻，试陈要略。"

问："《洪范》之美大同也，曰子孙其逢吉；数五福也，曰考终命：皆其极致也。至若允恭克让而生丹朱，方命圮族乃产神禹，何吉凶之相戾？《金縢》请命，方秉珪以植璧，元龟习吉，乃启钥而见书，岂赋命之可移也？绝地天通，未详厥理；血流漂杵，何乃溢言！

待问而来，幸陈师说。"

问："风化天下，形于咏歌，辨理代之音，厚人伦之道。邶、鄘褊小，尚列于篇；楚、宋奥区，岂无其什？变《风》《雅》者，起于何代？动天地者，本自何诗？《南陔》《白华》，亡其辞而不获；《谷风》《黄鸟》，同其目而不刊。举毛、郑之异同，辨《齐》《鲁》之传授。墙面而立，既非其徒；解颐之言，斯有所望。"

问："《穀梁》名经，兴于鲁学；刘向博习，称于汉朝。或贬绝过深，或象类无据。非立异姓，乃以灭莒成文；同乎他人，岂谓齐侯之子？异类颇甚，后学难从。讳亲、讳贤，当举其例；耳理、目理，幸数其言。何词所谓近于情，何义所谓失于短？凡厥师授，为予明之。"

问："夫子以天纵之圣，畏匡厄陈。行合神明，故久于丘祷；将行理道，奚矢于天厌？对社栗之问，宰我强通；叹山梁之时，仲由未达。季氏旅岱，冉求莫救。皆见称于达者，或才比于具臣。尝肆善言，顾多滞义。末卷载游、夏之事，终篇纪舜、禹之词，颇疑不伦，可以敷畅。"

《文苑英华》卷四七六《权德舆·明经策问七道》

(3) 进士

问："狱市之寄，自昔为难；宽猛之宜，当今不易。缓则物情恣其诈，急则奸人无所容。曹相国所以殷勤，路廷尉于焉太息。韦弦折中，历代未闻，轻重浅深，伫承嘉议。"

《文苑英华》卷四九七《吴师道·用刑宽猛》

对："攘袂九流，披怀万古，览玉篆之奥义，觊金简之遗文，睹皇王临御之迹，详政术枢机之旨，莫不则乾纲而张礼乐，法霆震而置威刑。纵使轩去鼎湖，非无涿鹿之戮；舜辞雷泽，遂有崇山之诛。自皋陶不嗣，忿生长往，甫侯设法，徒有说于轻重。子产铸书，竟无救于衰败。是知风淳俗厚，草艾而可惩；主僻时昏，黥凿而犹犯。我君出震继天，承图宰化，孕十尧而遐举，吞九舜而上征。犹以为《周书》三典，既疏远而难从，汉律九章，已偏杂而无准。方当采韦弦于往古，旋折中于当今。若能诏彼刑章，定金科之取舍，征其张赵，平丹书之去留，必使楚国受金，不为庄生所责。长陵盗土，必用张子之言。谨对。"

上官仪对《用刑宽猛》^①，载《文苑英华》卷四九七

问："棘津登辅，不因阶于尺木；莘郊作相，岂凭资于累迁？盖道有攸存，时无可废。爰暨浇讹，必循班序；先容乃器，因地拔萃。共相沿袭，遂成标准。今圣上务切悬旌，心摇启繇。虽衣冠华胤，已乔迁于周列，而衡泌幽人，罕遥集于魏鼎。岂英灵不孕于山泽，将物理自系于古今？无蔽尔辞，切陈其致。"

《文苑英华》卷五〇二《吴师道·求贤》

对："凤德方亨，必资英辅；龙光未聘，实俟明君。既藏器以须时，亦虚襟而待物，莫不理符灵应，道叶冥通。类霜降而钟鸣，同云蒸而础润，秘策赴之如投水，神心应之若转规，用能感会一时，抑扬千古。是以沉鳞暂跃，遂游泳于天汉；坠羽才迁，乃腾骧于日陆，弘心体之妙旨，播舟水之嘉谋，义列丹青，德融金璧。迨乎时

---

① "用刑宽猛"，为贞观元年进士策题。

钟季叔，化渐浇讹，拔萃之惠罕流，因地之阶愈笃。使西都金子，奕叶称荣；东国袁生，八公为贵。廷尉之明穷识理，十载无知；黄门之妙极摛文，八迁宁进。徒使干星秀气，永翳穷尘；照虎奇光，长湮幽石。自可循风市马，袭轨画龙，三反不亏[1]，七年无废。戋戋束帛，指丘园而毕陈；翘翘车乘，望林泉而载辖。则材标海若，雾集丹墀，德表星精，云飞紫阙。岂直高尚之士，遥集于台司；衡泌之俦，乔迁于鼎职。谨对。"

上官仪对《求贤》[2]，载《文苑英华》卷五〇二

问："惟尧则天，全颍阳之节；惟禹奠川，遂沧州之美。然则高洁之士，出于盛明；廉耻之宾，不生浇季。自皇唐受命，驱驾前古，贞遁不闻，风轨莫继。岂端操之范，独秘于往辰；将奔竞之徒，顿骋于兹日？缅怀长往，有懵深衷；伫听诸贤，以祛心疚。"

对："则天分命，箕山多长往之宾；浚畇劬劳，沧州有肥遁之客。是以北荒孤竹，甘草泽而轻周；南岳紫芝，玩林泉而耻汉。此盖为匹夫小节，未达汾阳之旨；独行幽姿，宁动少微之宿。岂若大风在梦，非熊入兆，下箕尾而称师，委旄头而作傅。自大君有命，远顿天纮，尽岩穴之英奇，总濠梁之茝轴。脱荷裳而袭朱绂，解薜萝而绾青绶。五尺童子，羞称荷茶；三事大夫，耻观瓢饮。将使郑君谷口，擅不言之谣；曹相府门，多清净之化。方知圣人在上，真隐不获全其高；淳风所偃，幽贞不能固其节。麝卵得性，麟凤所以呈姿；山林不夭，风云以之通气。物既禀和而适变，士亦感类而相从。调饪自可怡神，烹鲜足堪养性。犹谓寒泉独善，未臻授受之

---

① "袭轨画龙，三反不亏"，"画"与"反"二字原阙，据徐松《登科记考》补。
② "求贤"，为贞观元年进士策题。

仁;薪樏兼济,有助兴王之道。谨对。"

张昌龄①对《高洁之士》,载《文苑英华》卷五〇二

　　对:"圣人出震,博访乌尧;大帝登庸,询谋师相。是以周称尚父,吕望擢自磻溪;殷曰得贤,傅说求诸版筑。莫不舟梁羽翮,鼎实盐梅,表区寓之明明,成朝廷之济济。自隆周洎乎幽、厉,朝政在于诸侯;炎汉至于哀、平,威权任乎卿相。貂蝉耀彩,雄俊遍五侯之门;剑履生光,宾客满四豪之第。吹竽弹剑,犬吠鸡鸣,用才各任所能,取士不求其备。弓旌之命,非道德之门;蒲帛之征,乖有道之室。方今前疑后丞,龙翰凤翼;左辅右弼,岳气星精。加以征逸璞于岩廊,索遗珠于穷海。丘园之下,羔雁成行;闾巷之中,轩轺相次。元缥之礼既备,巢父长谢山林;珪璧之问不空,夷、齐岂食薇蕨? 谨对。"

田备对《高洁之士》②,载《文苑英华》卷五〇二

　　问:"玄默垂拱,理归上德;法令滋彰,事钟浇季。是以唐、虞画象,四罪而咸服;姬、夏训刑,三千而愈扰。故知胜残去杀,必在于弘仁;反朴还淳,不务于多辟。方知削兹三尺,专循五礼,幸陈用舍之宜,以适当时之要。"

　　对:"两仪亭育,蓄严刑于积阴;四序平分,降明罚于秋序。是知观象设教,圣人所以胜残;因物造端,懿后由其立辟。故妫川受命,士师陈九德之歌;瑶山载刑,吕侯训百锾之典。然则激扬神化,鼓舞皇偕,资粉泽而弘风,俟德刑而振俗。是故六辔在御,飞

---

①　《文苑英华》脱"张昌龄"之名,徐松《登科记考》据《永乐大典》所引补其名,今从之。
②　"高洁之士",为贞观二十年进士策题。

龙之驾可期；九罭不施，奔鲸之害斯兆。纵使业优倦领，道迈曾巢，齐饮啄于鹑居，绝往来于犬吠，犹未可长悬三礼，永摈五刑，削兹噬嗑之科，专行忠信之薄。况今时推纂圣，运属升皇，犹劳丹浦之诛，尚漏青邱之罪。伯夷典礼，与猾夏而同科；司寇详刑，共春官而联事。自可远稽九代，近命三驱，释刀锯于凶魁，休甲兵于原野。然后弛威象阙，展事天宗，继美娲黄[①]，追风火燧。石渠未灭，岂得辄议寝刑？中岳既封，自可专循大礼。谨对。"

张昌龄对《刑狱用舍》，载《文苑英华》卷四九七

对："法星垂象，列九霄而照烛；习坎分爻，疏六位而辉焕。故有皇王慎罚，正俗以经时；圣哲详刑，开物而成务。莫不克清函夏，载穆黎元，制天讨之威严，弘秋官之典宪。舜游妫汭，乃去四凶；汤出镳宫，驱除三面。然则质文异代，兴废殊途。微禹会昌，仁流于下泣；独夫受戮，祸招于剖心。自运往道消，淳离朴散，王风不竞，《菀柳》之刺斯闻。后德方衰，棘槐之制斯阙。望夷招败，酷甚凝脂；函谷生灾，冤多精气。虽复萧何改创，爰始九章；温舒上言，仍讥一失。网漏吞舟之罪，主苟持宽；律加盈阁之繁，吏还舞智。邈乎遗法，允属升平。

"大唐执纪先天，凝图王气。化轶胥庭之上，功超步骤之前，扫氛祲于乾枢，静嚣尘于地轴。紫微君圣，时乘光于得一；黔首安生，日用陶其吹万。皇帝上玄统历，下武嗣徽。道叶顺风，契黄帝之罔象；精通就日，符赤运之文明。于是职列英奇，朝班俊义。载升降之节，既著礼容；临甲乙之科，方在政辟。道无为以端拱，思

---

① "黄"，他本或作"皇"。

有罪而责躬，念向隅之独嚬，乃纳隍而轸虑。曲询管库，取荐刍荛。诚宜妙简平反，旁求庶狱。渭桥惊马，必归张季之言；禁围射兔，勿爽高柔之旨。于公阴德，委以廷尉之司；盛吉深仁，授以宪曹之任。剖符寄刘宽之辈，蒲鞭之教可追；分陕趋邵奭之俦，棠阴之听斯在。加以五词咸备，两造兼持，运静躁于韦弦，听迟速于宽猛。獬豸虽触咎繇，行其惠化；苍鹰辍号郅都，息于顿苛。自然圜犴空虚，靡怨黄沙之罪；钳钛安用，无施白粲之刑。则迹迈成、康，道逾文、景，不仁自远，无得而称。谨对。"

郝连梵对《刑狱用舍》[①]，载《文苑英华》卷四九七

问："欲使吏洁冰霜，俗忘贪鄙。家给人足，礼备乐和，庠序交兴，农桑竞劝。善师期于不阵，上将先于伐谋。未待干戈，遽清金庭之祲；无劳转运，长销玉塞之尘。利国安边，伫闻良算。明言政要，朕将亲览。"

问："朕闻运海搏扶，必籍垂天之羽；乘流击沃，必伫飞云之楫。是知席萝黄屋，握镜紫微，诚资献替之功，必待弼谐之助。所以轩辕抚运，遂感大风之祥；伊帝乘时，遽致秋云之兆。朕虽惭古烈，而情切上皇，未校滋泉之占，犹虚傅野之梦。欲使岁星入仕，风伯来朝，河荐萧、张之名，山降申、甫之佐，垂衣仁化，端拱仰成，多士溢于周朝，得人过于汉日。行何政道，可以至斯？思闻进善之言，以副求贤之旨。"

问："朕闻明王阐化，感人灵之心；圣后宣风，移动植之性。遂使翔龙荐检，鸣凤司晨，兽解触邪，草能指佞。仰惟前烈，何德而

臻此乎？朕遂听遂初，载钦神化，每欲反斯茬薄，景彼上皇。欲使瑞莲司庖，仙蕡候月，游四灵于翠苑，集五老于荣河。致此休征，良由政感。伫闻启沃，以副虚襟。"

问："朕闻三微递代，哲后所以承天；五运因循，明王由之革命。或金水而鳞次，应火木以还周。或寅子变正，天人之统斯辨。骊骟改色，昏旦之用有殊。兹乃涣汗图书，昭彰历数。受位出震，以迄于今，莫不母子相承，终始交际。然而都君土德，翻乃尚青；天乙水行，宁宜用白？深明要旨，其义何从？若以秦氏霸基，便有符于紫色，则魏人鼎足，岂复应于黄星？缅镜前修，又以矛盾。张苍之议，既颇反于公孙；贾傅之谈，复远乖于刘向。子大夫学包群玉，文擅锵金，既听南史之篇，方伫东堂之问。详敷事实，靡得浮词，商榷前儒，谁为折中？"

问："朕以紫极暇景，青史散怀，眇寻开辟之源，遐览帝王之道。或载纪遥邈，无其处而有其名；或坟籍丧亡，有其号而无其事。将求故实，以伫多闻。至如化被柱州，创基刑马，两代之事谁远？五德之运何承？石楼之都，见匪均霜之地；穷桑之壤，元非测景之区。时将城彼偏方，惟一隅而独王；轻兹中土，弃九洛而不营。大夏之时，化臻禁甲；隆周之日，道致韬戈。而七十一征，翻在凤凰之运；五十二战，更属云官之期。斯则偃伯之人，无闻于太古；摧锋之弊，反息于中叶。浇淳之道，名实何乖！欲令历选前圣，远稽上德，采文质之令猷，求损益之折中。何君可以为师范？何代可以取规绳？迟尔昌言，以沃虚想。"

对："臣闻栖培塿者，不睹嵩、泰之干云；游汀潳者，讵识沧溟之沃日。臣蒿莱弱质，衡泌鲰生，未识广厦之居，安知太牢之味？不量蕞尔，轻从裹然，谬达天聪，就惶圣问。粤惟皇家出震，累叶重辉，天人归七百之期，宗祏联亿兆之庆。太宗以明一察道，括珠囊而总万方。高宗以通三御宸，转金镜而清九服。用能肃清天步，夷坦帝途，垂莫大之鸿基，托非常之元圣。伏惟皇太后陛下，道超炼石，化轶扪天，被子育之深仁，弘母仪之博爱。星阶已正，尚虽休而勿休；宸极既安，犹损之而又损。方欲还淳返朴，振三古之颓风；缉正苍生，降四海之昌运。拔幽滞，举贤良，黜谗邪，进忠说。故得鸿秸接轸，和宇宙之阴阳；龙武分曹，节风雨之春夏。礼乐备举，学校如林，俗知廉让之风，人悦农桑之劝。犹复旁求谀议，虚伫刍荛。既属对扬，敢陈庸瞽。诚愿察洗帻布衣之士，任以台衡，擢委金让玉之夫，居其令守，则俗忘贪鄙，吏洁冰霜矣。旌好学之流，赏力田之伍，则家罕贫惰，位列文儒矣。降通亲之使，喻彼枭心，发和戎之官，收其鸡肋，则四夷左衽，颠倒来王；三边元恶，讴谣仰化矣。自然笼羲驾昊，六五帝而四三皇；远肃迩安，飞英声而腾茂实。谨对。"

《文苑英华》卷四八二《贤良方正策》①

对："臣闻立极膺乾之君，当宁御坤之王，欲臻至道，将隆景化，莫不旁求俊彦，广命英奇，疑庶绩以安人，绥万邦而抚俗。是故轩邱膺箓，委四监以垂衣；丹陵握图，举八元而光宅。于是齐桓拟之于飞翼，殷武兴之以羹梅，克赞人谋，实宣神化。陛下功包邃古，道逸上皇，受授惟明，谋谟克序。弼辅之任，总风、力于前驱；燮理之司，列伊、周于后乘。振鹭翔鸾之客，毕凑天阶；乘箕降昴之英，咸趋日路。犹且虚心卜兆，托想旁求，冀山谷之无遗，庶贤良之毕萃。俯访愚鲁，敢述明扬。诚愿发德音，下明诏，咨列岳，访群公。举尔所知，不遗于侧陋；知人不易，无轻于慎择。下僚必录，上赏频沾，则叶县游龙，自九天而下降；燕郊骏马，赴千金而遥集。汉未为得，周岂能多？尽善尽美，于斯为盛。谨对。"

对："臣闻化浃乾枢，景纬呈其灵觌；泽周坤络，卉木效其祯祥。是以若雾非烟，必应文明之后；九茎三秀，允符光宅之君。陛下应期纳箓，抚运登皇，孝道格于玄穹，仁心光于紫极。自临万域，辑御群方，灵瑞屡臻，休征荐至。五蹄仁兽，乐君囿而来游；六象威禽，拂帝梧而萃止。岂直银黄玉紫，雉白乌丹，翻鄗上之二桴，拔江间之三脊。固亦巡河受检，拜洛披图，降五老于星躔，归四神于云路。盛矣美矣，巍乎焕乎！躏三五以腾徽，吞八九而高视。尚且崇谦让之道，守冲挹之德，抑斯天瑞，访此人谋。陛下虽不宰其成功，微臣亦不知其所谓。谨对。"

对："臣闻方圆既阙，帝王斯建，四游将六气交驰，五德与三微递变。自摄提著纪，出震登皇，循木火而相承，用骊骘而继作。虽复武功文德，揖让干戈，御旒扆以高居，握图箓而深视，莫不垂天人之统，顺寅子之正。始终之际，何莫由斯。暨乎运偶都君，时云土德，道钟天乙，数叶水行，子胜母而尚青，母生金而尚白。略言其美，斯穷粤旨。至若秦居闰位，紫实非正之符；魏得中区，黄标应星之纪。未有矛盾，允惬随时。汉祖承天，人多异议，张苍言水而黑时方兴，公孙据土而黄龙复应。逮二刘之父子，推五运之相沿，较彼前谈，斯为折中。臣学非博古，识昧知新，轻陈管穴之窥，猥奉天人之问。惭惶靡地，悚越兼深。谨对。"

对："臣闻一剖为三，始鸿濛于太易；九变于七，渐茫昧于无为。既分清浊之仪,乃列君臣之位。则有天皇首出,瞰柱州而宅土;地皇革命,俯刑马以开都。年匪异于万八千,号稍殊于七十二。既云木德,亦曰火行。开于天地之初,录自帝皇之纪。至若石楼远界,穷桑延壤,非万邦之土中,为二代之天邑。斯乃时犹鷟饮,道尚鹑居,谁知风雨之均,能建皇王之宅?亦分长于九域,岂独王于偏方?乃观象垂衣,化穆羲、轩之代;蓊商代扈,人浇周、夏之年。而皇德方隆,未弭战争之患;王道才著,复存韬偃之日。是则怀柔伐叛,取乱侮亡,虽钟大道之行,终伫胜残之战。是故劣于太古,非事优于中代。陛下选芳列辟,垂范千年,王化既平,能事斯毕。亦何必损益今辰之政,师谟往帝之规。抚和琴而促柱,御夷途而止辙,因循勿失,臣谓其宜。谨对。"

吴师道对《贤良方正策》,载《文苑英华》卷四八二

问:"卦分江使,图演天文,文籍于是滥觞,书契以之抽绪。皇坟帝典,述纪言以联镳;五传六经,绂礼乐而齐鹜。斯并悬诸日月,焕乎文章。至如诸子相腾,小说奔竞,有惭屑玉之化,无异杂铅之宝。请用于火,恐招博弈之讥;将扇其风,复爽芟夷之义。二涂交战,一为解环。《百两》之篇,孰关其善?七分之术,孰著其能?谁求天下之书?谁决冢中之策?识二简者何子?观四辙者何人?《京兆耆旧》之篇起于何代?《陈留神仙》之传创自何人?谁先《孝子》之图?谁首《逸人》之记?傥无谈于雕棘,将有荐于拔茅。"

《文苑英华》卷五〇二《书史百家》[①]

[①] "书史百家",为证圣元年进士策题。

对："夫皇王范物,经籍训人,浇浮之说渐列,文质之规斯变。故九流异轸,百氏齐镳,枝分叶布,千门万户。虽复言有蹉驳,理或丛残,时招屑玉之讥,乍起杂铅之议。妨工惑善,招恶塞讳。比夫群岳参差,各有蔽亏之势;众川浩荡,俱资润泽之功。且夫三代之道,未能无弊;六经之教,尚皆有失。其于子史,何独尤之?若以失而便废,则《书》《礼》之法可舍短而从长,去泰而除恶。咸用于火,窃未为得。各言其志,亦何伤乎?乃好尚不同,撰述各异,并流铅椠,咸著蓬山。京房惟善于七分,张霸心明于《百两》。荀勖决冢中之篆,陈农求天下之书。识二简者广微,观四辙者周穆。《京兆耆旧》,光武创其篇;《陈留神仙》,阮苍述其事。梁雄作《逸人》之传,刘向修《孝子》之图。斯并贤者,传之不朽。谨对。"

许南容对《书史百家》,载《文苑英华》卷五〇二

对："日月经天,星辰助其明耀;江河纪地,畎浍资其广深。俱丽于乾纲,同归于坤轴。况六经既出,百子并鹜,万卷五车;《七略》《四部》,组织仁义,琢磨道德。虽非全璧之珍,亦是连珠之宝。当有求书之官,远探禹穴,近闻汲冢之文,具修蠹简。或阴阳不谬,朱紫自分。仲任丛残之讥,并非通论;稚川翡翠之喻,实得大方。岂重以芟夷,加之翦截?敢申直笔,以塞异端。则有《百两》之篇,张霸所善;七分之术,京房独精。陈农访天下之书,荀勖决冢中之策。识二简者束晰,观四辙者穆王。《京兆耆旧》之篇,创于光武;《陈留神仙》之传,起自阮苍。刘向修《孝子》之图,梁鸿首《逸人》之记。谨对。"

李令琛对《书史百家》,载《文苑英华》卷五〇二

对:"自龙马出河,爰分八卦;灵龟荐洛,乃见《九畴》。文字以兴,典谟斯起。即有姬公秀出,制礼乐以匡周;宣父挺生,删《诗》《书》而反鲁。莫不宪章文武,祖述唐虞,开兆庶之心灵,启群生之耳目。洎乎尼山落构,梁木兴歌,大义云亡,诸子爰起。于是墨承诸庙,孟系司徒。文子开教于五神,范蠡逞能于千树。孙武绚其韬略,蒙叟混其鹏蜩。葛洪述内外之篇,刘安论黄白之秘。杨托思于全性,邹锐想于谈天。商君既擅于刑书,尹文亦谅于名实。吕韦博识,载摛悬市之文;鬼谷多才,爰初飞箝之作。自兹以后,其流甚繁,虽云有异于微言,亦可观于小道。或激扬仁义,或囊括政刑,或富国成家,或惩恶劝善。进既资于助国,退亦取于理身,实翰墨之泉源,信文章之隆薮。故马迁修史,列之九流;班固叙书,著之《七略》。今欲议其删削,语以芟荑,便是绝学者之多闻,爽国家之广略。学虽不敏,未敢从命。谨对。"

孙嘉之[①]对《书史百家》,载《文苑英华》卷五〇二

问:"玄龟效祉,鼎命昭夏王之祚;赤乌呈祥,金德总商君之业。白鱼跃而周道隆,丹雀来而秦德霸。殷因夏礼,损益可知;秦盛周衰,天人何昧? 若水灭火起,殷、周之运匪人;若桀暴纣昏,废兴之期自我。然而龙斗兴于夏日,鼋祅发于周年;灾祥兆于前成,荒败形于后政。荡荡之德,何所加焉? 伫尔扬名,为余张目。"

对:"臣闻天地草昧,洪钧列五运之期;云雷始屯,火德分一人之位。莫不时来命偶,人迪天将。白环昭虞后之功,元珪锡夏王之德。空桑负鼎,遇为牲之君;渭水张罗,得非熊之相。伏惟陛

---

① 原本脱"孙嘉之"之名,徐松《登科记考》据《永乐大典》所引补其名,今从之。

下，化光坤载，道叶乾行，总五气以发生，笼百王而亭育。粤若稽古，推历数之存亡；感而遂通，酌天人之符命。明扬侧陋，曲采刍词，开阐大猷，旁求雅问。则天文幽远，诚匪管窥；然人事昭彰，敢陈壅塞。原夫兴亡有数，符命无差，遽启丹书，俄回白璧。君臣道合，则遐迩乂安；上下情乖，则邦家板荡。水火革而天人顺，暴乱行而桀纣亡。百六为霖旱之灾，七九非汤尧之运。历数斯在，惟德动天；祸福无门，惟人所召。故德者，五行之义也；人者，两仪之心也。人心动而悔吝生，德义形而阴阳谢。必乘金运，则殷不及于期；果历木行，则周不及于数。龙辟鼍祅之发，人与事并；白鱼丹雀之符，德将时应。神道设教，金土之运匪他；人文化成，狂圣之来是我。荡荡之德，何敢不通？翼翼之心，奚施不可？天也人也，坦然克分；时乎命乎，昭文斯辨。臣优柔理道，杳同河汉，或跃文江，惧深冰谷。谨对。"

冯万石对《历数》[1]，载《文苑英华》卷五〇〇

问："先师之言，辨君子小人而已。劝学则举六蔽，咸事则称九德，推其性类，又极于是矣。孟轲之数圣者，有清有和。文子之言人位，上五下五。列夷惠于天纵，颇有所疑，况牛马于至灵，岂有至当？班固之《古今表》，刘邵之《人物志》，或品第乖迕，或钩摭纤微，诚有可观，恐非尽善。既强为己之学，必有折理之精，敬俟嘉言，以祛未达。"

问："乃者西裔背盟，劳师备塞。今戎王[2]自毙，边徼以闻。而议者或曰：'因其丧而吊之，可以息人。'或曰：'乘其虚而伐之，可

---

① "历数"，为圣历元年进士策题。
② "戎王"，原本为"我王"，现据《全唐文》卷四八三改。

以开地。'或曰：'夷实无厌，兵者危事，皆所以疲中国也，不若如故。'是三者，必有可采，思以辨之。"

《权载之文集》卷四〇《贞元十三年中书试进士策问两道》

问："《周礼》：'庶人不畜者祭无牲，不耕者祭无盛，不蚕者不帛，不绩者不缞。'皆所以耻不勉，抑游惰，欲人务衣食之源也。然为政之道，当因人所利而利之。故修其教，不易其俗；齐其政，不易其宜。由是农商工贾，咸遂生业。若驱彼齐人，强以周索，牲盛布帛，必由己出。无乃物力有限，地宜不然，而匮神废礼，谁曰非阙？且使日中为市，懋迁有无者，更何事焉？"

问："《书》曰：'眚灾肆赦。'又曰：'宥过无大。'而《礼》云：'执禁以齐众，不赦过。'若然，岂为政以德，不足耻格，峻文必罚，斯为礼乎？《诗》称：'既明且哲，以保其身。'《易》称：'利用安身，以崇德也。'而《语》云：'无求生以害仁，有杀身以成仁。'若然，则明哲者不成仁欤？杀身者非崇德欤？"

问："圣哲垂训，言微旨远。至于礼乐之同天地，易简之在《乾》《坤》，考以何文，征于何象？绝学无忧，原伯鲁岂其将落？仁者不富，公子荆曷云苟美？朝阳之桐，聿来凤羽；泮林之椹，克变鸮音。胜乃俟乎木鸡，巧必资于瓦注。咸所未悟，庶闻其说。"

问："天地有常道，日月有常度，水火草木有常性，皆不易之理也。乃至邹衍吹律而寒谷暖，鲁阳挥戈而暮景回，吕梁有出入之游，周原变堇荼之味。不测此，何故也？将以传信乎？抑亦传疑乎？"

问："纺绩之弊，出于女工。桑麻不甚加，而布帛日已贱，蚕织者劳焉。公议者知之，欲乎价平，其术安在？又，仓廪之实，生于农亩。人有余则轻之，不足则重之。故岁一不登，则种食多竭。往年时雨愆候，宸慈轸怀，遣使振廪，分官贱粜。故得馁殍载活，麦禾载登，思我王度，金玉至矣。窃闻寿昌常平，今古称便；国朝典制，亦有斯仓。开元之二十四年，又于京城大置，贱则加价收粜，贵则终年出粜。所以时无艰食，亦无伤农。今者若官司上闻，追葺旧制，以时敛散，以均贵贱，其于美利，不亦多乎？"

《白居易集》卷四七《礼部试策五道》

对："利用厚生，教之本也。从宜随俗，政之要也。《周礼》云：'不畜无牲，不田无盛，不蚕不帛，不绩不缞。'盖劝厚生之道也。《论语》云：'因人所利而利之。'盖明从宜之义也。夫田、畜、蚕、绩四者，土之所宜者多，人之所务者众，故《周礼》举而为条目，且使居之者无游惰，无堕业焉。其余非四者，虽不具举，则随土物生业而劝导之可知矣。非谓使物易业，土易宜也。夫先王酌教本，提政要，莫先乎任土辨物，简能易从，然后立为大中，垂之不朽也。若谓其驱天下之人，责其所无，强其所不能，则何异夫求萍于中逵，植橘于江北？反地利，违物性，孰甚焉！岂直易俗失宜，匮神废礼而已。且圣人辨九土之宜，别四人之业，使各利其利焉，各适其适焉。犹惧生生之物不均也，故日中为市，交易而退。所以通货食，迁有无，而后各得其所矣。由是言之，则《大易》致人之制，《周官》劝人之典，《论语》利人之道，三科具举，有条而不紊矣。谨对。"

对："圣王以刑礼为大忧，理乱系焉。君子以仁德为大宝，死生一焉。故邦有用礼而大理者，有用刑而小康者。古人有崇德而远害者，有蹈仁而守死者。其指归之义，可得而知焉。在乎圣王乘时，君子行道也。何者？当其王道融，人心质，善者众而不善者鲜。一人不善，众人恶之，故赦之可也。所以表好生恶杀，且臻乎仁寿之域矣。而肆赦宥过之典，由兹作焉。及夫大道隐，至德衰，善者鲜而不善者众。一人不善，众人效之，故赦之不可也。所以明惩恶劝善，且革浇醨之俗矣。而执禁不赦之文，由兹兴焉。此圣王所以随时以立制，顺变而致理，非谓德政之不若刑罚也。然则君子之为君子者，为能先其道，后其身。守其常，则以道善乎身；罹其变，则不以身害乎道。故明哲保身，亦道也，巢、许得之；求仁杀身，亦道也，夷、齐得之。虽殊时异致，同归于一揆矣。何以核诸？观乎古圣贤之用心也，苟守道而死，死且不朽，是非死也。苟失道而生，生而不仁，是非生也。向使夷、齐生于唐虞之代，安知不明哲保身欤？巢、许生于殷、周之际，安知不求仁杀身欤？盖否与泰，各系于时也；生与死，同归于道也。由斯而观，则非谓崇德者不为成仁，杀身者不为明哲矣。呜呼！圣王立教，同出而异名；君子行道，百虑而一致。亦犹水火之相戾，同根于冥数，共济于人用也。亦犹寒暑之相反，同本于元气，共济于岁功也。则用刑、措刑之道，保身、杀身之义，昭昭可知矣。谨对。"

对："古先哲王之立彝训也，虽言微旨远，而学者苟能研精钩深，优柔而求之，则壸奥指趣将焉庾哉？然则礼乐之同天地者，其文可得而考也。岂不以乐作于郊，而天神和焉；礼定于社，而地祇同焉？上下之大同大和，由礼乐之驯致也。易简之在《乾》《坤》者，其象可得而征也。岂不以《乾》以柔克，而运四时，不言而善应；《坤》以阴骘，而生万物，不争而善胜？柔克不言之谓易，阴骘不争之谓简。简易之道，不其然乎？老氏绝学无忧，儆其溺于时俗之习也。原伯鲁不学将落，戒其废圣哲之道也。孟子不富之说，虑蕴利而生孽也。公子荆苟美之言，嘉安人而丰财也。凤鸣朝阳，非梧桐而不栖，择木而集也。鸤止泮林，食桑椹而好音，感物而变也。事有躁而失，静而得者，故木鸡胜焉。有贵而失，贱而得者，故瓦注巧焉。虽去圣逾远，而大义斯存。是故远旨微言，可明征矣。谨对。"

对："原夫元气运而至精分，三才立而万物作。惟天地日月暨水火草木，度数情性，各有其常。其随事应物而迁变者，斯人之所感也。何哉？惟天地万物父母，惟人万物之灵，盖天地无常心，以人心为心。苟能以最灵之心感善应之天地，至诚之诚感无私之日用，则必如影随形，响随声矣，而况于水火草木乎！故有吹律于寒谷，和气生焉。挥戈于曜灵，暮晷回焉。神合乎水，游吕梁而出入不溺。化被于草木，周原而堇荼变味。盖品汇之生，则守其常性也。精诚之至，则感而常通也。静守常性，动随常通，是道可于物而非常于一道也。夫如是，则两仪之道，七曜之度，万物之性，可察矣，可信矣，夫何疑焉？谨对。"

对："人者，邦之本也；衣食者，人之所由生也。古者，圣人在上而下不冻馁者，非家衣而户食之，盖能为之开衣食之源，均财用之节也。方今仓廪虚而农夫困，布帛贱而女工劳，以愚所窥，粗知其本。何者？夫天地之数无常，故岁一丰必一俭也。衣食之生有限，故物有盈则有缩也。古之人知其必然也，故敦俭啬以足衣，务储蓄以足食。是以禹有九年之水，汤有七年之旱，野无青草，人无菜色者，无他欤？盖勤俭储积之所致耳。故曰：前事之不忘，后事之元龟也。当今将欲开美利利天下，以厚生生蒸人，返贞观之升平，复开元之富寿，莫善①乎实仓廪，均丰凶，则耿寿昌之常平，得

---

① "善"，原本作"匪"。

其要矣。今若升闻，率修旧制，上自京邑，下及郡县，谨豆区以出纳，督官吏以监临，岁丰则贵籴以利农，岁歉则贱粜以恤下。若水旱作沴，则资为九年之蓄；若兵革或动，则馈为三军之粮。可以均天时之丰俭，权生物之盈缩。修而行之，实百代不易之道也。虞灾救弊，利物宁邦，莫斯甚焉。然则布帛之贱者，由锥刀之壅也。苟粟麦足用，泉货流通，则布帛之价轻重平矣。抑居易闻短绠不可以汲深，曲士不可以语道。小子狂简，不知所以裁之。莫究微言，空惭下问。谨对。"

《白居易集》卷四七《礼部试策五道》

问："六经之后，百氏塞路，微言大义，浸以乖绝。使昧者耗日力以灭天理，去夷道而趋曲学，利诱于内，不能自还。汉庭用经术以升贵位，传古义以决疑狱，诚为理之本也。今有司或欲举建中制书，置五经博士，条定员品，列于国庠，诸生讨论，岁课能否。然后删非圣之书，使旧章不乱，则经有师道，学者颛门。以为如何？当有其说。至于九流百家论著利病，有可以辅经术而施教化者，皆为别白书之。"

问："《易》曰'君子夕惕若厉'，《语》曰'君子坦荡荡'。《礼》之言缁衣，则曰'恶其文之著也'；《儒行》则曰'多文以为富'。或全归以为孝，或杀身以成仁。或玉色以山立，或毁方以瓦合。皆若相戾，未能尽通。颜回三月不违仁，孟轲四十不动心，何者为优？柳下惠三黜而不去，子文三已而无愠，何者为愈？召忽死子纠，管仲相小白。棠君赴楚召，子胥为吴行人。何者为是？析疑体要，思有所闻。"

问："周制什一，是称中正；秦开阡陌，以业农战。今国家参酌古道,惠绥元元,均节财征,与之休息。丰年则平籴于穀下,恒制则转漕于关东。尚虑地有遗利,人有遗力,生之者少,靡之者多,粟帛浸轻,而缗钱益重。或去衣食之本,以趣末作,自非翔贵之急,则有甚贱之伤。欲使操奇赢者无所牟利,务农桑者沛然自足,以均货力,以制盈虚,多才洽闻,当究其术。至若管仲通币之轻重,李悝视岁之上下,有可以行于今日者,因亦陈之。美利嘉言,无辞悉数。"

问:"惩忿窒欲,《易》象之明义;使骄且吝,先师之深诫。至若洙泗之门人、故人,渐渍于道德固已深矣,而仲由愠见原壤夷俟,其为忿与骄不亦甚与? 商不假盖,赐能货殖,从我之徒而各吝缺如是。皆所未达,试为辨之。"

问:"育材造士,为国之本。修辞待问,贤者能之。岂促速于俪偶,牵制于声病之为耶? 但程试司存,则有拘限。音韵颇叶者,或不闻于轶响;珪璋特达者,亦有累于微瑕。欲使楚无献玉之泣,齐无吹竽之滥,取舍之际,未知其方。子曰'盍各言尔志',赵孟亦请七子皆赋,以观郑志。古人有述祖德,叙家风之作。众君子藏器而含章者久,积善而流庆者远,各言心术,兼叙代德。鄙夫虚伫,以广未闻。"

《文苑英华》卷四七五《权德舆·策进士问五道》①

问:"汉廷董仲舒、公孙弘对策,言天人相与之际,而施于教化。韦玄成、匡衡之伦,以明经至宰相封侯,皆本王道,以及人事。今虽以文以经贵禄学者,而词绮靡于体物,浸失古风;学因缘于记问,宁穷典义。说无师法,经不明家,有司之过,敢不内讼。思欲

① 时在贞元十八年。

本司徒之三物,同乐正之四术,不率教者屏之远方,则名义益修,风俗益厚。程孝、秀之本业,参周、汉之旧章。虑难改作,式仁嘉话。事关理本,必议上闻,斯乃诚求,诸生毋忽。"

问:"齐人之所以务于赋输,用给公上,大抵馈军实,奉边备而已。今北方和亲,呕通礼命;南诏纳款,屡献奇功。而蠢兹西戎,尚有遗类,犹调盛秋之戍,颇勤中夏之师。思欲尽复河湟之地,未销燧燧之警,师息左次,人无外徭,酌古便今,当有长策。乃者戎人,愿修前好,因请其俘。或曰彼实无厌,绝之以固吾圉;或曰始示大信,许之以靖吾人;或曰归贵种以怀其心;或曰夺长技以翦其翼。当蕴较①然之见,备可举之方。"

问:"祖宗昭穆,王者之盛典;明祀严禋,有国之大事。顷岁奉常上奏,以献祖之位非正,太祖之尊未伸。而公卿诸儒,杂有其议,皆以百代不迁,宜居东向,而献、懿二主,所归不同。或曰藏于夹室,或曰置于别庙。或曰祔于德明,兴圣酌殷、周之制;或曰迁于园寝,石室采汉、魏之仪。而又有并居昭穆之列,竟虚其位;分飨褅祫之礼,互处于西。众议云云,莫有所一。至今留中未下,诚圣意所重难也。至当无二,众君子辨之。"

问:"人之生也,禀五行之秀;其化也,顺一气之散。而牛哀为兽,杜宇为鸟,赵王为苍犬,夏鲧为黄能,傅岩之相为星,圮桥之老为石,变化纠纷,其故何也?夭寿贵贱,赋命万殊。而骊山之儒,长平之卒,历阳之鱼鳖,南阳之侯王,岂禀数斯同,复适然也?众君子通性命之理,究古今之学,幽探造化,仁所未闻。"

问:"有司之求才,与多士之求进,其心不相远也。诸生知之

---

① "较",他本或作"皎"。

乎？计偕者几乎五百，籍奏者不逾二十，盖二十五之一也。诸生又知之乎？雕龙之辨，皆谓有余；灵蛇之珠，无非在握。射或失鹄，瑜宁掩瑕，虽泾渭终分，而蓬麻未直。匿名飞语，诋讪云云，诚无他肠，时有谗口。岂有司之道未至，复诸生之所习难化耶？异时有司，固诸生之所履也，复何如哉？非有防川之心，愿闻易地之说。"

《文苑英华》卷四七五《权德舆·礼部策问进士五道》①

问："古之善为政者，在得人而已，在求理而已。周以功德诏爵禄，秦以农战居职员，汉武帝诏察茂异可以为将相者。夫功与德，非常才所及也。农与战，非筮仕所宜也。安危注意之重，非设科可俟也。是三者，同有利病，幸错综言之。又三适之宜，九品之法，或计户以贡士，或限年以入官，事有可行，法有可采。制度当否，悉期指明。"

问："夏、殷、周之政，忠敬文之道，承弊以救，始终循环。而上自五帝，不言三统，岂备有其政，或史失其传？嬴、刘而下，教化所尚，历代相变，其事如何？岂风俗渐靡，不登于古？复救之之道有所未至耶？国家化光三代，首冠百王，固以忠厚胜兹文弊。前代损益，伫闻讨论，遽数之中，所希体要也。"

问："古者士足以理官业，工足以备器用，商足以通货贿，而农者居多，所以务三时之功，有九年之蓄，用阜其业，实藏于人。乃者惰游相因，颇复去本。今皇帝励精至化，在宥万方，德音圣泽，际天接地。凡弘于理道者，无不至也；裕于济人者，无不被也。而

① 时在贞元十九年。

又询吏禄公田之制，稽财征权笼之宜，使群有司质政损益，庶官匹士皆得上言。众君子躬先师之儒，生盛圣之代，伫兹嘉话，当荐所闻。"

问："昔伊尹酒保，傅说胥靡，竟昌殷道，以阜王业。春秋时，观丁父、彭仲爽，申、却之俘也，克州、蓼，朝陈、蔡，楚邦赖之。汉庭韩安国徒中拜二千石，张释之以赀为郎，并称名臣。焯叙前史，然则俘徒作役，或财用自发，前代取之，而得人如是。魏、晋已降，流品渐分，筮仕之初，率先文学。或荐贤推择，皆秀发州闾，而致理之风，颇未及古。岂朴散浸久，或求之大精？其故何也？常有所懵。今四门大辟，百度惟贞，执事者固欲上副聪明，悉搜才实。幸酌古道，指陈所宜。"

问："言，身之文也，又曰灼于中必文于外。司马相如、扬雄，籍甚汉廷，其文盛矣。或奏琴心而涤器，或赞符命以投阁，其于溺情败度，又奚俟于文章耶！至若孔融、祢衡，夸傲于代，祸不旋踵，何可胜言？两汉亦有质朴敦厚之科，廉清孝顺之举，皆本于行而遗其文。复何如哉？为辨其说。"

《文苑英华》卷四七六《权德舆·

贞元二十一年礼部策问五道》

问："《书》称：'汝则有大疑，谋及乃心，谋及卿士，以至于庶人，龟筮。'考其从违，以审吉凶。则是圣人之举事兴为，无不与人共之者也。于《易》则又曰：'君不密则失臣，臣不密则失身。几事不密则害成。'而《春秋》亦有讥'漏言'之词。如是，则又似不与人共之而独运者。《书》与《易》《春秋》，经也。圣人于是乎尽其心焉耳矣。今其文相戾悖如此，欲人之无疑，不可得已。是二说者，其信有是非乎？抑所指各殊，而学者不之能察也？谅非深考古训，读圣人之书者，其何能辨之？此固吾子之所宜无让者，愿承教焉！"

问："古之人有云：'夏之政尚忠，殷之政尚敬，而周之政尚文。'是三者，相循环终始，若五行之与四时焉。原其所以为心，皆非故立殊而求异也，各适于时，救其弊而已矣。夏殷之书存者可见矣，至周之典籍咸在。考其文章，其所尚若不相远然，焉所谓三者之异云乎？抑其道深微不可究欤？将其词隐而难知也？不然，则是说为谬矣。周之后，秦、汉、蜀、吴、魏、晋之兴与霸，亦有尚乎无也？观其所为，其亦有意云尔。循环之说安在？吾子其无所隐焉！"

问："夫子之序帝王之书，而系以秦、鲁，及次列国之风，而宋、鲁独称颂焉。秦穆之德，不逾于二霸；宋、鲁之君，不贤乎齐晋。其位等，其德同，升黜取舍，如是之相远，亦将有由乎？愿闻所以辨之之说。"

问："夫子既没，圣人之道不明，盖有杨墨者，始侵而乱之。其时天下咸化而从焉。孟子辞而辟之，则既廓如也。今其书尚有存者，其道可推而知不可乎？其所守者何事？其不合于道者几何？孟子之所以辞而辟之者何说？今之学者有学于彼者乎？有近于彼者乎？其已无传乎？其无乃化而不知之乎？其无传也，则善矣；如其尚在，将何以救之乎？诸生学圣人之道，必有能言是者，其无所为让。"

问："所贵乎道者，不以其便于人而得于己乎？当周之衰，管夷吾以其君霸，九合诸侯，一匡天下。戎狄以微，京师以尊，四海之内无不受其赐者。天下诸侯奔走其政令之不暇，而谁与为敌？

此岂非便于人而得于己乎？秦用商君之法，人以富，国以强，诸侯不敢抗，及七君而天下为秦。使天下为秦者，商君也。而后代之称道者，咸羞言管商氏，何哉？庸非求其名而不责其实欤？愿与诸生论之，无惑于旧说。"

问："夫子之言：'盍各言尔志？'又曰：'居则曰不吾知也。如或知尔，则何以哉？'今之举者，不本于乡，不序于庠，一朝而群至乎有司，有司之不之知也宜矣。今将自州县始，请各诵所怀，聊以观诸生之志。死者可作，其谁与归？事其大夫之贤者？友其士之仁者？敢问诸生之所事而友者为谁乎？所谓贤而仁者，其事如何哉？言及之而不言，亦君子之所不为也。"

问："春秋之时，百有余国，皆有大夫士。详于传者，无国无贤人焉，其余皆足以充其位，不闻有无其人而阙其官者。春秋之后，其书尤详，以至于吴、蜀、魏，下及晋氏之乱，国分如锱铢。读其书，亦皆有人焉。今天下九州四海，其为土地大矣。国家之举士，内有明经、进士，外有方维大臣之荐，其余以门地勋力进者又有倍于是，其为门户多矣。而自御史台、尚书省以至于中书门下省，咸不足其官。岂今之人不及于古之人邪？何求而不得也？夫子之言曰：'十室之邑，必有忠信如丘者焉。'诚得忠信如圣人者，而委之以大臣宰相之事，有不可乎？况于百执事之微者哉！古之十室必有任宰相大臣者，今之天下而不足士大夫于朝，其亦有说乎？"

问："夫子曰：'洁净精微，《易》教也。'今习其书，不识四者之所谓，盍举其义而陈其数焉？"

问："《易》之说曰：'乾，健也。'今考《乾》之爻，在初者曰'潜龙勿用'，在三者曰'夕惕若厉无咎'，在四者亦曰'无咎'，在上曰'有悔'。卦六位，一"勿用"，二"苟得无咎，有一悔"，安在其为健乎？

又曰:'乾以易知,坤以简能。'《乾》之四位既不为易矣,《坤》之爻又曰'龙战于野',战之于事,其足为简乎?《易》,六经也。学者之所宜用心,愿施其词,陈其义焉。"

问:"人之仰而生者谷帛。谷帛丰,无饥寒之患,然后可以行之于仁义之途,措之于安平之地,此愚智所同识也。今天下谷愈多而帛愈贱,人愈困者,何也?耕者不多而谷有余,蚕者不多而帛有余。有余宜足,而反不足,此其故又何也?将以救之,其说如何?"

问:"夫子言'尧舜垂衣裳而天下理',又曰'无为而理者,其舜也欤'。《书》之说尧曰'亲九族',又曰'平章百姓',又曰'协和万邦',又曰'历象日月星辰,敬授人时',又曰洪水'怀山襄陵,下人其咨'。夫亲九族,平百姓,和万邦,则天道,授人时,愁水祸,非无事也。而其言曰'垂衣裳而天下理'者,何也?于舜则曰'慎五典',又曰'叙百揆',又曰'宾四门',又曰'齐七政',又曰'类上帝,禋六宗,望山川,遍群神',又曰'协时月正日,同律度量衡,五载一巡狩',又曰'分十二州,封山浚川,恤五刑,典三礼,彰施五色,出纳五言'。呜呼,其何勤且烦如是!而其言曰'无为而理'者,何也?将亦有深辞隐义不可晓邪?抑其年代已远,失其传邪?二三子其辨焉!"

问:"古之学者必有师,所以通其业,成就其道德者也。由汉氏已来,师道日微,然犹时有授经传业者。及于今,则无闻矣。德行若颜回,言语若子贡,政事若子路,文学若子游,犹且有师。非独如此,虽孔子亦有师,问礼于老聃,问乐于苌弘是也。今之人不及孔子、颜回远矣,而且无师,然其不闻有业不通而道德不成者,何也?"

问:"食粟衣帛,服行仁义,以竢死者。二帝三王之所守,圣人未之有改焉者也。今之说者，有神仙不死之道，不食粟，不衣帛，薄仁义以为不足为，是诚何道邪？圣人之于人，犹父母之于子。有其道而不以教之，不仁；其道虽有而未之知，不智。仁与智且不能，又乌足为圣人乎？不然，则说神仙者妄矣！"

《韩昌黎文集校注》卷二《进士策问》

问："初定两税时，钱直卑而粟帛贵，粟一斗价盈百，帛一匹价盈二千。税户之岁供千百者，不过粟五十石、帛二十有余匹而充矣。故国用皆足，而百姓未以为病。其法弗更，及兹三十年，百姓土田为有力者所并，三分逾一其初矣。其输钱数如故，钱直日高，粟帛日卑，粟一斗价不出二十，帛一匹，价不出八百。税户之岁供千百者，粟至二百石、帛至八十匹然后可。为钱数不加，而其税以一为四，百姓日蹙而散为商以游，十三四矣。四年春，天子哀之，诏天下守土臣定留州使额钱，其正料米如故，其余估高下如上供，百姓赖之。以比两税之初，轻重犹未相似。有何术可使国用富而百姓不虚，游人尽归于农而皆乐，有力所并者税之如户，而士兵不怨，夫岂无策而臻于是耶？吾子盍悉怀以来告？"

问："吐蕃之为中国忧也久矣。和亲赂遗之，皆不足以来好息师。信其甘言，而与之诅盟耶？于是深怀阴邪，乘我之去，而欺神虐人，系虏卿士大夫，至兹为羞。备御之耶？则暴天下数十万之兵，或悲号其父母妻子，且烦馈饟衣食之劳，百姓以虚。弗备御之耶？必将伺我之间，攻陷城邑，掠玉帛子女，杀其老弱，系累其丁壮以归。自古帝王岂无诛夷狄之成策耶？何边境未安若斯之甚耶？二三子其将亦有说乎？"

《李文公集》卷三《进士策问二道》

问："教化赏罚，政之大端。固并行而不相悖，在交修而底于道。汉文以恭默致理，式合古风；郑产以刑鼎兴讥，是称叔代。昭然薄厚，岂俟敷陈？然则驭时，自有宜急。《礼》云：'不从其所行，斯不亦教化之功乎？'又云：'使人有所愧耻，斯不亦赏罚之羞乎？'若曰澄其源而清其流，端其本而正其末，陶然而臻福寿，薰然而化暴戾，体则盛矣，如宽舒何？是黜幽陟明为畋察也。其或举一善而众皆劝，惩一恶而众皆惧。进犹加膝，辱过挞市，效则有矣，如削刻何？是道德齐礼为虚说也。今圣上思理，股肱宣力，有司登选茂异，同观材器。酌时而行，必有所先；原始要终，行能精辨。幸陈其要，无或蔓词。"

对："赏罚所以禁弊也，不可使其弊也。夫太宽则上逸而下偷，太急则上劳而下怨。下偷则怠慢生，下怨则暴乱作。故殷周之王，因其弊而更张之，因人利而改作之，是以不相袭制。而秦骄霸嗜利，吞天下以入咸阳，鞭百国之货以富宫室。当是时，秦法行乎四海，天下之人侧足而立。汉兴，悉荡其烦苛，与天下更始。树可守之法，使赏必能，刑必罪。至于文帝，汉天下已四十年矣。文帝躬节俭，务简易。因其时而若子产者，当微诸侯争霸，礼让流丧，盗贼群起，铸鼎著刑，以救时耳。今可法之理，于近莫如太宗。龙兴革乱隋之残政，修法度，立中庸。图尧舜为镜于前，用以为明白之理，使房、杜为之相，以辅不及。当时之风，一化天下。流乎开元，井闾之人反扑，莫先古然。夫既理之代，理之在中而已矣。猛则救以仁，宽则辅以毅。孔子亦曰：'从容中道，圣人也。'亚之虽不肖，然读其书，见三代之作如此，秦汉亦如此，太宗中庸之理又如此。且贞观之来非远，而乡中之老，往往犹有咏其事者。伏惟明征之，可从容言于上前。"

问:"文武之道,布在方策,博通具举,惟君子能之。是知超乘穿札,非谓武也;搜章摘句,非谓文也。苟不通乎源流,而徒习乎艺事,工则工矣,是谓末节者。终军、班超,奋于文儒,有请缨投笔之志,壮图急病,何代无之?乃有淮右小丑,久稽天宪。圣上深覆焘之念,极绥怀之仁,网开三面,武引七德。而鼠盗蜂结,趑趄未宾;忠臣义士,有以愤激。今明诏既下,王师鼓行,视彼凶残,坐见歼荡,诚泰山洪河,压卵注萤,不足以喻。然众君子备详前志,多综流略,必有善师善战之术,七纵七擒之方。一为指陈,悉征备要,将求其可,上达宸聪。如或出乎奇秘,亦当明密以闻。"

对:"亚之提笔之士也。区区讨论之间,迷失圣意,究未能得,安足与论攻伐之事欤。虽然,亚之前岁览古于濠梁从容观鱼之地,而濠人有习知蔡兵举止者,尝谓亚之曰:'自吴少诚叛以来,王师曾会。德宗尊仁宥罪,诏天下悉罢。袭蔡之人,虽蒙恩旨,然日夜益训兵卒,坚城深堑,刍食盈仓,积至今十五年余,未尝一日忘战。非有他,居反侧之间,惟恐为所袭耳。而四海之郡,备御已罢,虽数更其守,未尝闻一守留心下人,牧爱百姓。皆能名虚军,畜肥私狗马田园陂池之利,用以自入。务行金缯,卜射幸臣,祈迁乎善地。而蔡益知其境之虚,果因丧而横。前日寿州失利,则固然也。'今又欲兵征四方使来会,用于小丑蔡。即北取赵、魏、燕、齐,西取宁、陇、邠、岐,西南巴汉,南取瓯、闽,东取吴、越。皆是提远趣而萍合相容,于其山川险易,曾不影响。又未闻其将军称者,使其士卒一有父母妻子之念,是宁能死志一方,安所为耶?且劳给非所为也,争锋则失利,坐守则厚费。今议者或以为不足于练,皆非也。而屯集师旅,亦非也。今必欲不计时而诛之,独有使才人为近境之郡。至则籍其郡人父子昆弟,五十以下、十五以上,除习兵务农，无得自用者。如是不日而兵足用，贼可灭矣。其余未可利也。如其擒纵之法，出于一时者，不可先以悉数。谨对。"

问："赡军国，给公上，出于物力，其赋税之谓耶？烦则扰罢黎，省则乏经用。缙绅多士之论及此也，莫不曰扰农困商，敦本抑末。知倚市者为弊，树稼者诚劳，必在乎慎择临长之官，加重耕织之出。今牧宰非不选也，而富庶未至；众货非不制也，而粟帛犹轻。用何方可以致龚黄蒲密之理，以惠康吾人；用何术可以均衣食缗钱之饶，以利泽南亩。斯上心所注，亟以延问。观光之士，期为指明。"

对："百姓之贡输赋，患不在重，而在于劳逸不均也。今自谋叛以来，农劳而兵逸，其租税所出之名不一，猾吏挠之，后期而输者，则鞭体出血。若声仍终不得，蒙不忍欺。故豪农得以蠹奸贾倍之，而美地农产尽归豪奸，益其地，资其利，而赋岁以薄。失其产者，吏督其不奉，而赋税以重。是以割姻爱，弃坟井，亡之他郡而不顾，亡者之赋又均焉。故农夫蚕妇，蓬从尘走于天下，而道死者多矣。由是商益豪而农益败，钱益贵而粟益轻也。今返之法，必在刺史长吏而择其良者，使久留于任。一年政成者，一阶之官，一岁一加之；三年而政成者，岁加之；异政累闻者五年，而后迁之连率。不如法者，削其本不得齿，则庶几乎其化矣。谨对。"

《沈下贤文集》卷一〇《对省试策三道》

自三五以还，文质迭变，百王之法，六籍焕然。及周室既衰，诸侯异政，俊贤之士，分轨并驰。至如管仲霸齐之功，商鞅强秦之令，申、韩之名法，孙、吴之战阵，李悝则务尽地力，墨翟则崇尚节俭，此其尤著者也。盖百家之说，虽其道不同，奉而行之，皆足以致理。子大夫服膺圣道，必尽幽深，试论其中孰得周、孔之旨，可为当今之用者，悉心极虑，以著于篇。

夫君者，民之表也，天下取则焉。故慎其威仪，定其声气，时其宪令，审其好恶，以此示之，未有不化者也。然而唐尧在上，日用而不知；圣祖立言，亲誉者其次。夫如是，则寂然不动，澹乎无为，使蚩蚩之甿，何所则象，而能革其浮伪，驱之仁寿哉？举要立中，必有其说。

昔太公理齐因其俗，故报政速而后世强；伯禽为鲁易其俗，故报政迟而后世弱。然则商辛淫虐之风，不可不去也；周家仁厚之化，不可不被也。修旧者未见其迁善之涂，革故者岂伤于惟新之义？迟速之效，强弱之由，愿闻嘉言，以释斯惑。

肉刑之法，明王之制，著于《周礼》，垂宪无穷。何故三苗行之以为虐，秦人奉之以为暴，汉文除之以为仁乎？自魏晋以还，议论间出，理竟不决，法竟不行，岂时运之变有殊，将圣贤之才或异？愿闻归趣，以正古风。

《徐公文集》卷二〇《册秀才文四首》

〔广顺三年〕十一月乙卯，命翰林学士窦俨试进策官曹巨源、邓呆、李峤等于禁中。策曰："王者以礼御人伦，以乐和天地，以兵柔万国，以刑齐兆民。四者何先？殊涂同治。或因或革，各适所宜。故五帝殊时，不相袭礼；三王异世，不相沿乐。兵有务战不战之异，刑有轻次重次之差，历朝张施，繁不具引。自唐祖混一函夏，太宗嗣成圣功，言其礼则三正有常，言其乐则七宗有秩。兵息而臣道咸顺，刑措而民心不渝。五帝三王，不足尚也。越自天宝之后，国经混然，礼乐湮坠，而众不知；兵刑烦扰，而下不畏。朱梁、晋、汉，皆用因仍。洎我朝开创以来，力务兴振，然薰歇烬灭，历年滋多，焦思劳神，观效未著。予欲父慈子孝，兄友弟恭，君仁臣忠，夫义妇听，声明文物无其缺，祝嘏辞说必有序，万仪咸秩，百神受职，家肥国肥，知礼之尊也。当用何理，副兹虚怀？予欲六律六品，七政九变，金石丝竹之器，羽旄干戚之容，歌其政，舞其德。与夫文音武坐，比崇昔时，天和地平，知乐之崇也。子当深辨其理，为时陈之。予欲混同天下，亲征未服，手振金鼓，跋履山川。如商高宗之伐鬼方，若魏武帝之登柳塞，则六师所至，供亿无穷。众兴民劳，自古皆慎。若但任偏将，屯于边鄙，纵兵时入，茹食居人，交尸塞路，暴骨盈野，终岁如是，得无悯然？何以令佳兵不具，彼魁革面，王涂无所扂隔，方贡自来骏奔？更思尔谋，以逮明略。予欲斧钺不用，刀锯不兴，桎梏朽蠹，无所设施，无城舂鬼薪之役，无三居五宅之流，画衣冠而人不犯，虚囹圄而人不入。无刑之理，何以致诸？子大夫博议洽闻，穷微睹奥，提笔既干于奇遇，撞钟必应于嘉音，抱屈将伸，直言勿隐。"既而以所对之词上进。乃授巨源及杲簿掾，赐峣进士出身。

《册府元龟》卷六四四《贡举部·考试二》

（4）道举

问："庄生曰：'吾闻庖丁之言，得养生焉。'盖以游刃无全，善刀而藏之故也。御寇则曰：'养生如何？肆之而已。'庄生曰：'嗜欲深者天机浅。'御寇则以朝穆善理内而性交逸。何二论背驰之甚耶？夫一气之暂聚，为物之逆旅，诚不当伤性沽名，以耗纯白。倪昧者未通矫抗之说，因遂耳目之胜，其心置力则如之何？既学于斯，仵有精辨。"

问："《骈拇》之言曰：'有虞氏招仁义以挠天下，天下莫不奔命于仁义以易其性。'庸讵知不有性于仁义而不可易者乎？以伯夷死名于首阳之下，庸讵知伯夷非安于死而不可生耶？征濠上观鱼之乐，则庄生非有虞与伯夷也，又安知有虞与伯夷之不然耶？征凫鹤短长之胫，又安知有虞与伯夷之性非不可断、不可续者耶？虽欲齐同彼是，先逆后合，恶用谬悠卓诡如是之甚耶？蓬心未达，幸发吾覆。"

问："至人恬淡，外其形骸，使如死灰，如木鸡，斯可矣。至若蹈履水火而不燋没，虽以诚信，庸至是乎？斯所以有疑于吕梁丈人、商丘开之说也。盖有以诚信安于死而不迁者，未有以诚信蹈难而必不死者。此何所谓？其质言之。"

《文苑英华》卷四七五《权德舆·道举策问三道》①

问："安时处顺，泊然悬解，至人之心也，故曰材全而德不形。又曰休影息迹，与夫浆先馈，屡满户外者，固不侔矣。然则以纪消之养鸡，痀偻之承蜩，匠石之运斤，梓庆之削镰，用志不分，移于教化。则万物之相刃相靡者，悠然而顺，暗然而和，奚在于与无趾无眼之徒，支离形德，然后为德耶？愿闻其说。"

问："文子玄虚，师其言于老氏；计然富利，得其术者朱公。疑传记之或差，何本末之相远？人分五位，智辨居忠信之前；体包五藏，耳目乖肺肝之中。皆何故耶？当有其说。至于积德积怨，实昧其图；上义下仁，愿聆其旨。大辨若讷，大道甚夷，岂在颠之倒之，使学者泥而不通也？"

《文苑英华》卷四七六《权德舆·道举策问二道》②

---

① 时在贞元十八年。
② 此为贞元十九年道举策问。

（5）弘文、崇文生举

问："儒馆设科，以优华绪，亦明劝学，然后审官。诸生或以纨绮之年，讲诵未暇，在琢玉之或怠于制锦而如何。傥稍举章程，以明课试，因粲粲之质，加孳孳之勤，可以远图，固为尽善。但因循既久，虑物议为难，盍自言之，将求折中。"

问："左掖东朝，戴弘学敩，贵游胄子，于是翔集。法禁或弛，艺实难征。推恩补员，据阙升弟，或人疑张禄，或词假葛袭。诚瑕不掩瑜，岂仕优则学？澄汰则众心未允，因仍则流弊浸深。有司病诸，幸喻其术。"

《文苑英华》卷四七五《权德舆·弘文、崇文生策问二道》[①]

问："乡赋国庠，已有定制，又辟两馆，以延诸生，盖砥砺贵游而进之于学也。二三子江夏童年，颇闻岐嶷，舞雩春服，皆已鲜明。虽异宾兴，亦称讲业，于经书所好何句？于古哲所慕何人？兼陈从政之方，用辨保家之美。"

《文苑英华》卷四七六《权德舆·弘文、崇文生问一道》[②]

3. 制科试策

（1）制策

朕听政之暇，常读《道德经》《文》《列》《庄子》等书，文约而义精，词高而旨远，可以理国，可以保身。朕敦崇其教以左右人也。子大夫能从事于此，甚用嘉之。夫古今异宜，文质相变，若在宥而

[①]　时在贞元十八年。
[②]　此为贞元十九年弘文生、崇文生策问。

不理，外物而不为，行邃古之化，非御今之道。适时之术，陈其所宜。又，礼乐刑政，所以经邦国；圣智仁义，所以序人伦。使之废绝，未知其旨。《道德经》曰"绝学无忧"，则乖进德修业之教。《列子·力命》曰"汝奚切于物"，又遗惩恶劝善之文。二旨孰非？何优何劣？《文子》曰"金积折廉壁袭"，且申其义。《庄子》曰"恬与之，交相养"，明征其言。使一理混同，二教兼举，成不易之则，副虚伫之怀。（开元二十九年九月）

《唐大诏令集》卷一〇六《亲试四子举人敕》

〔开元二十九年〕九月，御兴庆门，数亲试明《道德经》及《庄》《文》《列子》举人。问策曰："朕听政之暇，尝读《道德经》《文》《列》《庄子》，其书文约而义精，词高是旨远，可以理国，可以保身。朕敦崇其教以左右人也。子大夫能从事于此，甚盛嘉之。古今异宜，文质相变，若在宥而不理，外物而不①为，行邃古之化，非御今之道。适时之术，陈其所宜。又，礼乐刑政，所以经邦国；圣智仁义，所以序人伦。使之废绝，未知其旨。《道德经》曰'绝学无忧'，则乖进德修业之教。《列子·力命》曰'汝奚功于物'，又违惩恶劝善之文。二旨孰非？何优何劣？《文子》曰'金积折廉，壁袭无赢'，且申其义。《庄子》曰'括与支，交相养'，明征其言。使一理混同，三教兼举，成不易之则，副虚伫之怀。"有姚子彦、靳能、元载等，策入第，各授之以官。

《册府元龟》卷五三《帝王部·尚黄老一》

问："朕闻古之善为国者，未尝不旁求正士，博采直言，勤而行

---

① 原本脱"不"字，据《唐大诏令集》补。

之,辅成教化者也。朕临御日浅,政理多阙,每期忠义,切投药石。子大夫戢翼藏器,思奋俟时,今启心以沃予,常有犯而无隐。朕不自满假,企慕前王,上法羲、轩,下遵尧、舜。返已散之淳朴,振将颓之纪纲,使礼让兴行,刑罚不用。而人犹轻犯,吏尚徇私,为盗者未奔,不仁者未远。岂臣非稷、契而致是乎?抑君谢禹、汤使之然也?设何谋而可以西戎即叙,施何化而可以外户不扃?五谏安从?三仁孰最?周昌比汉高于桀、纣,刘毅方晋武于桓、灵,但见含容,两无猜忌。故君不失圣,臣不失忠。子既其俦,应详往行,四贤优劣,伫辨深疑。在于朕躬,有所不逮,条问之外悉书之。必无面从,以重不德。"(建中元年二月十五日)

《唐大诏令集》卷一〇六《建中元年试制举人策问》

皇帝若曰:盖闻上古至道之君,垂拱无为,以临海内,不理而人化,不劳而事成,星辰轨道,风雨时若。邈乎其不可继,何施而臻此欤?三代已来,制作滋广,异文质之变,明利害之乡。威之以刑,道之以礼,敦其俗而弥薄,防其人而益偷。岂浇醇必系于时耶?何圣贤间生而莫之振也?朕只膺累圣之业,猥居兆人之上,虔恭克厉①,如恐失坠,忧济庶务,夕惕晨兴,永惟前王之典谟,是宪是则。师大禹以崇俭,法高宗以求贤,兴夏启之征,作周文之罚。旌孝悌,举直言,养高年,敦本业,平均徭税,黜陟幽明。励精孜孜,勤亦至矣。然而浮靡不革,理化不行,暴乱不惩,奸犯不息。五教犹郁,七臣未臻。乡党废上齿之仪,烝庶无安土之志。赋入日减而私室愈贫,廉察日增而吏道愈滥。意者朕不明欤?何古今

---

① "厉",他本或作"励"。

之事同,而得失之效异也?思欲划革前弊,创立新规,施之于事而易从,考之于文而有据。备陈本末,将举而行。无或惮烦,略于条对。自顷阴阳舛候,祲沴荐兴,仍岁旱蝗,稼穑不稔。上天作孽,必有由然,屡降凶灾,其咎安在?《传》曰:"时之不乂,厥罚恒阳。"又曰:"尧汤水旱,数之常也。"二者乖反,其谁云从?今人靡盖藏,国无廪蓄。朕屡延卿士,询访谋猷,至乃减冗食之徒,罢不急之务。既闻嘉话,亦已遵行,而停废之余,所费犹广。候转输于江徼,则远不及期;将搜粟于关中,则扰而无获。节军食则功臣怀怨,省吏员则多士靡归,中心浩然,罔知攸济。子大夫蕴蓄材器,通明古今,副我虚求,森然就列。匡朕之寡昧,拯时之艰危,毕志直书,无有所隐。(贞元元年九月二十五日)

《唐大诏令集》卷一〇六《贞元元年
贤良方正直言极谏科策问》

皇帝若曰:朕承祖宗之鸿休,获主神器,任大守重,惧不克堪。思与士大夫共康理道,虚襟以伫,侧席以求,而群议纷然,所见异指,或率古义而不变,或趋时会而不经。七年于兹矣,国制多缺,朕甚恶焉。今子大夫博习典坟,深明教化,褒然充举,咸造于庭,其极思研精,以论朕之未寤。仲尼叙《礼》《乐》,删《诗》《书》,修《春秋》,广《易》道,六经之义,所尚各殊。岂学者修行,理当区别?将圣人立意,本异宗源,施之于时,孰为先后?考之于道,何者深浅?差次等伦,指明归趣。执其本,乃能通于变;学于古,所以行于今。用之教人,则异于是。工祝陈□乐之器,而不知其情;生徒诵礼乐之文,而不究其事。欲人无惑,其可得耶?将革前非,固有良术。尧、舜率天下以义,比屋可封;桀、纣率天下以暴,比屋可戮。然则上之化下，罔或不从，而三仁四凶，较然同异，有教无类，岂虚言耶！作乐移风，闻诸昔典。夫至雅比淡，至音必希，文侯列国之贤君，犹曰则唯恐寝，矧彼流俗，其能化乎？将使天地同和，灾沴不作，黎人丕变，奸慝不萌，何施何为，以至于此？王者制理，必同其时，故忠敬质文，更变迭救，三代之际，罔不由之。自秦划古法，汉杂霸道，纷纶千祀，王教不兴。国家接周隋之余，俗未淳一。处都邑者，利巧而无耻；躬田亩者，朴野而近愚。尚文则弥长其浇风，复质则莫救其鄙俗。立教之本，将安所从？自古哲王，唯此三正互用；后之术士，乃言五运相生。以汉应火行，则周为木德，礼犹尚赤，义则颇乖，永言于变，莫识厥理。九流得失之论，历代兴亡之由，王、郑言礼之异同，《公》《穀》传经之优劣，必精必究，用沃虚怀。（贞元元年）

《唐大诏令集》卷一○六《又博通坟典达于教化科策问》

皇帝若曰：朕遐览典谟，详求至理，三代之制，粲然可征。未尝不文武并兴，农战兼务，故能居则足食，动则足兵。兵足则暴乱息，食足则教化行，兴国之本，实在于此。秦汉已降，王制不修，选士废射御之仪，教人无搜狩之礼，即戎者不知其稼穑，力本者罕习于干戈。于是异文武之人，分农战之道，守则乏食，征则鲜兵。历兹千年，竟莫能复。抑知之者盖寡，将行之者惟艰？朕念之甚勤，思继前躅。良以军旅之事，役戍靡宁，勋庸既多，爵秩咸贵。俾服田亩，虑兴怨咨，仰于县官，不可胜计。由是版图时蹙，阡陌日荒，水旱小愆，廪饷咸竭。欲使军人悦归于耒耜，儒者兼达于韬钤，田莱尽耕，攻取必胜。诱人甚易，其术安施？王者之师，本于立德；兵家之法，方务出奇。德以信成，奇以诈胜，理有违反，将何适从？

宋襄成列而败军,见嘉鲁册;韩信决囊以摧敌,取贵汉朝。然则丧国亡家,岂霸王之道?冒危乘险,非仁义之心。所宜讨论,以定褒贬。夫众寡不敌,克必以谋。乐生下齐,孙子破楚,魏武之胜袁绍,宋高之灭姚泓,成败之由,备陈本末。古有言曰:"诛伐不可偃于天下。"又曰:"善为国者不师。"二端异焉,其有深旨。子房叙次兵法,任宏论撰军书,指明异同,详录名氏,所闻高略,择善而行。(贞元元年)

《唐大诏令集》卷一〇六《又识洞韬略堪任将帅科策问》

皇帝若曰:朕闻王者统御寰宇,司牧黎元。一人之聪不足以周听,一人之目不足以遍观。敷求贤良,用辅闻见。朕以寡惠,篡承丕绪,托于人上,十载于兹。虽多难仅宁,而升平未复。永惟前古之理,布在方册,宪章典礼,可得而详。考之则易遵,行之则难至。中夜忘寝,莫知所以然。子大夫学览该通,待问斯久,敛襟应召,朕甚嘉焉。各启尔心,以祛予惑。成王致理,刑措不用;孝文励精,断狱四百。太宗皇帝箫勺群慝,削平八隅,囹圄空虚,又逾前代,一岁所决,二十九人。今者官署尚存,法令明具,封域之内,可谓小康。而黔首上僚,尚资科禁,循源究本,其故何哉?岂朕教之不明,将或人之多僻?伫敷旨要,当酌其宜。文王建邦,经制斯备;周公立政,礼乐增修。然而朝命六卿,揆分百度,乡闾有长,林泽有官,计其职员,动以万数。农夫不充于辑伍,编籍不给于虞衡。以是制人,义或安在?永言师效,良用为疑。唐虞设规,九载三考,俾安其位,将尽其能。列授群司,寄之众务。一官不理,事有所隳;一吏非人,官有所废。罚宁俟于终日,赏不待于逾时。若官废而后求人,事废而后变法,政将□浇,其道如何?今欲济天下于太和,致群生于仁寿。劝农务本,何术为先?敦学崇儒,何礼为切?何方可以顺风雨,何典可以序神祇?成汤遇灾,何七年而后祷?高宗伐叛,何历载而不宾?辨于古者通于今,鉴于事者明于理。备陈终始,朕亲览焉。(贞元四年正月)

《唐大诏令集》卷一〇六《贞元四年贤良方正策问》

皇帝若曰:朕观古者君人受命,兢兢业业,敬天顺地,靡不思贤能以济其理,求说直以闻其过。故禹拜昌言而嘉谟罔伏,汉征极谏而文学稍进,匡时济俗,罔不率繇。厥后相循,有名无实,而又设以科条,增求茂异。舍斥己之至谏,尚无用之虚文,指切著明,罕称于代。兹朕所以叹息郁悼,思索其真,是用发恳恻之诚,咨体用之要,庶乎言之可行,行之不倦。上获其益,下输其情,君臣之间,欢然相与。子大夫得不勉思朕言而茂明之?我国家光宅四海,年将二百,十圣弘化,万邦怀仁。三王之礼靡不讲,六代之乐罔不举,需泽于下,升中于天。周汉已还,莫斯为盛。自祸阶漏坏,兵宿中原,生人困竭,耗其太半。农战非古,衣食罕储,兹念疲甿,遂乖富庶。督耕植之业,而人无恋本之心;峻榷酷之科,而人有重敛之困。举何方而可以复其盛?用何道而可以济其难?既往之咎,何者宜惩?将来之虞,何者当戒?昔者,主父惩患于晁错,而用推恩;夷吾致霸于齐桓,而行寄令。精求古人之意,用启迪哲之怀,浚兹洽闻,固所详究。又,执契之道,垂衣之言。委之于下,则人用其私;专之于上,则下无其效。元帝优游于儒学,盛业竟衰;光武责课于公卿,峻政非美。二途取舍,未获所由。余心浩然,益所疑惑。子大夫熟究其旨,属之于篇。省自朕躬,无悼后害。(元和元年四月二十八日)

《唐大诏令集》卷一〇六《才识兼茂明于体用科策问》

皇帝若曰：盖闻古之令王，体上圣之姿，御大宁之时，犹惧理之未至也。求贤以致用，谘谏以闻道，犹惧动之不中也。矧惟寡昧，膺受多福，思负荷之重，警风浪之虞，求贤谘谏，是敢怠忽。至若穷神知化，以盛其德，经纬文武，以大其业，考古会极，通教化之源，明目达聪，周视听之表，实亦夙夜之所志也。子大夫将何道逮而致之乎？自中代已还，求理继作，皆意其砥砺，而效难彰明。莫不欲还朴厚，而浇风常扇；莫不欲遵俭约，而侈物常贵；莫不欲远小人，而巧诐常进；莫不欲近庄士，而忠直常疏；莫不欲勉人于义，而廉隅常不修；莫不欲禁人为非，而抵冒常不息。其所缪盭，岂无根源？爰自近岁，仍敷大泽，霜露所坠，沾濡必同。涤瑕秽以道人心，省徭役以丰物力，蠲田租以厚农室，葺国学以振儒风，督废职以补纲维，备众官以序贤俊。庶继先志，洊乎洽平。而勤事者未闻，输劳者未艾。务农者无以免艰食，为学者无以通微言。立事之绩，未纪于庶工；乏才之叹，未辍于终食。蠹于法者无不去，而法未修明；切于政者无不行，而政未光大。岂不变其俗，道广而难济乎？岂不得其门，事繁而愈失乎？仁闻嘉猷，言无或隐。周之受田有经制，汉之力田有恒数。今疆畛相接，半为豪家，流庸无依，率是编户。本于交易，焉得贪富以卑贫？相与因循，是以损多而益寡。酌于中道，其术如何？取人以行，不必文采；命官以姓，不必资考。然则行非造次而备察，才非错综而遍知。不必文采为轻重，而事可进退；不以资考为课督，而吏有条贯。适变矫枉，渴于良规。何方可以序六气，来百祥？何施可以寿群生，仁众姓？由于前训而可据，设于当代而易从，勿猥勿并，以称朕意。（元和三年三月二十三日）

《唐大诏令集》卷一〇六《元和三年试制举人策问考官杨于陵、郑敬、李益、韦贯之》

皇帝若曰：盖闻舜、禹之有天下也，起于侧微，积德累勤，多历年所。夫经盛圣之虑，岂有遗哉？然犹好问察言，勤求贤士。盖以承天之任重，忧人之志深也。况朕长于深宫，涉道日浅，奉列圣之洪绪，抚万宇之黎人，夙夜严恭，不敢懈怠。实惧烛理未究，省躬未明，所以详求谠言，以辅不逮。子大夫是宜发所蕴畴，沃予虚怀，当极意正词，勿有隐讳。昔王政之兴，必臻于康泰；霸道所立，犹致于富强。我国家提封益于三代，酌宪兼乎百王，无尧汤之灾，积祖宗之化。而人未蕃庶，俗尚凋讹，家无盖藏，公阙储峙。卒乘之数，货币之资，统而校之，莫继前代。岂率土生植变于古欤？将阜时政令失于今欤？因以揣摩，必穷利病，明征末失之渐，具陈兴复之谟。且文武兼学以成身，士农迭居以丰业。故家给足以恋本，才周可以应时。近古各徇一端，不相资用。致令从事异心，难以成课。民伏无守，轻为惰游。指明共贯之方，近合二途之利。永言化理，期酌厥中；施为或差，得失斯远。将修睦劝义，则在下难知；将任数驭情，则人心益伪。思闻旨要，得合诚明，旌别比周之情，敷详忠厚之道。知人则哲，从古攸慎，九惩恐泥，五事难精。或望可服人，而才非周物；或言皆诣理，而行有乖方。宜陈取舍之端，用彰真伪之辨。至于朝廷之阙，四方之弊，礼延而至，可得直陈。退有后言，朕所不取。子大夫其勉之。（长庆元年十一月）

《唐大诏令集》卷一〇六《策问考官白居易、陈岵、贾𫗧》

皇帝若曰：朕恭守宪祖中兴之运，穆宗绍宁之业，寅畏兢翼，亦免荒坠。诸侯忠上而奉职，卿士循法而恪官，四夷内向，兆人休息。至于属统垂文，程示后代，终有致义之意，未有理人之术。古人云：希颜之徒，亦颜之流也。又曰：舜何人也？予何人也？予窃不让,欲追踪乎三代,俯视乎两汉,陶今俗于至道,济乱人于太和。子大夫皆蕴器应荐,愤愤悱悱,思所以□奋者,于日久矣。当极其虑,开予郁滞。夫礼乐刑政,理之具也。礼乐非谓威仪升降,铿锵拊击也,将务乎阜天时,节地财,和神人,齐风俗也。刑政非谓科条章令,繁文申约也,将务乎愧心格耻,设防销微也。必有其论,何方致之? 四人混处,迁于异物。历代已降,皆所苦患。士本于儒,而有诡道之行;农尚笃固,而多损本之心;工缮用物,而作雕磨之器;商通有无,而赍难得之货。思矫其弊,必有其术。汉高之基称萧、曹,孝宣之兴称邴、魏。朕观其书,粲然尽在。我国家之盛,其纪年则曰贞观、开元,其辅相则曰房、杜、姚、宋。朕观其书,则拔群绝类者,不能相远。然两朝之盛,四子之能,不可诬也。将兴元符合德,漠然而无际欤? 为史官词志,不能久其事业欤? 口食至多,而垦辟者惰;供亿至众,而财官是空。官无阙员,而家食者告困;德泽仍臻,而鳏弱者未赡。必有其旨,何以辨之? 毋泛无略,无游说,无隐情,以副虚求,朕将亲览。(宝历元年三月)

《唐大诏令集》卷一〇六《策问考官郑涵、崔琯、李虞仲》

问:"朕闻古先哲王之治也,玄默无为,端拱司契。陶萌心以居正,凝日用于不宰;立本以厚生,推诚而建中。繇是天人通,阴阳和,俗跻仁寿,物无疵厉。噫! 盛德之所臻,复乎其莫可及已。三代令王,质文秩叙,而巧伪滋炽,流失浸多。自汉魏已降,足征盖寡。朕昧理道,祇荷丕构,奉若谟训,不敢荒宁。任贤惕厉,宵衣旰食,诅追三五之遐轨,庶绍祖宗之鸿休。而心有所未达,信有所未孚,由中及外,阙政斯广。是以人不率化,气或埋昏,灾旱竟岁,播植愆时。国廪罕蓄,乏九年之储;吏道多端,微三载之绩。

京师，诸夏之本也，将以观理，而豪猾时逾检；太学，明教化源也，期于宣化，而生徒多堕业。列郡在于颁条，而严禁或未绝；百工在于按度，而淫巧或未衰。俗堕风靡，积讹成蠹。其择官济理也，听人以言，则枝叶难辨；御奸以法，则耻格不形。其阜财发号也，生之寡而食之众，烦于令而鲜于理。思欲救此缪盭，致之洽平，兹心浩然，若涉泉水。故前诏有司，博征群彦，亻宁启宿懵，冀增时雍。子大夫皆识达古今，明于康济，造庭待问，副朕虚怀。必当箴主之阙，辩政之疵，明纲条之所紊，稽庶富之所急。何施斯革于前弊？何泽斯惠于下土？何修而古理可近？何道而和气克充？推之本源，著于条对。至若夷吾轻重之权，孰辅于理？严尤底定之策，孰叶于时？元凯之考课何先？叔子之克平何务？唯此龟镜，择乎中庸，期在洽闻，朕将亲览。"（大和二年）

《唐大诏令集》卷一〇六《策问考官冯宿、贾𝗦、庞严》

乾德四年春二月，帝御文明殿试制科，策文曰："炎汉致治，始策贤良；巨唐思皇，爰求茂异。讲邦国治乱之体，陈天人祥祲之原，岂角虚文，盖先硕德。朕念守器之重，识为君之难，思得奇才以凝庶绩，因举故事以绍前修。子大夫抱道逢时，投书应诏，必有长策以副虚怀。何以使三农乐生，五兵不试，刑狱无枉，赋敛无加？以何策可以定中原？以何道可以卜长世？朕当亲览，汝无面从。"白衣蒲禹卿对策切直，执政皆切齿，欲诛之。帝以其言有益，擢为右补阙。

《十国春秋》卷三七《前蜀·后主本纪》

王者以礼御人伦，以乐和天地，以兵柔万国，以刑齐兆民。四者何先？殊途同治。或因或革，各适所宜。故五帝殊时，不相袭礼；三王异世，不相沿乐。兵有务战不战之异，刑有轻次重次之差，历朝张弛，繁不具引。自唐祖混一涵夏，太宗嗣成圣功，言其礼则三正有常，言其乐则七宗有秩。兵息而臣道咸顺，刑措而民心不渝。五帝三王，不足尚也。越自天宝之后，国经混然，礼乐湮坠，而众不知；兵刑烦扰，而下不畏。朱、梁、晋、汉，皆用因仍。洎我朝开创以来，力务兴振，然薰歇烬灭，历年滋多，焦思劳神，观效未著。予欲父慈子孝，兄友弟恭，君仁臣忠，夫义妇听，声明文物无其缺，祝嘏辞说必有序，万仪咸秩，百神受职，家肥国肥，知礼之尊也。当用何理，副兹虚怀？予欲六律六吕，七政九变，金石丝竹之器，羽旄干戚之容，歌其政，舞其德。与夫文音武坐，比崇昔时，天和地平，知乐之崇也。予当深辨其理，为时陈之。予欲混同天下，亲征未服，手振金鼓，跋履山川。如商高宗之伐鬼方，若魏武帝之登柳塞，则六师所至，供亿无穷。众兴民劳，自古皆慎。若但任偏将，屯于边鄙，纵兵时入，茹食居人，交尸塞路，暴骨盈野，终岁如是，得无悯然？何以令佳兵不具，彼魁革面，王涂无所圮隔，方贡自来骏奔？更思尔谋，以逮明略。予欲斧钺不用，刀锯不兴，桎梏朽蠹，无所设施，无城春鬼薪之役，无三居五宅之流。画衣冠而不犯，虚图圄而不入。措刑之理，何以致诸？子大夫博义洽闻，穷微睹奥，提笔即干于奇遇，撞钟必应于嘉音，抱屈将伸，直言勿隐。

《全唐文》卷一二四《周太祖·策礼乐兵刑问》

（2）策对

问："《诗》称有截，传载无为，必在其人，方致斯道。皇上心存玄默，政洽清虚，坐五室以调气，舞两阶以柔远。溥天之下，计日来庭。尚有戎羯余尘，觊长城于塞北；句骊旧壤，走都护于安东。弃招携国之讥，取有疲人之患。绥讨之理，用舍何从？且夷狄异方，地俗殊等，借是①断山川之是利，较战守之所长，赢粮调兵，几何克济？选伦求将，可者为谁？静听嘉谋，将闻执事。"

问："安西迥途，碛北多寇，自开四镇，于兹十年。及瓜成人，自首无代；分阃节使，丹旆方归。未悟恢边之益，且疑事远之弊。今赤曷既并于黄姓，默啜复觇于庭州，汉掖徒张，胡臂未断。而内匮积谷，外非足兵，于何出践更之师，奚使闲穹庐之党？息人静国，有策存乎？"

问："五岭山深，三蜀地险。篁竹之下，时惊剽劫；瓜芋之壤，岁扰居人。若纵兵扬麾，则鸟散谿谷；及旋师返斾，则蚁聚津涂。穷之乃一切归降，置之又无不反覆。安辑之术，敷陈其要。"

《全唐文》卷二二二《张说·兵部试沉谋秘算举人策问三道》

问："朕闻北辰端扆，仁众彦以经邦；南面居尊，俟群材而纬俗。是知九官分职，薰风之咏载敷；八元匡朝，就日之规方远。历选列辟，遐考前修，并建明扬之躅，式广旁求之义。故康衢扣角，授相越于齐班；海上牧羊，封侯超于汉秩。洎乎淳风陵替，雅道湮沉，仕必因基，官非材进。官虽备职，位匪得人。遂使七辅之材，销声于岩穴；六佐之彦，晦迹于丘园。寤寐以之，载劳虚仁。今欲

① "是"，他本或作"使"。

革因循之弊，蹑稽古之踪，此志虽勤，其途未遂。为是旌贲爽于前代，英杰寡于今晨。伫尔昌言，朕将亲览。"

《文苑英华》卷四八一《词标文苑科策》[①]

对："惟德动天，大云开其五色；惟贤济俗，大运符其半千。是知广厦将崇，必伫群材之用；巨川方济，良资舟楫之功。俾作股肱，方之羽翼。自风姜御辨之始，树以后王群公，云鸟分司之初，承以大夫师长，莫不投竿入相，舍筑称师。五臣光就日之朝，八凯翙薰风之代，阴阳由其燮理，百姓用以平康。善佐必藉于贤臣，辅国或伫于良佐。国家旁求俊乂，束帛之礼荐陈；物色异人，丘园之彦咸萃。登坛对楚，连城之宝不足称；置馆求燕，照乘之珍无以贵。多士迈隆周之日，得人光炎汉之朝。犹以为官匪材升，仕因基进，显革因循之弊，用追稽古之风。诚愿察彼山苗之词，求夫纵壑之论。材或可纪，超升于槐棘之班；德或可褒，擢任于公卿之位。开其上赏之路，颂以中和之诗，则淳于髡之进贤，一朝而见七士，许子将之举德，少选而收二俊。自然词人阔步，才子长鸣，公理息《昌言》之篇，节信罢《潜夫》之作。谨对。"

房晋对《词标文苑科策》，载《文苑英华》卷四八一

对："珠衡上列，圣人居曜魄之尊；玉[②]理旁融，元后握乾坤之柄。膺宝历而推五胜，皇纲居混沌之先；悬玉镜而运三千，帝系出氛氲之上。莫不辟天关以统业，横地轴而开基，象列宿而环北辰，制诸侯而向南面。桂州巢氏之际，晦声迹于龙图；结绳炼石之余，

---

① 时在光宅元年。
② "玉"，原本作"王"。

摘景曜于龟象。未有巨川已济，不资舟楫之功；大厦已成，不假栋梁之力。至于远电流祉，既委任于三台；就日居尊，亦佥谋于四岳。道德为富，魏文侯之式庐；礼义可尊，燕昭王之拥篲。孔明佐蜀，叶鱼水以陈谋；仲父相齐，假鸿毛以康俗。洎嬴晖掩镜，汉道亡珠，位以恩升，荣非德进。挂网罗者则黄鹄高飞，縻爵禄者则青凫竞至。自钦明抚运，宪章稽古，司光凤纪，位映龙名。振鹭来仪，袭宪飙而鼓舞；白驹萃止，食场苗以挚系。所以绳准百王，牢笼万代。

"伏惟圣母皇帝陛下，辟阴阳之二气，独化初皇；启日月之三光，混成太极。灵祇翕忽，出震宫而齐巽围；云雨氤氲，辨天垓而通地圻。慕崩沙之灵运，符润石之休期。忧在进贤，道叶《采苓》之化；恩无不逮，德合《樛木》之风。掩娲后以称尊，迈姬任而立政。吹尘钓璜之侣，接武于阶墀；骑星弄电之夫，肩随于廊庙。虽良骏充厩，逾怀买骨之谋；真龙在堂，更仵丹青之玩。应休琏之独坐，鸟雀来庭；尹叔良之闲居，蟏蛸在户。傍加策问，亲览政途，词丽汾州，声侔沛邑。掩鹏图而该魏网，漆园无控地之词；飞鹤板而征汉臣，九皋有闻天之誉。凡曰群生，孰不幸甚！臣中庸贱逸，下泽幽微，忝预明扬，谬承推择。驰心日路，冀三舍以矜魂；累息天门，瞻九重而惕虑。谨对。"

　　　　皇甫琼[1]对《词标文苑科策》，载《文苑英华》卷四八一

　　问："朕闻立极开基之主，经文纬武之君，莫不象法殊流，污隆异制。至于安人导俗，咸即运以垂芳；缉化宣风，各因时而播美。

────────────

① 《文苑英华》注："《登科记》作皇甫伯琼。"

是以道孚绳木，爰膺九翼之年；图秘龟龙，用启六爻之代。穷桑御历，狎威凤以分司；轩后列位，因景云而命职。征汾阳之迹，则十政方凝；俯河滨之化，则四门攸辟。祥披玉斗，理九土以兴功；祚徙金精，调五声而作教。周崇六礼，仁义之道为先；汉设三章，王霸之图斯杂。皆所以牢笼八际，櫽括三灵，齐四大以居尊，叶五神而称正。且随时之义，既不相沿，师古之言，又闻前诰。朕钦承先圣，对越上玄。当宁兴怀，真切推沟之虑；凝旒结想，方深驭朽之情。思所以式展鸿猷，勉康庶绩，而抚兹薄德，昧此永图。尔等积学多闻，含章独秀，未显畴庸之德，宜申待扣之音。随时之务何先？经国之图何取？帝皇之道奚是？王霸之理奚非？伫听良谟，朕将亲览。"

问："朕闻[1]《礼》崇三典，方弘慎罚之规；《书》著五刑，不以深文为义。朕母临赤县，子育黔黎。夏日贻忧，惧青牛之结气；秋荼轸念，虑丹笔之成冤。然以人尚挂于汤罗，情倍深于禹泣。顷者荆郊起褉，淮甸兴袄，朕惟罪彼元凶，余党并从宽宥。今敬真之辈，犹蕴狼心，不荷再生之恩，重构三藩之逆，还婴巨衅，便犯严科。岂止杀之方，乖于折中；将小慈之泽，爽彼大猷？子大夫等，学富三冬，才高十室，刑政之要，实所明闲。倾此虚襟，伫闻良说。"

问："朕闻仰观乾象，房、心为布政之宫；俯察坤元，河、洛建受图之所。是以上稽珠纬，得风雨之和；下表圭臬，均远近之节。定都考室，斯焉是崇。顾以庸虚，谬膺大宝。乾乾夕惕，每轸纳隍之怀；栗栗宵兴，恒劳驭朽之念。而昊穹眷命，灵贶屡彰，云构既隆，天城斯毕。是用内省多愧，上答愈勤。将欲殷荐有常，严配不坠。光启惟新之躅，申明祀典之方。顺四时以布和风，考五物以作正气。盛礼之要，犹虑未弘。尔等并积学基身，含章表质。或远从宾荐，声满于州间；或遝应搜扬，誉光于朝选。采皇王之奥旨，援周、汉之前踪，蕴彼胸襟，咸应备晓。未知何代之政，参酌适中？何礼之规，施用为切？务从必简之道，式崇可久之基。陈彼嘉谋，尔其扬榷。思擢太常之第，副朕求贤之怀。"

《文苑英华》卷四七七《词标文苑策科》[①]

对曰："臣闻舜命昌言，汉征极谏，尝览千古，贤哉二君。今陛下发德音，下明诏，选空岩穴，访匦舆台，大哉邈乎，过之远矣。臣以草莽之贱，谬当车乘之招，诚不足以庶几王庭，充塞大问。伏读圣旨，乃知天情之所在焉。臣闻昔者，鸟迹代绳，龟文演卦，水土迁王，时更万祀，金木互兴，人非一姓。暨乎三皇五帝氏往，夏商周汉氏作，或导人以礼乐，或驱俗以刑政，或革弊以忠敬，或沿风以文武。非师古之诰有殊，盖随时之义且异也。伏惟圣母神皇陛下，诞受鸿基，光膺骏命。粤若立极格天之业，论道布政之典，任贤克暴之功，出洛飞云之瑞，此并藏纬玉册，勒休金版，郁映于前古，扬光于后业者矣。至于创业垂统之则，弘猷永图之义，重光三圣，载清六合，可不谓然乎！犹或惕虑推沟，劳谦驭朽，谢文明于薄德，想畴庸于清问。此陛下之至让也，愚臣何足以知之？策曰：'适时之务何先？经国之图何取？'臣闻古者因人以立法，乘时以设教，以义制事，以礼制心。夫人者，理得则气和，业安则心固，崇

孙培青文集　第五卷　隋唐五代考试文献集成

① 时在垂拱四年，原本作"永昌元年"，据徐松《登科记考》改。

让则不竞，知耻则远刑。若强人之所不能，虽令不劝；禁人之所必犯，虽罚必违。故曰：政不欲烦，烦则数，数则政无定，人怀苟免之心；网不欲密，密则巧，巧则文多伤，下有非辜之惧。窃见今之俗吏，或匪正人，以刻为明，以苛为察，以剥下为利，以附上为诚。综核之词，考课专于刀笔；抚字之宰，职务具于簿书。陛下日昃虽勤，守宰风化多阙。臣以为将行美政，必先择人。失政谓之虐人，失人谓之伤政，舍人为政，虽勤何为？伏愿陛下，进经术之士，退掊克之吏，崇简易之化，流恺悌之风。画一成歌，此适时之务也；慎贤而用，此经国之图也。苟能英才不弃，大化方隆，而犹曰朝谢垂衣，野非击壤，则文、武之道，尚何言哉？尧、舜之君，徒虚语耳！策曰'帝皇之道奚是，王霸之理奚非'者。布在方册，臣闻之矣。圣人御历，上淳而下信；帝者膺期，君明而臣哲。周用王道，教化一而人从；汉杂霸道，刑政严而俗伪。故亲誉优于畏侮，文、景劣于成、康。谨对。"

对："臣闻刑以助教，德以闲邪，先王慎于好生，大易诫于缓死。今陛下母临黔首，子育苍生，孚佑下人，克配上帝。然有东南小侵，荆蛮远郊。虽圣德泣辜，上用防风之戮；天心罪己，仍劳淮甸之师。其有讹误闾阎，胁从井邑，陛下愍孤孀于海淮，恤困穷于江汉，舍从宽宥，此陛下之恩也。而蕞尔余孽，蠢兹顽凶，思弄兵于汉地之下，将构衅于戎狄之域。罪盈稔贯，祸得萌芽，此又陛下之明也。今陛下乃赐臣策曰：'岂止杀之方，乖于折中；将小慈之泽，爽彼大猷。'臣实见折中大猷之规，不知小乖微爽之义也。策曰：'刑政之要，实所明闲。'臣闻政同水火，刑譬阴阳。顷者三监乱常，有司既纠之以猛；于今四罪咸服，陛下宜济之以宽。明肆赦之渥恩，安万人之反侧，布深仁罗鸟，收至察于泉鱼，岂不大哉！

天下幸甚！且夫人者，眠也，暗而不可罔；庶者，众也，愚而不可欺。是以刑在必澄，不在必惨；政在必信，不在必苟。故明王之理天下也，刑一则人畏而不干，政简则俗齐而不伪。于是祸乱不作，灾害不生，君安于上，臣悦于下，百姓日用，不知其然。四海风动，惟帝之则，道畅钟石，声流舞咏。其行己也非他，所理者以此。刑政之要，庶几一隅。谨对。"

对："伏惟陛下，则天法地，畏命重人，据河洛之规模，总风雨之交会。轩后鱼图之水，建邦设都；周公龟墨之地，考堂作室。灵祇降福，嘉祥荐祉，制同神造，力以子来。将以殷荐上帝，至德也；严配先王，至孝也。是以八风攸序，四时克谐，无得而称，能事毕矣。犹复执劳谦之不已，惧盛礼之未弘，访末学之臣，询稽古之政。斯事体大，臣何足言？然而敢不钦承，以竭涓滴耳。策曰：'何代之政，参详适中？何礼之规，施用为切？'臣谨错综三五，明征典坟，窃以纬武经文，布方策而非远，英风显号，流颂声而可袭。未有反义背德，而至升平之政；弃古违今，以克永终之禄。莫不发号施令，法乾坤而动静；执契悬衡，顺金木之刑德。是故青阳玄室，遵季孟而观风；白辂朱旗，乘离兑而布政。养老用上庠之礼，教胄取《大学》之义，环水著辟雍之名，向阳表明堂之位。盖所以享群瑞，朝诸侯，班正朔，调景纬，成简易之业，崇久大之基也。皇王奥旨，庶此详探，周、汉前踪，固难守用。臣才智驽劣，草莽鲰生，至如军国务广，政刑理急，但至敬无文，信言不美。陛下欲听其说，必观于事，将逆其谋，先求诸道。危言抵禁，破胆寒心，伏惟圣主，稽留天听。谨对。"

问："朕闻体国经野，取则于天文；设官分职，用力于人纪。名实相副，自古称难；则哲之方，深所不易。朕以薄德，谬荷昌图，思欲追逸轨于上皇，拯群生于季俗，澄源正本，式启惟新。俾用才委能，靡失其序，以事效职，各得其长。至于考课之方，犹迷于去取；黜陟之义，尚惑于古今。未知何帝之法制可遵，何代之沿革斯衷？此虽戋戋束帛，每贲于丘园；翘翘错薪，未获于英楚。并何方启塞，以致于兹？伫尔深谋，朕将亲览。"

问："朕闻轨物垂训，必随正于因生；开国承家，理崇光于敦本。故七叶貂珥，表金室之荣；十纪羽仪，峻班门之躅。保姓受氏，义先于睦亲；翼子谋孙，事隆于长发。朕以寡昧，叨奉先灵，坠典咸新，遗章必睹。思欲甄明谱系，澄汰簪裾，派别淄、渑，区分士庶。至如陈、田互出，虢、郭俱开。束皙改汉传之宗，辅果易晋卿之号。巨君之姓，曾非驭鹤之苗；元海之家，谅非扰龙之族。永言纰缪，良用怃然。子大夫十室推英，三冬富学，允迪褰然之举，宜扬锵尔之词。至若北郭、南宫，本因何义？三乌、五鹿，起自何人？公孙之由，司马之姓，咸加辨析，且显指归。式副对扬，朕将亲览。"

《文苑英华》卷四八二《贤良方正策》①

对："臣闻仲尼之作《春秋》也，法五始之要，正王道之端，微显阐幽，昭隆大业。瀍、洛之功既备，范围之理益深。伏惟陛下受天明命，统辑黎元，载黄屋，负黼扆，居紫宫之邃，坐明堂之上。顺阳和以布政，摄三吏而论道，雍容高拱，金声玉振。征求无厌，误及

厮贱。微臣材朽学浅，诚不足以膺严旨，扬天休。虽然，敢不尽刍荛，罄狂瞽，悉心竭节，昧死上对。

"臣闻天者，群物之祖，王者受命于天，故则天而布列职。天生蒸民，树之君长，以司牧之，自非聪明睿哲，齐圣广深，不能使人乐其生，家安其业。陛下德自天纵，慈悯元元，既乐其生，且安其业。臣闻瑞者，上天所以申命人主也。故使麒麟游于囿，凤凰集于庭，庆云出，神龙见。其余草木烟露之祥，不可胜纪。陛下日慎一日，虽休勿休，故天申之以祯石，告之以神文。大矣哉！圣人之鸿业也。臣闻《河图》《洛书》之不至也久矣。孔子曰：'凤鸟不至，河不出图，吾已矣夫。'师说曰：'圣人自伤己有能致之资，而天不致也。'陛下有能致之资而天蕴者，所以扶助圣德，抚宁兆人也。臣观今朝廷含章赡博之士，鲠言正议之臣，陛下诱而进之，并践丹地，伏青规，颙颙昂昂，云属雾委，鸾骞凤振，佩金鸣玉，曳珠纹，扬翠绫，克矼于阶庭者矣。昔舜举十六相，去四凶人，有大功二十，而为天子。前史美之，称曰尽善尽美。虽甚盛德，无以加此。陛下彰善去恶，昭德塞违，万万于虞舜。自托薄德，愚臣何足以望清光，而敢有议哉！

"制策曰：'思欲追逸轨于上皇，拯群生于季俗，澄源正本，式启惟新。'臣闻善言古者，必考之于今；善谈今者，必求之于古。臣窃以当今之务而稽之往古，以往古之迹而比之当今，以为三皇神圣，其臣不能及。故于亲之。陛下刊列格，正爱书，修本业，著新诫，建总章以申严配，置法甈以济穷冤，此前圣所不能为，非群臣之所及也。今朝廷之政，上令下行，如身之使臂，臂之使手。百僚师师，罔不咸乂，此群臣之所能奉职也。《书》曰：'元首明哉，股肱良哉，庶事康哉。'故臣以为陛下有三皇之位，而能隆三皇之业也。

臣以今之刺史，古之十二牧也。今之县令，古之百里君也。有官联焉，有社稷焉，可谓重矣。任非其材，其害亦重矣。昔周宣王欲训其人，问于樊仲曰：'吾欲训人，诸侯谁可者？'仲曰：'鲁侯肃恭明神，敬事耆老，必咨于故实，问于遗训。'乃立之。晋之名臣亦言，舍人、洗马，一时之高选；台郎、御史，万邦之俊哲。若出于宰牧，颂声兴矣。由此言之，则古牧州宰县者，不易其人也，自非惠训不倦，动简天心者，未可委以五符之重、百里之寄。今则不然多矣，门资擢授，或以勋阶莅职，莫计清浊，无选艺能。负违圣诫，安肯肃恭明神？轻理慢法，安肯敬事耆老？取舍自便，安能求之故实？举错纵欲，安能问之遗训？选异一时之高材，非万邦之俊杰。于是多其仆妾，广其资产，齿角两兼，足翼双备，蹈瑕履秽，不顾廉耻，抵网触罗，覆车相次。孔子曰：'既得之，患失之。苟患失之，无所不至矣。'故臣以为陛下有三皇之人，无三皇之吏也。

"制策曰：'俾用才委能，靡失其序，以事效力，各得其长。至于考课之方，犹迷于去取；黜陟之义，尚惑于古今。未知何帝之法制可遵，何代之沿革斯衷？'臣闻皇王之制，殊条共贯，虽有改制之名，无不相因而立事。孔子曰：'殷因于夏礼，所损益可知也。周因于殷礼，所损益可知也。其或继周者，虽百代可知也。'然则虞帝之三考黜陟，周王之六廉察士，虽有沿革，所取不殊，期于不滥而已。陛下取人之法甚明，考绩之规甚著。臣以为犹舟浮于水，车转于陆，虽百王无易也。今丘园已贲，英楚云集，启塞之路，岂愚臣所能轻云也。谨对。"

对："臣闻保姓受氏，明乎典训。或因地以赐姓，或因官而命氏。或官以代功，亦以官族。或所居之地，因以为氏。诸侯之子称为公子，公子之子称为公孙，公孙之子乃以其王父字为氏，后代因之,亦以为姓。田、陈、虢、郭,以声近而遂分;辅果、束皙,以避难而更改。王莽以田王为氏,元海因汉甥立族。骚括分南北之号,充宗为五鹿之先。应氏著书,具表三乌之始。司马、司徒,是曰因官;公孙、叔孙,《春秋》备载。陛下尽六艺之英,穷百氏之要,淑问扬天地,玄情贯幽显。黄竹清歌,词穷五际;白云高唱,文苞万象。昔曹门三祖,道愧由庚;刘氏四叶,仁非解愠。岂若睿思琼敷,同雨露之沾渐;神机苕发,等曦望之照临。起帝典而孤立,孕皇坟而独秀。臣沐浴淳和,叨承至训,名闻于圣听,言奏于阙前。谨对。"

张柬之对《贤良方正策》,载《文苑英华》卷四八二

问:"若济巨川,必凭舟楫之势;将兴大厦,实仁栾栌之材。圣皇提象膺符,顺天革命,变浇风于易简,跻薄俗于醇酽。未明求衣,昃旰忘食,无遗疱鼎,不弃刍荛。闻逆耳之言,怡然启齿;听犯鳞之说,假以温颜。缅怀七圣之规,劳求五臣之俊。至如临难不顾,知无不为,献替帷幄,匡过补阙,爰泊衔命之流,并应搜扬之旨。子大夫博古强学,见贤思齐,一善或同,千载相遇。肇自魏汉,以及梁陈,若斯之人者,布在方策。宜具载①年代,各叙徽猷,无惮米盐,用旌多识。"

问:"自周星攒耀,汉日通辉,象教聿兴,苾刍郁起。眷兹和众,因果为先,伊此法门,栋梁攸属。我皇光膺天授,托降阎浮,弘八解之要津,启四禅之幽键,济含生于彼岸,证圆果于中天。绀宇巍巍,缁徒翼翼,莫不誉高澄什,声重安远,振三翻于辨囿,悟两谛

---

① "载",他本或作"陈"。

于谈筵。飞锡烟蒸，乘杯雾委，兰艾因而或揉，玉石由是难甄。迹虽选于玄关，名乃编于白屋。若欲令沙汰，促以金科，将恐乖智海之弘规，匪提河之遗范。然则经行之所，在释氏而含容；朱紫分区，谈王化而期切。弛张之术，去就何从？"

问："神农王曰：'金城千里，汤池百步，而无粟者不能守也。'然则师出以律，咸资于糗粮，兵虽尚奇，必藉于流衍。皇周八弦有截，四海无虞，折冲樽俎之间，旅军衽席之上。而吐蕃小丑，时扰于沙场；默啜遗凶，偷生于玉塞。由是任以精卒，寄以边陲，车徒置骑，实赖防御。飞刍运粟，挽转之弊尤深；疆理屯田，播植之功难就。倘使人无忧于半菽，岁有积于如坻，强国富甿，伫聆良策。"

《文苑英华》卷四七九《应临难不顾徇节宁邦科策》①

对曰："后克艰厥后，臣克艰厥臣。是群龙无首，虚己明庭之上；鼷鼠全身，深穴神邱之下。故有劳于一馈，不辍子高之耕；待以三旌，无过屠羊之肆。憬乎朽驭②，既识为君之难；蹈此春冰，未见为臣之易。然而梦弼降佐，风起云从，其天祐之，俊乂将至。当今制贤以禄，制爵以庸，设言不违，式化厥训。霸王骐骥，翼天驷而齐衡；社稷元龟，升帝宝而负兆。犹是幽芳在采，云逸来羁，垂倒影③之悬光，烛重泉之沉隐。故远臣得离山草，比献野芹，瞻望天台，数迹对日④。帝德广运，六臣参其业；天道大明，五帝陈其序。犹黼黻之章五色，鼎鼐之饪五味，五灵之效祯祥，五音之和雅乐。若乃同义变力，古人中求，则纪信诳项以免君，王经刎颈以纾

① 时在长寿三年。
② "朽驭"，他本或作"秋驾"。
③ "影"，原本作"景"。
④ "日"，原本作"曰"。

国。九乡居府,王修从赴难之义;二国合围,路中无返言之失。汉帝之惮汲黯,陈主之畏柳庄,社稷之臣,于是乎在。恪居尔位,勤不告劳,则萧公堂堂,吴汉纠纠,冯豹伏于阁下,黄公宿于台上。忧公奉国,可以不谓忠乎?《书》诫面从,《诗》咏司直,犯颜无隐,求福不回。周昌之比汉高,同乎桀、纣;刘毅之方晋武,类彼桓、灵。申屠刚之轫车,钟离意之排阁,史鱼是慕,直在其中。圣人谟议,君子谋道。张良之翼汉王,郭嘉之协魏主,宋武之得穆之,齐高之得褚彦,定策决胜,谋夫孔多。蓬矢桑弧,有志四海;飞旌插羽,道好二同。胶柱岂调弦之术,饮冰实将命之难。陆贾南行,责蛮夷之失礼;陈汤西讨,诛单于之暴慢。终令赵佗贡职,郅支传首,竹帛所载,斯其庶乎。谨对。”

对:“窃惟善本无生,兹缘常寂。舍身舍智,涅槃之行可观;不动不定,般若之名已立。尊容圣质,剖碧玉而恒传;宝相灵模,镂紫金而尚在。运二仪而回掌,巍乎宝力;极万物之濡足,皇矣能仁。是以付受有归,郁兴尊记。知来之鉴,远明于万劫;祚圣之符,大启于九部。始则江汉广被,终以关河积学。由是名僧辈出,贤众肩降。道行息心①,顾澄什而服侣;戒梵禅结,视安远而俯孩。虽葱岭茄蓝,涉流沙而西极;白木聚落,浮涨海而东驰。圣教之兴,为期为感。但敬重坚固,有悲忍之大权;循习护持,有烦恼之深浅。物情以之勤切,俗慕由是恳到。苟求利养,或滋贪浊,滥名窃服,行伪学非。鱼目叨珍,遂入摩尼之宝;鸟鹊借类,便假伽蓝之翼。谓宜宥而勿罚,限其自新,卷迹缁林之游,反服白衣之役,则憗愚受智,宽令四飞,辨是决嫌,浮食一变。九色扬翰,不谬于

---

① “息心”,原本作“息于”,据徐松《登科记考》改。

楚鸡;六管流声,岂混于齐士? 庶人无量,在释典而虽弘;出家有限,凭国经而必恪。维摩之入诸必藏,尚为居士之身;菩萨之惠其神通,由持在家之诚。未亏平等,何妨慎择? 谨对。"

对:"持人之术,地著为本;应敌之道,糗粮为先。故李悝尽地力而创谋,本能强魏;卫鞅开阡陌而急战,终以霸秦。当今三壤既平,九税有职,仓庾陈积,秸秸充仞。山川效止而咸叙,阴阳感化而致和。狁戎黜羌,不讨之日久矣。天有星象,以分其区;地有山河,以致其险。素野遐旷,玄国寒凉。塞下三春,未辨重重之树;河边九月,已落青青之草。我后恻隐岩廊之下,垂拱衽席之上,圣智备天地,神武动山岳。悠然远览,白露凉秋,建日月朱鸟之旗,树风雨苍牛之艳。将帅良猛,谋虑深长,犹重息人,未修伐鬼。而犬羊无检,时惊边柝[①]。定远侯之功略,还出玉门;戍校尉之七营,更连金郡。麻奴小丑,敢怀凌斥之心;榆鬼残袄,仍延暑刻之命。结山豪而啸聚,驱谷马而陆梁。百万之师,糗粮易尽;空虚之地,转饷难集。良可追踪恳草,取彼大田,修充国之旧图,采威明之远算。将军素励,爱兴断河之术;都尉垂强,毕尽通沟之利。举农夫而休战士,息转输而用耕牛。智效其谋,勇奋其力。资房金之如粟,藉边马之如羊。赏士犒师,选骑馆谷。或休垣罢障,城灭途殚。然后坐凤凰之台,验麒麟之贡,王旅凯入,岂不休哉! 清问徒训,危言每竭,短才抒轴,景夕贻忧[②]。谨对。"

薛稷对《应临难不顾徇节宁邦科策》,

载《文苑英华》卷四七九

---

① "柝",原本作"析"。
② "贻忧",原本作"贻忧",据徐松《登科记考》改。

问："四岳畴庸,羲和代掌其任;九官命职,稷禹不易其能。逢化义以康①时,籍功深而成务。洎乎嬴、刘以降,曹、马承流,罕为官以择人,直循资而就列。或十旬而登三事,或一日而致九迁,遂开趋竞之门,莫守代工之美。国家网罗群彦,驱驾时英,其政洽于至和,其人淳于太古。今欲削汉、魏之遗法,复尧、禹之远图,能其事者永守其官,称其职者不迁其任。增秩赐爵,用申劝善之规;金帛玺书,载表优贤之义。变通之理,尚或多端;用舍之途,伫闻良策。"

《文苑英华》卷四七九《长才广度沉迷下僚策》②

对："昔者明王之御天下也,奉若天道,建邦设都,树之以后王,化之以师长。用人弗及私昵,建官惟在贤才。夫难知非独在于今日,故曰:'知人则哲,惟帝难之。'自生人以来,有国之主,莫不得贤则治,失贤则乱。此乃自然之义,百王不能易也。是知贤人君子,国之所急。《诗》曰:'南山有台,北山有莱。乐只君子,邦家之基。'言人君得其贤臣,所以成其美化,广其基业也。遐观历代圣王之求贤哲也,义匪一途,或精选以取之,或降访以得之。有营之经载而始获,有求之不日而便至,迟速之礼虽异,辅弼之职不殊。黄帝劳于梦想而感力牧,诚之至也;唐尧务于畴咨而致夔龙,访之审也。至唐虞之黜陟幽明,三载就绩,夏禹之顾眄空谷,七起成名,殷宗托梦于傅岩,姬文游心于渭水。此六君者,可谓勤于求贤,而善于用人也。故能使元、凯就绩,申、甫登朝,道济五臣,功宣十乱。康良作诵,喜起成歌,人无险诐之情,代有雍熙之乐。《由庚》入咏,《天保》为诗,下怀报主之心,上荷受天之禄。《书》

孙培青文集　第五卷　隋唐五代考试文献集成

---

① "康",原本作"庸"。
② 时在证圣元年。

曰:'百僚师师,百工惟时,庶绩其凝。'此之谓也。斯并政符大道,理合至公,委质能臣之一德。所以天工可代,人爵攸宜,凭久化以济寰瀛,藉深功而安宇宙。

"暨战国之代,王道浸微,各仁英贤,或杂或霸。楚襄劳持金之聘,燕昭躬拥箑之礼,空闻僭号之议,未睹升平之业。虽桓公之有仲父,晋侯之获赵文,委任责成,共登霸道,唯勤斗争之理,不务淳和之绩,而动乖王度,举违帝典。故五尺童子,耻之不论。况所由龌龊,何其卑也!秦皇不仁,虐乱是极。儒生填于坑井,《诗》《书》灭于烟火。忠贞清白,以为徒苦,谄佞邪媚,谓之至公。卒以覆亡,为后代诫。实由远贤近佞,使之然也。汉高祖虽不好儒,然亦任用英杰,登坛而礼韩信,辍洗而迎郦生,委萧、曹以股肱,寄张、陈以社稷。至孝武之代,儒学渐该,采董仲舒之策,始令郡国贡举。于是贤良方正之士,雾委云集,其晁错、公孙弘、匡衡、萧望之辈,并继踵而至。故当文、景之代,号为得人。《诗》称:'济济多士,文王以宁。'汉所以宁者,亦士之力也。光武仗吴、邓以立功,任贾、寇以起事,拔奇取异,决自于心。爰至显宗中兴,于兹为盛。由此而两汉之代数百年间,陟正黜邪,褒善贬恶。虽不袭唐虞之法,亦去烦芟乱,几乎大成矣。逮献、灵之际,奸滑纵横,升必以财,进不由道。于是缙绅洁白之士,疾之若仇,乃曰:'举秀才,不知书。察孝廉,父别居。寒素清白浊如泥,高第良将怯如龟。'至乃悬爵而卖之,列价而争之。守正道者以为陆沉,由斜径者谓之智变,衣冠为之失序,贤哲由是潜藏,遂使社稷丧亡,后嗣覆灭。悲夫!此《伐檀》所以兴刺,《麦秀》[①]所以劳歌,无他故焉,贤人不

---

① 《麦秀》,原本作《黍苗》。

得进也。及乎当涂启运，典午开基，陈群制九品之条，刘毅兴八损之权。故曹羲疾其阔远，孙楚以为鬼录。遂令权要归于中正，威福去于天朝，臧否任情，品藻乖次。宋、齐之季，梁、隋之末，聘士求贤，罕闻稽古。栋桡鼎折，唯见陵夷。既同自《邠》之讥，讵劳更仆之说？

"圣上览百王之得失，立万代之规模，大开举尔之科，广陈训迪之典。用与不用，贤否各称其能；材与不材，轮桷并当其任。小人去位，疾之犹若寇仇；君子盈朝，求之恒如不及。故得百僚无滥，九有升平，不闻濡翼之讥，永绝烂头之诮。仲长亡越级之论，贾生无调下之悲。今欲远服尧、禹之踪，近弃刘、曹之法，增秩令其永任，锡帛许其不迁，使官不易能，职遵代掌，虽优贤之义有所会通，而随时之谈或恐未可。何则？太古敦朴，务静人希，敦朴则易淳，人希则易理，故不劳而功可就。今圣明抚运，才多俗阜，俗阜则事烦，才多则理剧。必资明哲独任，不以避嫌。但使委得其人，数迁何妨化理？如其用失其理，久任岂废功亏？愚管所窥，以为如此。大体期于不滥，所务在于得贤。苟违此途，未知其可。谨对。"

张漪①对《长才广度沉迷下僚策》，

载《文苑英华》卷四七九

问："隆周御历，多士如林，扬己露才，干时求进。宁知媒衒之丑，不顾廉耻之规。风驰景轶，云集雾委，攘袂于选曹，盱衡于会府。吏员仍旧，人物实繁，优游窘于退飞，声最疲于点额。量能受

---

①　"张漪"，原本作"张倚"，据《登科记》《唐会要》改。

职，无阙以供；料官列位，择才斯众。欲令九流式叙，一艺不遗，伫闻芳话，弘兹盛烈。且夫署行议年，殷、姬取人之道；门调户选，魏、晋持衡之术。因宜适变，何者为先？”

问：“屠钓关柝之流，鸣鸡犬吠之伍，集于都邑，盖八万计。然则人无求备，物各异宜，十哲殊科，八能异术。咸资对策，则绛、灌之器或沉；必俟公求，则许、郭之才难遇。选贤取士，应有良规。”

问：“至于衢室、总章，重屋、阳馆，姬氏明堂之制，炎灵汶上之规，三雍、五室之名，清庙、容台之目，蔡邕之论，袁准之谈，庶几繁省之仪，前贤是非之说，咸宜详释，以判群疑。”

《文苑英华》卷四八一《应封神岳举对贤良方正策三道》①

问：“不其才难于今，所叹知人未易，自古病诸。以貌取言，既其不可；观声考度，又或非宜。故皇帝清问，有司藻核，公孙异之于天子，晁错褒然为孝廉。贤才训迪，其道弘矣。多历年所，兹率典常。国家谒报上玄，展礼中岳，降非常之制，求希代之宝。将以润色云封，增辉柴燎。龙门既陟，方纵鳞于巨壑；鸿干斯渐，忽垂翅于风路。良由梦石之木，犹参杞梓之行；冠玉之姿，尚忝琳琅之序。更令宪府，重摭词林，承风绋之明威，俟龙泉之断割。其何以搴秀长楚，审词众好，辨是与非，惩忿窒欲？聊耳陈事，冀获嘉谋。至若柳庄黜殡，用事之差也；石建阙马，为字之失也。寻其后句，末韵或犯于前声；览以终篇，答难不伦于次序。一简之内，贫富不侔；三道之中，妍媸顿别。取瑕则颇惭于卞氏，擢用则致嫌于葛

① 时在神功元年。

龚。赠孟孙之言,膏肓莫愈;学嗣宗之默,长短何分?进退之礼奚宜,用舍之方安在?又旁求疏议,纷披风谣,威势压于权衡,黩货通于主守。不同吾党,无嫌小子之词;翻乃倩人,云竭老夫之思。始令行而诈起,终策出而奸生。何方可以静流竞之来?何法可以杜讹谬之入?伫神不逮,无吝话言。"

《文苑英华》卷四八一《应封神岳举对贤良方正策重试一道》

对:"昔者贤良方正之士,应务之际,沔虽固陋,尝亟闻之。莫不修词立诚,难进易退,言不苟合,道不苟容,舍之则藏,义然后取。安肯负媒衒之丑,弃廉耻之规!若此之类,其可多乎?至夫扬己露才,干时求进,盱衡攘袂以徇速者,斯皆小子趋附之徒,岂足以厕我周行,置于多士?屏而勿用,夫何疑哉?主上钦若庶官,明扬沉隐,是使群英雾委,多士景轶。而秉钧当轴之隽,察言观行之风,不能审枢机,定名实,惩鲁儒之虚服,辨齐竽之滥吹。至令累最为伪名交战,谬功与实效相参,而谓滞才由乎少官,无位供乎有德。嗟乎!事大有谬,一至于此。明主昧旦丕显,每叹才难,而群士扬于王庭,反忧多士,君臣之同德,其若是乎?天子有司,谈何容易?今懿网遐布,淳风殷流,家识廉隅,人知礼节。苟能上尊王制,下绝吏奸,闭请托之源,塞虚诈之路,使得怀才见用,以道周旋。无令椒兰信芳,独屈樵夫之手;骐骥虽骏,不贵屠者之门。则虚位待人,犹持固让;怀宝深藏,何患不达?九流式叙,庶莫远焉。一艺罔遗,谅其所也。沔又闻人能弘道,非道弘人,有济治之臣,无不弊之法。往古虽载其陈迹,行用实在乎主司。观夫署行议年,殷、姬令典;门调户选,魏、晋良图。无非致远之规,咸有理乱之兆,所以允厘百揆,铨综百官。及谗虐官朝,则君子在野;贪佞窃柄，则以货售才。典故虽存，而官政已紊。然则随时变通，观象因宜。近取诸身，一言斯蔽；远求于古，两无适从。所以轻进狂言，犹冀或逢善听。谨对。"此篇用"治"字，第二篇用"世"字。武后虽已革命，疑未应便用唐讳。

对："《传》曰：'文以足言，言以足志。言或可察，志隐于漠。'是知文者，言之藻绘，志之筌蹄。有贞实者或忘藻绘，得鱼兔者必弃筌蹄，则存言舍文，合于淳古，以言考德，必洞精微。故《书》云'明试以言'，盖用此道也。今之对策，其试言之流欤！昔姬氏既衰，先王道丧。秦政虐戾，乱彼天纲，废古烧书，以愚黔首，穷兵骋诈，时无文焉。故绛、灌之徒，韩、彭之佐，雄姿虽茂，而道法不足。向使伊人，薄见方策，早闻师范，当亦略通大体，抑扬宏议。岂止决胜于境外，而不能专议于君前乎？故《抱朴子》曰'古之试良将者，亦问以策'，即其义矣。国家树万世之基，迁九流之弊，坟索奥业，洋溢于时，缙绅先生，蕴藉无缺。安有倜傥之杰，瑰玮之才，承明主之渥恩，逢生人之大庆，而不能抽其秘思，效其长策欤！然则谋而不行，信而不用者，抑可知也。今之考言取士者，必以绮饰为工；视学论文者，暗于心而必升；晓政达幽者，失其数而咸退。譬千金之璧，以微瑕而毁之；百丈之材，睹小节而弃之：亦良可悲矣！诚理达而义举者，勿以文害言；词婉而论深者，勿以言害意：则可以包括群品，网罗众途，察微知彰，以文用武矣。昔许子将、郭林宗徒以布衣之交，俯仰之际，而能拔奇旌异，因言揣心。况乎擅英博之姿，受明试之寄，享厚禄，居尊官，而不能抚跅足于吴阪，指潜璧于荆山。至使有公辅之才，而无许、郭之鉴者，斯则卿士之罪也，小子何足以知之？至如怀一异能，负一偏技，鸣梭抗履之汇，声律鼎饪之俦，事虽易于缣缃，功不资于翰墨，则方以类聚，各有司存。谨对。"

对："我皇帝慈理广运，文思稽古，绍兴绝典，重光大壮。舍宫云构，明庭天耸，列辟轨仪，群工制度，可以即事而见，观象而察。今犹远访先典，曲垂下问者，岂不欲揣其敏思，征其博物？臣实菲薄，何足当之？昔哀公问儒，而仲尼请更仆，况此大体，其可率尔言乎？虽敢略谈之，然未臻其极也。若夫尧之衢室，舜之总章，夏之重屋，殷之阳馆，皆所以取象天地，昭配阴阳，致孝于先，布政于下。历运虽改，此道不移。八窗四达，上圆下方，度堂以筵，度室以几，周之制也。昆仑茅屋，周流璧水，汉之图也。明堂、辟雍、灵台，三雍也。大庙、青阳、总章、明堂^{疑脱'玄堂'二字}。五室也。取其宗祀祖考，则曰宗庙；取其修饰礼物，则曰容台。蔡邕之论，所以合异说；袁准之谈，所以别众事。历代繁省，其仪不一；先贤是非，其书甚众。非斯须之述所能尽，非造次之言所能精。自我皇创制之前，今臣定议之外，教明礼备，得繁省之中者，其姬宗乎？词寡理举，处是非之要者，其蔡氏乎？谨对。"

对："夫铅刀均锋，剑之耻也；蹇驴齐足，骥之耻也；朗璞蒙垢，玉人之耻也；鸣丝绝弦，伶官之罪也。借如承明旨，献嘉猷，而愚智纠纷，臧否错揉，斯亦士君子之所恨，岂独为政之忧哉！沔实陋才，良不足算。凭藉休庆，谬偕旌拔，狂言虽立，鄙道未孚。蕴杂薰莸，沉蔽玉石，重参群彦之末，再承议贤之问。进思自励，其何补欤？退欲鸣谦，岂获无咎？审词众好，傥或择善而行；辨是与非，请思即事而对。

"策曰：'柳庄黜殡，用事之差也；石建阙马，为字之失也。'窃为议人者贵知其心，论道者务存其意。心惧未信，则援古以自明；道隐未光，即托文而后显。故事以明心为本，字以显道为公。事有小差，而心术著矣；字有小失，而道数存焉。斯则夜光之瑕，明月之类，固不可得而弃也。事与类相反，字与义相连，证乖而心不可弘，象毁而道不可见，一至于此，亦无取云。

"策曰：'寻其后句，末韵或犯于前声；览以终篇，答难不伦于次序。'窃谓明试以言，古之道也；征言以策，今之制也。言有声韵，盖其浮饰，策之次序，固非典要。切问存于答难，次序岂效谋谟？精诚尽于对扬，声韵何寻献替？稽之于古，揣之于情。末韵或犯于前声，其来久矣；答难不伦于次叙，为病良深。

"策曰：'一简之内，贫富不侔；三道之中，妍嫫顿别。取瑕则颇惭于卞氏，擢用则致嫌于葛龚。'窃谓万有一失，圣人不免；舍过举能，先师是训。道不可以纯备，才不可以周给，断可知矣。是以国家稽通塞之迹，列甲乙之科，亦不可废善以取瑕，疑于擢用矣。

"策曰：'赠孟孙之言，膏肓莫愈；学嗣宗之默，长短何分？进退之礼奚宜，用舍之方安在？'仲尼有言：'不在其位，不谋其政。'进退之礼，用舍之宜，允非小人之所及也。然则览古昔之遗事，敢不荐其闻乎？窃谓日中必熭，操刀必割。惩奸以察，何俟赠言？致身于朝，不可以默。固当参刑礼以定枉直，体明智以辨情伪。见利不亏其分，见死不更其守。属聪明不讳之时，居执宪绳违之任，何至持疑于果断，逡巡于正色哉！

"策曰：'旁求流议，纷披风谣，威势压于权衡，黩货通于主守。不同吾党，无嫌小子之词；翻乃倩人，云竭老夫之思。始令行而诈起，终策出而奸生。'甚矣诚哉，不期所以然也。今所虑怙威黩货者，其类犹存；假手借词者，其人不远。但能察其言象，揆而度之，精核问试，优而柔之，则窃宝之名自分，滥吹之竽自遁矣。其道甚著，人焉廋哉！

"策曰：'何方可以静流竞之来，何法可以杜讹谬之入？'窃谓任良在主，弘道在人。以执事之明，遵大君之惠，敷明智以考往迹，扬清机以鉴群情，则知讹谬不兴，流竞永息。俯惭诙议，良非话言。谨对。"

崔沔对《应封神岳举对贤良方正策》，

载《文苑英华》卷四八一

问："妙尽黄间，期于百发；术该玄女，宁无七纵。声苟中律，不惮撞钟之求；服必称儒，何辞解衣之试。况今征上意匠，搴秀谈丛，枭鸾即是于分区，牛骥伫从于别皂。谓其凌厉顾盼，以雪陈琳之耻；何乃罔敞迁延，不答马卿之难？岂时英所病，共设于翟酺；将高尚在怀，不屈于周党？荐举之法，抑有多途；取舍之方，莫能折中。何则？含光隐迹，不盗处士之名；介立寡徒，安获知己之荐？举逸之法，应有通规；取舍之言，非为尽善。文武之道，方册所不坠；德怨之报，人情之大纲。射为诸侯，杜预无穿札之力；士为知己，崔洪有挽弓之悔。相圃泽宫，失之远矣；子皮、鲍叔，夫何言哉！举贤受赏，非才有罚；国柄所加，期乎必当。验之从政，效无限断之年；试以文才，智有迟速之别。知而不举，闻讯窃位；举而非一作'非其'。人，宁当显戮。臧孙之犯，既是虚刑；子文之辜，复当何典？内外齐举，援亲岂不致嫌？师锡具陈，行庆又谁为首？凡此歧路，罔识攸从，迟冀如律，弘其利涉。"

《文苑英华》卷四八〇《贤良方正科策》[1]

对："物以类升，方以类降，故小大趋舍，未始离乎类也。所谓

① 时在神龙二年。

同声相应，同气相求，云从龙，风从武，时其效欤！矧惟生人，怀五常，含好恶，自然之势也，安可处非其类乎？斯固士君子砥行立名，伸首抗迹，思欲奋迅泥滓，凌迈云汉，与鸾凤为伍矣。岂不能折其锋，沮其目？诚谓类有聚，群有分，下流不可久居。且无其时，犹欲于进之若此，况乎师旷倾耳，卞氏拭目，将欲察异音，求奇彩。苟有留者，谁肯迁延于解衣之试哉！

"策曰：'荐举之法，抑有多途；取舍之方，莫能折中。何则？含光隐迹，不盗处士之名；介立寡徒，安获知己之荐？举逸之法，应有通规；取舍之言，非无尽善'者。夫人洪疑然则渊其心，饰其状，不可知以貌，不可穷以言。将为辩者不可也，求乎其端，或有可知矣。夫天之岩乎其上者，施人以气；地之坎乎其下者，成人以形。高下之间，不可逃者，形气而已矣。气之积者彰乎形，形之动者感乎物。彰于形，故可以象察；感于物，故可以类求。察其象，长短之材可量矣；求其类，邪正之气可识矣。虽则含光隐迹，介立不群，终不能以形逃，不能以气隐明矣。子曰：'视其所以，观其所由，察其所安，人焉廋哉！人焉廋哉！'古圣王之观人也，未尝越于是。取舍之言，非不尽善也，但夫怀诈饰伪，举士有之。干禄者不尽善，举人者不尽智，或以势逼，或以利兴。观象察言，以难其识，附威藉利，谀媚其心。有于此者，则取舍之方，何所施矣！呜呼！负舟登山，诚难事也。

"策曰：'文武之道，方册所不坠；德怨之报，人情之大网。射为诸侯，杜预无穿札之力；士为知己，崔洪有挽弓之悔。相圃泽宫，失之远矣；子皮、鲍叔，夫何有哉！'夫射者，先王所以定人之心，和人之志，而亦以示其威仪耳。以为诸侯分我茅土，育我黎蒸，抚有威衡，持秉生杀，当审心定志，敷德遵和。故为其立饮射之法，以导达其志，不在穿札贯的矣。子曰：'射不主皮。'即其义也。则夫丽龟贯石者，将武夫之技耳，非不侮鳏寡，保其社稷之业。夫有大功者获大赏，异哉当阳，诚无闲然矣。古之君子，冠业而立于朝，则必有益于时矣。以为益时者，莫先于进贤，苟得其人，则没齿无怨矣，又何可顾望默识乎？子曰：'定其交而后求。'夫古之人定其交者，将弘济时务，克清世几，恐夫道不吾行，才为时弃。是用定其交，求其达，岂徒局促存于情之所好哉！若以情之所好相求，则是便僻比周之人，岂得为文雅君子乎？崔侯必不以挽弓为悔。假使子皮荐国产，叔牙举夷吾，终不能光兴郑邦，匡合齐社，亦未足以纷昭载籍矣。

"策曰：'举贤受赏，非才有罚；国柄所加，期乎必当。验之从政，效无限断之年；试以文才，智有迟速之别。知而不举，闻讯窃位；举非其人，宁当显戮。臧孙之犯，既是虚刑；子文之辜，复当何典？内外齐举，援亲岂不致嫌？师锡具陈，行庆又谁为首？'夫天之平分万物，体不俱举。有其才者童其首，挥其翼者两其足，德不必备，才难尽善。其人善于政者，不必有其文；工于词者，不必敏其事。《书》曰'无求备于一人'，详矣。先王均其曲直，任之事宜，物各有所长，工拙不相害矣。故《书》曰'明试以言，车服以庸'，则尧试其人以官，备在方册矣。夫政有序，化有渐，时有险夷，功有隐显。为政者当责其岁晚，不可中道而废也。施政立德，不过乎三年，人情大可见也。孔子曰：'期月而化成。'《书》曰：'三载考绩。'何得无限断之年软？夫文者，贵其能书理论，宣道其业，非得意之实，乃无意之筌软。夫《传》曰：'言以足志，文以足言。'又曰：'非文无以自达。'苟欲考之文词，求之迟速，则志有可得，在政斯亨，言之无文，用亦何害？且夫官爵者，至公之器也；荐贤者，至公之道也。君子持至公之道，守至公之器，进思尽忠，何可回隐复俛，荐嫌疑亲仇之间哉！昔者先王之立制，进贤受上赏，蔽贤蒙显戮。举非其实，置其阿党之诛；荐得其人，介以汇征之赏。行庆之典，不偏于师锡矣。时理则德存，世乱则道丧。难乎鲁无君子，楚不足征。使子文安居，臧氏无咎，痛哉政不难矣！不有仲尼、芍贾之喻，千载之后，何知其过焉？谨对。"

苏晋对《贤良方正科策》，载《文苑英华》卷四八〇

问："选贤举能，秀造参用。今之所荐，诚为得人。未闻含声待扣，乃有不耕而获。十室忠信，理亦难诬。若遂践于清朝，仗何材而济物？又，二老归周，见称何德？八元佐舜，见述何功？滋泉以何术见称？莘邑以何辞作相？云台画象述其先，麟阁称名标其道。"

对："昔者圣人之立极也，选众举能，列官分职，以通天地之德，以类亭毒之功。臣哉邻哉，时用远矣。主上重光缵曜，绍开中兴，拜辖轩于受命之初，希俊贤于御极之日。兹乃羲、轩之志，尧、禹之心，勤求道要，阙所望于清光哉！故邓林有必至之才，昆山无藏价之宝，可不谓然乎？臣以妄庸，艺无兼采，谬从卑列，应此嘉荐，诚非钝朽所能塞充。然天光震动，虚求秀逸，扬于王庭，亦俾俛矣。顾当参明试，献嘉谋，竭謏闻，敷大体。言用身退，以酬万一。岂所谓不耕而获，邀名幸时而已哉！今见属有司，恭承下问，懋陈常务，自谓无奇。若得饬躬召见，对扬天休，下学上达，舒愤竭情，则亦引谕阴阳，较明时政之要，感激狂直，甄摭授受之宜，效其涓涘，以增海岳耳。若遂践清朝，济时成务，其道甚大，惟变所适。俾闻后命，则藏器而动，顾以更仆，言何尽言。曲学鲰生，居

今志古。若乃忠为令德，功实佐时，披卷怀人，恨为异代。虽惭非博物，敢不扬言？则夫西伯善养，夷、齐以让国归老；帝舜举能，元、凯以通才授职。维师尚父，韬铃乃适道之功；相时阿衡，鼎饪为献君之术。云台纪绩，吴、邓懿其元勋；麟阁图功，卫、霍流其茂实。谨对。"

冯万石对《求贤》^①，载《文苑英华》卷五〇二

　　问："三雄鼎立，四海瓜分，魏氏独跨于中原，孙、刘割据于南土。五胜更袭，唯受命以当涂；四大居尊，咸仗义而称帝。二十八宿，指躔次于何方？三十六郡，列封疆于何所？醇化懿纲，非无宽猛之规；爱国治人，自有弛张之度。皇皇祖考，并建鸿名；眇眇子孙，俱闻失德。为功业之厚薄，而存亡之后先。至如献纳忠规，纵横武节，既自方于乐毅，或见比于张良。各有其人，详诸史传，所行事迹，咸请缕陈。"

《文苑英华》卷四七九《文可以经国策》^②

　　对："汉代崩离，三光分景；齐甿荡析，九土殊方。权、备割据于岷、吴，瞒、丕篡图于冀、兖。火行土德，则有攸归；紫色蛙声，岂无兼峙？策曰：'二十八宿，指躔次于何方？三十六郡，列封疆于何所？'至若毕昴为大魏之郊，井络应庸蜀之分，星纪直奎吴之野，婺女寄虚越之精，此其躔次也。至若常山、巨鹿，孟德之设教；会稽、豫章，文台之建国。考广汉犍为之地，实夜郎玄德之邦。星土

① "冯万石"，原脱，徐松据《永乐大典》引补。该策问所举科目不详，徐松《登科记考》疑科目为才高位下科。
② 关于时间，《文苑英华》言"景云二年"，《登科记考》言"景云三年"。

之殊，于是乎在。策曰'醇化懿纲，非无宽猛之规；爱国治人，自有弛张之度。皇皇祖考，并建鸿名；眇眇子孙，俱闻失德。为功业之厚薄，而存亡之后先'者。且夫天命不谂，帝图难僭，刘既备矣，当禅于人。此乃事本于玄符，何止功殊于厚薄。祚穷安乐，不亦宜哉！至于魏主以雄猜之姿，虎噬河朔；吴王以英威之略，凤起江南。欺孤有言，贻讥于石勒；令图发论，见称于陆机。蜀灭于前，吴亡于后，物之理也，夫何足疑？策曰'至如献纳忠规，纵横武节，既自方于乐毅，或见比于张良。各有其人，详诸史传，所行事迹，咸请缕陈'者。山川出云，贤豪择木。英英文若，见比于留侯；桓桓孔明，自方于昌国。闻九锡而殊议，节表纯臣；荷三顾而知恩，身归奥主。命毕空器，不其惜哉！威余返旗，盖亦奇矣。大者远者，斯焉取斯。谨对。"

晁良贞对《文可以经国策》，载《文苑英华》卷四七九

对："汉氏失德，魏图爰启；孙、刘建号，唇齿相依。咸能廓帝绪以定业，振皇纲而握纪。虽数有五胜，运钟当途，而土无二王，终殊霸业。然则封疆画界，俯稽于地理；瞻星揆景，仰焕于天文。东井发曜于梁岷，傍分蜀汉；南斗联辉于吴会，远接荆衡。详魏土之分野，当毕昴之躔次，伊洛列山川之郡，曹公居四隩之中。毗陵在吴，华阳惟蜀，疆理所得，其在兹乎。至于开国基，行政令，咸垂统履顺，永传来叶，创业兴绪，克昌后昆，终数代而一何伦比。虽鸿名休德，将崇贻厥之谋；而继代守文，颇著聿修之美。是以堂构始于祖考，功业由于厚薄；负荷因其子孙，存亡以之先后。至于忠规动俗，武节冠时，异代齐名，孔明自方于乐毅，死而可作，文若偶比于张良。怀独见之明，既一谋于匡济；行暗合之策，终不谢于孙

吴。谨备诸前，庶几万一。谨对。"

郑少微对《文可以经国策》，载《文苑英华》卷四七九

对："天命靡常，地变其宗，三雄鼎据，分割乾坤。或利近江海，银铜之凑；或邑居河洛，桑梓之余。用能仗风云，采松竹，开物成务，广运靖人。至如仰纬星躔，傍分列郡，成都应乎井络，建邺开于斗牛。若乃发迹谯墟，图光毕昴，竟能一紫宙之意，兆黄精之符。然而物运弛张，得失成败，此关诸天意也，谅非人事也。岂功业之厚薄，何存亡之先后？长想前修，载述古迹。且为人臣者，善指事之要，专切直之言。然则荀氏之比张良，沉机已迅；葛侯之方乐毅，希古自高。俱能明允克诚，兴光大化，代收其器，人献其谋，观国以取肃军容，退恶以力扶王室。其理甚博，厥美惟先。画为九州，时更七代，徒勤短思，有愧缕陈。谨对。"

雍惟良对《文可以经国策》，载《文苑英华》卷四七九

问："兴化政治，必俟得人；求贤审官，莫先慎举。圣朝受命，于今百龄，尧封比屋，魏网斯顿。史曹之职，衡镜攸归，岁时调集，士逾累万。借使崔、毛重起，裴、乐复存，观貌察言，且犹未暇，考行征实，其可得乎？若远循汉魏之规，复存州郡之选，即务辞会府，权归外台。牧守之明，何法能鉴？变通之要，厥路奚由？文武之道，并用无偏；军旅之制，事宜经远。而越骑伙飞，皆出畿甸，丁年负甲，耆日释戈，亡殁盖多，军容每阙。今欲均井田于要服，遵兵赋于革车，恐习俗兹深，虑始难就，揆今酌古，其衷若何？且惠在安人，政惟重谷，顷承平既久，居泰易盈，编户流亡，农桑莫赡，精求良吏，未之能补。遂其宽施，则莫惩游食；峻其科禁，则虑扰

疲人。革弊适时,应有良术,子等并明于国体,允应于旁求,式陈开物之宜,无效循常之对!"

对:"嗣鲁王道坚所举道侔伊吕科,征仕郎行秘书省校书郎张九龄伏览睿问,大哉国体!九品流弊,尝所懵焉,幸因对扬,庶言其可。古者诸侯贡士,司徒论士,必讲礼观能,乡举里选。故十五、十八之岁,大学、小学之节,诵习以时,教化以礼。则孝悌之行可知于乡曲;政事之业可升于国朝。先王务教,此其大者。及周道既衰,斯文将丧,秦氏灭学,唯力是亲,仁义大坏,俊造亦亡。汉高以马上非礼,复修三代之事;魏武以军中是务,权立九品之仪。后代因循,莫能改作,纷纷横调,滔滔皆是。天下公器,可谓伤心!伏惟陛下神启睿图,天佑明德,物不终否,故受之以泰;弊不遂极,乃鼎之以新。涤瑕荡秽,今其时也,伏愿图之!夫正其本者万事理,劳于求者逸于使,岂有大明御宇,虑此假权之人!循良择人,安得谢恩之议?是则外台会府,真若满于贮中;济理适时,复何殊于掌上者也。且有备无患,亡战必危,是以振旅茇舍之仪,羽林、伙飞之卫,汉家征选,咸出五陵,周制供王,不逾千里。此以均其远近,会其中正,王者之制,岂虚乎哉!必开井赋于要眼,俾衰益于畿甸。虽经始之规,何施不可?而图远之业,犹愿勿遵。且将振九品之颓纲,维百王之绝略,使官有位次,资有等衰,才苟不侔,时所勿取。使夫能者代上帝之理,议者息高门之谈,吏精其心,人享其利,流庸不日而来复,耕桑何忧乎不稔?动之斯应,绥之斯来。若惟作法于末途,非救弊之本意,盛德大业,孰与归乎?其怖栗尘埃,栖栖非得言之地;慷慨禾莠,悁悁因献策之时。何敢望焉?尽心而已。谨对。"

对:"王道务德,不来不强臣;霸道尚功,不伏不偃甲。此劳逸异数，得失可明，故曰：'务广德者昌，务广地者亡。'是时汉武事胡，岂比重华之干羽？秦皇戍越，奚拟公刘之橐囊？虽古人遗害，引之者有同于河汉，而王者大化，行之者必本于唐虞。不亦然乎？此则开基之大者也。国家因已有之地，广无私之仁，犬戎即叙，肃慎入贡。若力不能救，岂惟桓公之耻？征在其苏，是必成汤之怨。然而《春秋》所贵，惟义所在。内诸夏而外夷狄，此明中国恐弊，不兴异域之功。下人苟安，何惜救兵之举？则知吊伐之义，随时之道也。今颇雕弊，抑非其时？至如守塞，则侯应之言为得；斥地，则蒙恬之弊可知。前事昭昭，足为明戒者也！必欲系单于之颈，裂匈奴之肩。奚霄背恩，受制于北虏；小人发愤，请议于东征。谨对。"

对："伏惟殿下德成问安，教存齿学，则孝悌之感，元良之贞，咏《子衿》之诗，义形乎辞，真吾君之子也。天下幸甚！幸甚！伏以化凭于势，声若顺风之远；感因于时，德甚置邮之速。则何草不偃？何心不应？而曰未能动俗，殿下之至谦也。尚何术之务而舍此乎？今又降意微言，征诸坠典。至如黄帝斫木，盖取诸意；文王演卦，乃言其象。虽成象之时不同，而得意之言一也。周公制礼，夏正得天，纵损益可知，而因循不改。去圣既远，《礼经》殊残，遗文苟存，群儒纷揉。故丧服异制，诸家殊轨。故王肃之旨，约情以断；郑玄之言，引经取决。吕氏因封侯之余俗，采礼官之旧仪。故戴圣采十二纪之首为十二月令，存周之典，其故匪他。仲尼以尊鲁而取美于颂，穆公以尊周而见序于书，左氏以艳富称诬，穀梁以文清为婉，范宁序事，其义则详。《乐书》因秦而遂亡，空有河间之制；夹氏在传而不见，惟余班固之说。谨对。"

《曲江集》卷一六《策书序·策问一道》

问:"朕闻理国莫尚乎任贤,命官必资乎选众。尧、舜以声而以度,考核良难;殷、周取德而取言,征求匪易。朕所以载怀经术之彦,夕遗其寝;虚伫艺能之士,朝忘其饥。子大夫光我弓旌,膺斯扬择。为政作法,岂无前范?安人济时,亦有令躅。宜叙立身之志,各言从官之才。至如七辅、八元,施何纲纪?十臣、四老,正何得失?并陈事迹,兼言名氏。朝会古礼,登享旧章,九仪式辨其赐,六贽各明所执。雍畤起于何年?亳社立于何代?天士、地士,此何所封?诸布、诸严,彼何所主?又穆邦家而济生死,三圣之教何长?利动植而益黎元,五材之术何要?工商两业,在俗何先?文武二柄,适时何急?凡此数科,不获双美,必存者均乎存信,所去者同乎去食。朕将亲览,尔等明言。"

《文苑英华》卷四八三《贤良方正科》^①

对:"伏惟陛下,文明有赫,元圣广运。劝激极乎宇宙,察微穷乎物象。至如选众任能之术,《礼经》享物之要,三圣五材之短长,文武工商之用舍,斯并独断圣虑,悬衡睿谋,百辟端委而颙若,庶绩不言而潜运矣。犹以为立政图大,试言务重,弗躬弗亲,庶人不信。降清问于穹昊,俨神威于咫尺。斯亦尧咨舜吁,同德比义。臣愚敢不拜手稽首,对扬天子之休命。

"制策曰'子大夫光我弓旌,应斯扬择。为政作法,岂无前范?安人济时,亦有令躅。宜叙立身之志,各言从官之才'者。臣闻邦有道,贫且贱焉,耻也。今神化阴骘,要道光备,设序塾以教于乡,立胶庠以训于国,制为禄秩,以劝其从,则含生禀灵者,孰不刻意

---

① "贤良方正科",《登科记考》作"哲人奇士隐沦屠钓科"。

第五章 科举考试命题与评卷

于仁义,饬躬于闻达。所谓尧舜之代,比屋可封也。臣以一介,行能无取,思勉进以追群,顾观光而知愧。尝亦自强不息,有闻而行,驰颜、闵之极挚,伏周、孔之轨躅。学古庶乎叶道,慎行期乎润身。非有志于干禄,苟求仁于寡过。立身之志,允或在兹;从官之才,则愚岂敢。何则?仲尼有言曰:'如有所誉,其有所试。必也临事,难乎预谋。'昔孔明之自比管、乐,时人未许;仲由因之以师旅,夫子哂之。祗奉睿问,惧深殒越,其敢觊冒,轻议天工。陛下若不弃管蒯,无遗蕴藻,考片言而察所以,效一官而视所由,安敢庾哉?取则不远,知人则哲。陛下允迪于圣君,扬己自媒,微臣敢辞于丑行。

"制策曰'七辅、八元,施何纲纪?十臣、四老,正何得失?并陈事迹,兼言名氏'者。《书》曰:'惟后非贤不乂,惟贤非后不食。'故君明臣忠,予违汝弼,时闻间出,代有其人。昔者黄帝之首出庶物也,时则有若七辅,股肱舟楫;虞舜之宾于四门也,时则有若八元,忠肃恭懿。周文之心德同济,始用十臣;汉储之羽翼已成,初闻四老。陈其事迹,斯亦庶乎;言其名氏,固可量也。七辅则风、牧共贯,八元则伯、仲同归,语十臣之伦,则太颠、闳夭,稽四老之类,则绮季、园公。昔剡子之叙古官,劳于倾盖;鲁公之问儒行,疲于更仆。况实繁有众,急景不留,聊举凡以见意,岂遽数而周物。

"制策曰'夫[①]朝会古礼,祭[②]享旧章,九仪式辨其赐,六赞各明所执。雍畤起自何年?亳社立于何代?天士、地士,此何所封?诸布、诸严,彼何所主'者。《传》曰:'朝有定制,会有表仪。'《书》曰:'享多仪,仪不及物,曰不享。'斯盖曲为之防,事为之制。经礼

① "夫",制策中无。
② "祭",制策中作"登"。

三百,《仪礼》三千,载在祀典,藏之史籍。九仪谓一命受职,再命受服,三命受位,四命受器,五命赐则,六命赐官,七命赐国,八命作牧,九命作伯。六贽谓孤执皮币,卿执羔,大夫执雁,士执雉,庶人执鹜,工商执鸡。雍畤起于秦年,亳社立于周代。天士、地士者,汉武之宠方士,将军始受其封。诸布、诸严者,班史之记小祠,先儒不详所出。

"制策曰'穆邦家而济生死,三圣之教何长?利动植而益黎元,五材之用[①]何要?工商两业,在俗何先?文武二柄,适时何急'者。夫人生而静,天之性也;感物而动,情之欲也。天禀其性而不能节,圣人能为之节而不能绝。故务恬朴,贵清净,同术于汤之益谦,合志于尧之克让,此道教所长也。若乃不杀伐,证因果,包太空以为言,化群有而归寂,此释教所长也。皆能惩窒嗜欲,静镇纷躁,王侯得之,以贞天下。至于辨贵贱,立君臣,示之以好恶,因之以诛赏,使礼乐刑政灿然可观,则为善不同,其味相反,系风捕影,荡而无适。故知孔氏之立教,乃为邦之所急也。《传》曰:'天生五材,废一不可。'断之于阴阳,效之于气物,示休咎以垂诫,因兴衰以运行。若可废,则乾坤之道其或息矣。然土爱稼穑,居中履正,应我皇之休运,弼大化以阜成,利动植而益黎元,先金火而逾水木。必不得已,斯其一隅。又,国有六职,实载工商;时之二柄,莫先文武。同唯阿之相去,何是非之足征。然舜命共工之职,周有《考功》之记,车服器械,斯焉取斯。岂与夫乘时射利,滞财居逐者,若兹之琐琐焉。文德者,政之所专也;武威者,文之所助也。然则士农之末,作巧贤于鬻货;升平之岁,经国先于定功。臣学昧

① "用",制策中作"木"。

稽古，思迷政途，谋适不用，空愧绕朝之策，道之将行，犹委仲尼之命。谨对。"

对："臣闻大圣有国，将兴至理，总庶官以匡化，览群议以登贤。所以奉若天纪，作为人极。观尧、舜之兴，则四岳金举，九载陟明，考核之端立矣。鉴殷、周之策，则三驾访德，六廉察事，征求之道行矣。非睿哲明虑，深体化源，亦安能董正理官，推仗贤杰者也？今陛下缵兴圣业，昭布天光，举良弼以谋至道，综群材以康庶绩。故乃岳生维翰，星降士师，嘉猷日闻，正言弥启，肃然在位，灿然盈朝矣。且犹郡邑公选，岩穴敷求，遗寝载怀，比岁临问，伫经术以佐职，想艺能以建官。则古之坐明堂，议衢室，安可以俦清问之深也？固将卓立化首，廓开政先，岂唯昭明恒训，践修常轨而已？臣素微经艺之术，谬忝弓旌之召，诚不足以登进王庭，恭承明策。至若为政作法之要，安人济时之体，臣虽愚鄙，窃有志焉。

"臣闻政务利人，法期济物，布法由道，行政在官。官必其才，则人沐于化；法必于正，则物赖其安。故庇人以和，所以兴其义；率人以礼，所以致其淳。赋之必均，所以绥其业；役之必度，所以务其时；恤其转死，所以保其命；薄其收入，所以全其生。此皆安人之画，济时之要，总其大趣，存其至心，而臣节无隐者尔。故王者安人则审政，兴政则任官，任官必良则为政皆善，善政溥洽则黎人用康，德之本也。是以深居而情鉴万里，高拱而明照八极，其在任人之术欤！

"夫至公克守于鸣①谦，臣节必存乎无隐。况王心虚镜，容光必

---

① "鸣"，他本或作"明"。

察，询其立身之志，考其从官之才，臣之愚衷，具以上达。若蒙饬躬召入，程器收用，使得履文石以献议，瞻法座以陈诚，序安人之大训，言济时之良政，抗恒节以忠主，申远图以戴君，臣之宿心永愿毕矣。立政之志，实在于斯；从官之才，安敢自必？

"盖无善不应，有开必先。七辅立于先朝，充四目以鉴远；八元翼于舜日，播五典以弘风。或理历茂时，天道以叙；或辨方宁乱，地纪用章。或内平外成，树稼而蒸人乃粒；或忠肃恭懿，敷教而理训克从。言其纪纲，较然明著。十臣佐命，周道蔚兴；四老为宾，汉储底定。文武以济，灵台光偃伯之期；羽翼既成，宠子罢夺宗之计。匡正得失，格言斯在。风后、力牧，膺七辅之名；伯奋、仲戡，居八元之列；周公、吕尚，为十臣之宗；园公、绮里，参四老之目。八元尽高辛之裔，十臣有文王之子。事迹斯辨，名氏可征矣。

"夫朝会者，所以正君臣之位；祭享者，所以尽诚敬之极。故物称其礼，举之表仪；功被于人，施之祀典。盖辨其位序而不多其玉帛，先其敬意而不繁其罇俎，明王道之制也。自道远圣逝，侈及嬴、刘，荐弊兴利，视金逞罚。祭非真鬼，妖望其祥，瞻古语事，斯谬甚矣。《周官》大宗伯之职，以九仪之命，正邦国之位。一命受职，再命受服，三命受位，四命受器，五命赐则，六命赐官，七命赐国，八命作牧，九命作伯。盖以懋功训德，审官义人也。又以禽作六贽，以等诸臣，孤执皮币，卿执羔，大夫执雁，士执雉，庶人执鹜，工商执鸡。盖象事以明等威，以示礼也。秦修雍祠，而古有雍畤焉。周祭亳社，宜社有属亭焉。孝武祈仙，封于栾大，将以通天地之道也。故天士、地士，悬以五利之名焉。汉氏广祷，主于小祠，将以期纯嘏之集也。故诸布、诸严，设于群望之祭焉。

"夫谷神不死，道宗于玄默。至觉而生，释归于清净。书于圣典,固在儒流。然练神虚心,释道以空慧为法,可以济于生死矣。兴政致理,周、孔以礼义为训,可以穆于邦家矣。教之攸设,儒则为长。天生五材,利溥群物。火炎水润,动植以滋,刳木范金,黎甿攸济。禀于玄象,土德厚载而居多;施于物宜,五行废一而不可。工以缮器,商以通财,财则聚人,器则周用。疾其浮侈,商以政而当遏;资于器械,工在俗而为先。圣人睹①天地以成文,象震曜以兴武,文次九序,武标七德,利用开物,禁暴夷凶。二柄所资,百代无易,两参王政,互为国经。若寰海晏如,则武备都偃;干戈日扬②,则文教式衰。自有偏废之辰,皆无必去之道。理旷者不可以言极,道深者不可以意明。乾象照临,圣模广运,臣材非秀茂,学非敏博,对越天旨,诚无足观。谨对。"

李玄成对《贤良方正科》,载《文苑英华》卷四八三

对:"臣闻时雨作解,麛物不滋;春雷发声,群蛰潜觉。间者明诏咨九牧,辟四门,光烛岩薮,恩覃侧陋。葵藿仰惠以纳景,山川有开而出云。使草茅微臣,幽贱朽质,辱旌贲,陈刍荛,瞻璿台之穆然,预烟阙而伏对。此臣之鸿造也,敢不沥诚哉!

"臣闻尧之光宅也,以亲九族,以命百官。舜之登庸也,以察万人,以齐七政。大禹拜皋陶、伯益,惟其昌言;武王问黄帝、颛顼,存乎至道。此四君者,文思睿哲,恭俭高明,仁以创制,慎乎体国,思借力以任重,简远阙以安人。故选贤以居位,阙事而后爵。则考绩以庸,取人必才,赋纳献可,声度言状,庶存兹矣。伏惟陛下丰功厚利,资始万物以统天;执契含元,富有八方而纂圣。家道

---

① "睹",他本或作"规"。
② "扬",他本或作"振"。

以正,庶绩咸凝①。师师满云火之庭,济济盛龙光之列。尚纡神眷,更睟天仪,思仁寿之登城,缅前王以作镜。虽轩辕之徇齐藏用,重华之好问察言,未足以扶毂大明,骖乘元圣。臣闻之游大海者难为水,窥圣门者难为言。陛下侔造化而作法,尊道德以垂范,敬宗庙以示厚。爱臣子以兴仁,怀蛮夷以广德,抑祯祥以崇理。礼经大备,四海共职而朝宗;乐物至和,百兽来庭而率舞。至于为政安人之躅,则微臣何足以知之! 其余备父母之体以立身,钦圣人之化以从官之问,则愿竭其愚。臣惟忠孝可以从官,奉陛下之法以自理,守陛下之职以自安,以之居处则庄,以之战阵则勇。是陛下轶尧、舜之上,愚臣忝比屋之封。臣虽不才,则亦有志矣。

"昔者风后、力牧、仲容、庭坚,相与谋谟于有熊之朝,弼违于纳麓之运,讲信而修睦,肆直而惠和。垂衣裳,作舟楫,分州土,叙星辰,其纪纲也如此。其后闳、散、周、召、园、黄、绮季,镐京得之为心膂,汉储得之为羽翼。终能牧野清明,惠皇不废,其救失也如彼。

"夫国有五服,朝聘申其贡;礼有五经,享祠肃其首。职方品其远迩,宗伯辨其瑞玉。乃开封壝,是设方明,锡之以罄络衮裳,执之以圭璧羔雁。秦之立雍畤也,将以禘其自出。周之居亳社也,亦以戒于不臧。臣又闻先王之制礼法也,以劳定国。汰哉汉武,曾是黩神,采少君以端信,乐道之贞,列帐甲乙,树红头,望峄山,祈石室。天士、地士,不殆于昏淫;诸布、诸严,何惮于风雨乎?

"圣策以三教立言,历代弥勤,成轨制以化时,较醇醨而景俗。此圣君合悬解之旨,而小臣惭默识之明。然臣亦尝闻之矣,夫礼者,始诸饮食,盛于冠婚。分而为阴阳,转而为太一。失之者死,得之者生。二氏包虚无而含寂灭,长性灵而已,宜去于斯。《传》曰:'仁义礼智,以信为主;貌言视听,以心为正。'则士德优矣。若乃神农之肇皇业,揉木为耒,弦木为弧。黄帝之开帝功,致天下之人,聚天下之货,器以成务,稼惟人天,利以通财,阜国周用。苟能全人,天可违乎? 故臣愿抑商而进工也。

"大哉武之为功,赫矣师之所处。象震曜而举,垂云雷以扬,宣威而山河荡容,训誓而烟尘动色。可以定祸乱,可以翦暴强。顷者牝鸡之晨,陛下潜龙或跃,提白蛇之剑,揭翠凤之旗,入于北军,兵皆袒左。氛祲殄灭,日月光华,此神武之壮观也。谨对。"

沈谅对《贤良方正科》,载《文苑英华》卷四八三

问:"朕闻至道虽微,不言而化,皇天阴骘,相叶其彝。信寒暑而生成,施云雨而沐润。垂范作训,树君育人,时有浇淳,教垂繁略。成汤既圣,禹道云亡,《桑扈》《谷风》,屡动诗人之刺,塞门、反坫,时贻宣父之嫌。我国家振彼颓纲,开兹盛业。朕以不德,袭号乘时。而皇极之道未敷,谟明之轨尚阙。思弘厥理,其义安从? 至如视听貌言,恒若时若,会极归极,作哲作乂。一以贯之,何方而可? 夫礼以饰情,情疏则礼略;乐以通感,感至则神和。理内为同,修外为异,同异之用,有昧其功。人俗未融,伫明斯要。又《四时》《武德》,制自何君? 《五行》《文始》,本之谁代? 《昭德》《盛德》,莫辨所尊;《昭容》《礼容》,未详所出。悉情以对,用释余疑。"

《文词雅丽策》①,载《文苑英华》卷四八四

① 时在开元七年。

对:"臣闻孔子云:'大道之行,与三代之英,丘未之逮也,而有志焉。'又,颜回对孔子云:'回愿得明王圣主而辅相之,此二者皆伤,不可得而见也。'况臣生淳风大道之运,属圣主立政之秋,不能有所建明,以佐大化,此微臣夙心愧耻,窃有惭焉。日者圣敕颁宣,远覃幽隐,振废滞,收介特,本州征臣,充赋于王庭。陛下温颜,屡赐宴见,司饔行食,群事颁冰,亦可谓厚德矣。自顾性识愚弩,智术微浅,既蒙清问,敢不具素所闻乎!臣闻伏羲、神农氏往,黄帝、尧、舜氏作,莫不体道以育物,立德以兴化,用阐无为之教,以弘不宰之功,齐饮啄于鹑居,绝往来于犬吠。岂不以我清净而人自正,我无欲而人自朴乎?迨乎政及三王,君临万国,亦承奉天地,燮赞阴阳,顺四时之气,理五行之叙,总仁义以安庶类,先博爱以悦群生。使人迁善远恶,而不知其所以然也。观夫三王之为君也,谨其所好恶而已,故君好之则人为之,上行之则下效之。莫不清心以率物,正身以御下。九女序列于内,三公分职于外,度数有恒,徭役不作。其取人赋也薄,而役人力也寡;其育物也广,而兴利也厚。故征伐有道,《大明》咏其功,什一而税,《大田》歌其事。所以家给人足,而理安兴矣。《易》曰:'圣人久于其道,而天下化成。'其斯之谓乎!

"爰及末俗,政渐浇伪,而礼乐弥烦,奸盗滋起。桀、纣昏乱于上,幽、厉纵逸于下。崇台榭之峻,恐其不高也;广宫室之居,恐其不大也;聚淫美之色,恐其不多也;穷声音之巧,恐其不乐也。其敛人财也厚,而使人力也众,其害物也博,而兴利也寡。其后兴役无常,《桑柔》病而叹之,故其诗曰:'自西徂东,靡所定处。'盖言其役之甚也。征发无度,下人劳病,《南山》疾而刺之,故其诗曰:'赫赫师尹,不平谓何!'盖言其政之乱也。自兹厥后,强凌弱,众暴寡,千官树奸于朝廷,百贾穷伪于市邑,财用匮竭,寇攘不止。《大东》又刺之曰:'大东小东,杼轴其空。'言小大具尽也。又云:'东人之子,职劳不来。西人之子,粲粲衣服。'孰有为人上者不平若此,而可久安天下哉!此则上失其道,政逐多门,故天下败而不之觉。乃至所以为夏者,转而为殷也;所以为周者,转而为秦也。《诗》云:'高岸为谷,深谷为陵。三代之后,于今为庶。'此史墨所载,社稷无常奉,君臣无常位,自古以言。

"及秦始皇平定六国,隋炀帝富有四海,不务廉耻,唯存战伐。内造阿房,继以骊山之作;外征林邑,重以辽东之戍。凿驰道则隐以金椎,通鸿沟则树以柳杞。役及闾左,人不聊生;曲泛龙舟,声多哀思。倾天下之赋,不足以周其事;殚帑藏之财,不足以盈其欲。是以众怨难犯,人自为战。所以陈胜、吴广奋梃以挞之,王充、李密扬声以逼之,蚍起郊垒而祸生左右。望夷宫中,不免阎乐之难;江都城内,卒死裴通之手。故《易》曰:'天之所助者信也,人之所助者顺也。'此二君者,动为之际①,不由信顺,失天人之所助,能无及此乎?然则合大中之道者如彼,失皇极之用者如此,古之兴败,备在典谟。

"迨隋室道消,数钟百六,衣冠礼乐,扫地无余,贤人君子,稽天并浸。此乃大人利见之日,圣主驱除之时。我太宗志在救焚,心存拯溺,因兹感激,投袂而起,车及于平阳之郊,剑及于盟津之会。既而戡剪多难,克清中夏,建非常之功,定不拔之业。泊位登九五,富有万国,制礼以示其让,作乐以兴其和,兼爱以厚其仁,节用以崇其义。非先王之服不敢服,非先王之言不敢道,言必本于

① "动为之际",他本或作"动而之险"。

风雅,行务去乎枝叶。明刑赏,严号令,赏当其功则劳臣劝勉,罚当其罪则奸人畏惧。名器不妄假,必俟其能;爵禄不虚授,必先有德。是以四海之内,靡然向风。我太宗以至道之心为天下也,所征无不克,所向无不成,孝悌通于神明,易简合于天地。如此,则天地德之,鬼神佑之,使风雨以序,灾害不作,万国莫不欢心,四夷莫不咸赖。良由不僭不滥,无怠无荒,所以享国久长,多历年数。

"陛下秉天然之姿,定不伐之略,披肝胆以决大计,殄宫闱之氛祲,除诈伪之昏狡,日月载廓,宗社以安。深思祸乱之原,乃皇天所以开圣人也。自南面临天下,九年于兹,封侯①无警,干戈再戢。置鼓以招谏,设木以待贤,故得近臣尽规,远人献政。出宫女则使心不乱,属大旱则引咎自责。盖禹、汤之罪己,实尧、舜之用心。《诗》云:'一人有庆,兆民赖之。'其斯之谓欤!深合太宗之宏略,远符贞观之故事。

"赐愚臣制策云'朕以不德,袭号乘时,而皇极之道未敷,谟明之规尚阙'者。微臣何以识陛下之深远,而辄欲议之。或恐日月有遗照,圣智所不及,略陈其愚,伏惟陛下留听。臣闻《书》云:'惟先格王正厥事。'言灾害之起,事有不正者也。去岁水旱不时,咎征屡作,匈奴侵轶,边将气沮。天其或者正训我也,欲令陛下知爵禄之虚授,冗散之职多欤!阙乐荡志欤?服失度欤?何皇极之不建,遂至于此也。臣闻省官不如省事,省事不如清心。诚能克己复礼,正身率物,表有功而彰明德,阙复古而贵能变,禁异服,革慢声,远便佞,近忠谠,断断之士必擢于庙堂,九九之术不遗于管库,可谓虚其心而众象应,正其本而万事理焉。《书》云:'天既付命正

---

① "封侯",原本作"封候"。

厥德。'言正德以顺天也。若舍此道，是不知其所从矣。

"制策曰'视听貌言，恒若时若，会极归极，作哲作乂。一以贯之，何方而可'者。臣闻《易》曰：'崇高莫大乎富贵，备物致用，立成器以为天下利，莫大乎圣人。'古之王者，享圣人之资，乘大宝之位，北辰居正，南面而理，亦可谓富贵乎？当须存至公之行，立大中之道，覆焘同于天地，通明合乎日月，志远迩之化，存易简之功。庶征顺序，五纪和叶，百谷用成，六畜遂字者，无不由焉。《传》曰：'皇极其建。'其斯之谓矣。若貌之不恭，是谓不肃，厥罚雨，其极恶若，得其道则攸好德以应之。言之不从，是谓不乂，厥罚旸，其极忧若，得其道则康宁以应之。视之不明，是谓不哲，厥罚燠，其极疾若，得其道则寿以应之。听之不聪，是谓不谋，厥罚寒，其极贫若，得其道则富以应之。思之不睿，是谓不圣，厥罚风，其极凶短折若，得其道则考终命以应之。皇之不极，是谓不建，厥罚阴，其极弱。故《经》曰：'向用五福，威用六极。'斯之谓矣。臣闻貌言视听，以心为主。故有正心者必有正德，正德临人，犹树直表而望影之曲也，得乎？《大雅》云：'仪刑文王，万邦作孚。'此之谓矣。有邪心者有枉行，枉行临人，犹树曲表而望影之直也，得乎？孔子云：'《诗》三百，一言以蔽之，曰思无邪。'盖戒此也。故王者修身以道，修道以仁。仁也者，亲亲为大；义也者，尊贤为大。是以君子先正身，而后及于天下。如此，则六沴不作，五福相生，贻厥孙谋，永无极矣。

"制策曰'夫礼以饰情，情疏则礼略；乐以通感，感至则神和。理内为同，修外为异，同异之用，有昧其功。人俗未融，伫明斯要'者，臣闻拨乱反正之主，继体守文之君，抚驭之道虽殊，礼乐之用为急。自土鼓蒉桴之后，始自无声；污尊杯饮之初，彰乎有用。既而莫不曲谐九变，信合四时。是知大乐与天地同和，大礼与天地同节。移风易俗，义切于钟鼓；安上理人，事浸乎揖让。既而祀历三王，时更七国，经籍道息，飏宣榭之烟埃。儒生数穷，赴秦坑而歇灭。迨乎断蛇立极，乘牛设位，纪绵蕝之仪，鸣鼓舞之节，必欲乐宣怗懘，礼释回邪，取其不肃而成，必在既富而教。我唐功高邃古，德迈往圣，坐宣室而访道，登明堂以思政。六乐为驭，利则不争；五礼有经，思而无犯。思闻同异，下访刍荛。臣闻古之明君之御天下也，身坐九重，心遍四海，礼以导其志，乐以防其淫。乐以理内为同，礼以修外为异。礼乐之不悖，内外之相亲，可以感于神明，通于天地矣。《诗》云：'肃雍和鸣，先祖是听。'夫肃肃，敬也；雍雍，和也。既敬且和，何事不行？其斯之谓矣。

"制策曰'《四时》《武德》，制自何君？《五行》《文始》，本之谁代？《昭德》《盛德》，莫辨所尊；《昭容》《礼容》，未详所出。悉情以对，用释余疑'者。臣闻皇王御宇，步骤相仍，莫不作乐以飨其德，立谥以明其行。此五帝之常道，百王之所不易也。且《咸池》《六英》，《韶濩》两听，尽善尽美，窃无间然。自秦失盛位，汉杂霸道，文、景相袭，刑措不用。武、宣承统，华夷再清，乐舞居功，可略言也。《武德》舞者，高祖作之，定祸乱也。《四时》舞者，孝武作之，示和平也。《五行》者，本周曲也。《文始》者，本舜舞也。孝景采《武德》为《昭德》，以尊太宗也。孝宣采《昭德》为《盛德》，以尊武帝也。《昭容》《礼容》，犹古《韶》《夏》，绍之于汉祖，备之于《乐志》矣。臣材非多士，不游六合之间。梦异赵君，緫睹九天之上。启处无地，战汗不宁，况承谀问，敢以轻议。谨对。"

对:"臣闻太祖[①]文皇帝之御天下也,广直言之路,开纳善之门,近臣尽规,庶人毕议,可谓至矣。今皇天眷命陛下,绍复先业,齐心法宫之中,冕旒正殿之上,详考秀异,询及刍荛。若乃敷皇极以作则,弘礼乐以垂训,彝伦攸序,群德毕举,斯太宗之盛事也,岂前王访九畴之要、贞三极之本能望清光哉! 天文昭回,万物尽睹,臣谬以黄绶之末,预闻赤墀之议,将何以塞厚问,扬天休?

"臣闻诸仲尼曰:'大道之行,与三代之英,丘未之逮也,而有志焉。'自上皇不归,大道悠久,圣人顺天地之性,究变化之元,虽损益以文质,或沿袭以忠敬。至于饰礼容以昭贲,崇乐舞以立象,树君牧人,茂时育物,其致一也。夫务本于道,则浮竞可以镇静;习俗于变,即纯一或以伪迁。故轻乐见诮于《国风》,昧礼贻训于圣典,盖有由焉。唐兴百有余载,高祖以武功定鼎,纽天纲于八纮;太宗以睿圣握符,纂天光于三象。荡亡隋之颓靡,弘圣唐之简易,盛德大业,与三代同风。伏惟陛下诞受天休,光膺景命,粤若昭德殷荐之礼,感和通神之教,敬事眷圣之微,顺时布德之典。将以登格皇穹,鸿业也;启迪王命,大猷也;风雨时若,休征也;人俗康宁,至教也。五辉叶训,八方顺轨,尧舜之盛,无以加焉;成康之道,复何足数。而犹曰皇道未敷,谟明尚阙,发天章于圣藻,采至言于舆词,陛下之谦让也,愚臣何足以知之?

"制策曰'至如视听貌言,恒若时若,会极归极,作哲作乂。一以贯之,何方而可'者。臣闻王政之端,本于性也;至化之极,归于理也。能尽其性而合乎理则休征至,不尽其性而悖乎理则咎征至。故圣人法天以立性,畏天以作则,见天道之在五行,人事应

① "太祖",他本或作"太宗"。

之，彰彰类矣。自非统性命之理，求天人之端，孰能从言以作义，因事以求哲，旸顺而会其极，蒙恒而返其通？适于数，故虽以五事明，宗其极，则可以一理贯。臣又闻圣心镜物，必采于至妙；大道虚象，垂契于理先。然即继圣业者，其道同；遵王度者，其化一。陛下体周武之盛德，访唐尧之遗事，龟图灵文，天光垂象。伏愿沐时雨于动植，散祥风于涵泳，则大中之道，何以尚兹？

"制策曰：'夫礼以饰情，情疏则礼略；乐以通感，感至则神和。理内为同，修外为异，同异之用，有昧其功。人俗未融，伫明斯义。《四时》《武德》，制自何君？《五行》《文始》，本之谁代？《昭德》《盛德》，莫辨所尊；《昭容》《礼容》，未详所出。'臣闻礼乐，其所由来尚矣。先王所以美教化，厚人伦，以致太平也。必将以考其理，求其端。故揖让之教末，而安上存乎至简；无咏之功浅，而移风归乎至易。夫辨升降，彰采服，此礼之所以饰情也。登金石，翔景瑞，此乐之所以通感也。故感发于内，乐由衷以致和；情见乎表，礼自外以为异。虽清浊之质考性则殊，而教化之端在理斯一。况今懿纲被遐裔，至道冠生灵，和理日跻，同乎大顺，非礼乐之化，其孰能至此乎！夫崇德垂范，此同异之用也；教齐化密，此人俗之融也。至如武德之盛，武之业也；文德之盛，顺之至也。神道设教，制四时于炎历；德徽可崇，增五行于横序。尊二德于清庙，表二容于盛礼。[①] 圣问昭闿，与天道以元亨；狂言鄙贱，仰天文而知愧。谨对。"

邢巨对《文词雅丽策》，载《文苑英华》卷四八四

对："臣闻昔在上皇之抚运也，政宽事明，法简心一。仰察天

---

① "二德""二容"，原本作"三德""三容"。

道，中顺人情，至于不言，混然而化。故上玄所以眷命，罔违于德；下人安定厥居，俾获其利。暑往寒来以信之，云行雨施以从之。于是乎疫疾不生，祯祥洊至，巍巍荡荡，盖无德而称焉。

"自大道既隐，淳原且散，或救弊以忠敬，亦随时而损益。成、康已往，颂声不作，俗薄礼废，政荒人亡。故其《诗》曰：'交交桑扈，率场啄粟。习习谷风，以阴以雨。'此则刺上不能行政者也。仲尼生周末，伤道不行，乃删《诗》《书》，定《礼》《乐》，立君臣上下之节，明奢俭揖让之序。尚不敢救当代变于陪臣，而称曰'邦君树塞门，管氏亦树塞门。邦君为两君之好，有反坫，管氏亦有反坫。管氏而知礼，孰不知礼'者矣。自兹厥后，颓波浸流，有圣哲之君，聪明之后，岂能振彼凋弊，张其纪纲？不有我唐兴建鸿业，乂宁黔首，则扫地将尽，求野多遗。

"陛下统皇纲，纂休运，德泽汪濊，仁风洋溢。不宝远物则远人格，所宝惟贤则迩人安。劝农桑，恤刑狱，不夺三时之务，且惜十家之产，左右伊、吕，郡县龚、黄。是以驱俗于雍熙，纳人于轨物者也。岂不征贤良，论政要，所以达四聪也；临前殿，察群言，所以收九术也。梓匠舒幕，所以礼贤也。凌人散冰，所以救渴也。臣窃以自古求贤之盛，未若今日者矣。

"赐臣制策曰'皇极之道未敷，谟明之轨尚阙。思弘厥理，其义安从'者。臣实见可久可大之规，非有未敷尚阙之事。此陛下让之至也，愚臣焉敢奉之。若乃考前古之庶征，究礼乐之同异，辨皇王之制度，详宗庙之礼仪，此则陛下悬镜九流，常览百氏，索隐探异，钩深致远，已在圣断，岂有趑而疑者欤！今下问愚臣，远议其事，陛下岂不欲广于明试，察臣微才？臣幸对扬，敢不悉情以对？

"制策曰'视听貌言,恒若时若,会极归极,作哲作乂。一以贯之,何方而可'者。臣闻王者立极,必本于天,天事著于上,人事应于下。昔者禹平水土,天告成功,锡之以《洪范》《九畴》,彝伦攸叙。又,皇天降其有极,皇,大,极,中也,言王者能行大中之道,则阴阳和,风雨时,百谷用成,俊乂用章也。如是,则视曰明,听曰聪,貌曰恭,言曰从;则无恒若之生,自去咎征之应矣。今天瑞降,地灵集,所有动作,光乎化先,则一以贯之,道斯不远矣。

"制策曰'礼以饰情,情疏则礼略;乐以通感,感至则神和。理内为同,修外为异,同异之用,有昧其功。人俗未融,伫明斯要'者。臣闻夫礼由阴作,乐与阳来,乐与天地同和,礼与天地同节。诚能感神动物,安上移风。或以理内为同,或以修外为异。率由和敬,靡不从之者乎?施之人俗,靡不尽善者乎?

"制策曰'《四时》《武德》,制自何君?《五行》《文始》,本之谁代?《昭德》《盛德》,莫辨所尊;《昭容》《礼容》,未详所出'者。臣闻嬴政失御,汉皇乘极,文、景致刑措之美,武、宣当雄富之盛。故有《四时》《武德》之乐,《五行》《文始》之舞。《昭德》《盛德》因之而尊,《昭容》《礼容》自兹而备。臣才识愚劣,学业虚浅,猥当圣问,茫然有失。谨对。"

张楚对《文词雅丽策》,载《文苑英华》卷四八五

对:"陛下顷与三事大夫议于朝,以计天下,有奇才异行,含光而不扬其辉,诏诸侯咸举之。臣实至愚,不通大识,循才审行,不副高求。臣闻《论语》曰:'天何言哉,四时行焉,百物生焉。'《孝经》曰:'王者则天之明,因地之利,以理天下。'是以其教不肃而成,其政不严而理。所谓天地设位,圣人成能,而保大定功,勋业

盖时也。逮金石斯缅，步骤不同，时有浇淳，教随繁略。《桑扈》《谷风》之刺，三归、八佾之嫌，人用僭忒，一至于此。孔子曰：'上失其道，人散久矣。'《传》曰：'国家之弊，恒必由之。'陛下嗣守丕绪，茂昭大德，能使百官承式，万邦作乂。所谓孕虞育夏，甄殷陶周，革弊移风，自前代未有也。陛下乃赐臣策曰'皇极之道未敷，谟明之规尚阙'者，岂不以采刍荛之义，诚考试之端，不宰其功，俯垂下问，实陛下谦德也，微臣何足以知之？

"制策曰'至若视听貌言，恒若时若，会极归极，作哲作乂。一以贯之，何方而可'者。臣闻刘歆以为伏羲氏继天而王，受河图，则而画之，《八卦》是也。禹理洪水，天赐洛书，法而陈之，《洪范》是也。故河图、洛书相为经纬，《八卦》《九畴》相为表里，圣人行道，各保其真。若人有乖方，数必征于错逆；政惟协雅，理必应于调和。考之咎征，粲然著矣。陛下随阳泽以著恩，慎严霜以肃威，鹰隼未击，罻罗不施，草木未零，山林不伐，足可使垂景星而降甘露，腾休气而漏醴泉。臣以为一以贯之，其道久矣。

"制策曰'礼以饰情，情疏则礼略；乐以通感，感至则神和。理内为同，修外为异，同异之用，有昧其功。人俗未融，伫明斯要'者。臣闻六经之道同归，礼乐之用为急。孔子曰：'安上理人，莫善于礼。移风易俗，莫善于乐。'董仲舒对策曰：'王者欲有所为，宜求其端于天。天道大者在于阴阳，阳之为德，阴之为刑。王者承天意以从事，故务德教而省刑罚。'陛下修先王之好生，存大《易》之缓死，顷者省囹圄，去桎梏，此则修省刑罚之谓也。臣闻乐以理内为同，礼以修外为异。同则和亲，异则畏敬。和亲则无怨，畏敬则不争。二者并行，合为一体。揖让而理天下者，礼乐之谓也。适时之要，斯并存焉。

"制策曰'《四时》《武德》,制自何君?《五行》《文始》,本之谁代?《昭德》《盛德》,莫辨所尊;《昭容》《礼容》,未详所出。悉情以对,用释余疑'者。臣以为斯并汉主之乐,载于班氏之书,必使究其明征,考其敏博,既劳更仆,何易尽言?虽敢略而陈之,尚未臻其极也。臣闻《易》曰:'先王以作乐崇德,殷荐上帝,以配祖考。'古者制宗庙,太祝迎神于庙门,其义也。《四时》《武德》者,汉文所作,以示天下之安和也。而《武德》奏于高庙焉。《五行》舞者,本之周武也。秦始皇二十五年,更为《五行》也。汉高祖六年,更名曰《文始》,以示不相袭也。《昭德》《盛德》,孝景、孝①宣之所以尊宗庙。《昭容》《礼容》者,出《武德》《文始》《五行》之舞也。谨对。"

苗晋卿对《文词雅丽策》,载《文苑英华》卷四八五

对:"臣尝黾勉读书,夙夜匪懈。观前代之事,稽王者之风,欲树文明,必招俊义。所以平章百姓,昭畅万人,负黼扆而海宇清,垂衣裳而天下理。今陛下朝盈多士,野无遗贤,犹复发德音,下明制,张云罗以掩俊,设天纲以顿奇,片善不遗,有能皆进。故得飞飞丹凤,栖翼于帝梧;皎皎白驹,连食于场藿。纵夷、齐、巢、许,咸届于兹。臣既庸安,岂敢当此。且声非入异,誉不出凡,文律未明,才用无取,谬参推择,滥赴搜扬,安敢避直饰词,向华乖实。但丹诚有厉,至敬无文,敢竭鄙闻,用当明试。然将涓滴以足海,用纤埃以增岳,虽寡攸助,谁能默哉?

"臣闻建国兴邦,必以黎元为本;康时训代,必以政术为先。轨谟虽异,理化皆一。昔者太上之君,崇道以致化,立德以养物。

---

① "孝景、孝",原脱,据《登科记考》所引策文补。

人必欲寿，敦礼教而不伤；人必欲富，薄赋敛而不困；人必欲逸，则省力而不劳；人不欲危，即扶持而使固。不强人之所恶，不禁人之所欲，故能无为而理，不言而化。及至中古，行仁履义，克己厉身，拯溺于人，博施于物，即能阴阳不错，风雨以时，疾疫必除，妖孽莫起。泊乎末代，政令不作，刑法聿修，奢侈是崇，礼乐非雅，时无美善之说，俗有奸邪之衅。岂不由君失其道，臣非其人，浇薄浸兴，淳朴离散者也？今陛下出号施令，罔有不臧；齐物正人，各得其所。然犹综核古今，稽谋政教，视先王之得失，崇今日之高明。以此天聪，尚云不德，巍巍至化，谦尊而光，非臣愚昧，所能涯际。

"制策曰'皇极之道未敷，谟明之轨尚阙。思弘厥理，其义安从'者。臣以为皇极将立，莫先择俊。得人则政和，非人则政失。人贤化远，岂不谬哉？至如因能任官，量贤受禄，即百僚济济，万姓安安。去无用之言，除无用之器，即情实斯得，谬说不繁。使人以时，谨身节用，即仓廪储积，黎庶完丰。进有德而退无良，即庶位允厘，庶官不旷。尊有功之子，弃无功之人，即营事者不惜其身，制作者能竭其力。罚必当罪，即奸回自除；赏必中贤，则人臣自劝。夫是则海内行大中之道，天下有幸甚之言，何忧夫皇极之道未敷者也。若乃列张辅佐，建立官司，询忠直之言，开进谏之路，用能献可替否，补过弼违，外藏主之非，内正君之失。今陛下乃顺时而动，非道不非，事无不嘉，人欲何说？故献纳之职，谏诤之词，但可略言，莫知所议。大哉至德，实冠古今。且朝无佞臣，纵朱云重生，安能折槛！人不忘从，虽辛毗不死，曷闻牵裾？天子圣明，是故群臣无事，亦何忧文轨之阙哉！

"制策曰'视听貌言，恒若时若，会极归极，作哲作乂。一以贯之，何方而可'者。臣闻王者法乾理物，观象裁规，敬顺天时，恭行月令，恒若时若，罔有咎征矣。尊《九畴》之仪，修八政之规，事不失仪，动不违制。出处语默，皆归于仁，依乎中庸，远弃偏党。垂至道于万国，寄良政于百官，直道而行，不可则止，会极归极，作哲作乂，不日而致矣。视听貌言，无从而失也。

"制策曰'礼以饰情，情疏则礼略；乐以通感，感至则神和。理内为同，修外为异，同异之用，有昧其功。人俗未融，伫明斯要'者。臣闻化难将美，人各有心，不违制节，必有放纵。故先王作典礼以防之，兴雅乐以感之，用能移风易俗，安上理人矣。今陛下行宗庙之礼，故能配天地之神；履直言之议，故能立上下之敬；听宫商之变，故能分善恶之俗。损郑卫之音，奏《箫韶》之乐，正疏略之弊，敦揖让之仪，州郡大行，朝廷式序，同异斯达，内外罔差。既合尽美之端，何问不才之子？若罄愚而说，则陛下无有昧之咨；若驻笔而述，则陛下钟伫明之访。实迷海游，何足知之？臣闻大乐与天地同和，大礼与天地同节。既列同异之因，将分内外之殊。皇王是尊，古今所重，俱为时用，其功一焉。

"制策曰'《四时》《武德》，制自何君？《五行》《文始》，本之谁代'者。臣闻《四时》《武德》，制之以周王；《五行》《文始》，本之于汉帝。

"制策曰'《昭德》《盛德》，莫辨所尊；《昭容》《礼容》，未详所出'者。臣闻《昭德》《盛德》，实有攸尊之道；《昭容》《礼容》，出于刘氏之代。昔者鲁哀公问儒行，宣尼有更仆之劳；孔父访鸟官，郯子生倾盖之倦。然且富学沧海，犹黾勉于一隅，况乎道谢桂林，岂对扬于庶事？徒周游于文苑，终展转于迷津。谨对。"

孟万石对《文词雅丽策》，载《文苑英华》卷四八五对:"臣闻登衡霍者,嗟培塿之微;泛涨海者,鄙潢污之陋。臣草茅孤贱,才无足取,属丝纶明扬,州闾选辟,谬得接武群彦,比肩时英。而文物昭回,宸颜咫尺,退思愚劣,甚不称圣朝求贤之意也。揆拙竞颜,心愧失守,将何以充塞大问,对扬天休?闻之于师,请言其略。

"制策曰:'皇极之道未敷,谟明之轨尚阙。思弘厥理,其义安从?'伏惟皇帝陛下开元立极,地平天成,祖述尧舜,宪章文武。夔龙咸事,阴阳以和,圣德动天,无远不届。麟凤在郊薮,河洛出图书。弓旌累降,征搜是急,日昃视朝,文武并进。既尽美矣,无德而称。犹且罪己为心,在予兴叹,此陛下之至让也,小臣何足以当哉!然抃舞德音,忝列明试,敢不沥肝胆献所闻乎!臣恭惟政理之间,传诸长者之口,以先朝之事一二明之。

"昔贞观、永徽之间,恭默而天下理,家给而人足,时和而岁丰。外户不扃,牛羊被野;太仓之粟,陈陈相因;中府之钱,贯朽莫校。然而戎车屡驾,不无事矣。于是度辽之师,鬼方之讨,贺兰之战,高昌之伐,而军人无损,帑藏如初。国家富有海内百余年,士庶之多,如曩时之兼倍;征戍之役,当今日之无何。岂往得而今失,将政繁而俗变,其故何哉?良有以也。议者以为赋敛厚,徭役繁,风俗奢,利息倍。今若息其宫室,爱人节用,省无事之官,罢不急之务,三年政成,臣窃迟之。愚心晓然,谓在此矣。

"制策曰'视听貌言,恒若时若,会极归极,作哲作乂。一以贯之,何方而可'者。伏惟陛下躬神武之姿,广聪明之德,思弘至道,厉精为政。反支通奏,甲夜观书,励神聪于《九畴》,留睿情于百氏。臣闻智小不可谋大,绠短难于汲深。窥圣谋之莫测,谓宸衷之不凡。致远恐泥,不其难乎!夫视者明也,审邪正于曲直;听者聪也，察善恶与是非；貌者容止，可观俨恪之所谓；言者词令，斯在荣辱之所由。乂时旸若，肃时雨若，察休咎之阙会，归于皇建，惟睿哲之作圣，系彼道枢。故曰：‘无反无侧，王道正直。无党无偏，王道平平。’一以贯之，此其义也。

"制策曰‘礼以饰情，情疏则礼略；乐以通感，感至则神和。理内为同，修外为异，同异之用，有昧其功。人俗未融，伫明斯要’者。夫大礼与天地同节，大乐与天地同和。岂惟明尊卑，辨等列，动天地，感鬼神而已哉！岂不繁于钟鼓，谅无征于玉帛？乐自外作，必假器以明仪；礼由中起，故备物以饰容。盖有国之典章，生人之冕服。均五材之并用，废一不可；类三者之何先，尤宜去食。故孔子曰：‘安上理人，莫善于礼；移风易俗，莫善于乐。’去同即异，离之则多伤；相须而成，兼之则双美。一彼一此，何后何先？

"制策曰：‘《四时》《武德》，制自何君？《五行》《文始》，本之谁代？《昭德》《盛德》，莫辨所尊；《昭容》《礼容》，未详所出。悉情以对，用释余疑。’臣闻暴秦失政，皇汉创业，爰作乐以尊先，聿释享以追孝。《四时》《武德》，用之于高祖，所以恢武功也。《文始》《五行》，陈之于文庙，所以昭文德也。盖舞以尽意，歌以崇德。制自炎汉之君，本乎孝武之代。《昭德》《盛德》，郊庙之乐也。《昭容》《礼容》，质文之辨也。臣学不师古，才非敏赡，惭琐琐之陋，无足言哉！仰苍苍之高，茫然自失。谨对。"

孙玼对《文词雅丽策》，载《文苑英华》卷四八五

问："朕闻武以保大定功，刑以禁邪止杀。轩辕三皇之圣，莫能去兵；陶唐五帝之聪，时犹振旅。故知体国经野，宜有吊伐；居安虑危，可无预备？朕纂承丕业，虔守大宝，因祖宗之既康，恐文

武之将坠，兢兢戒惧，翼翼忧勤。而德教诞敷，烽燧尚警，三边每劳于征伐，百姓不歌于耕凿。言念于役，深轸于怀，所以日旰忘餐，中宵辍寐。思谋臣以制敌，折冲于樽俎；索名将以守边，降伏其戎寇。行何法也，得致斯人哉？子等藏器待时，呈才应命，尽陈古今之事，备详攻守之策。至时贤著述，往彦勋庸，兵法有五十三家，宜分其四种。汉臣有二十八将，自比夫几人？景略可逮于孔明，张辽得齐于关羽？斛律光、贺若弼，近代之用谁优？我李勣与李靖，先朝之光谁最？又，邛南一方之地，碛西万里之域，将弃之以促境，宁守之以劳人？镇凉州至于流沙，军陇坂至于积石，险阻要害，予疑汝明。秦中岁役于防水，若为厘革？代北年疲于御塞，奚所变通？蓟门屯田，何术以休其弊？柳城梗涩，何筹以系其虏？凡此边庭，今为重镇，何经何见，何履何历？若兵不获已，用何奇谋，贞我师旅，使有征无战？必文可来之，施何异政，柔彼夷狄，使怀惠畏威？咸述尔能，直言其事，当有升坛之拜，伫伸推毂之宠。"

《文苑英华》卷四七八《知合孙吴可以运筹决胜策》①

对："臣沐清化，忝纡黄绶。属陛下听鼓鼙之音，载怀将率；恤边鄙之耸，思辑军容。臣窃难三隅未宁，为日久矣。不以庸菲，谬膺推荐，恭承大问，俯蹐玉陛，咫尺天休，以抒情素。臣闻古先哲王，鲜不征伐。禁暴止乱，咸以为人；思患预防，实为善政。伏惟陛下允恭克让，虞守四表，俊乂咸理，以乎于人。犹恤彼勤劳，求兹政道，实天下幸甚。臣闻事适于务则理有成，法宜于时则功可建。是以广采舆诵，询于刍言，不以人废言，不以欲违众。故计济

① 此为开元九年策题。

事立,利倍功大,完军保胜,道泰人安。虽三边未清,而百姓不弊。

"臣闻或多难以启其疆土,或无难以丧其守宇。天其启此边难,以警陛下,勤于政理,以致和平,因定荒乱之宜,以为子孙之业也?不然者,岂圣明之时,屡有斯寇。今若以明视远,以聪听德,钦崇天意,允厘庶绩,制以官刑,儆于有位,爱敬立于亲长,始终协于家邦,崇礼以致贤,修德以来远,言合于道,虽贱必行,议乖于政,虽贵必罚,谋得其要,必申瓜衍之赏,刑当其理,不贻戮仆之愆,则在庭之官,足以致化。臣闻燕昭立馆,以报强仇;越践自勤,竟雪深耻。景略用而秦道霸,孔明起而蜀业成。岂明明之朝不如区区之国!其珠玉无足,爱之必至;贤良思用,求之必来。惟陛下知与不知,用与不用。苟得其任,何忧制敌降戎而已哉!必资听之不滥,择之无失,审甄其操履,明试以言,谋之以八征,求之以五听,穰苴进于晏子,韩信用自萧何。是以君人劳于求才,逸于任使,舍人求胜,臣以为难。

"臣闻自古用兵,成败相半,贤者得其大,愚者得其小,莫不同用于法焉。至于战胜攻取,无出三事,类文校义,分为四种,记之金策,且于玉韬。汉臣以之拨乱辅时,上应列宿,振威耀武,咸得其才。以臣之愚,何以堪此。然守终持满,窃仰邓禹之能;勍敌神谋,颇怀冯异之略。至隐若敌国,思其奉上之故,亦采于一善,未知其全。

"若景略比于孔明,功当术浅;张辽比于关羽,壮劣情优。斛律光著破虏之功,贺若弼有平陈之绩。论其攻战,则可齐肩;语其才难,此或先驾。彼亡隋之任士,内用宠戚,外阶朋党,忠言死于逆耳,国命出于谗言,政以贿易,功以财成。雁门之围,兵士以微而不赏;浪河之败,许公以亲而不诛。天下分崩,人受涂炭。是以李勣与李靖为国家用，因亡隋之臣，致有周之业。靖则克胜其任，匈奴于是破亡；勣则能达其谋，高丽以之终灭。谋功比事，勣可同年；以功取人，靖以居上。

"臣闻惇德允元，柔远能迩，王者无外，守在四夷。张纲弃兵，竟和南国；充国不战，亦定西夷。若李牧以居边，魏尚而为牧，远和迩镇，固障持边。远和则不劳，迩镇则居逸，是谓释远谋近，逸而有终。然后明其伍候，守其交礼，谨其走集，诚以不虞，足以辑和士庶，羁縻夷狄。何必弃南邛之戎，舍碛西之地，隳先朝之业，致将来之诮焉。蹙国挫威，臣所不取。臣又闻华夏者国之心腹，边陲者国之支体，若心腹充盈，则支体无害。古既守之不损，今御之而何失？古以之足，今以之虚，非古今有殊理，实授非其任。然东自榆林，西至蒲海，限之以亭塞，隔之以山河，启玉关、金微①之险，有临洮、墨鸡之厄，飞狐、白石，爰在并、汾，木狭、土门，出于幽、蓟。李靖距颉利于峡口，终绝南侵；李杰败王师于榆关，遂贻东难。险阻不异，成败乃殊，以是言之，非才莫可。今若渐收塞上之士，申晁错之谋；安辑云中之人，晓严尤之术：保以邑落，守以城池，求贤良以为守，习农桑以为教。敌至则收其积聚，使野无所遗；贼去则伺其虚危，使兵不失利：则秦川岁减于冬戍，代北不惧于秋犯。

"臣见蓟门屯田，防军寇之乘，攻守余暇，务耕耘之积，省两河之粟，资三军之费。但使役之无扰，何忧兵以致弊？军既未息，此安可停！臣闻取乱侮亡，《书》之明义；固险而守，国之恒政。若柳城之寇不虐于边人，鸿胪之宾未绝于来使，则养士卒以待其衰也。

① "微"，他本或作"徽"。

孙培青文集　第五卷　隋唐五代考试文献集成

必若虐暴边隅，须申致寇之略；如其毒痛于下，方兴问罪之师。任之以智能，申之以谋策，明赏必罚，教人以信。山林水泽之阵，识以权宜；父子兄弟之军，赴汤蹈火。然后扬兵耀武，示之以威，则师旅以贞，夷狄柔服，惠怀无战，其在于兹。若但行以秋霜之严，而无时雨之泽，不计而动，离怨在心，驱以合敌，贪以取败，既轻有生之命，求幸白刃之中，使天威挫衄者，臣窃恨焉。《易》曰：'差之毫厘，缪以千里。'此之谓也。

"臣以不才，展效州郡，每怀报国，屡上微言。神龙二年进状，论沙场丧败；开元四载投匦，言降户得失。銮驾西幸，又于河中府上表，并进《柔远论》一首。而才微理拙，不蒙顾问。制问曰'何经何历'，敢不尽言？臣识浅才微，罔知攸据。至若'升坛之拜，推毂之宠'，岂可一策所能及？愚臣暗昧，不足以当之。俯伏惶恐，若履冰谷。谨对。"

杨若虚对《知合孙吴可以运筹决胜策》，
载《文苑英华》卷四七八

对："臣闻玉弩垂芒，耀明威于紫纬；金方戒序，凝杀气于丹霄。然则负扆登枢，规七衡而立辟；垂旒御辨，法四选以详刑。是故黄运披图，静妖氛于涿鹿；丹陵启业，耀佳兵于洞庭。伏惟陛下陟上帝之耿命，顺下人之乐推，总不测之谓神，包混成而为道。然后运天地日月以临之，泄雷雨水火以育之，宣道德仁义以绥之，张礼乐刑政以肃之。然则宿离无忒，天清也；海外无波，地平也；左学上庠，文明也；保大定功，武威也。由是东西沉潜，朔南浃洽，草木咸若，昆虫无夭。犹且日慎一日，虽休勿休。俯徇谦光，循《易》象之明义；降询得失，追汉策之高踪。所以广访刍荛，旁求道路。

臣戎旃贱伍，樗散陋容，策蹇以忘疲，励弱而知倦，猥兹庸菲，充赋阙庭，奉诏惭惶，启处无地。所冀齐庭设炬，九九之术先收；燕馆初开，先尊郭隗而已。敢缘斯议，庶竭丹诚。

"制策曰：'思谋臣以制敌，折冲于樽俎；索名将以持边，降伏其戎寇。行何法也，得致斯人哉？'臣闻晋谋元师，汉召材官，必资悦礼之英，咸选良家之子。诚请秋风授律，吉日拜将，收不疑之十计，问子明之五策，赏必以功，罚必以信，则良将斯至矣，大功可举矣。

"制策曰：'兵法有五十三家，且分其四种。'臣闻习手足，便器械，积虞关，具攻守，伎巧之兵也。权德刑，随斗系，因五胜，解鬼神，阴阳之兵也。雷动风举，后发先至，离合向背，而应变无常，形会之兵也。守正而用奇，详形而计战，兼伎巧，包阴阳，权宜之兵也。然后愤之以仁义，信之以赏罚，以我直而权其曲，以我智而薄其愚，以我和而制其离，以我治而乘其乱。故虽孙、吴再生，亦不知为敌人计矣。

"制策曰：'汉臣有二十八将，自比夫几人？'臣闻汉有二十八将者，上应二十八宿也。或以文雅光国，邓禹有决胜之奇；或以武能威人，吴汉有绥边之略；功论树下，冯异之绩弥彰；冰结河中，王霸之诚尤著。臣以卑贱，凤无器业，窃循运合圣恩，不次得参贤俊之末，安敢自强而比哉？清问猥及，臣当万死。

"制策曰：'景略可逮于孔明，张辽得齐于关羽？斛律光、贺若弼，近代之用谁优？'臣闻景略之功也，孔明之绩也，张辽之谋也，关羽之烈也，斛律光之勇也，贺若弼之略也。广论之则耀灵不驻，略谈之又书不尽言。景略之佐秦坚，才骋如熊之捷；孔明之匡蜀主，克著卧龙之名。张辽运筹之方，可以归之于先轨；关羽搴旗之效,可以论之于后尘。贺若弼之破陈军,功先诸将;斛律光之扶齐国,名劣众人。以次而言,断可知矣。

"制策曰:'我李勣与李靖之功谁最'者。臣闻李勣者,智也,仁也,勇也,严也,躬教可以图始,心教可以保众。自伐三韩,克清九族,所以东夷之人不敢西向也。至于李靖者,安可同年而语哉!大征北狄,讵见绝其余氛;授钺南蛮,宁见殄其遗寇。所以蛮胡滑夏,边鄙呕耸者,良由此也。

"制策曰:'邛南一方之地,碛西万里之域,将弃之以促境,宁守之以劳人?镇凉州至于流沙,军陇坂至于积石,险阻要害,予疑汝明。秦中岁役于防水,若为厘革?代北年疲于御塞,奚所变通?蓟门屯田,何术以休其弊?柳城梗涩,何策以系其虏?凡此边庭,今为重镇,何经何见,何履何历?'臣闻畹邦憬裔,既崇于吊伐;昧谷遐方,实资于镇抚。微亦柔止,犹闻遣戍之诗;瓜时在期,尚起践要之役。今欲明守边之术,开斥地之制,缅维经算,俯访刍荛,谀闻鄙术,何足以观之?夫先王驭道也,必专其边守,疆以戎索,恃吾有以备,怀其所以来,招携以礼,怀远以德。今丸山在境,犹发度辽之师;葱河卷袯,仍开拜井之屯。劳人远役,其何以哉?若乃务广其土,以疲其人,宿兵于无用之地,劳师于不御之俗,圣王之道,未足前闻。

"制策曰:'若兵不获已,用何良谋,贞我师旅,使有征无战?必文可来之,施何异政,柔彼夷狄,使怀惠畏威?'臣闻季梁在随,楚朝罢议;仲尼居卫,晋国折谋。语曰'死诸葛走生仲达'。陛下诚然,德音发于帷幄,清风翔于无外,大启爵命,以示四方,拔将选才,各尽其用,急善同于饥渴,用人疾于应响,杜邪佞之门,废郑、卫之乐,混清六合,实由乎此。虽西有不羁之寇,北有不宾之虏,征之则劳师，待之则无益。故班固曰：'有其田不可耕而食，得其人不可臣而藩。''来则惩而御之，去则备而守之。'盖怀惠畏威也。但以日暮途远，汲深绠短，文不逮意，书何尽言。谨对。"

张仲宣对《知合孙吴可以运筹决胜策》，

载《文苑英华》卷四七八

对："臣闻非才难，遭时难。况躬忝观光之举，不俟媒扬之地，俨身天阙，用感良辰。伏惟陛下建初立元，创业垂统，夷凶靖难，圣敬日跻，格上下而无忧内治，光四表而谊德昭振，故能荷天之休，福应尤盛，殷荐严配，升中告成，十数年间而功业大备。岂非徇齐之德，神化所致哉！虽少康复夏，宣王兴周，比之当今，万分不及。而犹赐臣策曰'常恐上尘五圣之耿光，下辱万方之瞻戴，日昃观政，夜分思理'者，可谓无念增德，勿休熙载，履众美而不足，躬圣明而流谦。而臣愚葑菲，误自充赋，虽言及之，将可以承奉清问，对扬天休乎？

"然臣闻立德之谓道，体道之谓仁，固无宏逸，安敢讹滥？是以古之善为士者，必将微妙玄通，岂独重于偏才迂诞而已？如此，则黄帝之功济生人，素王之道遵先圣。离朱、吃诟，奚得议其浅深？夷、齐、尹、惠，抑可语其同异？何者？食薇绝粟，终惭淑媛之言；丑夏归殷，卒致成汤之业。寓言庄叟，良未足征；侧讯蒙矜，诚将异尔。无贪至理，宁副虚怀？若乃喜怒哀乐之四端，貌言视听思之五事，虽扩充之在我，谅休咎之关天。殷臣格言，已贯之于皇极；邹子戏论，亦颇存于昭应。讵兹辨志，方用沃心。

"伏惟陛下事天明，事地察，无文咸秩，群望毕举。故祈谷汾脽，荐宝鼎于宗庙；燔柴岱岭，蔼飞烟于云日。神歆效其如答，灵眈昭而必闻。虽飘风乍起，曾不终朝，大雨时行，旁沾数郡，亦未闻偃拔包襄之甚也。

"陛下忧勤，夕惕若厉，信禹、汤之罪己，实尧、舜之用心。盖天灾流行，国家代有，屠龙牲马，亦何以为？《书》称'安人则惠'，《易》翼'损上益下'，谓宜开仓廪以赒给，选牧宰以宠绥，散利薄征，息役施舍。禳修之道，何莫由斯！《传》曰'德胜不祥，义厌不惠'，谓此物也。虽归诸天道，亦以人事。故周官六职，水旱则宗伯是司；汉宰三公，灾眚则丞相是主。不然，何以昭燮赞之术，开劝戒之端哉？大体若兹，详征何有？

"臣闻夫大理之后，有易乱之人者，安宁无故，骄心起也；大乱之后，有易理之人者，创艾避灾，思乐生也。当今海服清晏，太平无虞，众且曲折，万事纤妙，文理至详，不可复加矣。陛下享已成之功，居崇高之位，入有后庭声色之务，出有苑囿游观之乐。志得无满乎？欲得无极乎？古语曰'行百里者半于九十'，言末路之难也。此言虽微，可以喻大。是以圣人，乾乾日惕，莫敢或遑，虽休勿休，尽善尽美。伏愿陛下慎终如始，以成德政，使鸿图盛烈，作唐龙光，不骞不亏，永永无极，此适时务之所当先也。

"臣又闻善为政者，在能其事；能其事而不知所以少其吏者，则竭而不足。臣窃惟今国家所使分威权、御黎庶、干府库、理刑狱者，皆天下长吏也。而其俸禄各有差等，以劝其徒。百官以理，万人以察，天下幸甚。然而都内冗散，叨假名器者，不可胜数。或倡优杂伎之伍，弁射夷貊之流，纡紫怀金，出入周卫。浆酒藿肉，乘坚策肥者，奉一人犹闻不给。今官此辈，何所取资？狐鼠既托于城社，粟帛载殚于仓库，非所谓侍御仆从罔非正人，爵勿及恶，德惟其贤者矣。此救弊之所急也。臣草莽诸生，地卑识浅，陛下诱而进之,访以时政,将承汝弼,安敢面从! 轻陈末议,伏深殒越。谨对。"

尹畅对《贤良方正策》①,载《文苑英华》卷四八三

对:"臣闻天矜于人,人必所从。臣谬黩吹万,僻生草莽,幸陶无为之风,得守忠蹇之节。常愿拜手宸极,敷献乃诚,危言匪躬,少答亭育。昔仲尼称'凤鸟不至,河不出图',盖伤衰周之运,不见圣明之代也。臣今舆诵刍言,肃祇眷命,陪圣跸于神岳,奉金策于玉宸,赓歌清泰,咫尺旒扆。是天纵聪明,而超于孔丘,不图幸之至于斯也。况周颂禹膳,列坐尧衢,此优贤之至也。愚臣何足以充塞? 敢不布其腹心,竭尽闻见。

"臣伏惟皇穹有成,命圣唐受之,崇高配天,高大配地,天地合德,而陛下大明于其中。有以观高祖之耿光,有以恢太宗之鸿烈。乐成于郊祀而昭升上帝,礼备于雍上而敷问后祇。于是柴于岱宗,望于秩首,三光全而五行序,八荒协而万国谐。皇灵丕应,象物昭格,无疆惟休,能事毕矣。况阴阳燮理,则贤相尽规;风俗敦庞,则良牧宣政。百揆时叙,庶物咸亨。诚已郁映华胥,迈绩尧舜,岂夷吾所记七十二之凉德而望清光哉! 而犹恭默思道,励精图政,帝阙峥嵘而下临,天问昭回而尽睹。乃赐臣策曰:'延想无为之理,聿修太和之化,匪曰能致,将与图之。'所以谋广聪明,询于仄陋,使君子道长,俊乂用彰,陛下执谦之至也。天下幸甚! 天下幸甚! 愚臣无得而称焉。

"制策曰'夫原疾而授药者,良医也。因时而救弊者,权政也。

---

① 举贤良方正当在开元十四年。原本阙"问"。

今塞垣犹守，府兵云耗，闲人轻去，冗食难归'者。臣闻先王之理，布在方策，乘时司契，其道深乎。陛下窥鉴万化之原，独运安危之兆，执大象，鼓洪炉，知微其神，惟睿作圣。九门尝药，致苍生于福寿；七政齐衡，得玄珠于利见。虽讲信修睦，寰区大同，而安不忘危，故塞垣仍守。虽道德齐礼，黔庶康济，而宽以厚载，故闲人或浮。臣又闻之，兵戈者，威不轨而昭文德也；兆庶者，忘帝功而畏苛政也。边鄙预备，谁能去军？参决违方，时闻失业。总寰瀛而观偃伯，则三边之戍役不足多也；据天下而览兆人，则万一之逋逃不足怪也。况国家皇极作义，七政有伦，增新军以保厘，革浮惰而绥辑，何忧乎府兵之耗？何有乎冗食不归？虽休勿休，惟陛下之深虑也。

"制策曰：'膏粱无耻于侥幸，蓬荜未敦于退让。选举殷凑，官员不给。效职者或禄仕而养资，试言者多浮华而背实。'当今士食旧德，农服先畴。结绶登朝，咸遵揖让；被褐在野，尽归廉洁。臣实睹还淳反素之风，不知无耻未敦之事。尊谦俯问，臣何敢奉！钦若帝唐之有天下也，久于其德，人文化成。敦《诗》《书》，悦《礼》《乐》，济济多士，开元以宁。日者十铨分镜，群材焯叙，观行考言，责名征实。克黜浮薄，登延俊秀，大革宿弊，其命维新，则推让之风行，尸素之源灭。其肯养资禄仕，以速官谤？若使会府持衡，守而勿失，将恐咏彼空谷，叹此才难。岂有员不给官，殷烦乎选士；言而背实，浮华于举才？臣虽庸愚，有以知其不然也。

"制策曰'岂风之不臧？何草之难偃也！澄源正本，厥路何由？闻乎古者，井田有助，公私取给。诸侯贡士，赏罚存焉。改辙欲从，迷津尚仁'者。臣闻人无恒德，实从上教，草顺风而靡偃，水随器而方圆。陛下神谋玄行，德如天覆，驱今之代，归于寿域。深源固本，政事惟醇，俗既分于土宜，人亦同于上好。又何取乎井田古制，力助前规，赏罚于岁贡之士，增削于诸侯之地，若斯而已哉？夫五帝不沿乐，三王不袭礼，非故相反，盖取随时。泥以从钧，车难改辙。臣诚庸妄，不识大体，窃愿陛下，神而化之，使人宜之，正如当今之代也。

“策曰‘文质再复，忠敬何适于时？齐鲁一变，亲贤何近于道’者。大哉圣问，臣敢飚之。臣闻之，〔文〕质再而复，正朔三而改。殷因于夏，周因于殷，人德齐庄，夏尚忠厚。殷人质也，周人文也，文质虽变，忠敬咸宜。不敬则礼节遂乖，不忠则弼谐斯替。匡朝阐化，适时惟一。然则敬自外饰，忠由内淳，必也奚先，请同去食。若乃亲亲而尊尊者，其有周公之余化乎？举贤而尚忠者，其有太公之遗风乎？孔子曰：‘齐一变至于鲁，鲁一变至于道。’鲁由旧章，斯焉殆庶。

“制策曰‘择何典而淳俗？采何法而安人？何功而天地和平？何德而黎元富寿’者。臣闻诸玄元皇帝曰：‘我无欲而人朴。’大哉至道，不可多言。伏愿陛下克修圣祖，恢维化纲，崇帝象之风，反皇人之始，俗已淳矣，人斯安矣。三事允理，六府孔修，则地平天成矣。轻徭薄赋，慎罚措刑，则既富且寿矣。岂臣庸鲰，克堪预焉？伏以垂政立范，因时变通，布陈前载，简在帝聪。今乃下问愚鄙，征其辨述，岂不欲观其末学，收其微才？臣狂妄斐然，非相如、子云之流也。幸属千龄大庆，五载修封，遂得献颂皇衢，参陪銮宸。惭考言之无取，念天奖而何阶？忠比魏臣，空思捧日；梦非秦后，谬至钧天。局影天庭，若临冰谷。谨对。”

袁映对《神岳举贤良方正策》^①，载《文苑英华》卷四八一

---

① 　原本阙“问”。《登科记考》以为神岳举当在开元十四年。

问:"大象无体,玄功阴骘,虽禀生之类万殊,而含道之源一致。是以至人垂训,将以利物,演为真宗,贻厥后学,包括六艺,周流八表。或因事以立言,或寓言而诠意。至如交乐于天,交食于地,不相与为事,不相与为谋,善无所施,恶无所弃,施之于教,何所劝勉?《经》曰:'不争善胜,不言善应。正直如绳,平易如水。'常务斯道,曷往不臻?又曰:'善建不拔,善抱不脱,子孙以祭祀不辍。'斯言信矣!昔放勋钦明,光宅天下,人歌《击壤》,政叶雍熙。可谓善乎建抱,免乎拔脱。宜其帝系蕃远,贻厥孙谋,绵绵瓜瓞,迈德垂裕。何丹朱之不祀,而祭祀辍乎?又天无二日,土无二王,若以天下观,天下岂有二君乎?夫君为元首,臣为股肱,君无贤臣,谁与共理?粤若舜举八元,致垂拱之化;汉用三杰,成霸王之业。夏、殷之末,任佞弃贤,宗社沦亡,为无匡辅。经称不尚贤者,其旨何哉?圣人立教,专气致柔。故形不欲劳,性不欲竭,深根固蒂,可以常存。则有固穆肆柜,劳逸过度,促龄损性,都以为然。又有惟静惟清,守真守朴。二经之说,何取则焉?又闻善摄生者,动与吉会,武不措爪,兵难容刃。单豹岩居水饮,身代俱损,寿永色孺,不免噬搏。何卫生之不异,而利害之顿殊?子既洞晓元经,探微索隐,矛盾若此,何以会明?侧席虚心,伫闻启沃。"

对:"臣闻道之为物,无名无形。盖圣人酌而用之,推而弘之,取其精以修身,用其粗以拔①物,从本降迹,散朴为器。于是有可道之道,忘言之言。其大略虽以冲寂为宗,虚极为体,然妙用无朕,故不可致诘。今陛下诘其体,探其宗,岂不欲因言演教,于教遗有?夫长风吹而众窍号,则大无不动,细无不应。况陛下用大

---

① "拔",《文苑英华》作"顿"。

道为风，以鼓群有。臣则吹万之一音也，敢不唱于众窍之末？

"臣谨按，天有施，地有利。用天之施，以处其和，谓之交乐。分地之利，以养其正，谓之交食。夫相与生于有为，有为生于有事，有事则谋名存矣。善恶生于公私，公私生于用，用则廉弃名立矣。然圣人有为不为焉，有事无事焉，有谋不谋焉，有善无善焉，有恶无恶焉。泯善恶于一致，合同异于万殊，则妙门可存，教父斯立。

"臣又按，《道德经》云：'天罔恢恢，疏而不失。'常有司杀者杀之，此不争善胜之应也。文宣王称：'天何言哉？四时行焉，百物生焉。'此不言善应之验也。《周书》云：'无偏无党，王道荡荡。'此正直如绳之效也。《经》又云：'居善地，心善泉，与善人①，言善信。'此平易如水之证也。

"陛下宏其言，抱其道，以为天下式，四十有二载矣。且复推功外名，不有不恃；考言询事，若冲若缺。诏臣等曰：'常务斯道，曷往不臻？'臣鲰生也，焉知其辨？虽然，有一于此，愿陛下守而勿失，与神为一，使神不远于人，人不远于天，天人合契，如影响交应，则甚夷之道，焉往不臻？

"夫有国者，必善建皇极，善抱至道。道之不存，倾其宗、迁其社之谓拔，桀奔南巢，受死牧野是也。极之不建，失其器、丧其国之谓脱，太康去洛汭，幽王败骊山，厉王流彘是也。至如尧，知天历在躬，故以至公官天下，天下戴之而不辞。知丹朱不肖，又以至公禅天下，天下去之而不怨，可谓迈德矣。其后裔更霸迭王，重之以御龙、唐杜之代禄，可谓垂裕矣。陛下兴废继绝，立五帝祠，节②

---

① "人"，《文苑英华》作"仁"。
② "节"，《文苑英华》作"即"。

春秋备其祭典，亦可谓祭祀不辍矣。方之拔脱，臣谓不同。

"《经》曰：'不尚贤，使民不争。'大哉圣人之知微知彰乎！夫尚贤者，国家之所当先。然古先圣王，虽求贤审官，其用未始不无为也。而圣人能无为于求贤，不能使无为无迹存，则有为者尚之以为利。于是有饰智以惊愚，修身以明污。其渐起于一时之名，其弊存乎千戴之后。不尚贤者，非谓废股肱之任，绝匡辅之力也。盖欲因时致功，功成则遣而遗之；因义立事，事遂则有而无之。无之则迹灭，迹灭则争息，争息则于为无为，于事无事。虽八元以翼唐弼虞，三杰之勘秦灭项，其无为无事一也。

"若夫齐天地，冥万物，莫大于全真。专气致柔，全真之本也。惟清惟静，全真之中也。各然其所然，各可其所可，全真之末也。设教者三合其道，一以贯之。虽逍遥与道养殊途，然性情[1]与力命同辙。苟因其合而较其分，则子产不得不劳于刑政，朝穆不得不逸于肆任。若矫其肆任之性，以徇刑政之端，是续凫截鹤，亏其全矣。故圣人以大猷御六气之辨[2]，以大方合二经之旨。明应变无方，立言不一。学者宜忘言以究其体统，不可执言以滞其筌蹄。《经》不云乎，'返者道之动，惟动而当静'？静可以取则，权足以合义，义无反经。

"凡养生者，以本为精，以物为粗，闭其外，慎其内。迹不践凶危之境，故兵不能容其刃；心不居冯暴之地，故武安得措其爪。苟守其精而遗其粗，故得于内而丧于外。外内无以持其分，则卫生之经悖矣。谓之不异，臣窃异之。

"至如希微大体，微妙玄键，陛下得黄帝之遗珠久矣，虽广成

---

① "情"，《文苑英华》作"静"。
② "辨"，原本作"辩"。

无所陈其至精,传说无所用其舟楫。启沃之间,岂臣及之？有黩睿谋,惧陨越于下。谨对。"

《毗陵集》卷一八《对诏策》①

　　问:"朕闻古之善为国者,未尝不旁求正士,博采直言,勤而行之,辅成教化者也。朕临御日浅,政理多阙,每期忠义,切投药石。子大夫戢翼藏器,思奋俟时,今启心以沃予,当有犯而无隐。朕窃不自揣,敢慕前王,上法羲、轩,下遵尧、舜,还已散之淳朴,振将颓之纪纲,使礼让兴行,刑罚不用。而人犹轻犯,吏尚徇私,为盗者未奔,不仁者未远。岂臣非稷、契而致是乎？为君谢禹、汤使之然也？设何谋而可以西戎即叙？施何化而可以外户不扃？五谏安从,三仁谁最？周昌比汉高于桀、纣,刘毅方晋武于桓、灵,但见含容,两无猜怒。故君不失圣,臣不失忠。子既其俦,应详往行,四贤优劣,伫辨深疑。在于朕躬,所有不逮,条问之外,委悉书之。必无面从,以重不德。"

　　对:"臣闻尧、舜之驭宇也,以至理理万邦,以美利利天下。百姓犹惧其未化也,万邦犹惧其未安也,乃复设谤木询谠议,不敢瞒假,不敢荒宁。伏惟陛下玄德统天,文思居业,慎重光之丕绪,返淳古之休风。光启宪章,畴咨菅蒯,锡臣之策,思以启沃。臣狂简,不知化源,谨昧死稽颡,辄陈愚虑。

　　"制策曰:'朕窃不自揣,敢慕前王,欲②上法羲、轩,下遵尧、舜,还已散之淳朴,振将颓之纪纲,使礼让兴行,刑罚不用。而人犹轻犯,吏尚徇私,为盗者未奔,不仁者未远。岂臣非稷、契而致

<hr>

① 《文苑英华》卷四七七作"《洞晓玄经策》(天宝末)",实为天宝十三载。
② "欲",制策中原无。

孙培青文集　第五卷　隋唐五代考试文献集成

是乎？为君谢禹、汤使之然也?'大矣哉陛下之言乎！臣闻禹称善人，不善者远矣。伏见陛下征隐逸于空山，拔夔、龙于下位，聘名士，礼贤者，善无欲之徒，发惟新之诏，使吏肃人悦，法明令张。而犹曰君谢禹、汤，臣非稷、契，此陛下让之至也，臣何敢问焉！夫中于道者易以兴化，失其道者难以从宜。事爽其分，则一毫以乖；事审其分，则殊途同归。计岁者非一时而可用，致理者非一日而成功。但立法于制事之初，望化于经年之外，使损益鉴于兴替，寒暑渐于春秋，何忧不均理于羲、轩，同光于尧、舜？

"制策曰'设何谋而可以西戎即叙？施何术而可以外户不扃'者。陛下孚惠，心和戎狄，相彼君长，解辩户庭。应以地僻遐荒，未知圣造。伏以戎狄，轻而寡信，贪而无亲。视边戍申严则请通国好，睹疆场无备则屡启贪心。固难可以礼义和，难可以恩泽抚。取今之要，莫过于智将悍卒，设险边隅。臣伏以陛下，且以恤下为心，不以西戎为虑。今请制其边，兵有常数，将有常务，分其土而居之，给其畜而业之，因其业也而为之城池，因其将焉而为之牧守。又申严其令，使获虏马者赏以马，使获虏羊者赏以羊。人皆固业，战自力倍，则可少安。今积甲日深，兴戎岁广，黎人抗弊，未可勤师。伏望利物之原，息人之道，使广庶类，农桑以时。弘济济之士于朝，盛洋洋之化于野，使其来也慕斯文物之盛，居其边也杜其利欲之求，然后款塞而可即叙矣。夫奸邪生于豪杰，廉耻生于礼义。礼义立，孰有不耻且格乎？衣食足，孰有背义趋利者乎？臣以为遂其富利之业，申其仁义之化，是外户不扃矣。

"制策曰'五谏安从，三仁谁最'者。夫谏者以讽为先，乱国非无直言也，直言不用，故诡谀胜矣。理国非无诡谀也，诡谀不用，则直言胜矣。时逢否闭，仲尼或守其主文；今日昭明，微臣请从其直谏。臣之职也，敢二事乎？昔商纣不君，虐弃天物，三仁弼谏，藩捍宗彝，退八百之师，抑三分之众。均其忧乱，俱可称仁；较其持危，或非同德。比干知死亡之义，且曰陷君；微子去父母之邦，或云智免。进退不失其正，在于太师乎？

"制策曰：'周昌比汉高于桀、纣，刘毅方晋武于桓、灵，但见含容，两无猜怒。故君不失圣，臣不失忠。子既其俦，应详往行，四贤优劣，伫辨深疑。'臣闻君明则臣直。二圣以乘时开国，参佐昌图；二臣以委质造邦，克扶兴运。开忠谠之路，成不讳之朝，固拟议失伦，比方不怍。将以感君之未寤，致理于升平；绝好恶之门，传和睦之代。名高终古，传在策书，巍巍三代，斯为盛美。臣素无学术，谬窃对扬，若变其微，斯言之玷。使臣以礼，晋武宁劣于汉高；鼓怒抗辞，周昌不优于刘毅。

"制策曰'在乎朕躬，有所不逮，条问之外，委悉书之。必无面从，以重不德'者。臣固凡陋，越在侧微。仰天地之大全，空忻化育；体阴阳之广运，每荷陶甄。岂意圣诏荐临，猥垂下问，心虑殒越，夏虫不睹于春冰，曲士宁知于天道？欲申微素，进退忧惶。伏见陛下以道生成，以德覆载，赏以春夏，刑以秋冬。捐金玉于江湖，反珍奇于薮泽，委符瑞为草莽，用忠良为灵庆，临群下以正德，惠兆人以厚生。诚太平之道也，刑措之渐也。臣不胜其怦，愿陛下俯仰必于是，寤寐必于是。《诗》云：'靡不有初，鲜克有终。'抑臣以为知终终之可以存义者，其惟圣人乎。伏惟陛下终之，臣不胜葵藿倾心之至。谨对。"

姜公辅对《直言极谏策》①，载《文苑英华》卷四九一

---

① 时在建中元年正月十五日。

问:"皇帝若曰:盖闻上古有道之君,垂拱无为,以临四海。不理而人化,不劳而事成也,星辰轨道,风雨时若。邈乎其不可继,何施而臻此欤?三代以来,制作滋广,异文质之辨,明利害之乡。威之以刑,导之以礼,敦其俗而弥薄,防其人而益偷。岂浇淳必系于时耶?将圣贤间生而莫之振也?朕祗膺累圣之业,猥居兆人之上。虔恭刻励,如恐坠失,忧济庶类,夕惕晨兴。永惟前王之典谟,是宪是则。师大禹以崇俭,法高宗以求贤。兴夏启之征,作周文之伐。旌孝悌,举直言,养高年,敦本业,平均徭税,黜陟幽明。励精孜孜,勤亦至矣。而浮靡不革,理化不行,暴乱不惩,奸犯不息,五教犹郁,七臣未臻。乡党废尚齿之仪,蒸黎无安土之志。赋入日减而私室愈贫,廉察日增而吏道愈滥。意者朕不明欤?何古今之事同而得失之效异也!思欲划革前弊,创立新规,施之于事而易从,考之于文而有据。备其本末,将举而行。无或惮烦,略于条对。自顷阴阳舛候,禖沴荐①兴,仍岁旱蝗,稼穑不稔。上天作孽,必有由然,屡为凶灾,其咎安在?《传》曰:'时之不乂,厥罚恒旸。'又曰:'尧、汤水旱,数之常也。'二者相反,其谁云从?今人靡盖藏,国无廪积。朕屡延卿士,询访谟猷,至乃减冗食之徒,罢不急之务。既闻嘉话,亦已遵行。而停废之余,所费尚广。欲转输于江徼,则远不及期;将搜粟于关中,则扰而无获。节军食则功臣怀怨,省吏员则多士靡归。中心浩然,罔知攸济。子大夫蕴蓄材器,通明古今,副我虚求,森然就列。匡朕之寡昧,拯时之艰灾。毕志直书,无有所隐。"

《文苑英华》卷四八六《陆贽·贤良方正能直言极谏策》②

---

① "荐",他本或作"频"。
② 时在贞元元年。

对：“臣闻帝王之理殊涂，而谏诤之道一致；五谏之要同归，而直谏之用为急。今朝廷之不闻直声久矣。伏惟陛下采唐尧师锡之义，降禹、汤罪己之词，详延直臣，博求失政。自近古已来，忧劳思理，未有如此其至者，且何患乎不得为尧、舜而已？若欲陛下之德与天比崇，欲陛下之名与天无极，斯乃天之意也，臣之志也。不然者，臣当退从作者七人之八耳，孰为来哉！

“制策曰：‘上古有道之君，垂拱无为，以临四海。不理而人化，不劳而事成，星辰轨道，风雨时若。邈乎其不可继，何施而臻此欤？三代以来，制作滋广，异文质之辨，明利害之乡。威之以刑，导之以礼，敦其俗而弥薄，防其人而益偷。岂浇淳必系于时耶？将圣贤间生而莫之振也？’臣闻三皇以道化，五帝以德化，故曰修己以安百姓，垂衣而化天下。天何言哉？帝何力哉？无为而已，遂性而已。至道既往，至德浸衰，而三代之主，先之以礼义，故有法度之制，质文之变。高其堤防，崇其刑辟，不臻大化，泛可小康。上古之君，三代之主，教化既异，劳逸自殊。则知礼之盛衰，皆德所致效，在德有优劣，非时有浇淳。继三代者，其隆杀可知矣。

“制策曰：‘朕祗膺累圣之业，猥居兆人之上。虔恭刻励①，如恐坠失，忧济庶务，夕惕晨兴。’臣闻舜、禹日兢，汤、武日业，皆前代帝王之所以为理，忧勤之至也。臣窃闻陛下忧劳大道，勤绩庶务，无大无小，必躬必亲，靡不关心，靡不经手。勤亦至矣，忧亦至矣。然神太用则竭，形太劳则弊。古人云，人生处代，如白驹过隙耳。何忽自苦如此？又，陛下一则罪己，二则罪己。若然者，复何

① “励”，原本作“厉”。

用宰相乎？何用有司乎？

"制策曰：'永惟前王之典谟，是宪是则。师大禹以崇俭，法高宗以求贤。兴夏启之征，作周文之伐。旌孝悌，举直言，养高年，敦本业，均平①徭赋，黜陟幽明。励精孜孜，勤亦至矣。然②而浮靡不革，理化不行，暴乱不惩，奸犯不息，五教犹郁，七臣未臻。乡党废尚齿之仪，蒸黎无安土之志。赋入日减而私室愈贫，廉察日增而吏道愈滥。意者朕不明欤？势不可欤？③何古今之事同而得失之效异也！思欲划革前弊，创立新规，施之于事而易从，考之于文而有据。备陈④本末，将举而行。'臣闻事不师古，以克永世，匪说攸闻。陛下追惟前王之典谟，是稽古之道也。然陛下师古为理也，欲何为乎？为皇乎？为帝乎？为王乎？驱天下之人，欲令归忠耶？归敬耶？归文耶？汉文帝以清净为宗，近称刑措；汉宣帝以刑名律下，亦谓中兴。自古以来，未有不举纲而目正，不澄源而流清者矣。此亦陛下熟闻之矣。是宪是则之，宜更申明之，使在下者有所趋也。臣闻大禹称三王首者，以其卑宫室，菲饮食，裕人克己，俭之至也。其道湮没不嗣久矣，惟陛下独能师而行之。苟纶言之可复，则天下之可化。所谓'其身正，不令而行；其身不正，虽令不从'者也。

"臣闻自古求贤，各以类至。三皇师其臣，五帝友其臣，三王臣其臣。欲为皇，则行事师之礼；欲为帝，则行取友之礼；欲为王，则行取臣之礼。自昔哲王，则有感梦而行，傅岩惟肖；则有协卜而出，渭滨亲载；则有卑辞以厚礼，汤命五返于处士；则有可就

---

① "均平"，制策作"平均"。
② "然"，制策中无。
③ "势不可欤？"，制策中无。
④ "陈"，制策作"其"。

不可屈,备独三顾于草庐。此皆陛下备闻之矣。臣窃见国家取贤之道,其礼部、吏部,失之远矣。则制策之举,最为高科,以臣言之,不得无弊。且陛下弓旌不出,玄缥深藏。无聘问之先,有投刺自媒者;无软轮之礼,有蹑屩而来者。支离于京阙,会计于有司。又,广张节文,妄设条格,禁御约束,邻诸盗贼,防贤之意,甚于防奸。崎驱困辱,旷日永久,然则一睹天颜,一承圣问。臣恐皇王佐略,不可由此而致也。今之所得者,乃臣辈琐琐者耳,强名曰贤,贤者固如是耶?厚颜包羞,臣窃自笑。则高宗求贤之意,似或不然。此乃国家最弊之务,伏惟陛下加思,重而慎之。

"陛下文可经天地,武可定祸乱。我武载张,则河堧亡命之寇,既已指朝自灭;我文载修,则淮濒逋逃之丑,可以不日自来。道冠古今,功格上下,夏启、周发,曾何足云!陛下旌孝悌,而孝悌未能化人,旌之未得其实也;举直言,而直言未得上达,举之不以其人也;养高年,则废礼已久,未有闻焉;敦本业,则失农者多,鲜有劝者;平均徭税,而怨嗟日生,奸赃之吏未去也;黜陟幽明,而善恶同贯,考课之法未精也。陛下师崇俭之遗训,则浮靡何患不革?前王之典谟必用,则理化何患不行?化行则暴乱惩,奸犯息,然后礼义可浃,五教自宣矣。七臣者,岂非《孝经》所谓天子有争臣七人乎?今朝廷立官致位,有以谏为名者,左右前后拾遗、补阙,其数甚众,不止七人。使陛下有未臻之叹,其过将有所归矣。以陛下养高年之礼著于上,则乡党不废尚齿之仪。均徭役之法行于吏,则蒸黎有安土之志。安土则乐业,乐业则务本,务本则兴农,兴农则家给,家给则赋不减而人不贫矣。吏道愈淫者,吏不精也。臣窃见吏部课最者遗其实,以资历为优;试材者失其本,以书判为上。加以检验滋章，简牍繁揉，瞆眊淹滞，吏缘为奸。事壅于上，权移于下，胥徒①末品，得擅官府。所以财贿公行，不殊市道，量职求直，价若平准。古则为官择人，今则为财择官。反古害今，其弊如是。又有通经之目，试文之科，不同归于吏部，选之至于此，虽廉察日增，固不及也。若划革前弊，明诏固当疾行；创立新规，微臣以为不可。且列祖之宪章未改，前王之法度粲然，德輶如毛，在克己而已，何必改作，然后成功？因人之欲，顺天之时则易从；行古之道，得理之中则有据。

"制策曰：'自顷阴阳舛候，祲沴荐兴，仍岁旱蝗，稼穑不稔。上天作孽，必有由然，屡为凶灾，其咎安在？《传》曰："时之不乂，厥罚恒旸。"又曰："尧、汤水旱，数之常也。"二者相反，其谁云从？今人靡盖藏，国无廪积。朕屡延卿士，询访谋猷，至乃减冗食之徒，罢不急之务。既闻嘉话，亦已遵行。而停废之余，所费尚广。欲转输于江徼，则远不及期；将搜粟于关中，则扰而无获。节军食则功臣怀怨，省吏员则多士靡归。中心浩然，罔知攸济。'臣闻旱蝗者，稽诸《洪范》，为言不乂之罚也。言之不乂，令之不信也。言者，西方金也，金失其性，为木所伤。木，东方少阳，古云阳胜，所以为旱。阳既亢极，气又嚣蒸，则介虫为孽，螽斯为害。臣见比年，旱魃为害已甚矣，则《洪范》之征亦明矣。无乃陛下诏令不信乎！抑又闻军旅之后，必有凶年。其握兵者不本乎仁义，贪于残戮，人用愁苦，怨气积下，以伤阴阳之和也。则国家兵先于河北，河北旱蝗随之。次及河南，河南旱蝗亦随②。后次及关中，关中又蝗旱。旱既仍岁，蝗亦比年，无乃陛下用兵者不详其道也！臣谨

---

① "徒"，他本或作"役"。
② "河南旱蝗亦随"，原本作"旱亦随"，脱"河南""蝗"，据《登科记考》补。

稽古典，参于历代，禳除异术，祈祷多门。至若贬食省用，稼穑圭璧，求邪于幻术，觊福于泽流，土龙矫首于通衢，群巫分袖而鼓舞，此又从人之欲也。至若两汉旧仪，三公当免，卜式著议，弘羊可烹，此又一时之事也，然俱非救旱之本。去灾之道，则有一郡一邑，一宰一牧，勤恤人隐，精达神明，或以身禳，或以心祷，蝗且出境，旱不为灾。牧宰之微，尚或臻此，况陛下尊为天子，德为圣人，神动而天从，气使而时变，至诚所感，何往不通？臣伏见陛下去年八月二日所下德音，避正殿而不居，损常膳而不御，议狱缓死，掩骼埋胔。诏文始书，害气将究；诏书始下，和气自生。故不旬朝之间，凶渠歼殄，兵革偃息，甘雨荐降，氛灾自销。天之监人也，明矣速矣。然则陛下之德有以动天，天且不违，况于鬼神乎？若尧、汤之灾，阴阳之数，此则先儒之言略矣，小臣不敢传疑。惟《洪范》之征信也，谨而言之，陛下鉴之可也。臣闻尧之水，汤之旱，而国无损瘠者，蓄积多而备先具也。今国家或时不雨，一岁不登，尧、汤比之悬矣。人至困竭，国为空虚者，备之不早。顷所以赋敛无极，怨谤日盈，权须诡求，朝令夕具，岂不以兵食乎？今蒲同劳师既还，关辅生人才息，不急军食，不烦军须。则搜粟关中，重扰未可；转输江徼，虽远可期。关兵食以廪储，虽积食犹虑费用者多，则功臣何因而怀怨？择贤才以实官，虽省员犹虑旷职者众，则多士何忧而靡归？臣闻方内之理乱，由君上之所执，上有所执，则下有所守。臣窃观国理，似或不然。无可久之图，无常备之制，用无本末，举无条纲，任运而行，应急而化。若虚舟之触，用济江河；如乱丝之棼，望成纶绔。所以遇运则福至，遇厄则祸生；遇岁恶则劳，遇岁丰则逸。坐迎天命，不关人谋。圣心浩然，罔知攸济者，乃彝伦不叙之故。

"制策曰:'子大夫蕴蓄才①器,通明古今,副我虚求,森然就列。匡朕之寡昧,拯时之艰灾。毕志直书,无有所隐。'此乃陛下厚礼众君子之意,臣微曷足以当之? 若臣者生为唐人,马牛之齿甫以壮矣。道不得行,身不得遂,陋矣贱矣,与蝼蚁何异? 然《诗》《书》天人之际,皇王经纬之道,三坟六经,九流百氏,前王沿革之要,历代兴亡所由,既尝经之于心,颇亦备之于学。虽未之究,可略而言。至若时政之损益,任贤之得失,刑辟之有轻有重,生人之或利或病,臣又耳或有所妄闻。身远与寡,莫为之先,且无因至陛下言之尔。皇天后土,宗庙社稷,实宜知臣之心。每用愤发悃款,隐忧臆,激于肝血,藏于髓,思有以一陈之久矣。蒙陛下开天地之德,降雷雨之施,深诏执事,旁延郡国,俾有贤良方正直言极谏之举。臣也幸,苟有志,人乃举之。此亦上天降祐皇唐,使陛下锡臣此便,得有路索言之于上也。若贤与良,则臣岂敢? 惟谏与直,或有可观。言不直,谏不极,是微臣不忠之罪,孤陛下虚听之德也。至如忌讳挟诛,诽谤附律,脯醢淫戮,鼎镬滥刑,此乃昏主暴君亡国之具,亦陛下之所明知,故臣不复有虞于圣朝耳。是敢竭虑极愚,指陈其切。是耶,纳而行之;非也,容而宥之。所谓'言之无罪,闻之者足以戒'也。谨对。"

穆质②对《贤良方正能直言极谏策》,

载《文苑英华》卷四八六

问:"皇帝若曰:朕观古之王者,受命君人,兢兢业业,承天顺地,靡不思贤能以济其理,求谠直以闻其过。故禹拜昌言而嘉猷

---

① "才",制策作"材"。
② "穆质",《文苑英华》注:"《登科记考》作'赞',第二人。"

罔伏,汉征极谏而文学稍进,匡时济俗,罔不率繇。厥后相循,有名无实,而又设以科条,增求茂异,舍斥己之至言,进无用之虚文,指切著明,罕称于代。兹朕所以叹息郁悼,思索其真。是用发恳恻之诚,咨体用之要,庶乎言之可行,行之不倦,上获其益,下轮其情,君臣之间,欢然相与。子大夫得不勉思朕言而茂明之?我国家光宅四海,年将二百。十圣弘化,万邦怀仁,三王之礼靡不讲,六代之乐罔不举。浸泽于下,升中于天,周、汉已还,莫斯为盛。自祸阶漏壤,兵宿中原,生人困竭,耗其大半。农战非古,衣食罕储,念兹疲甿,未遂富庶。督耕殖之业而人无恋本之心,峻榷酤之科而下有重敛之困。举何方而可以复其盛?用何道而可以济其艰?既往之失,何者宜惩?将来之虞,何者当戒?昔主父惩患于晁错,而请推恩;夷吾致霸于齐桓,而行寓令。精求古人之意,启迪未哲之怀,眷兹洽闻,固所详究。又,执契之道,垂衣不言。悉①之于下,则人用其私;专之于上,则下无其功。汉元优游于儒学,盛业竟衰;光武责课于公卿,峻政非美。二途取舍,未获所从,余心浩然,益所疑惑。子大夫熟究其言旨,属之于篇。兴自朕躬,毋悼后害。"

《文苑英华》卷四八七《才识兼茂明于体用策》②

　　对:"臣方病近古之策不行,而陛下言及之,是天下人人之福也。微臣其敢忍意而不言乎!且臣闻之,古者以言赋纳,岂虚美哉?盖用之也。是以益赞禹而班师,说复王而作命,斯皆用言之大略也。洎汉文帝羞不若尧舜,始以策求士,乃天下郡国有贤良之贡入焉,塞诏者晁错而已。至武帝时,董仲舒出,然而卒不能选用条对,施之天下。夫用其策,不弃其人,以其利于时也。得其人而弃其策,又何为乎?若此,则徒设试言之科,而不得用言之实矣。降及魏、晋,朝成而暮败之不暇,又恶足言其策哉?我唐列圣君临,策天下之士者多矣,异时莫不光扬其名声,宠绥其爵禄。然而曾不闻天下之人曰'某日天子降某问,得某士,行某策,济某功',抑不知直言之诏屡下,直言之士不出耶?亦不知直言之士屡出,而直言之策不用耶?今陛下肇临海内,务切黎元,求斥己之至言,责著明之确论,斯命说代言之盛意也。微臣何足以奉之?然臣所以上愚对,皆以指病陈术而为典要,不以举凡体论而饰文词。事苟便人,虽繁必献;言苟诣理,虽鄙必书。固不足以副陛下恳恻之诚,庶可以尽微臣之献替耳。伏愿陛下以臣此策委之有司,苟或有观,施之天下,使天下之人曰'惜哉!汉文虽以策求士,迨我明天子,然后能以策济人',则臣始终之愿毕矣。如或言不适用,策不便时,则臣有瞽圣欺天之罪,将置于典刑,陛下固不得而宥之矣,亦臣之所甘心焉。

"臣伏读圣策,乃见陛下念礼乐之浸微,恤黎人之重困,责复盛济艰之术,酌推恩寓令之宜。斯皆当今之急病也,微臣敢不别白而书之?昔我高祖武皇帝掇去乱政,我太宗文皇帝鞬橐干戈,被之以仁风,润之以膏露,戢天下之役而天下之人安,省天下之刑而天下之人寿,通天下之志而天下之气和,总天下之众而天下之众理。理故敬让之节著,和故欢爱之化行,是以革三王之所因,兼六代之所举,称至德者举文皇以代尧舜。是异事哉!诚有物以将之也。明皇帝即位,实号中兴,方其任姚、宋而召贤能也,虽禹、汤、文、武之俗不能过焉。四十年间,刑罚不试,人用滋植,四海大和。于是举升中告禅之仪，则封泰山而秩嵩华；举东巡西狩之典，则宅咸镐而朝洛阳。礼既毕行，物亦随耗。天宝之后，征戍聿兴，气盛而微，理固然也。曩时之乳哺而有之者，一朝为兵歼之。兵兴以来，至今为梗。兵兴则户减，户减则地荒，地荒则赋重，赋重则人贫，人贫则逋役逃征之罪多，而权宜之法用矣。

"今陛下躬亲本务，首问群儒，念礼乐之不兴，叹升平之未复，斯诚天下之人将绝复完之日也。微臣何幸而对扬之！微臣以为将欲兴礼乐，必先富黎人；将欲富黎人，必先息兵革。息兵革之术，臣请两言之。夫古人所谓销兵革者，非谓幅裂其旗章，销铄其锋刃而已也。盖诚信著于上，则忠孝行于下；敬让立于内，则夷狄和于外。夷狄和则边鄙之兵息，敬让立则争夺之患销，争夺之患销则和顺之心作，和顺之心作则礼乐之道兴矣。此先王修政戢兵，兴礼乐，富黎人之大略也。陛下必欲责臣以详究之术，臣又请指事以明之。夫食力之不充，虽神农设教，天下不能无馁馑之人矣。是以古之不农而食者，四而已矣。吏有断狱之明则食之，军有临敌之勇则食之，工有便人之巧则食之，商有通物之智则食之。是四者，率皆明者、勇者、巧者、智者之事也，百天下之人无一二焉。苟不能于此者，不农则不得食，不织则不得衣。人之情，衣食迫于中则作业兴于外，是以游食者恒寡，而务本者恒多。岂强之哉？彼易图而此难及也。今之事则不然。吏理无考课之明，卒伍废简稽之实，百货极淫巧之工，列肆尽兼并之贾。加以依浮图者无去华绝俗之贞，而有抗役逃刑之宠，假戎服者无超乘挽强之勇，而有横击诟吏之骄，是以十天下之人九为游食，蠢朴愚纯不能自迁者而后依于农。此又非他，彼逸而易安，此劳而难处也。以惰游之户转增,而耕桑之赋愈重,曩时之十室共输而犹不给者,今且数家一夫矣。虽有慈惠之长,仁隐之吏,尚不能存;若惨断击搏之,则将转移于沟渎矣。今之课吏者,以赋敛无逋负为上。以臣观之,足陛下之赋者,诚所以害陛下之人耳。若然,则农桑之用既如彼,惰游之众又如此。耕桑之赋重则恋本之心薄,惰游之户众则富庶之道乖,此必然之理也。今陛下诚能明考课之法,减冗食之徒,绝雕虫不急之功,罢商贾兼并之业,洁浮图之行,峻简稽之书,薄农桑之徭,兴耕战之术,则惰游之户尽归,而恋本之心固矣。恋本之心固,则富庶之道兴矣,而贞观、开元之盛复矣。若此,则既往之失由前,将来之虞由后,在陛下悠久戒之慎之而已。至于主父偃乘七国并吞之后,谋分裂而矫推恩,管夷吾当诸侯争夺之时,先诈力而行寓令,皆一时之权术也。岂可谓明白四达,与日月齐明于圣朝哉?臣虽贱庸,尚不敢陈王道于帝皇之日,况权术乎!此臣之所甚羞也,故不及详究言之。

"臣伏读圣策,又见陛下以为执契则群下用情,躬亲则庶官无党。以汉文尚学而衰盛业,谓光武课吏职而昧通方。以臣思之,皆不然也。夫委之于下而用其情,盖考绩之课废而清浊之流滥也。尚儒术而衰盛业,盖章句之学兴而经纬之道丧也。课吏职而昧通方,盖苛察之法行而会计之期速也。臣请条列而言之。夫神农之斫耒耜,教耕耨,所以垦良田而植嘉谷也。然而不能遏稂莠之滋焉,其所以遏之者,芟夷钱镈之而已。唐尧之辟朝廷,宅百揆,亦所以殖禹舜而种皋陶也。又,不能遏共工、欢兜之逆焉。其所以遏之者,放弃殛诛之而已。神农不以稂莠滋而废耒耜之用,故能存用器之方;唐尧不以四罪进而夺舜禹之任,故能终任贤之道。若此,则陛下之所任,顾何如耳?岂可谓任之必不可哉?至于考绩之课废，章句之学兴，经纬之道衰，会计之期速，皆当今之极弊也。幸陛下问及①汉元、光武之事，臣遽数而终之。今国家之所谓兴儒术者，岂不以有通经文字之科乎？其所谓通经者，又不出于覆射数字；明义者，材至于辨析章条。是以中第者岁盈百数，而通经之士蔑然。以是为通经，固若是乎？至于工文自试者，则不过于雕词镂句之才，搜摘绝离之学。苟或出于此者，则公卿可坐致，郎署可俯求。崇树风声，不由殿最。连科者进速，累捷者位高，拱嘿因循者为清流，行法莅官者为俗吏。以是为儒术，又若是乎哉？其所谓课吏职者，岂不以朝廷有迁次进拔之用乎？臣窃观今之备朝选而不由文字者，百无一二焉。夫施众网而加一禽，尚不能得，况张一目以罗万品，而望其飞者、走者、大者、小者尽出乎其间，其可得乎哉？以此察群吏，群吏又可察乎？苟或不可察，又可任之而绝其私乎哉！此所以陛下将执契而叹用情，念垂衣而惧不理，盖臣所谓课察之道不明也。

"陛下诚能使礼部以两科求士，凡自唐礼、《六典》、律令及国家制度之书者，用至于九经、历代史，能专其一者，悉得谓之学士。以环贯大义而与道合符者为上第，口习文理者次之。其诗、赋、判、论以文自试者，皆得谓之文士。以经纬今古、理中是非者为上第，藻缋雅丽者次之。凡自布衣达于末隶，在朝省者悉得以两科求士，礼部第其高下，归之吏部而宠秩之。若此，则儒术之道兴，而经纬之文盛矣。吏部罢书判万言之选，设三式以任人。一曰校能之式。每岁以朝右崇重者一人，与礼部郎校天下群吏之理最，在第一至第三者，校定日据其功状而登进之。牧宰字人之官藉之

① "问及"，原本作"反"。

为理者,则上赏行焉。若此,则迁次之道明,而迟速之分定矣。二曰任贤之式。每岁内自仆射,至于群有司之正长,外至于廉问、节制者,各举称朝选者一人。外自牧守,内至于百执事之立于朝者,各举吏郡县者一人。因其所举而授任之,辨其考绩而赏罚之,不举贤为不察,举不贤为不精,不精与不察之罪同。若此,保任之法行,而贤不肖之位殊矣。三曰叙常之式。其有业不通于学,才不属于文,政不登于最,行不知于人,则限以停年课资之格而役任之。若此,则敷用之典恒,而尺寸之才无所弃矣。两科立则群材遂,三式行则庶官当。陛下乃执左契以御之,总枢极以正之,委庶官如心目之运支体,是支体运而无效于心目乎?察群材如明镜之形美恶,岂美恶形而逃隐于明鉴乎?然后陛下辟四门,使可言之路通;明四目,以天下之目视;达四聪,以天下之耳听。不私其言,以为好恶。端拱岩廊,高居宸极,以冕旒自蔽而秋毫必察,以黈纩塞耳而声响必闻。则彼汉元章句之儒,光武督责之术,又恶足为陛下言之哉!

"且臣闻之,圣人在上,人不夭札。若臣者生未及壮,戴陛下为君,仁寿欢康,未始有极,何忽自苦,堕肝胆而言天下之事乎?臣以为国家兵兴以来,天下之人慅怛悲愁五十年矣。自陛下陟位之后,戴白之老莫不泣血而话开元之政。臣恐此辈不及见陛下功成理定之化,而先饮恨于穷泉。此臣之所以汲汲于心者,陛下能不怜察其意乎!谨对。"

元稹对《才识兼茂明于体用策》,

载《文苑英华》卷四八七

对:"臣闻古之以道莅天下,皆酌人言,用凝庶绩。伏惟陛下统承丕绪,光膺骏命,志气中蕴,清明下临。恤黎庶而惠兹方洽,枭叛戾而威武已炽。犹能虑危于未兆，思理于已安，聿追孝思，缵述前烈，愍官吏之无用，求斥己之至言。微臣才用不足以操事，体识不足以经远，祇奉圣问，伏用兢惶，谨昧死上愚对。

"制策曰：'朕观古之王者，受命君人，兢兢业业，承天顺地，靡不思贤能以济其理，求谠直以闻其过。故禹拜昌言而嘉猷罔伏，汉征极谏而文学稍进，匡时济俗，罔不率繇。厥后相循，有名无实，而又设以科条，增求茂异，舍斥己之至言，推无用之虚文，指切著明，罕称于代。兹朕所以叹息郁悼，思索其真。是用发恳恻之诚，诹体用之要。庶乎言之可行，行之不倦，上获其益，下输其情，君臣之间，欢然相与。子大夫得不勉思朕言而茂明之？'臣闻复济慎惧，虽危必乐；理安佚肆，虽理必忧。帝尧之为道也大矣，《书》称其本，曰'允恭克让'；文王之为德也宏矣，《诗》美其功，曰'小心翼翼'。图天下之安者，必称之于劳；虑天下之大者，必慎之于微。任贤诚固，思虑诚深，百姓虽未富庶，四夷虽未宾服，天下明知其治也。任贤不固，思虑不深，百姓虽富庶，四夷虽宾服，天下明知其乱也。今陛下览前代已往之失，求当今未然之理，使虚文不设于下，至言必闻乎上。端视凝听，所委惟贤，则上获其益矣。惠爵施禄，所理惟直，则下输其情矣。顾言而动，思利乎安，则何虑乎言之不行？顾行而动，思利乎安，则何虑乎行之有倦？诚能兢兢于一日二日，业业于无小无大，苟能此道，虽微必昌，虽柔必强。凤凰麒麟不足来，甘露醴泉不足致，三光四时不足序。天之高明也，斯不爱其道；地之博厚也，斯不爱其宝。彼之大者犹若是，况其细者而难乎？

"制策曰'我国家光宅四海，年将二百。十圣弘化，万方①怀

① "方"，制策作"邦"。

仁，三王之礼靡不讲，六代之乐罔不举。浸泽于下，升中于天，周、汉已还，莫斯为盛。自祸阶漏壤，兵宿中原，生人困竭，耗其大半。农战非古，衣食罕储，念兹疲甿，遂乖①富庶。督耕植②之业而人无恋本之心，峻榷酤之科而下有重敛之困。举何方而可以复其盛？用何道而可以济其难'者。伏以陛下，蕴充明德，继荷大业，居十圣之全区宇，守百代之成礼乐，扬高祖之耿光，播太宗之休烈。思黩武而弭戢，念疲甿之富庶，理自顺此生，危自反此作。兵者，国之威也，威不立则暴不禁，君得其术而已，举其要而已。凡善用兵者，用兵之精；次用兵者，用兵之形。用精者，国逸而功倍；用形者，人劳而威立。令行禁止，俗富刑清，仁足以怀，义足以服，端居庙堂之上，威加四海之外，而叛者尝欲系其颈而制其命，伏其心而笞其背，此兵之精也。金鼓击刺，追奔逐北，攻城掠地，斩馘献俘，忧思岩廊之上，谋制千里之外，而叛者有以畏其威而惩其罚，化其心而戢其暴，此兵之形也。陶然而化，其效不形，兵贵藏有于无，兵之形不可张也。骚然而动，其政难久，人不可终扰，兵之精所宜密胜也。今陛下既枭叛寇，复征违命，屈己之至已浃于兆庶，恤人之诚已敷于四海。乘众之怒，用兵之形，则近无转输骚扰之勤，远无经费供求之役。诚能固守，必大畏其力，小怀其德矣。岂兵宿中原之为虞，生人耗竭之为虑。臣又闻理国之本，富之为先，富人之方，劝农为大。三代以耕籍率天下，汉朝以孝悌配力田，皆劝之之道。夫农寒耕热耘，沾体涂足，昼夜之筋力勤焉，父兄之手足悴焉。而官输籍督，坐非己有。夷时郡邑长吏，偷容朝夕，养声钓禄，非恤人隐。此所以耕植之业不勤，恋本之心不固。有遁于军

---

① "遂乖"，制策作"未遂"。
② "植"，制策作"殖"。

旅而邀功赏者,有冒于老释而渎清浊者,有逸于负贩而制贫人者,有隐于椎剥而干教令者。农耕之难也如彼,日百其劝,常有不务者矣。游惰之逸也如此,日百其禁,常有不息者矣。由上之为政,知人苦之者劝之必深,知人乐之者禁之必至。昔贾琮以最于十二州,颁之以玺书;黄霸以甲于二千石,宠之以侯印。惟陛下注意于守宰字人之官,以田垦辟为最,地荒榛、人离散为殿,即耕植可劝,困竭可苏。兵未弭则人不蕃,人不蕃则农不劝,农不劝则国用虚,此榷酤所以兴也。然盐曲之税,山泽之利,法用得其要,不在峻其科。理不得其吏,不犹明其法。明其法,得其要,则上无峻刻之举,下无重敛之困矣。

"陛下制策曰:'既往之失,何者宜惩?将来之虞,何者当戒?'臣闻王者之兴,皆鉴乎前代圣君贤佐之所以兴,昏主庸君之所以丧。景行其兴也,用得以常理;戒慎其丧也,用得以常存。诗人美殷鉴于有夏,贾山谏汉而借谕亡秦,备于图籍,著于编册,非臣繁词所可曲尽。自陛下统极,举滞淹,已逋责,恤刑狱,振乏绝,德泽所临,戴之不暇,微臣未见其失也。明将来之戒,其在法令刑赏乎?四海之广,亿兆之众,非家令户告之能也,发号出令而已矣。伏惟陛下聿求善政,大振洪猷,人之献替,政之损益,灿乎其书,灼乎其人。始则鼓舞蹈咏,不足以充其善;终则渴日望岁,不足以喻其劳。教之本莫大乎复言,政之先莫大乎重令。诚能复言重令,上之克当乎天心,下之允协乎人情,天人交相为感,而灾害不生,祸乱不作。不然,日有德音而人不悦,日有威罚而人不畏。苟不悦矣,无与同劝;苟不畏矣,无与同沮。此非法令之可裁也。成一时之功者,宠乎其功者也;思百代之利者,荣乎其名者也。其名不足以劝者,则刑罚存焉;其效不得而宠者,则褒贬存焉①。是小人之所趋,君子之所务。今陛下刑赏已足,劝惩褒贬,又存文史,君子竭忠,小人输力,举如鸿毛,舍如地芥,何理而不成?何求而不效?陛下之不为,非不能也。伏以致诛逆党,罪止渠魁,原情究恶,不及其母,此帝王之刑也。戎臣馈军,致命折寇,渥恩必厚,爵位必加,此王霸之赏也。然善有彰,虽贱,赏也;恶有衅,虽贵,罚也。赏一人不足以耸天下之善者,其赏不足行;刑一人不足以禁天下之暴者,其刑不足用。今宜赏不遗微细,惟功之所加;罚不为暴乱,惟罪之所出。此天下之人所以皆知赏之可重,而罚之可戒。

"制策曰:'昔主父惩患于晁错,而用②推恩;夷吾致霸于齐桓,而行寓令。精求古人之意,启迪未哲之怀,眷兹洽闻,固所详究。'臣闻汉兴鉴亡秦孤立之弊,踪《周官》众建之法,苴茅列土,非复异姓。其后吴、楚强大,本根不拔,晁错之策未终,七国之兵已发。主父念前事之败露,期本朝之强大,分封子弟,使得推恩。诸侯之国,星解于上;汉庭之威,风行于下。此所以为谋也。齐桓当周季陵夷之运,思大彰翊霸之功,志图兼弱,力存攻昧,思逞其欲,是务强兵。习之野,大国防其谋;习之朝,小国谨其备。其志不可以速得,其功不可以立俟。用为隐政,而行寓令,此其所以霸也。

"制策曰'执契之道,垂衣不言。委③之于下,则人用其私;专之于上,则下无其效。汉元优游于儒学,盛业竟衰;光武责课于公卿,峻政非美。二途取舍,未获所从,吾④心浩然,盖所疑惑。子大

---

① "其效不得而宠者,则褒贬存焉",原脱,据《登科记考》补。
② "用",制策作"请"。
③ "委",制策作"悉"。
④ "吾",制策作"余"。

夫熟究其旨^①，属之于篇。兴自朕躬，无^②悼后害'者。臣闻契者，君之所司也，综其会归，则庶务随而振之。职者，臣之所司也，践其轨迹，则百役通其流矣。委之职业也，非委其权；专其操持也，非专其事。赏罚好恶之出，生杀恩威之柄，此非权舆操持乎？委之于下，则上道不行矣。提衡举尺，守器执量，此非事与职业乎？专之于上，则下功不成矣。不委其操持，安所用其私乎？不专其职业，孰虑无效乎？君收其大柄，臣职其所守。然大柄不得亢于上，臣得佐而成之；所守不可属于下，君得举而明之。《乾》之经曰'首出庶物'；《坤》之文曰'地道无成，而代有终'。乾，阳物也；坤，阴物也。阴阳合而泰形焉，阴阳离而否形焉。君臣之道，盖象乎此。汉元优游于儒学，而权归王氏，失其所专也。光武责吏事于三公，而劳神簿书，集其所委也。一则旷而荡，一则察而狭，既非中道，不可以范。臣所谓阴阳乾坤之说，各存其道，而交有所感，然成其悠久，配乎持载，如此而已。才者综物以研务，识者辨惑而不泥，体者抚往以经远，用者临事而造至。神而明之，可以辅陶钧，可以赞化育。微臣固陋，从师之说，循名而实不充，承问而学不称，进退殒越，惧烦刑书。谨对。"

韦处厚对《才识兼茂明于体用策》，

载《文苑英华》卷四八七

对："臣闻天发生以雷雨，圣人发生以号令，天道帝道并行于上，群僚庶物咸遂于下。伏惟陛下与天为仁，与雷作解。臣则蠢动之一物也，气下乃出，安知其由？比于金石草木物之无心者也，

扣之或大鸣小鸣，终始相生，清浊杂作，变而成文者。以圣人击考之，不得藏其声也。若臣者朴直蠢愚，陛下考之而无声，是不如金石草木之无心矣，敢不极闻以对？伏以陛下发德音，访岩薮，招贤士，求直言，询可行之谋，垂不倦之听，欲使上获其益，下输其情，君臣之间，欢然相与。此禹所以称大，汉所以称盛者，用此道也。臣何足以仰承之？

"臣以为有国不患无贤，患不能用贤；不患无直言，患不能容直言。今夫朝廷之大，百官之众，非无贤也。然陛下黈纩凝旒，或未之察，群臣各默默来朝而退，虽有贤哲，孰能辨之？观《易》卦《乾》上《坤》下否，《坤》上《乾》下泰。《乾》为君，《坤》为臣。君意下降，臣诚上达，则是天地交，泰之时也。君意不下降，臣诚不上达，则是天地不交，否之时也。若太宗文皇帝，每一视朝，未尝不从容问群臣政之得失。下有一毫之善，上无不奖；上有一毫之失，下无不谏。或有引入禁内，或周旋禁中。疾则幸其第，没则临其丧，君臣之道，可谓至矣。是以无遗才，无阙政，巍巍荡荡，与天无穷者，上下交泰也。秦帝胡亥，信用左右。左右欲专秦柄，乃教胡亥曰：'陛下富有春秋，初即位，奈何与公卿廷决事？事即有误，示群臣短也。'于是胡亥常居禁中，群臣希见者，不闻其过。天下所以乱者，上下不交也。伏惟陛下上法天，下法地，中法太宗。每坐朝宣旨，使群臣各有所陈，陛下赐之温颜，尽其启沃。言语[①]侍从之臣，得以奉其职左右，有所思以贻来代。谏诤之官，与闻其政而献替之。使此辈无有所补，黜之可也。使其稍识大体，陛下与之论道讲政，岂不可裨于万一也？孰敢不输其情乎？苟居位者不与

---

① "语"，原本作"诲"。

之言，献直言者不与之用，又何必搜罗岩穴，远访不用之人，勤求不信之言乎？贤者固不来也，来者又何言也？此体用之要，求贤济理之术尽于是矣，惟陛下行之。

"若生人之困于衣食而无恋本之心，但兵宿中原，如此实曰方面大臣之罪也。夫方面大臣，宜直播天子之休风，保抚其人如赤子。而乃倾其脂血，剥其生财，聚奇技，慧淫巧，以荡上心。天子诚以为物力有余，而不知其情也。执事者又未尝闻以生人艰苦为言而得罪者，岂其尽直而不用乎？夫王者，居于九天之上，非臣痛激肝血，指明而言，亦何由而达也？若臣者，草木孤贱，宜周旋其所以能而言之也。今天下困于商税，不均可谓甚矣。百姓之忘本，十而九矣。昔尝有人有良田千亩，柔桑千本，居室百堵，牛羊千蹄，奴婢千指，其税不下七万钱矣。然而不下三四年，桑田为墟，居室崩坏，羊犬、奴婢十不余一，而公家之税曾不稍蠲，督责鞭笞，死亡而后已。于是州伯邑长，方以人安赋集，攘臂于其间，趁办朝廷，用升考绩，取彼逋责，均其所存，展转奔逃，又升户口。是以赋益重而人益贫，不均之甚一也。是故欲人之财赋均一，而无日蹙之患，宜视通邑之盈虚，使乡户坐于田，迭相隐核其上下，不使贪官赃吏纷动其间，则有无轻重可得而均也。夫古有四人，今转加七。计口而十分之，其所以尽悴出赋而衣食其九者，农夫、蚕妇而已。绛衣浅带，以代农者，人十之一。缦胡之缨，短后之服，仰衣食县官者，人十之二。髡头坏衣，不耕不蚕，坐而供养者，人十之二。审曲面势，以饬五材，鬻工而衣食者，人十之二。乘时射利，贸迁有无，取倍称之息而衣食者，人十之二。游手倚市，以庇妻孥，以给衣食者，人十之一。其余为农桑之数焉，农夫糠核不足，而十人者畜马厌粱粟；蚕妇衣不蔽形，而十人者咸罗纨。是以性近儒则入仕,近武则从军,善计则贸迁,避事则髡削,技巧则为工师,拙奸则为驵侩。非懋愚专一,无他肠者,孰肯勤体效力为稼穑之苦乎?且以田废而衣食罕者,户口所在减而背本之利多,不均之甚二也。陛下诚能宽农人之征而优乐之,杜众邪之门而困辱之,则农桑益而衣食有余也。自兵革以来,人多流散,版籍废绝,户口荡析,加以忧惧,越于异乡,未以侥幸,利其苟且。宽之则偷之于朝夕,勤之则挺而陷于邪。又讹言焉,屋室聚为瓦砾,田野俱为榛芜。赋税不均,居者日困,又为此也。伏愿陛下敕百姓所在编为土著,不即归之旧乡,缮黄籍,生则书之,死则去之,庶男女之所生,户口之多少,可得而知也。无田者给与公田假种食,因其井泉制为民居,为艺桑麻,种蒲蔬,育狗彘,三年不输官。自初即于三年,人犹有之他者,所至得以重罪罪之。然后人安其生,乐其业,而无奔亡之患矣。安土则敦本,敦本则人庶矣。税均则敛轻,敛轻则人富矣。以此阜俗,不盛何为?以此济人,何难之有?

"若夫盐榷者,经国之所资,财用之大宝也。然而当今之务,若修其业,除其弊,亦可以无重敛之困也。夫盐榷之重弊,失于商徒操利权,州县不奉法,贾太重而利太烦,布帛精粗不中数矣。夫以商徒操利权,则其利有时而废,州郡不敢谁何,是劝农人以逐末也。州郡不奉法,则各私其人而盗煮者行矣。贾太重,则贫者不堪矣。吏太烦,则糜费之者众矣。布帛精粗不中数,则女工徒损,风俗偷薄而上困矣。即如此宜罢盐铁之官以省费,停郡府之政令以一其门,禁人为商以反其耕,损其厚贾以利其人。速其售而布帛必精,以齐其俗,以厚其利,如此亦可大裨于国,大赖于人矣。酒酤之人,罢之可也。夫既往之失,不能久于其道;将来之虞,中道尽也。自古帝王未有不勤俭于其初,天下归焉;满假于其终,天下离焉。陛下以勤俭为恒，满假为戒，勤而不已，损之又损，慎终如初，守而勿失。天地所以能长且久者，以其运行不息也。陛下其可息乎？可懈乎？

"晁错所以急绳七国者，欲尊天子，恐削弱迟而祸大矣。主父所以推恩子弟者，因其欲而分裂诸侯之易矣。今天下一家，尽为郡县，无诸侯强大之患，无宗室葭莩之亲，而以推恩为言，臣恐未可以令天下也。齐桓之时，列国相倾，管夷吾欲辅霸业，恐诸侯先谋而为之备，是以修其寓令，而兵食足焉。使战者必耕，耕者必战，无事则散之垄亩，有事则授之甲兵，此古人之意可行之验也。

"夫舜之所以为圣人，以其选贤任能也。五教契也，五谷弃也，五刑皋陶也，八音夔也，虞伯益也，水土禹也，喉舌龙也，共工垂也。舜无事焉，是以执左契，垂衣裳，而天下理。岂以必躬必亲侵于百职，然后以为圣乎？必也信而显之，作而行之。任之而绩用不立，则有窜三苗于三危，流共工于幽州，放驩兜于崇山，殛鲧于羽山。刑罚有可必加矣，孰敢用其私乎？儒家者流，示人以中而为之节，访其所至而导其不至，使夫君臣父子各得其正，此其所长。然迂者为之，则执古以非今，凝滞而不变。夫责课者，所以俯仰百官也。然光武用之而非美者，责人之效重也。伏惟陛下取汉光武之求实，勿务速成，用汉元帝之崇儒，知其凝滞，任人而示之所为，端拱而不失其勇，取舍之间，于此乎判矣。

"陛下不能用臣言，不当问也。谓臣不能言其事，不当来也。既来矣，陛下问状，宜直其辞。既问矣，微臣尽忠，宜采其策。尽忠者不易持也，直者谁欲为也？忠未见尽，直必有吝。齐构而直不悔，不信而忠不追者，盖有之矣，由未见其为人也。非天之与其刚健，地之与其直方，内不疑其身，外不疑于人，忧君而不顾其己，济物而不求其利者，孰肯悃悃款款，出于骨髓，发于肝膈，如此其切于天下乎！夫天下者，天下之天下也。天下安，微臣得保其生；不安，微臣不保其死。是以怀其效以天下为忧，不怀其身以天下为念。知所以责难于君者，宜尽忠言；知所以尽忠于己者，宜及天下如此。况陛下宗庙之重，其可忽乎？属之于篇，勉之于上，是在陛下酌之而已矣。谨对。"

独孤郁对《才识兼茂明于体用策》，

载《文苑英华》卷四八八

对："臣闻汉文帝时，贾谊上疏云'可为痛哭者一，可为流涕者二，可为长太息者三'。是时，汉兴四十岁，万方大理，四海大和，而贾谊非不见之。所以过言者，以为辞不切、志不激，则不能回君听、感君心，而发愤于至理也。是以虽盛时也，贾谊过言而无愧；虽过言也，文帝容之而不非。故臣不失忠，君不失圣，书之史策，以为美谈。然臣观自兹以来，天下之理未曾有仿佛于文帝时者，激切之言又未有仿佛于贾谊疏者。岂非君之明圣不侔于文帝，臣之忠不追于贾谊乎？不然，何丧乱之时愈多，而公直之言愈少也！今陛下思禹之昌言而拜之，念汉之极谏而征之，病虚文之无用者，奖至言之斥己者，询臣以可行之策，示臣以不倦之意，恳恻郁悼，发于至诚，真圣王思至理，求过言之明旨也。斯则陛下之道已弘于前代，臣之才诚劣于古人，辄欲过言，以裨陛下明德万分之一也。裨之者，非敢谓言之必可行也，体用之必可明也，且欲使后代知陛下践祚之后，有朴直敢言之臣出焉，无俾文帝、贾谊专美于汉代。然后退而俯伏以待罪戾焉，臣诚所甘心也。谨以过言，昧死上对。

"伏惟陛下赐臣之策，有思兴礼乐之道，念救疲甿之方，别惩往戒来之宜，审推恩寓令之要。至矣哉！陛下之念及于此。此实万叶之福也，岂惟一代之人受其赐而已哉！臣闻疲病之作，有因缘矣；救疗之方，有次第矣。臣请为陛下究因缘，陈次第而言之。臣闻太宗以神武之姿拨天下之乱，玄宗以圣文之德致天下之肥。当二宗之时，利无不兴，弊无不革，远无不服，近无不和。贞观之功既成，而大乐作焉，虽六代之尽美无不举也；开元之理既定，而盛礼兴焉，虽三王之明备无不讲也。礼行，故上下辑睦；乐达，故内外和平。所以兵偃而万邦怀仁，刑清而兆民自化，动植之类咸煦妪而自遂焉。虽成、康、文、景之理，无以出于此矣。洎天宝以降，政教浸微，寇既荐兴，兵亦继起。兵以遏寇，寇生于兵，兵寇相仍，迨五十载。赋征由是而重，人力由是而罢。下无安心，虽曰督农桑之课，而生业不固；上无定费，虽曰峻筦榷之法，而岁计不充。日剥月朘，以至于耗竭其半矣。此臣所谓疲病之因缘者也。岂不然乎？由是观之，盖人疲由乎税重，税重由乎军兴，军兴由乎寇生，寇生由乎政缺。然则未修政教而望寇戎之销，未销寇戎而望兵革之息，虽太宗不能也。未息兵革而求征徭之省，未省征徭而望黎庶之安，虽玄宗不能也。何则？事有所必然，虽常人足以致；势有所不可，虽圣哲不能为。伏惟陛下将欲安黎元，先念省征徭；将欲省征徭，先念息兵革；将欲息兵革，先念销寇戎；将欲销寇戎，先念修政教。何者？若政教修，则下无诈伪暴悖之心，而寇戎所由销矣。寇戎销，则境无兴发攻守之役，而兵革所由息矣。兵革息，则国无馈饷飞挽之费，而征徭所由省矣。[①] 征徭省，则人无流

---

① "兵革息……由省矣"句，原脱，据《登科记考》补。

亡转徙之忧，而黎庶所由安矣。臣窃观今天下之寇虽已尽销，伏愿陛下不以易销而自怠。今天下之兵虽未尽散，伏愿陛下不以难散而自疑。无自怠之心，则政教日肃；无自疑之意，则诚信日明。政教肃则暴乱革心，诚信明则犷骜归命。革心则天下将萌之寇不遏而自销，归命则天下已聚之兵不散而自息。然后重敛可以减，疲甿可以安，富庶可日滋，困竭可日补。日安则和悦之气积，日富则廉让之风行。因其廉让而示之以礼，则礼易行。乘其和悦而鼓之以乐，则乐易达矣。举斯方而可以复其盛，用斯道而可以济其难。惩既往之失，莫先于诚不明而政不修。戒将来之虞，莫大于寇不销而兵不革。此臣所谓救疗之次第者也。岂不然乎！

"若齐行寓令之法以霸诸侯，汉用推恩之谋以惩七国，施之今日，臣恐非宜。何者？且今万方一统，四海一家，无邻国可倾，非夷吾用权之时也。虽欲寓令，今将何所寓耶？今除国建郡，置守罢侯，无爵土可疏，非主父矫弊之日也。虽欲推恩，恩将何所推耶？但陛下期贞观之功，弘开元之理，必能光二宗而福万叶矣，何区区齐、汉之法而足为陛下所慕哉？精究之端倪，实在于此矣。

"又蒙陛下赐臣之间，有执契垂衣之道，委下专上之宜，敦儒学而业衰，责课实而政失者。此皆政化之所急，今古之所疑，而陛下幸念之，臣有以知天下之理兴矣。夫执契之道，垂衣不言者，盖已成之化，非谋始之谓也。委之于下者，言王者之理庀其司、分其务而已，非谓政无小大，悉委之于下也。专之于上者，言王者之道秉其枢、执其要而已，非谓事无巨细，悉专于上也。汉元优游于儒学，而盛业竟衰者，非儒学之过也，学之不得其道也。光武责课于卿，而峻政非美者，非考课之累也，责之不得其要也。臣请为陛下别白而明之。夫垂衣不言者，岂不谓无为之道乎？臣闻无为而理者，其舜也欤！舜之理道，臣粗知之矣。始则懋于修己，劳于求贤，明察其刑，明慎其赏。外序百揆，内勤万几，昃食宵衣，念其不息之道。夫如是，岂非大有为者乎？终则安于恭己，逸于得贤，明刑至于无刑，明赏至于无赏，百职不戒而举，万事不劳而成。端拱凝旒，立于无过之地。夫如是，岂非真无为乎？故臣以谓无为者，非无所为也，必先为而后致无为也。老子曰'无为而无所不为'，盖谓是矣。夫委下而用私，专上而无效者，此由非所宜委而委之也，非所宜专而专之也。臣请以君臣之道明之。臣闻上下异位，君臣殊道。盖大者简者，君道也；小者繁者，臣道也。臣道者，百职小而众，万事细而繁，诚非人君一聪所能遍察，一明所能周鉴也。故人君之道，但择其人而任之，举其要而执之焉已矣。昔九臣各掌其事，而唐尧秉其功以帝天下。十乱各效其能，而周武总其理以王天下。三杰各宣其力，而汉高兼其用以取天下。三君者，不能为一焉，但执要任人而已。亦犹心之于四肢九窍百体也，不能为一焉，然而寝食起居、言语视听皆以心为主也。故臣以为，君得君之道，虽专之于上而下自有以展其效矣；臣得臣之道，虽委之于下而人亦无以用其私矣。由此而言，光武督责而政未甚美者非他，昧君臣之道于大小繁简之际也。元帝优游而业以浸衰者非他，昧无为之道于始终劳逸之间也。二途俱失，较然可知。陛下但举中而行，则无所惑也。

"臣伏以圣策首章曰'思贤能以济其理，求谠直以闻其过'[①]。又曰'上获其益，下输其诚'。其末章则又曰'兴自朕躬，无悼后害'。此诚陛下思酌下言，乐闻上失，勤勤恳恳，虑臣辈有所隐情

---

① "思贤能……闻其过"句，原脱，据《登科记考》补。

者也。臣敢不再竭狂直，以副天心之万一焉。臣闻古先圣王之理也，制欲于未萌，除害于未兆，故静无败事，动有成功。自非圣王，则异于是。莫不欲遏其始，悔追于终；政失于前，功补于后。利害之效，可略而言。且如军暴而后戢之，兵乱而后遏之，善则善矣，不若防其微，杜其渐，使不至于暴乱也。官邪而后责之，吏奸而后诛之，惩则惩矣，不若审其才，得其人，使不至于奸邪也。人馁而后食之，冻而后衣之，惠则惠矣，不若轻其徭，薄其税，使不至于冻馁也。举一知十，不其然乎？今陛下初嗣祖宗，新临蒸庶，承多虞之运，当鼎盛之年，此诚制欲于未萌，除害于未兆之时也。伏愿陛下敬惜其时，重慎于事。既往者且追救于弊后，将来者宜早防于事先。夫然则保邦恒在于未危，恭己常居于无逸，三五之道，夫岂远哉？

"臣生也幸，得为唐人，当陛下临御之时，睹陛下升平之始，则是臣朝闻而夕死足矣。而况充才识之贡，承体用之问者乎？今所以极千虑，昧万死，当盛时献过言者，此诚微臣喜朝闻、甘夕死之志也。不然，何轻肆狂瞽，不避斧锧，若此之容易焉？伏惟少垂意而览之，则臣生死幸甚。谨对。"

白居易对《才识兼茂明于体用策》，
载《文苑英华》卷四八八

对："臣闻千业万化，圣帝哲王，声烈遒戴^①者无他，中心无为，以守至正而已矣，以谋大化而已矣。伏惟皇帝陛下垂拱六极，始初清明，丕扬累休，涣发于诏。启天宇而遐古，薰至和以拯今，咸

怀浸沈,罔不濡泽。诚至正也,诚大化也。犹复乃远乃近,乃左乃右,旁求下问,举荐奔走。履众美而不颛,储神明其如遗,铨邦政之肥瘠,镜人事之善败,优游绅绎,以循始终,外其牵制,常其忌讳,恢乎輮輠百王之独致也。臣愚,智能浅薄,不明大体时用之宜;术业暗昧,不充才识兼茂之称。徒冒万一,触罪以闻。

“臣伏读圣策,首陈禹拜、汉征之旨,求索真之要。臣闻上古之君,薰能同和,不敢自是,必求谠谏,以谕缺败。用心之过则薄奖其人,言之失中则宽容无虞,使人上得其情,下得流通也。后代帝王,虽有作者,道或外是,已实内非。言之或臧,寥寥无闻;言之或违,堤防斯至。虽科条增设,适足张其乱目矣。叩击切害,适足宠其直声矣。闻之失得,君之效欤!今陛下躬神之资,痛源流之塞,较量至当,加迪今来,黜退奸邪,咨谋体要,诚猜雄者之所共远,亦狭隘者之所共难。凡曰胸臆,是皆耸实详近语直之幸也。

“伏见圣策,咨问兵战商农之道,臣请指事而言之。臣闻兵者以谋全,以气胜。以谋全,制度为神耳。得其数则威令格物,少能成功;失其数则黜[1]武无别,多益为弊。寝用不制刑于寓内。今国家自兵兴已来仅数十年,生物以之暴殄,人情以之鳌违,殆握兵者建置失其道欤?何者?天下之甲兵,其数则不广,屯置散地且或至半,而兵柄之臣率好生事,不思戢伏。贵算威名,则有崇广卒徒之员,聚拥虓阚之群,厚敛残下,偷取一切,要君养敌,张皇自卫,望容攻守之至。复有怀弱软以内顾,务储蓄以托私,倚行伍之数,讫资廪之具,外实内虚,守以藉之。固者及殷而成之,熊而战之,其中未必有也。朝廷又影响诛罚,索其效死,其可得乎?此兵之

---

① “黜”,原本作“黜”。

所以烦而益病也，而人之所以困而不解也。大抵不贤者得掌其兵百，则思兵千；寻掌其兵千，又思兵万；寻掌其兵万，又思兵数万。以因其力，以赡其欲，长一日之废代，谋万里之策勋，徒仰费于县官，高病于悠久。诚何谓矣！陛下盍亦虑之乎？伏望躬亲视其将帅之为，苟非任，尽易之，不令其凝留而后图也。严备其要地之屯，苟不切，尽罢之，不令其广置而出入也。其所阅拣，非实不用，其所树置，兵精不在多。使名弓者必用沓发之巧，名剑者必有击刺之妙，名骑者必有超乘之捷，名步者必有卒奋之奇。自外徂中，归乎一体，自然无冗军，无惰人，以守则固，以战则胜。军无太半之耗，人怀反业之志，此减兵之术也。富庶之教，于是乎生，亦何必远取于古法也？

"然而思恋本之心，蠲重赋之困，又在于赋税之道矣。臣请得而具之。臣闻古者因地而料人，今则税人而舍地。古者任土而作贡，今则溢贡而弃土。古者均田而抑富，今则与富而夺贫。是以人口藭[1]耗而不息，田亩污莱而甚旷者，非人怀苟且之志，乐懈惰之方，迫不可忍，势有由耳。王者在上，量入以出。禄食赐与，岁养经费，必厚下以为用，助而不税，廛而不征，亦非无其事也。用菽粟薪秸有常税，人不爱也；丝枲布帛有常赋，人不艰也。虽杂以凶荒，接以丧死，间以兴废，子弟父兄犹复勉励率从，不更其业。何者？制度专也。以臣观之，则今之赋税，仍旧贯籍，敛不加重，而畎亩流离，穷困无告。殆执事有殊陛下之意乎！必有急令暴赋，发取无厌；徭山役海，诡求无状；奇贡珍献，希冀无怠；托公寄私，崇聚无极。于是一水一土，一草一木，主要殚利，俯榷仰算，莅之官焉，专守之刀兵焉。商不得回睨，农不得举手，既夺其利，又

---

① "藭"，原本作"剪"。

却其人。此而不困，孰以为困？榷酤之道如是乎？人顾其上犹仇雠，安能思恋骨肉乎？人视其居犹鸟兽，安肯系着桑井乎？人悭其取犹寇盗，安望轻重元本乎？所以遁走苟免，死亡不顾，财日穷而事日削，地益芜而人益烦，犹前事也。伏惟陛下审念之。其有不经不度之人，不常不政之调，必禁其所萌，必罚其所自，则奸官滥守慎不敢生事，生生之理阜繁矣。陛下又以礼节其情，以乐乐其志，又何患乎不复其盛，不济其难？

"臣伏见圣策顾问既往将来之事。臣请以江淮凶旱之事明之。臣闻凡有灾伤水旱之处，历代所说多闻诡随之词媚时主，必曰帝尧乎，有怀山襄陵之运也；成汤乎，有流金铄石之运也。是皆曲徇，非愚则诬。臣尝私怪之，何不曰大舜乎无雷风霜雹之运也，神禹乎无飞流彗孛之运也？不直其词，因循若是。天运之时集变易，水旱岁时，未为灾也。理或失中，感动阴阳，顷刻为灾也。故精舒谨孚，则七年不足罹其咎；简诬轻忽，则一日二日亦未成其灾。修政著诚，端心复德，既往之事，陛下宜以此为惩矣。然臣之所虑江淮又急者，御灾之术，将来之戒，复忧于斯，愿悉数于陛下矣。今国家内王畿，外诸夏，水陆绵地，四面而远，而输明该之大贵，根本实在于江淮矣。何者？陇右、黔中、山南已还，境瘠啬薄，货殖所入，力不多也。岭南、闽蛮之中，风俗越异，珍好继至，无大赡也。河南、河北、河东已降，甲兵长积，农厚自任，又不及也。在最急者，江淮之表里天下耳，陛下得不念之乎！属顷者连郡五十，蒙被灾旱，长老闻见，未之曾有。涯脉川泽坌为埃尘，草木发为烟火，斗粟之价重于兼金，饿殍之家十有七八。闻乞仆于男女者，何暇保其家室乎？闻立死于道路者，何暇思其糠秕乎？嗷嗷蒸徒，展转无所，灰烬狼顾，至今未宁。且今日狼顾，明日狼顾，力大势诎，祸欲何图？此臣之为陛下惜也。长吏者又闻或非良善，厚其毒忍，疗痏而简问，威剥而自虞。则陛下虽有赈发，不轻得及；虽有蠲放，不轻得获；虽有诏谕，不轻得闻。此臣所为陛下疑也。然欲安存缉理，斯终何由？以臣计之，视长吏之悖理者，选其重臣代之，不待其为蛇为虺也。察郡县之受灾者，择其实以劳之，不使其冤而无告也。如此，则朝令夕悦，江淮保全，则四向赋税转输，肩摩毂击，关中坐固而根本不摇，犹无凶旱矣。臣故曰将来之由在此而已矣。

"臣伏见圣策，次问推恩寓令之计。夫汉晁错陈诸侯削地之制，谋之至者。主父偃献子弟推恩之令，计之术者。削地之制行，则转弛为急，七国之难结。推恩之令下，则强干弱枝，一王之理定。犹见之熟与不熟，法之渐与不渐。在于渐也，则寒暑得其相成；以暴，则天地不能速化。求之昔意，庶取于今。又齐桓之霸国，管仲之寓令，昼战足以目相识，夜战足以耳相闻，将取威于邻敌，俾逞志于天下。五霸之事，仲尼之门五尺童子犹羞言之，若此者则小国权臣之细术耳，臣固不能为陛下述。

"伏读圣策，次问专委儒术者。臣闻圣王在上，贤臣在下，道德兼济，材智乐备。专于上则聪明倍资，安有无其效耶？委于下则公器相率，安有用其私耶？然今以陛下之资材清光，群臣其敢及？若集事者在陛下必躬必亲之，谓乎躬之无偏，亲之有制，则垂衣执契亦不爽矣。孝元则制自左右，非用儒之失也；光武则弊及群下，非用课之得也。儒近于得，而所用者宜一变其弊。若臣所见，今之大者，政或贵此，可得而言。国朝自武德已来，典章甚明，职员甚列，官吏甚该备。而道不弘，政要或未臻者，其官非人欤？理非道欤？略其大欤？录其小欤？臣所谓小者，则天官卿采之调阅、致验、选书，至于一簿、一尉、一掾之末，铨次升降，劳而后罢，是详于核小也。及其揣量亲人抚字之官，又未喻也。臣所谓大者，天子之庭，日相日受，轶越伦辈。乃有名邦闻邑，群居之柄，不阶课最是非，未闻踪迹贤不肖，款言喧哗，随其所来，转化容易，似不留听，是卤莽于天下也。详核及小，卤莽及大，轻重反殊，使盗名死官之徒，波走飙驰，惟恐居后。狂扇诱掖，宠赂为事，以相终始，夫复何望！夫持尺寸之禄，怀轻握微，龃龉施为，尚犹不堪，况明权不制，资藉杀生之柄，兼兵马之众，连数十城之地，庸杂横恣，偷居其上，何以堪之？设曰不堪，耳目阴附，事亦无由得而闻，悔之何益耶！陛下得不慎其所授乎？臣以为今之郡县长帅之官，最关生人性命。用在百里之父母，莫如县宰；君乎千里之父母，莫如刺史；列城之父母，莫如郡统。使一得之必小康，二得之必中庸，三得之必大康矣。陛下虽不在殴天下之人洽于理平，终亦无由，诚不在多，惟慎此三官而已矣。

"臣又闻《书》曰：'爵罔及恶德。'《春秋传》曰：'官之失德，在所纳邪。'惟君无邪，则不纳邪矣。夫偏听独任，牵于左右，所自邪也。小臣大禄，制度失中，所自邪也。锦文珠玉，淫佚充斥，所自邪也。教令察视，壅遏不宣，所自邪也。掊克聚敛，亿度于上，所自邪也。依阿求同，径而不道，所自邪也。烦察缴缚，弊归于下，所自邪也。坐跻仁寿，陛下又何疑乎不得浩然其心？此微臣之志也，伏惟审察之，伏惟审念之。臣伏见圣策，终有究旨、属篇之说者。臣固无以道师之说，仅能勿坠耳。俯仰睿问，偃薄无所，震其心熟[1]，知不免[2]宁不自胜攀恳之至。谨对。"

罗让对《才识兼茂明于体用策》，载《文苑英华》卷四八九

---

① "熟"，他本或作"胸"。
② "知不免"，他本或作"如不克"。

问："皇帝若曰：盖闻古之令王，体上圣之姿，御大宁之时，犹惧理之未至也，求贤以致用，犹惧动之不中也，咨谏以闻道。矧惟寡昧，膺受多福，思负荷之重，警风波之虞，求贤咨谏，岂敢忽怠？至若穷神知化以盛其德，经纬文武以大其业，考古会极，通教化之源，明目达聪，周视听之表，斯夙夜之所志也。子大夫将何匡逮而致之乎？自中代已还，求理者继作，皆意甚砥砺，而效难彰明。莫不欲还朴厚而浇风常扇，莫不欲遵俭约而侈物常贵，莫不欲远小人而巧谀常进，莫不欲近庄士而忠直常疏，莫不欲勉人于义而廉愧常不修，莫不欲禁人之①为非而抵冒常不息。其所谬盭，岂无根源？爰自近岁，仍敷大泽，霜露所坠，沾濡必同。涤瑕秽以导人心，省徭役以丰物力，蠲田租以厚农室，葺国学以振儒风，督废职以补维纲，备众官以叙贤俊。庶继先志，臻乎治平。而改行者未闻，输劳者未艾。农者无以免艰食，学者无以通微言。立事之绩未纪于庶工，乏才之叹未辍于终食。蠹于法者无不去而法未修明，切于政者无不行而政未光大。岂丕变其俗，道广而难济乎？岂不得其门，事繁而愈失乎？仁闻嘉言，无或隐讳。周之德受田有经制，汉之法力②田有恒数。今疆畛相接，半为豪家，流佣无依，率是编户。本为交易，焉得贪富以补贫？将欲因循，是曰损多而益寡。酌于中道，其术如何？取人惟其行，不必文采；命官惟其才，不必资考。然则行非造次而备察，才非错综而遍知，不必文采为轻重而士可进退，不必资考为程准而吏有条贯。适变矫枉，渴于良规。何方可以序六气，来百祥？何施可以寿群生，仁众性？征于前训而可据，设于当代而易从。勿猥勿并，以称朕意。"

---

① "之"，他本或作"无"。
② "力"，他本或作"名"。

对："臣伏见陛下，征天下之士，亲策于庭，求贤思理亦云至矣。然臣未知将以为虚策乎，将以求其实效乎？以为虚策，则后之缙①绅者观书于太史氏，曰天子之忧人如此，急贤如此，征贤良方正直言极谏之士，亲礼而问之，斯亦足以为名矣。若以得人为务，社稷之计为心，则不宜待之如是也。夫王者，其尊如天，其威如神，以谀问先之，以礼貌接之，造膝而言，虚心以受，犹恐惧殒越，而不得自尽其所怀。况乎坐之阶庭，试以文字，拳曲俯偻，承问而上对乎？且天下之事，虽一二以疏举。臣所当言，又有非臣下所宜闻知，清问所不该，又欝而不得发。强附之于篇，考视者必以为余烦，又摈而不得进。陛下何惜一赐臣容足之地于冕旒之前，使得熟数之乎？可采则行之，无用则罢之，何损于明也？然臣不敢有望于是，谨旁缘圣问，粗竭愚瞽。傥陛下怜察其志而宽其诛，赐之当日之间而卒其说，则覆照之下，形气之生，孰不幸甚！

"制策曰：'盖闻昔之令王，体上圣之姿，御大宁之时，犹惧理之未至也，求贤以致用，犹惧动之不中也，咨谏以闻过。矧惟寡昧，膺受多福，思负荷之重，警风波之虞，求贤咨谏，岂敢怠忽？至若穷神知化以盛其德，经纬文武以大其业，考古会极，通教化之原②，明目达聪，周视听之表，斯夙夜之所志也。子大夫将何以③匡逮而致之乎？'此陛下之忧勤如此。臣闻尧舜以有天下为己之累，而不以位为乐也。臣又闻百事之成也必在敬之，其失之也必在慢之。今陛下念前王之戒而不敢怠忽，思为国之经而不忘夙夜求贤咨谏，延及微士，臣有以见尧舜之心矣。夫法天地之道以施政，顺

---

① "缙"，他本或作"搢"。
② "原"，制策作"源"。
③ "何以"，制策作"何"。

阴阳之和以育物，事无不序，动无不时，此穷神知化之盛德也。武以止杀禁暴则兵宜戢，文以经邦济时则化必行，此经武纬文之大业也。崇礼而明义，好士而尊儒。斥魏晋已降衰末之法，稽周汉已践①盛明之理，斯考古会极之方也。任贤而勿贰，招谏而必行。屏近习之邪佞，进周行之骨鲠，斯明目达聪之道也。抑臣又闻先王所以不视而明，不听而聪，披颈负之明，断非僻之绪，其道易知也。盖左右仆御，惟正之供，必有知法者，必有知礼者，坐②使足以尽情伪，居常足以助听览。左右之臣既如是矣，而又曰与公卿大夫讲论政事，史书其举，官箴其阙，以至于百工庶人莫不谏而谤焉。济济之士为之股肱，赳赳武夫为之爪牙，此所以永有天下也。今宰相之进见亦有数，侍从之臣皆失其职，百执事来③朝请而退，而律且有议及乘舆之诛。未知为陛下出谏喉舌者为谁乎，为陛下爪牙者为谁乎？日夕侍起居燕游，与之论臣下之是非、赏罚之臧否者，复何人也？股肱不得而接，爪牙不足以卫，其何献替之有美？夫亵狎亏残之微，褊险之徒，皂隶之职，岂可使之掌王命，握兵柄，内膺腹心之寄，外当耳目之任乎？此贞夫义士所以寒心销志，泣愤而不能已者。诚能复周之旧典，去汉之末祸，还谏官、史官、侍臣之职，使之左右前后，日延宰辅与论义理。有位于朝者，咸引而进之，温其色以安其意，久其对以尽其词，可采者必行，有犯者无罪。王之爪士，宜择公卿大臣总统而分理之，则政不足平，刑不足措，人不足和，财不足丰，蛮夷戎狄不足臣，休征嘉瑞不足致矣。又何虑乎视听之表有所不周乎？

---

① "践"，他本或作"前"。
② "坐"，他本或作"出"。
③ "来"，他本或作"奉"。

"制策曰'自中代已还，求理者继作，皆意甚砥砺，而效难彰明。莫不欲还朴厚而浇风常扇，莫不欲遵俭约而侈物常贵，莫不欲远小人而巧谀常进，莫不欲近庄士而忠直常疏，莫不欲勉人于义而廉愧常不修，莫不欲禁人之为非而抵冒常不息。其所谬盭，岂无根源'者。臣闻'一日克己复礼，天下归仁焉'，王者之谓也。故人不从上之令而从其所行。夫上古之君，躬率已①正，轨度其流②，恕己及物，自诚而明。此所以其化如神，天下如截也。中代已还，则异乎此。至诚不著而欲任法以防人，忠信不行而欲纵身以检物，虽砥砺其意而事实不符，此所以有其意而无其效也。夫欲人之朴厚，而不先之以少私寡欲，无为至诚，所以浇风常扇也。欲人之俭约，而不率之以卑宫菲食，沉珠贵谷，所以侈物常贵也。欲远小人而好悦耳之言，所以巧谀常进也。欲近庄士而恶拂心之虑，所以忠直常疏也。欲勉人于义而贪浊在位，所以廉愧常不修也。欲禁人为非而法则不一，所以抵冒常不息也。则谬盭之本，其在兹乎？陛下诚能一皆反之，其效可立彰明矣。

"制策曰'爰自近岁，仍敷大泽，霜露所坠，沾濡必同。涤瑕秽以导③人心，省徭役以丰物力，蠲田租以厚农室，葺国学以振儒风，督废职以补维纲，备众官以序贤俊。庶继先志，臻乎治平。而改行者未闻，输劳者未艾。农者无以免艰食，学者无以通微言。立事之绩未纪于庶工，乏才之叹未辍于终食。蠹于法者无不去而法未修明，切于政者无不行而政未光大。岂丕变其俗，道广而难济乎？岂不得其门，事繁而每④失乎？伫闻嘉言，无或隐讳'者。臣

---

① "已"，他本或作"以"。
② "流"，他本或作"信"。
③ "导"，原本作"道"，据制策改。
④ "每"，制策作"愈"。

以陛下涤瑕秽而改行者未闻，政之不自其本故也。夫欲人之改行，率德慎明，赏罚不滥，涤瑕秽也。故赏当善，罚当恶，天下晓然逃恶而趋善。赏当功，罚当罪，天下耸然远罪而趋功，则人自为理而上无为矣。此尧舜之所以莅天下也。夫赏罚皆报也，赏之失称，罚之不当，咎孰甚焉？伏见兵兴已来，开权宜之道，行苟且之政。台省之官，王公之爵，溢于国郡，遍于舆台。将师之臣，借绯紫而使令，定官位而奏请，名器均于土芥，操柄擅于爪牙。此其所以赏人而人不劝也。州县之断狱，月以千数，连年累纪，未闻有一疑狱而上于朝者，未闻有屈人而诉于王者。岂天下长吏尽如皋陶哉？律令格式具而不遵，乡县州府各自为制，所怒则专杀，居常则臆断。人过且不知所避，而能自达，不其难乎？况乎赋役之不恒，衣食之不足，尚不惧死，焉能避罪？此其所以罚人而人不沮也。赏之不劝，罪之不沮，欲人改行，其或难焉。虽涤其瑕秽，惠奸贷法而已，又何为也！伏惟陛下慎用赏，赏必当功，则天下之善劝矣；慎用刑，刑必当罪，则天下之非沮矣。夫择人而任之，则僭滥不作；富庶而教之，则廉耻自生。如是，则无所改其行，无所涤其瑕矣，又何足忧之哉？陛下省徭役而输劳者未艾，小惠未遍，而有司长吏或壅而未承故也。若陛下加惠而俯察之，则物力何惧乎不丰，劳者何忧乎未艾乎？陛下蠲田租以厚农室而人犹艰食者，生者犹少而费者犹多故也。商乘坚而厌肥，工执轻而仰给，兵横行而厚禄，僧道无为而取资。劳苦顿瘁，终岁乏绝，滨于死而为农者，亦愚且少矣。况乎两税不均，失变通救弊之法；百端横赋，随长吏自为之政乎？若困工商老释之邪末，均田野布帛之征税，禁横暴之赋，减镇防之兵，则耕者如云，积者如山矣。臣请再为陛下精言之。夫贱瑰奇之货，斥雕琢之淫，则工商之道自息矣。黜异端之学，使法不乱而教不烦，则老释之流当屏矣。且天下所以蒇蒇然者，岂非以兵乎？使税之原而可行躅徭役者，岂非以商乎？今昆夷未平，边备未可去；中夏或虞，镇防未可罢。若此生就其功，则莫若减而练之可也。今之将帅，胜任而知兵者亦寡矣。怙众以固权位，行货以结恩泽，因循卤莽，保持富贵而已。岂暇教训以时，服习其任乎？今若特加申饬，使之教阅，简拳勇秀出之才，斥屠沽负贩之党，则十分之士可省其五矣。夫多而无用，曷若少而必精乎？又，比者州府，虚张名籍，妄求供亿，尽没其给，以丰其私。今若核其名实，纠以文法，则五分之兵又可省其二矣。夫众之虚，曷若寡之实乎？一则以强兵，一则以宽赋。若江淮州郡，远寇戎，属清平，自非具使令备仪注者，一切可罢。以其轻费代征籴，薄逋悬，然后慎择长吏，曲加绥抚，无四三年则家给而人和。则横暴不作，赋敛自均，至理而升平矣，尚何虞于人犹艰食乎？陛下葺国学以振儒风，而微言尚郁者，盖其所以干禄而得仕者以章句记读，而不由义理故也。若变其法，则可以诛其弊矣。陛下督废职以补维纲，而立事之绩未纪于庶工者，庶工之罪也。今职备而不举，法具而不行。谏诤之官溢员，不闻直声；弹察之臣塞路，未尝直指。公卿大夫则侧合苟求，持禄养交，为亲戚计迁除，领簿籍而已。兴利之臣专以聚敛计数为务，共理之吏专以附上剥下为功，习以为常，渐以成俗。标异而圭角者悔吝旋及，和光而湿泥者富贵立须。虽陛下焦劳聪明如此之切，至理何益矣！伏请下明诏，为画一之法，使居是官、理是人、职是法者，必有明绩，然后许迁擢，考功之殿最，无敢阿比而干刑司，则能者日进，不能者日退，而庶工立事之绩将褒扬记述之不暇矣。陛下备众官以序贤俊，而乏才之叹未辍于终食者，犹奉上者迁之太亟，居下者刻之太深故也。古之取人也，拔十得五，犹以为多也。曲轮直桷，各适其用。今则不然，举于礼部，则曰幽昧者凡陋而不可采；选于吏部，则曰声名虚浮而不可用。工文者则惧华而不实，敦质者则惧朴而寡能。冠盖之族则以为因依，微贱之人则以为幽险。上求之俞切，下搜之弥深。夫士何负于有司，而乃蹇顿之、抑刻之如是哉！才能如积，欝抑居下。一朝阙辅相之职，卿士大夫之官，求之不得，则曰岳不降神，时之乏人，于是循环其所已用者递迁。居上者不知格限，无闻声绩，或一时三拜，或再岁九迁，是以位高者当能也。是仕进之门常阖，而天下之官，天子之权，当途者五六人迭居持之而已。以陛下之明圣，夫岂不欲国之得人乎？以宰相之公忠，夫岂不欲人之足用乎？盖从来已久，因循如是耳。伏惟陛下申①敕朝廷州府，令每岁各举所知于礼部、吏部，于计偕、常选之中，访察推择。得其人则待以不次之位，遇以非常之恩，不得其人则必行殿最以惩渝滥，则周之可宁，舜之可封，坐而致矣。乏才之叹，何有于圣朝乎？陛下谓蠹于法者无不去而法未修明，切于政者无不行而政未光大者，由有司长吏不得其人也。舍人务政，虽勤何益？臣伏见敕书节文，周备纤悉。然空文虚声，溢于视听，而实功厚惠，未有分寸及于苍生。生德不宣，王泽不流，虽陛下寤寐思理，宰相忧勤奉职，不可为也。夫将直其枝，必正其根。朝廷乃根也，州郡乃枝也。今朝廷之号令，有朝令而夕改者矣；主司之法，或有昔破而今行者矣。伏惟陛下正纲以张万目，澄源以清万派，则四方大幸矣。由是言之，非道广而难济，事繁而愈失也，实承诏将事者之罪耳。

"制策曰'周之〔德〕受田有经制，汉之〔法〕力田有恒数。今疆

---

① "申"，原本作"曲"。

畛相接，半为豪家，流佣无依，率是编户。本为交易，焉得贪富以补贫？将欲因循，是曰损多而益寡。酌于中道，其术如何'者。臣闻古之道不可变也，古之法不必行也。夏之桀，殷之纣，周之幽、厉，井田法非亡也，而天下大乱。我太宗、玄宗，井田法非修也，而天下大理。夫贞观、开元之际，不受田而均，不名田而赡者，朝廷正，法令行，一人之冤①得以闻，一吏之犯得以除，由此致也。是法之举化之成，则田自均，人自赡，而天下陶然化矣，岂待曲吏而事为乎？其与贞观、开元非异时也，法苟未行，政苟失职，徒易其制，处扰人敛怨而已矣。

"制策曰'取人惟其行，不必文采；命官惟其才，不必资考。然则行非造次而备察，才非错综而遍知。不必文采为重轻而士可进退，不必资考为程准而吏有条贯。适变矫枉，渴于良规'者。今之取士，以文学记读为法，其素履实行则无门而知。使由文学而进者，往往犯奸贼，为枭獍，此诚甚弊也。乾元以还，版籍斯坏，而所在游寄，莫知所从。伏请敕天下人士，未归者一皆复贯，愿留者则令着籍。置乡校、县学、州庠，以教训其子弟，长育其才志，自乡升之县，自县升之州，自州升之礼部。公卿子弟尽育于京辇者，则使之必由太学，然后登有司。如是，则其幼弱，其壮老，发言举足，云为趣进，皆可得而知矣。然后参以才艺，试其器用，诚取人之急务。伏惟陛下裁之。密资考之限，其章句之庸才，资荫之常调者，宜仍旧贯。贤能之士，则皆行臣向者之谋，从有司长吏之举，其赏必行，其法信焉可已也。

"制策曰'何方可以序六气，来百祥？何施可以寿群生，仁众

---

① "冤"，原本作"术"。

姓？征于前训而可据，设于当代而易从。勿猥勿并，以称朕意'者。臣闻古者山林薮泽，皆有时禁动作之为害，无差《月令》，则六气以序，百祥以来，而怀生之愿莫不跻仁寿之域矣。今舍此而不务，杀胎毁卵，伤仁挠和，而使诸夷之法，以正月、五月、九月断天下之屠，欲蕃物产而祈福祐，斯亦诬矣。伏惟陛下动遵《月令》，垂训可据之文；事稽时禁，当代易从之道。施之而不已，执之而有恒，则帝皇之美远惭①于今日矣。谨对。"

皇甫湜对《贤良方正直言极谏策》②，

载《文苑英华》卷四八九

问："大禹求贤而夏德长茂，文王多士而周道缉熙。然则为政在人，人存政举。朕德薄化浅，嗣膺宝业，夙兴寅畏，若涉大川。求思至谟，庶答天诫。子大夫志行修洁，学术通赡，储思于天下之际，研精于大道之极，俨然就辟，良用嘉焉。乃者夷夏多虞，烽鞞屡警，因之以荒馑，生人荡析，比屋榛芜。今八表甫清，万兵未戢。朕恭承丕绪，实济横流，期致和平，惟新制度。而成汤受夏，周武定殷，刘矫嬴弊，魏乘汉俗，以乱为理，以安易危，必有至政，存乎令典。同符今日，可举而行。精辩所长，著之于策。《禹谟》之六府、三事，周法之八政、五纪，有守有为，是彝是训。经纶远古，用彰得失，国志详载，天官必书。成务济时，莫斯为急。并宜明敕功利，别白条流，较圣王之损益，揆今代之用舍，沿革之要，茂对所宜。今欲废关市之征，轻什一之法，归逾年之戍，罢无事之官，则国用靡资，军食尚歉，人多胥怨，边有侵轶。匠无良画，明示谋谟。

---

① "惭"，原本作"想"。

② 时在元和三年二月二十三日。

其法令或不便于时，吏人将未适其任，贤士见沉于负俗，遗纲有补于化源，可以均沃埼于原田，便工商于市肆，改制征物，厘创见正，复务官曹，澄清流品。使朝有济理之士[①]，边有死难之臣，而返俗廉隅，还风朴略。必书效实，指陈利害。授简之外，傥有令图，各罄所闻，备申说议。虚怀固久，勿隐予违。"

对："臣元颖案：《周易》君道下济，臣志上通，谓之泰，其繇曰'小往大来'。臣历观书契以还，君德定位，未有遗斯道而能达聪明目，光极鸿业者也。伏惟陛下诞膺明命，克敷文德，亲降大问，询于微臣。愚臣智识庸鄙，经术短浅，不足以充明诏之言。而隐罪大矣，敢不俯罄愚衷，仰谢万一。

"制策曰'朕躬[②]承丕绪，实济横流，期致和平，惟新制度。且[③]成汤受夏，周武定殷，刘矫嬴弊，魏乘汉俗，……必有至政，存乎令典'者。臣闻汤革夏政野以质，武革殷政鬼以文，秦暴以亡，汉宽以矫，此皆古王之令典也。比东汉既衰，皇纲幅裂，曹操挟天子以令诸侯，用汉法以取威权。中原粗平，遂偷神器，其政刑典礼，蠢驳前世，固非萧曹画一、文景更令之比也。虽曰革命，固无足采。陛下承匕鬯以取大器，赫雷电以扫群凶，功高一戎，业定再造。欲维新制度，以救生灵，幽明动植，罔不称庆，实天下幸甚。然臣之私心，有愿献替，不惮斧钺，以干龙鳞，伏惟陛下少留意焉。臣闻自古王者易姓受氏，告成于天，则维新制度，以改人视听。所以示亡王之骄僻也，所以扬造邦之耿光也。其余少康复夏，武丁兴殷，武王兴周，光武绍汉，则皆举用旧典，以昭其先朝之休德淳茂也，

---

①　"士"，原本作"仕"。
②　"躬"，制策作"恭"。
③　"且"，制策作"而"。

以辩其凶逆之滔天干纪也，以志其昭前之光而纂修其德也。我高祖勤恤人隐，始除暴乱而建王业。我太宗叶赞经纶，增辉先圣，皇天眷祐，祚以名臣。于是酌之人心，参之典礼，立我王度，为万代业。陛下诚宜恭以守之，勤以行之，克配彼天，立我人极。矧乎周、秦、汉、魏造邦之事，非臣之所宜言也。臣又伏见去岁征臣等诏书，圣旨殷勤，忧天谪见。今制书首章则曰'求思至谟，庶答天诫'，次曰'期至和平，维^①新制度'，下曰'改制征物，厘创建^②正'。臣伏念圣上，岂不以彗有布新之道，明欲承顺天意，旌于国章乎？臣愚以为自古灾眚多矣，大者天地震裂，次者日月薄蚀，小者星辰变谪，皆或应或否，系于其君之德也。夫严风不能凋翠叶，凝寒不能冰醇酎。何则？不当凋者，风则何有？不当冰者，寒亦胡为！然则灾眚者天道之常，无德者当之，不为有道者害，亦已明矣。陛下若欲寅畏上天，大为恭御，则德为之实而穰为之华，居其实，不居其华，此社稷之景福也。

"制策曰'《禹谟》之六府、三事，周法之八政、五纪，有守有为，是彝是训。经纶远古，用彰得失，国志详载，天官必书。成务济时，莫斯为急。宜^③明敕功利，别白条流'者。臣闻夏禹之弼成五服也，肇谟六府、三事；周武之诞敷明命也，实陈八政、五纪。语其功利，其六府者，人仰以生；三事者，德据以成。八政为经国之用，五纪为岁天之道。别其条流，则曲直木也，从革金也，水以润下育物，火以炎上同天，土顺则五稼阜滋，谷登则蒸人乃粒，直己以正德，理财以利用，务本以厚生。此九功所以惟叙也。八政，食所以

---

① "维"，制策作"惟"。
② "建"，制策作"见"。
③ "宜"，制策作"并宜"。

生人也,货所以聚人也,祀所以仁鬼神也,司空实平水土,司寇实诘奸慝,司徒实敷五教,宾以叶多方,师以具七德。此先王保乂万有也。周星者,岁之纪;合朔者,月之纪;信旬者,日之纪。星辰以察乾象,历数以授人时。此先王所以合德二仪也。得其道者王,失其道者亡,古今虽殊,其致一也。陛下执古之道,驭今之有,降此彝训,以及于臣,但禀师说,难副睿问。

"制策曰'较前王之损益,揆今代之用舍,沿革之要,茂对所宜'者。臣闻贯古今、蔽天壤而不可易者,道与德也;时损益而皆便于理者,名与物也。所以无体之礼,无声之乐,倚道之主,莫不袭行。其余正朔服色,声名文物,则三代以降,逮乎陈、隋,各从其所尚尔。伏惟陛下视其善者用之,其不善者舍之,此沿革之要也。

"制策曰'废关市之征,轻什一之赋'者。臣以征关市、税什一者,古今通典,苟不逾辙,无害于人,诚宜取之,以资国用。陛下明欲废之轻之,以息黔首,甚大惠也。然臣以为百姓之患者不生于此,生于法令不一,赋敛迭兴,名目滋彰,杼轴皆尽尔。今王畿之内外地州县亦不当赋穑者何?有镇守、团练等使,数州又置节度、度支使,皆多聚强兵,增置部伍,车禾斗米,皆出于人,计其诛求,十倍王府。至于睚眦之际,不戢自焚,杀长吏,夷城郭者,又亦多矣。卒然边陲有难,羽檄交驰,必不得一人尺铁,以资天讨。伏望陛下下旷然之诏,使内地州县悉依平时,旧帅故老尽罢,以息疲人,则天下赋税十减七八矣。

"制策曰'归逾年之戍,罢无事之官'者。臣闻王卒以旧,楚子所以败也;将骄卒惰,项梁所以亡也。今缘边将士,功已高,位已重,进不求赏,退不畏刑。伏望申命将帅,言于军中,有思归者,内以新卒代之;愿充军者,复以师律整之。夫如是,则军政必行;军政必行，则边无侵轶矣。臣又闻赏功以贵，任能以职，古之道也。伏见比岁诏旨，诸员外、兼、试等官，才者、能者改授正员，其余并依本资数进。陛下已得八柄驭功之道矣，微臣又何闻焉？

"制策曰'法①有或不便于时，吏有或②不适其任，贤士见沉于负俗，遗纲有补于化源'者。此皆经国大体，则当与朝之众君子议焉。臣位卑职③寡，何足裨补？然臣以为令合于经而人悦之者，可存也。令为救弊而作，行已久而犹未安之者，可省也。若乃申黜幽陟明之典，则吏人砥节矣。遵弃瑕录能之义，则俊乂救职矣。若王纲者，布于方册，顾在陛下行与不行，何谓之遗矣！

"制策曰'均沃塉于原田，便工商于市肆'者。臣闻度土功，因地利，所以惠众人也。禁末作，绝奇货，所以惠工商也。其要在于申明田令与不扰市人耳。

"制策曰'改制征物，厘创建正'者。伏以国家受命向二百年，宪章典礼，并吞千古。今陛下嗣圣御极，孝理君临，华夏既平，临欲改制。此皆先圣旧典，臣窃惜之。臣又闻夏以木德王而正以人统，殷以金德王而正以地统，周以火德王而正以天统。孔子曰'夏正为得天'，此不易之道也。

"制策曰'复务官曹，澄清流品'者。臣闻设官分职，以葳王事，犹列宿定位，同拱北辰也。伏见艰虞以来，增制使额类，官有二事，人无底从，销钱销食，十场十扰。今陛下欲使复务于官，人志所底，此为政之本也。臣闻政以贿成则廉者贪，匪直其道则贪者廉，此仕进之情也。今圣虑及此，孰不洁其源而

---

① "法"，制策作"法令"。
② "吏有或"，制策作"吏人将"。
③ "职"，他本或作"识"。

浚其流乎？

"制策曰'朝有济理之士，边有死难之臣'者。臣闻舜举皋陶，汤举伊尹，则仁者至矣。今贤才夹辅，俊乂扬庭，犹沧海之富珠玑，昆山之积琼玉，但恐未察耳。伏望听政之暇，引备顾问，则十六相不专美于尧代矣。臣又闻子骄者不志孝，臣骄者不志忠。伏望陛下训将帅以礼，示师徒以义，则伏节犯难者孰变其功乎？

"制策曰'致①俗廉隅，还风朴略'者。臣以为非理②也，其化始③于朝廷，公卿大夫孰不尚退让，崇节俭，而率土之士畴不从风而靡乎？

"制策曰'授简之外，傥有令图'者。臣以为当今所务者，生于兴礼乐，务耕稼，禁游食，抑奢侈。其余则诏书所以问臣纤悉矣。谨对。"

杜元颖对《茂才异等策》④，载《文苑英华》卷四九一

问："皇帝若曰：盖闻舜、禹之有天下也，起于侧微，积德累勤，多历年所，夫经盛圣之虑，岂有遗哉？然犹好问察言，勤求贤士。盖以承天之任重，忧人之志深也。况朕长于深宫，涉道日浅，继列圣之鸿绪，抚万宇之烝人，夙夜严恭，不敢有懈。实惧烛理未究，省躬未明，所以详求谠言，以辅不逮。子大夫是宜发所蕴蓄，沃予虚怀，极意正词，勿有隐讳。昔王政之兴，必臻于康泰；霸道所立，犹致于富强。我国家提封溢于三代，酌宪兼乎百王，无尧汤之灾，积祖宗之理。而人未蕃庶，俗尚雕讹，家无盖藏，公阙⑤储蓄。卒乘之数，货币之资，统而校之，莫继前代。岂率土生植⑥变于古欤？

---

① "致"，制策作"返"。
② "理"，他本或作"难"。
③ "始"，原本作"也"。
④ 此为元和十一年策问。
⑤ "阙"，原本作"门"。
⑥ "植"，后篇作"殖"。

将阜时政令失于今欤？① 固已揣摩，必穷利病，明征未失之渐，具陈兴盛之谟。且文武兼学以成功，士农迭居以丰业，故家给足以恋本，才周可以应时。近古各循一端，不相资用，致令从事异心，难成考课，去秩无守，轻为惰游。指明共贯之方，斯合二途之利。永言化理，期酌厥中，施为或差，得失斯远。将修睦劝义，则在下难知；将任数驭情，则人心益伪。思闻旨要，得合诚明，旌别比周之情，敷详忠厚之道。知人则哲，从古攸慎，九征恐泥，五事难精。或望可服人，而才非周物；或言皆诣理，而行则乖方。宜陈取舍之端，用明真伪②之辨。至于朝廷之阙，四方之弊，详延而至，可得直书。退有后言，朕所不取。子大夫其勉之。"

对："臣言：臣少从师学，讲论载籍为皇、为帝、为王、为霸之所行，理乱兴衰之所由起。迨壮岁而以身处穷贱，又得农桑工贾之利病，人情风俗之厚薄，思愿一发于明天子之前。郁抑于中，无因自致。乃月正日，陛下有事于南郊，回御丹凤楼，赦天下，臣与百姓咸观，列在大陆之南。祥风北来，时聆德音，乃闻有直言极谏之召，私自快喜，得进所志于今日也。今蒙陛下亲策于赤墀之下，惧所以烛理未究，省躬未明，乃使臣极意正词，勿有隐讳。臣其敢不直、不极而有阙陋哉！臣生三十年，实沐唐化，恨无以自效于日月之下。乃逢昌运，获进狂言，愿增天高，以益地厚。恳迫激切，不知所裁，谨昧死上对。

"制策曰：'昔王政之兴，必臻于康泰；霸道所立，犹致于富强。国家提封溢于三代，酌宪兼乎百王，无尧汤之灾，积祖宗之理。而

---

① "将阜时政令失于今欤？"句，原脱，据对策补。
② "伪"，原本作"为"。

人未蕃庶，俗尚雕讹，家无盖藏，公阙储蓄。卒乘之数，货币之资，统而校之，莫继前代。岂率土生植变于古欤？将阜时政令失于今欤？固已揣摩，必穷利病，明征未失之渐，具陈兴盛之谟。'臣闻以道化者皇，以德教者帝，以礼乐刑政理者王。夫以处天下之尊，举四海之力，为皇、为帝、为王、为霸，致之一也，犹反掌之易。而况人之诚伪，时之厚薄，必由上而下者乎？帝王之道，高不降于天，厚不取于地，远不致于四夷，师友辅弼而已矣。师友辅弼，岂有他求哉？贤哲忠信而已矣。是以古之圣帝明王，念天地之无全功也，不自尊其德；仰日月之有薄蚀也，不自是其明。必求贤哲，置诸左右，然后德尊而益至。臣日献其谟，君日行之；臣日闻其过，君日改之。其始也，一善出于臣；其终也，百善归于君。以为皇者师，帝者友。卒未闻师圣于皇，而友明于帝。后之王者，其或不然。臣有所献，或虑乎美归于下，是以言有所不听。臣有所替，或虑乎恶彰于己，是以过有所不去。然则曰谏我之曲，彼必正乎？曾不知疾之在身，必饮医工之药，而医工未必免病也，饮其药者或有效焉。必待其筋力异于人，颜色殊于众，而后饮其药，则疾之根本得不为深乎！今陛下迈皇帝之圣，辅弼有师友之贤，所谓圣贤相逢，而上古之理可得而致。犹虑乎人，人未蕃庶，俗尚雕讹，则理不优于三王，德不超于五帝。其致之哉，诚有道焉。臣愿陛下详视典图，舜禹所以待夔、契者何如哉？殷之成汤、周之文武所以臣伊吕、周召者何如哉？[1]贞观所以任房、杜者何如哉？开元所以用姚、宋者何如哉？其所以致尧舜、成汤、文武之名，贞观、开元之理何如也？今陛下自即位以来，舜禹之心已刑于四海矣。陛下尊

---

① "殷之成汤……周召者何如哉？"句，原脱，据《登科记考》补。

敬师傅，拔用忠贤，谪弃奸贪，发散滞积，皆舜禹之心也。臣愿陛下尊敬之不废其道，拔用之不废其言，谪弃之今勿复之，散发之今勿敛之。《夏书》曰：'靡不有初，鲜克有终。'陛下能终之，又何忧盖藏不赡于下人，储蓄有阙于公府？铸锋销镝，卒乘之数可减于后事；薄赋节用，货币之资可益于前代。末失之渐，莫甚于贤不任而政不修；兴盛之谟，莫先于复开元而履贞观。则三代之康泰可翘足而致，彼五霸富强之术安足为陛下道哉！

"制策曰'且文武兼学以成功，士农迭居以丰业，故家给足以恋本，才周可以应时。近古各循一端，不相资用，致令从事异心，难成考课，去秩无守，轻为惰游。指明共贯之方，斯合二途之利'者。臣以为文武之道虽不同，士农之业虽各异，而要归于修其职业而济于时也。今之所谓文者，何哉？文采而已。所谓武者，何哉？骑射而已。欲求兼学，其可得乎？经纬古今，文之业也；用之于武，武之德也。禁暴戢兵，武之业也；用之于文，文之辅也。不修其本而事其末，欲求其备，其可得乎？今苟各视其才以授其任，亦可以济天下之务矣。是以仲尼有四科以广其道，汉高有三杰以成其功，所以不求备于人，故能创业于前代，垂教于无穷者也。士农迭居以丰业，今所以轻为惰游者，国家自幽蓟兵兴，人无上著，士者、农者迁徙不常。慕政化则来，苦苛暴则去。禄有厚薄，在桑土不均，则知去秩者无守，不为游惰者，何所归乎？陛下端心克己于上，任贤使能于下，则文武各得其任，士农各安其业矣。宁虑家有不给，才有不周之患乎？

"制策曰：'永言化理，期酌厥中，施为或差，得失斯远。将修睦劝义，则在下难知；将任数驭情①，则人心益伪。思闻旨要，得合

---

① "驭情"，原本作"驰情"，据策问改。

诚明，旌别比周之义，敷详忠厚之道。'陛下以修睦劝义为念，而以难知益伪为虑，岂耳目之臣未尽得贤乎？何忧叹之深也！自中代以降，淳朴既漓，贤不肖混淆，莫能两辨。臣以为天下之事统而计之，善而不可以为恶者十一二焉，恶不可以为善者十一二焉。其间六七之多，率中人也。法令修明，则贤人多也；惩劝不精，则贪冒众也。必在上有所施行，而在下有所承流者乎？且陛下左右惟贤，所进惟贤，则四目明，四聪达，不难知矣。陛下左右非贤，所进非贤，则伪行坚，伪言辨，心益伪矣。今陛下必择忠贤居之左右，以为耳目，以为腹心矣。任忠贤，所进者复何疑乎？诚若是，则管夷吾、鲍叔牙友，进之不为比；祈奚、祈午父，进之不为私。是在陛下有所任之而已。

"制策曰'知人则哲，从古攸慎，九征恐泥，五事难精。或望可服人，而才非周物；或言皆诣理，而行则乖方。宜陈取舍之端，用明真伪之辨'者。陛下清问及此，非念切求贤取士之道乎？夫求贤取士，所以备官也；设官，所以分理众务也。夫得一尺之木，将斫以用之，必使匠者；有一块之土，将埏而器之，必使陶者。今陛下选人以仁，天下皆归于仁矣；选人以义，天下皆归于义矣。夫理天下者，必以仁与义矣。今朝廷用人不以仁，而悯默低柔；进人不以义，而因循持疑。言有不符于行，才有不足于用矣。陛下虽欲精五事，五事何术而精？虽欲法九征，九征焉得而法？若是求众务之理者，是以材与陶，以土与匠，而求器用之得也，不亦难乎！今朝廷开取士之门，不为不广，其中选择精详，望为俊彦者，通于进士。中外之重擢清秩，选于是者十八九，诚有才有器，亦尽萃其中。然而所采者浮华之名，所习者雕虫之技，是以主教化者不道皇王之术，官牧守者不知疾病之源。岂其有任事之才而无任事之智乎？盖艺非而职异也。臣闻古者有豢龙之官，夫龙神妙不测，变化无穷，而能节其嗜欲，察其动息，扰而制之，无所不得者，盖代袭其官，述修其业也。楚人之操舟，冀人之乘马，岂尽性哉？必习而善矣。今纵未能大更其事，苟明殿最考绩之科，驱天下之人于修效饬行之地。假如某任某官，著某行，立某事，举某善，雪某冤，必擢而迁之。又能著某行，立某事，举某善，雪某冤，又擢而迁之。蔑然无闻，不待罪而黜之，则下无蔽善党恶之情矣。下无蔽善党恶之情，则贤者不进于朝廷，复何往也？安有言行相乖，才望不称者乎？

"制策曰'至于朝廷之阙，四方之弊，详延而至，可得直书。退有后言，朕所不取'者。臣陈帝王之道于前矣，陛下又垂问以朝廷之阙，四方之弊，岂不欲跻人于善道，补政之阙遗哉？臣又陈取士任贤之道矣，陛下诚能任贤于上，待人于下，朝廷岂有阙而不修，四方焉有弊而不去？何必备繁细之事，以干聪明者矣！夫有天下者，莫不欲使人富，使人寿，使人迁善，使人无恶，统四夷于荒外，正百事于朝廷。夫欲人之富，莫若厚耕殖^①；欲人之寿，莫若和阴阳；欲人迁善，莫若明劝赏；欲人无犯，莫若慎刑罚；服四夷，莫若修文德；正百事，莫若任忠贤。忠贤不任，虽日亲众务，百事其得而正？文德不修，虽日致干戈，四夷其得而服？刑罚不慎，虽日杀千人，奸盗其得而止？劝赏未明，虽日爵千人，礼乐其得而修？冤滥未尽雪，阴阳莫得而和。浮屠未尽去，耕殖莫得而厚。此六者，政之大端也，伏惟陛下念之。抑臣又闻，非知之艰，行之惟艰。陛下惧化之未光，惧德之未洽，惧一物之失所，惧众政之有乖，访遗阙于下臣，张条目于清问。凡前强对者，莫不备陈所得，则陛下知之不难矣，在行之何如耳。臣又以天下之事，小大万端。陛下深居九重，广有四海，安得劳心神于思虑之外，极神明于视听之表？臣愿陛下为一事必师于古，行一道必法于天。明日月之光，正星辰之位，降雨露之泽，振雷霆之威。内得夔、龙，掌万机之务；外选方、召，视百事之成。利于上者，必虑于害人；怿于志者，必求诸非道。则天下之望慰，微臣之志塞矣！谨对。"

庞严对《贤良方正直言极谏策》，载《文苑英华》卷四九〇

对："臣伏念目之包明，其在昏夕之时，则与盲者等，及属日蒙光，乃能寤玄黄，披万类。杰智之才，其处浊俗之中，则为愚者混，非遭圣偶时，安能调阴阳，育万物？其理一也。盲者虽蒙光莫能视，愚者虽蒙圣莫能智，其理一也。故舜、禹翔其光于上，益、稷之徒周其视于下，其由悬白日而省离娄也。三代以降，君之光微，臣之智狭，见其手而迷其足，睹其前而昧其后，其由举烛萤而临庶目也。今陛下神光动天，鉴彼幽塞，犹惧理有未至，故亲省群言。而臣瞽愚，非能逾于智杰，副陛下之清问。臣以相与贡，臣以贤良应诏，微臣所冒非任，当伏窜弃之尤，不足以塞罪，乃辄伏进所言。伏读睿问，周视圣旨，见陛下思天灾之病也，臣愚以为皆由尚书六曹之本坏而致乎然也。今请统而条指之。睿问有念人俗之凋讹，及于卒乘之数，货币之资，臣请以今户部、兵部之坏举之。睿问有思才周于文武，本固在于士农，臣请以礼部、工部之坏举之。睿问有欲以辨行之真伪，臣请以吏部之滥举之。睿问有朝廷之阙，臣请以刑部之失举之。睿问有四方之弊，臣请以山东、陇右之急奏之。伏愿陛下详臣之言，察臣之志，无以臣微而轻其奏也。

"臣闻周设六官,以统百辟,立国八百年,由纲之不绝于所制也。太宗龙兴,革魏晋之残政,修法度,立中庸,设尚书六曹以叙班文武,以条系天下。号令既布,而万方从矣。爱其人若爱己之德,保其黎庶若保幼子,恐有坠也。明四目以先其视,指其未见者也。达四聪以先其听,喻其未闻者也。尊贤之言而为视听,视听先张则黎庶不陷于灾害而康泰矣。后代虽有盗臣奸党,而终不患其亡,由纲之不绝于所制也。夫尚书六曹之设,犹人之有六腑也。耳目口鼻之枢,系于元首。手足之用,关于肘膝。其血气根脉,皆统于六腑。符而命之,然后能动用。失其用者,非邪则眩。夫人莫不尊其首,故足司其所履,指司其所执。百体之司,各勤其用,则首安其尊而不劳。首之处身,犹君之居上也。百辟以位,则君安其尊而不劳明矣。今尚书六曹,外虽备其官而中实谬。今人俗涧讹者,其由户部之纲不理也。昔户部其在开元,最为治平。当时西有甘、凉六府之饶,东有两河之赋,仰给之卒不过四五帅,其余利殖所入,尽与齐人,四十年间,富庶滂洋之若是。及一日上恃升平之功,相肆威骄之狠,直言得死,谀色获进,转掌之间,清跸巡于巴蜀矣。今西凉为虏,两河为兵,尽开元天下之兵不过当今数郡之卒,胜衣之农而百徭出矣。鞭役重繁,不胜于籍,榷之不顾其害,刑之不问其深,吞危^①众多,欲无涧讹不可得也。

　　"兵部之选武士亦谬矣。夫试射百中为重,驰射次之,驰戈亦次之。此武夫贱者之宜业也,而真者百无一焉。其余尽买豪奸之革役者以俟冒入,奋戈戏马者亦得中名,则估肆富人之子弟,彼安能致武之所用?顾欲占籍自恃,以遒徭于乡闾耳。而欲卒乘货币

---

① "吞危",他本或作"危苦"。

之克强，臣未见也。今两河之间，至于幽蓟，连属西边、北边，而仰给之卒多于其土之齐人十九，在兵部者所操，曾不能制一校尉，而况纽其纲乎？古者兵农之一体也，三时务农，一时习兵，故春耕而夏植，秋藏而冬讲武。诚愿使兵部之纲纪根于古道之要，兵部之令加于将帅之臣，则本久益大矣，何卒货不充于古哉！

"今礼部之得进士，最为清选，而以绮言声律之赋诗而择之。及乎为仕也，则责之不通天下之大经，无王公之重器。今取之至微而望之甚大，其犹击陋缶而望曲齐于《韶》《濩》也。今仕进之风益坏矣，必以阴诈为朴，阳明为狂，顾以武为污矣，而况兼学乎？陛下何不令礼部之臣督其所业，杂考其所能，则人可化矣！夫惟博大之士为能兼学耳，夫持纲举维，非博大之士不能也。夫求博大之士，非竭诚不能也。故殷宗之竭诚于神，神感于梦而得传说；周文之竭诚于气，气感于兆而得太公。陛下如能用殷、周之诚而求之，何患周才之不至矣！

"今工部之纲不举，其由百工之不条理焉。且务于捷滥，则能速坏；惑于邪巧，则多改作。速坏相仍，改作无已，欲使财费之不穷，工力之不竭，臣未见也。夫尧之功，与天比覆，居于土阶之上，荫于茅茨之下，土簋而具。禹亲勤理水，而卑宫室。是二君者，非不能极巧侈之端，故处陋而无厌，盖欲使天下之人自然而俭易从也。而《周官》百工之职，一①于六职之书详矣。其后昏君乱主，未有不极游观之乐，穷巧侈之娱，恣罗纨之靡。虽有生植之众，不足充虞人之裁；虽尽陇亩之农，不足塞百工之役；虽竭蚕妇之劳，不足给绮彩之广。秦、隋之末君，不如此不足以隳宗社。今仕家不

---

① "一"，他本或作"载"。

著籍于乡闾亦已久矣，则农夫唯恐他业之不容于趋也，安肯顾陇亩而恋其本哉？伏愿陛下仰尧、舜、禹之圣敬，畏秦、隋之败奢，念汉文之节俭。凡在百工之用，关于将作内作，技同者必使统于工部，以观制作之度，使劳费之怨不起于下人，则尧圣禹明，周规汉俭，唯陛下择耳，何止士农之固业哉？

"今吏部之补吏，岁调官千余。其试以偶文俪语之书程，以二百字为准，考之能否，以定取舍。直使其人真能，然尚何以补，况十九皆伪人乎！以此而求其实，不可得也。且昆吾之利，莫耶之才，虽巧用不能雕呒尺之木。鸷鸟之罗，虽善掩者不能拘蚊蚋。如使恢宏博大之士裁心镂舌于此辞，而其道安可见乎？陛下何不命群官立于朝者，岁各贡其所知，各以其所长试之，各以其器任之，不胜其任者罪罔上，阙其贡者罪蔽贤，而洽闻者爵逾次。礼部、吏部以时举籍，刑部督其不察。如此，则人人争好贤，人人务克己，何患乎真伪不可辨哉？

"今朝廷之阙众多，其最急者刑部。刑部之纲不举，其由赏罚之不信，敕命迭降而其旨相违。故有行之于今日而废之于明日，罪之于此而赦之于彼。是慢易欺诈之薮耳，欲无枉挠不可得也。诚愿斥其烦苛，去其相逾，则人人易守难犯，然后命儒贤究掌之。不明于此者，不得为刑部之官，无令猾贼之徒轻身重货，窃法以自弄，如此则清矣。赏信刑果，则远罪修己之风序。今非止于阙，盖将病且痼矣。夫病者，其在皮肤则易也。六腑尸缪，气非所经，而其体痼，不亦危乎！

"臣请以医方之言谕国之病，伏惟陛下察焉。臣闻良医之理痼也，陈以奇方，伐以猛饵，外以针火，导其血络。药病相攻，战于其中，及痼解病疗，六腑亦惫。于是竭良药以材，调德膳以味，从而补之，然后六腑平，百体正，内强而外和矣。夫代之愚医则不然，必使病胜而形羸，不危其身者稀矣。三公六曹，国之六腑也。果刑信赏，国之筋络也。九州百郡，国之四体也。四夷八蛮，国之外肤也。骄荒淫异，国之瘤病也。嘉谋长算，国之奇方也。强将劲兵，国之针火也。礼乐法度，国之德膳良药也。夫百骸居于外，六腑列于内，相假而成生，相致而动息，本为一身也。及一腑失理，容而不攻；其久日大，攻而不除；其久为瘤，除而不补；其久复发，为废难矣。臣以为天宝贻瘤，始于一支，而容之浸及百体，几危其形。玄宗、肃宗，除而不终，瘤及兴元。德宗之时，又无良臣可进内强之术，而攻不克。先皇攻于除，而不攻于补。今乃复发于幽蓟，居国之左；又有西戎之厉；居于右。掌之肤，涉腕逾肘，今已及肩。何以知其自掌而及肩也？以安西至于泾、陇，一万二千里，其间严阙重阻，皆为戎有，由此知其及肩也。则王畿界戎无五百里，此肩之去喉能远乎？奈何容而不除也！此皆发于中朝之阙，而流其病也。

"若四方之弊，莫若山东、陇右之急。阙若武备之不至，又请详举之。夫圣人之母万物，必体天地之功。故以阳为文教，极其光明也；以阴为武备，尽其肃厉也。夫阳盈则韬而阴藩之，阴盈则复而阳济之，故能相理而不乱。五月阳盈，使一阴居其间，明正阴之有位，而盗阴不生也。故圣人因之以武备。至于十一月阴盈，包将来之阳，可大可久也。故外作雪霜以厉之，恐僭阳之道也；内密燠而养之，使其为文为光也。故圣人因之求贤以为辅。雹冻霜雪，禁其焚芜，阴用也。故圣人因之以正刑。雷风为前驱，荡其所不通。温光从而畅之，阳德也。故圣人因之以文宥。是以圣人之德，文虽先而武备不去。前年淮夷擒，齐鲁灭，常山死，幽蓟归，臣未见制法有方法也。而议者且以为兵可戢也，遂用赢将守常山，滞儒临蓟北，不旋踵而贼气复作矣。伏愿陛下慎动诫盈，无伤阴之大候。且行化在便人，举兵在立势。夫百斛之车，百蹄之牛，不能摇其毂。如措之峻岅之上，扰之力者不尽数牛。及轰然而迁，则牛足之运不给轮奔矣，此立势之枢也。今幽蓟之兵，其由病者之再病也。乘虚而强履，独有立势而诛之。立势之急，在于聚威于深棣，实力于沧定，然后以赵魏临常山，环兵而攻之，则冀马之纵不望合于燕蹄矣。以太原之师人蓟丘①，则易水之东，左臂不能傍运矣。此拘燕固冀之方也。如其擒纵之法出于一时者，则在名将而用耳。如其威不聚于急，力不实于危，虽有名将，不能为也。

"陛下见西制戎，北制虏，壁垒之势，盘连交错。兵甲之多，赏劳之厚，以为戎虏之畏此而不敢犯塞。今以刑赏之不信也，而戎臣以自入士卒虚名占籍者十五，不啻日夜飞金璧，走银缯。市言唯恐田园陂池之不广也，簪珥羽钿之不侈也，洞房绮闼之不邃也。不如此不足以积怨劳辛，及寇来则必固壁闭兵，无敢出击者。如一日戎戈东刃，陛下将安倚乎？今北虏猾夏，犹已事嫁矣，而西戎之虚盟，安足信之？不可无虞也。夫人性有勇怯，地性有险易。勇怯可以习制，制之以刑则亡怯，乐之以利则亡怯，惜之以势则亡怯。假如陟险，利强弩以持重者据之；平陆，利骑戈以捷手健蹄者兼之。此得势而亡怯也。今士卒之获戎者，得其马羊牛杂畜及衣装宝络，皆与之，无令有所奋夺，此顾利而亡怯也。蒙兵失律者皆诛，此畏刑而亡怯也。如此而用，勇倍百矣。臣尝仕于边，又尝与戎降人言，自瀚海已东神乌、燉煌、张掖、酒泉，东至于金城、会宁，

---

① "丘"，他本或作"邱"。

东南至于上邽、清水，凡五十郡、六镇、十五军，皆唐人子孙，生为戎奴婢，田牧种作，或聚居城落之间，或散处野泽之中。及霜露既降，以为岁时，必东望啼呼。其感故国之恩如此，陛下能不念之！臣意西戎今冬当逾河拒北虏，明年必大入灵武，寇西城，先击盐、宥。诚能因此时，诏宁、陇、邠、泾及南梁皆会兵计事，独得以老弱留谨城，其他少壮及骑士皆持装佩盐粮，令邠宁、泾原军皆出平凉道弹筝，邠宁军北固崆峒，守萧关，泾原军西遮木硖关，凤翔军逾陇，出上邽，因临洮取凤林关，南梁军道凤逾黄花，因狄道会陇西，得其利则击，因其牛羊，足以供具。各以轻骑入贺兰，抚谕其遗人，飞声流势，延而益西，则故地尽可得也。如此，则王畿之内安有警烽之虞哉？臣固曰四方之弊，莫若山东、陇右。

"今策臣之目曰直言极谏，则言无不直，直不惧于罪也。若谏无不极者，今百不尽臣之一二焉。何者？答问之所及，或未利于国，臣虽欲漏之而不解，则惧执事之臣不寤也。睿问之所不及者，当臣之所蓄，或有利于国，臣虽欲奏之，臣惧罪言于非宜也。而况晦寒之晨，奔光驰曜之下，笔之条奏，拘以文陈乎？臣所以愤懑之诚，百不及一二焉。岂无异日而顾问哉？伏惟陛下察焉。谨对。"

沈亚之对《贤良方正直言极谏策》，

载《文苑英华》卷四九二

问："皇帝曰：朕恭守宪祖中兴之运，穆宗绍宁之业，寅畏兢翼，亦免荒坠。诸侯忠上而奉职，卿士循法而恪官，四夷内向，兆人休息，至于属统垂文，程示后代。终有致人之意，未有理人之术。古人云'希颜之徒，亦颜之流也'，又曰'舜何人也，予何人也'。予窃不让，欲追踪乎三代，俯视乎二汉，陶今俗于至道，跻兆人于泰和。子大夫皆蕴器应荐,愤愤悱悱,思所以奋者于日久矣。当极其虑,开予郁滞。夫礼乐刑政,理之具也。礼乐非谓威仪升降,铿锵拊击也;将务乎阜天时,节地利,和神人,齐风俗也。刑政非谓科条章令,繁文申约也;将务乎愧心格耻,设防销微也。必有其论,何方致之?四人混处,迁于异物,历代已降,皆所共患。士本于儒,而有诡道之行;农尚笃固,而多捐本之心;工缮用物,而作雕磨之器;商通有无,而赍难得之货。思矫其弊,必有其术。汉高之基称萧、曹,孝宣之兴称丙、魏,朕观其书,灿焉尽在。我国家之盛,其纪年则曰贞观、开元,其辅相则曰房、杜、姚、宋,朕观其书,则拔群绝类者不能相远。然两朝之盛,四子之能,不可诬也。将与元化合德谟谋而无际欤?为史官词志不能久于其事欤?口食至多而垦辟者惰,供亿至众而财官是空,官无阙员而家食者告困,德泽仍臻而鳏弱者未赡。必有其旨,何以辨之?无泛无略,无游说,无隐情,以副虚求,朕将亲览。"

对:"臣久讶今之天道运行,地方负载,生生滋息,皆与尧、舜、禹、汤之时不异。及言其理乱安危,则邈然数千里而远。臣因静索其源,盖由时君之所致也。在禹以夏王,桀以夏亡。在汤以殷王,纣以殷亡。是古今有异耶?直人事而已矣。臣尝病之,愿抱血诚而写置于天子之前。天路甚高,无由上达,所以卒岁于恺,如抱沉痼。天意似知臣有移时之术,而能恳恳不已,幸使臣不为霜露所薄,而无犬马之疾,得遭遇陛下嗣位之日,首以直言极谏征夫贤良方正之士,而虚心以问。此乃五帝三王之所难行,而一朝陛下尽能行之,所谓天地交泰之时也。臣不敢惧避,愿就汤镬之诛,愿尽吐成败利害之根,愿解天下元元倒悬之急也,亦不枝蔓藻饰以为言,上缘圣问,下切人情,度陛下必能行之者而后言之。伏惟陛下察其忠而谅其直，实天下幸甚。谨昧死上言。

"制策曰：'古人云"希颜之徒，亦颜之流"，又曰"舜何人也，予何人也"。予窃不让，欲追踪乎三代，俯视乎二汉，陶今俗于至道，跻兆人于泰和。子大夫皆蕴器应荐，愤愤悱悱，思所以奋者于日久矣。当极其虑，开予郁滞'者。陛下首问及此，有以见圣人思理之深也。臣闻扬雄有希颜之言，颜渊有慕圣之语，皆谓生虽异代，但行其道，即其人也。今陛下蕴上圣之姿，执大宝以御乎人，夫寒暄发于咳唾，生死系于喜怒，其力与天地争大，其财与泉源不穷。臣窃谓以此之力，提五岳而塞乎四海也。今赐策曰'予窃不让，欲追踪乎三代，俯视乎二汉'，此乃陛下谦光之至也。微臣敢不拜舞称贺，条列而言乎！臣闻三代之理，以义化天下，其犹天地之无不覆载，日月之无不照临。虽负至圣之姿，常若不足，在求贤以辅，张谏以规，忧天下之忧，乐天下之乐，未尝枉一物而私其功也。三代之后，亦求其所理之门，何者足以立功而亲人。此道苟失，在未尝有思天下之苦。既不知其苦，必轻用其人。所谓轻用者，非谓其日杀不辜，盖以天下之力既困，而上之用无节。上之用无节，则有转死沟壑之患，生于无节，足以为生人之刀锯也。又有甚于此者，则爵禄遍于舆台，威福生于左右，刑罚不足，法令不行，天下昏乱，犹不知觉，自以为万代之安。以此求理，何异缘木而求鱼哉！今陛下欲追踪乎三代，则莫若用三代之理。何者？伏望陛下以其德理天下，则思求贤以广其覆载；以贞明并日月，则思纳谏以助其照临。察逆耳之言，则知其为端士而进用之；闻悦心之语，则辨其为邪谄而斥远之。御一膳，思天下之饥；披一裘，思天下之冻；览国史，思祖宗创业之艰难；睹贡赋，思黎甿耕织之勤苦；居宫殿，思采伐之勤劳；视嫔嫱，思离旷之怨恨；声色游晏，悟伐性之言；驰骋畋猎，念垂堂之戒；戢六军，无令恃宠；抑近习，无纵威权。无使有求恩之名，无使有得幸之号，无使内干外政，无使中夺外权，无垂饰喜之赏，无行迁怒之罚，无求悦目之华，无好荡心之巧。此乃三代明王理天下之术也，陛下诚能慕之，则宜法而行之。行之不已，自然远超于三代矣，况俯视二汉乎！此则陶今俗于至道，跻兆人于泰和，又岂劳圣虑哉！

"制策曰'夫礼乐刑政，理之具也。礼乐非谓威仪升降，铿锵拊击也；将务乎阜天时，节地利，和神人，齐风俗也。刑政非谓科条章令，繁文申约也；将务乎愧心格耻，设防销微也。必有其论，何方致之'者。臣闻礼乐刑政，理天下之本也。三代之理，未始不先于礼。礼明则君臣父子、长幼尊卑识其分，而人伦之序正矣。人伦之序正，则和顺孝慈之庆感于上，所以阜天时也。贵贱之位别于内，则奢侈耗蠹之弊息于外，此所以节地利也。自然上下交泰，而天下之心悦。天下之心悦，因可以达于乐，乐达则神人自然和矣。神人和，则风俗自然齐矣。仲尼曰："安上理人，莫善于礼。移风易俗，莫善于乐。"其此之谓乎？固非谓夫威仪升降，铿锵拊击也。伏惟陛下举三代礼乐而行之，而不以形声之为贵，则可以阜天时、节地利、和神人而齐风俗。刑政者，国家之大典。臣闻贞观之理，刑政甚明。夫刑者，期于无刑；政者，期于无政。盖以一人而齐天下，能用之者则理，不能用之者则乱。刑设而不犯，画一之谓也。政立而不易，必行之理也。然后能去奸究，惩暴乱，而养育黎人也。然其患在于任情好恶，远近雷同，虽尧舜不可为理也。况今人人自为强御，欲其愧心格耻，设防销微，无由得也。何以言之？今军伍之人，陛下之人也；府县之人，亦陛下之人也。既皆陛下之人，则刑政所宜共守。今有惰游无赖之人，不修本业，输货榷酷,苟求微利,一人北军,张影附势,凭托附籍,恣行凶顽。执宪与尹京者,持陛下刑政以绳其罪,主者则云彼越局而挫我也,遂夸其威权以固护之。持刑政者无由而禁,徒有城狐社鼠之叹耳。此陛下刑政不行于毂下,况其远者乎? 其外则守土之臣,或多自开户牖,征徭榷税,不本制条,刑罪重轻,率于胸臆。此陛下刑政不行于内地,况其远者乎? 伏惟陛下明于用刑,则可与期于无刑矣,岂止于愧心耻格乎? 率力为政,则可与期于无政矣,岂止于设防销微乎? 伏惟陛下征贞观刑政而行之,则天下之人有耻且格矣。

“制策曰‘四人混处,迁于异物,历代已降,皆所共患。士本于儒,而有诡道之行;农尚笃固,而多捐本之心;工缮用物,而作雕磨之器;商通有无,而赍难得之货。思矫其弊,必有其术’者。臣闻明君在上,制四人之业,不使为异物所迁。今士之为儒,非不强学,而有诡道之行者,其弊自陛下亲巧谀而疏鲠直也。农人之业,非不笃固,而多捐本之心者,其弊自陛下嗜珍味而恶菲薄也。工人之艺,非不专,而作雕磨之器者,其弊自陛下厌朴素而尚淫巧也。商人之利,非不多,而赍难得之货者,其弊自陛下贵珠玉而贱布帛也。伏惟陛下斥巧谀,则士无诡道之行矣;绝珍味,则农无弃本之心矣;碎淫巧,则工无雕磨之器矣;贱珠玉,则商无难得之货矣。矫弊之术,其在此乎! 夫矫弊在先原其本,然后责其末。何者? 制士人之禄使稍优,宽农夫之税使加薄,酬工人之庸使当直,来商人之货使其通,如此自然各修其业矣。复敢有为异物所迁者,则陛下之刑政存焉。

“制策曰‘汉高之基称萧、曹,孝宣之兴称丙、魏,朕观其书,灿焉尽在。我国家之盛,其纪年则曰贞观、开元,其辅相则曰房、杜、姚、宋,朕观其书,则拔群绝类者不能相远。然两朝之盛,四子之能，不可诬也。将与元化合德谟谋而无际欤'者。臣闻元首以辅弼兴理，自古王者期建非常之业，则必有非常之人以佐之。汉之高祖资萧、曹，孝宣凭丙、魏，一则以创业，一则以中兴，其道可得而知也。汉祖起于布衣以有天下，大敌未灭，日月持久。萧、曹匡辅，谋计居多，所以觉其功业盛也。孝宣起于人间，霍光殁，方亲政事。然霍光虽乘时之功，不通经术，非王者之佐，弊政尤多。丙、魏乘弊之余，以竭股肱之任，卒致中兴，所以觉其辅佐之劳也。我太宗、玄宗，明圣之资，海内从化。而房、杜、姚、宋，当至理之代，皆尽启沃之力，咸有匡辅之道。主圣臣贤，君臣道合，是以贞观、开元与汉之功臣有异，而两朝功德事业光乎史册。陛下以拔群绝类之不相远者，臣向所谓主圣臣贤，道合交泰，正史氏无德而称焉。

"制策曰：'口食至多而垦辟者惰，供亿至众而财官是空，官无阙员而家食者告困，德泽仍臻而羸弱者未赡。必有其旨，何以辨之？毋泛毋略，毋游说，毋隐情，以副虚求，朕将亲览。①'陛下终问及此，有以见圣心忧勤之至也。微臣敢有所隐，而不尽言乎！陛下以口食至多而垦辟者惰，供亿至众而财官是空，非上失勤俭之化，而下弃其本不务乎？夫欲垦辟多而财赋足者，莫若劝人之务本。务本在百姓乐其业，而垦土以谷，树桑以丝。此者疑作'皆'。取之于厚地，厚地之出如泉源焉，岂有穷竭耶？今舍此不务，而欲垦辟之不惰，不可得也。今陛下宫室池台之盛，则人务采伐而辄趋斧斤之利，此耕夫十去其一也。后宫罗纨铅红者数千人，日费数千金，此耕夫十去其一也。尚食之馔，穷海陆之珍以充上方，一

---

① 此句中四个"毋"，在制策中均作"无"。

饭之资，亦中人百家之产，此耕夫十去其一也。厩马与鹰犬之多，皆使厮养之，其刍粟粱肉之供，一物之命，有甚于人，此耕夫十去其一也。车舆服玩，皆错以兼金，镀以美玉，或文犀玳瑁，大贝①明珠，齿革羽毛，穷异极奇。采之者或航溟海，梯崇山，力尽不回，继之以死，此耕夫十去其一也。有假于浮屠，削发惑众，而建立寺宇，刻雕像形，度天下之多不下数十万，此耕夫十去其一也。奸吏理人，苟以应办为先，急征其租，厚剥其赋，以媚于左右，此耕夫十去其一也。上好珍奇，则商通无用之货；上好伎巧，则工作无用之器。器与货皆出于人力，乃委于无用之地，此耕夫十去其一也。此数者乃困生人之力而竭国用之甚者，陛下诚能慕乎茅茨之化，绳浮屠惑众之教，抑奸吏赋敛之心，闭工商无用之事，则百民皆归本而垦辟矣，何虑乎口食至多哉！陛下诚能节嫔嫱之侍，斥犬马之繁，减海陆之溢，省车舆服玩之珍，则赋自然足，何虑乎供亿之众哉！故语有曰：'百姓足，君孰与不足？'使伊、傅复生，为陛下计者，不能易此也。

"陛下以官无阙员而家食者告困，岂非择才授任之不明欤，迁转课绩之不核欤？今自三事及群有司，皆有其官，官有其禄，考成在于岁满则转。不知陛下何以选而致之哉！臣闻《诗》曰：'济济多士，文王以宁。'言内外各用其人为理，而天下安宁也。今多士盈朝，而使陛下忧劳若此，虽无阙员，将何用哉？其疑作'甚'。失'文王以宁'之谓也。陛下何不各于其局而考其课绩，有其效者则升之，无其效者则退之。如此，则尸素充员者鲜，何忧乎家食而告困哉！

"陛下以德泽屡降，而鳏弱者未赡，岂非方镇之臣为壅遏其恩

① "贝"，原本作"具"。

者耶？窃见今主守之臣与聚敛之臣，巧计万端，割剥生人膏血，两税之外，征率杂科，以为非时之进，富贵陛下恩泽。于是有月进、时进、朝贺之进、羡余之进。当进之时，表章上言，皆云'臣自方圆，不扰陛下百姓'，举此一节，则明其欺诈甚矣。今长吏节度、观察、刺史之家，其奢者家僮数百人，其俭者不下百人。以其禄俸自给，尚且不足，必重敛于人以继之，则明知其所进非禄俸也。既非禄俸，而云不扰百姓，将何得哉！所以两税之外，常有诛求，盐铁榷酤，重叠笼税，托为进奏，般次相运，水陆转输，半入私家。今天下之人，流离弃业，日益困矣，而陛下无由知之。虽仍降德泽，德泽不流，则鳏弱从何而赡？陛下闻之，得不为少轸圣虑，少动圣心！臣窃料陛下将不忍闻也。陛下倘察臣之言，特回圣意，一为思之，敕有司簿天下旧定之租赋，禁奸臣非法之诛求，减盐铁榷酤之繁税，绝天下无端之进奉。如此，则德泽自降，天下之人自获苏息，富而庶矣，岂虑乎鳏弱之不赡哉！

"然清问所及，皆当今之切者，微臣上言，亦已尽矣。陛下察而行之，在陛下留心庶政，而法其兢兢业业者而已。何者？陛下春秋鼎盛，上荷十二圣之重构，自即位以来，尝日昃不视朝，大臣忧惧，百辟惴栗，进谏者词旨恳切。陛下既嘉其忠，亦允其请，然宰相卿士未有转时之对，则万几之重，其阙几时？加之千门之深，羽卫之隔，则堂上之远，岂止于千里哉？虽陛下雄杰聪明，极思虑而忧天下，何由而得？虽曰征贤良为直谏，又何益于理？故《传》曰：'其身正，不令而行。其身不正，虽令不从。'推是而言，则天下理乱不由陛下而致，其由谁乎？臣所谓留心庶政，而法其兢兢业业者，盖由此也。况今大弊未去，其可忽之耶？臣所谓大弊者，在法吏之舞文，权臣之弄柄，朋党连结，货贿公行。以中外重位，出入迁居，名器轻于粪土，公侯遍于顽弩，恣行威福，苛伤暴残。谏官不敢论，御史不敢纠。虽陛下有天下之名，而此辈乃害天下之实，此弊不去，生人未安。陛下必欲去其弊者，拔其根本，斥谀佞，进忠贤，早朝而宴退，引宰相公卿询访天下之利病，至于群有司，皆使鲠直列侍，而亲决万几之务。此乃圣帝明王理天下之术也。伏惟陛下留神独听，无惑于左右，则四海九州幸甚。微臣敢爱一身之死，而不直乎！谨对。"

舒元褒对《贤良方正直言极谏策》^①，

载《文苑英华》卷四九〇

今朝廷所行者，皆一朝一夕之事；公卿所陈者，非乃子乃孙之谋。暂偷目前之安，不为身后之虑。衣朱紫者皆盗跖之辈，在郡县者皆狼虎之人。奸佞满朝，贪淫如市。以斯求治，是谓倒行。

《全唐文》卷八九〇《蒲禹卿·应制科策》

问："圣人握天下之图，居域中之大，莫不仗群材而康庶绩，资多士以牧黎元。梦想传岩之野，伫思磻溪之上。遂得乘箕入相，就三命而作盐梅；投钓升朝，封四履而称师父。故知英灵间出，千载一贤；皇化轨躅，殊途共贯。我大周道冠牺轩，功高娲燧。长楚必割，翘木无遗。虚席旌贤，宵衣纳善。降贤良之制，下征辟之书。子等并藏器待时，悬瓢俟扣。深识宰臣之体，妙达经邦之术。欲使阴阳调六律，风雨应四时。一百姓之心，平九州之利。余粮栖亩，外户不扃。亭障无虞，开河罢戍。渔者虚湍濑，田者让肥

---

① 时在宝历元年。

胁。路不拾遗，市无二价。眷言于此，何道以臻？至如九仪八座之指归，四师六典之题目，并驭人之大体，抚俗之良规。幸陈名义之端，无致疏遗之对。"

《文苑英华》卷四七三《策宰相科问》

4. 其他

第一道

问："天下理本，系于朝廷，乃者夏州阻令，益部干纪。皇帝神武制胜，指期致诛。二方宴清，九有贞观。纪律载新于耳目，爵命毕集于勋贤。内修八柄，外宏九法。教理刑政之要，制军诘禁之宜，使人皆向方，兵不复用，一其礼俗，以致和平。酌于古而行于今，举其大而遗其细。伫达聪听，子其昌言。"

第二道

问："圣人虚心，思天下之理至矣，求天下之士勤矣。搜于中林，縻以好爵者，往往至焉。吾子澡身聚学，被褐藏器，公伯上荐，贲然而来。与夫充赋计偕者，异而论也。其何以佐理道陈嘉猷，去徭戍而徼塞无虞，减农征而财用不乏？固所蕴积，悉期指明。"

第三道

问："四方之人，萃于选部。六品以下，实繁有司。积资者岂尽获吏能,考言者或见遗敏行。一日之鉴,固不能周;四方^①所稽,亦虑未尽。近自甸内,达于海隅,命官亲人,利病所属。欲使举皆称职,吏必当公,则轮辕适宜,鳏寡受赐。企闻体要,一二言之。"

《权载之文集》卷四〇《元和元年吏部试上书人策问三道》^②

（四）书

李相国揆,以进士调集在京师,……揆以书判不中第,补汴州陈留尉。……开元中,郡府上书,姓李者皆先谒宗正。时李琦为宗长,适遇上尊号,揆既谒琦。琦素闻其才,请为表三通,以次上之。上召琦曰:"百官上表,无如卿者,朕甚佳之。"琦顿首谢曰:"此非臣所为,是臣从子陈留尉揆所为。"乃下诏召揆。时揆寓宿于怀远坊卢氏姑之舍,子弟闻召,且未敢出。及知上意,欲以推择,遂出。既见,乃宣命宰臣试文词。时陈黄门为题目三篇,其一曰《紫丝盛露囊赋》,二曰《答吐蕃书》,三曰《代南越献白孔雀表》。揆自午及酉而成。既封,请曰:"前二首无所遗恨,后一首或有所疑,愿得详之。"乃许拆其缄,涂八字,旁注两句。既进,翌日授左拾遗。

《前定录》之《李相国揆》

（五）表

参见"（四）书"所引钟辂《前定录》之《李相国揆》。

---

① "四方",原本为"四才",据《全唐文》卷四八三改。
② 题中原脱"试"字,据《全唐文》卷四八三补。

草莽臣某言：臣实陋微，素乏才业，将遂长往，守此无用，天鉴孔明，泽覃幽僻。伏奉今年正月五日制，诣阙自举，不次之私，无限于物，岂伊庸菲，所当膺荷。伏惟开元神武皇帝陛下，道密旒扆，德孚天地。忝在草木，幸均雷雨。朝夕征命，虚受臣生，偃卧穷数，讵知帝力？展义介丘，肆觐群后。得列庶人之间，不在役夫之上。王者能事，邦家烈光，耳未前闻，目所毕睹，载怀涵育，无答造化。孰谓圣恩，曲贷岩壑？顾惭庸近，何阶对扬？臣闻明主临下也，务求才以自辅，量能以自进。臣才非令问，誉寂乡党，志尚庸寡，理绝闻知。县令臣柳国状臣于编户之中，刺史臣柳绛谕臣以明制之意。且臣山东一布衣耳，在升平之时，征求之日，非自察者，难审其可。苟欲避严令，发困蒙，心灵震越，寝寐惊悸，无任承恩，喜跃之至。

《文苑英华》卷六一一《苏源明·自举表》①

三、 评卷标准

大唐贞观八年三月，诏进士读一部经史。二十二年九月，考功员外郎王师明②知贡举，时冀州进士张昌龄、王公理并有俊才，声振京邑，而师明考其文策全下，举朝不知所以。及奏等第，太宗怪无昌龄等名，因召师明问之，对曰："此辈诚有词华，然其体轻薄，文章浮艳，必不成令器。臣若擢之，恐后生相仿效，有变陛下风雅。"帝以为名言，后并如其言。

《通典》卷一七《选举五·杂议论中》

---

① 按原注，此表上于玄宗时。
② "王师明"，本名王师旦，避睿宗讳，改"旦"为"明"。

张昌龄，冀州南宫人。与兄昌宗皆以文自名，州欲举秀才，昌龄以科废久，固让。更举进士，与王公治齐名，皆为考功员外郎王师旦所绌。太宗问其故，答曰："昌龄等华而少实，其文浮靡，非令器也。取之则后生劝慕，乱陛下风雅。"帝然之。

《新唐书》卷二〇一《张昌龄传》

其秀才试方略策五条。文理俱高者为上上，文高理平、理高文平者为上中，文理俱平者为上下，文理粗通为中上，文劣理滞为不第。此条取人稍峻，自贞观后遂绝。

《唐六典》卷二《尚书吏部》

调露元年十二月壬子，帝临轩，引岳牧举人，问之曰："兵书云天阵、地阵、人阵，各何谓？"武陟尉员半千对曰："臣观载籍，谓天阵，星宿孤虚也；地阵，山川向背也；人阵，偏伍弥缝也。臣以为不然。夫师出以义，有若时雨，得天之时，此天阵也。兵在足食，且耕且战，得地之利，此地阵也。三军使兵士，如父子兄弟，得人之利，此人阵也。三者去矣，将何以战？"帝又问："皇道、帝道、王道，何以区别？朕今可行何道？"长寿令萧思问、越州参军周彦昭以次应诏，帝皆称善。甲寅，御制问目以试之。

《册府元龟》卷六四三《贡举部·考试一》

永隆二年八月，敕：如闻明经射策，不读正经，抄撮义条，才有数卷。进士不寻史籍，惟诵文策，铨综艺能，遂无优劣。自今已后，明经每经，帖十得六已上者，进士试杂文两首，识文律者，然后令试策。其明法并书、算举人,亦准此例,即为常式。

《唐会要》卷七五《贡举上·帖经条例》

张柬之任青城县丞,已六十三矣。有善相者云:"后当位极人臣。"众莫之信。后应制策被落。则天怪中第人少,令于所落人中更拣。有司奏:"一人策好,缘书写不中程律,故退。"则天览之,以为奇才,召入,问策中事,特异之,即收上第,拜王屋县尉。后至宰相,封汉阳王。

《太平广记》卷二二一《相一·张柬之》

赋家者流,由汉、晋历隋、唐之初,专以取士。止命以题,初无定韵。至开元二年,王邱员外知贡举,试《旗赋》,始有八字韵脚,所谓"风日云野,军国清肃"。见伪蜀冯鉴所记《文体指要》。

《能改斋漫录》卷二《事始》

四声分韵,始于沈约。至唐以来,乃以声律取士,则今之律赋是也。凡表、启之类,近代声律尤严,或乖平仄,则谓之"失黏"。然文人出奇,时有不拘此格者。

《耆旧续闻》卷四

杨玚,华阴人。……〔开元〕十六年,迁国子祭酒,……玚又奏曰:"窃见今之举明经者,主司不详其述作之意,曲求其文句之难,每至帖试,必取年头月日,孤经绝句。且今之明经,习《左传》者十无二三,若此久行,臣恐《左氏》之学,废无日矣。臣望请自今已后,考试者尽帖平文,以存大典。又,《周礼》《仪礼》及《公羊》《穀梁》殆将废绝，若无甄异，恐后代便弃。望请能通《周》《仪礼》《公羊》《穀梁》者，亦量加优奖。"于是下制"明经习《左氏》及通《周礼》等四经者，出身免任散官"，遂著于式。由是生徒为场立颂于学门之外。

《旧唐书》卷一八五下《杨玚传》

开元二十四年十月，礼部侍郎姚奕请进士帖《左氏传》《周礼》《仪礼》，通五与及第。

《唐会要》卷七六《贡举中·进士》

〔开元〕二十六年八月甲申，亲试文词雅丽举人，命有司置食。敕曰："古者求士，必择其才，考之以文，施于有政。自非体要，何用甄明？顷年以来，亦尝亲试。对策者众，而登科者少，盖缘宿构之词不与所问相对，所以然也。卿等博达古今，聿膺推荐。朕之所问，皆有节目，宜指事而对，勿措游辞。并宜坐食，食讫就试。"有郭纳、姚子彦等二十四人升第，皆量资授官。

《册府元龟》卷六四三《贡举部·考试一》

〔钱〕起字仲文，吴兴人。天宝十年李巨卿榜及第。……及就试粉闱，诗题乃《湘灵鼓瑟》。……主文李晤深嘉美，击节吟味久之，曰："是必有神助之耳。"遂擢置高第。

《唐才子传校笺》卷四《钱起》

〔鲍〕防字子慎，天宝十二载杨儇榜进士，襄阳人也。善辞章，笃志于学，累官至太原尹、河东节度使。……丁乱，从幸奉天，除礼部侍郎，封东海公。又迁御史大夫。贞元元年，策贤良方正，得穆质、柳公绰等，皆位至台鼎，世美其知人。时比岁旱，质对："汉故事，免三公，烹宏羊。"权近独孤峘欲下按治，防曰："使上闻所未闻，不亦善乎？"置质高第。帝见策嘉之。授工部尚书，卒。

《唐才子传校笺》卷三《鲍防》

穆质初应举，试毕，与杨凭数人会。穆策云："防贤甚于防奸。"杨曰："公不得矣。今天子方礼贤，岂有防贤甚于防奸？"穆曰："果如此是矣。"遂出谒鲜于弁，弁待穆甚厚。食未竟，仆报云："尊师来。"弁奔走具靴笏，遂命彻食。及至，一眇道士尔。质怒弁相待之薄，且来者是眇道士，不为礼，安坐如故。良久，道士谓质曰："岂非供奉官耶？"曰："非也"。又问："莫曾上封事进书策求名否？"质曰："见应制，已过试。"道士曰："面色大喜，兼合官在清近。是月十五日午后，当知之矣。策是第三等，官是左补阙。故先奉白。"质辞去。至十五日，方过午，闻扣门声即甚厉。遣人应问，曰："五郎拜左补阙。"当时不先唱第三等便兼官，一时拜耳，故有此报。后鲜于弁诣质，质怒前不为毕馔，不与见。弁复来，质见之。乃曰："前者贾笼也，言事如神，不得不往谒之。"质遂与弁俱往。……贾笼即贾直言之父也。

《太平广记》卷七九《方士四·贾笼》

唐德宗微行，一日夏中至西明寺。时宋济在僧院过夏，上忽入济院，方在窗下，犉鼻葛巾抄书。上曰："茶请一碗。"济曰："鼎水中煎，此有茶味，请自泼之。"上又问曰："作何事业？"兼问姓行。济云："姓宋，第五，应进士举。"又曰："所业何？"曰："作诗。"又曰："闻今上

817

好作诗,何如?"宋济云:"圣意不测……"语未竟,忽从辇递到,曰:
"官家,官家。"济惶惧待罪。上曰:"宋五大坦率。"后礼部放榜,上
命内臣看有济名,使回奏无名。上曰:"宋五又坦率也。"

《太平广记》卷一八〇《贡举三·宋济》

宋济老于文场,举止可笑。尝试赋,误失官韵,乃抚膺曰:"宋
五又坦率矣!"由是大著名。后礼部上甲乙名,德宗先问曰:"宋五
免坦率否?"

《唐国史补》卷下

宋济老于辞场,举止可笑。尝试赋,误落官韵,抚膺曰:"宋五
坦率矣!"由此大著。后礼部上甲乙名,明皇[①]先问曰:"宋五坦率
否?"或曰:"有客讥宋济曰:'白袍何纷纷?'答曰:'为朱袍紫袍纷
纷耳!'"

《唐摭言》卷一〇《海叙不遇》

常衮为礼部,判杂文榜后云:"他日登庸,心无不锐;通宵绝
笔,恨即有余。"所放杂文,过者常不过百人。鲍祭酒防为礼部,帖
经落人亦甚。时谓之"常杂鲍帖"。

《太平广记》卷一七八《贡举一·放杂文榜》

贞元中,李缪公先榜落矣。先是出试,杨员外于陵省宿归第,遇
程于省司,询之所试。程探靿中得赋藁示之,其破题曰:"德动天鉴,

---

　① "明皇",《唐国史补》卷下作"德宗",似是。

祥开日华。"于陵览之,谓程曰:"公今年须作状元。"翌日,杂文无名,于陵深不平,乃于故策子末缮写,而斥其名氏,携之以诣主文,从容给之曰:"侍郎今者所试赋,奈何用旧题?"主文辞以非也。于陵曰:"不止题目,向有人赋次韵脚亦同。"主文大惊。于陵乃出程赋示之,主文赏叹不已。于陵曰:"当今场中,若有此赋,侍郎何以待之?"主文曰:"无则已,有则非状元不可也。"于陵曰:"苟如此,侍郎已遗贤矣。乃李程所作。"亟命取程所纳,面对不差一字。主文因而致谢,于陵于是请擢为状元,前榜不复收矣,或曰出榜重收。

《唐摭言》卷八《已落重收》

李缪公,贞元中试《日五色赋》及第,最中的者赋头八字曰:"德动天鉴,祥开日华。"后出镇大梁,闻浩虚舟应宏辞复试此题,颇虑浩赋逾己,专驰一介取本。既至,启缄,尚有忧色,及睹浩破题云:"丽日焜煌,中含瑞光。"程喜曰:"李程在里。"

《唐摭言》卷一三《惜名》

中土士人平常札翰多为院体。院体者,贞元中翰林学士吴通微尝工行草,然体近隶,故院中胥徒尤所仿,其书大行于世。故遗法迄今不泯,然其鄙则又甚矣。

《贾氏谈录》卷一《贾黄中述》

韦贯之为右补阙,宪宗元和元年,与中书舍人张弘靖考制策,第其名者十八人,其后多以文称迁。为吏部员外郎三年,策贤良之士。又与户部侍郎杨于陵、左司郎中郑敬、都官郎中李益同为考策官。贯之奏居上第者三人。是三人言实指切时病,不顾忌讳。虽同考策者，皆难其词直。贯之独署其奏，遂出为果州刺史，道黜巴州刺史。及为礼部侍郎，凡三年，所选士人大抵抑浮华，先行实，由是趋兢者稍息。

《册府元龟》卷六五一《贡举部·清正》

王适侍御，元和初，举贤良方正直言极谏科，太直见黜。故韩文公志适墓云："上初即位，以四科慕天下士，君笑曰：'此非吾时耶！'即提所作书，缘路歌趋直言试，既至，对语惊众。不中第，益久困矣。"

《唐摭言》卷一二《自负》

右，臣伏见内外官近日除改，人心甚惊，远近之情，不无忧惧。喧喧道路，异口同音，皆云制举人牛僧孺等三人以直言时事，恩奖登科。被落第人怨谤加诬，惑乱中外，谓为诳妄，斥而逐之，故并出为关外官。杨于陵以考策敢收直言者，故出为广府节度；韦贯之同所坐，故出为果州刺史；裴垍以覆策又不退直言者，故免内职，除户部侍郎；王涯同所坐，出为虢州司马；卢坦以数举事，为人所恶，因其弹奏小误，得以为名，故黜为左庶子；王播同之，亦停知杂。臣伏以裴垍、王涯、卢坦、韦贯之等，皆公忠正直，内外咸知，所宜授以要权，致之近地。故比来众情私相谓曰："此数人者，皆人之望也。若数人进，则必君子之道长；若数人退，则必小人之道行。"故卜时事之否臧，在数人之进退也。则数人者，自陛下嗣位已来，并蒙奖用，或任之耳目，或委以腹心。天下人情，日望致理。今忽一旦悉疏弃之，或降于散班，或斥于远郡。设令有过，犹可优容，况且无瑕，岂宜黜退？所以前月以来，上自朝廷，下至衢路，众心汹汹,惊惧不安。直道者疚心,直言者杜口。不审陛下得知之否?凡此除改,传者纷然,皆云裴垍等不能委曲顺时,或以正直忤物,为人之所媒孽,本非圣意罪之。不审陛下得闻之否?臣未知此说虚实,但献所闻。所闻皆虚,陛下得不明辩之乎?所闻皆实,陛下得不深虑之乎?虚之与实,皆恐陛下要知。臣若不言,谁当言者?臣今言出身戮,亦所甘心。何者?臣之命至轻,朝廷之事至大故也。

臣又闻君圣则臣忠,上明则下直。故尧之圣也,天下已太平矣,尚求诽谤,以广聪明。汉文之明也,海内已理矣,贾谊犹比之倒悬,可为痛哭。二君皆容纳之,所以得称圣明也。今陛下明下诏令,征求直言,反以为罪,此臣所以未谕也。陛下视今日之理,何如尧与汉文之时乎?若以为及之,则诽谤痛哭尚合容而纳之,况征之直言,索之极谏乎?若以为未及,则僧孺等之言固宜然也。陛下纵未能推而行之,又何忍罪而斥之乎?此臣所以为陛下流涕而痛惜也。德宗皇帝初即位年,亦征天下直言极谏之士,亲自临试,问以天旱。穆质对云:两汉故事,三公当免。卜式著议,弘羊可烹。此皆指言当时在权位而有恩宠者。德宗深嘉之,自第四等拔为第三等,自畿尉擢为左补阙,书之国史,以示子孙。今僧孺等对策之中,切直指陈之言亦未过于穆质,而遽斥之,臣恐非嗣祖宗承耿光之道也。书诸史策,后嗣何观焉?陛下得不再三省之乎?臣昨在院,与裴垍、王涯等覆策之时,日奉宣令臣等精意考覆。臣上不敢负恩,下不忍负心,唯秉至公,以为取舍。虽有仇怨,不敢弃之;虽有亲故,不敢避之。唯求直言,以副圣意。故皇甫湜虽是王涯外甥,以其言直合取,涯亦不敢以私嫌自避。当时有状,具以陈奏。不意群心构成祸端,圣心以此察之,则或可悟矣。

倘陛下察臣肝胆，知臣精诚，以臣此言可以听采，则乞俯回圣览，特示宽恩，僧孺等准往例与官，裴垍等依旧职奖用，使内外人意，欢然再安。若以臣此言理非允当，以臣覆策事涉乖宜，则臣等见在四人，亦宜各加黜责。岂可六人同事，唯罪两人？虽圣造优容，且过朝夕，在臣惧惕，岂可苟安？敢不自陈，以待罪戾！臣今职为学士，官是拾遗，日草诏书，月请谏纸。臣若默默，惜身不言，岂惟上辜圣恩，实亦下负神道。所以密缄手疏，潜吐血诚，苟合天心，虽死无恨。无任忧惧激切之至！

《白居易集》卷五八《论制科人状——

近日内外官除改及制科人等事宜》

牛僧孺字思黯，……工属文，第进士。元和初，以贤良方正对策，与李宗闵、皇甫湜俱第一，条指失政，其言鲠讦，不避宰相。宰相怒，故杨于陵、郑敬、韦贯之、李益等坐考非其宜，皆谪去。僧孺调伊阙尉。

《新唐书》卷一七四《牛僧孺传》

李宗闵字损之，……擢进士，调华州参军事。举贤良方正，与牛僧孺诋切时政，触宰相，李吉甫恶之，补洛阳尉。

《新唐书》卷一七四《李宗闵传》

顾非熊，况之子，滑稽好辩，陵轹气焰子弟，为众所怒。非熊既为所排，在举场三十年，屈声聒人耳。长庆中，陈商放榜，上怪无非熊名，诏有司追榜放及第。时天下寒进，皆知劝矣。诗人刘得仁贺诗曰："愚为童稚时,已解念君诗。及得高科晚,须逢圣主知。"

《唐摭言》卷八《已落重收》

刘蕡,杨嗣复门生也,对策以直言忤时,中官尤所嫉忌。中尉仇士良谓嗣复曰:"奈何以国家科第,放此风汉耶?"嗣复惧而答曰:"嗣复昔与刘蕡及第时,犹未风耳。"

《玉泉子》

温庭筠字飞卿,彦博之裔孙,文章与李商隐齐名,时号"温李"。连举进士,不中。宣宗时,谪为随县尉。制曰:"放骚人于湘浦,移贾谊于长沙。"舍人裴坦之词,世以为笑。

《唐语林》卷七《补遗》

宣宗十二年,前进士陈玩等五人应博学宏词选,所司考定名第,及诗、赋、论进讫,上于延英殿诏中书舍人李藩等对。上曰:"凡考试之中,重用字如何?"中书对曰:"赋忌偏枯丛杂,论忌褒贬是非,诗忌缘题落韵。只如《白云起封中》诗云,'封中白云起'是也。其间重用文字,乃是庶几,亦非常有例也。"又曰:"孰诗重用字?"对曰:"钱起《湘灵鼓瑟》诗有二'不'字,诗曰:'善抚云和瑟,常闻帝子灵。冯夷空自舞,楚客不堪听。逸韵谐金石,清音发杳冥。苍梧来怨慕,白芷动芳馨。流水传湘浦,悲风过洞庭。曲终人不见,江上数峰青。'"上览钱公此年宏词诗,曰:"其一种重用文字,他诗似不及钱起。起则今之协律之字也,合于匏革宫商,即变郑卫文奏。惟谢朓云:'洞庭张乐地,潇湘帝子游。云去苍梧野,水还江汉流。'此若比《鼓瑟》一篇,摛藻妍华,无以加其前。"进宏词诗重用字者,登科更待明年考校,起诗便付吏选。

《云溪友议》卷中《贤君鉴》

　　唐卢延让业诗,二十五举,方登一第。卷中有句云:"孤冲官道过,狗触店门开。"租庸张濬亲见此事,每称赏之。又有"饿猫临鼠穴,馋犬舐鱼砧"之句,为成中书令汭见赏。又有"栗爆烧毡破,猫跳触鼎翻"句,为王先生建所赏。尝谓人曰:"平生投谒公卿,不意得力于猫儿、狗子也。"人闻而笑之。

《北梦琐言》卷七《卢诗三遇》

　　今进士书试卷末云:"涂注乙"共计若干字。唐诗已有此语。韩愈读《鹖冠子》有曰:"余三读其词而悲之,文字脱谬,为之正三十有七字,乙者三,减者十有二,注者十有二字云。"

　　刘蜕《文冢铭序》云:"实得二千一百八十纸,有涂者、乙者,有注揩者,有覆背者,有朱墨圈者。"

《履斋示儿编》卷一七《杂记》

　　其年①七月十三日,敕:"应将来三传、三礼、三史、《开元礼》、学究等考试,本业毕后,引试对策时,宜令主司于时务中采取要当策题,精加考校,不必拘于对属。须有文章,但能词理周通,文字典切,即放及第。如不及此格,虽本业粗通,亦须黜落。应九经、五经、明经帖书文格后,引试对义时,宜令主司于大义泛出经问义五道,于帘下书试,只令隔帘解说。但不失注疏义理,通二通三,

① 天成三年。

然后便令念疏。如是熟卷，并须全通，仍无失错。如得入帘，亦须于时务中选策题，精加考校。如粗于笔砚留意者，则任以四六对，仍须理有指归，言关体要。如不曾于笔砚致功，即许直书其事，申明利害，不得错使文字。其义问念疏对策，逐件须有去留。"

《五代会要》卷二三《科目杂录》

〔长兴元年〕六月，中书门下奏："敕新及第进士所试新文，委中书门下细览详覆，方具奏闻，不得辄徇人情，有隳事体。中书于今年四月二十九日帖贡院，准元敕指挥，中书量重具详覆者。李飞赋内三处犯韵，李谷一处犯韵，兼诗内错书'青'字为'清'字，并以词翰可嘉，望特恕此误。今后举人，词赋属对并须要切，或有犯韵及诸杂违格，不得放及第。仍望付翰林，别撰律诗、赋各一首，具体式一一晓示。将来举人合作者，即与及第。其李飞、樊吉、夏侯琪、吴泗①、王德柔、李谷等六人，卢价赋内'薄''伐'字合使平声字，今使侧声字，犯格。孙澄赋内'御'字韵使'宇'字，已落韵。又使'膋'字，是上声。有字韵中押'售'字，是去声。又有'朽'字犯韵。诗内'田'字犯韵。李象赋内一句'六石庆兮'，并合使此'奚'字；'道之以礼'，合使此'导'字，及错下事。'常'字韵内使'方'字，诗中言'十千''十'字处合使平声字，偏字犯韵。杨文龟赋内'均'字韵内使'民'字，以君上为骈骈之士，失奉上之体。'兼善'字是上声，合押'遍'字，是去声。'如'字内使'舆'字，诗中'遍'字犯韵。师均赋内'仁'字犯韵。'晏如'书'晏如'。又，'河清海晏'，'晏'字不合韵，又无理，'晏'字即落韵。杨仁远赋内'赏罚'

字书'伐'字,'御勤'字书'针'字。诗内'莲蒲'字合着平声字,兼'黍粱'不律。王谷赋内'御'字韵押'处'字,上声则落韵,去声则失礼。'善'字韵内使'显'字,犯韵。'如'字韵押'殊'字,落韵。其卢价等七人,望许令将来就试,仍放再取文解。高策赋内'于'字韵内使'依'字,疑其海外音讹,文意稍可,望特恕此。其郑朴赋内言'肱股',诗中'十千'字犯韵,又言'玉珠'。其郑朴许令将来就试,亦放取解。仍自此宾贡,每年只放一人,仍须事艺精奇。张文宝试士不得精当,望罚一季俸。今后知举官,如敢因循,当行严典。伏以国设高科,人贪上第,所望不小,其业须精。实以丧乱年多,若辛人少,半失宣尼之道,倍劳宗伯之心。不望超群,且须合格。今逢圣运,大阐皇猷,设官共革于时讹,选士实期于岁胜。……"

《册府元龟》卷六四二《贡举部•条制四》

〔长兴元年〕十二月,每年贡举人所试诗赋多不依体式,中书奏请下翰林院,命学士撰诗、赋各一首,下贡院以为举人模式。学士院奏:"伏以体物缘情,文士各推其工拙;抡材较艺,词场素有其规程。凡务策名,合遵常式,况圣君御字,奥学盈朝。傥令明示其规模,或虑众贻其臧否。历代作者,垂范相传,将期绝彼微瑕,未若举其旧制。伏乞下所司,依诗格赋枢考试进士,庶令职分,互展恪勤。"从之。

《册府元龟》卷六四二《贡举部•条制四》